高等学校土建类专业规划教材

土力学与地基基础

李章政　主编
李光范　黄小兰　副主编

化学工业出版社
·北京·

本书根据现行教学大纲要求，结合多年教学经验和工程实践编写而成。全书由土力学和地基基础两部分组成，共分十二章，主要内容包括地基基础的概念、工程地质概述、土的物理性质和工程分类、地基应力计算、地基沉降计算、土的抗剪强度和地基承载力、土压力和土坡稳定分析、岩土工程勘察、浅基础设计、深基础设计、软弱地基处理、区域性地基等。书中比较系统地介绍了土力学的基本概念、基本原理，基础工程设计的原理和方法，地基处理技术，兼顾了知识的系统性与实用性，选配了大量的工程实践图片，各章还附有思考题、选择题和计算题。

本书可作为高等学校土木工程专业建筑工程方向、工程造价专业、工程管理专业等学生的教学用书，也可供相关工程技术人员参考。

图书在版编目（CIP）数据

土力学与地基基础/李章政主编．—北京：化学工业出版社，2011.1

高等学校土建类专业规划教材

ISBN 978-7-122-09815-3

Ⅰ．土…　Ⅱ．李…　Ⅲ．①土力学-高等学校-教材②地基-基础（工程）-高等学校-教材　Ⅳ．TU4

中国版本图书馆 CIP 数据核字（2010）第 211184 号

责任编辑：陶艳玲　　文字编辑：余纪军

责任校对：徐贞珍　　装帧设计：王晓宇

出版发行：化学工业出版社（北京市东城区青年湖南街 13 号　邮政编码 100011）

印　　刷：北京永鑫印刷有限责任公司

装　　订：三河市万龙印装有限公司

787mm×1092mm　1/16　印张 20¼　字数 502 千字　2011 年 1 月北京第 1 版第 1 次印刷

购书咨询：010-64518888（传真：010-64519686）　售后服务：010-64518899

网　　址：http://www.cip.com.cn

凡购买本书，如有缺损质量问题，本社销售中心负责调换。

定　　价：38.00 元

前　言

土力学与地基基础由土力学和基础工程两部分组成，前者属于基础理论，后者专业性极强。一些学校作为两门课程分别开设，另一些学校作为一门课程讲授，本教材都具有适用性，可作为高等学校土木工程专业建筑工程方向、工程管理专业、工程造价专业等的教学用书。本书也可供广大工程技术人员参考。

根据审定的教学大纲，全书内容包括绪论、工程地质概述、土的物理性质和工程分类、地基应力计算、地基沉降计算、土的抗剪强度和地基承载力、土压力和土坡稳定分析、岩土工程勘察、浅基础设计、深基础设计、软弱地基处理、区域性地基，一共十二章。比较系统地介绍了土力学的基本概念、基本原理，基础工程设计原理和方法，考虑了知识体系的系统性和实用性。书中配了很多工程实际图片，以增强初学者的感性认识；各章还安排了大量的思考题、选择题和计算题，以巩固所学知识、掌握实际设计技能。

全书由李章政主编。编写分工如下：武汉工业学院黄小兰编写第六、七章，海南大学李光范编写第四、五、十、十一章，四川大学李章政编写第一、二、三、八、九、十二章。

土力学既是经典学科，又在不断发展之中，基础工程也随着科学技术的进步而前进，但编者的学识和眼界都十分有限，书中难免存在疏漏和不妥之处，恳请读者批评指正。

编者

2010 年 10 月

目　录

第一章　绪　　论

第一节　土力学与地基基础的概念

一、土与土力学

地球表面上的岩石经风化、剥蚀、搬运、沉积，形成的固体矿物、水和气体的集合体，称为土。也就是说土是岩石主要依靠物理风化和化学风化，通过暴雨、洪水等作用进行剥蚀、搬运（见图 1-1），在流速缓慢的地方沉积下来而形成的混合物，也有土是岩石风化后未经剥蚀、搬运而留在原地者。土中的固体矿物颗粒，形成骨架。颗粒之间的空间，形成孔隙。孔隙是相互连通的，其中充满水和气体。因此，土是由固体颗粒、水和气体所组成的三相（三种物态）物质，三者的成分及比例均对土的性质产生影响。

图 1-1　剥蚀、搬运

土与其他建筑材料相比，具有以下三个特性。

（1）强度低　土的强度指抗剪强度，由摩擦力或摩擦力和黏聚力组成。土的强度值为千帕（kPa）数量级，而建筑材料中的钢材（钢筋）、混凝土、砖石、木材等的强度值则是兆帕（MPa）数量级，相差很悬殊，所以土的强度比其他建筑材料的强度低得多。

（2）变形大　土颗粒之间联结很弱或无联结，在荷载作用下土颗粒很容易发生相对位移，土中水和气体从孔隙排出而使孔隙体积减小，所以土的变形较大。几种材料的弹性模量分别为，HPB235 级钢筋 210×10^3MPa，C25 混凝土 28×10^3MPa，普通土$<$20MPa。由此可知，压应力与材料厚度相同时，土的压缩量比 C25 混凝土大千倍，比钢材大万倍。并且，土的变形并不是在加荷瞬间就完成的，而是要经历一定时间才能完成，除了弹性变形外，还有部分不可恢复的塑性变形存在。

（3）透水性大　土颗粒之间具有无数连通的孔隙，水可以通过孔隙流动。砂、石的孔隙大，透水性很大；黏性土的孔隙小，透水性较小。土的透水性能可用渗透系数来定量描述。与混凝土等材料相比，土的渗透性很强。

土可以作为建筑材料直接利用，比如修筑土石坝、路基，作为混凝土的骨料。在广大农村地区，还有一些村民居住在干打垒房屋内或土坯房内。这种房屋，以土坯或夯筑的土墙作为房屋结构的承重墙［见图 1-2(a)］。近几年，不少地方都在积极改造土坯房，以改善居住环境。也有利用片石作为屋面材料之一［见图 1-2(b)］，这在贵州的山区民居中较常见。土也是建筑材料中砖、瓦的直接材料，已有数千年的历史。土的另一作用，就是作为建筑物或构筑物的地基，承受其上的所有荷载。

土力学就是利用力学原理，研究土的应力、应变、强度、稳定和渗透性等特性及其随时间变化的规律的学科，它是以土为研究对象的力学，是力学的一个分支，更是地基基础设计

(a) 土墙房屋　　(b) 片石屋面

图 1-2　岩土在建筑上的直接应用

的理论基础。

虽然土体有别于一般建筑材料，力学性能差异较大，不能完全照搬材料力学（或工程力学）、弹性力学的结果，但是，研究方法和手段却是相似的。一是理论探寻，土力学的研究在于寻找其力学行为的一般规律，这是理论工作者的追求；二是试验测定，通过试验可以验证理论公式的正确与否，还可以测定一些力学参数，监测建筑物的沉降与倾斜；三是计算机仿真分析，将土体离散为有限单元，进行各种数值计算，弥补理论求解中的不足，为建立理论提供帮助，为工程决策、设计提供依据。

二、地基和基础

支承基础的土体或岩体，称为地基。任何建筑物或构筑物都是建造在地层上的，地基是地层的一部分。基础上的压力通过一定深度和宽度的土体（或岩体）来传承，这部分土体（或岩体）就是地基。直接和基础底面接触的土层，称为基础的持力层，简称持力层。土层、地基和基础之间的关系，如图 1-3 所示。

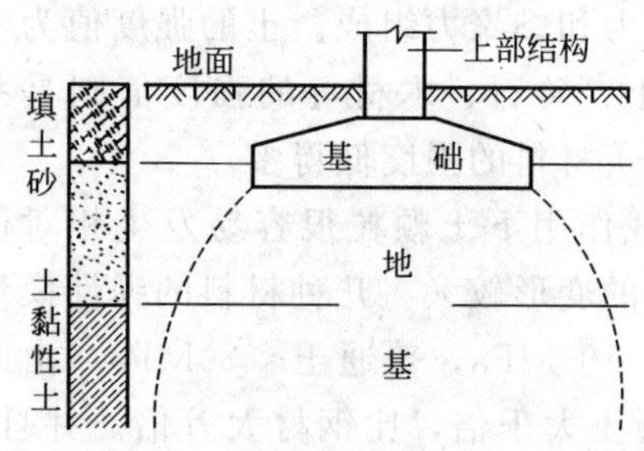

图 1-3　土层、地基和基础之关系

地基包括岩石地基和土层地基两类。凡是未经人工处理就能满足设计要求的地基，称为天然地基；如地基软弱，则需要经过人工加固处理，才能满足设计要求，这样的地基称为人工地基。很明显，人工地基的施工成本高于天然地基。为了保证建筑物的安全，地基需要满足以下两个基本条件。

(1) 稳定且具有一定的承载能力。在建筑物使用期间，地基不应发生开裂、滑移和塌陷等有害地质现象。并要求作用于地基上的荷载不超过地基的承载能力，以此保证不发生强度破坏（剪切破坏）。

(2) 变形不超过允许值。地基变形导致建筑物产生的沉降、沉降差、倾斜和局部倾斜等量值不超过允许值，从而保证建筑物不因地基变形而发生开裂、损坏或者影响正常使用。

将房屋上部结构所承受的各种作用传递到地基上的结构组成部分，称为基础。基础是建筑结构的最下面部分，通常位于地面以下，所以又称为下部结构。基础的作用是承上启下，即承担上部荷载，并将上部荷载和自身重量传递给地基。基础底面直接和地基接触，它们之间的作用与反作用，称为基底压力。因为地基的承载能力较低，所以基础底面尺寸要加以扩大，以减小基底压力，满足地基承载力要求。基础本身还应满足强度、刚度和耐久性方面的要求。

基础底面到地面的距离，称为基础的埋置深度。根据埋置深度的不同，可将基础分为浅基础和深基础两类。通常把埋置深度小于或相当于其底面宽度的基础，称为浅基础，如柱下单独基础［见图 1-4(a)］、墙下条形基础、筏形基础、箱形基础等；而对于浅层土质不良，需要利用深处良好地层的承载能力，采用专门施工方法和机具建造的基础，称为深基础，如桩基础［见图 1-4(b)］、沉井基础、沉箱基础和地下连续墙等。

(a) 浅基础：柱下单独基础

(b) 深基础：桩基础

图 1-4 典型的基础型式

基础的设计和施工，不仅要考虑上部结构的具体情况和要求，还要注意建筑场地土层的具体条件。基础和地基相互关联，不能忽视地基情况孤立考虑基础的设计和施工。虽然建筑物的地基、基础和上部结构的功能不同，研究方法各异，但在荷载作用下，它们是彼此联系、相互制约的一个整体。设计、施工一定要有整体思想、全局观念，全面地加以考虑，才能收到理想的效果。

三、地基基础的重要性

万丈高楼从地起，地基与基础是整个建筑工程中的一个重要组成部分，是房屋的根基之所在。设计时必须坚持因地制宜、就地取材、保护环境和节约资源的原则；根据岩土工程勘察资料，综合考虑结构类型、材料情况与施工条件等因素，区分不同设计等级，精心设计。

1. 重要性体现

地基基础的重要性体现在以下两个方面。

(1) 占用相当的造价和工期　基础工程在地下或水下进行，施工难度较大，造价、工期和劳动力消耗量在整个工程中所占的比重也较大。有统计资料表明，我国多层建筑基础造价超过总造价的 25%，工期占总工期的 25%～30%。如果是人工地基或深基础，造价比重更大。高层和超高层建筑，还要增加基坑开挖和支护费用。

(2) 属于隐蔽工程　基坑回填后，基础埋于地下，属于隐蔽工程，这里是施工管理或监理的重点工作之一，通常被确定为质量控制点。一旦发生地基事故，因在建筑物下方，整改不易或后果严重。所以，地基、基础的勘察、设计和施工质量，直接关系着建筑物的安危。统计资料表明，在工程事故中，以地基基础事故为最多。

2. 地基基础设计等级

根据地形复杂程度、建筑物规模和功能特征以及由于地基问题可能造成建筑物破坏或影响正常使用的程度，《建筑地基基础设计规范》(GB 50007—2002) 将地基基础设计分为甲级、乙级和丙级三个设计等级。

(1) 甲级　地基基础设计等级为甲级的建筑物包括重要的工业与民用建筑物；30 层以上的高层建筑；体型复杂，层数相差超过 10 层的高低层连成一体的建筑物；大面积的多层地下建筑物（如地下车库，商场，运动场等）；对地基变形有特殊要求的建筑物；复杂地质条件下的坡上建筑物（包括高边坡）；对原有工程影响较大的新建建筑物；场地和地基条件复杂的一般建筑物；位于复杂地质条件及软土地区的二层及二层以上的地下室的基坑工程。

(2) 乙级　所含建筑物为除甲级、丙级以外的工业与民用建筑物。

(3) 丙级　地基基础设计等级为丙级的建筑物包括场地和地基条件简单、荷载分布均匀的七层及七层以下民用建筑及一般工业建筑物；次要的轻型建筑物。

各类建筑物的地基计算均应满足承载力计算的要求；设计等级为甲级、乙级的建筑物还应按地基变形条件设计，以防止因地基过度变形而致上部结构的破坏和裂缝。在满足承载力计算的前提下，应按控制地基变形的正常使用极限状态设计。设计等级为丙级的建筑物，一部分需要考虑地基变形，另一部分可不考虑地基变形，详见第九章。

3. 建筑桩基设计等级

由设置于岩土中的桩和与桩顶连接的承台共同组成的基础或由柱与桩直接连接的单桩基础，称为桩基（pile foundation）。根据建筑物规模、体型与功能特征、场地地质与环境的复杂程度，以及由于桩基问题可能造成建筑物破坏或影响正常使用的程度，《建筑桩基技术规范》（JGJ 94—2008）将桩基设计分为甲、乙、丙三个等级。

(1) 甲级　甲级建筑桩基的建筑类型包括以下几类：重要的建筑；30 层以上或高度超过 100m 的高层建筑；体型复杂且层数相差超过 10 层的高低层（含地下室）连体建筑；20 层以上框架—核心筒结构及其他对差异沉降有特殊要求的建筑；场地和地基条件复杂的 7 层以上的一般建筑及坡地、岸边建筑；对相邻既有工程影响较大的建筑。

(2) 乙级　乙级建筑桩基为甲级、丙级以外的建筑桩基。

(3) 丙级　丙级建筑桩基的要素同时包括两个方面，一是场地和地基条件简单，二是荷载分布较均匀、体型简单的 7 层及 7 层以下一般建筑。

第二节　地基基础失效案例与对策

经过长期的实践，人类在地基基础设计与施工方面均取得了不少成功的经验，使大量的高楼大厦如雨后春笋般出现在人们眼前，形成高楼林立的所谓“城市森林”。在解决城市人口激增、用地面积受限的矛盾方面，做出了重要贡献。但是，在工程实践中成功率并非百分之百，也出现了一些工程事故，其中不乏与地基基础失效有关。

图 1-5　比萨斜塔

一、地基基础失效案例

1. 比萨斜塔

意大利西部古城比萨，城内有许多中世纪的古迹，其中比萨斜塔广为世人所知。比萨斜塔，是比萨大教堂的钟楼，共 8 层，总高 55m，如图 1-5 所示。

该塔于公元 1173 年破土动工，修建到 4 层 24m 高时出现倾斜。限于当时的技术水平，因不知原因而于 1178 年停工。一百年后的 1272 年重新开工，倾斜问题不能解决，1278 年又停工；1360 年再次复工，直到 1370 年全塔竣工。该塔楼以斜闻名，伽利略曾在此作过自由落体的科学试验，现已成为意大利的重要旅游景点。

全塔总重 14.786×10^3t，塔北侧沉降超过 1m，南侧下沉近 3m，倾斜严重时塔顶偏离竖直中心线 5m 多。这是典型的地基不均匀沉降导致的倾斜。1932 年曾经做过一次纠偏努力，当时在塔基灌注了 1000t 水泥，未能奏效。至此，它成为世界上著名的基础工程难题。

到 20 世纪后期，该塔严重倾斜，为了安全起见，禁止向游客开放。与此同时，意大利向国际社会招标加固。本世纪初，经过科学家和工程技术人员的不懈努力，该塔的倾斜程度明显减小，加固取得成功。重新向游客开放。

2. 虎丘塔

虎丘塔位于苏州西北虎丘公园山顶，原名云岩寺塔，如图 1-6 所示。此塔落成于公元 961 年（宋太祖建隆二年），共 7 层，塔高 47.5m，塔底直径 13.66m。虎丘塔平面呈八角形，由外廊、回廊和塔心组成，砖砌体结构。1961 年国务院将其列为重点文物保护单位。1980 年测定塔身向东北方向倾斜，倾角 2°47′2″，塔顶偏离中垂线 2.31m。并且还发现，塔身东北面有若干垂直裂缝，西南面出现水平裂缝，此塔成为危险建筑而停止开放。

图 1-6　虎丘塔

地质勘察查明，虎丘山由硬质凝灰岩和晶屑流纹岩构成，山顶岩面倾斜，西南高，东北低。塔的地基为 1～2m 厚的大块石人工地基，厚薄不均匀，人工地基下面的土层厚度也不均匀。土层厚度不均匀，压缩量自然不相等，也就会发生不均匀沉降，从而导致塔的倾斜。此外，南方多暴雨，雨水渗入地基块石层，冲走块石之间的细粒土，形成很多空洞，致大量雨水下渗至地基土层，加剧了地基的不均匀沉降，这也是塔身倾斜的一个原因。

该斜塔进行了地基加固。先在塔四周建造一圈桩排式地下连续墙，目的是避免塔基土流失和侧向变形，然后进行钻孔注浆和树根桩加固塔基。工程措施取得一定效果，但并不十分理想，该塔对公众开放，还尚待时日。

3. 特朗斯康谷仓

加拿大特朗斯康谷仓，呈矩形平面，长度为 59.44m，宽度为 23.47m；谷仓高度为 31.00m，总容积 36368m³。每排 13 个圆形筒仓，共布置 5 排，总计 65 个筒仓构成一个整体。基础为钢筋混凝土筏形基础，其中筏板厚度为 61cm，埋深 3.66m。

工程于 1911 年开工，1913 年秋竣工。当年 9 月起，往谷仓中装稻谷，仔细装载，均匀分布。10 月，当装入稻谷 31822m³ 时，发现谷仓下沉，一小时内达到 30.5cm，没有引起重视和采取有效措施，任其发展。24h 内西端下沉 7.32m，东端上抬 1.52m，整个谷仓倾斜 26°53′，如图 1-7 所示。经过检查，钢筋混凝土筒仓除个别部位出现裂纹外，其余部分完好无损。

该工程未做岩土工程勘察，根据邻近工程基槽开挖试验结果进行设计。谁知基础下有厚达 16m 的软土层，承载能力远低于设计采用值。在自重和稻谷重量共同作用下，基底实际压力远远大于地基土的极限承载力，引起土体整体剪切滑移破坏，致使结构下陷、倾斜。

图 1-7 特朗斯康谷仓

图 1-8 楼房倒塌现场

纠偏复位措施，是在筒仓下增设 70 个支承于基岩上的混凝土墩，采用 388 个 500kN 量级的千斤顶，逐渐将倾斜的基础顶起来，使其水平，谷仓扶正。经过处理后，谷仓于 1916 年恢复正常使用，但标高比原来降低了 4m。

4. 德阳商住楼

1995 年 12 月 5 日，四川省德阳市旌阳区内一幢在建的商住楼发生倒塌，造成 17 人死亡。如图 1-8 所示为正在清理中的事故现场。

该楼房为八层现浇钢筋混凝土框架结构，灌注桩基础，基础承台厚 500mm。事故原因在于，一侧框架柱将承台压穿（冲切破坏），直接刺入土层中达数米深，致使楼房瞬间倾倒，装修工人来不及逃生。

这是典型的基础事故。承台设计的承载力严重不足，在没有楼面活荷载的情况下，承台厚度都还不足以抵抗冲切破坏。

5. 莲花河畔景苑

2009 年 6 月 27 日，上海市闵行区莲花南路“莲花河畔景苑”小区一幢 13 层楼顷刻倒覆，如图 1-9 所示。该楼房处于装修阶段，事故造成一名安徽籍民工死亡。

图 1-9 莲花河畔景苑

莲花河畔景苑小区共有十余幢楼房，倒塌的是 7 号楼，13 层。事故调查组给出的倒楼原因是：紧贴 7 号楼的北侧在短期内堆土过高，最高处达 10m 左右；与此同时，紧邻大楼的南侧地下车库基坑正在开挖，开挖深度 4.6m，大楼两侧的压力差使土体产生水平位移，过大的水平力超过了桩基的抗侧能力，导致房屋倾倒。

经过检测和复核，勘察、设计符合要求，PHC 管桩（高强度混凝土预应力管桩）质量符合规范要求。

二、地基工程事故类别

地基工程事故，按其性质可分为强度和变形两大问题。地基强度问题引起的地基事故主要表现在地基承载力不足导致地基丧失稳定性和斜坡丧失稳定性两个方面。地基的变形问题引起的地基事故表现为地基过量变形或不均匀变形，使上部结构出现裂缝、倾斜，削弱和破坏了结构的整体性，并影响到建筑物的正常使用，甚至导致建筑物倒塌。

1. 地基失稳事故

基底压力超过地基的承载力，使地基土发生剪切滑移破坏，地基便失稳了。地基失稳破坏，主要发生在软弱地基中。前述特朗斯康谷仓的下沉、倾斜，就是地基失稳破坏的典型案例。再例如，广东省海康县（现广东省雷州市）大旅店。该旅店建筑面积4190m^2，七层钢筋混凝土框架结构，天然地基上柱下单独基础。设计前曾做过简易勘探，对地基软弱土情况重视不够。做完基础后沉降15mm，以后下沉增加，上部结构出现不少裂缝。随后不均匀沉降加剧，建筑物中段沉降达到417mm。在该大楼竣工之前的1982年5月3日顷刻倒塌，直接经济损失60万元人民币，死亡四人，重伤一人。事后调查分析认为，建筑物倒塌的根本原因是基底实际平均压力大大超过软弱地基的极限承载力。这是典型的因地基强度不足导致的地基失稳事故。

2. 斜坡失稳事故

斜坡失稳以滑坡形式出现，滑坡可以是缓慢的、长期的，也可以是突然发生的。滑坡规模差异很大，滑坡体积从数百立方米到数百万立方米，对工程危害极大。

斜坡上和斜坡附近的房屋，因所处位置不同，所受到的危害也不相同，大致可以分为三类。

(1) 位于斜坡顶部的房屋　从顶部形成滑坡，土从房屋下挤出，地基土松动。房屋出现不均匀沉降，可导致开裂损坏或倾斜。

(2) 位于斜坡上的房屋　滑坡发生时，房屋下的土发生移动，部分土绕过房屋基础移动，使房屋产生过大变形，导致结构破坏。

(3) 位于斜坡下部的房屋　房屋要经受滑动土体的侧压力。对房屋造成的危害程度与滑坡规模、移动速度有关，事故常常是灾难性的。

1972年夏季，香港下起特大暴雨，雨量到达1658.6mm。7月18日晨7时，一座山坡发生大滑坡，几万立方米土体下滑的巨大冲击力正通过附近一幢高层住宅——宝城大厦。顷刻之间，大厦被冲毁，并砸毁邻近大楼一角。在此居住的银行界人士120人当场死亡，震惊西方世界。

2010年8月7日深夜至8日凌晨，甘肃省南部地区特大暴雨，舟曲县境内山体滑坡与山洪一起形成泥石流，顺白龙江而下，舟曲县城关镇及其附近村子被冲毁，如图1-10所示。这次特大山洪泥石流冲毁房屋五千余间，造成一千多人死亡，数百人失踪，损失巨大。这为建筑选址和防灾减灾提出了值得进一步思索的问题。

图1-10　灾后舟曲

建筑施工中，深基坑的开挖，牵涉到边坡稳定问题。满足边坡稳定，方法之一是放坡开挖，但需要的施工场地很大，在城市内施工受到限制；方法之二是垂直开挖，边坡支护，占用场地小，适合于城市工地。如果基坑支护不牢，会导致基坑事故或使周围建筑物受到程度不同的损害。

3. 地基变形事故

地基变形引起的不均匀沉降，对上部结构的影响主要体现在以下几个方面：

(1) 砖墙开裂；

(2) 砖柱断裂；

(3) 钢筋混凝土柱倾斜或开裂；

(4) 高层建筑或高耸构筑物倾斜。建在软土地基上的烟囱、水塔、油罐、储气柜等高耸构筑物，若采用天然地基，则产生倾斜的可能性较大。

三、地基工程事故处理方法

地基工程事故的处理方法或加固方法，概括起来有以下几类。

(1) 基础扩大托换　通过基础扩大，减小基础底面压力，满足地基承载力条件，减小沉降量。

(2) 基础加深托换　对地基持力层卸荷，将基础上的作用力传递到较好的新的持力层上。托换方式有坑式托换，桩式托换等。

(3) 灌浆托换　灌浆加固地基，提高地基承载力。

(4) 纠偏托换　调整地基的沉降，使上部结构不再倾斜。例如迫降纠偏托换，顶升纠偏托换等方法。

(5) 综合治理　采取排水、支挡、减重和护坡等措施进行综合治理。

如果建筑物基础需要进行托换，在施工开始前，要进行技术和安全性论证；托换过程中，要通过监测手段，保证建筑物各部位之间不产生过大的沉降差；同时还要保证邻近建筑物的安全性。

第三节　课程的内容及学习要求

本课程包括土力学和地基基础（或基础工程）两大部分，从属于岩土工程。所谓岩土工程，就是根据工程地质学、岩体力学和土力学的理论、观点和方法，为解决工程项目中关于岩体、土体的利用、整治或改造，并为工程建设项目实现而服务的系统科学技术。本课程涉及工程地质、材料力学（或工程力学）、结构设计原理（或建筑结构）等相关课程，内容广泛，综合性、理论性强；紧密结合工程实际，具有明确的实用性。集专业基础课和专业课于一身，教材共分十二章，主要内容和学习要求分述如下。

第一章绪论。简要介绍土力学、地基、基础等的基本概念，有关工程失效案例，课程内容和学科发展的历史。要求掌握基本概念，从失效案例中领会课程的重要性，熟悉课程内容，了解学科发展简史。

第二章工程地质概述。简略讲述工程地质的基本知识，包括地质作用与地质构造，岩石、土的成因类型、特点，常见的不良地质条件、地下水的类型和渗透性。要求了解各种地质作用的影响，熟悉地质构造的基本类型，掌握岩石和土的成因类型，对不良地质条件有所认识，熟悉渗透性的概念，了解渗流规律，掌握防止出现流砂的条件。

第三章土的物理性质和工程分类。内容包括土的组成、结构和构造，物理性质指标的定义、测定方法和换算关系，土的物理状态指标，地基岩土的工程分类。要求了解土的三相组成，掌握各物理性质指标的含义和计算，熟练掌握土的物理状态评价方法，掌握土的工程分类方法。

第四章地基应力计算。主要内容为土自重应力的概念和分布规律，基底压力分布、简化计算方法和基底附加压力计算，地基中附加应力的计算及分布规律，有效应力原理。要求掌握土的自重应力和基底附加应力的计算，能熟练地运用“角点法”和表格计算地基中的附加应力，熟悉附加应力的分布规律，了解有效应力原理。

第五章地基沉降计算。内容包括土的压缩曲线和压缩性指标，地基最终沉降量计算的分层总和法和规范法，饱和土的渗透、固结概念，沉降与时间的关系。要求掌握土的压缩性指标测定方法，能熟练地计算地基的最终沉降量，了解渗透、固结的概念。

第六章土的抗剪强度和地基承载力。主要讲述土的抗剪强度的概念和抗剪强度指标的测定方法和影响因素，土的极限平衡条件，地基的临塑荷载、临界荷载和极限荷载的计算。要求理解库仑定律和极限平衡条件，熟悉抗剪强度指标的测定方法，了解排水条件不同时土的抗剪强度的差异，掌握地基的临塑荷载、临界荷载的含义、计算和应用，熟悉极限荷载的概念和各计算公式之间的区别。

第七章土压力和土坡稳定性。主要内容为各种土压力的概念和产生条件，朗肯土压力理论和库仑土压力理论，土坡稳定分析，重力式挡土墙的设计计算。要求正确理解静止土压力、主动土压力和被动土压力的概念，掌握三种土压力的计算，了解条分法分析土坡稳定，熟悉挡土墙的类型和重力式挡土墙的设计计算内容。

第八章岩土工程勘察。介绍岩土工程勘察的基本要求和方法，土的野外鉴别与描述，勘察报告的内容、阅读与使用。要求了解岩土工程勘察的基本要求，掌握岩土工程勘察方法，熟悉土的野外鉴别与描述，能正确使用勘察报告所提供的数据。

第九章浅基础设计。主要内容为浅基础的类型，埋置深度的选择，地基承载力特征值的确定，地基计算，无筋扩展基础设计，扩展基础设计，钢筋混凝土梁板基础计算要点，减轻地基不均匀沉降的措施。要求了解浅基础的类型、埋置深度的选择原则，熟练掌握地基承载力特征值确定方法、基底尺寸确定方法，掌握无筋扩展基础的设计方法、扩展基础的设计计算和构造要求，熟悉钢筋混凝土梁板基础的设计计算要点，了解减轻地基不均匀沉降的各种措施。

第十章深基础设计。以讲述桩基础为主，对其他深基础只作简介。桩基础的主要内容为桩基础分类和质量检验，单桩竖向承载力的传递及其确定方法，群桩的特点和承载力，桩基础设计。要求了解桩基础的类型，熟悉单桩竖向承载力的传递方式和群桩特点，掌握单桩竖向承载力特征值的确定方法，熟练掌握桩基础的设计计算，了解其他深基础如沉井、沉箱等的特点和适用范围。

第十一章软弱地基处理。介绍软弱地基的概念和特点，各种软弱地基处理方法要点及适用范围。要求了解软弱地基的特性，熟悉地基加固的机理。

第十二章区域性地基。区域性地基带有明显的地方特色，又称为特殊土地基。主要介绍岩石与岩土地基，膨胀土地基，黄土地基，红黏土地基和地震液化地基。要求了解各特殊土地基的特性与评价，熟悉防止相应地基工程事故的措施。

学习时要抓住“应力、变形、强度、稳定性”的主线，理论和应用都是围绕这条主线展开的，搞清基本概念，明白计算方法。同时，还要注意规范、规程的学习和运用。本书的计算公式较多，有的是理论公式，有的是工程实践中总结出来的经验公式，要了解各公式的来源、意义和应用。解决地基基础问题的途径，不外乎理论、试验和经验三个方面，注意书中如何将这三方面结合在一起的。基础设计和地基处理都有相应的规范和技术规程，它们是理论、试验、经验三者之集成，应充分重视。

第四节 本学科的发展简况

土力学与地基基础这门学科，其发展经历了漫长的历史过程，是人类在长期的生产实践中知识和经验的不断积累，逐步发展起来的一门学科。它既是一门古老的工程技术，又是一门新兴的应用学科。

一、古代经验积累

早在几千年以前，人类就懂得利用土进行建筑，如西安半坡村遗址❶，就有土台和石础存在，这是古代的地基基础。陕西考古工作者近年对西安附近的阿房宫遗址进行了考古发掘，发现了大型的夯土台基。夯土台基是人工夯筑的高于周围地面的土台，房屋修建在该夯土台基上，一方面显示建筑物的高大、雄伟，另一方面有利于及时排除雨水。夯土台基作为建筑物的地基，属于人工地基。古代宫殿和庙宇建筑大多采用夯土台基这种人工地基，如北京故宫的太和殿、乾清宫等都是坐落于高大的台基之上的。如图 1-11 所示为四川平武报恩寺大殿，它同样坐落于高台上。

图 1-11 四川平武报恩寺台基

图 1-12 柱下石础

中国古代建筑以木结构为主，不能像今天的钢筋混凝土结构那样，将承重柱埋于地面以下。木柱若埋于土中或与土直接接触，会因为潮气作用而致腐朽，影响耐久性。因此，在地基和木柱之间通常都要设置露出地面的石础（或石磉、础石、磉墩）。《鲁班经❷》曰：

❶ 半坡村遗址是我国新石器时代仰韶文化的重要遗址，位于陕西省西安市东郊半坡村。1954 年开始发掘，1958 年在遗址上建立了半坡博物馆，是全国重点文物保护单位之一。

❷ 《鲁班经》是中国古代的一本民间建筑技术专著。1949 年以前还有石印本，在民间流传甚广。鲁班其人，乃春秋时期鲁国人，公输氏，名般。般与班同音，故称鲁班。他是我国古代的建筑工匠，曾创造攻城的云梯，发明木制工具，是建筑工匠的“祖师”。中国建筑行业的最高奖，名为“鲁班金像奖”，也是对历史的一种传承。

“……使过步梁、眉梁、眉枋，或使斗磉者，皆在地盘上停当。”“石磉切须安得正，地盘先要镇中心。”石础或石磉，又称垫基石或垫脚石，它是柱的基础（柱下单独基础），如图1-12所示，它承受屋柱压力，并将压力传给地基。凡木架结构房屋，可谓是柱柱皆有础，缺一不可。础石的另一作用是使柱脚与地坪隔离，起到防腐作用，提高结构的耐久性。

石础用作一般木结构的基础，现代仍然采用。对于大型的宫殿或寺庙建筑，每柱传递的力相当大，需要扩大基础的底面积，减小基底压力。为此，古人发明了须弥座，代替石础。须弥座，又称金刚座，一般用砖或石砌成（实际上形成砖石砌体），上有凹凸线脚和纹饰，具有一定的艺术性，如图 1-13 所示。它作为中国传统的建筑基础，类似于现代的无筋扩展基础；它还可以作为佛像的底座（基础），在寺庙中都能见到。佛像底座（基础）也可以做成莲花状，通常称为“莲花座”。更大规模的建筑采用几个须弥座相叠形成的基础，如北京故宫三大殿，山东曲阜孔庙大成殿。

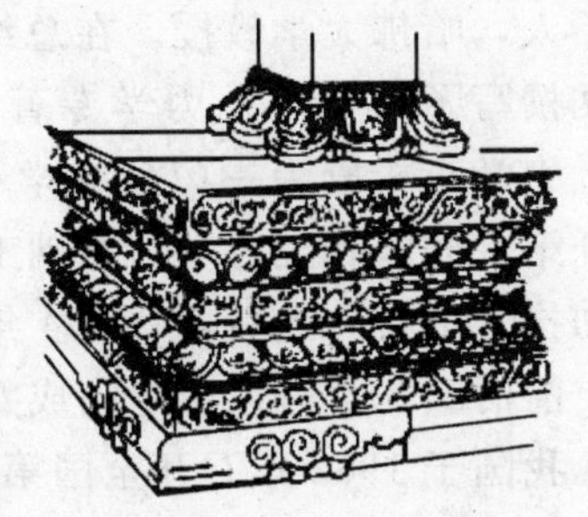

图 1-13 须弥座

公元前二世纪修建的万里长城（秦长城）、明代修建的明长城，隋唐时期修建的京杭大运河、赵州桥，黄河大堤，西安城墙，古埃及金字塔，古罗马桥梁等著名工程，也都有坚固的地基与基础，经历地震、强风考验，留存至今。四川自贡等地的先民采用泥浆护壁钻探法打盐井，西北地区在黄土中修建窑洞，以及在建筑中采用料石垫基、木桩、石灰桩、灰土地基等做法，证明古代劳动人民在长期的实践中，积累了有关土力学与地基基础方面的宝贵知识和经验，取得了相当高的土木工程成就。为后来的总结提高，上升为科学理论奠定了基础。

二、西方科学研究

18 世纪欧洲工业革命开始以后，加快了铁路、水利设施、市政工程的建设步伐，出现了许多与地基土有关的问题，需要人们解决。土的力学问题研究成为当时的课题之一，涌现出了一批土力学研究的先驱。

1773 年，法国学者库仑（Coulomb）根据对土的试验研究，创立了著名的土的抗剪强度公式，同时还提出了挡土墙的滑楔理论，建立了土压力计算公式。1857 年，英国朗肯（Rankine）研究了半无限体的极限平衡，通过与库仑不同的假定，提出另一种土压力理论。这对后来土体强度理论的发展起到了很大的促进作用。此外，1856 年，法国工程师达西（Darcy）研究了砂土的渗透性，根据试验结果，提出了达西定律，用来分析土中渗流问题。1885 年，法国人布辛奈斯克（Boussinesq）求得半无限弹性体在垂直集中力作用下，物体内任意一点的应力和位移的理论解答，这既是弹性力学的研究成果，又是地基附加应力计算和地基沉降计算的理论基础。以上这些理论和研究成果，对土力学的发展起到了很大的推动作用。

二十世纪初，土力学的研究取得了较快发展。1920 年，法国学者普朗特尔（Prandtl）根据塑性极限平衡理论，得到地基剪切破坏时的滑动面形状和极限承载力公式。1922 年，瑞典工程师费兰纽斯（Fellenius）为解决铁路坍方问题，研究出土坡稳定分析方法。1924

年，雷斯诺（Reissner）对普朗特尔极限承载力公式进行了修正。随后，太沙基也在普朗特尔研究的基础上提出了新的假定，得到地基土的极限承载力公式。正是因为太沙基，才使土力学从力学中分离出来成为一门独立的学科。

三、当今独立学科

卡尔·太沙基（Karl Terzaghi，1883-1963，见图 1-14），美籍奥地利人，现代土力学的创始人，哈佛大学教授。在总结前人成果的基础上，他于 1925 年用德文撰写了第一本土力学专著《建立在土的物理学基础的土力学》，使土力学正式成为一门独立学科，并培育了一批学术骨干。1936 年召开第一届国际土力学与基础工程会议，提交了大量的论文、研究报告和技术资料。此后，每隔 4 年左右就会召开一次国际盛会，学术氛围空前活跃，学科逐步走向成熟。

图 1-14 土力学家太沙基

我国于 1962 年召开全国第一届土力学与基础工程学术会议，此后，广大土力学工作者，在这一学科领域内辛勤耕耘，每隔几年就有一次全国性的学术交流、讨论，对促进国内土力学与地基基础的教学、科研起到了积极的作用。几十年来，取得了令人瞩目的研究成果，不少人成为该领域的专家、院士。

随着试验仪器设备的现代化，土工测试手段有了长足的发展；计算机技术，也给土力学的发展带来新的机遇。人们已不满足于将地基、基础、上部结构三者各自脱离，分开计算的传统做法，对于复杂的建筑结构，可以考虑上部结构—地基—基础之间的共同作用，使内力、变形计算更切合实际。新的基础设计理论与施工技术也得到了迅速发展，比如出现了补偿性基础、桩—筏基础、桩—箱基础、巨型沉井基础等新的基础型式；在地基加固处理方面，诸如强夯法、沙井预压法、振冲法、深层搅拌法、压力注浆法、加筋土、CFG 桩等方法，都得到了发展与完善。

虽然土力学与地基基础的理论和技术都得到了迅猛的发展，达到了一定的高度，但工程实践中仍然会不断出现新的问题，等待人们去研究、去探索。实际工程问题解决了，具有经济效益和社会效益，同时也推动技术进步，学科发展。展望未来，土力学与地基基础的理论与实践将以更快的速度向前发展，并为人类的未来做出更大的贡献。

思考题

1.1 何谓地基？如何分类？它起什么作用？

1.2 什么是基础？它与地基之间有什么联系？

1.3 建筑物对地基基础有什么要求？

1.4 地基工程事故类别有哪些？各有什么危害？

1.5 地基工程事故处理方法有哪些？

1.6 古代柱础石、须弥座为什么不直接埋入地下？

1.7 联系所在地区的实际，说明学习本课程的重要性。

1.8 学习本课程应抓住的主线是什么？

选择题

1.1 建筑地基可分为天然地基和（ ）两类。

A. 人工地基　B. 岩土地基　C. 须弥地基　D. 莲花地基

1.2　建筑物的地基是（　）的一部分。

A. 结构　B. 基础　C. 房屋　D. 地层

1.3　基础底面到地面的距离，称为基础的（　）。

A. 高度　B. 埋置深度　C. 厚度　D. 长度

1.4　含地下车库的十八层钢筋混凝土剪力墙结构楼房的地基基础设计等级应为（　）。

A. 甲级　B. 乙级　C. 丙级　D. 丁级

1.5　砌体结构房屋的砖墙开裂，一般是由（　）引起的。

A. 地基失稳　B. 地基托换　C. 地基变形　D. 地基承载力

1.6　古代的夯土台是（　）。

A. 人工地基　B. 人工基础　C. 军事建筑　D. 建筑结构

1.7　1925 年（　）出版了第一本土力学专著，成为现代土力学的创始人。

A. 库仑　B. 太沙基　C. 布辛奈斯克　D. 朗肯

第二章　工程地质概述

第一节　地质作用与地质构造

因为各类建筑物和构筑物无不建造于地球表面上，所以它们安全与否和工程地质关系密切。地球自形成起至今约60亿年的历史，在漫长的地质年代里，经历了一系列的演变过程，形成了各种类型的地质构造和地形地貌，以及复杂多样的岩石和土。地质构造对工程建设具有重要影响，应了解其基本概念和基本知识。

一、地球的组成

地球是太阳系的九大行星之一，形状像扁球体，平均半径约6400km。自外至内共分三大层：地壳、地幔和地核。

1. 地壳

地壳是地球层圈的最外层，为由岩石组成的硬壳。其底层为莫霍洛维奇界面❶。大陆上地壳平均厚度35km，海底地壳平均厚度6km。根据成分不同，地壳可分为上下两层，上层为花岗岩层，富含硅和铝，又称硅铝层；下层为玄武岩层，富含硅和镁，又称硅镁层。表面层因受大气、水、生物的作用，形成土壤层、风化壳和沉积层，建筑上的土就位于这一层。

2. 地幔

地幔是地球内部构造的一个层圈，位于地壳以下，地核以上，又称中间层。地幔的下界在2900km深处，其组成物质具有固态特征。

3. 地核

地核是地球内部构造的中心层圈，位于地幔以下到地球中心的部分。地震波在该处的传播速度与在高压状态下铁的传播速度相等，据此推测地核可能是由高压状态下的铁、镍成分的物质所组成，因横波不能通过，故疑为液态。

二、地质作用

建筑物场地的地形、地貌和组成物质的成分、分布、厚度及特性取决于地质作用。所谓地质作用是指改变地球表面地貌形态，改变组成地壳的物质（岩石）成分与构造，破坏原来的岩石以及形成新的岩石等的自然作用。根据能量来源的不同，地质作用可分为内力地质作用和外力地质作用。

1. 内力地质作用

内力地质作用是由地球自转产生的旋转动能和放射性元素蜕变产生的热能所引起的地质作用，表现为岩浆活动、地壳运动和变质作用。

2. 外力地质作用

外力地质作用是由太阳辐射能和地球重力位能所引起的地质作用，表现为昼夜和季节气

---

❶ 地壳和地幔的界面，1909年瑞典地震学家莫霍洛维奇（1857～1936）根据研究地震波所得资料而发现，故名。大陆上平均深度30～40km，孤岛地区50～75km，大洋地区5～10km。

温变化、雨雪、山洪、河流、风、生物等对母岩产生的风化、剥蚀、搬运与沉积。

内力地质作用与外力地质作用彼此独立，但又相互依存。对地壳的发展而言，内力地质作用占主导地位；对地表岩土的影响而言，外力地质作用占主导地位。在地质作用下，地壳形成了各种类型的地形，称为地貌。地表形态可按其不同的成因划分为各种相应的地貌单元，如山地、丘陵、高原、平原、盆地等。地貌单元下部原来生成的、具有一定连续性的岩石称为基岩，而覆盖在基岩上的各种成因的沉积物称为覆盖土。

三、地质年代

岩石与土的性质与其生成的地质年代有关。一般说来，生成年代越久远，岩土的性质越好。所谓地质年代就是指地壳上不同年代的岩石在形成过程中的时间和顺序，又分绝对地质年代和相对地质年代两种。绝对地质年代由放射性测定，它是根据岩层中放射性同位素蜕变产物的含量加以测定的，可明确说明岩石生成距今的年数；相对地质年代主要依据古生物学方法加以划分，说明岩石在生成时间上的新老顺序。

相对地质年代分为隐生宙和显生宙，宙下共分为五大代，每代分若干纪，每纪又细分为若干世，每世下面再分若干期。隐生宙内分太古代和元古代，显生宙里分古生代、中生代和新生代：

1. 太古代

距今 24～45 亿年。晚期有菌类和低等蓝藻存在，但可靠的化石记录不多。

2. 元古代

距今 5.7～24 亿年。蓝藻和菌类开始繁盛。至末期，无脊椎动物出现。

3. 古生代

距今 2.3～5.7 亿年

(1) 寒武纪　距今 5.0～5.7 亿年。红藻绿藻等开始繁盛。

(2) 奥陶纪　距今 4.4～5.0 亿年。藻类广泛发育。海生无脊椎动物非常繁盛。

(3) 志留纪　距今 4.0～4.4 亿年。至晚期，原始鱼类出现。

(4) 泥盆纪　距今 3.5～4.0 亿年。昆虫和原始两栖类出现，鱼类发展。

(5) 石炭纪　距今 2.85～3.5 亿年。蕨类大量繁荣，两栖类进一步发展，爬行类出现。

(6) 二叠纪　距今 2.3～2.85 亿年。裸子植物开始发展。

4. 中生代

距今 6700 万年～2.3 亿年

(1) 三叠纪　距今 1.95～2.3 亿年。裸子植物进一步发展，哺乳类出现。

(2) 侏罗纪　距今 1.37～1.95 亿年。苏铁、银杏、松柏繁荣，巨大爬行类（恐龙）发展，鸟类出现。

(3) 白垩纪　距今 6700 万年～1.37 亿年。被子植物大量发现。

5. 新生代

距今<6700 万年

(1) 早第三纪　距今 2500 万年～6700 万年。分古新世，始新世，渐新世。植物和动物逐渐接近现代。

(2) 晚第三纪　距今 100 万年～2500 万年。分中新世和上新世。至晚期，人类出现。

(3) 第四纪　用符号 Q 表示，距今 100 万年以内。

在每一个地质年代中，都划分有相应的地层。对应于地质年代单位，地层单位分为界、系、统和阶（层）。在新生代中，距今最近的一个纪为第四纪，地表上的土几乎都是第四纪沉积物。在岩土勘察报告中会提到地基土的地质年代或地层单位，其对应关系见表 2-1。

表 2-1 第四纪地质年代（第四系地层单位）细分表

纪(系)	世(统)		距今年代/万年
第四纪(第四系)Q	全新世(全新统)Q_h 或 Q_4		<2.5
	更新世(更新统)Q_p	晚更新世(上更新统)Q_3	2.5～15.0
		中更新世(中更新统)Q_2	15.0～50.0
		早更新世(下更新统)Q_1	50.0～100.0

四、地质构造

地壳中的岩体由于受到地壳运动的作用而发生的连续或不连续的永久性变形所形成的种种构造形态，统称为地质构造。地质构造与建筑场地的稳定性密切相关。常见的地质构造有褶皱和断裂两种基本类型，如图 2-1 所示。

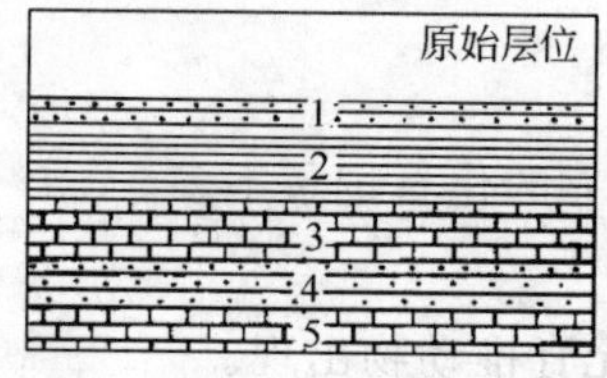

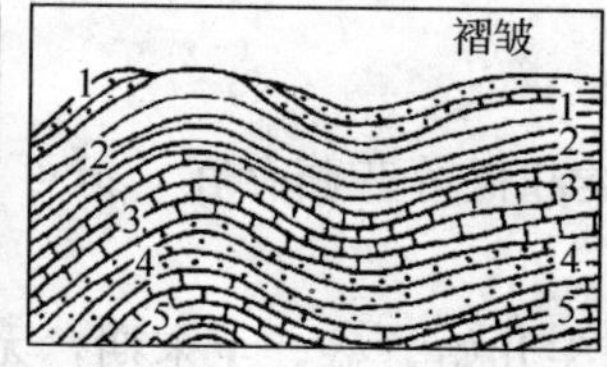

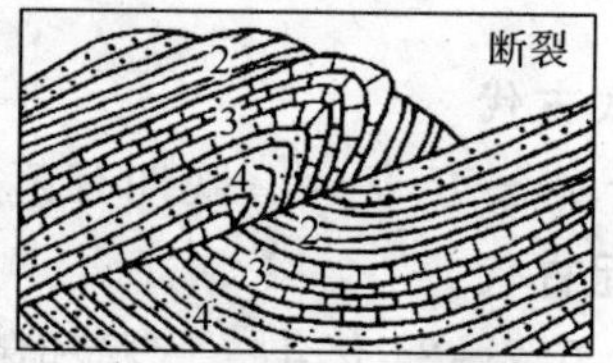

图 2-1 地质构造

1,4—砂岩；2—页岩；3,5—石灰岩

1. 褶皱构造

褶皱构造也叫褶曲构造，是成层岩石受力作用水平形状遭受破坏而发生波状弯曲，但连续性没有受到破坏的一种构造变形，如图 2-2 所示。

图 2-2 褶皱构造

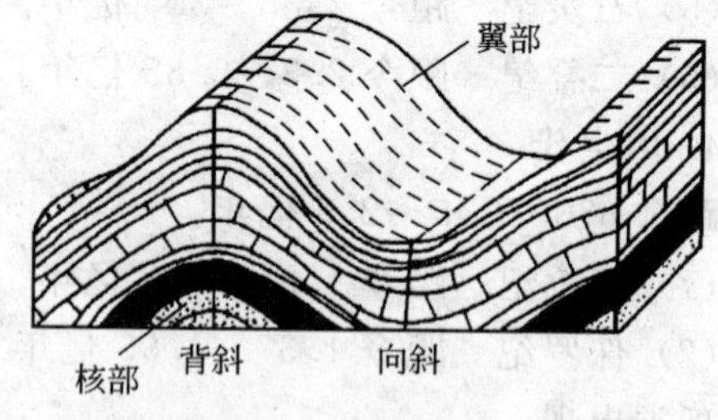

图 2-3 褶曲弯

褶皱构造的基本单元是褶曲，它是褶皱中的一个弯曲，如图 2-3 所示。向上隆起的部分叫背斜褶皱，向下弯曲的部分叫向斜褶皱。弯曲的中心部位叫核部，两侧部分叫翼。背斜的核部由较老的岩层组成，而且新岩层对称重复出现在老岩层的两侧，它在横剖面上的形态呈向上凸起状；向斜的核部由新岩层组成，翼部由老岩层组成，且对称重复出现在新岩层的两侧，它在横剖面上的形态呈向下凹曲状。

在褶曲山区，岩层遭受的构造变动常较大，故节理发育，地形起伏不平，坡度也较大。

坡面倾斜方向与岩层倾斜方向相同的山坡称为顺向坡，其稳定性一般与岩层性质、倾角大小和有无软弱结构面有关；坡面倾斜方向与岩层倾斜方向相反的山坡称为逆向坡，其稳定性较好，如图2-4所示。对于顺向坡，如果施工开挖切去斜坡或坡脚，则上部岩体可能沿层面发生滑动，此时应该修建挡土结构（挡土墙）或做护坡工程。

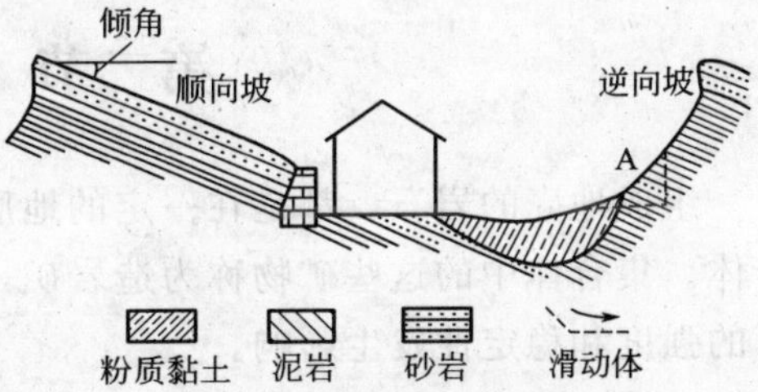

倾角
顺向坡
逆向坡
A
粉质黏土 泥岩 砂岩 滑动体

图 2-4 顺向坡与逆向坡

2. 断裂构造

在地壳运动的作用下，岩层丧失了原有的连续完整性，在其内部产生了许多断裂面，统称为断裂构造，如图2-5所示。根据断裂面两侧岩层（岩体）有无显著相对位移，断裂构造可分为节理和断层两种类型。

图 2-5 断裂构造

图 2-6 节理

（1）节理 沿断裂面两侧的岩体未发生位移或仅有微小错动的断裂构造称为节理，如图2-6所示。节理多半成群出现，大小不一，有的相互平行，有的纵横交错。它是矿液和地下水的良好通道和沉淀场所，也是岩石容易风化的地带。

（2）断层 沿断裂面两侧的岩体发生了显著的位移的一种断裂构造称为断层。断裂面又称为断层面，断层面两侧的岩块称为“盘”。如果断层面是倾斜的，则断层面以上的一盘称为上盘，断层面以下的一盘称为下盘。根据断层两盘的相对移动的性质，断层可以分为正断层、逆断层和平移断层三类，如图2-7所示。上盘相对下降，下盘相对上升的断层为正断层；上盘相对上升、下盘相对下降的断层为逆断层；断层面竖直，两盘直立，在水平方向发生相对错动，称为平移断层。

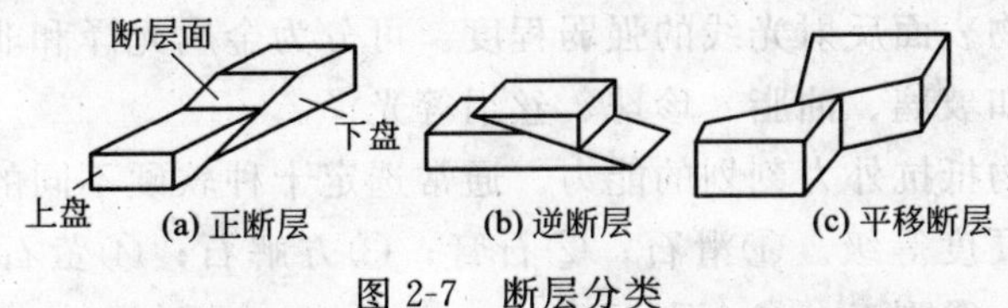

图 2-7 断层分类

地壳中的断层活动，往往不是局限在一个断层面上进行的，而是沿着断裂面运动。因此，断层不是一个单纯的面，而是具有一定宽度的带。断层规模越大，这个带就越宽，破坏程度也越严重。断层规模大小不一，小的几米，大的几百公里，甚至数千公里。断层活动，往往会导致地震，因此不宜在断层上建造永久性建筑物或构筑物。

第二节 岩石的成因类型

组成地壳的岩石，都是在一定的地质条件下，由一种或几种矿物自然组合而成的矿物集合体。集合体中的这些矿物称为造岩矿，其成分、性质及其在各种因素下的变化，都会对岩石的强度和稳定性发生影响。

一、主要的造岩矿物

矿物是组成岩石的细胞，是地壳中具有一定化学成分和物理性质的自然元素和化合物。地壳上已发现的矿物有三千多种，但常见的造岩矿物仅三十多种。

1. 矿物的种类

矿物按生成条件可分为原生矿物和次生矿物两大类。

(1) 原生矿物　原生矿物一般由岩浆冷凝而成，如石英、长石、辉石、角闪石、云母等。石英的化学成分为二氧化硅（SiO_2），三方晶系，晶体呈六方柱状，颜色不一，无色透明的晶体称为“水晶”。长石为长石族矿物的总称，为钾、钠、钙以及钡的铝硅酸盐；长石族矿物是分布最广的构造矿物，见于各种岩石中。辉石为辉石族矿物的总称，是镁、铁、钙、钠等的硅酸盐或铝硅酸盐。角闪石为角闪石族矿物的总称，是镁、铁、钙、钠等的硅酸盐或铝硅酸盐，在成分上以含（OH）区别于辉石族。云母为云母族矿物的总称，为钾、镁、锂、铝等的铝硅酸盐，单斜晶系，集合体为鳞片状，商业上多称“千层纸”。

(2) 次生矿物　次生矿通常由原生矿风化产生或由水溶液中析出产生。如由长石风化形成高岭石，由辉石或角闪石风化形成绿泥石；从水溶液中析出方解石和石膏。高岭石的化学成分为 $Al_4[Si_4O_{10}](OH)_8$，因最初在我国江西景德镇附近的高岭地方发现而得名，常成致密块状集合体，又称为“高岭土”或“瓷土”；绿泥石为绿泥石族矿物的总称，化学成分 $(Mg,Al,Fe)_6[(Si,Al)_4O_{10}](OH)_8$；方解石的化学成分为 $CaCO_3$；石膏的化学成分为 $CaSO_4 \cdot 2H_2O$。

2. 矿物的物理性质

矿物的物理性质主要有形状、颜色、光泽、硬度、解理和断口等。

(1) 形状　指矿物的外表形态。结晶体几何形状规则，非结晶体几何形状不规则。

(2) 颜色　指矿物新鲜表面的颜色，取决于化学成分和所含杂质。按颜色深浅分为浅色矿物（白、浅灰、玫瑰、粉红、红、黄色矿物）和深色矿物（深灰、深绿、灰黑、黑色矿物）两大类。浅色矿物如长石、石英等，深色矿物如辉石、角闪石等。

(3) 光泽　指矿物表面反射光线的强弱程度。可分为金属光泽和非金属光泽两种，前者如黄铁矿光泽，后者如玻璃、油脂、珍珠、丝绢等光泽。

(4) 硬度　指矿物抵抗外力刻划的能力。通常选定十种软硬不同的矿物，以它们的硬度作为标准，定出十个硬度等级。①滑石；②石膏；③方解石；④萤石；⑤磷灰石；⑥正长石；⑦石英；⑧黄玉；⑨刚玉；⑩金刚石。

(5) 解理　指矿物受外力作用时，沿一定方向裂开成光滑平面的性能。裂开的光滑平面称为解理面。一般分为极完全解理（易裂开成极薄片状）、完全解理（裂开成鳞片状、板状或块状）、不完全解理（裂开面只有局部的光滑面）和无解理（裂开成不规则的碎块）。

(6) 断口　指矿物受外力打击后不能沿一定方向破裂时断开面的形态。常见的断口有贝壳状、平坦状、参差状、锯齿状等。

二、岩石的成因类型

自然界中的岩石种类繁多，按其成因可分为岩浆岩、沉积岩和变质岩三大类。地壳表面主要分布的是沉积岩，地壳深处以岩浆岩和变质岩为主。

1. 岩浆岩

岩浆岩又称火成岩，由地球内部的岩浆侵入地壳或喷出地面冷凝后形成的岩石。岩浆在地表以下冷凝形成的岩浆岩称为侵入岩，岩浆喷出地表后冷凝形成的岩浆岩称为喷出岩。

岩浆岩的矿物成分有两类，一类是石英、正长石、斜长石、云母等含铝硅酸盐矿物，为浅色矿物；另一类是角闪石、辉石、黑云母、橄榄石等含铁镁硅酸盐矿物，为深色矿物。岩浆岩的结构，根据矿物的结晶程度、颗粒大小和均匀程度，分为显晶质、隐晶质、玻璃质和斑状四种结构。显晶质结构是岩石中的矿物以肉眼可见的结晶颗粒为主所组成的结构，为侵入岩所特有；隐晶质、玻璃质和斑状结构是岩浆喷出地表后迅速冷凝而成，为喷出岩所特有。

岩浆岩可根据二氧化硅的含量进行分类：(1) 超基性岩（SiO_2 含量＜45%）；(2) 基性岩（SiO_2 含量 45%～52%）；(3) 中性岩（SiO_2 含量 52%～66%）；(4) 酸性岩（SiO_2 含量＞66%）。

常见的岩浆岩有花岗岩、花岗斑岩、正长岩、闪长岩、安山岩、辉长岩、玄武岩等。

花岗岩也称花岗石，俗称麻石，是分布最广的侵入岩。其构造致密，强度高，密度大，吸水率极低，质地坚硬、耐磨，属酸性硬石材。因其不易风化，外观色泽可保持百年以上，所以广泛应用于室内外地面、墙面，也用于纪念性雕像（见图 2-8）。

图 2-8 花岗岩雕像

图 2-9 三叠纪玄武岩

玄武岩是分布最广的基性喷出岩。在我国西南诸省有三叠纪玄武岩，东部有第四纪玄武岩。如图 2-9 所示为峨眉山金顶附近的三叠纪玄武岩，色深、质硬。玄武岩除本身可用作优良耐磨耐酸的铸石原料外，其气孔中往往充填有铜、钴、冰洲石等有用矿产。其中冰洲石的化学成分为 $CaCO_3$，无色透明且具有显著的双折射现象，是光学仪器中的一种重要材料。

2. 沉积岩

沉积岩是在地表条件下，由原岩（岩浆岩、变质岩和早期的沉积岩）经风化剥蚀作用形成的岩石碎屑、溶液析出物或有机质等，经流水、风、冰川等搬运到陆地低洼处或海洋中沉积，再经成岩作用（压紧或化学作用硬结）而形成的岩石。沉积岩分布广，约占地球表面积的 3/4。

沉积岩的成分包括矿物和胶结物。矿物中有石英、长石、云母等原生矿物，也有方解石、白云石、石膏、黏土矿物等次生矿物。其中黏土矿物、方解石、白云石是沉积岩所特有的，是区别于岩浆岩的一个重要特征。胶结物按其硬度与抗风化力的大小，有硅质（SiO_2）、钙质（$CaCO_3$）、铁质（FeO、Fe_2O_3）和泥质四种。沉积岩的结构，按成因和组成物质不同，分为碎屑结构、泥质结构、化学结构和生物结构四种。

沉积岩的构造最显著的特征是具有层理。这是它区别于其他岩类最明显的特征之一。所谓层理，就是在垂直于沉积岩层的方向上，由于沉积过程中沉积环境的变化，而使沉积物质成分、颗粒大小、形状或颜色的不同而显示出的成层现象。如图 2-10 所示为典型层理构造，层与层之间的接触面叫层面，上下层面之间的垂直距离叫岩层的厚度。

图 2-10 层理构造

图 2-11 砂岩大佛

常见的沉积岩有砾岩、砂岩、石灰岩、凝灰岩、泥岩、泥灰岩、页岩等。

砂岩是颗粒直径为 0.1～2mm 的砂粒经胶结而成的碎屑沉积岩，分布很广。如图 2-11 所示为中国唐代在砂岩上开凿的大佛石像——乐山大佛，该处砂岩为红色，较易风化。

石灰岩，俗称“青石”，是一种在海、湖盆地生成的灰色或灰白色沉积岩，如图 2-12 所示。它是烧制石灰的主要原料，在冶金、水泥、玻璃等工业及建筑行业中有广泛的用途。石灰石经过水溶蚀后，形成多孔且玲珑剔透，太湖石是其代表。太湖石用于庭院或园林，可叠成假山，在江南园林艺术中占有重要地位。

石灰岩

太湖石

图 2-12 石灰岩与太湖石

页岩是由各种黏土经压紧而成的黏土岩，是沉积岩中分布最广的一种岩石，页岩层理明显，沿层理易剥成薄片。页岩颜色不定，一般为灰色、褐色或黑色。常见类型有钙质页岩、硅质页岩和碳质页岩等。页岩砖（见图 2-13）已替代黏土砖，广泛用作墙体材料。

3. 变质岩

组成地壳的岩石因地壳运动和岩浆活动，在高温、高压和化学性活泼的物质作用下，使其发生矿物成分、结构构造改变，从而形成新的岩石，称为变质岩。

图 2-13 页岩砖

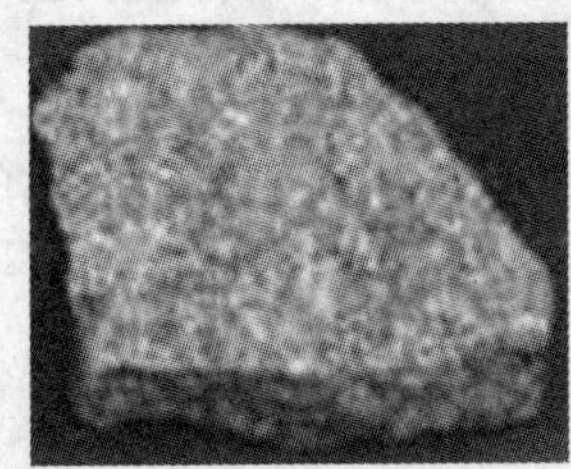

图 2-14 片麻岩

变质岩的矿物成分有两种：

(1) 与岩浆岩或沉积岩共有的矿物，如石英、长石、云母、角闪石和方解石等；

(2) 变质岩具有的矿物，如滑石、硅线石、红柱石、蛇纹石和绿泥石等。

变质岩的结构，多为结晶结构，与岩浆岩相似，通常加“变晶”二字以示区别。变质岩的结构有变晶结构（等粒、斑粒、鳞片）和变余结构两种。变质岩的构造分块状构造、板状构造、片状构造、片麻状构造和千枚状构造。

常见的变质岩有片麻岩、云母片岩、绿泥石片岩、大理岩、石英岩等。

图 2-14 所示为片麻岩，是区域变质的产物。变质程度较深，因此结晶较粗。具有片麻状构造，并具花岗变晶结构和斑状变晶结构，矿物成分大致和花岗岩相近，主要是石英、长石和深色矿物（黑云母或角闪石）。由岩浆岩变质而成的称为“正片麻岩”，由沉积岩变质而成的称为“副片麻岩”。东岳泰山，又称岱山，是由片麻岩构成的断块山地。从松山谷底至岱顶南天门的一段盘路，俗称十八盘，全程一公里多，磴道全部采用泰山片麻岩修砌而成。

大理岩因盛产于我国云南大理而得名，如图 2-15 所示。它是石灰岩或白云岩受接触或区域变质作用而重结晶的产物。矿物成分主要为方解石，遇盐酸发生气泡。具等粗的或不等粗的变晶结构，颗粒粗细不一。大理岩磨光后非常美观，可作建筑材料，也可供艺术雕刻和装饰品之用。汉白玉是大理岩的一种，颜色洁白、细粒，质地坚硬，是上等的建筑材料。北京许多建筑如故宫、颐和园、天安门前的华表所用的白色石材，就是汉白玉。

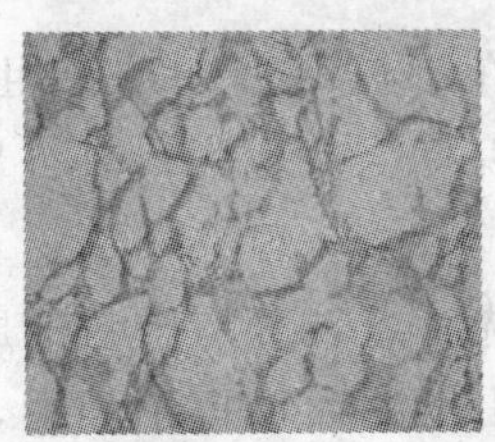

图 2-15 大理岩

石英岩乃区域变质岩之一，由砂岩或化学硅质岩重结晶而成。主要矿物为石英，一般为浅色或白色，质密坚硬，但其颗粒常结成致密块状，肉眼不易区分。石英岩为很好的建筑石料，并可作耐火材料和玻璃的原料。

第三节 土的成因类型

土是在第四纪由岩石风化、剥蚀、搬运、沉积而形成的沉积物，在地表分布极广，成因类型也很复杂。不同成因类型的土，各具有一定的分布规律、地形形态及工程性质。根据地质成因类型，可以将土体划分为残积土、坡积土、洪积土、冲积土等类型。

一、残积土

岩石经风化、剥蚀，未被搬运而残留于原地的那一部分碎屑物称为残积土。而另一部分较细的碎屑已被雨水和风带走。

残积土主要分布在岩石出露的地表，经受强烈风化作用的山区、丘陵地带与剥蚀平原。其基本特征是：(1) 残积土处于风化壳上部，向下依次为半风化、半坚硬层；(2) 粒度成分上部较细，随深度增加而变粗；(3) 气候条件和基岩的岩性影响其成分，在干旱地区，以物理风化为主，主要是粗碎屑物和砂，而潮湿地区则以化学风化和生物风化为主，黏粒较多。结晶类岩石风化作用下主要变为黏粒，细砂岩风化成细砂，也就是说残积土的矿物成分与下卧基岩一致；(4) 残积土的厚度一般不超过 10m，且不均匀，变化较大；(5) 表层孔隙大、强度低、压缩性高，下层为夹碎石、砂的黏性土，强度较高；(6) 残积土通常发育于宽广的分水岭地带、缓坡地带。

残积土裂隙多、无层次、不均匀，若作为建筑物地基，应当注意不均匀沉降和土坡稳定问题。

二、坡积土

一部分残积土，由于雨水或雪水的搬运，或由于重力的作用，沉积在较平缓的山坡或山麓处，逐渐堆积形成坡积土。它一般分布在山腰或坡脚，上部与残积土相接。

坡积土搬运距离不远，随斜坡自上而下逐渐变缓，呈现由粗而细的分选作用，矿物成分与下卧基岩没有直接关系。

坡积土厚薄不均，土质不均，孔隙大，压缩性高，如作为建筑物地基，应注意不均匀沉降和稳定性。

三、洪积土

洪积土是由暴雨或大量融雪形成山洪急流，冲刷搬运大量碎屑物，流至山谷出口或山前倾斜平原所形成的堆积物。

因为山洪流出谷口后，流速骤减，所以洪积土在谷口附近颗粒较粗，多为块石、碎石、砾石和粗砂，而离谷口较远的地方颗粒变细。其地貌特征表现为，靠谷口处窄而陡，离谷口后逐渐变为宽而缓，形如扇状，称为洪积扇。

洪积土离山区由近而远颗粒呈现由粗到细的分选特点，碎屑颗粒的磨圆度由于搬运距离短而仍然不佳。由于山洪的发生是周期性的，每次山洪的大小也不相同，故堆积物也随之不同。鉴于此，洪积土常为不规则的层理构造，往往有黏性土夹层、尖灭和透镜体等存在。所谓尖灭，就是沉积土层厚度逐渐变薄而消灭的现象；透镜体则是指土层形成中间厚边缘薄或中间薄边缘厚的凸透镜或凹透镜形状的现象。

洪积土作为建筑物地基，一般认为是较理想的，但应当注意尖灭和透镜体引起的不均匀沉降。

四、冲积土

河流两岸基岩及其上部覆盖的松散物质被河流流水剥蚀后搬运、沉积在河床较平缓地带形成的沉积物称为冲积土。冲积土的特点是具有明显的层理构造。由于搬运作用显著，因此碎屑颗粒磨圆度好。随着河流的流速从上游到下游逐渐减小，冲积土有明显的分选现象。上游沉积物多为磨圆粗大颗粒，中下游沉积物大多由砂粒逐渐过渡到粉粒和黏粒。

河流冲积土在地表分布很广，主要类型有平原河谷冲积土、山区河谷冲积土和三角洲冲积土等。

1. 平原河谷冲积土

平原河谷大多数有河床、河漫滩及阶地等单元，如图 2-16 所示。平原河流河谷不深而宽度很大，两岸形成许多阶地。冲积土比较复杂，包括河床沉积土、河漫滩沉积土、河流阶地沉积土以及古河道沉积土等。

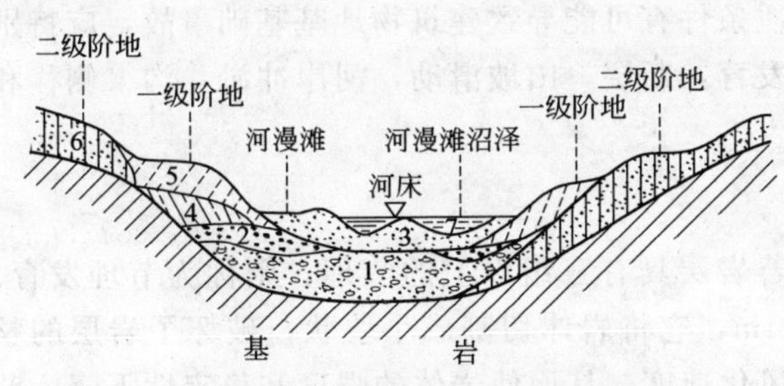

图 2-16　平原河谷横断面示例（垂直比例尺放大）

1—砾卵石；2—中粗砂；3—粉细砂；4—粉质黏土；5—粉土；6—黄土；7—淤泥

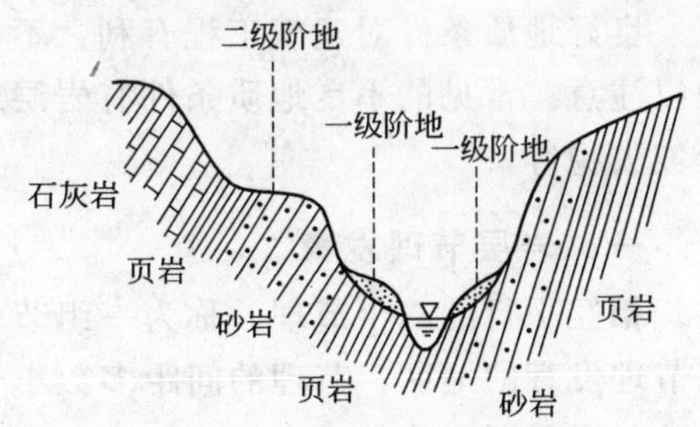

图 2-17　山区河谷横断面示例

（1）河床沉积土　上游颗粒粗，下游颗粒细，具有一定的磨圆度。河床沉积土大多为中密砂砾，是良好的天然地基。

（2）河漫滩沉积土　常为上下两层结构。下层为砂砾、卵石等粗颗粒物质，上层则为河水泛滥时沉积的较细颗粒的土，局部夹有淤泥和泥炭层。故上层不宜作为持力层，下层是良好地基。

（3）河流阶地沉积土　河谷阶地是在地壳升降运动与河流侵蚀、沉积等作用相互配合下形成的。由河漫滩向上，依次为一级阶地、二级阶地、三级台阶等。阶地越高，形成年代越早，土质越好。

（4）古河道沉积土　在弯曲的河道，河水冲刷凹岸，冲蚀下来的物质带到凸岸沉积下来，河道的弯曲逐渐发展，在洪水期水流截弯取直，原来弯曲部逐渐淤塞形成古河道沉积土。这种沉积土通常存在较厚的淤泥、泥炭土，压缩性高，强度低，为不良地基。

2. 山区河谷冲积土

山区河谷两岸一般比较陡峭，大多仅有河谷阶地，而没有河漫滩，如图 2-17 所示。河流流速大，故沉积土颗粒较粗，多为砂粒所填充的漂石、卵石与圆砾。山区河谷冲积土的厚度通常不超过 10～15m。山间盆地和宽谷中有河漫滩冲积土，主要为含泥的砾石，分选性较差，具有透镜体和倾斜层理构造。高阶地，往往是岩石或坚硬土层，是良好地基。

3. 三角洲冲积土

河流搬运的大量物质在河流入海、入湖的地方沉积成为三角洲冲积土，厚度可达数百米以上，分布范围很广，水系密布，地下水位较高。

三角洲冲积土的颗粒较细，含水量大，多呈饱和状态，有较厚的淤泥或淤泥质土层分布，承载力较低。在最上层，由于经过长期的干燥和压实，形成一个“硬壳”层，承载力较下面土层为高，应善加利用。

五、其他沉积土

除前述四种成因类型的沉积土以外，还有海洋沉积土、湖泊沉积土、冰川沉积土和风积土等类型，因遇到的机会不多，故不再介绍。

第四节 不良地质条件

良好地质条件对建筑工程有利，不良地质条件有可能导致建筑物地基基础事故，应特别加以注意。常见的不良地质条件有岩层节理发育，断层，山坡滑动，河岸冲淤，沟渠侧移和岸坡失稳等。

一、岩层节理发育

相互平行的二个节理，称为一组节理。若岩层具有三组以上的节理，则称为节理发育。在节理发育的地区，节理的间距多数小于0.4m，它将岩体切割成小块状，破坏了岩层的整体性，增强了岩体的透水性，加速了岩体的风化速度，从而使岩体的强度和稳定性下降。节理发育的场地，一般不宜作为建筑物的地基。

二、断层

形成年代越近的断层，活动的可能性越大。大的断层形成断裂带，断裂带处断层活动往往会导致地震发生。如龙门山断裂带长达数百公里，2008年5月12日发生8.0级地震；起于营口终于庐江的大断裂带，长度超过二千公里，1969年渤海7.4级地震，1975年海城7.3级地震，都与断裂带的活动有关。长度在几米至数千米的中小断层数量较多，断层错动也会导致上方建筑物的破坏。

在断层附近建房，应按规定进行抗震设防。永久性建筑应避免横跨在断层上。

三、山坡滑动

天然山坡经历漫长的地质年代，已趋稳定。但由于人类的活动和自然环境的因素，会使原本稳定的山坡失稳而滑动，形成地质灾害，对坡上建筑和坡下建筑可能带来危害。如图2-18所示为因暴雨所致的滑坡，造成民房被摧毁，村庄被埋没，甚至是人员伤亡，损失重大。

图2-18 暴雨所致的山体滑坡

在山坡上或山脚下修造建筑物时，应特别注意山坡的稳定性。

四、河岸冲淤

平原河道往往有弯曲，凹岸受水流的冲刷坍岸，危及岸上建筑物安全。凸岸水流的流速慢，产生淤积。冲淤平衡的河道，河道稳定；冲淤不平衡的河道，河流自然改道。所谓“三十年河东，四十年河西”，因此，形成如黄河故道，海河故道等废弃河道。河岸的冲淤多在砂河，尤其以黄河的干支流为甚。当含有大量泥砂的河流冲淤不平衡时，人为不让其改道，就应不断加高、加宽堤防，形成所谓的地上悬河，黄河开封段便是如此。

五、沟渠侧移

河沟、水渠深宽仅几米或十余米，不为人们重视。但若靠近沟渠修房造屋，当地基土为含水量高、密度低的黏性土时，则建筑物地基可能向沟渠方向侧向位移，导致房屋倾斜和墙体开裂等事故。

六、岸坡失稳

河、湖、海岸在天然条件下是稳定的，但如果在岸边建造房屋，由于建筑物的自重作用于岸边，则可能发生岸坡失稳，产生滑动，危及建筑物的安全。如果地基土质软弱，则还应考虑到在地震作用下，土的抗剪强度降低，岸坡可能产生滑动这一不利因素。

第五节 地 下 水

以各种形式存在于地壳岩石或土壤孔隙、裂隙、溶洞中的水，称为地下水（groundwater）。地下水的存在，会给地基基础的设计和施工带来不便，比如基坑降水、地下室防水，腐蚀性对结构的不利影响等。

一、地下水的分类

1. 地下水的埋藏条件

人们将透水的地层称为透水层，而相对不透水的地层称为隔水层。地下水按埋藏条件可分为上层滞水、潜水和承压水三种类型，如图 2-19 所示。

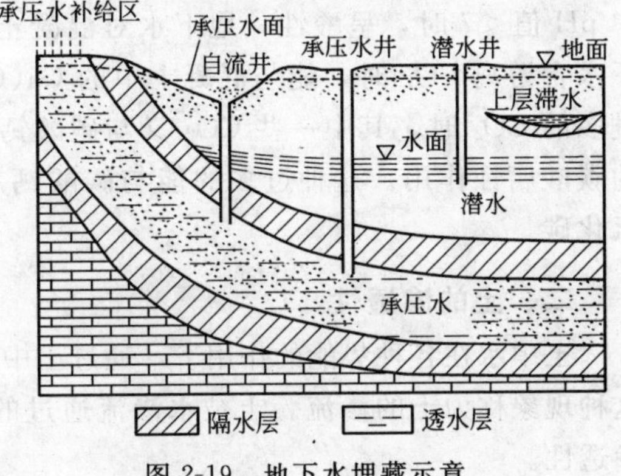

图 2-19 地下水埋藏示意

（1）上层滞水　地表水下渗，积聚在局部透水性小的黏土隔水层上的水，称为上层滞水。这种水具有自由水面，靠雨水补给，有季节性，存在于雨季，旱季可能干涸。

（2）潜水　埋藏在地表以下第一个连续分布的稳定隔水层以上，具有自由水面的重力水，称为潜水。

潜水的分布很广，一般埋藏在第四纪松散沉积层和基岩风化层中，由雨水和河水补给，同时，因蒸发或流入河流而排泄。潜水受气候条件影响，埋藏深度各地不一，南方一些地区不足 1m，西北黄土高原可深达 100～200m。

（3）承压水　埋藏在两个连续分布的隔水层之间，完全充满的有压地下水，称为承压水。在地面打井至承压水层时，水便在井中上升，有时甚至喷出地表，形成自流井。由于承压水的上面存在隔水顶板的作用，它的埋藏区与地表补给区不一致，因此，承压水的动态变化，受局部气候因素影响不明显。

地下水的表面称为地下水面，潜水面指自由水面，承压水面则是指承压水揭露后的稳定水面。地下水面相对于基准面的高程，称为地下水位。通常以绝对高程计算，潜水面的高程称为潜水位，承压水面的高程称为承压水位。打井或钻探时，开始发现地下水的高程称为“初见水位”，经过一定时间后，水位稳定在某一高度，称为“静止水位”。

2. 地下水的水质

地下水的水质和所含矿物成分或化学元素有关，可能是洁净的饮用水和工业用水，也可能是具有侵蚀性的水，从而影响结构的耐久性。

(1) 矿化度　矿化度是地下水中各种元素的离子、分子和化合物的总称。通常根据一定体积的水在105～110℃的温度下蒸干后所得残渣的质量来判定，常用单位为g/L。根据矿化度的大小，可把地下水分为五类：①淡水，矿化度小于1g/L；②微咸水（弱矿化水），矿化度1～3g/L；③咸水（中等矿化水），矿化度3～10g/L；④盐水（强矿化水），矿化度10～50g/L；⑤卤水，矿化度大于50g/L。

矿泉水，又称矿水，是具有医疗意义或保健作用的地下水。由于水中含有一定数量的特殊化学成分、有机质和气体，或者具有较高的温度（超过20℃，温泉），故能影响人体的生理作用。

(2) 侵蚀性　在含有化学物质的工业废水渗入地区、硫化矿及煤矿矿水渗入地区、盐湖与海水渗入地区等，地下水质对混凝土、可溶性岩石及钢材可能有侵蚀的危害。地下水对混凝土的侵蚀性可分为结晶性侵蚀和分解性侵蚀两种基本类型。

结晶性侵蚀是指地下水中含硫酸离子（SO_4^-）过多，渗入混凝土中与$Ca(OH)_2$起作用生成石膏结晶（$CaSO_4 \cdot 2H_2O$），体积增大。硫酸钙还能与混凝土中的铝酸盐生成铝与钙复合硫酸盐，由于生成物的体积比化合前膨胀2.5倍，故可致混凝土破坏。

分解性侵蚀主要是指地下水中氢离子浓度（pH值）和侵蚀性二氧化碳含量过多时，对混凝土的破坏作用。地下水中氢离子浓度用pH值表示，浓度愈高，pH值愈小。当水中pH值<7时，呈酸性，地下水对混凝土中的$Ca(OH)_2$及$CaCO_3$起溶解破坏作用；地下水含游离CO_2时，能与混凝土中的$Ca(OH)_2$起作用而生成一层$CaCO_3$硬壳，但含有过多的CO_2时，其中一些CO_2又与碳酸钙作用生成溶解度较大的$Ca(HCO_3)_2$，引起所谓的碳酸腐蚀作用。这种过多的能与碳酸钙起作用的那一部分游离二氧化碳叫做侵蚀性二氧化碳。

二、土的渗透性

土中水在各种势能的作用下，通过土中的孔隙，从势能高的位置向势能低的位置流动，这种现象称为土的渗流。土被水渗流通过的性能，称为渗透性。

1. 达西定律

1856年，法国学者达西（Darcy）进行了水的渗流试验，常水头试验装置如图2-20所示。该试验装置包括一个直立的开口圆筒、筒的侧壁安有测压管，上部设有溢流装置，下部有泄水管。在圆筒底部为碎石，上覆多孔滤板。粗颗粒土试样置于滤板之上，断面面积为A，试样长度为L，两个测压管分别位于试样的顶部1和底部2。试验时，保持上部水位不变，以$O—O'$线为基准面，分别测定测压管的水头（高度）h_1和h_2，同时测定时间段t内通过试样渗流的水量V。

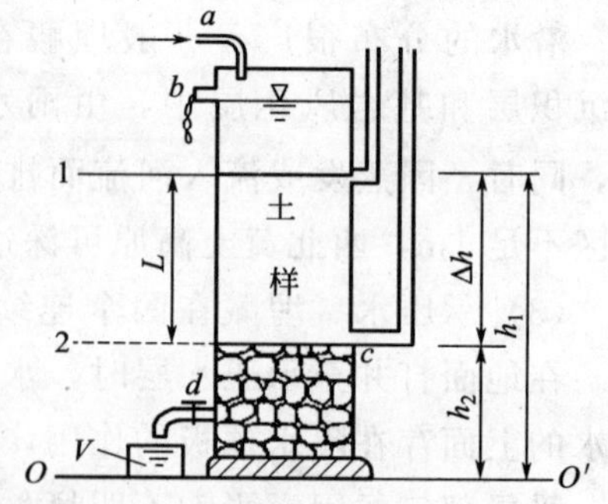

图2-20　达西渗透性试验装置

达西通过大量试验，发现砂土的渗透规律，被人们称之为达西定律：

$$v=ki \tag{2-1}$$

式中　v——水在土中的渗流速度，mm/s，它不是地下水在孔隙中流动的实际速度，而是单位时间内流过土的单位面积的水量；

i——水头梯度（或水力坡降），$i=\Delta h/L$，Δh 为水头差或水头损失，L 为渗流途径（距离）；

k——土的渗透系数，mm/s。

对于黏性土，达西定律的公式如下

$$v=k(i-i_0) \tag{2-2}$$

式中　i_0——起始水力梯度。

2. 渗透系数

土的渗透系数可以通过室内试验或现场抽水试验来测定，各种土的渗透系数变化范围可参见表 2-2。

表 2-2　土的渗透系数参考值

土的名称	渗透系数 k/(mm/s)	土的名称	渗透系数 k/(mm/s)
致密黏土	$10^{-6}\sim10^{-10}$	粉砂、细砂	$10^{-2}\sim10^{-3}$
粉质黏土	$10^{-5}\sim10^{-6}$	中砂	$1.0\sim10^{-2}$
粉土、裂隙黏土	$10^{-3}\sim10^{-5}$	粗砂、砾石	$1.0\sim10^{3}$

(1) 实验室测定　已知土样长度 L，截面面积 A，测定水头差 Δh，历时 t 的渗流量 V。因为

$$V=Qt=vAt=kiAt=kAt\frac{\Delta h}{L}$$

所以渗透系数为

$$k=\frac{VL}{At\Delta h} \tag{2-3}$$

(2) 抽水试验　在现场钻一口抽水井，贯穿要测试 k 值的土层，并在该井附近设置两个观测孔，它们与抽水井的水平距离分别为 r_1 和 r_2，如图 2-21 所示。用水泵在井内连续均匀排水，记录抽水量，同时观测旁边观测孔内的水位变化。设 q 为单位时间内的抽水量（mm^3/s），h_1 和 h_2 为观测孔水位高度，则渗透系数 k 的计算公式为

$$k=\frac{2.3q\lg(r_2/r_1)}{\pi(h_2^2-h_1^2)} \tag{2-4}$$

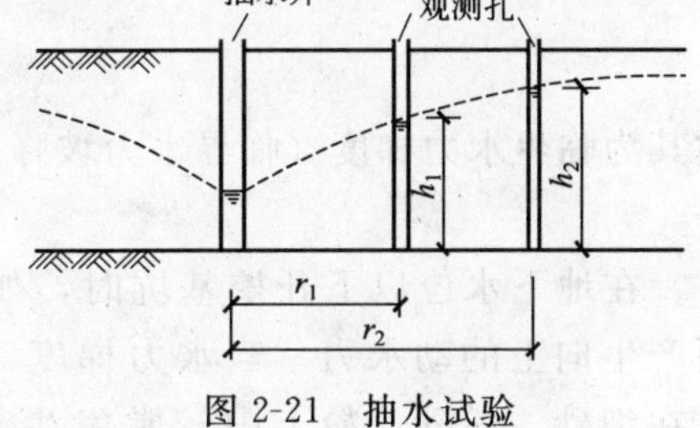

图 2-21　抽水试验

【例 2-1】　一粉砂试样长 100mm，截面面积 500mm²，试验水头差 200mm，10min 内测得渗流量为 6000mm³，求该土样的渗透系数。

【解】

由式(2-3)，得

$$k=\frac{VL}{At\Delta h}=\frac{6000\times100}{500\times(10\times60)\times200}=1.0\times10^{-2}\text{mm/s}$$

三、动水力和流砂

水在土中渗流，受到土骨架的阻力，同时也对土骨架施加推力。地下水的渗流对土单位体积内的骨架产生的力称为动水力或渗流力，用 G_D 表示。

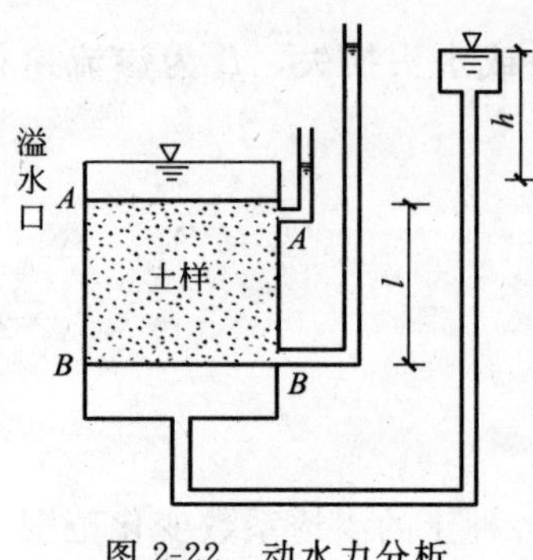

图 2-22 动水力分析

如图 2-22 所示为动水力分析简图，设土样的截面面积为 A，进水口（B—B 面）与出水口（A—A 面）两侧压管的水位高差为 h，它表示从进水口流过厚度为 l 的土样到达出水口时，必须克服整个土样内土颗粒对水流的阻力所引起的水头损失。因此，土颗粒对水流的阻力 F_R 为：

$$F_R = \gamma_w hA$$

作用于土样总动水力 F_D 和土体中土颗粒对水流的阻力 F_R 为作用力与反作用力的关系，所以大小应相等，即

$$F_D = F_R = \gamma_w hA$$

渗流作用于单位体积土骨架的力（即动水力）为：

$$G_D = \frac{F_D}{Al} = \frac{\gamma_w hA}{Al} = \gamma_w \frac{h}{l} = \gamma_w i \tag{2-5}$$

动水力是一种体积力，量纲与 γ_w 相同，常用单位为 kN/m^3。动水力的大小与水力梯度成正比，方向与渗流方向一致。γ_w 为单位体积水的重力，或水的重度，$\gamma_w = 9.81kN/m^3$，工程上为方便计算，通常近似地取 $\gamma_w \approx 10kN/m^3$。

当渗流方向与土的重力方向一致时（自上而下流动），动水力加大土颗粒间的压力，对土骨架起压密作用，对工程有利；当渗流方向与土的重力方向相反时（从下往上流动），动水力减小土颗粒间的压力，对土体起浮托作用，对土体的稳定不利。当地下水从下往上流动且动水力的大小等于或大于土的有效重度 γ'（扣除浮力的重度）时，土体随水流动，这种现象称为流砂。

流砂产生的条件为

$$G_D = \gamma_w i \geqslant \gamma' \quad 或 \quad i \geqslant \frac{\gamma'}{\gamma_w}$$

令

$$i_{cr} = \frac{\gamma'}{\gamma_w} \tag{2-6}$$

称其为临界水力梯度（临界水力坡降），则流砂产生的条件为

$$i \geqslant i_{cr} \tag{2-7}$$

在地下水位以下开挖基坑时，如果从基坑中直接抽水，将导致地下水从下向上流动而产生向上的动水力。当水力梯度等于或大于临界水力梯度时，就会出现流砂。这种现象在细砂、粉砂、粉土中较常发生，给施工带来困难，严重时还会危及邻近建筑物的安全。

当渗流的水力梯度 i 很大时，会引起水流紊乱，水流将会把土体粗颗粒孔隙中充填的细粒土带走，破坏土的结构，这种现象称为潜蚀。长时间的潜蚀，会在土层中形成管状空洞，故又称为管涌。管涌可造成地表塌陷，影响建筑物、堤坝等结构的安全。如图 2-23 所示为 2010 年夏季发生在我国南方地区因管涌造成的地表塌陷，图（a）为农田塌陷坑，图（b）为高速公路上的塌陷坑。仅湖南一省，现存的这种塌陷坑就有数百个，小则几方，最大的达

(a)

(b)

图 2-23 塌陷坑

十万方，故百姓称之为“天坑”。

【例 2-2】 某基坑在细砂层中开挖，施工抽水，水头差 2.5m，渗流途径 10.0m，细砂层的有效重度为 8.7kN/m³。试判别该基坑是否会产生流砂？

【解】

水力梯度

$$i=\frac{\Delta h}{L}=\frac{2.5}{10.0}=0.25$$

临界水力梯度

$$i_{cr}=\frac{\gamma'}{\gamma_w}=\frac{8.7}{10}=0.87$$

因为 $i=0.25<i_{cr}=0.87$，所以基坑不会产生流砂。

思考题

2.1 什么是地质作用和地质构造？地质构造有哪些基本类型？

2.2 相对地质年代如何划分？

2.3 对应于第四纪的地层单位是什么？如何再向下细分？

2.4 何谓节理和节理发育？断层如何分类？

2.5 岩石的成因类型有哪些？试举例说明各类岩石的代表性岩石及其应用。

2.6 土的成因类型有哪几种？

2.7 什么是地下水？按埋藏条件划分有哪些类型？

2.8 什么是土的渗透性？

2.9 何谓动水力？流砂和管涌是如何产生的？

选择题

2.1 侏罗纪巨大爬行动物发展，鸟类出现，它属于（ ）。

A. 新生代 B. 中生代 C. 古生代 D. 元古代

2.2 常见的花岗岩是岩浆岩中的一种，它属于（ ）岩石。

A. 超基性 B. 基性 C. 中性 D. 酸性

2.3 玄武岩是一种分布极广的基性喷出岩，我国西南地区的玄武岩生成于（ ）。

A. 二叠纪 B. 三叠纪 C. 石炭纪 D. 寒武纪

2.4 沉积岩最主要的构造特征是具有（ ）。

A. 气孔构造 B. 变质构造 C. 层理构造 D. 块状构造

2.5 下列岩石中，属于变质岩的是（ ）。

A. 玄武岩 B. 砂岩 C. 石灰岩 D. 大理岩

2.6 由于雨雪水流地质作用，将高处岩石风化产物缓慢冲刷、剥蚀、搬运，沉积在较平缓的山坡上的沉积物是（　　）。

A. 残积土　　B. 坡积土　　C. 冲积土　　D. 洪积土

2.7 （　　）的颗粒由于搬运作用呈现分选性，其构造呈不规则的交错层理构造，并具有夹层、尖灭或透镜体等产状。

A. 残积土　　B. 坡积土　　C. 洪积土　　D. 冲积土

2.8 埋藏在地表浅处、局部隔水层的上部，且具有自由水面的地下水称为（　　）。

A. 上层滞水　　B. 潜水　　C. 承压水　　D. 矿泉水

计 算 题

2.1 实验室进行砂土的渗透试验，已知土样直径 75mm，长 200mm，测得水头损失 80mm，在 1 分钟内的渗流量为 72000mm^3，试求土的渗透系数 k。

2.2 某工程的基坑中，由于抽水引起水流由下往上流动，水头差为 60cm，水流途径 80cm，土的有效重度 9.5kN/m^3。问该基坑是否会产生流砂？

第三章 土的物理性质和工程分类

第一节 土的三相组成

土是由岩石风化生成的松散沉积物，它的物质成分包括构成土骨架的矿物颗粒及填充在孔隙中的水和气体。一般而言，土就是由颗粒（固相），水（液相）和气（气相）所组成的三相体系。特殊情况下，土由两相所组成，其一是干土，由颗粒和气所组成，没有水；其二是饱和土，由颗粒和水组成，没有气。土的三相组成物质的性质，相对含量以及土的构造，都会对土的物理力学性质产生影响。

一、土的固体颗粒

固体颗粒构成土的骨架，土粒的大小与颗粒的形状、矿物成分、结构构造存在一定关系。岩石经物理风化形成的碎屑，形状成块或粒状，颗粒粗大；化学风化形成次生矿和有机质，多呈片状，颗粒细小。

1. 粒径分组

根据土颗粒的粒径大小，可将土粒划分为以下六大粒组。

（1）漂石或块石颗粒　粒径＞200mm。透水性很大，无黏性，无毛细水。

（2）卵石或碎石颗粒　粒径20～200mm。透水性大，无黏性，无毛细水。

（3）圆砾或角砾颗粒　粒径2～20mm。透水性大，无黏性，毛细水上升高度不超过粒径大小。

（4）砂粒　粒径0.075～2mm。易透水，当混入云母等杂质时，透水性减小，而压缩性增加；无黏性，遇水不膨胀，干燥时松散；毛细水上升高度不大，随粒径变小而增大。

（5）粉粒　粒径0.005～0.075mm。透水性小；湿时稍有黏性，遇水膨胀小，干时稍有收缩；毛细水上升较快、高度较大，极易出现冻胀现象。

（6）黏粒　粒径＜0.005mm。透水性很小；湿时有黏性，可塑性，遇水膨胀大，干时收缩显著；毛细水上升高度大，且速度较慢。

土粒或土粒集合体的大小、形状、相互排列与联结等称为土的结构，一般将土分为单粒结构、蜂窝结构和絮状结构三种基本类型。在同一土层中其结构不同部分相互排列的特征，称为土的构造。土的构造有层理构造和裂隙构造两种。

2. 颗粒级配

土中土颗粒的大小及其组成情况，通常用颗粒级配来表示。所谓颗粒级配，就是土中各个粒组的相对含量，即各粒径的质量占总质量的百分数。土的颗粒级配是通过试验测定的，常用的测定方法有筛分法和沉降分析法。

（1）筛分法　当粒径等于或大于0.075mm时，采用筛分法测定颗粒级配。试验时，将风干、分散的土样，放入一套从上到下筛孔由大到小的标准筛（比如60、40、20、10、5、2、1、0.5、0.25、0.075mm）进行筛分，称出留在各个筛子上的颗粒质量，便可计算得到各个粒组的相对含量。

（2）沉降分析法　当粒径小于 0.075mm 时，采用沉降分析法。该法通常采用密度计法或移液管法，其基本原理是土粒直径大小不同，在水中沉降的速度也不同，用特制的密度计便可分离出不同粒径的土。

根据颗粒分析试验结果，常采用累计曲线法表示土的级配。如图 3-1 所示，以横坐标表示粒径，由于土粒粒径的取值范围很宽，且相差较大（上千倍、上万倍），因此采用对数坐标；纵坐标表示小于（或大于）某粒径的土的含量（以质量的百分比表示）。由累计曲线的坡度，可以大致判断土的均匀程度或级配是否良好。如曲线较陡，则表示粒径大小相差不多，土粒较均匀，级配不良；反之，若曲线平缓，则表示粒径大小相差悬殊，土粒不均匀，级配良好。

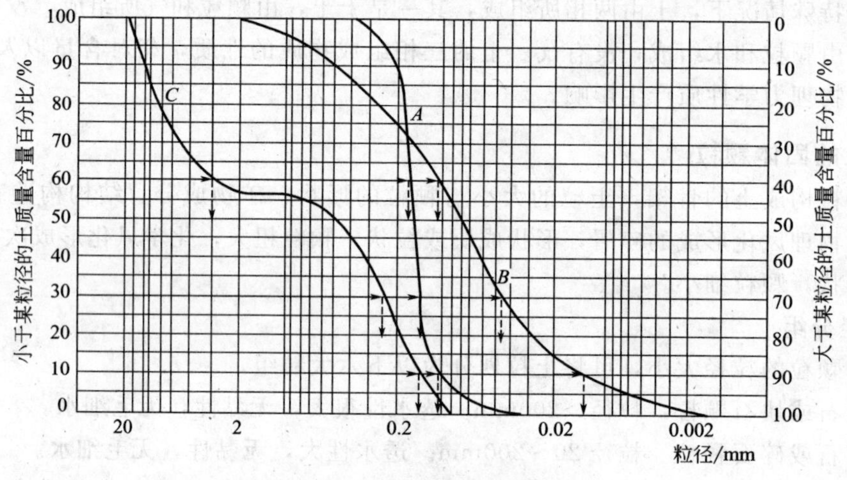

图 3-1　颗粒级配累计曲线

根据级配的累计曲线，还可定义不均匀系数 C_u 和曲率系数 C_c，以此来定量反映土颗粒级配的不均匀程度：

$$C_u=\frac{d_{60}}{d_{10}} \tag{3-1}$$

$$C_c=\frac{d_{30}^2}{d_{10}d_{60}} \tag{3-2}$$

式中　d_{60}——小于某粒径的土粒质量累计百分数为 60%时所对应的粒径，又称限定粒径，mm；

d_{30}——小于某粒径的土粒质量累计百分数为 30%时所对应的粒径，又称中值粒径，mm；

d_{10}——小于某粒径的土粒质量累计百分数为 10%时所对应的粒径，又称有效粒径，mm。

一般情况下，工程上把 $C_u<5$ 的土看作是级配均匀的土，属于级配不良；将 $C_u>10$ 的土看作是级配不均匀的土，属于级配良好。对于级配连续的土，采用单一指标 C_u 即可达到比较满意的判别结果。但对于缺乏中间粒径的土，即级配不连续，累计曲线上出现台阶状（如图 3-1 中 C 曲线）则应采用 C_u 和 C_c 共同判定土的级配。一般认为，同时满足 $C_u\geqslant5$ 和 $C_c=1\sim3$ 时的土，级配良好，否则级配不良。

级配良好的土，较细颗粒填充粗颗粒之间的孔隙，密实度较好。作为建筑地基，承载力较高，稳定性较好，透水性和压缩性也较小；而作为填筑工程的建筑材料，则比较容易夯实，是堤坝、路基及其他土方工程中良好的填方用土。

3. 矿物成分

土粒的矿物成分主要有原生矿、次生矿和腐植质等胶态物质，取决于母岩的成分及其所经受的风化作用。粗大颗粒中存在原生矿和次生矿，而细粒土中则含次生矿和有机质。

漂石、卵石、砾石等粗大颗粒都是岩石的碎屑，它们的矿物成分与母岩相同。砂粒大部分是母岩中的单矿物颗粒，如石英、云母和长石等。其中石英的抗风化能力强，在砂粒中尤为多见。粉粒的矿物成分主要是石英和难溶的盐类如碳酸钙（$CaCO_3$）、碳酸镁（$MgCO_3$）等颗粒。黏粒的矿物成分主要是黏土矿（蒙脱石、伊利石、高岭石）、氧化物、氢氧化物等各种难溶盐类。

二、土中水

土孔隙中的水可以处于液态、固态和气态。当环境温度低于0℃时，土中水便冻结成冰，形成冻土。冻土的强度提高，体积可能会增大（冻胀）。但融化以后，强度会急剧降低，体积缩小。冻融交替，可能会引起不均匀沉降和抬升，对建筑物不利。气态水对土的性质影响不大。土中以液态水为主，根据作用力的不同，可分为结合水和自由水两类。

1. 结合水

当土粒与水相互作用时，土粒会吸附一部分水分子，在土粒表面形成一定厚度的水膜，成为结合水。细小土粒表面一般带有负电荷，在土粒周围形成电场，使水分子或水溶液中的阳离子一起被吸附在土粒表面。结合水的作用力主要是物理化学力，可达数千甚至上万个大气压。

根据吸附力的强弱，结合水可分为强结合水和弱结合水。

（1）强结合水　指紧靠土粒表面的结合水。其特征是没有溶解盐类的能力，不能传递静水压力，只有吸热变成蒸汽时才会移动。这种水牢固地结合在土粒表面，其性质近于固体。

（2）弱结合水　指存在于强结合水外围的一层结合水膜，又称为薄膜水。弱结合水仍不能传递静水压力，但较厚的水膜能向邻近较薄的水膜缓慢转移。黏土含有较多的弱结合水时，土具有一定的可塑性。弱结合水离土粒表面愈远，受到的电分子吸引力愈弱，并逐渐过渡到自由水。

2. 自由水

不受土粒表面电场作用影响的水，称为自由水。它的性质和正常水一样，有溶解能力，能传递静水压力，冰点为0℃。自由水按其移动所受作用力不同，可以分为重力水和毛细水。

（1）重力水　指受重力作用或水头压力作用下移动的自由水，通常存在于潜水位以下的透水土层中，对土粒有浮力作用。

（2）毛细水　指受到水与空气交界面处表面张力作用的自由水，它存在于潜水位以上的透水土层中。由于表面张力的作用，地下水会沿毛细管上升，这种现象称为毛细现象。毛细水的上升高度与土粒的粒度和成分有关。碎石土中，无毛细现象产生；砂土中，毛细水的上升高度取决于土粒粒度，一般不超过2m；在粉土中，由于其粒度较小，毛细水上升高度最大，往往超过2m；黏性土的粒度虽然更小，但由于黏土矿物颗粒与水作用，产生了具有粘滞性的结合水，阻碍了毛细通道，因此黏性土中的毛细水上升高度反而较低。

在工程实践中，毛细水的上升高度和上升速度对于建筑物地下部分的防潮措施和地基土的浸蚀、冻胀等有重要影响。此外，在干旱地区，地下水中的可溶盐随毛细水上升后不断蒸发，盐分便积聚，在靠近地表处形成盐渍土。

三、土中气

土中气体存在于土孔隙中未被水所占据的空间。与大气相通的气体为自由气体，它对土的性质影响不大；与大气隔绝的气体形成封闭气泡，常存在于细粒土中，它在外力作用下具有弹性，使土的透水性减小。

对于淤泥和泥炭等有机质土，由于微生物的分解作用，在土中蓄积了某种可燃气体（如硫化氢、甲烷等），使土层在自重作用下长期得不到压密，而形成高压缩性土层。这种土层不宜作为建筑物地基。

第二节 土的物理性质指标

土的固相、液相和气相三相组成中，各部分的质量（或重量、重力）和体积之间的比例关系，反映了土的不同物理性状和工程性质。物理性质指标又称三相指标，就是质量之间、质量与体积之间以及体积之间的数量关系。

一、指标的定义

如图 3-2 所示为土的三相组成示意图。左边表示土中各相的质量，右边表示各相所占的体积。各符号的意义如下。

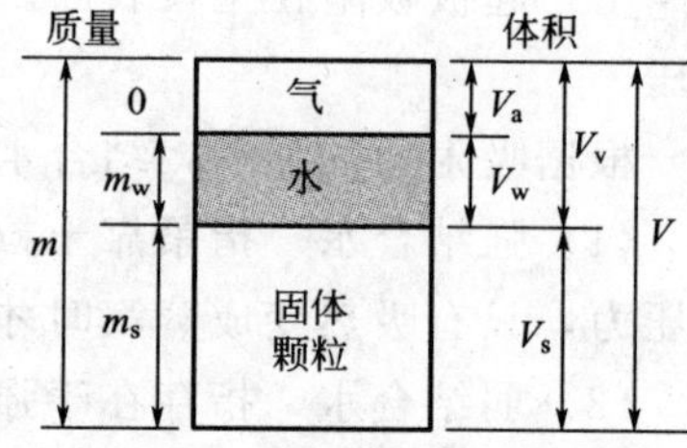

图 3-2 土的三相组成示意图

m——土的质量。空气的质量可以不计，故土的质量等于土粒质量和水的质量之和。质量乘以重力加速度 g 就是重量或重力 $W=mg$，计算中可近似地取 $g=10\text{m/s}^2$。

m_w——土中水的质量（重量用 W_w 表示）。

m_s——土粒的质量（重量用 W_s 表示）。

V_a——土中气的体积。

V_w——土中水的体积。

V_v——土中孔隙的体积，$V_v=V_w+V_a$。

V_s——土粒的体积。

V—土的体积（总体积），$V=V_s+V_v=V_s+V_w+V_a$。

1. 三项基本指标

基本指标需要通过试验测定。

（1）密度　密度包含质量密度和重量密度。质量密度就是单位体积土的质量，简称土的密度，用符号 ρ 表示，定义为

$$\rho=\frac{m}{V} \tag{3-3}$$

而土的重量密度就是单位体积土的重量或重力，又称重力密度，简称重度，用符号 γ 表示：

$$\gamma=\frac{W}{V}=\frac{mg}{V}=\rho g \tag{3-4}$$

重度等于密度乘以重力加速度，或密度等于重度除以重力加速度。密度并不直接应用于工程计算，工程实际计算都采用重度。天然状态下，砂土 $\gamma=16\sim20\text{kN/m}^3$，粉土和黏性土 $\gamma=18\sim20\text{kN/m}^3$。

（2）含水量　土中水的质量与土粒质量之间的百分比，称为土的含水量，用 w 表示：

$$w=\frac{m_w}{m_s}\times100\% \tag{3-5}$$

在数值上它和土中水的重力与土粒的重力之百分比相同。含水量是表示土的湿度的一个指标，对粉土、黏性土的性质影响较大，对粉砂、细砂稍有影响，对碎石土没有影响。天然状态下土的含水量变化范围很大，砂土一般 $w=0\sim40\%$，黏性土 $w=20\%\sim60\%$。

（3）土粒比重　土粒比重是单位体积的土粒重力（重量）与同体积纯水 4℃时的重力（重量）之比，用符号 G_s 表示

$$G_s=\frac{\text{固体颗粒的重度}}{\text{纯水 4℃时的重度}}=\frac{W_s/V_s}{\gamma_w}=\frac{W_s}{V_s\gamma_w} \tag{3-6}$$

常见的土粒比重为，砂土 $G_s=2.65\sim2.69$，粉土 $G_s=2.70\sim2.71$，黏性土 $G_s=2.72\sim2.74$。

2. 六项非基本指标

所谓非基本指标，是指不需要经过实测，直接由基本指标计算得到的物理性质指标。

（1）孔隙比　孔隙比定义为土中孔隙体积与土颗粒体积的比值，用 e 表示：

$$e=\frac{V_v}{V_s} \tag{3-7}$$

这是表示土密实程度的一个重要指标。根据孔隙比 e 的数值，可以初步评价土的密实程度：$e<0.6$ 的土是密实的，压缩性小；$e>1.0$ 的土是疏松的，压缩性高。

（2）孔隙率　土中孔隙体积与总体积之间的百分比，称为土的孔隙率，用 n 表示：

$$n=\frac{V_v}{V}\times100\% \tag{3-8}$$

（3）饱和度　土中水的体积与孔隙体积之间的百分比，称为土的饱和度，用 S_r 表示：

$$S_r=\frac{V_w}{V_v}\times100\% \tag{3-9}$$

根据饱和度 S_r，砂土的湿度可分为稍湿（$0\leqslant S_r\leqslant50\%$）、很湿（$50\%<S_r\leqslant80\%$）和饱和（$80\%<S_r\leqslant100\%$）三种状态。

（4）干重度　干土的重度称为干重度，也就是土单位体积中固体颗粒那部分的重力。干重度用 γ_d 表示：

$$\gamma_d=\frac{W_s}{V}=\frac{m_s g}{V}=\rho_d g \tag{3-10}$$

它等于干密度 ρ_d 乘以重力加速度 g。

（5）饱和重度　土中孔隙完全被水充满时土的重度称为饱和重度，用 γ_{sat} 表示：

$$\gamma_{sat}=\frac{W_s+\gamma_w V_v}{V} \tag{3-11}$$

（6）有效重度　在地下水位以下的土受到水的浮力作用，扣除浮力后单位体积土所受的重力，称为土的有效重度，用 γ' 表示：

$$\gamma'=\frac{W_s-\gamma_w V_s}{V} \tag{3-12}$$

二、指标换算

试验测定土的三个物理性质指标 ρ（或 γ）、w、G_s，根据定义和三相组成图，可得到其余指标的换算公式，见表 3-1。根据表 3-1 给出的换算公式，可计算其他物理性质指标；也可以先根据基本指标填写三相组成图，然后按定义计算其他物质性质指标。

表 3-1 土的三相组成比例指标换算公式

指标	符号	定义式	换算公式	单位
密度	ρ	$\rho=\dfrac{m}{V}$	$\rho=\dfrac{\gamma}{g}$	t/m³
重度	γ	$\gamma=\dfrac{W}{V}$	$\gamma=\gamma_d(1+w),\gamma=\dfrac{\gamma_w(G_s+S_re)}{1+e}$	kN/m³
含水量	w	$w=\dfrac{m_w}{m_s}\times100\%$	$w=\dfrac{S_re}{G_s},w=\dfrac{\gamma}{\gamma_d}-1$	
土粒比重	G_s	$G_s=\dfrac{W_s}{V_s\gamma_w}$	$G_s=\dfrac{S_re}{w}$	
孔隙比	e	$e=\dfrac{V_v}{V_s}$	$e=\dfrac{G_s(1+w)\gamma_w}{\gamma}-1,e=\dfrac{G_s\gamma_w}{\gamma_d}-1$	
孔隙率	n	$n=\dfrac{V_v}{V}\times100\%$	$n=\dfrac{e}{1+e},n=1-\dfrac{\gamma_d}{G_s\gamma_w}$	
饱和度	S_r	$S_r=\dfrac{V_w}{V_v}\times100\%$	$S_r=\dfrac{wG_s}{e},S_r=\dfrac{w\gamma_d}{n\gamma_w}$	
干重度	γ_d	$\gamma_d=\dfrac{W_s}{V}$	$\gamma_d=\dfrac{\gamma}{1+w},\gamma_d=\dfrac{G_s\gamma_w}{1+e}$	kN/m³
饱和重度	γ_{sat}	$\gamma_{sat}=\dfrac{W_s+\gamma_wV_v}{V}$	$\gamma_{sat}=\dfrac{(G_s+e)\gamma_w}{1+e}$	kN/m³
有效重度	γ'	$\gamma'=\dfrac{W_s-\gamma_wV_s}{V}$	$\gamma'=\dfrac{(G_s-1)\gamma_w}{1+e},\gamma'=\gamma_{sat}-\gamma_w$	kN/m³

【例 3-1】 某土样经试验测得：体积 $V=100\text{cm}^3$，质量 $m=186\text{g}$，烘干后的质量 $m_s=147\text{g}$，土粒比重 $G_s=2.70$。试求除比重以外的物理性质指标。

【解】

（1）土的重度

$$\gamma=\frac{W}{V}=\frac{mg}{V}=\frac{186\times10^{-3}\times10}{100\times10^{-6}}=18.6\times10^3\text{N/m}^3=18.6\text{kN/m}^3$$

（2）干重度

$$\gamma_d=\frac{W_s}{V}=\frac{m_sg}{V}=\frac{147\times10^{-3}\times10}{100\times10^{-6}}=14.7\times10^3\text{N/m}^3=14.7\text{kN/m}^3$$

（3）含水量

$$w=\frac{m_w}{m_s}\times100\%=\frac{m-m_s}{m_s}\times100\%=\frac{186-147}{147}\times100\%=26.5\%$$

（4）孔隙比

$$e=\frac{G_s(1+w)\gamma_w}{\gamma}-1=\frac{2.70\times(1+26.5\%)\times10}{18.6}-1=0.84$$

（5）孔隙率

$$n=\frac{e}{1+e}\times100\%=\frac{0.84}{1+0.84}\times100\%=45.7\%$$

（6）饱和度

$$S_r=\frac{wG_s}{e}=\frac{26.5\%\times 2.70}{0.84}=85.2\%$$

（7）饱和重度

$$\gamma_{sat}=\frac{G_s+e}{1+e}\gamma_w=\frac{2.70+0.84}{1+0.84}\times 10=19.2\text{kN/m}^3$$

（8）有效重度

$$\gamma'=\gamma_{sat}-\gamma_w=19.2-10=9.2\text{kN/m}^3$$

【例 3-2】 已知土样三个基本物理性质指标：$\gamma=18\text{kN/m}^3$，$w=25\%$，$G_s=2.62$。假设 $V=1\text{m}^3$，试填写由重力、体积表示的三相组成图，并按定义计算其余六个工程计算用的物理性质指标。

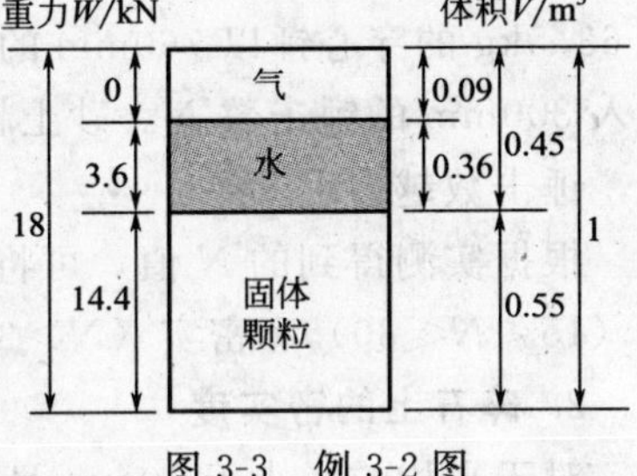

图 3-3　例 3-2 图

【解】

（1）由已知条件填图

由重度计算重力

$$W=\gamma V=18\times 1=18\text{kN}$$

由含水量计算土粒和水的重力

$$w=\frac{m_w}{m_s}=\frac{W_w}{W_s}=\frac{W-W_s}{W_s}$$

$$W_s=\frac{W}{1+w}=\frac{18}{1+0.25}=14.4\text{kN}$$

$W_w=W-W_s=18-14.4=3.6\text{kN}$，空气的重力不计 $W_a=0$

各重力填入图 3-3 的左边。

以下计算体积

$$V_w=\frac{W_w}{\gamma_w}=\frac{3.6}{10}=0.36\text{m}^3$$

$$G_s=\frac{W_s}{V_s\gamma_w}\Rightarrow\quad V_s=\frac{W_s}{G_s\gamma_w}=\frac{14.4}{2.62\times 10}=0.55\text{m}^3$$

$$V_v=V-V_s=1-0.55=0.45\text{m}^3$$

$$V_a=V_v-V_w=0.45-0.36=0.09\text{m}^3$$

各体积填入图 3-3 的右边。

（2）按定义计算指标

$$e=\frac{V_v}{V_s}=\frac{0.45}{0.55}=0.818,\quad n=\frac{V_v}{V}\times 100\%=\frac{0.45}{1}\times 100\%=45\%$$

$$S_r=\frac{V_w}{V_v}\times 100\%=\frac{0.36}{0.45}\times 100\%=80\%,\quad \gamma_d=\frac{W_s}{V}=\frac{14.4}{1}=14.4\text{kN/m}^3$$

$$\gamma_{sat}=\frac{W_s+\gamma_w V_v}{V}=\frac{14.4+10\times 0.45}{1}=18.9\text{kN/m}^3$$

$$\gamma'=\frac{W_s-\gamma_w V_s}{V}=\frac{14.4-10\times 0.55}{1}=8.9\text{kN/m}^3$$

第三节　土的物理状态指标

土的物理状态是指土的疏松与密实、软硬等性状，它们与孔隙比 e 或含水量 w 有密切的关系，不同类型的土物理状态指标或参数不同。

一、无黏性土的密实度

无黏性土指砂土和碎石土。这类土中缺乏黏土矿物，不具有可塑性，呈单粒结构。该类土的物理状态就是密实程度。孔隙比 e 可作为判断指标，e 大说明土质疏松，e 小表明土质密实。但现场采取原状不扰动的砂土样和碎石土样比较困难，所以孔隙比及其与孔隙比有关的参数均不能很好地判断无黏性土的密实程度。《建筑地基基础设计规范》采用动力触探（见第八章）锤击数作为判别其物理状态的指标。

1. 砂土的密实度

砂土用标准贯入试验锤击数 N 来确定其密实度。所谓标准贯入试验就是在现场将质量为 63.5kg 的穿心锤以 760mm 的落距自由下落，先将贯入器打入土中 150mm，然后记录每打入 300mm 的锤击数 N。砂土越疏松或孔隙比越大，锤击数越少；砂土越密实或孔隙比越小，锤击数越多。

根据实测得到的 N 值，可将砂土的密实度分为松散（$N \leqslant 10$）、稍密（$10 < N \leqslant 15$）、中密（$15 < N \leqslant 30$）和密实（$N > 30$）四个层次。

2. 碎石土的密实度

对于平均粒径小于 50mm 且最大粒径不超过 100mm 的卵石、碎石和砾石，采用重型圆锥动力触探锤击数确定其密实度。实测锤击数，经杆长修正后的数值记为 $N_{63.5}$，据此将土的密实度划分为松散（$N_{63.5} \leqslant 5$）、稍密（$5 < N_{63.5} \leqslant 10$）、中密（$10 < N_{63.5} \leqslant 20$）和密实（$N_{63.5} > 20$）四个层次。

对于平均粒径大于 50mm 或最大粒径超过 100mm 的碎石土，现场触探试验难度大，通常采用野外鉴别法确定其密实度，见本书表 8-9。

二、黏性土的物理状态

1. 界限含水量

黏性土的物理状态和含水量有关，可处于固态、半固态、可塑状态和流动状态，如图 3-4 所示。其中固态和半固态时，土较坚硬，统称为坚硬状态。可塑状态下，用外力将土塑成任何形状而不发生裂纹，并且当外力移去后仍能保持既得的形状。黏性土由一种状态转到另一种状态的分界含水量，称为界限含水量。

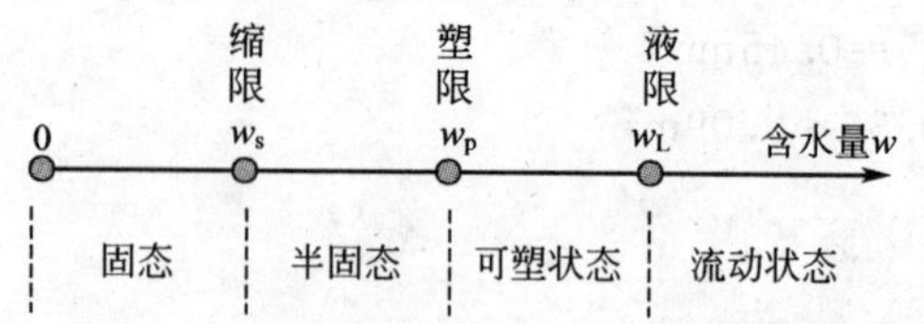

图 3-4 黏性土物理状态与含水量的关系

黏性土由可塑状态转到流动状态的界限含水量称为液限，用符号 w_L 表示；由半固态转到可塑状态的界限含水量称为塑限，用符号 w_P 表示；由固态转到半固态的界限含水量称为缩限，用符号 w_s 表示。界限含水量都以百分数表示，但省去%符号。

（1）液限　我国采用锥式液限仪来测定黏性土的液限 w_L，如图 3-5 所示。将调成均匀的浓糊状土样装满置于底座上的盛土杯（试杯）内，刮平杯口表面，再将质量为 76g、锥角为 30°的圆锥体放入土试样表面的中心，使其在自重作用下沉入试样。若圆锥体经 5s 时恰好沉入 10mm 深度，则杯内土样的含水量就是液限 w_L 值。用调土刀取锥孔附近土样 10～15g，测定其含水量，该含水量即是 w_L。若圆锥体沉入土中超过或低于 10mm，则应将土样全部取出，放在毛玻璃板上，边调边用吹风机吹干或用滴管适当加水重新拌和，重做试验。

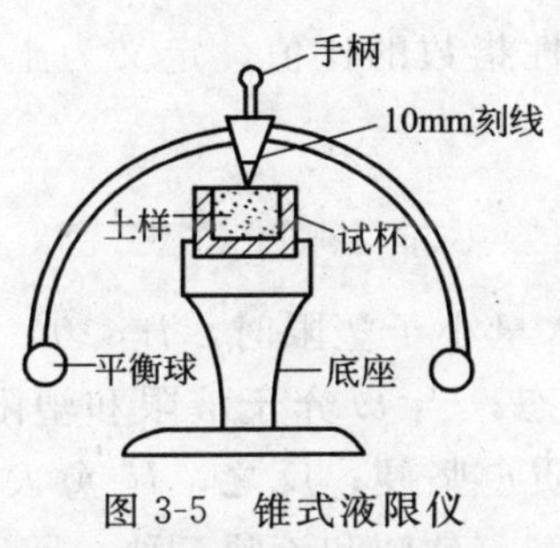

图 3-5　锥式液限仪

图 3-6　碟式液限仪

国外也有采用碟式液限仪来测定黏性土的液限。它是将调成浓糊状土样装在碟内，刮平表面，用切槽器在土中成槽，槽底宽为 2mm，如图 3-6 所示。试验时将碟子抬高 10mm，使碟自由下落，如此反复 25 次后，如土槽合拢长度为 13mm，这时土样的含水量就是液限。

对同一种土，锥式液限仪和碟式液限仪测得的液限值并不相同。研究表明，锥式液限仪圆锥下沉 17mm 时的含水量与碟式液限仪测出的液限值相当，说明碟式液限仪的结果偏大。

(2) 塑限　塑限通常采用"搓条法"来测定。取一小块制备好的土样，用手掌在毛玻璃上轻轻滚搓，如图 3-7 所示。当土条搓到直径为 3mm 时，表面出现很多裂纹，并断成若干段，测定此时土样的含水量，就是塑限 w_P。如果土样搓到直径 3mm 时不断，则说明土样太湿；如果土样搓到 3mm 以上就断了，说明土样太干。太湿和太干的土样，都要进行重新制备(蒸发或加水)，直到符合要求为止。

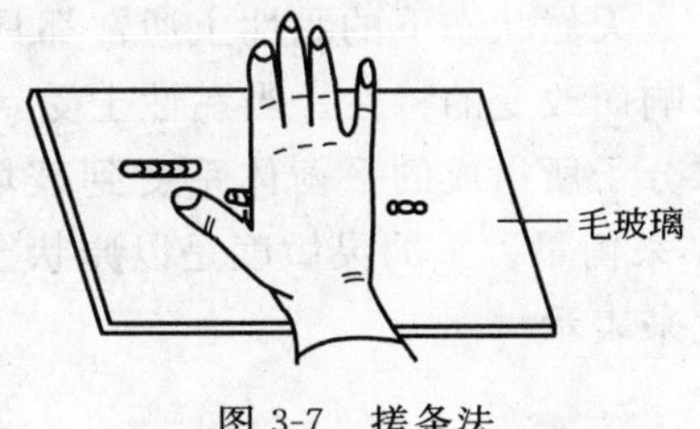

图 3-7　搓条法

搓条法的技术要求高，不易掌握。可利用锥式液限仪联合测定液限和塑限。以电磁放锥法对黏性土试样以不同的含水量进行若干次试验（一般为 3 组)，测定锥体入土深度。按测定结果在双对数纸上作出 76g 圆锥体的入土深度与土样含水量的关系曲线，在曲线上取入土深度为 10mm 的点所对应的含水量就是液限，入土深度 2mm 的点所以对应的含水量为塑限。

(3) 缩限　黏性土的缩限 w_s，一般采用收缩皿法测定。用收缩皿或环刀盛满含水量为液限的土试样，放在室内逐渐晾干，至试样的颜色变淡时，放入烘箱中烘至恒重，测定烘干后的收缩体积和干土质量，就可求得缩限。在地基基础的设计与施工计算中不使用该参数，有兴趣的读者可参阅相关文献。

2. 塑性指数

液限和塑限是土处于可塑状态时的上限和下限含水量。液限与塑限的差值（省去%符号）称为塑性指数，用 I_P 表示：

$$I_P = w_L - w_P \tag{3-13}$$

塑性指数表示黏性土处于可塑状态的含水量变化范围。塑性指数的大小与土中结合水的可能含量有关。土粒愈细，则比表面积愈大，结合水含量愈高，I_P 随之增大；黏土矿物含量愈多，水化作用剧烈，结合水含量愈高，I_P 也大。在一定程度上，塑性指数综合反映了影响黏性土特征的各种因素，因此，常按 I_P 对黏性土进行分类。

3. **液性指数**

将土的天然含水量和塑限的差值（除去%号）与塑性指数的比值，定义为土的液性指数，用 I_L 表示：

$$I_L=\frac{w-w_P}{I_P}=\frac{w-w_P}{w_L-w_P} \tag{3-14}$$

液性指数是判定黏性土软硬程度的指标。当天然含水量小于塑限时，$I_L<0$，天然土处于坚硬状态；当 $w>w_L$ 时，$I_L>1$，天然土处于流动状态；当 w 介于液限和塑限之间时，I_L 在 0～1 之间，则天然土处于可塑状态。I_L 愈小，土质愈坚硬；反之，I_L 愈大，土质愈软。黏性土的状态，根据 I_L 的大小分为坚硬、硬塑、可塑、软塑和流塑五种，见表 3-2。

表 3-2 黏性土的状态

状态	坚硬	硬塑	可塑	软塑	流塑
液性指数 I_L	$I_L\leqslant 0$	$0<I_L\leqslant 0.25$	$0.25<I_L\leqslant 0.75$	$0.75<I_L\leqslant 1.0$	$I_L>1.0$

三、黏性土的灵敏度

天然状态下的黏性土通常都具有一定的结构性。土的结构性是指天然土的结构受到扰动影响而改变的特性。当黏性土受到外来因素的扰动时，土粒间的胶结物质以及土粒、离子、水分子所组成的平衡体系受到破坏，土的强度降低，压缩性增大。这种不利影响用灵敏度 S_t 来衡量。土的灵敏度是以原状土的强度与该土经重塑（土的结构彻底破坏）后的强度之比来表示。

$$S_t=\frac{q_u}{q_u'} \tag{3-15}$$

式中 q_u——原状土试样的无侧限抗压强度，kPa；

q_u'——重塑土试样的无侧限抗压强度，kPa。

根据灵敏度的大小，可将饱和黏性土分为低灵敏土（$S_t\leqslant 2$）、中灵敏土（$2<S_t\leqslant 4$）和高灵敏土（$S_t>4$）三类。土的灵敏度越高，结构性越强，受扰动后强度降低越多。施工中应注意保护基坑和基槽，尽量减少对坑底土结构的扰动。

饱和黏性土的结构受到扰动，导致强度降低，但当扰动停止后，土块的强度又会慢慢恢复或部分恢复。这是因为土体中土颗粒、离子和水分子体系随时间而逐渐趋于新的平衡状态的缘故。黏性土的这种性质，称为土的触变性。

第四节 岩土的工程分类

岩土的分类方法很多，在建筑工程中，主要依据岩土的工程性质、地质成因类型来进行分类。作为建筑物地基的岩土，可分为岩石、碎石土、砂土、粉土、黏性土和人工填土。除此之外，还存在性质与一般土不一样的所谓特殊土。

一、岩石

岩石应为颗粒间牢固联结，呈整体或具有节理裂隙的岩体。岩石的分类可分为地质分类和工程分类。地质分类主要根据其地质成因，矿物成分、结构构造和风化程度进行，可以用地质名称加风化程度表达，如强风化花岗岩、微风化砂岩等。岩石的工程分类应在地质分类的基础上进行，考虑岩块的坚硬程度和岩体的完整程度，以较好地概括其工程性质，便于进行工程评价。

岩石按坚硬程度分为坚硬岩、较硬岩、较软岩、软岩和极软岩五级，其坚硬程度由岩块的饱和单轴抗压强度标准值 f_{rk} 来确定，见表 3-3。当缺乏饱和单轴抗压强度资料或不能进行该项试验时，可在现场通过观察定性划分，划分标准按本书表 8-8 执行。岩石的坚硬程度直接和地基的强度和变形性质有关，因此显得格外重要。

表 3-3 岩石坚硬程度的划分

坚硬程度类别	坚硬岩	较硬岩	较软岩	软岩	极软岩
饱和单轴抗压强度标准值 f_{rk}/MPa	$f_{rk}>60$	$60\geqslant f_{rk}>30$	$30\geqslant f_{rk}>15$	$15\geqslant f_{rk}>5$	$f_{rk}\leqslant 5$

岩石的风化程度可分为未风化、微风化、中风化、强风化和全风化五级，其风化程度和野外特征如下：

（1）未风化　岩质新鲜，偶见风化痕迹；

（2）微风化　结构基本未变，仅节理面有渲染或略有变色，有少量风化裂隙；

（3）中风化　结构部分破坏，沿节理面有次生矿物，风化裂隙发育，岩体被切割成岩块，用镐难挖，岩芯钻方可钻进；

（4）强风化　结构大部分破坏，矿物成分显著变化，风化裂隙很发育，岩体破碎，用镐难挖，干钻不易钻进；

（5）全风化　结构基本破坏，但尚可辨认，有残余结构强度，可用镐挖，干钻可钻进。

岩石按岩体的完整程度划分为完整、较完整、较破碎、破碎和极破碎五级，见表 3-4。其中完整性指数为岩体纵波波速与岩块纵波波速之比的平方。选定岩体、岩块测定波速时应具有代表性。破碎岩石测定岩块的纵波波速有时会有困难，不易准确测定，此时，岩块的纵波波速可用现场测定岩性相同但岩体完整的纵波波速代替。岩体的完整程度反映了它的裂隙性，而裂隙性是岩体十分重要的特性，破碎岩石的强度和稳定性较完整岩石大大削弱，尤其对边坡和基岩工程更为突出。

表 3-4 岩体完整程度划分

完整程度等级	完整	较完整	较破碎	破碎	极破碎
完整性指数	>0.75	0.75～0.55	0.55～0.35	0.35～0.15	<0.15

二、碎石土

碎石土为粒径大于 2mm 的颗粒含量超过全重 50%的土。根据颗粒形状和粒组含量，按表 3-5 分为漂石、块石、卵石、碎石、圆砾和角砾。

表 3-5 碎石土的分类

土的名称	颗粒形状	粒组含量
漂石	圆形及亚圆形为主	粒径大于 200mm 的颗粒含量超过全重 50%
块石	棱角形为主	
卵石	圆形及亚圆形为主	粒径大于 20mm 的颗粒含量超过全重 50%
碎石	棱角形为主	
圆砾	圆形及亚圆形为主	粒径大于 2mm 的颗粒含量超过全重 50%
角砾	棱角形为主	

注：分类时应根据粒组含量栏从上到下以最先符合者确定。

三、砂土

砂土为粒径大于 2mm 的颗粒含量不超过全重 50%、粒径大于 0.075mm 的颗粒含量超过全重 50%的土。砂土可按表 3-6 分为砾砂、粗砂、中砂、细砂和粉砂。

表 3-6　砂土的分类

土的名称	粒组含量
砾砂	粒径大于 2mm 的颗粒含量占全重 25%～50%
粗砂	粒径大于 0.5mm 的颗粒含量超过全重 50%
中砂	粒径大于 0.25mm 的颗粒含量超过全重 50%
细砂	粒径大于 0.075mm 的颗粒含量超过全重 85%
粉砂	粒径大于 0.075mm 的颗粒含量超过全重 50%

注：分类时应根据粒组含量栏从上到下以最先符合者确定。

四、粉土

粉土为塑性指数 $I_P \leqslant 10$ 且粒径大于 0.075mm 的颗粒含量不超过全重 50%的土。它介于砂土和黏性土之间。砂粒含量较多的粉土，地震时可能产生液化，类似于砂土的性质。黏粒含量较多（>10%）的粉土不会液化，性质近似于黏性土。

五、黏性土

黏性土为塑性指数 I_P 大于 10 的土。根据塑性指数的不同，黏性土分为黏土（$I_P>17$）和粉质黏土（$10<I_P\leqslant 17$）两类。

六、人工填土

人工填土根据其组成和成因，可分为素填土、压实填土、杂填土和冲填土四类。

素填土为由碎石土、砂土、粉土、黏性土等组成的填土。经过压实或夯实的素填土为压实填土。杂填土为含有建筑垃圾、工业废料、生活垃圾等杂物的填土。冲填土为由水力冲填泥砂形成的填土。

七、特殊土

物理力学性质有别于常规土的土，归入特殊土范畴，它具有一定的区域性。主要的特殊土有淤泥、红黏土、膨胀土、湿陷性土等。

淤泥为在静水或缓慢的流水环境中沉积，并经生物化学作用形成，其天然含水量大于液限、天然孔隙比大于或等于 1.5 的黏性土。当天然含水量大于液限而天然孔隙比小于 1.5 但大于或等于 1.0 的黏性土或粉土为淤泥质土。当土的有机质含量大于 5%时称为有机质土，大于 60%时称为泥炭。

红黏土为碳酸盐系的岩石经红土化作用形成的高塑性黏土。其液限一般大于 50。红黏土经再搬运后仍保持其基本特征，其液限大于 45 的土为次生红黏土。

膨胀土为土中黏粒成分主要由亲水性矿物组成，同时具有显著的吸水膨胀和失水收缩特性，其自由膨胀率大于或等于 40%的黏性土。

湿陷性土为浸水后产生附加沉降，其湿陷系数大于或等于 0.015 的土。黄土的湿陷性更为典型，又称湿陷性黄土。

【例 3-3】 某土样体积 50cm^3，已知湿土质量 88g，烘干后的质量 67g，液限 $w_L=33.5$，

塑限 $w_P=17.3$。试确定土的名称和物理状态。

【解】

（1）土的名称

$$I_P=w_L-w_P=33.5-17.3=16.2$$

$$10<I_P=16.2<17 \text{ 该土样为粉质黏土}$$

（2）物理状态

$$w=\frac{m_w}{m_s}\times100\%=\frac{88-67}{67}\times100\%=31.3\%$$

$$I_L=\frac{w-w_P}{I_P}=\frac{31.3-17.3}{16.2}=0.86$$

因为 $0.75<I_L=0.86<1.0$，所以土处于软塑状态。

思　考　题

3.1　土是由哪几部分组成的？什么情况下只有两相而不是三相？

3.2　什么是土的颗粒级配？不均匀系数 $C_u>10$ 反应土的什么性质？

3.3　土中水包括哪几种？结合水有何特征？

3.4　土的三相比例指标如何定义？哪些指标需要由试验测定？

3.5　砂土的密实度是如何划分的？

3.6　何谓黏性土的界限含水量？如何测定？

3.7　什么是土的塑性指数？有何应用？

3.8　什么是液性指数？如何利用液性指数来评价土的软硬状态？

3.9　碎石土和砂土如何分类？

选　择　题

3.1　若土的粒径级配曲线很陡，则表示（　　）。

A. 粒径分布较均匀　　B. 不均匀系数较大　　C. 级配良好　　D. 填土易于夯实

3.2　对土骨架产生浮力作用的水是（　　）。

A. 毛细水　　B. 重力水　　C. 弱结合水　　D. 强结合水

3.3　不同状态下同一种土的重度由大到小的排列顺序是（　　）。

A. $\gamma_{sat}>\gamma>\gamma_d>\gamma'$　　B. $\gamma_{sat}>\gamma'>\gamma>\gamma_d$　　C. $\gamma_d>\gamma>\gamma_{sat}>\gamma'$　　D. $\gamma_d>\gamma'>\gamma>\gamma_{sat}$

3.4　已知一个土样的试验结果：$\gamma=17kN/m^3$，$w=22.0\%$，$G_s=2.72$，则该土样的孔隙比为（　　）。

A. 0.794　　B. 0.980　　C. 0.867　　D. 0.952

3.5　已知砂土的标准贯入锤击数 $N=25$，该砂土的密实度为（　　）。

A. 密实　　B. 中密　　C. 稍密　　D. 松散

3.6　黏性土以塑性指数 I_P 的大小来进行分类，当 I_P（　　）时为黏土。

A. 小于 17　　B. 等于 17　　C. 大于 17　　D. 大于 10 而小于 17

3.7　粒径大于 0.5mm 的颗粒含量超过总重 50%的土是（　　）。

A. 细砂　　B. 中砂　　C. 粗砂　　D. 砾砂

3.8　（　　）土是指塑性指数 I_P 小于或等于 10，且粒径大于 0.075mm 的颗粒含量不超过全重 50%的土。

A. 黏土　　B. 粉质黏土　　C. 红黏土　　D. 粉土

计　算　题

3.1　某原状土样，经试验测得：重度 $\gamma=16.7kN/m^3$，含水量 $w=12.9\%$，土粒比重 $G_s=2.67$，试求

孔隙比 e，孔隙率 n 和饱和度 S_r。

3.2 今有一个湿土样，质量 200g，含水量 $w=15.0\%$。若要制备含水量为 $w=20.0\%$ 的试样，问需加多少水？

3.3 某建筑地基土的试验中已测得土样的 $\gamma_d=15.4\text{kN/m}^3$，$w=19.3\%$，$G_s=2.71$，$w_L=28.3$，$w_P=16.7$，试求土样的天然重度 γ、有效重度 γ' 和孔隙比 e，并确定土的名称和软硬状态。

3.4 某无黏性土试样的颗粒分析结果如下，试确定出该土的名称。

粒径/mm	10～2	2～0.5	0.5～0.25	0.25～0.075	<0.075
相对含量/%	7.5	12.4	35.5	30.5	14.1

3.5 由土的三相组成图证明如下关系：

(1) $\gamma_d=(1-n)G_s\gamma_w$

(2) $e=\dfrac{G_s(1+w)\gamma_w}{\gamma}-1$

第四章　地基应力计算

地基中的应力通常分为由土体自重引起的自重应力和由建筑物（或构筑物）引起的附加应力两部分，前者一般与沉降无关，后者是引起沉降的主要原因。地基土中的附加应力，取决于基底所承受的附加压力，以及计算点的位置。本章以弹性理论为基础，计算地基竖向附加应力。

第一节　土的自重应力

由土体重力引起的应力称为自重应力。自重应力一般是自土体形成之日起就产生于土中，与土体的重度和厚度有关。

一、均质土层中的自重应力

土体在自身重力作用下任一竖直面均是对称面，竖直面上不存在剪应力。因此，在深度 z 处平面上，土体因自身重力产生的竖向正应力 σ_{cz}（称竖向自重应力）等于单位面积上土柱体的重力，如图 4-1 所示。在深度 z 处土的自重应力为：

$$\sigma_{cz}=\frac{G}{A}=\frac{\gamma V}{A}=\frac{\gamma zA}{A}=\gamma z \tag{4-1}$$

式中　γ——土的重度，kN/m^3；

A——土柱体的截面积，m^2。

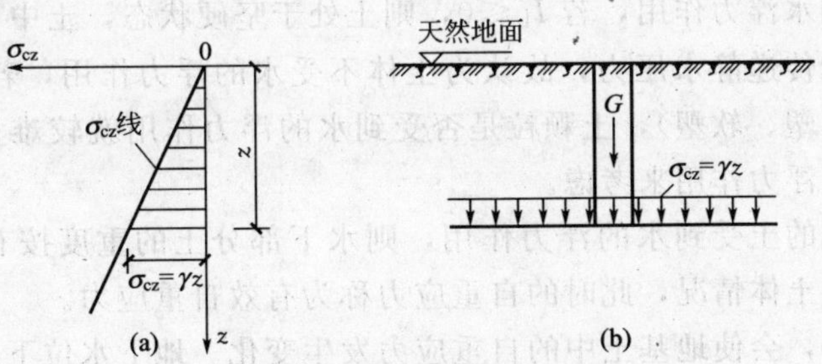

图 4-1　均质土的自重应力

从式(4-1) 可知，自重应力随深度 z 线性增加，呈三角形分布。

在重力作用下，土柱体没有侧向变形，在竖直面上作用有水平方向的侧向自重应力。侧向自重应力 σ_{cx} 和 σ_{cy} 相等，且和 σ_{cz} 成正比，即：

$$\sigma_{cx}=\sigma_{cy}=K_0\sigma_{cz} \tag{4-2}$$

比例系数 K_0 称为土的侧压力系数或静止土压力系数，其值可通过试验获得。该式可用于静止土压力的计算，详见本书第七章。

二、成层土的自重应力

地基土通常为成层土。在成层土中因为土的重度不同，所以自重应力沿深度呈折线分布，转折点位于土层分界面处，如图 4-2 所示。设第 i 土层的厚度为 h_i，重度为 γ_i，则在深

度 z 处土的自重应力计算公式为：

$$\sigma_{cz}=\gamma_1 h_1+\gamma_2 h_2+\cdots+\gamma_n h_n=\sum_{i=1}^{n}\gamma_i h_i \tag{4-3}$$

式中　n——从天然地面到计算深度 z 处的土层数。

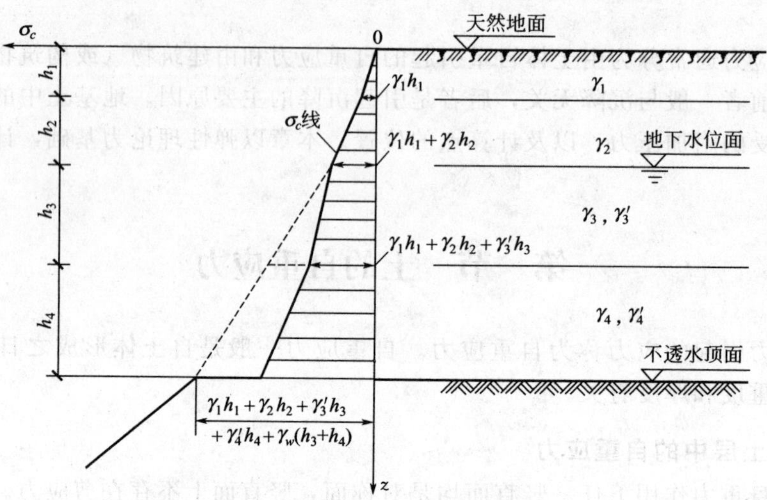

图 4-2　成层土中竖向自重应力沿深度的分布

三、地下水对土中自重应力的影响

当计算地下水位以下土的自重应力时，应根据土的性质确定是否需要考虑水的浮力作用。通常认为水下的砂性土是应该考虑浮力作用的。黏性土则视其物理状态而定，一般认为，若水下的黏性土其液性指数 $I_L>1$，则土处于流塑状态，土颗粒之间存在着大量自由水，可认为土体受到水浮力作用，若 $I_L\leqslant 0$，则土处于坚硬状态，土中自由水受到土颗粒间结合水膜的阻碍不能传递静水压力，故认为土体不受水的浮力作用，若 $0<I_L<1$，土处于塑性状态（硬塑、可塑、软塑），土颗粒是否受到水的浮力作用就较难肯定，在工程实践中一般均按土体受到水浮力作用来考虑。

若地下水位以下的土受到水的浮力作用，则水下部分土的重度按有效重度 γ' 计算，自重应力的计算同成层土体情况，此时的自重应力称为有效自重应力。

地下水位的升降，会使地基土中的自重应力发生变化。地下水位下降时，地基中的有效自重应力增加，从而可引起地面大面积沉降；地下水位上升，地基中的有效自重应力减小，可能导致地基土湿陷、膨胀以及地基承载力降低等问题。

四、不透水层对自重应力的影响

不透水层一般为基岩或只含强结合水的坚硬黏土层，不透水层不存在水的浮力，故作用在不透水层层面及层面以下的土的自重应力等于上覆土和水的总重。如图 4-2 所示，地下水位位于第三层层顶，第五层为不透水层，该层顶面的有效自重应力为：

$$\sigma_{cz1}=\gamma_1 h_1+\gamma_2 h_2+\gamma_3' h_3+\gamma_4' h_4$$

水压力为

$$\sigma_{cz2}=\gamma_w(h_3+h_4)$$

水土总自重应力为

$$\sigma_{czt}=\sigma_{cz1}+\sigma_{cz2}=\gamma_1 h_1+\gamma_2 h_2+\gamma_3' h_3+\gamma_4' h_4+\gamma_w(h_3+h_4)$$

第二节 基底附加压力

一、基底压力的概念

由基础底面传至地基单位面积上的压力，称为基底压力；地基对基底的反作用力称为地基反力。地基反力和基底压力之间是作用与反作用的关系。

1. 基底压力的影响因素

基底压力的大小和分布受作用荷载的性质、大小和基础的刚度、尺寸和形状、埋置深度、地基土性质等因素的影响。

2. 基底压力的分布规律

基底压力或地基反力的分布规律主要取决于基础的刚度和地基的变形条件。

对柔性基础，地基反力分布与上部荷载分布基本相同，而基础底面的沉降分布则是中央大而边缘小（因为刚度很小，在垂直荷载作用下几乎无抗弯能力，而随地基一起变形），如图 4-3(a) 所示。如由土筑成的路堤，其自重引起的地基反力分布与路堤断面形状相同，如图 4-3(b) 所示。

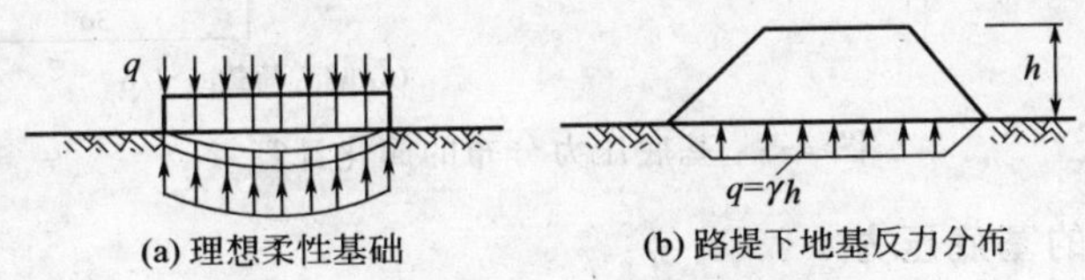

图 4-3 柔性基础下的基底压力分布

对刚性基础（如无筋扩展基础、箱形基础或高炉基础等），在外荷载作用下，基础底面基本保持为平面，即基础各点的沉降几乎是相同的，但基础底面的地基反力分布则不同于上部荷载的分布情况。刚性基础在中心荷载作用下，开始的地基反力呈马鞍形分布；荷载较大时，边缘地基土产生塑性变形，边缘地基反力不再增加，使地基反力重新分布而呈抛物线分布，若外荷载继续增大，则地基反力会继续发展呈钟形分布，如图 4-4 所示。

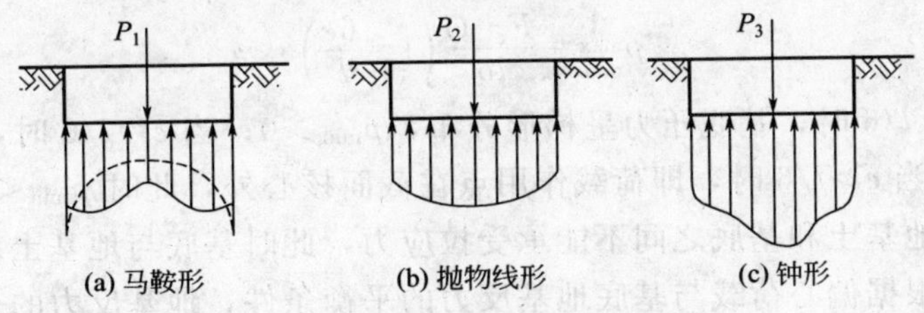

图 4-4 刚性基础下基底压力分布

二、基底压力的简化计算

实用上，通常将基底压力假设为线性分布（见图 4-5），按材料力学公式简化计算。

1. 轴心荷载作用下的基底压力

在轴心荷载作用下，基底压力均匀分布，即

$$p=\frac{F+G}{A} \tag{4-4}$$

式中 F——作用在基础顶面通过基底形心的竖向荷载，kN；

G——基础及其台阶上回填土的总重，kN，$G=\gamma_G Ad$，其中 γ_G 为基础和回填土的平均重度，一般取 $\gamma_G=20\text{kN/m}^3$，地下水位以下取 10kN/m^3，d 为基础埋置深度，m；

A——基础底面积，m^2，对矩形基础 $A=bl$，对条形基础取长度方向 $l=1\text{m}$ 来计算。

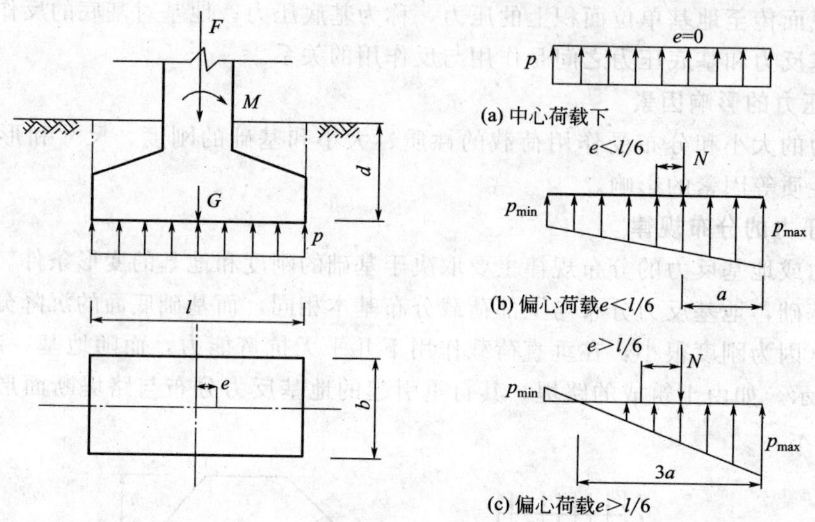

图 4-5 基底压力分布的简化计算

2. 偏心受压基础的基底压力

在偏心荷载作用下，基底最大、最小压力发生在荷载偏心方向基础边缘，其值为

$$p_{\substack{\max\\\min}}=\frac{F+G}{A}\pm\frac{M}{W} \tag{4-5}$$

式中 M——作用在基础底面的力矩，$\text{kN}\cdot\text{m}$，$M=(F+G)e$，且 e 为偏心距，m；

W——基础底面的抗弯截面模量或截面抗弯系数，m^3，即 $W=bl^2/6$，其中 l 为基底平面的偏心方向尺寸，m，b 为基底平面的另一方向尺寸，m。

将 W 的表达式代入式(4-5) 得

$$p_{\substack{\max\\\min}}=\frac{F+G}{lb}\left(1\pm\frac{6e}{l}\right) \tag{4-6}$$

由上式可知，当 $e<l/6$ 时，基底压力呈梯形分布，$p_{\min}>0$；当 $e=l/6$ 时，基底压力呈三角形分布，$p_{\min}=0$；当 $e>l/6$ 时，即荷载作用点在截面核心外，此时 $p_{\min}<0$，说明基底压力出现拉应力。由于地基土和基底之间不能承受拉应力，此时基底与地基土局部脱开，将使基底压力重新分布。根据偏心荷载与基底地基反力的平衡条件，地基反力的合力作用线应与偏心荷载作用线重合，由此得基底边缘最大地基反力 $p_{\max}$ 为：

$$p_{\max}=\frac{2N}{3\left(\frac{l}{2}-e\right)b} \tag{4-7}$$

式中 $N=F+G$。

一般而言，工程上不允许基底出现拉应力，因此在设计基础尺寸时，应使合力偏心距满足 $e<l/6$ 的条件。为了减少因地基应力不均匀而引起过大的不均匀沉降，通常要求：$p_{\max}/p_{\min}\leqslant 1.5\sim 3.0$；对压缩性大的黏性土应取小值；对压缩性小的无黏性土，可用大值。

【例 4-1】 某矩形基础底面尺寸为 3m×6m，上部结构传至基础顶面的竖向荷载为 1800kN，基础埋置于自然地坪以下 1.5m，地表以下 5.0m 厚为粉质黏土，土的天然重度为 $\gamma=18.6\text{kN/m}^3$，饱和重度为 $\gamma_{sat}=20.1\text{kN/m}^3$，地下水位在自然地坪下 3.0m，试确定：

(1) 地表下 5m 处土的竖向自重应力值；

(2) 按轴心荷载考虑，地基的平均反力；

(3) 如在±0.00 基础轴心处平行于基础长边方向上还受到 120kN 的水平力作用，试求地基边缘的最大反力，最小反力和偏心距。

【解】

(1) 自重应力

$$\sigma_{cz}=\sum_{i=1}^{n}\gamma_i h_i=18.6\times3+(20.1-10)\times2=76\text{kPa}$$

(2) 地基平均反力

$$G=20Ad=20\times3\times6\times1.5=540\text{kN}$$

$$p=\frac{F+G}{A}=\frac{1800+540}{3\times6}=130\text{kPa}$$

(3) 偏心荷载作用

$$M=Vd=120\times1.5=180\text{kN}\cdot\text{m}$$

$$e=\frac{M}{F+G}=\frac{180}{1800+540}=0.077\text{m}$$

$$p_{max}=\frac{F+G}{A}+\frac{M}{W}=\frac{1800+540}{3\times6}+\frac{180}{3\times6^2/6}=140\text{kPa}$$

$$p_{min}=\frac{F+G}{A}-\frac{M}{W}=\frac{1800+540}{3\times6}-\frac{180}{3\times6^2/6}=120\text{kPa}$$

三、基底附加压力

基础通常是埋置在天然地面下一定深度的。由于天然土层在自重作用下的变形已经完成，故只有超出基底处原有自重应力的那部分应力才使地基产生附加变形，使地基产生附加变形的基底压力称为基底附加压力，用符号 p_0 表示。因此，基底附加压力是上部结构和基础自重引起的基底压力与基底处原先存在于土中的自重应力之差，按下式计算：

$$p_0=p-\sigma_{cd}=p-\gamma_m d \tag{4-8}$$

式中 p——基底压力，kPa，为区别于附加压力，又称基底总压力；

σ_{cd}——基底处自重应力，kPa；

γ_m——基底标高以上天然土层按分层厚度的加权平均重度，kN/m^3，基础底面在地下水位以下时，地下水位以下的土层用有效重度计算；

d——基础埋置深度，m，简称基础埋深。

有了基底附加压力，就可以把它作为作用在弹性半空间表面上的局部荷载，根据弹性力学公式计算地基中的附加应力。必须指出，实际上基底附加压力一般作用在地表下一定深度（指浅基础的埋深）处，因此假设它作用在半空间表面上，而运用弹性力学解答所得的结果只是近似的，不过对于一般浅基础来说，这种假设所造成的误差可以忽略不计。

另外，当基坑的平面尺寸和深度较大时，坑底回弹是明显的，且基坑中点的回弹大于边缘点。在沉降计算中，为了适当考虑这种坑底的回弹和再压缩而增加沉降，可采取 $p_0=p-\alpha\sigma_{cd}$，其中 α 为 0～1 的系数。

【例 4-2】 某条形基础宽度为 1.5m，上部结构传至基础的荷载为 120kN/m，基础埋深为 2.0m，持力层及以上土的天然重度为 19kN/m³，求基底的附加压力 p_0。

【解】

$$p=\frac{F+G}{A}=\frac{120+20\times2.0\times1.5}{1.5}=120\text{kPa}$$

$$p_0=p-\gamma_m d=120-19\times2=82\text{kPa}$$

第三节 地基附加应力

一、集中荷载作用

半无限弹性体在水平表面上受到竖向集中力 F 作用，如图 4-6 所示。取力 F 的作用点为坐标原点，求弹性体内任意点 $M(x,y,z)$ 的应力和位移。这个问题由法国学者布辛奈斯克提出，并于 1885 年得到解答，故称布辛奈斯克问题。参考文献 [18] 再现了该问题的求解过程，它是地基附加应力计算、基础中心点沉降计算的理论依据。

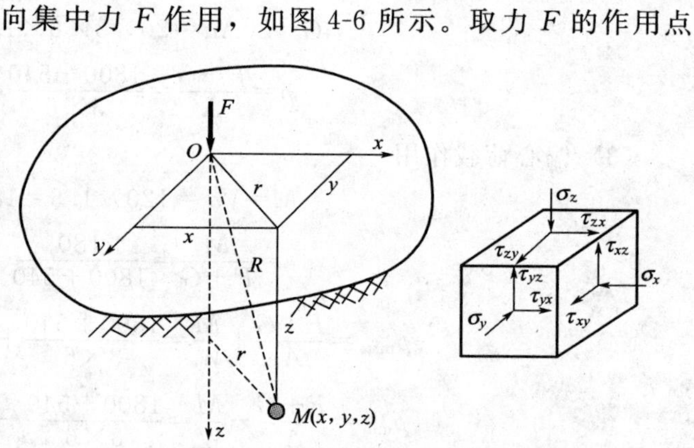

图 4-6 竖向集中力作用下地基中的竖向附加应力

根据布辛奈斯克解答，地基中任意一点 M 的竖向附加应力为

$$\sigma_z=\frac{3F}{2\pi}\times\frac{z^3}{R^5} \tag{4-9}$$

式中 z——计算应力的点 M 的深度，m；

R——计算应力的点 M 到坐标原点（集中力作用点）的距离，m。

设 M 点到集中力作用线的距离为 r，则应有

$$R=(r^2+z^2)^{1/2} \tag{4-10}$$

将式(4-10) 代入式(4-9)，得

$$\sigma_z=\frac{3F}{2\pi}\times\frac{z^3}{(r^2+z^2)^{5/2}}=\frac{F}{z^2}\times\frac{3}{2\pi[1+(r/z)^2]^{5/2}} \tag{4-11}$$

若令

$$\alpha=\frac{3}{2\pi[1+(r/z)^2]^{5/2}} \tag{4-12}$$

则竖向附加应力计算公式为

$$\sigma_z=\frac{3F}{2\pi}\times\frac{z^3}{R^5}=\alpha\frac{F}{z^2} \tag{4-13}$$

式中 α 称为应力系数，它是 r/z 的函数，可以直接由式(4-12) 计算，也可查表 4-1。

很明显，当深度 z 增大时，应力 σ_z 减小；在同一深度的水平面上，当离开外力作用线的距离 r 增大时，σ_z 也减小；并且当 z 或 $r\to\infty$ 时，竖向正应力趋于零。

表 4-1 α 值随 r/z 的变化值

r/z	α	r/z	α
0	0.4775	0.75	0.1565
0.02	0.4770	0.80	0.1386
0.04	0.4765	0.85	0.1226
0.06	0.4723	0.90	0.1083
0.08	0.4699	0.95	0.0956
0.10	0.4657	1.00	0.0844
0.12	0.4607	1.20	0.0513
0.14	0.4548	1.40	0.0317
0.16	0.4482	1.60	0.0200
0.18	0.4409	1.80	0.0129
0.20	0.4329	2.00	0.0085
0.22	0.4242	2.20	0.0058
0.24	0.4151	2.40	0.0040
0.26	0.4050	2.60	0.0029
0.28	0.3954	2.80	0.0021
0.30	0.3849	3.00	0.0015
0.32	0.3742	3.20	0.0011
0.34	0.3632	3.40	0.00085
0.36	0.3521	3.60	0.00066
0.38	0.3408	3.80	0.00051
0.40	0.3294	4.00	0.00040
0.45	0.3011	4.20	0.00032
0.50	0.2733	4.40	0.00026
0.55	0.2466	4.60	0.00021
0.60	0.2214	4.80	0.00017
0.65	0.1978	5.00	0.00014
0.70	0.1762		

【例 4-3】 在半无限体的水平表面上作用有竖向集中力 $F=100\text{kN}$，作用点位于坐标原点，试求 $A(0,0,2)$ 点和 $B(0,1,2)$ 点的竖向正应力（坐标单位为 m）。

【解】

(1) $A(0,0,2)$ 点应力

$$r=0,\ z=2,\ r/z=0,\ 查表 4\text{-}1 得 \alpha=0.4775$$

$$\sigma_z=\alpha\frac{F}{z^2}=0.4775\times\frac{100}{2^2}=11.9\text{kPa}$$

(2) $B(0,1,2)$ 点应力

$$r=1,\ z=2,\ r/z=0.5$$

$$\alpha=\frac{3}{2\pi[1+(0.5)^2]^{5/2}}=0.2733$$

$$\sigma_z=0.2733\times\frac{100}{2^2}=6.8\text{kPa}$$

A、B 两点位于同一深度（z 坐标相同），A 点在力作用线上，B 点在力作用线外，故前者应力大于后者应力。

二、矩形面积上分布荷载作用

1. 均匀分布荷载

(1) 角点下任一点的附加应力　如图 4-7 所示为柱下矩形基础均匀受力时的情形，已知基础底面尺寸为 $l \times b$，附加压力为 p_0，现求矩形角点下面任意一点 $M(0,0,z)$ 的竖向附加应力。在受荷载作用的矩形面积上取微元面积 $dxdy$，将其上作用的荷载作为集中力 $dF=p_0 dxdy$，由该 dF 所产生的竖向附加应力可由式(4-11) 计算，即

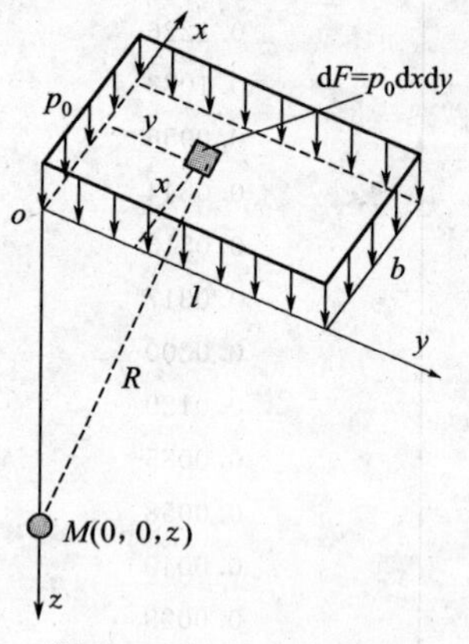

图 4-7　矩形分布荷载作用于半无限体表面

$$d\sigma_z = \frac{3p_0}{2\pi} \frac{z^3 dxdy}{(x^2+y^2+z^2)^{5/2}} \tag{4-14}$$

对上式积分，得到角点 o 以下 M 点的竖向附加应力

$$\begin{aligned}\sigma_z &= \frac{3p_0 z^3}{2\pi}\int_0^l\int_0^b \frac{dxdy}{(x^2+y^2+z^2)^{5/2}} \\ &= \frac{p_0}{2\pi}\left[\arctan\frac{lb}{z\sqrt{l^2+b^2+z^2}} + \frac{lbz(l^2+b^2+2z^2)}{(l^2+z^2)(b^2+z^2)\sqrt{l^2+b^2+z^2}}\right]\end{aligned} \tag{4-15}$$

设 $m=l/b$，$n=z/b$，则有

$$\sigma_z = \frac{p_0}{2\pi}\left[\arctan\frac{m}{n\sqrt{m^2+n^2+1}} + \frac{mn(m^2+2n^2+1)}{(m^2+n^2)(n^2+1)\sqrt{m^2+n^2+1}}\right] \tag{4-16}$$

再令

$$\alpha_c = \frac{1}{2\pi}\left[\arctan\frac{m}{n\sqrt{m^2+n^2+1}} + \frac{mn(m^2+2n^2+1)}{(m^2+n^2)(n^2+1)\sqrt{m^2+n^2+1}}\right] \tag{4-17}$$

则附加应力计算公式为

$$\sigma_z = \alpha_c p_0 \tag{4-18}$$

实用公式非常简单。其中系数 α_c 称为均布矩形荷载角点下竖向附加应力系数，可由式(4-17) 制成表格。实际计算时直接由 m、n 查表 4-2 得 α_c，代入式(4-18) 计算附加应力。

表 4-2　矩形面积上均布荷载作用下角点附加应力系数 α_c

$n=z/b$	$m=l/b$											
	1.0	1.2	1.4	1.6	1.8	2.0	3.0	4.0	5.0	6.0	10.0	条形
0.0	0.250	0.250	0.250	0.250	0.250	0.250	0.250	0.250	0.250	0.250	0.250	0.250
0.2	0.249	0.249	0.249	0.249	0.249	0.249	0.249	0.249	0.249	0.249	0.249	0.249
0.4	0.240	0.242	0.243	0.243	0.244	0.244	0.244	0.244	0.244	0.244	0.244	0.244
0.6	0.223	0.228	0.230	0.232	0.232	0.233	0.234	0.234	0.234	0.234	0.234	0.234
0.8	0.200	0.207	0.212	0.215	0.216	0.218	0.220	0.220	0.220	0.220	0.220	0.220
1.0	0.175	0.185	0.191	0.195	0.198	0.200	0.203	0.204	0.204	0.204	0.205	0.205
1.2	0.152	0.163	0.171	0.171	0.179	0.182	0.187	0.188	0.189	0.189	0.189	0.189
1.4	0.131	0.142	0.151	0.157	0.161	0.164	0.171	0.173	0.174	0.174	0.174	0.174
1.6	0.112	0.124	0.133	0.140	0.145	0.148	0.157	0.159	0.160	0.160	0.160	0.160
1.8	0.097	0.108	0.117	0.124	0.129	0.133	0.143	0.146	0.147	0.148	0.148	0.148
2.0	0.084	0.095	0.103	0.110	0.116	0.120	0.131	0.135	0.136	0.137	0.137	0.137
2.2	0.073	0.083	0.092	0.098	0.104	0.108	0.121	0.125	0.126	0.127	0.128	0.128
2.4	0.064	0.073	0.081	0.088	0.093	0.098	0.111	0.116	0.118	0.118	0.119	0.119
2.6	0.057	0.065	0.072	0.079	0.084	0.089	0.102	0.107	0.110	0.111	0.112	0.112

续表

$n=z/b$	$m=l/b$											
	1.0	1.2	1.4	1.6	1.8	2.0	3.0	4.0	5.0	6.0	10.0	条形
2.8	0.050	0.058	0.065	0.071	0.076	0.080	0.094	0.100	0.102	0.104	0.105	0.105
3.0	0.045	0.052	0.058	0.064	0.069	0.073	0.087	0.093	0.096	0.097	0.099	0.099
3.2	0.040	0.047	0.053	0.058	0.063	0.067	0.081	0.087	0.090	0.092	0.093	0.093
3.4	0.036	0.042	0.048	0.053	0.057	0.061	0.075	0.081	0.085	0.086	0.088	0.088
3.6	0.033	0.038	0.043	0.048	0.052	0.056	0.069	0.076	0.080	0.082	0.084	0.084
3.8	0.030	0.035	0.040	0.044	0.048	0.052	0.065	0.072	0.075	0.077	0.080	0.080
4.0	0.027	0.032	0.036	0.040	0.044	0.048	0.060	0.067	0.071	0.073	0.076	0.076
4.2	0.025	0.029	0.033	0.037	0.041	0.044	0.056	0.063	0.067	0.070	0.072	0.073
4.4	0.023	0.027	0.031	0.034	0.038	0.041	0.053	0.060	0.064	0.066	0.069	0.070
4.6	0.021	0.025	0.028	0.032	0.035	0.038	0.049	0.056	0.061	0.063	0.066	0.067
4.8	0.019	0.023	0.026	0.029	0.032	0.035	0.046	0.053	0.058	0.060	0.064	0.064
5.0	0.018	0.021	0.024	0.027	0.030	0.033	0.043	0.050	0.055	0.057	0.061	0.062
6.0	0.013	0.015	0.017	0.020	0.022	0.024	0.033	0.039	0.043	0.046	0.051	0.052
7.0	0.009	0.011	0.013	0.015	0.016	0.018	0.025	0.031	0.035	0.038	0.043	0.045
8.0	0.007	0.009	0.010	0.011	0.013	0.014	0.020	0.025	0.028	0.031	0.037	0.039
9.0	0.006	0.007	0.008	0.009	0.010	0.011	0.016	0.020	0.024	0.026	0.032	0.035
10.0	0.005	0.006	0.007	0.007	0.008	0.009	0.013	0.017	0.020	0.022	0.028	0.032
12.0	0.003	0.004	0.005	0.005	0.006	0.006	0.009	0.012	0.014	0.017	0.022	0.026
14.0	0.002	0.003	0.003	0.004	0.004	0.005	0.007	0.009	0.011	0.013	0.018	0.023
16.0	0.002	0.002	0.003	0.003	0.003	0.004	0.005	0.007	0.009	0.010	0.014	0.020
18.0	0.001	0.002	0.002	0.002	0.003	0.003	0.004	0.006	0.007	0.008	0.012	0.018
20.0	0.001	0.001	0.002	0.002	0.002	0.002	0.004	0.005	0.006	0.007	0.010	0.016
25.0	0.001	0.001	0.001	0.001	0.001	0.002	0.002	0.003	0.004	0.004	0.007	0.013
30.0	0.001	0.001	0.001	0.001	0.001	0.002	0.002	0.002	0.003	0.003	0.005	0.011
35.0	0.000	0.000	0.001	0.001	0.001	0.001	0.001	0.002	0.002	0.002	0.004	0.009
40.0	0.000	0.000	0.000	0.000	0.001	0.001	0.001	0.001	0.001	0.002	0.003	0.008

注：l—基础长度（m）；b—基础宽度（m）；z—计算点离基础底面的垂直距离（m）。

(2) 角点法计算任意点的附加应力　矩形荷载作用下，荷载平面上任意一点 o（不论是否在角点处，也不论是否在荷载面积范围内）之下任意深度 z 的竖向附加应力可利用式(4-18) 计算。基本思路是将荷载面积分块，设法使 o 点位于若干矩形的公共角点，每个矩形都能利用式(4-18) 计算附加应力，各部分分别引起的附加应力叠加，即得最后结果。这种方法称为“角点法”。

如图 4-8(a) 所示为 o 点在矩形 $abcd$ 的边上，欲求该点以下的应力，作 oe 直线，使矩形面积分成 $abeo$ 和 $oecd$ 两块，o 处于这两个矩形面积的角点，此时

$$\sigma_z=(\alpha_{c\text{I}}+\alpha_{c\text{II}})p_0 \tag{4-19}$$

式中 $\alpha_{c\text{I}}$、$\alpha_{c\text{II}}$ 为角点附加应力系数，分别由矩形Ⅰ和矩形Ⅱ的边长查表。

如图 4-8(b) 所示为 o 点位于矩形面积内，过 o 点作两条辅助线分别平行于长边和短边，将荷载面积分为四块小面积Ⅰ、Ⅱ、Ⅲ和Ⅳ，于是

$$\sigma_z=(\alpha_{c\text{I}}+\alpha_{c\text{II}}+\alpha_{c\text{III}}+\alpha_{c\text{IV}})p_0 \tag{4-20}$$

特别是当 o 点位于矩形面积的中心点之时，四块小矩形面积完全相等，$\alpha_{c\text{I}}=\alpha_{c\text{II}}=\alpha_{c\text{III}}=\alpha_{c\text{IV}}$，此时中点附加应力为：

$$\sigma_z=4\alpha_{c\text{I}}p_0 \tag{4-21}$$

如图 4-8(c) 所示为 o 点在矩形 $abcd$ 的一条边以外，经过作辅助线，使 o 点成为各矩形的角点，由各矩形角点下的附加应力系数得

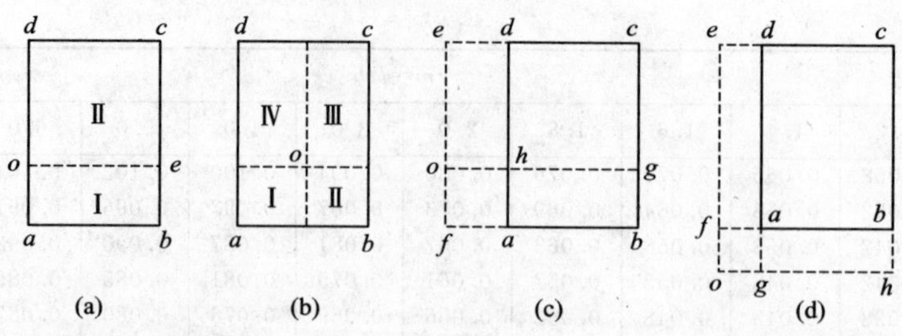

图 4-8 矩形荷载下任意一点的竖向附加应力——角点法的应用

$$\sigma_z=(\alpha_{c(ofbg)}+\alpha_{c(ogce)}-\alpha_{c(ofah)}-\alpha_{c(ohde)})p_0 \tag{4-22}$$

如图 4-8(d) 所示为 o 点在矩形 $abcd$ 的角点以外，经过作辅助线，使 o 点成为各矩形的角点，由各矩形角点下的附加应力系数得

$$\sigma_z=(\alpha_{c(ohce)}-\alpha_{c(ogde)}-\alpha_{c(ohbf)}+\alpha_{c(ogaf)})p_0 \tag{4-23}$$

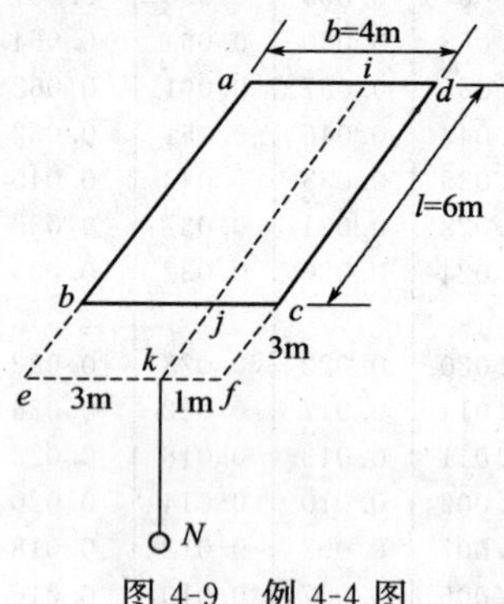

图 4-9 例 4-4 图

【例 4-4】 有一矩形基础 $b=4\text{m}$，$l=6\text{m}$，其上作用均布附加压力 $p_0=100\text{kPa}$。试用角点法计算矩形基础外 k 点下深度为 6m 处 N 点的竖向附加应力 σ_z 值。

【解】

将 k 点置于假设的矩形受荷面积的角点处，如图 4-9 所示，按角点法计算 N 点的附加应力。N 点的附加应力是有受荷面积（$aeki$）与（$ikfd$）引起的附加应力之和，再减去矩形受荷面积（$bekj$）与（$jkfc$）引起的附加应力之和。

列表计算各矩形的角点附加应力系数：

荷载面积	$m=l/b$	$n=z/b$	α_c
$aeki$	9/3=3	6/3=2	0.131
$ikfd$	9/1=9	6/1=6	0.050
$bekj$	3/3=1	6/3=2	0.084
$jkfc$	3/1=3	6/1=6	0.033
总附加应力系数 $\alpha_c=0.131+0.050-0.084-0.033=0.064$			

附加应力

$$\sigma_z=\alpha_c p_0=0.064\times100=6.4\text{kPa}$$

2. 三角形分布荷载

如图 4-10 所示为在矩形荷载面上承受三角形分布的竖向荷载的情形，其最大值为 p_0，对荷载为 0 的 1 角点下深度为 z 处的 M 点坐标为 $(0,0,z)$，且单位面积上的荷载集度 $p(x,y)=xp_0/b$，由式(4-11) 可以求得微元面积 $\mathrm{d}x\mathrm{d}y$ 上的荷载 $P=p(x,y)\ \mathrm{d}x\mathrm{d}y$ 引起 M 点的竖向应力 $\mathrm{d}\sigma_{z1}$。

$$\mathrm{d}\sigma_{z1}=\frac{3z^3p_0x\mathrm{d}x\mathrm{d}y}{2\pi b(r^2+z^2)^{5/2}}=\frac{3p_0xz^3\mathrm{d}x\mathrm{d}y}{2\pi b(x^2+y^2+z^2)^{5/2}} \tag{4-24}$$

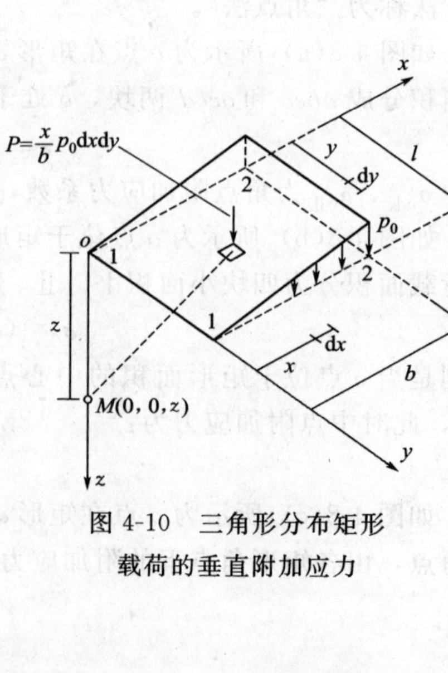

积分上式，得

图 4-10 三角形分布矩形载荷的垂直附加应力

$$\sigma_{z1}=\frac{3z^3p_0}{2\pi b}\int_0^l\int_0^b\frac{x}{(x^2+y^2+z^2)^{5/2}}\mathrm{d}x\mathrm{d}y=\alpha_{t1}p_0 \tag{4-25}$$

其中角点1的附加应力系数 α_{t1} 为

$$\alpha_{t1}=\frac{1}{2\pi b}\left[\frac{z}{\sqrt{l^2+z^2}}-\frac{z^3}{(b^2+z^2)\sqrt{l^2+b^2+z^2}}\right]$$
$$=\frac{mn}{2\pi}\left[\frac{1}{\sqrt{m^2+n^2}}-\frac{n^2}{(1+n^2)\sqrt{m^2+n^2+1}}\right] \tag{4-26}$$

说明附加应力系数 α_{t1} 是 $m=l/b$ 和 $n=z/b$ 的函数，可由上式计算，也可从表4-3中查得。

同理，可求得荷载最大值边的角点2下任意深度 z 处的竖向附加应力 σ_{z2}：

$$\sigma_{z2}=(\alpha_c-\alpha_{t1})p_0=\alpha_{t2}p_0 \tag{4-27}$$

2点的附加应力系数 α_{t2} 可查表4-3。

表4-3　三角形分布的矩形荷载角点作用下的竖向附加应力系数 α_{t1} 和 α_{t2}

z/b \ l/b	0.2		0.4		0.6		0.8		1.0	
	1	2	1	2	1	2	1	2	1	2
0.0	0.0000	0.2500	0.0000	0.2500	0.0000	0.2500	0.0000	0.2500	0.0000	0.2500
0.2	0.0223	0.1821	0.0280	0.2115	0.0296	0.2165	0.0301	0.2178	0.0304	0.2182
0.4	0.0269	0.1094	0.0420	0.1604	0.0487	0.1781	0.0517	0.1844	0.0534	0.1870
0.6	0.0259	0.0700	0.0448	0.1165	0.0560	0.1405	0.0621	0.1520	0.0654	0.1575
0.8	0.0232	0.0480	0.0421	0.0853	0.0553	0.1093	0.0637	0.1232	0.0688	0.1311
1.0	0.0201	0.0346	0.0375	0.0638	0.0508	0.0852	0.0602	0.0996	0.0666	0.1086
1.2	0.0171	0.0260	0.0324	0.0491	0.0450	0.0673	0.0546	0.0807	0.0615	0.0901
1.4	0.0145	0.0202	0.0278	0.0386	0.0392	0.0540	0.0483	0.0661	0.0554	0.0751
1.6	0.0123	0.0160	0.0238	0.0310	0.0339	0.0440	0.0424	0.0547	0.0492	0.0628
1.8	0.0105	0.0130	0.0204	0.0254	0.0294	0.0363	0.0371	0.0457	0.0435	0.0534
2.0	0.0090	0.0108	0.0176	0.0211	0.0255	0.0304	0.0324	0.0387	0.0384	0.2456
2.5	0.0063	0.0072	0.0125	0.0140	0.0183	0.0205	0.0236	0.0265	0.0284	0.0318
3.0	0.0046	0.0051	0.0092	0.0100	0.0135	0.0148	0.0176	0.0192	0.0214	0.0233
5.0	0.0018	0.0019	0.0036	0.0038	0.0054	0.0056	0.0071	0.0074	0.0088	0.0091
7.0	0.0009	0.0010	0.0019	0.0019	0.0028	0.0029	0.0038	0.0038	0.0047	0.0047
10.0	0.0005	0.0004	0.0009	0.0010	0.0014	0.0014	0.0019	0.0019	0.0023	0.0024

z/b \ l/b	1.2		1.4		1.6		1.8		2.0	
	1	2	1	2	1	2	1	2	1	2
0.0	0.0000	0.2500	0.0000	0.2500	0.0000	0.2500	0.0000	0.2500	0.0000	0.2500
0.2	0.0305	0.2184	0.0305	0.2185	0.0306	0.2185	0.0306	0.2185	0.0306	0.2185
0.4	0.0539	0.1881	0.0543	0.1886	0.0545	0.1889	0.0546	0.1891	0.0547	0.1892
0.6	0.0673	0.1602	0.0684	0.1616	0.0690	0.1625	0.0694	0.1630	0.0696	0.1633
0.8	0.0720	0.1355	0.0739	0.1381	0.0751	0.1396	0.0759	0.1405	0.0764	0.1412
1.0	0.0708	0.1143	0.0735	0.1176	0.0753	0.1202	0.0766	0.1215	0.0774	0.1225
1.2	0.0664	0.0962	0.0698	0.1007	0.0721	0.1037	0.0738	0.1055	0.0749	0.1069

续表

z/b \ l/b	1.2		1.4		1.6		1.8		2.0	
	1	2	1	2	1	2	1	2	1	2
1.4	0.0606	0.0817	0.0644	0.0864	0.0672	0.0897	0.0692	0.0921	0.0707	0.0937
1.6	0.0545	0.0696	0.0586	0.0743	0.0616	0.0780	0.0639	0.0806	0.0656	0.0826
1.8	0.0498	0.0596	0.0528	0.0644	0.0560	0.0681	0.0585	0.0709	0.0604	0.0730
2.0	0.0434	0.0513	0.0474	0.0560	0.0507	0.0596	0.0533	0.0625	0.0553	0.0649
2.5	0.0326	0.0365	0.0362	0.0406	0.0393	0.0440	0.0419	0.0469	0.0440	0.0491
3.0	0.0249	0.0270	0.0280	0.0303	0.0307	0.0333	0.0331	0.0359	0.0352	0.0380
5.0	0.0104	0.0108	0.0120	0.0123	0.0135	0.0139	0.0148	0.0154	0.0161	0.0167
7.0	0.0056	0.0056	0.0064	0.0066	0.0073	0.0074	0.0081	0.0083	0.0089	0.0091
10.0	0.0028	0.0028	0.0033	0.0032	0.0037	0.0037	0.0041	0.0042	0.0046	0.0046

z/b \ l/b	3.0		4.0		6.0		8.0		10.0	
	1	2	1	2	1	2	1	2	1	2
0.0	0.0000	0.2500	0.0000	0.2500	0.0000	0.2500	0.0000	0.2500	0.0000	0.2500
0.2	0.0306	0.2186	0.0306	0.2186	0.0306	0.2186	0.0306	0.2186	0.0306	0.2186
0.4	0.0548	0.1894	0.0549	0.1894	0.0549	0.1894	0.0549	0.1894	0.0549	0.1894
0.6	0.0701	0.1638	0.0702	0.1639	0.0702	0.1640	0.0702	0.1640	0.0702	0.1640
0.8	0.0773	0.1423	0.0776	0.1424	0.0776	0.1426	0.0776	0.1426	0.0776	0.1426
1.0	0.0790	0.1244	0.0794	0.1248	0.0795	0.1250	0.0796	0.1250	0.0796	0.1250
1.2	0.0774	0.1096	0.0779	0.1103	0.0782	0.1105	0.0783	0.1105	0.0783	0.1105
1.4	0.0739	0.0973	0.0748	0.0982	0.0752	0.0986	0.0752	0.0987	0.0753	0.0987
1.6	0.0697	0.0870	0.0708	0.0882	0.0714	0.0887	0.0715	0.0888	0.0715	0.0889
1.8	0.0652	0.0782	0.0666	0.0797	0.0673	0.0805	0.0675	0.0806	0.0675	0.0808
2.0	0.0607	0.0707	0.0624	0.0726	0.0634	0.0734	0.0636	0.0736	0.0636	0.0738
2.5	0.0504	0.0559	0.0529	0.0585	0.0543	0.0601	0.0547	0.0604	0.0548	0.0605
3.0	0.0419	0.0451	0.0449	0.0482	0.0469	0.0504	0.0474	0.0509	0.0476	0.0511
5.0	0.0214	0.0221	0.0248	0.0256	0.0283	0.0290	0.0296	0.0303	0.0301	0.0309
7.0	0.0124	0.0126	0.0152	0.0154	0.0186	0.0190	0.0204	0.0207	0.0212	0.0216
10.0	0.0066	0.0066	0.0084	0.0083	0.0111	0.0111	0.0128	0.0130	0.0139	0.0141

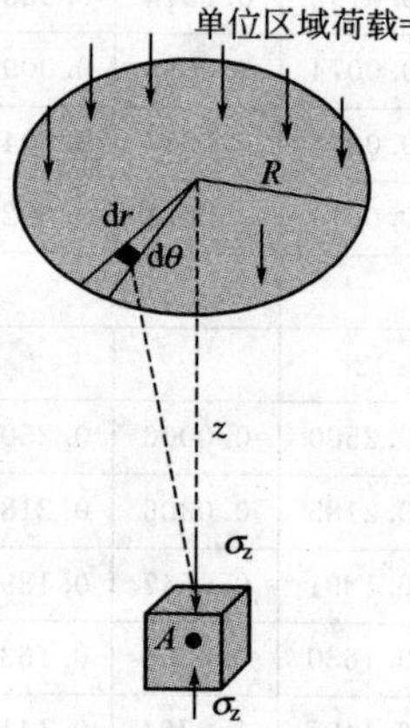

三、圆形均布荷载下竖向应力

根据布辛奈斯克集中荷载作用下地基中的竖向应力 σ_z 计算公式(4-11)，也可以计算出在均匀圆形载荷作用下，荷载中心点下的竖向应力表达式。

设半径为 R 的圆形面积上作用有均布附加压力 p_0，如图 4-11 所示。取极坐标，微元面积上的荷载为 $dF=p_0 dA=p_0 r dr d\theta$，由式(4-11) 可得圆心下 A 点的附加应力 $d\sigma_z$ 为

$$d\sigma_z=\frac{3dF}{2\pi}\times\frac{z^3}{(r^2+z^2)^{5/2}}=\frac{3p_0 r dr d\theta}{2\pi}\times\frac{z^3}{(r^2+z^2)^{5/2}}$$

对上式积分，可得整个荷载引起的圆心以下 A 点的附加应力 σ_z 为

$$\sigma_z=\frac{3p_0 z^3}{2\pi}\int_0^{2\pi}\int_0^{R}\frac{r}{(r^2+z^2)^{5/2}}drd\theta=\alpha_0 p_0 \tag{4-28}$$

单位区域荷载=p_0

图 4-11 均布圆形荷载中心点下的竖向附加应力

其中 α_0 为中心点（或圆心）下的附加应力系数，表达式为

$$\alpha_0=1-\frac{1}{[1+(R/z)^2]^{3/2}} \tag{4-29}$$

利用式(4-29）计算出来的 α_0 随着 R/z 的变化值如表 4-4 所示，具体计算时可以查取。附加应力 σ_z 的值随深度迅速减小，当 $z=5R$ 时，其值为 p_0 的 5.7%。

表 4-4　均布圆形荷载中心点下的附加应力系数 α_0

R/z	α_0	R/z	α_0	R/z	α_0
0.0	0.000	0.7	0.450	1.4	0.804
0.1	0.015	0.8	0.524	1.5	0.829
0.2	0.057	0.9	0.589	2.0	0.911
0.3	0.121	1.0	0.647	3.0	0.968
0.4	0.200	1.1	0.696	4.0	0.986
0.5	0.285	1.2	0.738	5.0	0.993
0.6	0.370	1.3	0.773	6.0	0.996

四、线荷载下的竖向应力

一个无限长的线荷载 q 作用在一个半无限土体表面上，如图 4-12 所示。土体内部竖向应力 σ_z，可以运用弹性理论原理推算如下：

$$\sigma_z=\frac{2qz^3}{\pi(x^2+z^2)^2} \tag{4-30}$$

这个公式可以用如下公式表示

$$\sigma_z=\frac{2q}{\pi z[(x/z)^2+1]^2}$$

或者

$$\frac{\sigma_z}{q/z}=\frac{2}{\pi[(x/z)^2+1]^2} \tag{4-31}$$

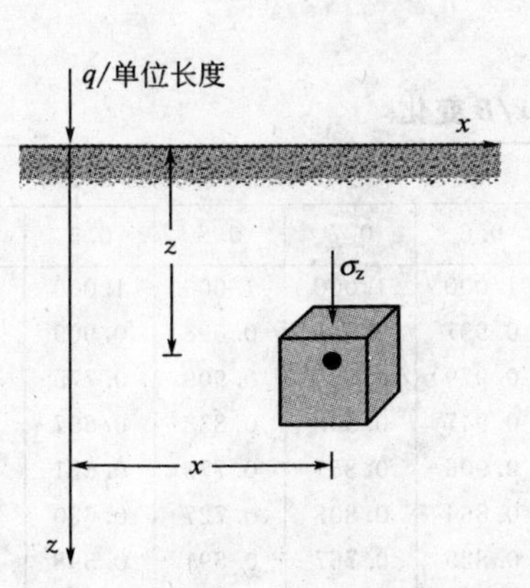

图 4-12　半无限土体表面上的线荷载

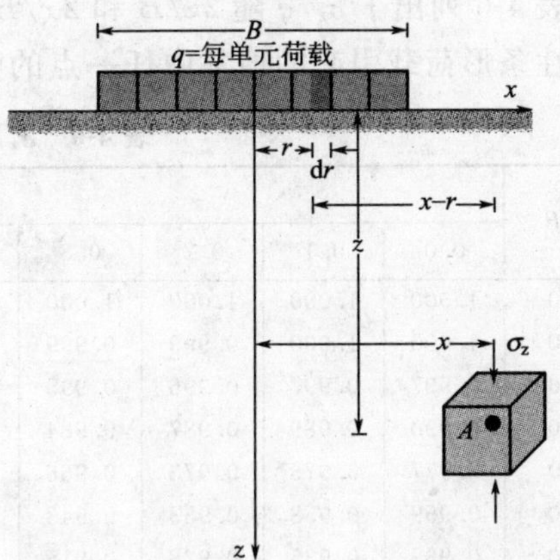

图 4-13　柔性条状载荷引起的垂直应力

式(4-31）是一个无量纲的表达式，此式可以计算出 σ_z 随着 x/z 的变化规律，如表 4-5 所示。利用式(4-31）可计算出 σ_z 的值，这个值是由线载荷引起的土体附加应力。

表 4-5 $\sigma_z/(q/z)$ 值随 x/z 的变化

x/z	$\sigma_z/(q/z)$	x/z	$\sigma_z/(q/z)$
0	0.637	1.3	0.088
0.1	0.624	1.4	0.073
0.2	0.589	1.5	0.060
0.3	0.536	1.6	0.050
0.4	0.473	1.7	0.042
0.5	0.407	1.8	0.035
0.6	0.344	1.9	0.030
0.7	0.287	2.0	0.025
0.8	0.237	2.2	0.019
0.9	0.194	2.4	0.014
1.0	0.159	2.6	0.011
1.1	0.130	2.8	0.008
1.2	0.107	3.0	0.006

五、条形荷载下的竖向应力

利用线荷载下土体内一点的竖向应力公式，可计算宽度为 B 的柔性条状荷载引起的地下一点的竖向应力。如图 4-13 所示，使条状中单位面积荷载强度为 q。如果将一个基本的条状区域的宽度看作 $\mathrm{d}r$，那么在这个条状区域中单位面积荷载等于 $q\mathrm{d}r$。这个基本的条状区域可以被看作是线荷载。式(4-30) 给出了该基本条形荷载引起的土体内 A 点竖向应力的增量 $\mathrm{d}\sigma_z$。为了计算竖向应力的增量，我们可用 $q\mathrm{d}r$ 代替 q，用$(x-r)$代替 x 即可得

$$\mathrm{d}\sigma_z=\frac{2(q\mathrm{d}r)z^3}{\pi[(x-r)^2+z^2]^2} \tag{4-32}$$

整个条形荷载所引起的 A 点的竖向应力，可以由式(4-32) 从 $-B/2$ 到 $+B/2$ 积分，则

$$\begin{aligned}\sigma_z &= \int \mathrm{d}\sigma_z = \int_{-B/2}^{+B/2}\left(\frac{2q}{\pi}\right)\left\{\frac{z^3}{[(x-r)^2+z^2]^2}\right\}\mathrm{d}r \\ &= \frac{q}{\pi}\left\{\arctan\left[\frac{z}{x-(B/2)}\right]-\arctan\left[\frac{z}{x+(B/2)}\right]-\frac{Bz[x^2+z^2-(B^2/4)]}{[x^2+z^2-(B^2/4)]^2+B^2z^2}\right\}\end{aligned} \tag{4-33}$$

表 4-6 列出了 σ_z/q 随 $2z/B$ 和 $2x/B$ 变化的数值。这个表格可以很方便地用来计算在一个柔性条形荷载引起的地基中任一点的竖向应力。

表 4-6 σ_z/q 值随 $2z/B$ 和 $2x/B$ 变化

$2z/B$	$2x/B$										
	0.0	0.1	0.2	0.3	0.4	0.5	0.6	0.7	0.8	0.9	1.0
0.00	1.000	1.000	1.000	1.000	1.000	1.000	1.000	1.000	1.000	1.000	0.000
0.10	1.000	1.000	0.999	0.999	0.999	0.998	0.997	0.993	0.098	0.909	0.500
0.20	0.997	0.997	0.996	0.995	0.992	0.988	0.979	0.959	0.909	0.775	0.500
0.30	0.990	0.989	0.987	0.984	0.978	0.967	0.947	0.908	0.833	0.697	0.499
0.40	0.977	0.976	0.973	0.966	0.955	0.9*37	0.906	0.855	0.773	0.651	0.498
0.50	0.959	0.958	0.953	0.943	0.927	0.902	0.864	0.808	0.727	0.620	0.497
0.60	0.937	0.935	0.928	0.915	0.896	0.866	0.825	0.767	0.691	0.598	0.495
0.70	0.910	0.908	0.899	0.885	0.763	0.831	0.788	0.732	0.662	0.581	0.492
0.80	0.881	0.878	0.869	0.853	0.829	0.797	0.755	0.701	0.638	0.566	0.489
0.90	0.850	0.847	0.837	0.821	0.797	0.766	0.724	0.675	0.617	0.552	0.485
1.00	0.818	0.815	0.805	0.789	0.766	0.735	0.696	0.650	0.598	0.540	0.480
1.10	0.787	0.783	0.774	0.758	0.735	0.707	0.670	0.628	0.580	0.529	0.474

续表

2z/B	2x/B										
	0.0	0.1	0.2	0.3	0.4	0.5	0.6	0.7	0.8	0.9	1.0
1.20	0.755	0.752	0.743	0.728	0.707	0.679	0.646	0.607	0.564	0.517	0.468
1.30	0.725	0.722	0.714	0.699	0.679	0.654	0.623	0.588	0.548	0.506	0.462
1.40	0.696	0.693	0.685	0.672	0.653	0.630	0.602	0.569	0.534	0.495	0.455
1.50	0.668	0.666	0.658	0.646	0.629	0.607	0.581	0.552	0.519	0.484	0.448
1.60	0.642	0.639	0.633	0.621	0.605	0.586	0.562	0.535	0.506	0.474	0.440
1.70	0.617	0.615	0.608	0.598	0.583	0.565	0.544	0.519	0.492	0.463	0.433
1.80	0.593	0.591	0.585	0.576	0.563	0.546	0.526	0.504	0.479	0.453	0.425
1.90	0.571	0.569	0.564	0.555	0.543	0.528	0.510	0.489	0.467	0.443	0.417
2.00	0.550	0.548	0.543	0.535	0.524	0.510	0.494	0.475	0.455	0.433	0.409
2.10	0.530	0.529	0.524	0.517	0.507	0.494	0.479	0.462	0.443	0.423	0.401
2.20	0.511	0.210	0.506	0.499	0.490	0.479	0.465	0.449	0.432	0.413	0.393
2.30	0.494	0.493	0.489	0.483	0.474	0.464	0.451	0.437	0.421	0.404	0.385
2.40	0.477	0.476	0.473	0.467	0.460	0.450	0.438	0.425	0.410	0.395	0.378
2.50	0.462	0.461	0.458	0.452	0.445	0.436	0.426	0.414	0.400	0.386	0.370
2.60	0.447	0.446	0.443	0.439	0.432	0.424	0.414	0.403	0.390	0.377	0.363
2.70	0.433	0.432	0.430	0.425	0.419	0.412	0.403.	0.393	0.381	0.369	0.355
2.80	0.420	0.419	0.417	0.413	0.407	0.400	0.392	0.383	0.372	0.360	0.348
2.90	0.408	0.407	0.405	0.401	0.396	0.389	0.382	0.373	0.363	0.352	0.341
3.00	0.396	0.395	0.393	0.390	0.385	0.379	0.372	0.364	0.355	0.345	0.334
3.10	0.385	0.384	0.382	0.379	0.375	0.369	0.363	0.355	0.347	0.337	0.327
3.20	0.374	0.373	0.372	0.369	0.365	0.360	0.354	0.347	0.339	0.330	0.321
3.30	0.364	0.363	0.362	0.359	0.355	0.351	0.345	0.339	0.331	0.323	0.315
3.40	0.354	0.354	0.352	0.350	0.346	0.342	0.337	0.331	0.3247	0.316	0.308
3.50	0.345	0.345	0.343	0.341	0.338	0.334	0.329	0.323	0.317	0.310	0.302
3.60	0.337	0.336	0.335	0.333	0.330	0.326	0.321	0.316	0.310	0.304	0.297
3.70	0.328	0.328	0.327	0.325	0.322	0.318	0.314	0.309	0.304	0.298	0.291
3.80	0.320	0.320	0.319	0.317	0.315	0.311	0.307	0.303	0.297	0.292	0.285
3.90	0.313	0.313	0.312	0.310	0.307	0.304	0.301	0.296	0.291	0.286	0.280
4.00	0.306	0.305	0.304	0.303	0.301	0.298	0.294	0.290	0.285	0.280	0.275
4.10	0.299	0.299	0.298	0.296	0.294	0.291	0.288	0.284	0.280	0.275	0.270
4.20	0.292	0.282	0.291	0.290	0.288	0.285	0.282	0.278	0.274	0.270	0.265
4.30	0.286	0.286	0.285	0.283	0.282	0.279	0.276	0.273	0.269	0.265	0.260
4.40	0.280	0.280	0.279	0.278	0.276	0.274	0.271	0.268	0.264	0.260	0.256
4.50	0.274	0.274	0.273	0.272	0.270	0.268	0.266	0.263	0.259	0.255	0.251
4.60	0.268	0.268	0.268	0.266	0.265	0.263	0.260	0.258	0.254	0.251	0.247
4.70	0.263	0.263	0.262	0.261	0.260	0.258	0.255	0.253	0.250	0.246	0.243
4.80	0.258	0.258	0.257	0.256	0.255	0.253	0.251	0.248	0.245	0.242	0.239
4.90	0.253	0.253	0.252	0.254	0.250	0.248	0.246	0.244	0.241	0.238	0.235
5.00	0.248	0.248	0.247	0.246	0.245	0.244	0.242	0.239	0.237	0.234	0.231

2z/B	2x/B									
	1.1	1.2	1.3	1.4	1.5	1.6	1.7	1.8	1.9	2.0
0.00	0.000	0.000	0.000	0.000	0.000	0.000	0.000	0.000	0.000	0.000
0.10	0.091	0.020	0.007	0.003	0.002	0.001	0.001	0.000	0.000	0.000
0.20	0.225	0.091	0.040	0.020	0.0141	0.007	0.004	0.003	0.002	0.002
0.30	0.301	0.165	0.090	0.052	0.031	0.020	0.013	0.009	0.007	0.005
0.40	0.346	0.224	0.141	0.090	0.059	0.040	0.027	0.020	0.014	0.011
0.50	0.373	0.267	0.185	0.128	0.089	0.063	0.046	0.034	0.025	0.019
0.60	0.391	0.298	0.222	0.163	0.120	0.008	0.066	0.050	0.038	0.030

续表

2z/B	2x/B									
	1.1	1.2	1.3	1.4	1.5	1.6	1.7	1.8	1.9	2.0
0.70	0.403	0.321	0.250	0.193	0.148	0.113	0.087	0.068	0.053	0.042
0.80	0.411	0.338	0.273	0.218	0.173	0.137	0.108	0.086	0.069	0.056
0.90	0.416	0.351	0.291	0.239	0.195	0.158	0.128	0.104	0.085	0.070
1.00	0.419	0.360	0.305	0.256	0.214	0.177	0.147	0.122	0.101	0.084
1.10	0.420	0.366	0.316	0.271	0.230	0.194	0.164	0.138	0.116	0.098
1.20	0.419	0.371	0.325	0.282	0.243	0.209	0.178	0.152	0.130	0.111
1.30	0.417	0.373	0.331	0.291	0.254	0.221	0.191	0.166	0.143	0.123
1.40	0.414	0.374	0.335	0.298	0.263	0.232	0.203	0.177	0.155	0.135
1.50	0.411	0.374	0.338	0.303	0.271	0.240	0.213	0.188	0.165	0.146
1.60	0.407	0.373	0.339	0.307	0.276	0.248	0.221	0.197	0.175	0.155
1.70	0.402	0.370	0.339	0.309	0.281	0.254	0.228	0.205	0.183	0.164
1.80	0.396	0.368	0.339	0.311	0.284	0.258	0.234	0.212	0.191	0.172
1.90	0.391	0.364	0.338	0.312	0.286	0.262	0.239	0.217	0.197	0.179
2.00	0.385	0.360	0.336	0.311	0.288	0.265	0.243	0.222	0.203	0.185
2.10	0.379	0.356	0.333	0.311	0.288	0.267	0.246	0.226	0.208	0.190
2.20	0.373	0.352	0.330	0.309	0.288	0.268	0.248	0.229	0.212	0.195
2.30	0.366	0.347	0.327	0.307	0.288	0.268	0.250	0.232	0.215	0.199
2.40	0.360	0.342	0.323	0.305	0.287	0.268	0.251	0.234	0.217	0.202
2.50	0.354	0.337	0.320	0.302	0.285	0.268	0.251	0.235	0.220	0.205
2.60	0.347	0.332	0.316	0.299	0.283	0.267	0.251	0.236	0.221	0.207
2.70	0.341	0.327	0.312	0.296	0.281	0.266	0.251	0.236	0.222	0.208
2.80	0.335	0.321	0.307	0.293	0.279	0.265	0.250	0.236	0.223	0.210
2.90	0.329	0.316	0.303	0.290	0.276	0.263	0.249	0.236	0.223	0.211
3.00	0.323	0.311	0.299	0.286	0.274	0.261	0.248	0.236	0.223	0.211
3.10	0.317	0.306	0.294	0.283	0.271	0.259	0.247	0.235	0.223	0.212
3.20	0.311	0.301	0.290	0.279	0.268	0.256	0.245	0.234	0.223	0.212
3.30	0.305	0.296	0.286	0.275	0.265	0.254	0.243	0.232	0.222	0.211
3.40	0.300	0.291	0.281	0.271	0.261	0.251	0.241	0.231	0.221	0.211
3.50	0.294	0.286	0.277	0.268	0.258	0.249	0.239	0.229	0.220	0.210
3.60	0.289	0.281	0.273	0.264	0.255	0.246	0.237	0.228	0.218	0.209
3.70	0.284	0.276	0.268	0.260	0.252	0.243	0.235	0.226	0.217	0.208
3.80	0.279	0.272	0.264	0.256	0.249	0.240	0.232	0.224	0.216	0.207
3.90	0.274	0.267	0.260	0.253	0.245	0.238	0.230	0.222	0.214	0.206
4.00	0.267	0.263	0.256	0.249	0.242	0.235	0.227	0.220	0.212	0.205
4.10	0.264	0.258	0.252	0.246	0.239	0.232	0.225	0.218	0.211	0.203
4.20	0.260	0.254	0.248	0.242	0.236	0.229	0.222	0.216	0.209	0.202
4.30	0.255	0.250	0.244	0.239	0.233	0.226	0.220	0.213	0.207	0.200
4.40	0.251	0.246	0.241	0.235	0.229	0.224	0.217	0.211	0.205	0.199
4.50	0.247	0.242	0.237	0.232	0.226	0.221	0.215	0.209	0.203	0.197
4.60	0.243	0.238	0.234	0.229	0.223	0.218	0.212	0.207	0.201	0.195
4.70	0.239	0.235	0.230	0.225	0.220	0.215	0.210	0.205	0.199	0.194
4.80	0.235	0.231	0.227	0.222	0.217	0.213	0.208	0.202	0.197	0.192
4.90	0.231	0.227	0.223	0.219	0.215	0.210	0.205	0.200	0.195	0.190
5.00	0.227	0.224	0.220	0.219	0.212	0.207	0.203	0.198	0.193	0.188

六、成层地基对附加应力的影响

以上介绍的地基附加应力计算都是考虑柔性荷载和均质各向同性土体的情况，而实际上并非如此。实际的土体会有很多复杂的情况出现。

1. 双层地基（非均质地基）

在柔性荷载作用下，将土体视为均质各向同性弹性土体时土中附加应力的计算与土的性质无关。但是，地基土往往是由软硬不一的多种土层所组成，其变形特性在竖直方向差异较大，应属于双层地基的应力分布问题。对双层地基的应力分布问题，有两种情况值得研究：一种是坚硬土层上覆盖着不厚的可压缩土层即薄压缩层情况；另一种是软弱土层上有一层压缩性较低的土层即硬壳层情况。当上层土的压缩性比下层土的压缩性高时（薄压缩层情况），则土中附加应力分布将出现应力集中现象［见图 4-14(a)］。当上层土的压缩性比下层土的压缩性低时（即硬壳层情况），则土中附加应力将发生扩散现象［见图 4-14(b)］。在实际地基中，下卧刚性岩层将引起应力集中的现象，若岩层埋藏越浅，应力集中越显著。在坚硬土层下存在软弱下卧层时，土中应力扩散的现象将随上层坚硬土层厚度的增大而更加显著。因土的泊松比变化不大，其对应力集中和应力扩散现象的影响可忽略。

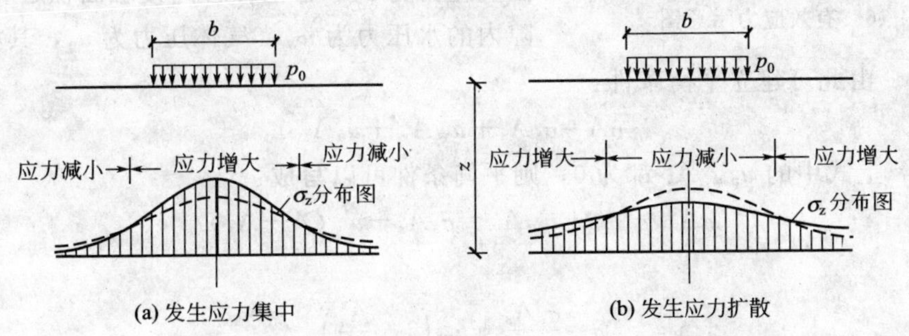

图 4-14 非均质和各向异性地基对附加应力的影响

（虚线为均质地基中水平面上的附加应力分布）

如图 4-15 所示为均布荷载中心线下竖向应力分布的比较，图中曲线 1 为均质地基中的附加应力分布图，曲线 2 为岩层上可压缩土层中的附加应力分布图，而曲线 3 则表示上层坚硬下层软弱的双层地基中的附加应力分布图。

2. 变形模量随深度增大的地基（非均质地基）

在地基中，土的变形模量 E_0 值常随地基深度增大而增大，这种现象在砂土中尤其显著。与通常假定的均质地基相比较，沿荷载中心线下，前者的地基附加应力 σ_z 将发生应力集中现象［见图 4-14(a)］。

3. 薄交互层地基（各向异性地基）

天然沉积形成的水平薄交互层地基，其水平方向变形模量 E_{0h} 常大于竖向变形模量 E_{0v}。考虑到由于土的这种层状构造特征与通常假设的均质各向同性地基做比较，沿荷载中心线下地基附加应力 σ_z 分布将发生应力扩散现象［见图 4-14(b)］。

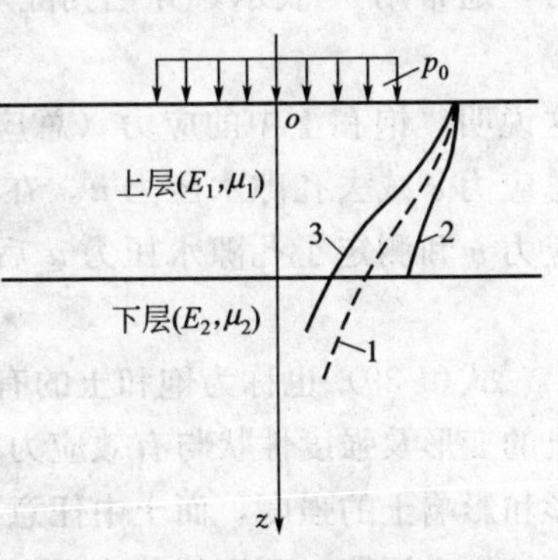

图 4-15 双层地基竖向应力分布比较

实际地基中应力集中和扩散的概念有着重要工程意

义，特别是在软土地区，表面有一层硬壳层，由于应力扩散作用，可以减少地基的沉降，故在设计中基础应尽量浅埋，并在施工中采取保护措施，以免浅层土的结构遭受破坏。

第四节 有效应力原理

在土中某点截取一个水平截面，其面积为 A，截面上作用应力 σ（见图 4-16），它是由上面的土体的重力，静水压力及外荷载 p 所产生的应力，称为总应力。该应力一部分是由土颗粒间的接触面积承担，称为有效应力；另一部分是由土体孔隙内的水及空气承受，称为孔隙应力（也称为孔隙压力）。

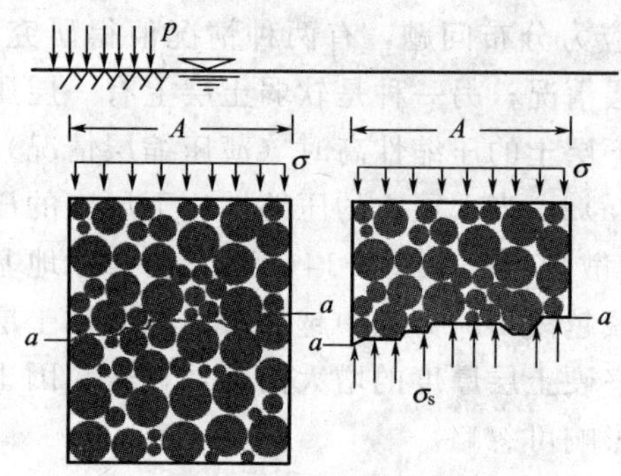

图 4-16 有效应力示意图

考虑图 4-16 所示的土体平衡条件，沿 a—a 截面取脱离体，a—a 截面是沿着土颗粒间接触面截取的曲线状截面，在此截面上土颗粒接触面间的作用法向应力为 σ_s，各土颗粒间接触面积之和为 A_s，孔隙内的水压力为 u_w，气体压力为 u_a，其相应的面积为 A_w 及 A_a。由此可建立平衡条件：

$$\sigma A=\sigma_s A_s+u_w A_w+u_a A_a \tag{4-34}$$

对于饱和土，上式中的 u_a、A_a 都为 0，则平衡条件可以写成：

$$\sigma A=\sigma_s A_s+u_w A_w=\sigma_s A_s+u_w(A-A_s) \tag{4-35}$$

或

$$\sigma=\frac{\sigma_s A_s}{A}+u_w\left(1-\frac{A_s}{A}\right) \tag{4-36}$$

由于颗粒间的接触面积 A_s 是很小的，毕肖普及伊尔定（Bishop and Eldin，1950）根据粒状土的试验结果认为 A_s/A 一般小于 0.03，因此，上式中第二项内的 A_s/A 可忽略不计。但是第一项中因为土颗粒间的接触应力 σ_s 很大，故不能舍去，此时上式可写为：

$$\sigma=\frac{\sigma_s A_s}{A}+u_w \tag{4-37}$$

上式中第一项实际是土颗粒间的接触应力的合力在全截面积上的平均应力，称为有效应力，通常用 σ' 表示，并把孔隙水压力 u_w 用 u 表示。于是上式变为：

$$\sigma=\sigma'+u \tag{4-38}$$

这说明，饱和土中的应力（总应力）为有效应力和孔隙水压力之和，或者说有效应力 σ' 等于总应力 σ 减去孔隙水压力 u。在工程实际中，直接测定有效应力 σ' 很困难，通常是在已知总应力 σ 和测定了孔隙水压力 u 后，利用式(4-38) 计算 σ'，即：

$$\sigma'=\sigma-u \tag{4-39}$$

式(4-39) 也称为饱和土的有效应力原理。首先是由太沙基提出来的，他从实验中观察到土的变形及强度性状与有效应力密切相关，只有通过颗粒接触点传递的应力，才能引起土的变形和影响土的强度，而土中任意点的孔隙水压力对各个方向的作用是相等的，因此它只能使土颗粒产生压缩，而不能使土颗粒产生位移。土颗粒间的有效应力作用，则会引起土颗粒的位移，使孔隙体积改变，土体发生压缩变形。同时有效应力的大小也影响土的抗剪强度，这是

土力学有别于其他力学的重要原理之一。对于部分饱和土，同理可导得有效应力公式为

$$\sigma'=\sigma-u_a+\chi(u_a-u_w) \tag{4-40}$$

这个公式是毕肖普等（1961）提出的，式中 $\chi=A_w/A$ 是由实验确定的参数。一般认为有效应力原理能正确地用于饱和土，对部分饱和土，由于水、气界面上的表面张力和弯液面的存在，问题较复杂，尚存在一些问题有待深入研究。

思 考 题

4.1 基底应力的影响因素有哪些?

4.2 计算地基附加应力的时候有哪些假定?

4.3 地下水对土中自重应力有什么影响?

4.4 不透水层对自重应力有什么影响?

4.5 在轴心和偏心荷载作用下基底反力分布是怎样的?

4.6 总应力由哪几部分组成?

4.7 试推导饱和土有效应力的计算公式。

选 择 题

4.1 土的自重应力计算中假定的应力状态为（ ）。

A. $\sigma_z\neq0$、$\sigma_x\neq0$、$\tau_{zx}\neq0$　B. $\sigma_z\neq0$、$\sigma_x\neq0$、$\tau_{zx}=0$

C. $\sigma_z\neq0$、$\sigma_x=0$、$\tau_{zx}\neq0$　D. $\sigma_z\neq0$、$\sigma_x=0$、$\tau_{zx}=0$

4.2 在均匀地基中开挖基坑，地基土重度 $\gamma=18.0\text{kN/m}^3$，基坑开挖深度 2m，则基坑底面以下 2m 处的自重应力为（ ）。

A. 36kPa　B. 54kPa　C. 72kPa　D. 86kPa

4.3 当上部结构荷载的合力不变时，荷载偏心距越大，则基底压力平均值（ ）。

A. 越大　B. 越小　C. 不变　D. 无法确定

4.4 荷载面积以外地基附加应力沿深度的分布规律是（ ）。

A. 大-小-大　B. 小-大-小　C. 大-大-小　D. 小-大-大

4.5 地基附加应力计算中对地基土采用的基本假设之一是（ ）

A. 非均质弹性体　B. 均质线性弹性体　C. 均质塑性体　D. 非线性弹性体

4.6 基底总压力与基底附加压力哪一个大?（ ）

A. 基底附加压力　B. 基底总压力　C. 二者相等　D. 无法确定

4.7 在基底总压力不变时，增大基础埋深对土中应力分布的影响是（ ）

A. 土中应力增大　B. 土中应力减小　C. 土中应力不变　D. 两者没有联系

4.8 某建筑场地的土层分布均匀，第一层杂填土厚 1.5m，$\gamma=17\text{kN/m}^3$；第二层粉质黏土厚 4m，$\gamma=19\text{kN/m}^3$，$G_s=2.73$，$w=31\%$，地下水位在地面下 2m 深处；第三层淤泥质黏土厚 8m，$\gamma=18\text{kN/m}^3$，$G_s=2.74$，$w=41\%$；第四层粉土厚 8m，$\gamma=19.5\text{kN/m}^3$，$G_s=2.72$，$w=27\%$；第五层砂岩（透水）未钻穿，则第四层底的竖向自重应力为（ ）。

A. 299kPa　B. 306.9kPa　C. 310kPa　D. 350kPa

4.9 某矩形基础的底面尺寸为 4m×2.4m，基底位于设计地面以下 1.2m（天然地面以下 1.0m），设计地面以上的荷载为 1200kN，基底标高处原有土的加权平均重度为 18kN/m^3，则基础长边中点下 3.6m 深处的地基附加应力等于（ ）。

A. 30.1kPa　B. 29.3kPa　C. 28.3kPa　D. 20.1kPa

4.10 地下水位下降，则土中附加应力（ ）。

A. 不变　B. 减小　C. 增大　D. 无法确定

计算题

4.1 某地基为粉土，土层厚4.8m。地下水位埋深1.1m，地下水位以上粉土呈毛细管饱和状态。粉土的饱和重度$\gamma_{sat}=20.1kN/m^3$。试计算粉土层底面处土的自重应力。

4.2 已知矩形基础底面尺寸$b=4m$，$l=10m$，作用在基础底面中心的荷载$N=400kN$，$M=240kN\cdot m$（偏心方向在短边上），求基底压力最大值与最小值。

4.3 有一矩形均布荷载$p_0=250kPa$，受荷面积为$2.0m\times6.0m$的矩形面积，分别求角点下深度为0m、2m处的附加应力值以及中心点下深度为0m、2m处的附加应力值。

4.4 已知矩形基础底面尺寸$b=4m$，$l=10m$，作用在基础底面中心的荷载$N=400kN$，$M=320kN\cdot m$（偏心方向在短边上），求基底压力分布。

4.5 某矩形基础底面尺寸为2m×6m。在基底均布荷载作用下，基础角点下10m深度处的竖向附加应力为4.3kPa，求该基础中心点下5m深度处的附加应力值。

4.6 某基础的埋深$d=1.5m$，基础面积为$b\times l=1.25\times2m$，地面处由上部结构传来荷载为200kN，基底上下均为黏土，土的重度$\gamma=18.1kN/m^3$，饱和重度为$19.7kN/m^3$，地下水位在基底下1m处，求基底压力，基底附加压力，基底中心点下面3m处的自重应力和附加应力。

4.7 已知条形均布荷载$p_0=200kPa$，荷载面宽度$b=2m$，试按均布矩形载荷下的附加应力计算公式计算条形荷载面中心点下2m深处的竖向附加应力。

4.8 有相邻荷载面积A和B，其尺寸、相应位置及所受荷载如图4-17所示。若考虑相邻荷载B的影响，试求A荷载中心点以下深度2m处的竖向附加应力。

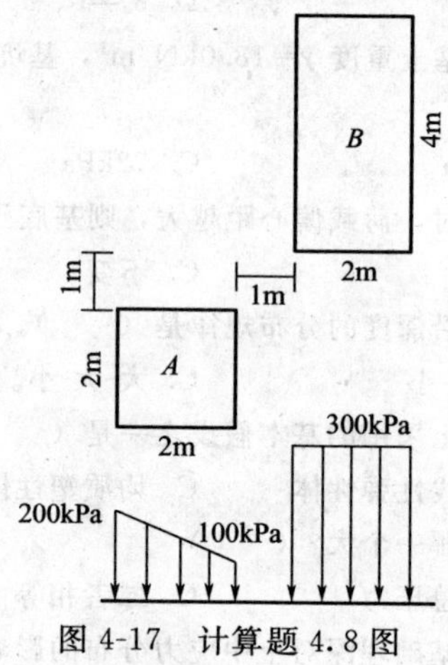

图4-17 计算题4.8图

第五章　地基沉降计算

地基基础的建设或者其他方式的加载将使地基的压力增加，导致地基土层压缩。这种压缩变形因地基土的性质不同而不同，有些土中发生以弹性变形为主的压缩变形；有些土中发生以固结变形为主的压缩变形；有些土不可忽视蠕变。孔隙水压力的消散，有效应力增加，土体逐渐被压密，这个过程称为固结。固结是由土粒的变形、重组的土粒和水或者气体在土体中的流失产生的。一般来说，由荷载引起地基土的压缩，即沉降可分为以下三大类。

第一大类是瞬时沉降（或弹性沉降）。它是由干土、湿土和在潮湿条件下性状不变的饱和土中的弹性变形引起的。瞬时沉降可利用弹性理论计算。

第二大类是主固结沉降。它是由饱和固结土的体积改变所产生的。体积的变化是由于在附加荷载作用下土体中的水流失所致。

第三大类是次固结沉降。它是饱和固结土主固结完成之后继续发生压缩变形的现象，并且是土结构发生重塑现象的结果。这一变形过程是结构土的蠕变过程，是一种持续的附加压缩形式。

本章主要讲解在附加荷载作用下，地基的最终沉降量的计算、土层的瞬时沉降、固结沉降计算和沉降量与时间的关系等内容。

第一节　土的压缩性

土的压缩性是指土体在压力作用下体积缩小的性质。

土的压缩就是土中孔隙的体积缩小，即土中水和土中气的体积缩小，此时，土粒重新调整位置，重新排列，互相挤紧。计算地基沉降时，必须取得土的压缩性指标，无论使用的是室内试验还是原位测试来测定，都必须力求试验条件与土的天然状态及其在外荷载作用下的实际应力条件相适应。

1. 室内试验测定土的压缩性指标

室内试验测定土的压缩性指标，常采用不允许土样产生侧向变形，即侧限条件的固结试验，非饱和土只用于压缩时，亦称压缩试验。

土的固结试验可以测定土的压缩系数 a、压缩模量 E_s 等压缩性指标。室内土样在侧限条件下所完成的固结，常称为 K_0 固结。K_0 为土的静止侧压力系数，它是水平向有效应力与竖向有效应力的比值。天然土层在自重应力作用下，或在大面积荷载作用下所完成的固结均为 K_0 固结。室内土的固结试验就是在 K_0 固结条件下测定土的压缩性指标。此外，通过室内土的三轴压缩试验，可以测定土的弹性模量 E，还可测定 K_0 固结抗剪强度指标。

（1）压缩试验　室内试验采用的仪器通常是室内侧限压缩仪（又称固结仪），如图 5-1 所示为室内侧限压缩仪的示意图。试验时，取出金属环刀小心切入保持天然结构的原状土样，并置于圆筒形固结容器的刚性护环内，土样上下各垫一块透水石，受压后土中水可以上下双面排出。土样在天然状态下或者经过人工饱和后（地下水位以下的土样），进行逐级加压，测定各级压力作用下土样竖向变形稳定后的孔隙比。根据压缩试验的数据，可以得到在每一级荷载作用下竖向变形量随着时间的变化过程的 ΔH-t 关系曲线［见图 5-2(a)］及所施加荷载与变形稳定后竖向变形的 ΔH-p 关系曲线［见图 5-2(b)］。

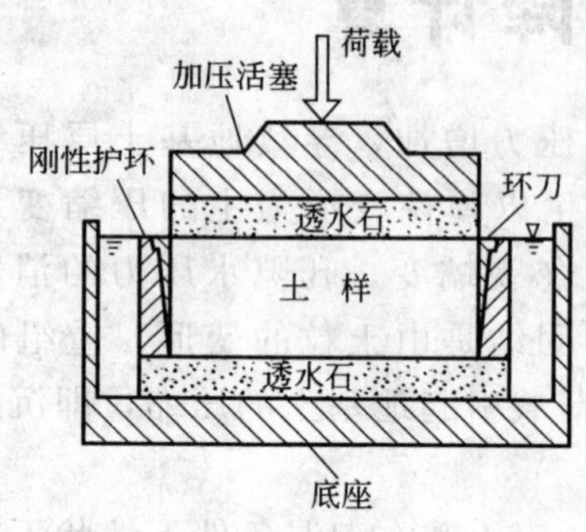

图 5-1 固结仪的固结容器简图

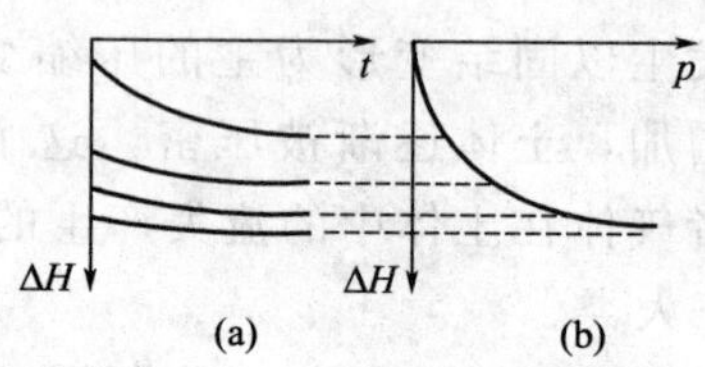

图 5-2 压缩试验资料整理

(2) 压缩曲线 设施加 Δp 前试件的高度为 H_1，孔隙比为 e_1；施加 Δp 后试件的压缩变形量为 s，如图 5-3 所示。

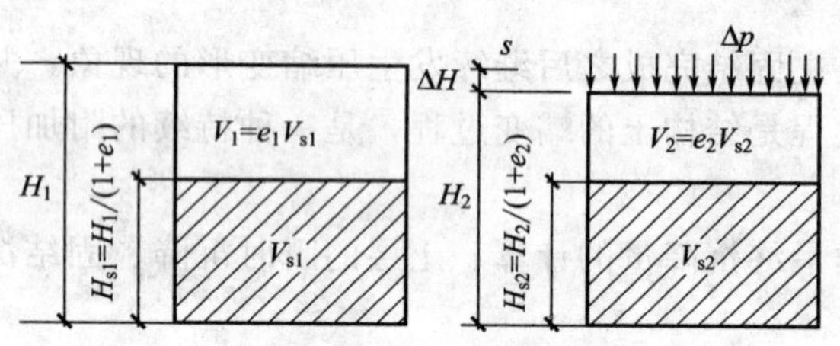

图 5-3 土体压缩示意图

施加 Δp 前试件中的土粒体积 V_{s1} 和施加 Δp 后试件中土粒体积 V_{s2} 分别为

$$V_{s1}=\frac{1}{1+e_1}H_1A_1,\ V_{s2}=\frac{1}{1+e_2}(H_1-s)A_2 \tag{5-1}$$

由于侧向变形为 0，$A_1=A_2$，土粒体积不变，$V_{s1}=V_{s2}$；因此

$$-\Delta e=e_1-e_2=(1+e_1)\frac{s}{H_1} \tag{5-2}$$

利用式(5-2) 计算每级 Δp 作用下达到稳定时孔隙比 e，可绘制 e-p 曲线或 e-lg$p$ 曲线。

土样压缩量由式(5-2) 得

$$s=\frac{-\Delta e}{1+e_1}H_1 \tag{5-3}$$

且

$$\Delta e=e_2-e_1 \tag{5-4}$$

(3) 压缩性指标

① 压缩系数 a 如图 5-4 所示为压缩试验用 e-p 曲线表示的试验结果。在曲线上任意一点的切线斜率的绝对值，定义为土的压缩系数，用 a 表示。切线斜率可近似用割线斜率代替，所以

$$a=-\mathrm{d}e/\mathrm{d}p\approx-\frac{\Delta e}{\Delta p}=\frac{e_1-e_2}{p_2-p_1} \tag{5-5}$$

式中 a——土的压缩系数，kPa^{-1} 或 MPa^{-1}；

p_1——一般指地基某深度处土中竖向自重应力，kPa；

p_2——一般指地基某深度处土中竖向自重应力与附加应力之和，kPa；

e_1——相应于 p_1 作用下压缩稳定时的孔隙比；

e_2——相应于 p_2 作用下压缩稳定时的孔隙比。

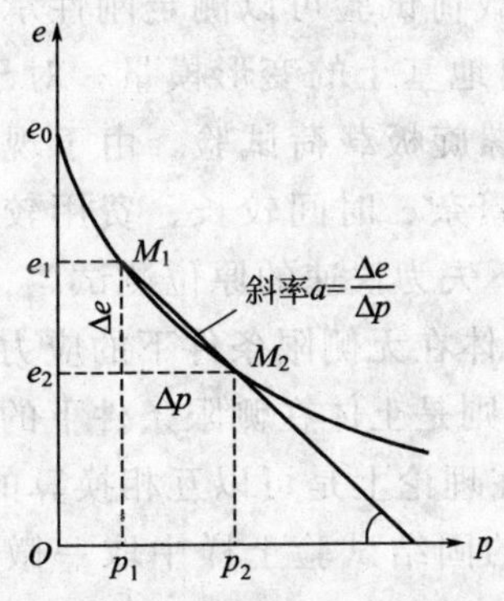

图 5-4　压缩系数计算示意图

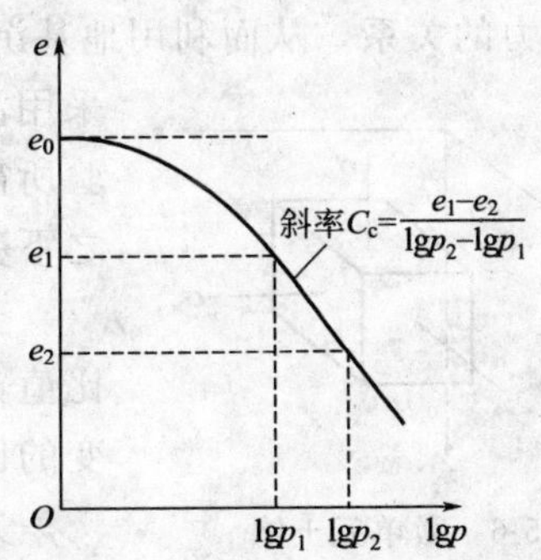

图 5-5　压缩指数计算示意图

在一般工程的岩土勘察报告中仅提供 $a_{1\text{-}2}$ 的值，它代表的是当 $p_1=100\text{kPa}$、$p_2=200\text{kPa}$ 时 e-p 曲线割线斜率的绝对值，即

$$a_{1\text{-}2}=\frac{e_1-e_2}{p_2-p_1}=\frac{e_1-e_2}{200-100}=0.01(e_1-e_2)\ \text{kPa}^{-1}=10(e_1-e_2)\ \text{MPa}^{-1} \tag{5-6}$$

地基土的压缩性根据 $a_{1\text{-}2}$ 的大小分为低压缩性土、中压缩性土和高压缩性土三类：

当 $a_{1\text{-}2}<0.1\text{MPa}^{-1}$ 时，为低压缩性土；

当 $0.1\text{MPa}^{-1}\leqslant a_{1\text{-}2}<0.5\text{MPa}^{-1}$ 时，为中压缩性土；

当 $a_{1\text{-}2}\geqslant 0.5\text{MPa}^{-1}$ 时，为高压缩性土。

② 压缩指数　如图 5-5 所示为压缩试验用 e-$\lg p$ 曲线表示的试验结果。在 e-$\lg p$ 曲线中存在着比较明显的直线段，该直线段表达了正常固结土的变形特征，其斜率的绝对值定义为压缩指数，用 C_c 表示，所以：

$$C_c=\frac{e_1-e_2}{\lg p_2-\lg p_1} \tag{5-7}$$

③ 压缩模量　在完全侧限条件下，土体竖向附加压力与相应的应变增量之比为土的压缩模量，用 E_s 表示。E_s 可以根据压缩试验通过 e-p 曲线求得。

在附加应力 Δp 作用下，土体产生竖向变形量 ΔH，则竖向应变增量为 $\Delta H/H_1$；因此

$$E_s=\frac{\Delta p}{\Delta H/H_1} \tag{5-8}$$

由 $a=\Delta e/\Delta p$，可得

$$\Delta p=\frac{\Delta e}{a} \tag{5-9}$$

又因为 $\Delta H=(e_1-e_2)H_s$，所以

$$\Delta H=\Delta e H_s \tag{5-10}$$

由于

$$H_1=(1+e_1)H_s \tag{5-11}$$

式(5-9)～式(5-11) 代入式(5-8)，可得

$$E_s=\frac{1+e_1}{a} \tag{5-12}$$

2. 原位测试测定土的压缩性指标

原位测试测定土的压缩性指标，常采用现场载荷试验，它是一项基本的原位测试，可以

同时测定地基承载力和土的变形模量 E_0，通过浅层平板载荷试验可以测定刚性承压板稳定沉降与压力的关系，从而利用地基沉降的弹性理论计算出地基土的变形模量；对于深层土，采用深层平板载荷试验或螺旋板载荷试验。由于现场载荷试验所需的设备笨重、操作繁杂、时间较长、费用较大，相比之下旁压试验、触探试验不失为快速的原位测试。

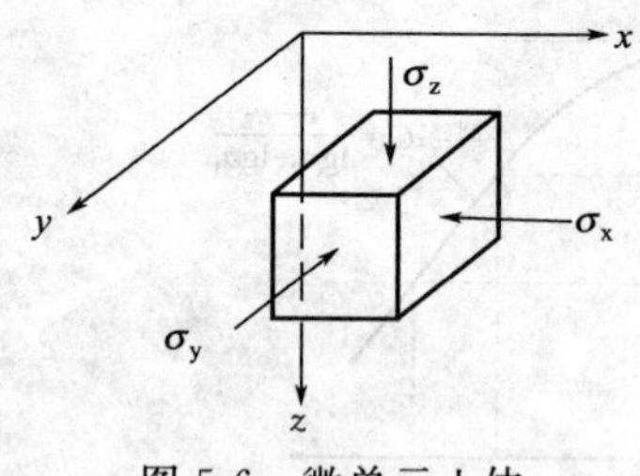

图 5-6　微单元土体

土的变形模量 E_0 是土体在无侧限条件下的应力与应变的比值，而土的压缩模量 E_s 则是土体在侧限条件下的应力与应变的比值。E_0 与 E_s 两者在理论上是可以互相换算的。

先从侧向不允许膨胀的固结试验土样中取一微单元进行分析（见图 5-6）。

在 z 轴方向的压力作用下，试验中的竖向正应力为 σ_z，由于试验的受力条件属于轴对称问题，所以相应的水平向正应力为 $\sigma_x=\sigma_y$，即为

$$\sigma_x=\sigma_y=K_0\sigma_z \tag{5-13}$$

式中　K_0——土的侧向压力系数，通过侧限条件下的试验确定，通常采用单向固结仪中的试验进行测定；也可以在特定的三轴压缩仪中进行 K_0 固结试验测定。

由于是在不允许侧向膨胀条件下的试验，$\varepsilon_x=\varepsilon_y=0$，所以由材料力学中的广义胡克定律可得：

$$\varepsilon_x=\frac{1}{E_0}[\sigma_x-\mu(\sigma_y+\sigma_z)]=0，\varepsilon_y=\frac{1}{E_0}[\sigma_y-\mu(\sigma_z+\sigma_x)]=0$$

上述两式解得侧向正应力

$$\sigma_x=\sigma_y=\frac{\mu}{1-\mu}\sigma_z \tag{5-14}$$

比较式(5-13) 和式(5-14) 就可得出土的侧压力系数 K_0 与泊松比 μ 的关系如下：

$$K_0=\mu/(1-\mu) \tag{5-15}$$

分析沿着 z 轴的应变 ε_z，可得

$$\varepsilon_z=\frac{1}{E_0}[\sigma_z-\mu(\sigma_x+\sigma_y)]=\frac{\sigma_z}{E_0}(1-2\mu K_0) \tag{5-16}$$

根据侧限条件 $\varepsilon_z=\sigma_z/E_s$，则有：

$$E_0=\beta E_s \tag{5-17}$$

其中系数 β 为

$$\beta=1-2\mu K_0=\frac{(1+\mu)(1-2\mu)}{1-\mu} \tag{5-18}$$

必须指出，式(5-17) 只不过是 E_0 与 E_s 之间的理论关系。实际上，由于现场载荷试验测定 E_0 和室内压缩试验测定 E_s 时，各有很多无法考虑到的因素，使得式(5-17) 不能准确反映 E_0 与 E_s 之间的关系。有资料显示 E_0 值可能是 βE_s 值的几倍，一般说来，土愈坚硬则倍数愈大，而软土的 E_0 值与 βE_s 比较接近。国内已经有针对不同土类对理论 β 值进行修正的研究。

第二节　地基的最终沉降量

计算地基的最终沉降量，目前最常用的方法是分层总和法。分层总和法的表达形式有多种，但其原理基本相同。主要是将土层按其性质和应力状态进行分层，然后利用已测定的计

算参数计算地基的沉降量。最终沉降量计算是运用弹性理论，将土看作是一种完全弹性的、均质的、各向同性的连续体，计算地基土的应力分布，并将非线性应力-应变关系作为线性增量处理。对变形计算参数的选择，国内规范大多数选用压缩模量 E_s，个别规范也推荐可考虑应力历史的压缩指数 C_c，有的直接用各土层 e-p 曲线上孔隙比 e 的减小来推算沉降量，也有规范采用现场载荷试验测定的变形模量值 E_0，还有将地基变形分为瞬时、主固结和次固结变形的计算方法等。

一、单向分层总和法计算地基最终沉降量

1. 基本原理

该方法只考虑地基的竖向变形，不考虑侧向变形，地基的变形同室内侧限压缩试验中的情况基本一致，属一维压缩问题。地基的最终沉降量可用室内压缩试验确定的参数（e_i、E_s、a）进行计算，取土层厚度为 h，由式(5-3) 和式(5-4) 可得：

$$s=\frac{e_1-e_2}{1+e_1}h \tag{5-19}$$

或

$$s=\frac{a}{1+e_1}\sigma_z h=\frac{\sigma_z}{E_s}h \tag{5-20}$$

式中　s——地基最终沉降量，mm；

e_1——地基受荷前（自重应力作用下）的孔隙比；

e_2——地基受荷（自重与附加应力作用下）沉降稳定后的孔隙比；

h——土层厚度，m；

a——地基土的压缩系数，MPa^{-1}；

E_s——地基土的压缩模量，MPa。

计算沉降量时，在地基可能受荷变形的压缩层范围内，根据土的特性，应力状态以及地下水位进行分层。然后按式(5-19) 或式(5-20) 计算各分层的沉降量 s_i。最后将各分层的沉降量总和起来即为地基的最终沉降量：

$$s=\sum_{i=1}^{n}s_i \tag{5-21}$$

2. 计算步骤

首先根据基础底面尺寸，确定地基应力计算是属于平面问题还是空间问题，然后参照地基的土质条件、基础条件以及荷载分布情况等，确定压缩层深度并划分土层数，每一土层的沉降量按以下步骤计算。

（1）计算地基应力　在地质剖面图上绘制基础中心下地基中的自重应力分布曲线和附加应力分布曲线，如图 5-7 所示。自重应力分布曲线由天然地面算起，基底压力 p 由作用于基础上的荷载计算。当基础埋深为 d 时，基底处的附加压力等于基底压力减去基础底面处土的自重应力 σ_{cd}，即：

$$p_0=p-\sigma_{cd}=p-\gamma_m d \tag{5-22}$$

若地基土开挖减压后不膨胀，只有超过 $\gamma_m d$ 的那一部分基底压力才会引起地基变形。基础底面以下某深度 z 处的附加应力 σ_z 为：

$$\sigma_{zi}=\alpha_i p_0 \tag{5-23}$$

式中　α_i——计算点的附加应力系数；

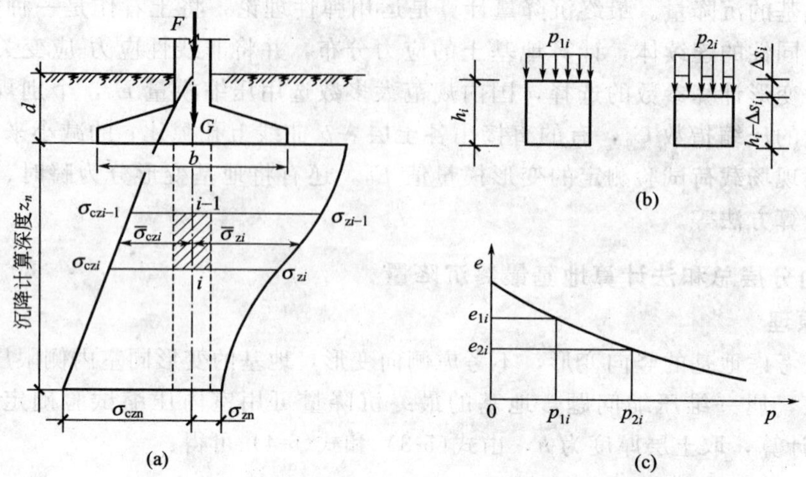

图 5-7 分层总和法计算地基沉降量的计算简图

其余符号同前。

(2) 计算各分层土的沉降量 分层原则既要考虑土层的性质，又要考虑土中应力的变化，还要考虑地下水位。因为在分层计算地基变形量时，每一分层的自重应力与附加应力用的是平均值，所以为了使自重应力与附加应力在分层内变化不大，分层厚度不宜过大。一般要求分层厚度不大于基础宽度的 0.4 倍。另外，不同性质的土层，其重度 γ、压缩系数 a 与孔隙比 e 都不一样，故土层的分界面应为分层面。在同一土层内，地下水位应为分层面，因为地下水位以上和以下土的重度不同。按照上述要求分层后，每层的平均应力可取该层中点的应力，或取该层顶面和底面应力的平均值。

施加荷载之前，每层的平均自重应力 p_{1i} 为：

$$p_{1i}=\sigma_{czi}=\sum_{j=1}^{i}\gamma_j h_j+\gamma_m d \tag{5-24}$$

施加荷载后，每层的平均应力 p_{2i} 等于自重应力与附加应力之和：

$$p_{2i}=p_{1i}+\sigma_{zi}=p_{1i}+\alpha_i p_0 \tag{5-25}$$

求得 p_{1i} 与 p_{2i} 之后，分别在压缩曲线上查得相应的孔隙比 e_{1i} 与 e_{2i}，那么第 i 层的压缩变形量为：

$$s_i=\frac{e_{1i}-e_{2i}}{1+e_{1i}}h_i \tag{5-26}$$

若已知每层的平均附加应力 σ_{zi} 和平均压缩模量，则可用下式计算每层的压缩变形量：

$$s_i=\frac{\sigma_{zi}}{E_{si}}h_i \tag{5-27}$$

(3) 确定受压层下限和计算最终沉降量 基础最终沉降量等于各分层压缩变形量之和，即：

$$s=\sum_{i=1}^{n}s_i=\sum_{i=1}^{n}\frac{e_{1i}-e_{2i}}{1+e_{1i}}h_i=\sum_{i=1}^{n}\frac{\sigma_{zi}}{E_{si}}h_i \tag{5-28}$$

最终沉降量是由第 1 层到第 n 层的变形量总和，第 n 层的底面就是受压层的下限。由图 5-7 可知，附加应力随深度递减，自重应力随深度增加，到了一定深度之后，附加应力相对于该处原有的自重应力已经很小，所引起的压缩变形小到可以忽略不计，此即为沉降计算深度。一般取附加应力与自重应力的比值为0.2（一般土）或0.1（软土）的深度（即压缩层厚度）处作为沉降计算深度的界限。在受压层范围内，如某一深度以下都是压缩性很小的岩土层，如密实的碎石土或粗砂、砾砂、或基岩等，则受压层只计算到这些地层的顶面即可。

【例 5-1】 已知柱下单独方形基础，基础底面尺寸为2.5m×2.5m，埋深2m，作用于基础上（设计地面标高处）的轴向荷载$N=1250$kN，有关地基勘察资料与基础剖面如图5-8所示。试用单向分层总和法计算基础中点的最终沉降量。

【解】

(1) 计算地基土的自重应力　z自基底标高起算，按厚度为$0.4b=0.4\times2.5=1$m进行分层。

当$z=0$，$\sigma_{cd}=19.5\times2=39$kPa

$z=1$m，$\sigma_{cz1}=39+19.5\times1=58.5$kPa；$z=2$m，$\sigma_{cz2}=58.5+20\times1=78.5$kPa

$z=3$m，$\sigma_{cz3}=78.5+20\times1=98.5$kPa；$z=4$m，$\sigma_{cz4}=98.5+20\times1=118.5$kPa

$z=5$m，$\sigma_{cz5}=118.5+20\times1=138.5$kPa；$z=6$m，$\sigma_{cz6}=138.5+18.5\times1=157$kPa

$z=7$m，$\sigma_{cz7}=157+18.5\times1=175.5$kPa

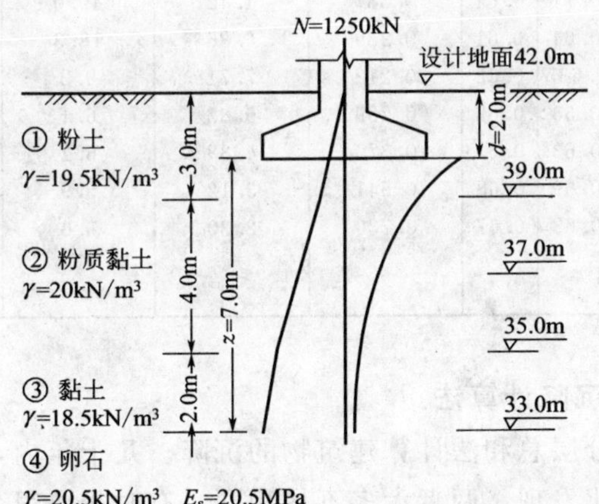

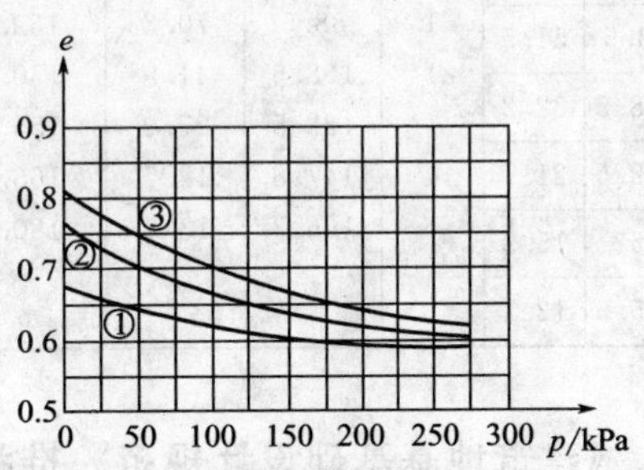

图 5-8　例 5-1 图

(2) 基底压力计算　基础底面以上，基础与台阶上回填土的平均重度$\gamma_G=20\text{kN/m}^3$

$$p=\frac{N+G}{A}=\frac{1250+2.5\times2.5\times2\times20}{2.5\times2.5}=240\text{kPa}$$

(3) 基底附加压力计算

$$p_0=p-\gamma_m d=240-19.5\times2.0=201\text{kPa}$$

(4) 基础中点下地基中竖向附加应力计算　基底面积分成四个小正方形，角点法计算基底中心点下的竖向附加应力，$l_1/b_1=1$，$\sigma_{zi}=4\alpha_{ci}p_0$，查表4-2得$\alpha_{ci}$。应力计算结果见下表。

表 5-1　例 5-1 应力计算

z/m	$z/b_1=2z/b$	α_{ci}	σ_z/kPa	σ_{cz}/kPa	$\frac{\sigma_z}{\sigma_{cz}}$/%	z_n/m
0	0	0.250	201	39		
1	0.8	0.200	160.8	58.5		
2	1.6	0.112	90.0	78.5		
3	2.4	0.064	51.5	98.5		
4	3.2	0.040	32.2	118.5	27.2	
5	4.0	0.027	21.7	138.5	15.7	
6	4.8	0.019	15.3	157	9.8	
7	5.6	0.015	12.1	175.5	6.9	按7m计

(5) 确定沉降计算深度 z_n　考虑第三层土压缩性比第二层土大，经计算后确定 $z_n=7\text{m}$。

(6) 计算基础中点最终沉降量　利用 e-p 曲线，求压缩系数和压缩模量

$$a_i=\frac{e_{1i}-e_{2i}}{p_{2i}-p_{1i}} \text{及} E_{si}=\frac{1+e_{1i}}{a_i}$$

按单向分层总和法公式计算最终沉降量：

$$s=\sum_{i=1}^{n}\frac{\bar{\sigma}_{zi}}{E_{si}}h_i$$

计算结果见表 5-2。

表 5-2　例 5-1 沉降计算成果

z /m	σ_{cz} /kPa	σ_z /kPa	h /m	自重应力平均值 $\bar{\sigma}_{cz}$ /kPa	附加应力平均值 $\bar{\sigma}_z$ /kPa	$\bar{\sigma}_{cz}+\bar{\sigma}_z$ /kPa	e_1	e_2	$a=\frac{e_1-e_2}{\bar{\sigma}_z}$ /MPa^{-1}	$E_s=\frac{1+e_1}{a}$ /MPa	$s_i=\frac{\bar{\sigma}_{zi}}{E_{si}}h_i$ /mm	$s=\Sigma s_i$ /mm
0	39	201										
			1	48.8	180.9	229.7	0.71	0.64	0.387	4.42	40.9	
1	58.5	160.8										
			1	68.5	125.4	193.9	0.64	0.61	0.239	6.86	18.3	59.2
2	78.5	90.0										
			1	88.5	70.8	159.3	0.635	0.62	0.212	7.71	9.2	68.4
3	98.5	51.5										
			1	108.5	41.9	150.4	0.63	0.62	0.239	6.82	6.1	74.5
4	118.5	32.2										
			1	128.5	27.0	155.5	0.63	0.62	0.370	4.38	6.2	80.7
5	138.5	21.7										
			1	147.8	18.5	166.3	0.69	0.68	0.541	3.12	5.9	86.6
6	157	15.3										
			1	166.3	13.7	180.0	0.68	0.67	0.730	2.30	6.0	92.6
7	175.5	12.1										

二、《建筑地基基础设计规范》推荐的沉降计算法

新中国成立以来，我国基本上采用上述分层总和法计算建筑物的沉降。几十年内，通过大量建筑物沉降观测，并与理论计算值相对比发现，两者大多不尽相同，有时相差很大。凡是遇到坚实地基，用分层总和法计算的沉降值比实测值显著偏大；遇到软弱地基，则计算值比实测值偏小。

分析沉降计算值与实测值不符的原因，一方面由于分层总和法在理论上的假定条件与实际情况不完全相符；另一方面为求得计算参数而现场取的土可能不具有足够的代表性，而且取原状土的技术以及室内压缩试验的精度等问题也会影响其结果。此外，在沉降计算中，没有考虑地基、基础和上部结构三者的共同作用。这些因素都将导致计算值与实测值之间的差异。为了使计算值与实测沉降值更加接近，并简化分层总和法的计算工作，在研究大量的工程实践的基础上，经统计分析引入沉降计算经验系数 ψ_s，对分层总和法的计算结果进行修正。我国《建筑地基基础设计规范》(GB50007—2002)（以下简称《规范》）所推荐的沉降计算方法便是这一成果的应用，它更符合实际情况。这种结合实际观测值引进修正系数的修正方法，本书简称为《规范》推荐法。

1. 计算原理

由公式(5-28)，分层总和法计算第 i 层土的压缩变形量，这里用 s_i' 表示，其值为：

$$s_i'=\frac{\bar{\sigma}_{zi}h_i}{E_{si}} \tag{5-29}$$

上式的分子$\bar{\sigma}_{zi}h_i$等于第 i 层的附加应力面积（见图 5-9）

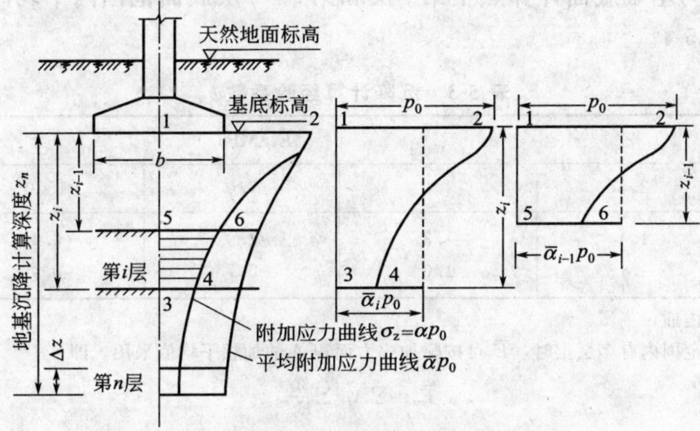

图 5-9 《规范》推荐法计算地基沉降示意图

$$s'_i=\frac{\Delta A_i}{E_{si}}=\frac{A_i-A_{i-1}}{E_{si}}=\frac{\bar{\sigma}_i z_i-\bar{\sigma}_{i-1}z_{i-1}}{E_{si}} \tag{5-30}$$

式中 $\bar{\sigma}_i$——z_i范围的平均附加应力，kPa；

$\bar{\sigma}_{i-1}$——z_{i-1}范围的平均附加应力，kPa；

$\bar{\sigma}_i z_i$——z_i范围内附加应力面积 A_i（图中面积 12431）；

$\bar{\sigma}_{i-1}z_{i-1}$——$z_{i-1}$范围内附加应力面积 A_{i-1}（图中面积 12651）；

ΔA_i——第 i 层的竖向附加应力面积（图中 5、6、4、3、5），$\Delta A_i=A_i-A_{i-1}$。

将平均附加应力除以基底附加压力 p_0，便可得平均附加应力系数。即：

$$\bar{\alpha}_i=\frac{\bar{\sigma}_i}{p_0}，即\bar{\sigma}_i=p_0\bar{\alpha}_i \tag{5-31}$$

$$\bar{\alpha}_{i-1}=\frac{\bar{\sigma}_{i-1}}{p_0}，即\bar{\sigma}_{i-1}=p_0\bar{\alpha}_{i-1} \tag{5-32}$$

则第 i 层土的压缩变形量为：

$$s'_i=\frac{1}{E_{si}}(p_0\bar{\alpha}_i z_i-p_0\bar{\alpha}_{i-1}z_{i-1})=\frac{p_0}{E_{si}}(z_i\bar{\alpha}_i-z_{i-1}\bar{\alpha}_{i-1}) \tag{5-33}$$

地基土的总沉降量为：

$$s'=\sum_{i=1}^{n}s'_i=\sum_{i=1}^{n}\frac{p_0}{E_{si}}(z_i\bar{\alpha}_i-z_{i-1}\bar{\alpha}_{i-1}) \tag{5-34}$$

2.《规范》推荐公式

由（5-34）式乘以沉降计算经验系数 ψ_s，即可得《规范》推荐的沉降计算公式：

$$s=\psi_s s'=\psi_s\sum_{i=1}^{n}\frac{p_0}{E_{si}}(z_i\bar{\alpha}_i-z_{i-1}\bar{\alpha}_{i-1}) \tag{5-35}$$

式中 s——地基最终沉降量，mm；

ψ_s——沉降计算经验系数，应根据同类地区已有房屋和构筑物实测最终沉降量与计算沉降量对比确定，一般采用表 5-3 的数值；

n——地基压缩层（即受压层）范围内所划分的土层数；

p_0——对应于荷载效应准永久组合时的基础底面处的附加压力，kPa；

E_{si}——基础底面下第 i 层土的压缩模量，MPa；

z_i、z_{i-1}——分别为基础底面至第 i 层和第 $i-1$ 层底面的距离，m；

$\overline{\alpha}_i$、$\overline{\alpha}_{i-1}$——分别为基础底面计算点至第 i 层和第 $i-1$ 层底面范围内平均附加应力系数，可查表 5-4。

表 5-3 沉降计算经验系数 ψ_s

基底附加压力 p_0/kPa	$\overline{E}_s$/MPa				
	2.5	4.0	7.0	15.0	20.0
$p_0 \geqslant f_{ak}$	1.4	1.3	1.0	0.4	0.2
$p_0 \leqslant 0.75 f_{ak}$	1.1	1.0	0.7	0.4	0.2

注：1. 表列数值可内插；

2. 当变形计算深度范围内有多层土时，$\overline{E}_s$可按附加应力面积 A 的加权平均值采用，即

$$\overline{E}_s = \sum A_i / \sum \frac{A_i}{E_{si}}。$$

式中的经验系数 ψ_s综合考虑了沉降计算公式中所不能反映的一些因素：如土的工程地质类型不同、选用的压缩模量与实际的出入、土层的非均质性对应力分布的影响、荷载性质的不同与上部结构对荷载分布的调整作用等因素。

还应注意，平均附加应力系数$\overline{\alpha}_i$系指基础底面计算点至第 i 层全部土层的附加应力系数平均值，而非地基中某一点的附加应力系数。

地基受压层计算深度 z_n 的选取，应满足下式要求：

$$\Delta s'_n \leqslant 0.025 \sum_{i=1}^{n} \Delta s'_i \tag{5-36}$$

式中 $\Delta s'_n$——在深度 z_n处，向上取计算厚度为 Δz 的土层计算变形值；Δz 的取值可由基础宽度 b 查表 5-5；

$\Delta s'_i$——在深度 z_n范围内，第 i 层土的计算变形量。

对无相邻荷载影响的独立基础，其基础宽度 b 在 1～30m 范围内时，可按下列简化的经验公式确定沉降计算深度 z_n：

$$z_n = b(2.5 - 0.4\ln b) \tag{5-37}$$

在计算深度范围内存在基岩时，z_n 可取至基岩表面；当存在较厚的坚硬黏性土层，其孔隙比小于 0.5、压缩模量大于 50MPa，或存在较厚的密实砂卵石层，其压缩模量大于 80MPa 时，z_n 可取至该层土表面。

分层总和法计算地基最终沉降量，物理意义比较明确。《规范》推荐法，应用附加应力面积的原理，考虑了分层总和法的理论简化所造成的计算值与实测沉降之间的差别，并进行了校正，因此，这种方法的计算结果更符合实际。

表 5-4 矩形及圆形面积上均布荷载作用下，通过中心点竖线上的平均附加应力系数$\overline{\alpha}$

z/b \ l/b	1.0	1.2	1.4	1.6	1.8	2.0	2.4	2.8	3.2	3.6	4.0	5.0	>10（条形）	圆形	
														z/R	$\overline{\alpha}$
0.0	1.000	1.000	1.000	1.000	1.000	1.000	1.000	1.000	1.000	1.000	1.000	1.000	1.000	0.0	1.000
0.1	0.997	0.998	0.998	0.998	0.998	0.998	0.998	0.998	0.998	0.998	0.998	0.998	0.998	0.1	1.000
0.2	0.987	0.990	0.991	0.992	0.992	0.992	0.993	0.993	0.993	0.993	0.993	0.993	0.993	0.2	0.998
0.3	0.967	0.973	0.976	0.978	0.979	0.979	0.980	0.980	0.981	0.981	0.981	0.981	0.982	0.3	0.993
0.4	0.936	0.947	0.953	0.956	0.958	0.965	0.961	0.962	0.962	0.963	0.963	0.963	0.963	0.4	0.986

续表

l/b \ z/b	1.0	1.2	1.4	1.6	1.8	2.0	2.4	2.8	3.2	3.6	4.0	5.0	>10（条形）	圆形 z/R	圆形 $\bar{\alpha}$
0.5	0.900	0.915	0.924	0.929	0.933	0.935	0.937	0.939	0.939	0.940	0.940	0.940	0.940	0.5	0.974
0.6	0.858	0.878	0.890	0.898	0.903	0.906	0.910	0.912	0.913	0.914	0.914	0.915	0.915	0.6	0.960
0.7	0.816	0.840	0.855	0.865	0.871	0.876	0.881	0.884	0.885	0.886	0.887	0.887	0.888	0.7	0.942
0.8	0.775	0.801	0.819	0.831	0.839	0.844	0.851	0.855	0.857	0.858	0.859	0.860	0.860	0.8	0.923
0.9	0.735	0.764	0.784	0.797	0.806	0.813	0.821	0.826	0.829	0.830	0.831	0.832	0.833	0.9	0.901
1.0	0.698	0.723	0.749	0.764	0.775	0.783	0.792	0.798	0.801	0.803	0.804	0.806	0.807	1.0	0.878
1.1	0.663	0.694	0.717	0.733	0.744	0.753	0.764	0.771	0.775	0.777	0.779	0.780	0.782	1.1	0.855
1.2	0.631	0.663	0.686	0.703	0.715	0.725	0.737	0.744	0.749	0.752	0.754	0.756	0.758	1.2	0.831
1.3	0.601	0.633	0.657	0.674	0.688	0.698	0.711	0.719	0.725	0.728	0.730	0.733	0.735	1.3	0.808
1.4	0.573	0.605	0.629	0.648	0.661	0.672	0.687	0.696	0.701	0.705	0.708	0.711	0.714	1.4	0.784
1.5	0.548	0.580	0.604	0.622	0.637	0.643	0.664	0.676	0.679	0.683	0.686	0.690	0.693	1.5	0.762
1.6	0.524	0.556	0.580	0.599	0.613	0.625	0.641	0.651	0.658	0.663	0.666	0.670	0.675	1.6	0.739
1.7	0.502	0.533	0.558	0.577	0.591	0.603	0.620	0.631	0.638	0.643	0.646	0.651	0.656	1.7	0.718
1.8	0.482	0.513	0.527	0.556	0.571	0.583	0.600	0.611	0.619	0.624	0.629	0.633	0.638	1.8	0.697
1.9	0.463	0.493	0.517	0.536	0.551	0.563	0.581	0.593	0.601	0.606	0.610	0.616	0.622	1.9	0.677
2.0	0.446	0.475	0.499	0.518	0.533	0.545	0.563	0.575	0.584	0.590	0.594	0.600	0.606	2.0	0.658
2.1	0.429	0.459	0.482	0.500	0.515	0.528	0.546	0.559	0.567	0.574	0.578	0.585	0.591	2.1	0.640
2.2	0.414	0.443	0.466	0.484	0.499	0.511	0.530	0.543	0.552	0.558	0.563	0.570	0.577	2.2	0.623
2.3	0.400	0.428	0.451	0.469	0.484	0.496	0.515	0.528	0.537	0.544	0.548	0.556	0.564	2.3	0.606
2.4	0.387	0.414	0.436	0.454	0.469	0.481	0.500	0.513	0.523	0.530	0.535	0.543	0.551	2.4	0.590
2.5	0.374	0.401	0.423	0.441	0.455	0.468	0.486	0.500	0.509	0.516	0.522	0.530	0.539	2.5	0.574
2.6	0.362	0.389	0.410	0.428	0.442	0.455	0.473	0.487	0.496	0.504	0.509	0.518	0.528	2.6	0.560
2.7	0.351	0.377	0.398	0.416	0.430	0.442	0.461	0.474	0.484	0.492	0.497	0.506	0.517	2.7	0.546
2.8	0.341	0.366	0.387	0.404	0.418	0.430	0.449	0.463	0.472	0.480	0.486	0.495	0.506	2.8	0.532
2.9	0.331	0.356	0.377	0.393	0.407	0.419	0.438	0.451	0.461	0.469	0.475	0.485	0.496	2.9	0.519
3.0	0.322	0.346	0.366	0.383	0.397	0.409	0.427	0.441	0.451	0.459	0.465	0.474	0.487	3.0	0.507
3.1	0.313	0.337	0.357	0.373	0.387	0.398	0.417	0.430	0.440	0.448	0.454	0.464	0.477	3.1	0.495
3.2	0.305	0.328	0.348	0.364	0.377	0.389	0.407	0.420	0.431	0.439	0.445	0.455	0.468	3.2	0.484
3.3	0.297	0.320	0.339	0.355	0.368	0.379	0.397	0.411	0.421	0.429	0.436	0.446	0.460	3.3	0.473
3.4	0.289	0.312	0.331	0.346	0.359	0.371	0.388	0.402	0.412	0.420	0.427	0.437	0.452	3.4	0.463
3.5	0.282	0.304	0.323	0.338	0.351	0.362	0.380	0.393	0.403	0.412	0.418	0.429	0.444	3.5	0.453
3.6	0.276	0.297	0.315	0.330	0.343	0.354	0.372	0.385	0.395	0.403	0.410	0.421	0.436	3.6	0.443
3.7	0.269	0.290	0.308	0.323	0.335	0.346	0.364	0.377	0.387	0.395	0.402	0.413	0.429	3.7	0.434
3.8	0.263	0.284	0.301	0.316	0.328	0.339	0.356	0.369	0.379	0.388	0.394	0.405	0.422	3.8	0.425
3.9	0.257	0.277	0.294	0.309	0.321	0.332	0.349	0.362	0.372	0.380	0.387	0.398	0.415	3.9	0.417
4.0	0.251	0.271	0.288	0.302	0.314	0.325	0.342	0.355	0.365	0.373	0.379	0.391	0.408	4.0	0.409
4.1	0.246	0.265	0.282	0.296	0.308	0.318	0.335	0.348	0.368	0.366	0.372	0.384	0.402	4.1	0.401
4.2	0.241	0.260	0.276	0.290	0.302	0.312	0.328	0.341	0.352	0.359	0.366	0.377	0.396	4.2	0.393
4.3	0.236	0.255	0.270	0.284	0.296	0.306	0.322	0.335	0.345	0.363	0.359	0.371	0.390	4.3	0.386
4.4	0.231	0.250	0.265	0.278	0.290	0.300	0.316	0.329	0.339	0.347	0.353	0.365	0.384	4.4	0.379
4.5	0.226	0.245	0.260	0.273	0.285	0.294	0.310	0.323	0.333	0.341	0.347	0.359	0.378	4.5	0.372
4.6	0.222	0.240	0.255	0.268	0.279	0.289	0.305	0.317	0.327	0.335	0.341	0.353	0.373	4.6	0.365
4.7	0.218	0.235	0.250	0.263	0.274	0.284	0.299	0.312	0.321	0.329	0.336	0.347	0.367	4.7	0.359
4.8	0.214	0.231	0.245	0.258	0.269	0.279	0.294	0.306	0.316	0.324	0.330	0.342	0.362	4.8	0.353
4.9	0.210	0.227	0.241	0.253	0.265	0.274	0.289	0.301	0.311	0.319	0.325	0.337	0.357	4.9	0.347
5.0	0.206	0.223	0.237	0.249	0.260	0.269	0.284	0.296	0.306	0.313	0.320	0.332	0.352	5.0	0.341

表 5-5 Δz 取值

b/m	$b \leqslant 2$	$2<b \leqslant 4$	$4<b \leqslant 8$	$b>8$
Δz/m	0.3	0.6	0.8	1.0

【例 5-2】 某矩形基础底面尺寸为 3.5m×2.5m，埋置深度 d=1m，作用在基础顶面上的轴心竖向荷载 F=1120kN（准永久组合）。地基分为上下两层，上层为粉质黏土，厚 7m，重度 γ=18kN/m³，e_1=0.8，a=0.3MPa⁻¹，承载力特征值 f_{ak}=180kPa；下层为基岩。试用《规范》推荐法计算基础的最终沉降量。

【解】

基底附加压力

$$p_0=p-\sigma_{cd}=\frac{F+G}{A}-\gamma_m d$$

$$=\frac{1120+20\times3.5\times2.5\times1}{3.5\times2.5}-18\times1=130\text{kPa}<0.75f_{ak}=0.75\times180=135\text{kPa}$$

粉质黏土的侧限压缩模量

$$E_s=\frac{1+e_1}{a}=\frac{1+0.8}{0.3}=6\text{MPa}$$

粉质黏土层为压缩层，只分一层，因 7m 处为基岩，故压缩层厚度为

$$z_n=z_1=7-1=6\text{m}$$

z_1/b=6/2.5=2.4，l/b=3.5/2.5=1.4，查表 5-4 得 $\bar{\alpha}_1$=0.436

$$s'=s'_1=\frac{p_0}{E_s}(z_1\bar{\alpha}_1-z_0\bar{\alpha}_0)=\frac{130}{6}\times(6\times0.436-0)=56.7\text{mm}$$

查表 5-3 得沉降计算经验系数（线性插值）ψ_s=0.8，所以最终沉降量为

$$s=\psi_s s'=0.8\times56.7=45.4\text{mm}$$

【例 5-3】 已知某厂房柱下独立正方形基础，底面尺寸为 4.0m×4.0m，埋置深度 d=2m，上部荷载传至基础顶面的轴心竖向荷载 F=1440kN（准永久组合）。地基为黏性土，地下水位距天然地面 4.4m，土的天然重度 γ=17kN/m³，持力层承载力特征值 f_{ak}=160kPa，地下水位以上土的侧限压缩模量为 E_s=5.50MPa；地下水位以下土的侧限压缩模量为 E_s=6.87MPa。试用规范法计算基础的最终沉降量。

【解】

（1）基底附加压力

$$p_0=p-\sigma_{cd}=\frac{F+G}{A}-\gamma_m d$$

$$=\frac{1440+20\times4.0\times4.0\times2}{4.0\times4.0}-17\times1=113\text{kPa}<0.75f_{ak}=0.75\times160=120\text{kPa}$$

（2）确定沉降计算深度　无相邻基础影响，按下式估算

$$z_n=b(2.5-0.4\ln b)=4.0\times(2.5-0.4\ln4.0)=7.8\text{m}$$

为查表计算方便，可取 z_n=8.0m。因为地下水位必须分层，所以分两层，地下水位以上为第一层，z_1=4.4−2=2.4m，地下水位以下为第二层 $z_2=z_n$=8.0m。

（3）计算地基土的压缩量

z_1/b=2.4/4.0=0.6，l/b=4.0/4.0=1.0，查表 5-4 得 $\bar{\alpha}_1$=0.858

z_2/b=8.0/4.0=2.0，l/b=4.0/4.0=1.0，查表 5-4 得 $\bar{\alpha}_2$=0.446

$$s'_1=\frac{p_0}{E_{s1}}(z_1\bar{\alpha}_1-z_0\bar{\alpha}_0)=\frac{113}{5.50}\times(2.4\times0.858-0)=42.3\text{mm}$$

$$s'_2=\frac{p_0}{E_{s2}}(z_2\bar{\alpha}_2-z_1\bar{\alpha}_1)=\frac{113}{6.87}\times(8.0\times0.446-2.4\times0.858)=24.8\text{mm}$$

$$s'=s'_1+s'_2=42.3+24.8=67.1\text{mm}$$

(4) 检验所取计算深度是否合适　由表 5-5 可知，$\Delta z=0.6\text{m}$，即从 $z_n=8.0\text{m}$ 向上取 0.6m，计算该土层的压缩量，此时 $z=7.4\text{m}$，所以 $z/b=7.4/4.0=1.85$，$l/b=4.0/4.0=1.0$，查表 5-4 得 $\bar{\alpha}=(0.482+0.463)/2=0.473$

$$\Delta s'_n=\frac{p_0}{E_s}(z_2\bar{\alpha}_2-z\bar{\alpha})=\frac{113}{6.87}\times(8.0\times0.446-7.4\times0.473)=1.1\text{mm}$$

$<0.025\sum_{i=1}^{n}\Delta s'_i=0.025\times67.1=1.7\text{ mm}$，满足要求，所取计算深度可行。

(5) 确定沉降计算经验系数 ψ_s

$$\overline{E}_s=\sum A_i/\sum\frac{A_i}{E_{si}}=\frac{p_0 z_n\alpha_n}{s'}=\frac{113\times8.0\times0.446}{67.1}=6.0\text{MPa}$$

查表 5-3 得沉降计算经验系数（线性插值）$\psi_s=0.8$。

(6) 最终沉降量

$$s=\psi_s s'=0.8\times67.1=53.7\text{mm}$$

三、考虑应力历史的地基沉降量计算

1. 先期固结压力

天然土层在历史上受到的最大固结压力（指土体在固结过程中所受到的最大竖向有效应力），称为先期固结压力。根据应力历史可将土层分为正常固结土（层）、超固结土（层）和欠固结土（层）三类。正常固结土在历史上所受到的先期固结压力等于现有覆盖土重；超固结土历史上曾受过大于现有覆盖土重的先期固结压力；而欠固结土的先期固结压力则小于现有覆盖土重。在研究沉积土层的应力历史时，通常将先期固结压力与现有覆盖土重之比值定义为超固结比（OCR）：

$$OCR=p_c/p_1 \tag{5-38}$$

式中　p_c——先期固结压力，kPa；

p_1——现有覆盖土重，kPa。

正常固结土（层）、超固结土（层）和欠固结土（层）的超固结比分别为 $OCR=1$，$OCR>1$ 和 $OCR<1$。

当考虑土层的应力历史进行变形计算时，应进行高压固结试验，确定先期固结压力、压缩指数等压缩性指标，试验成果用 e-$\lg p$ 曲线表示。确定先期固结压力 p_c 最常用的方法，是 A. 卡萨格兰德（Cassagrande，1936）建议的经验作图法，作图步骤如下（见图 5-10）：

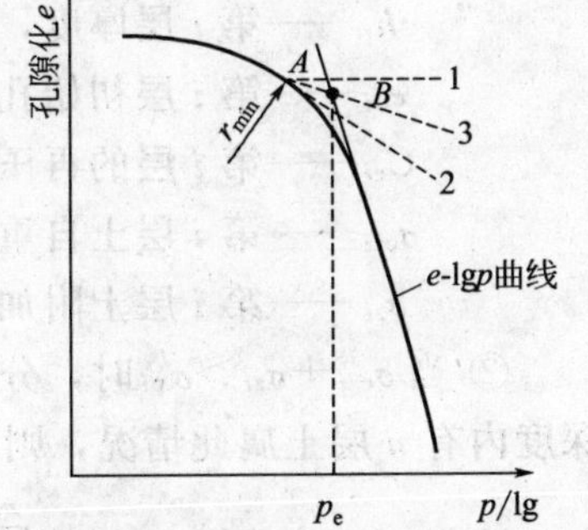

图 5-10　确定先期固结压力的卡萨格兰德法

(1) 从 e-$\lg p$ 曲线上找出曲率半径最小的一点 A，过 A 点作水平线 $A1$ 和切线 $A2$；

(2) 作$\angle 1A2$ 的平分线 $A3$ 与 e-$\lg p$ 曲线中直线段的延长线相交于 B 点；

(3) B 点所对应的有效应力就是先期固结压力 p_c。

采用这种简易的经验作图法，对取土质量要求较高，绘制 e-lg$p$ 曲线时要选用适当的比例尺等，否则有时很难找到一个突变的 A 点，因此不一定都能得出可靠的结果。

2. 现场原始压缩曲线及回弹指数

现场原始压缩曲线是指现场土层在其沉积过程中由上覆土重原本存在的压缩曲线，简称原始压缩曲线。下面讲述超固结土的原始曲线作法及回弹指数 C_e 的确定。

对于超固结土的原始压缩曲线，可以将室内压缩曲线加以修正后得到。具体步骤如下（见图 5-11）：

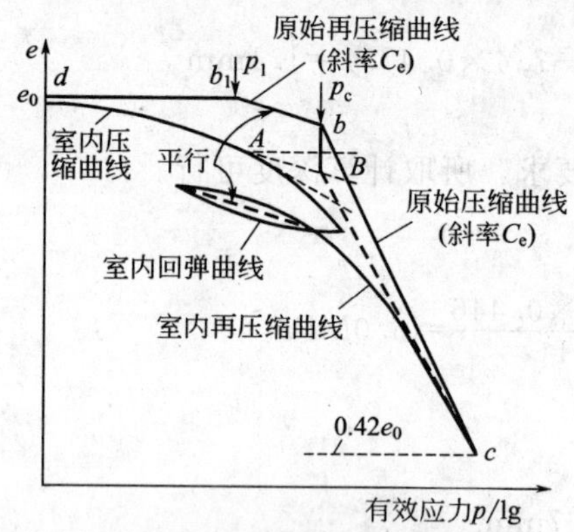

图 5-11 超固结土样的原始压缩和原始再压缩曲线

(1) 先作 b_1 点，其横、纵坐标分别为试样的现场自重压力 p_1 和现场孔隙比 e_0；

(2) 过 b_1 点作一直线，其斜率等于室内回弹曲线与再压缩曲线的平均斜率，该直线与通过 B 点垂线（其横坐标相应于先期固结压力值）交于 b 点，b_1b 就作为原始再压缩曲线，其斜率为再压缩指数（或回弹指数）C_e；

(3) 作 c 点，由室内压缩曲线上孔隙比等于 0.42 e_0 处确定；

(4) 连接 bc 直线，即得到原始压缩曲线的直线段，取其斜率作为压缩指数 C_e 值。

对于正常固结土的原始压缩曲线，也可以用同样的方法确定出将室内曲线修正后求得。

3. 应力历史法计算基础最终沉降量

对于一般黏性土、粉土、软土和饱和黄土，可根据应力固结历史，用分层总和法公式计算地基变形量。确定了压缩指数 C_c 与再压缩指数 C_e 后，分情况用应力历史法计算最终沉降。

(1) 超固结土沉降计算

① 当 $\sigma_{czi}+\sigma_{zi}\leqslant\sigma'_{pi}$ 时，用再压缩指数计算，若地基压缩层内有 m 层土属此类情况，则按下式计算：

$$s_m=\sum_{i=1}^{m}\frac{h_i}{1+e_{0i}}\left[C_{ei}\lg\left(\frac{\sigma_{czi}+\sigma_{zi}}{\sigma_{czi}}\right)\right] \tag{5-39}$$

式中 s_m——m 层范围内的沉降量，mm；

h_i——第 i 层厚度，mm；

e_{0i}——第 i 层初始孔隙比；

C_{ei}——第 i 层的再压缩指数；

σ_{czi}——第 i 层土自重应力平均值，kPa；

σ_{zi}——第 i 层土附加应力平均值，kPa。

② 当 $\sigma_{czi}+\sigma_{zi}>\sigma'_{pi}$ 时，分两段考虑，σ'_{pi} 值以前用 C_{ei}，σ'_{pi} 值以后用 C_{ci}，若地基压缩层深度内有 n 层土属此情况，则可按下式计算：

$$s_n=\sum_{i=1}^{m}\frac{h_i}{1+e_{0i}}\left[C_{ei}\lg\frac{\sigma'_{pi}}{\sigma_{czi}}+C_{ci}\lg\left(\frac{\sigma_{czi}+\sigma_{zi}}{\sigma'_{pi}}\right)\right] \tag{5-40}$$

式中 s_n——n 层范围内沉降量，mm；

C_{ci}——第 i 层土的压缩指数；

σ'_{pi}——第 i 层土前期固结压力，kPa。

（2）正常固结土沉降计算　正常固结土沉降计算时，可采用 C_{ci}

$$s=\sum_{i=1}^{n}\frac{h_i}{1+e_{0i}}\left[C_{ci}\lg\left(\frac{\sigma_{czi}+\sigma_{zi}}{\sigma'_{pi}}\right)\right] \tag{5-41}$$

（3）欠固结土沉降计算　欠固结土的沉降不仅仅是由于地基中附加应力所引起，而且还有原自重应力作用下未完成的固结而产生的沉降。因此，欠固结土的沉降应等于土自重应力作用下继续产生的固结变形和附加应力引起的固结变形之和。欠固结土的现场压缩曲线可近似按正常固结土的方法求得。

$$s=\sum_{i=1}^{n}\frac{h_i}{1+e_{0i}}\left[C_{ci}\lg\left(\frac{\sigma_{czi}+\sigma_{zi}}{\sigma'_{pi}}\right)\right] \tag{5-42}$$

四、用变形模量计算地基沉降

对于大型刚性基础下的一般黏性土、软土、饱和黄土和不能准确取得压缩模量值的地基土，如碎石土、砂土、粉土和花岗岩残积土等，可利用变形模量按下式计算沉降量。

$$s=\psi_s pb\eta\sum_{i=1}^{n}\left(\frac{\delta_i-\delta_{i-1}}{E_{0i}}\right) \tag{5-43}$$

式中　s——地基最终沉降量，mm；

ψ_s——沉降经验系数，根据地区经验确定，对花岗岩残积土 ψ_s 可取 1；

p——对应于荷载效应准永久组合时的基础底面的平均压力，kPa，地下水位以下扣除水浮力；

b——基础底面宽度，m；

δ_i——沉降应力系数，与基础长宽比（l/b）和基底至第 i 层和 $i-1$ 层（岩）土底面的距离 z 有关，可按表 5-6 确定；

E_{0i}——基础底面下第 i 层土根据载荷试验或地区经验求得的变形模量，MPa；

η——修正系数，可查表 5-7 确定；

表 5-6　δ_i 系数值

$m=2z/b$	圆形基础 $b=r$	矩形基础 l/b						条形基础 $n\geqslant 10$
		1.0	1.4	1.8	2.4	3.2	5.0	
0.0	0.000	0.000	0.000	0.00	0.000	0.000	0.000	0.000
0.4	0.090	0.100	0.100	0.100	0.100	0.100	0.100	0.104
0.8	0.179	0.200	0.200	0.200	0.200	0.200	0.200	0.208
1.2	0.266	0.299	0.300	0.300	0.300	0.300	0.300	0.311
1.6	0.348	0.380	0.394	0.397	0.397	0.397	0.397	0.412
2.0	0.411	0.446	0.472	0.482	0.486	0.486	0.486	0.511
2.4	0.461	0.499	0.538	0.556	0.565	0.567	0.567	0.605
2.8	0.501	0.542	0.592	0.618	0.635	0.640	0.640	0.687
3.2	0.532	0.577	0.637	0.671	0.696	0.707	0.709	0.763
3.6	0.558	0.606	0.607	0.717	0.750	0.768	0.772	0.831
4.0	0.579	0.630	0.708	0.756	0.796	0.820	0.830	0.892
4.4	0.596	0.650	0.735	0.789	0.837	0.867	0.883	0.949
4.8	0.611	0.668	0.759	0.819	0.873	0.908	0.932	1.001
5.2	0.624	0.683	0.780	0.884	0.905	0.948	0.977	1.050

续表

$m=2z/b$	圆形基础 $b=r$	矩形基础 l/b						条形基础 $n\geqslant 10$
		1.0	1.4	1.8	2.4	3.2	5.0	
5.6	0.635	0.697	0.798	0.867	0.933	0.981	1.018	1.095
6.0	0.645	0.708	0.814	0.887	0.958	1.011	1.056	1.138
6.4	0.653	0.719	0.828	0.904	0.980	1.031	1.090	1.178
6.8	0.661	0.728	0.841	0.920	1.000	1.065	1.122	1.215
7.2	0.668	0.736	0.852	0.935	1.019	1.038	1.152	1.251
7.6	0.674	0.744	0.863	0.948	1.036	1.109	1.180	1.285
8.0	0.679	0.751	0.872	0.960	1.051	1.128	1.205	1.316
8.4	0.684	0.757	0.881	0.970	1.065	1.146	1.229	1.347
8.8	0.689	0.762	0.888	0.980	1.078	1.162	1.251	1.376
9.2	0.693	0.768	0.896	0.989	1.089	1.178	1.272	1.404
9.6	0.697	0.772	0.902	0.998	1.100	1.192	1.291	1.431
10.0	0.700	0.777	0.908	1.005	1.110	1.205	1.309	1.456
11.0	0.705	0.786	0.992	1.022	1.132	1.238	1.349	1.506
12.0	0.710	0.794	0.933	1.037	1.151	1.275	1.384	1.550

注：1. l 与 b 分别为矩形基础的长度与宽度；

2. z 为基础底面至该层土底面的距离；

3. r 为圆形基础的半径。

按上式计算沉降时，地基压缩层深 z_n 按下式计算确定：

$$z_n=(z_m+\zeta b)\beta \tag{5-44}$$

式中 z_n——沉降计算深度，m；

z_m——与基础长宽比有关的经验值，m，按表 5-8 确定；

ζ——折减系数，按表 5-8 确定；

β——调整系数，按表 5-9 确定。

表 5-7 η 系数

$m=2z_n/b$	$0<m\leqslant 0.5$	$0.5<m\leqslant 1$	$1<m\leqslant 2$	$2<m\leqslant 3$	$3<m\leqslant 5$	$5<m\leqslant\infty$
η	1.00	0.95	0.90	0.80	0.75	0.70

表 5-8 z_m 值和折减系数 ζ

l/b	1	2	3	4	5
z_m	11.6	12.4	12.5	12.7	13.2
ζ	0.42	0.49	0.53	0.60	0.63

表 5-9 调整系数 β

土 类	碎石土	砂 土	粉 土	黏性土	软 土
β	0.30	0.50	0.60	0.75	1.00

当无相邻荷载影响，基础宽度在 30m 范围内时，基础中点的地基沉降计算深度也可按下式计算：

$$z_n=b(2.5-0.4\ln b) \tag{5-45}$$

五、按黏性土的沉降机理计算沉降

分层总和法和《规范》推荐法是当前工程中最广泛采用的沉降计算方法。对一般黏性土地基，通过做室内压缩试验或现场载荷试验求得土的压缩性指标后，可以用上述方法计算地基的沉降。

然而，根据对黏性土地基在局部（基础）荷载作用下的实际变形特征的观察和分析，黏性土地基的沉降 s 可以认为是由机理不同的三部分沉降组成（见图 5-12），即

$$s=s_d+s_c+s_s \quad (5\text{-}46)$$

式中　s_d——瞬时沉降（亦称初始沉降）；

s_c——固结沉降（亦称主固结沉降）；

s_s——次固结沉降（亦称蠕变沉降）。

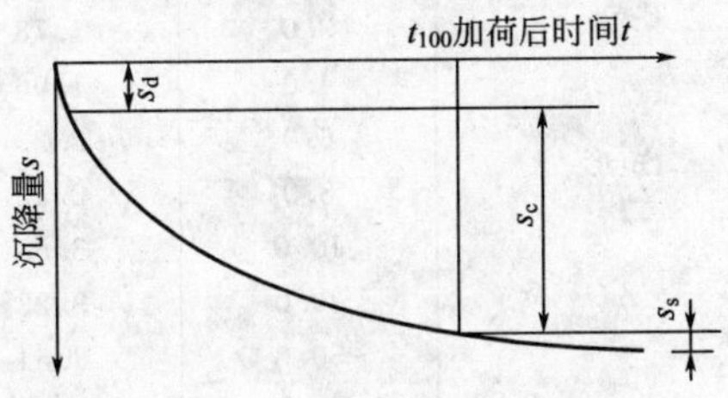

图 5-12　地基沉降类型

瞬时沉降是指加载后地基瞬时发生的沉降。由于基础加载面积为有限尺寸，加载后地基中产生剪应变，特别是在靠近基础边缘应力集中部位。对于饱和或接近饱和的黏性土，加载瞬间土中的水来不及排出，在不排水的恒体积情况下，剪应变将引起侧向变形而造成瞬时沉降。固结沉降是指饱和或接近饱和的黏性土在附加应力作用下，随着超静孔隙水压力的消散，土骨架产生变形所造成的沉降（固结压密）。固结沉降速率取决于孔隙水的排出速率。次固结沉降是指主固结过程（超静孔隙水压力消散过程）结束后，在有效应力不变的情况下，土的骨架仍随时间继续发生变形。次固结变形的速率已与孔隙水排出的速率无关，取决于土骨架本身的蠕变性质。次固结沉降包括剪应变，也包括体积变化。

上述三部分沉降实际上并非在不同时间截然分开发生的，如次固结沉降实际上在整个固结变形过程都可产生，只是其数值比主固结沉降小得多，因此固结沉降主要指主固结沉降。地基土中的超静孔隙水压力消散较多时，主固结沉降将变得很小，次固结沉降将变得愈来愈显著，逐渐上升为主要沉降变形。根据上海市 33 幢建筑物的长期沉降观测资料显示，建成十年后的沉降速率为 0.007～0.008mm/day，可见固结沉降过程将持续较长的时间，总沉降中以主固结为主，加载初期固结主要表现为主固结，后期主要表现为次固结。但为讨论和计算的方便，通常将主次固结分别加以计算分析。

以上三部分沉降的相对大小随土的种类、基础尺寸和荷载水平而异。下面分别介绍这三部分沉降的计算方法。

（1）瞬时沉降计算　瞬时沉降没有体积变形，可认为是弹性变形，因此一般按弹性理论计算。可以应用布辛奈斯克解答中 M 点的垂直位移公式，求得地基基础的竖向位移。实际工程中，一般根据载荷试验中承压板沉降量 s 和土体变形模量 E 之间的关系计算瞬时沉降。但应注意此时是在不排水条件下没有体积变形产生的地基变形，因此其泊松比 μ 应取用 0.5，并采用不排水变形模量 E_u 和基底附加压力 p_0，故

$$s_d=\omega\frac{p_0 b}{E_u}(1-\mu^2) \quad (5\text{-}47)$$

式中　ω——沉降系数，可从表 5-10 中查用。

表 5-10　沉降系数 ω 值

受荷面形状	l/b	中　点	矩形角点、圆形周边	平均值	刚性基础
圆形	—	1.00	0.64	0.85	0.79
正方形	1.00	1.12	0.56	0.95	0.88

续表

受荷面形状	l/b	中　点	矩形角点、圆形周边	平均值	刚性基础
矩形	1.5	1.36	0.68	1.15	1.08
	2.0	1.52	0.76	1.30	1.22
	3.0	1.78	0.89	1.52	1.44
	4.0	1.96	0.98	1.70	1.61
	6.0	2.23	1.12	1.96	—
	8.0	2.42	1.21	2.12	—
	10.0	2.53	1.27	2.25	2.12
	30.0	3.23	1.62	2.88	—
	50.0	3.54	1.77	3.22	—
	100.0	4.00	2.00	3.70	

注：平均值指柔性基础面积范围内各点瞬时沉降系数的平均值。

土的不排水变形模量 E_u 值须通过室内或现场试验确定。一般先将原状土样在天然应力状态下固结，然后按基础荷载引起的附加应力做三轴不排水试验，得出不排水条件下土的应力应变关系。经验表明，土样扰动对 E_u 值的影响相当大。而且试验前的固结形式（等向固结或非等向固结）、试验时采用的应变速率等均有影响，不易控制。减小此影响的方法是通过现场试验测定 E_u。目前用得较多的是旁压试验，由于测试的是现场原位土，而且体积大，测得的 E_u 值比较可靠。如果有现场十字板试验测得的不排水抗剪强度 c_u 值的资料，也可以根据如下经验关系式求得 E_u 值：

$$E_u=(300\sim1250)c_u \tag{5-48}$$

上式中的低值适用于较软的、高塑性有机质土；高值适用于一般较硬的黏性土。由于换算系数的数值范围太大，具体选用时需有一定的工程经验。由临时荷载或活荷载引起的瞬时沉降量可能占总沉降量的相当部分，应予以估算。

（2）固结沉降计算　固结沉降是黏性土地基沉降的最主要的组成部分。

固结沉降可以用分层总和法计算。但在上述分层总和法中采用的是一维理论（侧限）的假设，这与一般基础荷载（有限分布面积）作用下的地基实际性状不尽相符。也就是说，地基中由于基础荷载所引起的附加应力 $\sigma_x=\sigma_y\neq K_0\sigma_z$ 或 $\sigma_x\neq\sigma_y\neq K_0\sigma_z$，侧向应变 $\varepsilon_x=\varepsilon_y\neq0$ 或 $\varepsilon_x\neq\varepsilon_y\neq0$。实际上是无侧限的二维或三维问题。但严格按二维或三维理论考虑，会使计算与压缩性指标的确定变得十分复杂。为了不使计算过于复杂而又能较好地反映实际工况，Skempton 和 Birrum 建议根据有侧向变形条件下产生的超静孔隙水压力计算固结沉降 s_c。

以轴对称问题为例，当饱和黏性土中某点处于 $\Delta\sigma_1$ 与 $\Delta\sigma_3$ 三向应力状态时，其初始孔隙水压力的增量 Δu 为

$$\Delta u=\Delta\sigma_3+A(\Delta\sigma_1-\Delta\sigma_3) \tag{5-49}$$

式中　A——孔隙水压力系数。

此时大主应力方向的有效应力为

$$\Delta\sigma'_{1(t=0)}=\Delta\sigma_1-\Delta u \tag{5-50}$$

固结终了时，超静孔隙水压力全部转化为有效应力，即 $\Delta u=0$，则

$$\Delta\sigma'_{1(t\to\infty)}=\Delta\sigma_1 \tag{5-51}$$

或

$$\Delta\sigma'_1=\Delta\sigma'_{1(t\to\infty)}-\Delta\sigma'_{1(t=0)}=\Delta\sigma_1-(\Delta\sigma_1-\Delta u)=\Delta u \tag{5-52}$$

在均布荷载面积作用下地基垂直方向的应力 σ_z 就是大主应力（$\Delta\sigma_z=\Delta\sigma_1$），因而固结过

程中 $\Delta\sigma_z$ 的有效应力增量为

$$\Delta\sigma'_z=\Delta u=\Delta\sigma_3+A(\Delta\sigma_1-\Delta\sigma_3) \tag{5-53}$$

经变换得

$$\Delta\sigma'_z=\Delta\sigma_1\left(\frac{\Delta\sigma_3}{\Delta\sigma_1}+A-A\frac{\Delta\sigma_3}{\Delta\sigma_1}\right)=\Delta\sigma_1\left[A+\frac{\Delta\sigma_3}{\Delta\sigma_1}(1-A)\right] \tag{5-54}$$

将 $\Delta\sigma'_z$ 代入分层总和法计算公式中得

$$s_c=\sum_{i=1}^{n}\frac{\Delta\sigma_{zi}}{E_{si}}h_i=\sum_{i=1}^{n}\frac{\Delta\sigma_1}{E_{si}}\left[A+\frac{\Delta\sigma_3}{\Delta\sigma_1}(1-A)\right]h_i \tag{5-55}$$

分层总和法计算的沉降量为 s，令 α_u 为 s_c 与 s 之比，则

$$s_c=\alpha_u s \tag{5-56}$$

所以

$$\alpha_u=\frac{s_c}{s}=\frac{\sum_{i=1}^{n}\frac{\Delta\sigma_1}{E_{si}}\left[A+\frac{\Delta\sigma_3}{\Delta\sigma_1}(1-A)\right]h_i}{\sum_{i=1}^{n}\frac{\Delta\sigma_1}{E_{si}}h_i} \tag{5-57}$$

假设 E_s 与 A 是常数，则

$$\alpha_u=A+(1-A)\frac{\sum_{i=1}^{n}\Delta\sigma_3 h_i}{\sum_{i=1}^{n}\Delta\sigma_1 h_i} \tag{5-58}$$

孔隙水压力系数 A 与土的性质有关，则 α_u 也与土的性质密切相关。另外，α_u 还与基础形状及土层厚度 h 与基础宽度 b 之比有关。α_u 值可根据式(5-58) 计算求得。由 A 值算出的 α_u 值一般为 0.2～1.2，这与《规范》推荐法的沉降修正系数 ψ_s 值（0.2～1.4）接近。由此可见，α_u 与 ψ_s 有必然的联系，它们的物理意义是一致的。

(3) 次固结沉降的计算　如前所述，有些土在超静孔隙水压力全部消散、主固结过程已经结束后，还会由于土骨架本身的蠕变性质，在基础荷载作用下长时间继续缓慢沉降。这部分沉降称为次固结沉降 s_s。对一般黏性土来说，数值不大，但如果是塑性指数较大的、正常固结的软黏土，尤其是有机质土，s_s 值有可能较大，不能不予考虑。

对次固结沉降，可以采用流变学理论或其他力学模型进行计算，但比较复杂，而且有关参数不易测定。因此，目前在实际工程中主要使用下述半经验方法估算土层的次固结沉降。如图 5-13 所示为室内压缩试验得出的变形 s 与时间对数 $\lg t$ 的关系曲线，取曲线反弯点前后两段曲线的切线的交点 m 作为主固结段与次固结段的分界点；设相当于分界点的时间为 t_1，次固结段（基本上是一条直线）的斜率反映土的次固结变形速率，称为土的次固结指数，一般用 C_s 表示。知道 C_s 也就可以按下式计算土层的次固结沉降 s_s 值。其公式为

$$s_s=\frac{h}{1+e_1}C_s\lg\frac{t_2}{t_1} \tag{5-59}$$

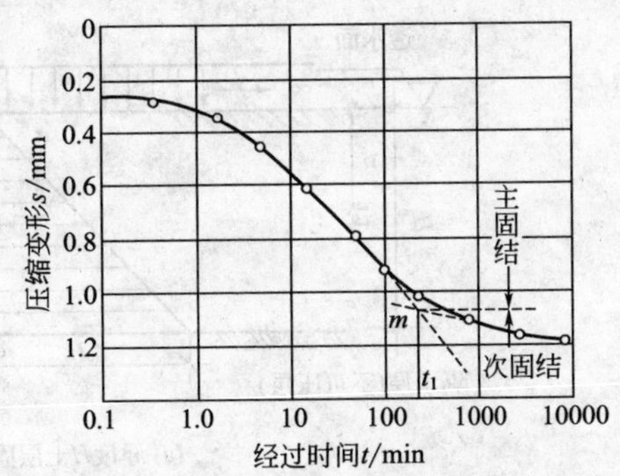

图 5-13　土的 s-$\lg t$ 曲线

式中　h——土层的厚度，m；

e_1——初始孔隙比；

t_1——对应于主固结完成的时间；

t_2——欲求次固结沉降量的时间；

其余符号意义同前。

从式(5-59) 可以看出，地基土层的次固结沉降量 s_s 主要取决于土的次固结指数 C_s。研究表明，土的 C_s 与下列因素有关：(1) 土的种类，塑性指数愈大，C_s 愈大；(2) 含水量 w 愈大，C_s 愈大；(3) 温度愈高，C_s 愈大。C_s 值的一般范围如表 5-11 所示。

表 5-11 指数 C_s 值

土 类	C_s
高塑性黏土、有机质土	≥0.03
正常固结黏土	0.005～0.020
超固结黏土(OCR>2)	<0.001

第三节 地基沉降与时间的关系

一、一维固结理论

为了求得饱和黏性土层在固结过程中某一时间的变形，太沙基（1925）提出了第一个固结理论，考虑饱和土粒一维固结试验的初始固结速率，根据以下七个假设来得到数学公式：

(1) 土层是均质、各向同性和完全饱和的；

(2) 土粒和孔隙水都是不压缩的；

(3) 土中附加应力沿水平面是无限均匀分布的，因此土层的固结和土中水的渗流都是竖向的；

(4) 土中水的渗流服从于达西定律；

(5) 在渗流固结中，土的渗透系数 k 和压缩系数 a 都是不变的常数；

(6) 外荷载是一次骤然施加的，在固结过程中保持不变；

(7) 土体变形完全是由土层中超孔隙水压力消散引起的。

如图 5-14(a) 所示为一维固结的情况之一，其中厚度为 H 的饱和土层的顶面是透水的、底面是不透水的。如图 5-14(b) 所示为微单元体。该土层在自重作用下的固结变形已经完成，只是由于透水面上一次施加的连续均布荷载 p_0 才产生土层的固结变形。此连续均布荷载 p_0 引起的地基附加应力沿着深度均匀分布为 $\sigma_z=p_0$，其在时间 $t=0$ 时全部由孔隙水承担，土层中

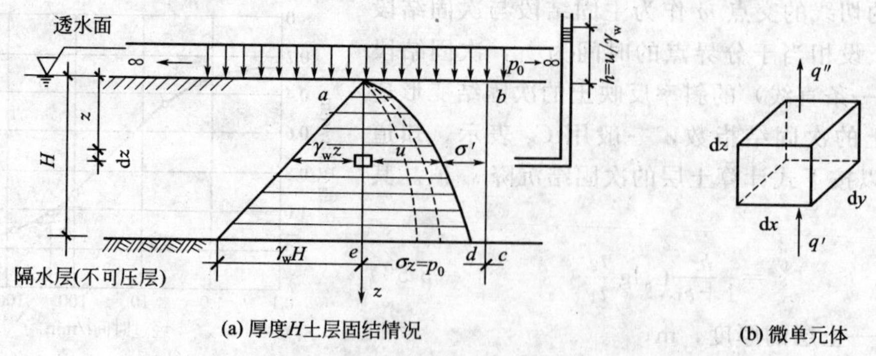

(a) 厚度H土层固结情况 (b) 微单元体

图 5-14 饱和土层中孔隙水压力（或有效应力）的分布

超孔隙水压力沿深度均为 $u=\sigma_z=p_0$。由于土层下部边界不透水，孔隙水向上流出，上部边界超孔隙水压力首先全部消散，而有效应力开始全部增长，向下形成消散曲线，即增长曲线；随着时间的推后 $t>0$，土层中某点的超孔隙水压力逐渐变小；而有效应力逐渐变大。

流出的水比率—流入的水比率=体积改变的比率，即

$$\left(v_z+\frac{\partial v_z}{\partial z}\mathrm{d}z\right)\mathrm{d}x\mathrm{d}y-v_z\mathrm{d}x\mathrm{d}y=\frac{\partial V}{\partial t}$$

因此

$$\frac{\partial v_z}{\partial z}\mathrm{d}x\mathrm{d}y\mathrm{d}z=\frac{\partial V}{\partial t} \tag{5-60}$$

式中 V——土粒单元的体积；

v_z——在 z 方向的水流速度。

使用达西定律，我们能得到

$$v_z=ki=-k\frac{\partial h}{\partial z}=-\frac{k}{\gamma_w}\frac{\partial u}{\partial z} \tag{5-61}$$

式中 u——在加载下产生的超孔隙水压力。

由公式(5-60) 和式(5-61) 得

$$-k\frac{\partial^2 u}{\partial^2 z}=\frac{1}{\mathrm{d}x\mathrm{d}y\mathrm{d}z}\frac{\partial V}{\partial t} \tag{5-62}$$

因为土体体积等于固体颗粒体积和孔隙体积之和：$V=V_s+V_v=V_s+eV_s$，所以

$$\frac{\partial V}{\partial t}=\frac{\partial(V_s+eV_s)}{\partial t}=\frac{\partial V_s}{\partial t}+V_s\frac{\partial e}{\partial t}+e\frac{\partial V_s}{\partial t} \tag{5-63}$$

但是（假设土粒是不可压缩的）

$$\frac{\partial V_s}{\partial t}=0 \tag{5-64}$$

且

$$V_s=\frac{V}{1+e_0}=\frac{\mathrm{d}x\mathrm{d}y\mathrm{d}z}{1+e_0} \tag{5-65}$$

将式(5-64) 和式(5-65) 代入式(5-63)

$$\frac{\partial V}{\partial t}=\frac{\mathrm{d}x\mathrm{d}y\mathrm{d}z}{1+e_0}\times\frac{\partial e}{\partial t} \tag{5-66}$$

式中 e_0——初期孔隙比。

结合公式(5-62) 和式(5-66)，得到

$$-k\frac{\partial^2 u}{\partial^2 z}=\frac{1}{1+e_0}\times\frac{\partial e}{\partial t} \tag{5-67}$$

在有效应力增加下，孔隙比的改变（例如，超孔隙压力的减少）假设线性相关，可以有公式

$$\partial e=a_v\partial(\Delta\sigma')=-a_v\partial u \tag{5-68}$$

式中 $\partial(\Delta\sigma')$——有效应力的改变；

a_v——压缩系数。

结合公式(5-67) 和式(5-68) 能够得到

$$-k\frac{\partial^2 u}{\partial^2 z}=-\frac{a_v}{1+e_0}\times\frac{\partial e}{\partial t}=-m_v\frac{\partial u}{\partial t} \tag{5-69}$$

$$m_v=\text{体积压缩系数}=a_v/(1+e_0) \tag{5-70}$$

或

$$\frac{\partial u}{\partial t}=C_v\frac{\partial^2 u}{\partial^2 z} \tag{5-71}$$

$$C_v=\text{固结系数}=k/(\gamma_w m_v) \tag{5-72}$$

因此

$$C_v=\frac{k}{\gamma_w m_v}=\frac{k}{\gamma_w\left(\frac{a_v}{1+e_0}\right)} \tag{5-73}$$

公式(5-71）是太沙基固结理论的基本公式。该偏微分方程可采用分离变量法求解，若考虑以下边界条件：$z=0$，$u=0$；$z=2H_{dr}$，$u=0$；$t=0$，$u=u_0$，则结果为

$$u=\sum_{m=0}^{m=\infty}\frac{2u_0}{M}\sin\left(\frac{Mz}{H_{dr}}\right)e^{-M^2 T_v} \tag{5-74}$$

式中　m——取整数。

M——$(\pi/2)/(2m+1)$。

u_0——初始超孔隙压力。

无量纲的时间因数 T_v 为

$$T_v=\frac{C_v t}{H_{dr}^2} \tag{5-75}$$

因为超孔隙水压力能促进该固结过程，在任意时刻，位置 z 处的固结度定义为

$$U_z=\frac{u_0-u_z}{u_0}=1-\frac{u_z}{u_0} \tag{5-76}$$

式中　u_z——在时间为 t 时的超孔隙压力。

式(5-74）代入式(5-76）便可得到在任意深度 z 下的固结度。

在任意时刻下的平均固结度为

$$U=\frac{s_{ct}}{s_c}=1-\frac{\left(\frac{1}{2H_{dr}}\right)\int_0^{2H_{dr}}u_z\,dz}{u_0} \tag{5-77}$$

式中　U——平均固结度；

s_{ct}——任意时刻下的沉降，mm；

s_c——初始固结的最终沉降，mm。

替换超孔隙压力 u_0 的表达式到式(5-74）和式(5-75)，于是得到

$$U=1-\sum_{m=0}^{m=\infty}\frac{2}{M^2}e^{-M^2 T} \tag{5-78}$$

时间因数和对应的平均固结度可以用以下简单的关系来近似给出：

当 $U\leqslant 60\%$ 时，

$$T_v=\frac{\pi}{4}U^2 \tag{5-79}$$

当 $U>60\%$ 时，

$$T_v=1.781-0.933\lg(100-100U) \tag{5-80}$$

二、土的固结度

1. 一点的固结度

土的固结度是指地基土中某点在某一压力作用下，经历时间 t 所产生的固结变形（沉降）量 s_{ct} 与最终固结变形（沉降）量 s_c 之比，亦称固结（压密）百分数，或土层中超孔隙

水压力的消散程度，即：

$$U=s_{ct}/s_c \quad 或 \quad U=(u_0-u)/u_0 \tag{5-81}$$

2. 平均固结度

某一时刻有效应力图面积和最终有效应力图面积之比值，称为竖向排水的平均固结度，用符号 U_z 来表示。其计算公式为

$$U_z=\frac{有效应力面积}{最终有效应力面积}=1-\frac{t\ 时刻孔隙水压力}{起始孔隙水压力} \tag{5-82}$$

3. 固结度计算

当地基受连续均布荷载作用时，起始超孔隙水压力 u 沿深度为矩形分布，此时固结度 U_z 可由下式计算：

$$U_z=1-\frac{8}{\pi^2}\sum_{m=1,3\cdots}^{\infty}\frac{1}{m^2}\exp\left(-\frac{m^2\pi^2}{4}T_v\right) \tag{5-83}$$

上式中括号内的级数收敛很快，当 $U_z>30\%$ 时可近似取公式中的第一项进行计算：

$$U_z=1-\frac{8}{\pi^2}\exp\left(-\frac{\pi^2}{4}T_v\right) \tag{5-84}$$

竖向固结时间因素 T_v 是无量纲的量，按下式计算：

$$T_v=\frac{C_v t}{H^2} \tag{5-85}$$

式中 H——压缩土层的厚度；

当土层为单向排水时，H 取土层厚度；

当土层为双向排水时，H 应取土层厚度的一半。

C_v——竖向固结系数，按下式计算

$$C_v=\frac{k(1+e_0)}{a\gamma_w} \tag{5-86}$$

为了便于应用，绘制出如图 5-15 所示的 U_z-T_v 关系曲线。图中绘出了不同附加压力分

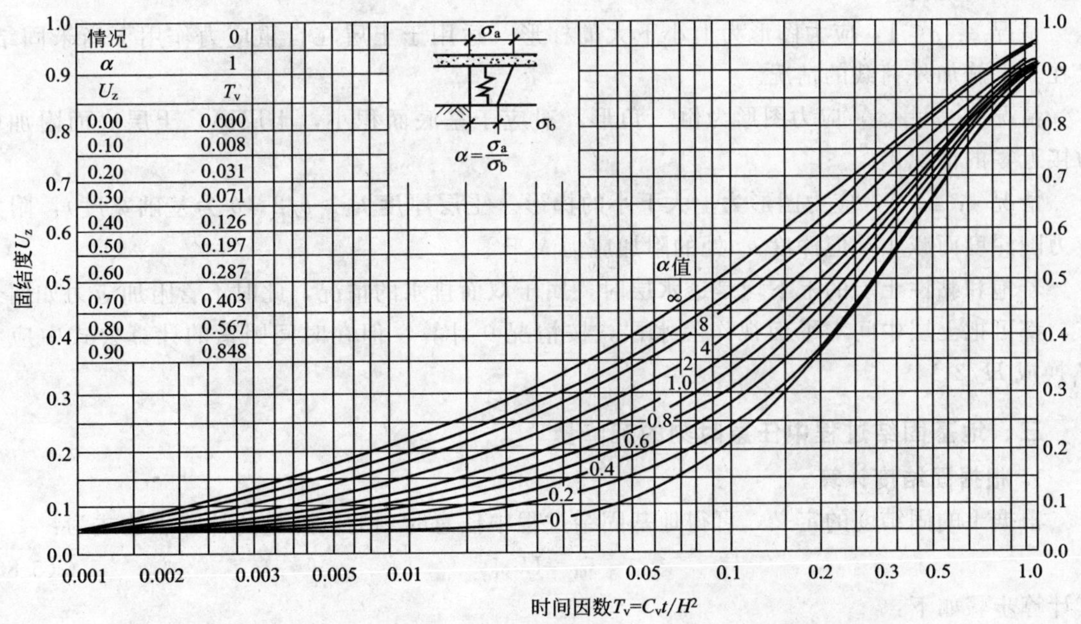

图 5-15 固结度 U_z 与时间因数 T_v 的关系曲线

布图形的相应的曲线，这样就可以求出某一时刻 t 所对应的固结度，从而计算相应的沉降量；也可按某一固结度推算出所需的时间 t 来。

曲线中参数 α 定义为排水面的附加应力与不排水面的附加应力之比

$$\alpha=\frac{\text{排水面的附加应力}}{\text{不排水面的附加应力}}=\frac{\sigma_a}{\sigma_b} \tag{5-87}$$

单面排水情况下，地基中附加应力的分布可以简化为如下五种情况（见图 5-16）：

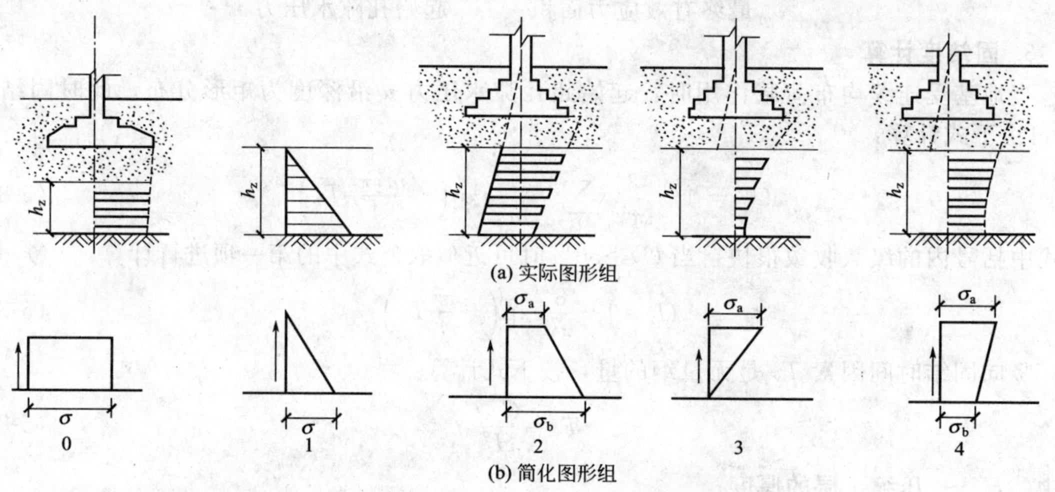

图 5-16 单面排水情况下地基中应力的分布图形

情况 0：$\alpha=1$，应力图形为矩形。对应土层在自重应力作用下已经固结，且基础面积较大而压缩层较薄的情况。

情况 1：$\alpha=0$，应力图形为三角形。这相当于大面积新填土（饱和时）由于土本身自重应力引起的固结；或者土层由于地下水位大幅度下降，在地下水位变化范围内，自重应力随深度增加的情况。

情况 2：$\alpha<1$，应力图形为上小下大的梯形。适用于土层在自重应力作用下尚未固结，又在其上施加外荷载的情况。

情况 3：$\alpha=\infty$，应力图形为倒三角形。对应于基底面积小，土层厚，土层底面附加应力接近零的情况。

情况 4：$\alpha>1$，应力图形为上大下小的梯形。土层厚度 $h_z>b/2$（b 为基础宽度），附加应力随深度而减小，但深度 h_z 处的附加应力大于零。

若饱和黏性土层的上下均是透水层时，属于双面排水的情况，此时不管附加应力如何分布，都可把土层中间水平面视作隔水层，按情况 0 计算，但在时间因素的计算公式中应将 H 换成 $H/2$。

三、地基固结过程中任意时刻的沉降量

1. 根据固结度计算

根据土的固结度的定义，可得地基固结过程中任意时刻的沉降量的计算表达式为：

$$s_{ct}=U_z s_c \tag{5-88}$$

其计算步骤如下：

（1）计算地基附加应力沿深度的分布；

（2）计算地基固结沉降量；

（3）计算土层的竖向固结系数 C_v 和时间因数 T_v；

（4）求解地基固结过程中某一时刻 t 的沉降量。

2. 沉降观测经验公式

理论计算公式(5-88）的适用受到诸多条件限制，计算值往往与实际情况不相吻合。对于重要的工程结构，需要进行长期的沉降观测。根据观测数据，可以拟合出经验公式，用于推断未来某一时刻的地基沉降量的大小。

（1）双曲线公式

$$s_t=\frac{t}{a+t}s \tag{5-89}$$

式中 s——待定的地基最终沉降量；

s_t——t 时刻（从施工期的一半算起）的地基实测沉降量；

a——待定的经验系数。

根据长期观测数据，可以采用曲线拟合的方法（比如最小二乘法）求出待定参数 s 和 a。

（2）指数公式

$$s_t=s(1-ae^{-bt}) \tag{5-90}$$

由观测数据，进行曲线拟合确定参数 s、a 和 b。

思考题

5.1 通过固结试验可以得到哪些土的压缩性指标？如何求得？

5.2 通过现场（静）载荷试验可以得到哪些土的力学性质指标？

5.3 压缩系数 a 的物理意义是什么？怎样用 a_{1-2} 判别土的压缩性？

5.4 室内固结试验和现场载荷试验都不能测定土的弹性模量，为什么？

5.5 成层土地基可否采用弹性力学公式计算基础的最终沉降量？

5.6 什么是固结度？如何运用固结度确定固结时间？

5.7 有效应力与孔隙水压力的物理概念是什么？在固结过程中两者是怎样变化的？

5.8 一维固结微分方程的基本假设有哪些？如何得出解析解？

5.9 计算沉降的分层总和法与规范法有何异同？试从基本假定，分层厚度，采用指标，计算深度和数值修正加以比较。

5.10 怎样用变形模量来求地基的总沉降量？公式成立需要满足什么条件？

选择题

5.1 土的压缩变形是由下述哪些变形造成的？（ ）

A. 土孔隙的体积压缩变形　　B. 土颗粒的体积压缩变形

C. 土孔隙和土颗粒的体积变形之和　　D. 土颗粒的体积变形和水的变形

5.2 土体压缩性可用压缩系数 a 来描述：（ ）

A. a 的值越大，土的压缩性越小　　B. a 的值越大，土的压缩性越大

C. a 的值与土压缩性无关　　D. a 值与压缩性可能有关，也可能无关

5.3 土体压缩性 e-p 曲线是在何种条件下试验得到的？（ ）

A. 完全侧限　　B. 部分侧限　　C. 无侧限　　D. 原位试验

5.4 压缩试验得到的 e-p 曲线，其中 p 为何种应力？（ ）

A. 孔隙应力　　B. 总应力　　C. 土压力　　D. 有效应力

5.5　从野外地基载荷试验 p-s 曲线上求得的土的模量是（　）。

A. 压缩模量　　B. 弹性模量　　C. 变形模量　　D. 割线模量

5.6　在时间因数表达式 $T_v=\frac{C_v t}{H^2}$ 中 H 表示什么？（　）

A. 最大排水距离　　B. 平均排水距离　　C. 土层的厚度　　D. 土层的平均厚度

5.7　黏土层的厚度均为 4m，情况之一是双面排水，情况之二是单面排水。当地面瞬时施加一无限均布荷载，两种情况土性相同，$U=1.128(T_v)^{1/2}$，达到同一固结度所需要的时间差是多少？（　）

A. 2 倍　　B. 4 倍　　C. 6 倍　　D. 8 倍

5.8　有两个黏土层，土的性质相同，排水边界条件也相同。若地面瞬时施加的超载大小不同，试问经过相同时间后，土层的固结度有何差异？（　）

A. 无差异　　B. 超载大的固结度大

C. 超载小的固结度大　　D. 无法比较

5.9　当土为正常固结土状态时，其前期固结压力 p_c 与目前上覆压力 p 的大小关系为（　）。

A. $p_c>p$　　B. $p_c=p$　　C. $p_c<p$　　D. 都有可能

5.10　有三种黏土层性质相同，厚度、排水情况以及地面瞬时作用超载等分别列于下面（1）～（3）项，试问达到同一固结度所需要时间有何差异？（　）

（1）黏土层厚度为 h，地面超载 p，单面排水

（2）黏土层厚度为 $2h$，地面超载 $2p$，单面排水

（3）黏土层厚度为 $3h$，地面超载 $3p$，双面排水

A. 无差异　　B.（3）最快　　C.（1）最快　　D.（2）最快

计算题

5.1　在荷载为 100kPa 作用下，非饱和土样孔隙比 $e=1.0$，饱和度为 80%，当荷载增加至 200kPa 时，饱和度为 90%，试问土样的压缩系数 a 为多少？并求土样的压缩模量。

5.2　一个土样含水量为 40%，重度 $\gamma=18\text{kN/m}^3$，土粒比重 $G_s=2.70$，在压缩试验中，荷载从 0 增加至 100kPa，土样压缩了 0.95mm，试问压缩系数 a 和压缩模量 E_s 各为多少？

5.3　设土样厚 3cm，在 100～200kPa 压力段内的压缩系数 $a=0.2\text{MPa}^{-1}$，当压力为 100kPa 时，$e=0.7$。求：（1）土样的无侧向膨胀变形模量；（2）土样压力由 100kPa 加到 200kPa 时，土样的压缩量 s。

5.4　有一矩形基础 4m×4m，埋深为 2m，受 4000kN 轴心荷载（包括基础及其台阶上回填土重量）的作用。地基为细砂层，其 $\gamma=19\text{kN/m}^3$，压缩资料示于表 5-12。试用分层总和法计算基础的总沉降。

表 5-12　细砂的 e-p 曲线数据

p/kPa	50	100	150	200
e	0.680	0.654	0.635	0.620

5.5　某工程矩形基础长 3.60m，宽 2.00m，埋深 1.00m。上部荷载传至基础顶面的轴向压力 $F=900\text{kN}$。地基为粉质黏土，$\gamma=16.0\text{kN/m}^3$，$e_1=1.0$，$a=0.4\text{MPa}^{-1}$，$f_{ak}=180\text{kPa}$。试用《规范》推荐法计算基础中心点的沉降量。

5.6　某办公大楼柱基础底面尺寸 $l\times b=2.00\text{m}\times 2.00\text{m}$，埋置深度 $d=1.50\text{m}$。上部轴心荷载作用在基础顶面 $F=576\text{kN}$。地基表层为杂填土，$\gamma_1=17.0\text{kN/m}^3$，厚 $h_1=1.50\text{m}$，第二层为粉土，$\gamma_2=18.0\text{kN/m}^3$，厚 $h_2=4.40\text{m}$，$E_{s2}=3\text{MPa}$，$f_{ak}=220\text{kPa}$；第三层为密实的砂卵石，$E_{s3}=85\text{MPa}$。用《规范》推荐法计算柱基础最终沉降量。

5.7　地表下 4m 厚的黏性土层，在顶面瞬时施加一无限均布荷载 $p=100\text{kPa}$，两个月在标高：0m，

－1m，－2m，－3m，－4m 处测得的超孔隙水压力分别为 0kPa、20kPa、40kPa、60kPa、80kPa，试问黏土层的固结度为多少？

5.8　地表下有一层 6m 厚的黏土层，地下水位在地表处，初始含水量为 45%，重度 $\gamma=17.6\text{kN/m}^3$，土粒比重 $G_s=2.70$。在地面大面积均布荷载 $p=80\text{kPa}$ 预压下，固结度达到 90%，这时测得黏土层的含水量变为 40%，求黏土层的最终沉降量。

5.9　某饱和土层厚 3m，上下两面透水，在其中部取出一个土样，于室内进行固结试验（试样厚 2cm），在 20min 后固结度达 50%。求：

(1) 固结系数 C_v；

(2) 该土层在满布压力 p 作用下，达到 90%固结度所需的时间。

5.10　设有一宽为 3m 的条形基础，基底以下为 2m 厚砂层，砂层下面有 3m 厚的饱和软黏土层，再下面为不透水的岩层。试求：

(1) 取原状饱和黏土样进行固结试验，试样厚 2cm，上面排水，测得固结度为 90%时所需时间为 5h，求其固结系数；

(2) 基础荷载是一次加上的，问经过多少时间，饱和黏土层将完成总沉降量的 60%。

第六章　土的抗剪强度和地基承载力

土的抗剪强度是指土体抵抗剪切破坏的极限能力，是土的重要力学性质之一，其数值等于剪切破坏时滑动面上的剪应力。如果土体内某一部分的剪应力达到了抗剪强度，在该部分就出现剪切破坏。随着荷载的增加，剪切破坏的范围逐渐扩大，最终在土体中形成连续的滑动面，而丧失稳定性。建筑物地基和路基的承载力、挡土墙和地下结构的土压力、堤坝、基坑以及各类边坡的稳定性均由土的抗剪强度所控制。就土木工程中各种土的边坡稳定性分析而言，土的抗剪强度是最重要的计算参数之一，能否正确地确定土的抗剪强度，往往是设计和工程成败的关键所在。如图 6-1 所示为三种与土体发生剪切破坏有关的工程问题。

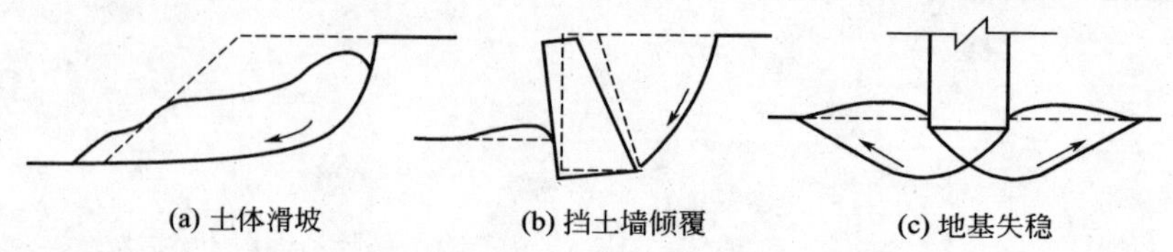

图 6-1　工程中土体剪切破坏示意图

地基承载力是指地基单位面积上承受荷载的能力。为了保证地基在荷载作用下，不至于出现整体剪切破坏而丧失其整体稳定性，在地基计算中必须确定和验算地基的承载力。

本章主要介绍土的抗剪强度的库仑定律、极限平衡条件与破坏理论、土的抗剪强度指标及测定方法、地基的变形破坏和地基承载力的确定方法、地基的临塑荷载、临界荷载及地基的极限荷载等。

第一节　抗剪强度的库仑定律

1776 年法国科学家库仑（C. A. Coulomb）通过一系列砂土剪切试验，提出了砂土抗剪强度（shearing strength）的表达式

$$\tau_f = \sigma \tan\varphi \tag{6-1}$$

此后又通过试验进一步提出了黏性土的抗剪强度表达式：

$$\tau_f = c + \sigma \tan\varphi \tag{6-2}$$

式中　τ_f——土的抗剪强度，kPa；

σ——剪切面上的法向应力，kPa；

c——土的黏聚力，kPa；

φ——土的内摩擦角，(°)。

式(6-1) 及式(6-2) 所表达的关系，称为库仑公式或库仑定律。其中 c 和 φ 称为土的抗剪强度指标，这两个指标取决于土的性质，与土中应力状态无关。且式(6-1) 是式(6-2) 当 $c=0$ 时的一个特例。可将 σ、τ_f 间函数关系表示在 σ-τ 坐标平面内，如图 6-2 所示，图中的直线称为抗剪强度线。由图 6-2 可以看出，对无黏性土而言，σ 与 τ_f 的关系曲线是通过原点而且与横坐标轴成 φ 角的一条直线，说明无黏性土的抗剪强度仅由剪切面上的摩阻力形成，

而粒状的无黏性土的粒间摩阻力包括滑动摩擦和由粒间相互咬合所提供的附加阻力，其大小取决于土颗粒的粒度大小、颗粒级配、密实度和土粒表面的粗糙度等因素。而对于黏性土而言，抗剪强度线为一条不通过原点的直线，即在纵坐标轴的截距为 c，而与横坐标轴成 φ 角的一条直线。故黏性土的抗剪强度则是由内摩擦力和黏聚力两部分组成。黏聚力系土粒间的胶结作用和各种物理-化学键力作用的结果，其大小与土的矿物组成和压密程度有关。当 $\sigma=0$ 时，c 值即为抗剪强度线在纵坐标轴上的截距。

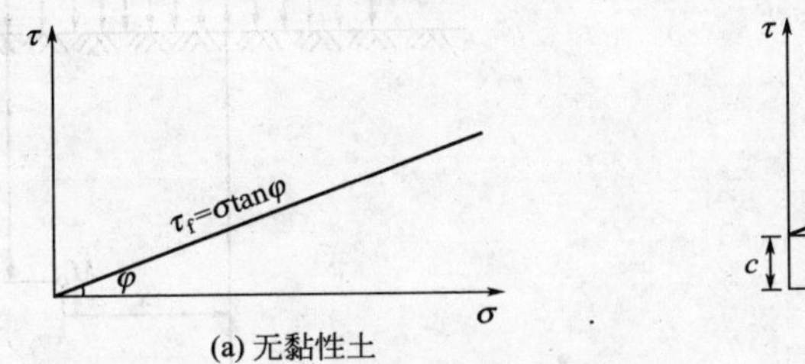

(a) 无黏性土

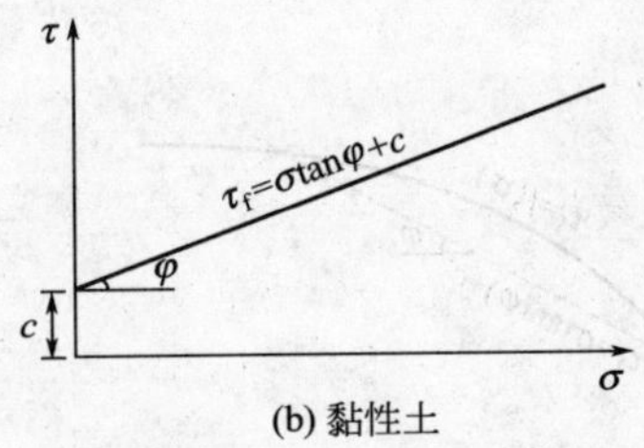

(b) 黏性土

图 6-2　抗剪强度与法向应力之间的关系

上述土的抗剪强度表达式中采用的法向应力为总应力 σ，称为总应力表达式。1936 年，太沙基（Terzaghi）提出了有效应力原理。根据有效应力原理，土中总应力等于有效应力与孔隙水压力之和，只有有效应力的变化才会引起土体抗剪强度的变化。因此，土的抗剪强度 τ_f 可以表示为剪切破坏面上法向有效应力的函数。上述库仑公式应改写为

$$\tau_f=c'+\sigma'\tan\varphi'=c'+(\sigma-u)\tan\varphi' \tag{6-3}$$

式中　σ'——土体剪切破坏面上的有效法向应力，kPa；

u——土中的超静孔隙水压力，kPa；

c'——土的有效黏聚力，kPa；

φ'——土的有效内摩擦角，(°)。

由此可知，土的抗剪强度有两种表达式，土的 c 和 φ 统称为土的总应力强度指标，直接应用这些指标进行土体稳定性分析的方法称为总应力法；而 c' 和 φ' 统称为土的有效应力强度指标，应用这些指标进行土体稳定性分析的方法称为有效应力法。

用库仑公式表示土的抗剪强度是一种高度简化的结果（它取决于土的两个参数，即 c 和 φ），而真实土的抗剪强度取决于很多因素，例如，土的孔隙比和土的结构性就是很重要的影响因素。实验表明，密实砂土的抗剪强度大于松散砂土的抗剪强度。这是因为同样的土，越密实，土颗粒之间相互啮合得越紧密，其接触面积越大，这时的摩擦力不仅包括滑动摩擦力，还包括滚动摩擦力，因而摩擦力也越大。

第二节　土的极限平衡条件与破坏理论

一、莫尔-库仑强度理论

理论分析和实验研究表明，在各种破坏理论中，对土最适用的是莫尔－库仑（Mohr-Coulmb）理论。1910 年，德国工程师莫尔（Mohr）提出：

① 材料的破坏是剪切破坏；

② 任何面上的抗剪强度 τ_f 是作用于该面上的法向应力 σ 的函数，即

$$\tau_f=f(\sigma) \tag{6-4}$$

③ 当材料中任何一个面上的剪应力 τ 等于材料的抗剪强度 τ_f 时，该点便被破坏。

式(6-4) 在直角坐标系中是一条曲线，如图 6-3 所示，该曲线通常称为莫尔包线（包络线）。土的莫尔包线在多数情况下可近似地用直线表示，其表达式就是库仑所表示的直线方程，也称为库仑强度线。由库仑公式表示莫尔包线的土体抗剪强度理论称为莫尔-库仑强度理论。

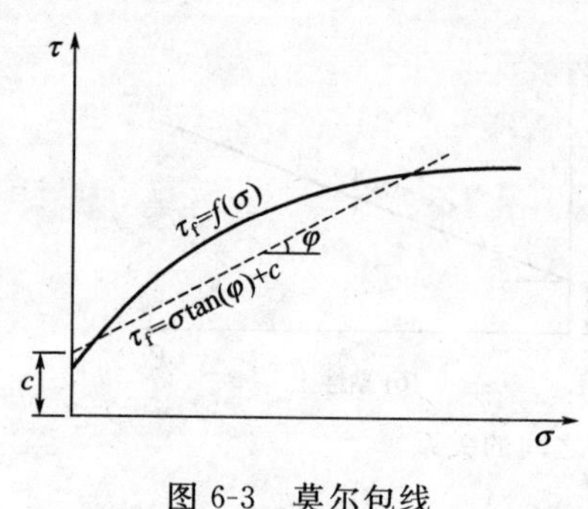

图 6-3 莫尔包线

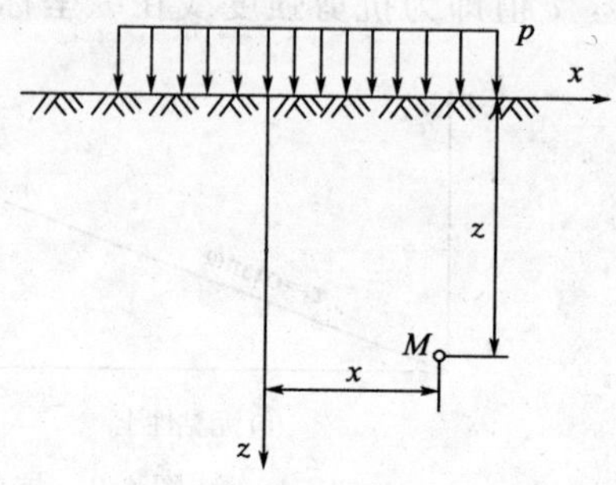

图 6-4 地基中一点 M

二、土的极限平衡理论

1. 土中一点的应力状态

如图 6-4 所示，在地基中任意深度 z 处，任取一点 M，设作用在该点土单元体上的大、小主应力分别为 σ_1 和 σ_3 [见图 6-5(a)]，在单元体内与大主应力 σ_1 作用面成任意角 α 的 mn 斜面上的法向应力和剪应力分别为 σ、τ，为了建立 σ、τ 与 σ_1、σ_3 间的关系，截取楔形脱离体 abc [见图 6-5(b)]，将各力分别在水平方向和垂直方向进行分解，根据静力平衡条件可得

$$\sum F_x=0 \qquad \sigma_3 \mathrm{d}s\sin\alpha-\sigma \mathrm{d}s\sin\alpha+\tau \mathrm{d}s\cos\alpha=0$$

$$\sum F_y=0 \qquad \sigma_1 \mathrm{d}s\cos\alpha-\sigma \mathrm{d}s\cos\alpha-\tau \mathrm{d}s\sin\alpha=0$$

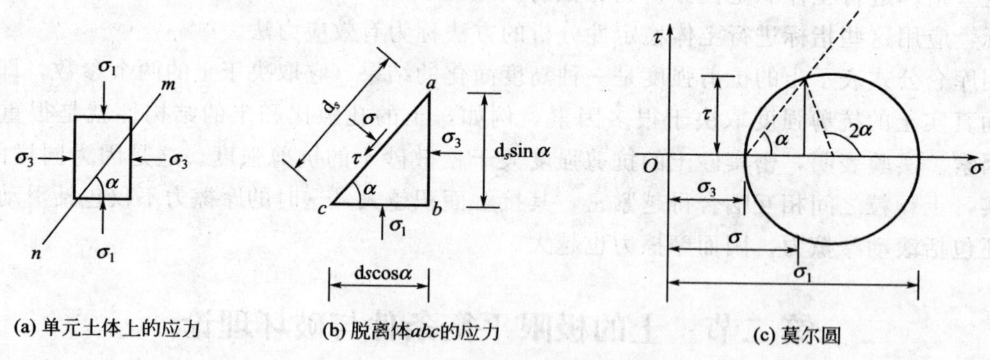

图 6-5 土体中任意点的应力

据此解得斜截面 mn 上的法向应力 σ 和剪应力 τ 为

$$\sigma=\frac{\sigma_1+\sigma_3}{2}+\frac{\sigma_1-\sigma_3}{2}\cos2\alpha \tag{6-5}$$

$$\tau=\frac{\sigma_1-\sigma_3}{2}\sin2\alpha \tag{6-6}$$

由以上两式可知，在 σ_1 和 σ_3 已知的情况下，斜截面 mn 上的法向应力 σ 和剪应力 τ 仅

与斜截面倾角 α 有关。由式(6-5) 和 (6-6) 得

$$\left(\sigma-\frac{\sigma_1+\sigma_3}{2}\right)^2+\tau^2=\left(\frac{\sigma_1-\sigma_3}{2}\right)^2 \tag{6-7}$$

若以正应力 σ 为横坐标轴，剪应力 τ 为纵坐标轴，则式(6-7) 表示圆心为 $\left(\frac{\sigma_1+\sigma_3}{2}, 0\right)$，半径为 $\frac{\sigma_1-\sigma_3}{2}$ 的一个应力圆，该圆称为莫尔应力圆或莫尔圆［见图 6-5(c)］。莫尔圆上任一点代表与大主应力 σ_1 作用面成 α 角的斜面，其横坐标代表该面上的法向应力（正应力），纵坐标代表该面上的剪应力。

2. 土的极限平衡条件

将土体的抗剪强度曲线和表示土中某点应力状态的莫尔圆绘于同一坐标上（见图 6-6)，就可以判断土体是否达到破坏状态。

若莫尔圆Ⅰ位于抗剪强度曲线以下，表示该点任一平面上的剪应力都小于土的抗剪强度，即 $\tau<\tau_f$，因此土体不会发生剪切破坏。

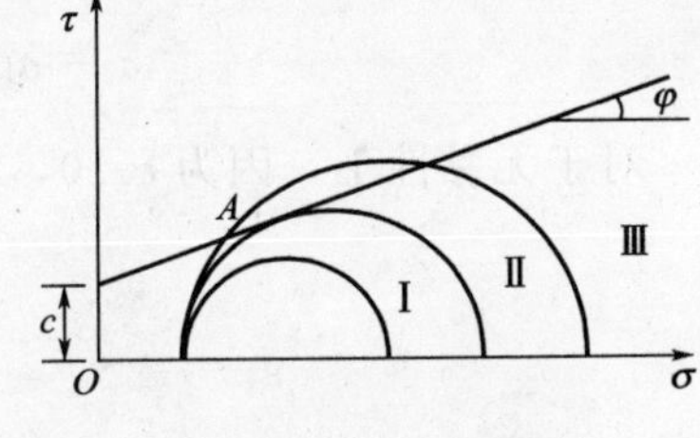

图 6-6　莫尔应力圆与抗剪强度的关系

若抗剪强度曲线与莫尔圆Ⅱ在 A 点相切，表示该点所代表的平面上的剪应力等于土的抗剪强度，即 $\tau=\tau_f$，该点处于极限平衡状态，圆Ⅱ称为极限应力圆。

若抗剪强度曲线为莫尔圆Ⅲ的割线，割线以上莫尔圆上的点所代表的平面上的剪应力超过土的抗剪强度，即 $\tau>\tau_f$。实际上这种应力状态不可能存在，因为在此之前，该点早就沿某一平面剪坏破坏了，剪应力不可能超过土的抗剪强度。

土中一点的极限平衡条件，是指该点处于极限平衡状态时，其应力与抗剪强度的关系。如用库仑强度线表示土的抗剪强度曲线，根据极限应力圆与库仑强度直线相切于一点的几何关系，可以确定土的极限平衡条件。

对于黏性土，由图 6-7 中的几何关系可知

$$AD=RD\sin\varphi$$

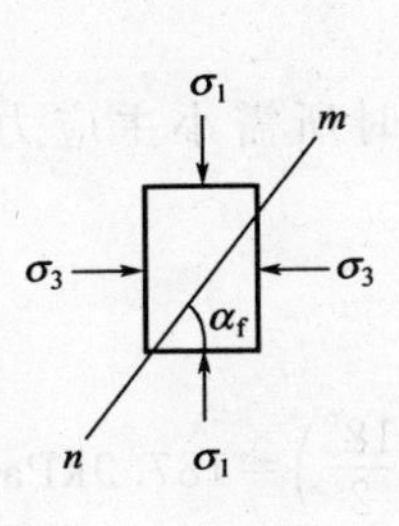

(a) 单元体

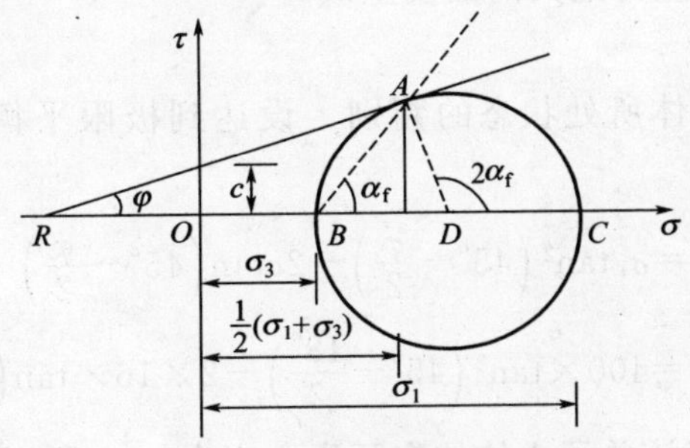

(b) 极限平衡状态的应力圆

图 6-7　黏性土的极限平衡状态

因

$$AD=\frac{\sigma_1-\sigma_3}{2},\ RD=c\cot\varphi+\frac{\sigma_1+\sigma_3}{2}$$

故

$$\left(c\cot\varphi+\frac{\sigma_1+\sigma_3}{2}\right)\sin\varphi=\frac{\sigma_1-\sigma_3}{2} \tag{6-8}$$

经整理得

$$\sigma_1=\sigma_3\frac{1+\sin\varphi}{1-\sin\varphi}+2c\frac{\cos\varphi}{1-\sin\varphi} \tag{6-9}$$

或

$$\sigma_3=\sigma_1\frac{1-\sin\varphi}{1+\sin\varphi}-2c\frac{\cos\varphi}{1+\sin\varphi} \tag{6-10}$$

利用三角公式转换，可推得黏性土的极限平衡条件为

$$\sigma_1=\sigma_3\tan^2\left(45°+\frac{\varphi}{2}\right)+2c\tan\left(45°+\frac{\varphi}{2}\right) \tag{6-11}$$

或

$$\sigma_3=\sigma_1\tan^2\left(45°-\frac{\varphi}{2}\right)-2c\tan\left(45°-\frac{\varphi}{2}\right) \tag{6-12}$$

对于无黏性土，因为 $c=0$，其极限平衡条件为

$$\sigma_1=\sigma_3\tan^2\left(45°+\frac{\varphi}{2}\right) \tag{6-13}$$

或

$$\sigma_3=\sigma_1\tan^2\left(45°-\frac{\varphi}{2}\right) \tag{6-14}$$

当土中一点达到极限平衡状态时，破裂面与大主应力 σ_1 作用面的夹角为

$$\alpha_f=45°+\frac{\varphi}{2} \tag{6-15}$$

土的极限平衡条件是土强度理论的基础，运用极限平衡条件可以判断土中任意一点的应力是否达到破坏状态；也可以求出土破坏状态下剪裂面的方位和应力值；如果可以实测出土破坏状态的应力，还可应用极限平衡条件求得土的抗剪强度指标。

【例 6-1】 地基中某一单元土体上的大主应力 $\sigma_1=400\text{kPa}$，小主应力 $\sigma_3=180\text{kPa}$。通过试验测得该土样的抗剪强度指标 $c=16\text{kPa}$，$\varphi=18°$。试问：(1) 该单元土体处于何种状态？(2) 是否会沿剪应力最大的面发生破坏？

【解】

(1) 单元土体所处状态的判别　设达到极限平衡状态时所需小主应力为 σ_{3f}，则由式(6-12) 得

$$\begin{aligned}\sigma_{3f}&=\sigma_1\tan^2\left(45°-\frac{\varphi}{2}\right)-2c\tan\left(45°-\frac{\varphi}{2}\right)\\&=400\times\tan^2\left(45°-\frac{18°}{2}\right)-2\times16\times\tan\left(45°-\frac{18°}{2}\right)=187.9\text{kPa}\end{aligned}$$

因为 σ_{3f} 大于该单元土体的实际小主应力 σ_3，所以极限应力圆半径将小于实际应力圆半径，如图 6-8 所示。所以该单元土体处于剪切破坏状态。

若设达到极限平衡状态时的大主应力为 σ_{1f}，则由式(6-11) 得

$$\begin{aligned}\sigma_{1f}&=\sigma_3\tan^2\left(45°+\frac{\varphi}{2}\right)+2c\tan\left(45°+\frac{\varphi}{2}\right)\\&=180\times\tan^2\left(45°+\frac{18°}{2}\right)+2\times16\times\tan\left(45°+\frac{18°}{2}\right)=385.0\text{kPa}\end{aligned}$$

按照将极限应力圆半径与实际应力圆半径相比较的判别方式同样可得出上述结论。

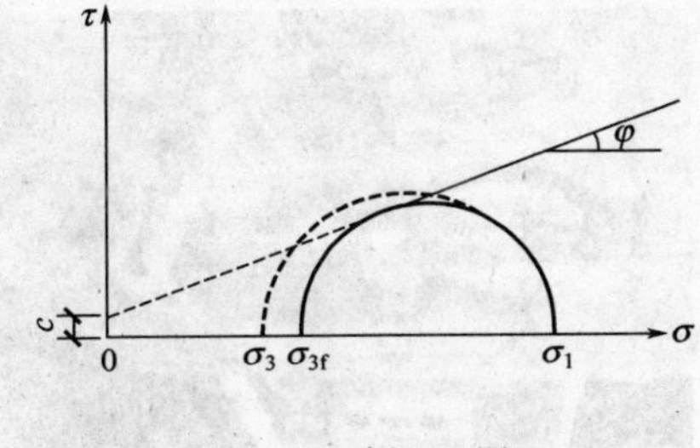

图 6-8　例 6-1 图

(2) 是否沿剪应力最大的面发生剪切破坏　由式 (6-6) 可知，在剪应力最大面处，α 角应该等于 45°。最大剪应力为

$$\tau_{max}=\frac{1}{2}(\sigma_1-\sigma_3)=\frac{1}{2}\times(400-180)=110\text{kPa}$$

剪应力最大面上的正应力为

$$\sigma=\frac{1}{2}(\sigma_1+\sigma_3)+\frac{1}{2}(\sigma_1-\sigma_3)\cos2\alpha=\frac{1}{2}\times(400+180)+\frac{1}{2}\times(400-180)\cos90^\circ=290\text{kPa}$$

该面上的抗剪强度

$$\tau_f=c+\sigma\tan\varphi=16+290\times\tan18^\circ=110.2\text{kPa}$$

因为在剪应力最大面上 $\tau_f>\tau_{max}$，所以不会沿该面发生剪切破坏。

第三节　土的抗剪强度指标

一、抗剪强度指标测定

测定土的抗剪强度指标 c、φ 值，常用的方法有室内的直接剪切试验、三轴压缩试验、无侧限抗压强度试验以及十字板剪切试验等。室内试验的特点是边界条件比较明确，并且容易控制。但是，要求从现场采集样品，在取样的过程中不可避免地引起土的应力释放和土的结构扰动。原位试验的优点是简捷、快速，能够直接在现场进行，不需取试样，能够较好地反映土的结构和构造特性。

下面分别介绍工程上常用的土的抗剪强度指标的测定方法。

1. 直接剪切试验

直接剪切试验是测定土的抗剪强度指标的最简单的室内试验方法。直接剪切仪简称直剪仪，可以分为应力控制式和应变控制式两种，实验室常用的为应变控制式直剪仪，它的主要优点在于可以测出土的峰值强度和终值强度，其构造如图 6-9 所示；试验室中的直剪仪如图 6-10 所示。

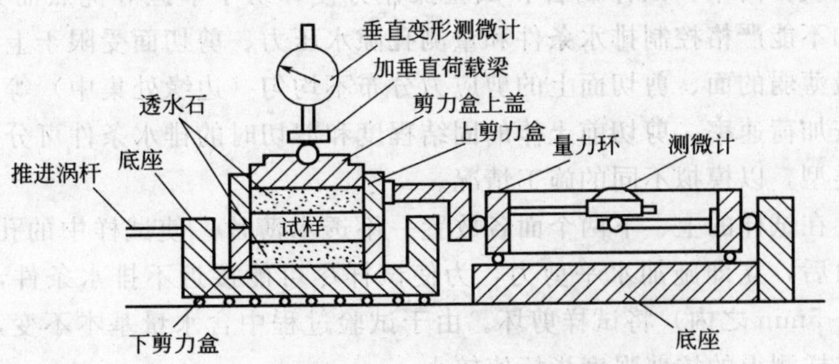

图 6-9　应变控制式直剪仪的构造

仪器由固定的上盒和可移动的下盒构成，试样置于盒内（上、下盒之间），试样上、下各放一块透水石以利试样排水。试验时，由杠杆系统通过活塞对试样施加垂直压力，水平推力则由等速前进的轮轴施加于下盒，使试样在沿上、下盒水平接触面产生剪切位移，直至试

图 6-10 直剪仪

样破坏。剪应力大小根据量力环上的测微计，由测定的量力环变形值经换算确定。试样在法向应力作用下的固结变形和剪切过程中试样的体积变化可由活塞上的测微计测定。

直剪仪在等速剪切过程中，间隔一定的时间（即间隔相同的剪切位移增量），测读试样剪应力的大小。并可将一定的法向应力条件下，试样剪切位移（上、下盒水平相对位移）与剪应力的对应关系绘在坐标图上［见图 6-11(a)］。硬黏土和密实砂土的曲线可出现剪应力的峰值，该峰值即为土的抗剪强度。峰后强度随着剪切位移的增大而降低，呈现出应变软化特征；软黏土和松砂的曲线则往往不出现峰值，强度随剪切位移的增大而缓慢增大，呈现出应变硬化特征，此时一般可以取 4mm 剪切位移量对应的剪应力作为土的抗剪强度值。

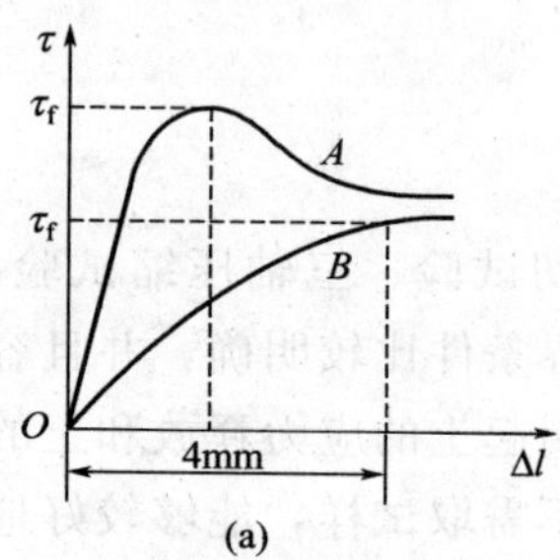

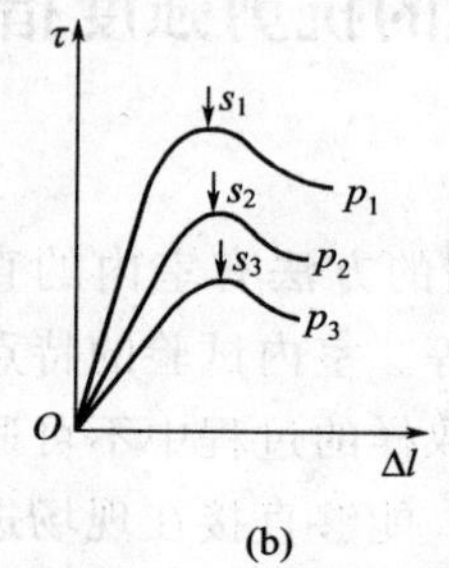

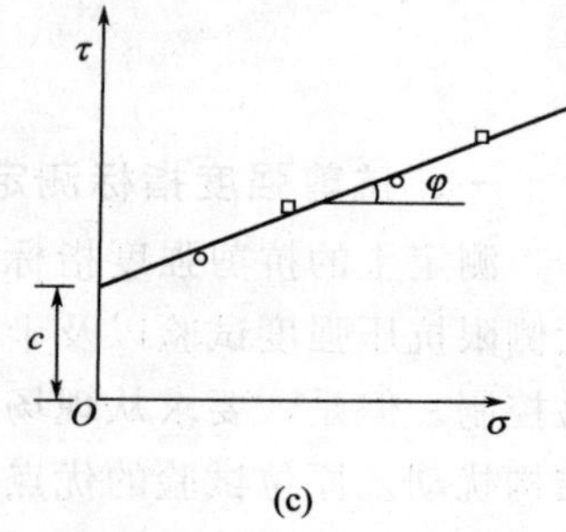

图 6-11 直接剪切试验成果

试验时，同一种土体，至少要取 3 个土样，使其分别在不同的法向应力 σ 作用下剪切破坏，并作出相应的 $\tau\sim\Delta l$ 曲线，如图 6-11(b) 所示。将得到的各组（σ，τ_f）值，绘制出抗剪强度 τ_f 与法向压应力 σ 的关系曲线，拟合成图 6-11(c) 所示的直线，则此直线即为土的抗剪强度曲线，其倾角为土的内摩擦角 φ，抗剪强度曲线在纵坐标轴上的截距 c 即为该土的黏聚力。

直剪试验因设备简单，试样制备和试验操作方便，易于掌握等优点而为工程界广泛采用，但也存在如不能严格控制排水条件和量测孔隙水压力、剪切面受限于上下剪切盒之间而并非土样抗剪最薄弱的面、剪切面上的剪应力分布不均匀（边缘处集中）等缺点。

直剪试验按加荷速率、剪切前土体的固结程度和剪切时的排水条件可分为快剪、固结快剪和慢剪三种类型，以模拟不同的施工情况。

(1) 快剪　在试样的上、下两个面各放置一不透水薄片，使试样中的孔隙水不能排出。在施加垂直压力后，立即施加水平剪力，为使试样尽可能接近不排水条件，以较快的速度（一般控制在 3～5min 之内）将试样剪坏。由于试验过程中含水量基本不变，试样有较高的孔隙水压力，这样测得的抗剪强度指标值较小。

(2) 固结快剪　在试样上施加垂直压力后，使试样充分排水固结，再以较快的速度将试样剪坏。在这种情况下，剪切以前试样中的孔隙水压力已全部消散，但在剪切过程中产生的孔隙水压力是没有消散的。

(3) 慢剪　使试样在施加垂直压力时充分排水固结，孔隙水压力全部消散；在剪切过程中，缓慢施加水平剪切力，让剪切速率尽可能地小，使得在每加一级剪应力作用下，试样内产生的孔隙水压力都能完全消散，直至剪坏。

上述三种不同试验条件所得的抗剪强度总应力指标是不同的，一般慢剪得到的 φ_s 值最大，固结快剪所得的 φ_{cq} 值居中，快剪所得的 φ_q 最小，三种情况下所求得的 c 值也不相同，如图 6-12 所示。选用这些指标时应考虑实际工程中土体的工作条件，对具体问题进行切合实际的分析。

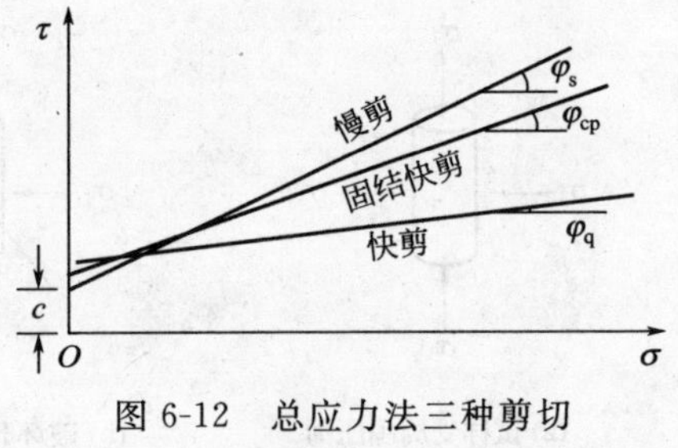

图 6-12 总应力法三种剪切试验曲线比较

2. 三轴压缩试验

三轴压缩试验又称为三轴剪切试验，它是一种较完善的测定土体抗剪强度的试验方法，其设备是三轴剪力仪。三轴剪力仪同样分应变控制式和应力控制式两种。目前较先进的三轴剪力仪还配备有自动化控制系统、电测和数据自动采集系统等。应变式三轴剪力仪由压力室、轴向加压系统、周围压力系统和孔隙水压力量测系统等构成，其构造简图如图 6-13 所示。应变式三轴剪力仪的核心部分是压力室，它是由一个金属活塞、底座和透明有机玻璃圆筒组成的封闭容器；轴向加压系统用以对试样施加轴向附加压力，并可控制轴向应变的速率；周围压力系统则通过液体（通常是水）对试样施加周围压力；试样为圆柱形，并用橡皮膜包裹起来，以使试样中的孔隙水与膜外液体（水）完全隔开。试样中的孔隙水通过其底部的透水面与孔隙水压力量测系统连通，并由孔隙水压力阀门控制。

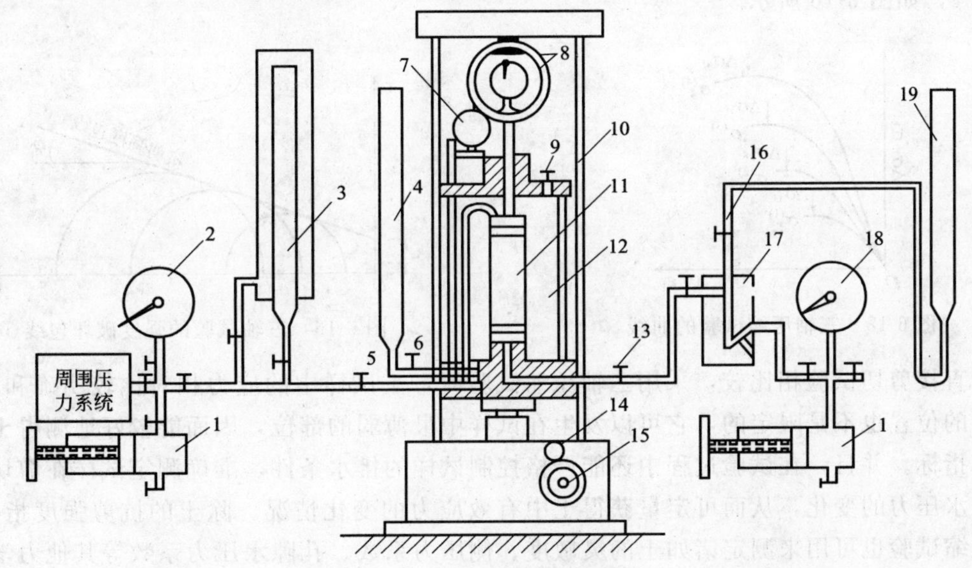

图 6-13 应变式三轴剪力仪

1—调压筒；2—周围压力表；3—体变管；4—排水管；5,6—周围压力阀；7—形变量表；8—量力环；9—排气孔；10—轴向加压设备；11—试样；12—压力室；13—孔隙压力阀；14—离合器；15—手轮；16—量管阀；17—零位指示器；18—孔隙水压力表；19—量管

试验时，先打开周围压力系统的阀门，使试样在各向受到的周围压力达 σ_3 时维持不变，如图 6-14(a) 所示；然后由轴向加压系统通过活塞对试样施加轴向附加压力 $\Delta\sigma$（$\Delta\sigma=\sigma_1-\sigma_3$，称为偏应力）。试验过程中，$\Delta\sigma$ 不断增大而 σ_3 却维持不变，试样的轴向应力 σ_1（$\sigma_1=$

$\sigma_3+\Delta\sigma$）也不断增大，如图 6-14(b) 所示，其应力莫尔圆亦逐渐扩大至极限应力圆，试样最终被剪坏。极限应力圆可由试样剪坏时的 σ_{1f}（大主应力）和 σ_3（小主应力）作出，如图 6-14(c) 中的实线圆。

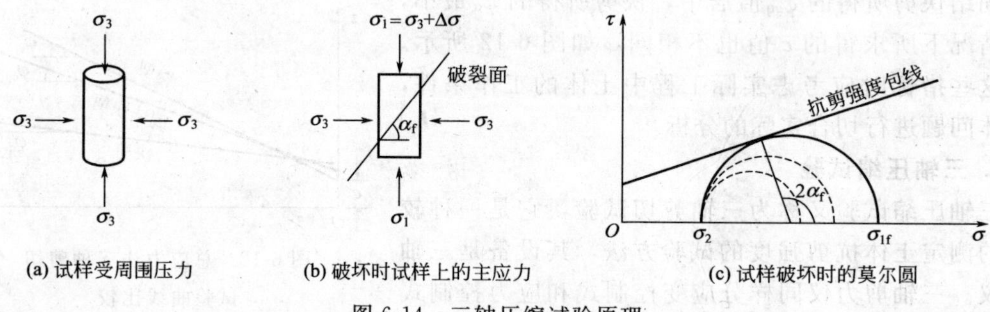

图 6-14　三轴压缩试验原理

试验中量测相应的轴向应变 ε_1，点绘 $\Delta\sigma$-ε_1 关系曲线，以偏应力 $\sigma_1-\sigma_3$ 的峰值确定为破坏点，如图 6-15 所示；无峰值时，可以取某一轴向应变（如 $\varepsilon_1=15\%$）对应的偏应力值作为破坏点。

在给定的周围压力 σ_3 作用下，一个试样在试验中只能得到一个极限应力圆。同种土样至少需要 3 个以上的试样在不同的 σ_3 作用下进行试验，才能得到一组极限应力圆，由于这些试样均被剪坏，绘出这组极限应力圆的公切线，即为该土样的抗剪强度包线。它通常可以绘成库仑强度线，直线与横坐标轴的夹角即为土的内摩擦角 φ，与纵坐标轴的截距即为土的黏聚力 c，如图 6-16 所示。

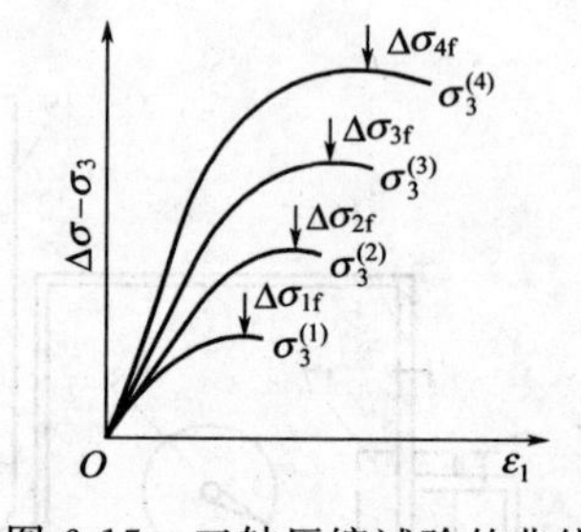

图 6-15　三轴压缩试验的曲线

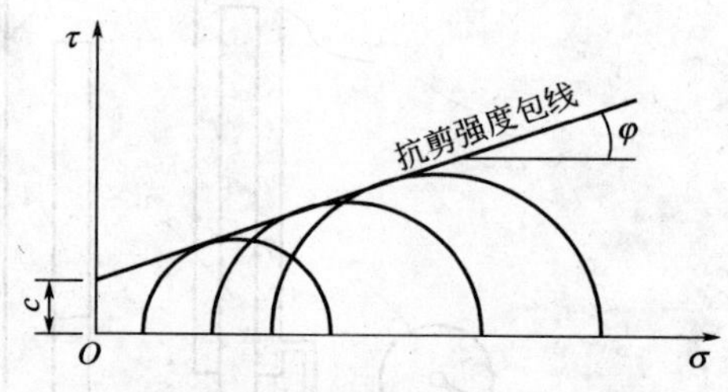

图 6-16　三轴试验的强度破坏包线

与直接剪切试验相比较，采用三轴压缩试验时，土试样中的应力相对比较明确和均匀，破坏面的位置也不是限定的，它可以发生在试样中最薄弱的部位，因而能较好地测得土的抗剪强度指标。并且，在试验过程中还能严格控制试样的排水条件，准确测定试样在剪切过程中孔隙水压力的变化，从而可定量获得土中有效应力的变化情况。除土的抗剪强度指标外，三轴压缩试验也可用来测定诸如土的灵敏度、侧压力系数、孔隙水压力系数等其他力学性质指标。

通过控制试样的排水条件，类似于直接剪切试验的快剪、固结快剪和慢剪，三轴压缩试验可以分为不固结不排水剪、固结不排水剪和固结排水剪三种不同的情况。

(1) 不固结不排水剪（以符号 UU 表示）　不固结不排水剪相当于直剪试验中的快剪。用三轴剪切仪进行不固结不排水剪试验时，无论是施加围压 σ_3，还是施加轴向应力 σ_1，直至剪切破坏均关闭排水阀。整个试验过程自始至终试样不能固结排水，故试样的含水量保持不变。试样在受剪前，周围压力会在土内引起初始孔隙水压力 u_1，施

加轴向附加压力 $\Delta\sigma$ 后，便会产生一个附加孔隙水压力 u_2。至剪切破坏时，试样的孔隙水压力 $u_f = u_1 + u_2$。

对于同一组饱和土样，在不排水条件下，土样在整个试验过程中的含水量和体积均保持不变，尽管作用不同的围压 σ_3，但是只能引起孔隙水压力数值的变化，而不能使土样中的有效应力发生改变，仍保持试样中原有的有效应力，试样破坏时所能承受的极限偏应力（$\sigma_1 - \sigma_3$）恒为常数。因此，如图 6-17 所示，按总应力法绘制不同围压 σ_3 作用下的极限应力圆直径相同，故抗剪强度包线为一条水平直线，从而有

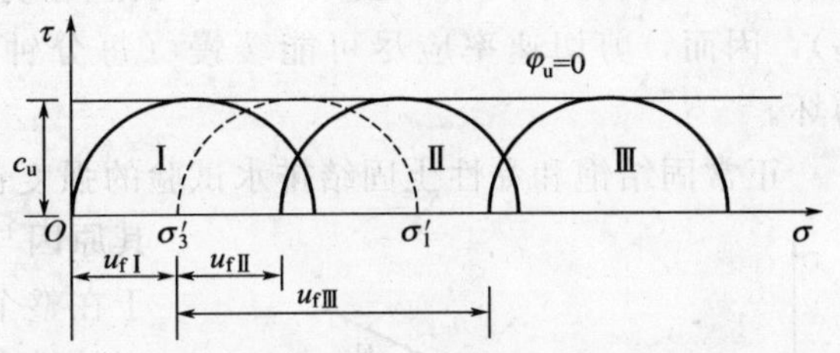

图 6-17　饱和黏性土不固结不排水剪试验结果

$$\tau_f = c_u = \frac{1}{2}(\sigma_1 - \sigma_3)$$

$$\varphi_u = 0 \tag{6-16}$$

式中　c_u——土的不排水抗剪强度，kPa；

φ_u——土的不排水内摩擦角，(°)。

如果用有效应力来表达试验成果，则无论围压如何变化，只能得到一个相同的有效应力圆，且其直径与总应力圆的直径相等。

这种试验方法所对应的实际工程条件相当于饱和软黏土中快速加荷时的应力状况。工程实践中，常采用不固结不排水抗剪强度来确定土的短期承载力以及评价土体的稳定性问题。

(2) 固结不排水剪（以符号 CU 表示）　固结不排水剪相当于直剪试验中的固结快剪。用三轴剪切仪进行固结不排水剪试验时，打开排水阀，让试样在施加围压 σ_3 时排水固结，试样的含水量将发生变化。待固结稳定后（至 $u_1 = 0$）关闭排水阀，在不排水条件下施加轴向附加压力 $\Delta\sigma$ 后，土样会产生附加孔隙水压力 u_2，直至剪切破坏。破坏时的孔隙水压力完全由于试样受剪所引起。

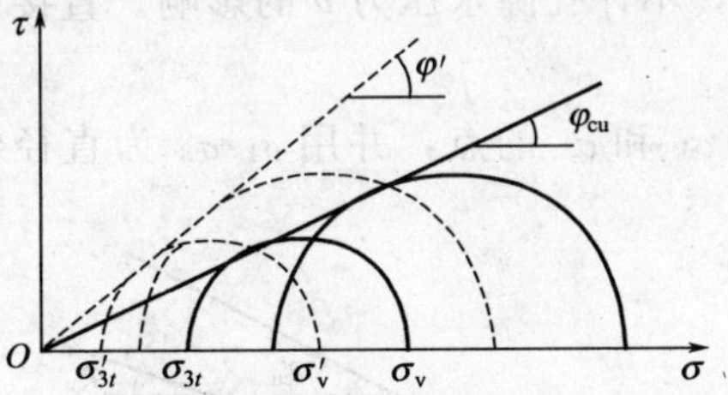

图 6-18　正常固结黏性土的固结不排水剪试验曲线

对于在实验室制备的正常固结黏性土样，因未受过任何固结压力作用，几乎没有强度，其强度包线大多数为过坐标原点的直线，如图 6-18 中实斜线表示正常固结土的总应力强度包线。根据试样剪破时测得的孔隙水压力 u_f，可绘出图 6-18 中虚斜线所示的有效应力强度包线。由于 $\sigma_1' = \sigma_1 - u_f$、$\sigma_3' = \sigma_3 - u_f$，故有 $\sigma_1' - \sigma_3' = \sigma_1 - \sigma_3$，即有效应力圆直径与总应力圆直径相等，但位置不同，两者之间距离为 u_f。因为正常固结土试样在剪切破坏时产生正的孔隙水压力，故有效应力圆在总应力圆左方。有效内摩擦角 φ' 一般大于内摩擦角 φ_{cu}。

固结不排水剪的总应力强度包线可表达为

$$\tau_f = c_{cu} + \sigma\tan\varphi_{cu} \tag{6-17}$$

固结不排水剪的有效应力强度包线可表达为

$$\tau_f = c' + \sigma'\tan\varphi' \tag{6-18}$$

（3）固结排水剪（以符号 CD 表示）　固结排水剪相当于直剪试验中的慢剪。用三轴剪切仪进行固结排水剪试验时，整个试验过程中始终打开排水阀，不但要使试样在周围压力 σ_3 作用下充分排水固结（至 $u_1=0$），而且在剪切过程中也要让试样充分排水固结（不产生 u_2），因而，剪切速率应尽可能缓慢（每分钟应变控制为 0.003%～0.012%），直至试样剪坏。

正常固结饱和黏性土固结排水试验的强度包线也是过坐标原点的直线，如图 6-19 所示，其原因与固结排水剪相似，即试样初始强度为 0。由于在整个试验中都不产生孔隙水压力，因此由试验得到的排水剪总应力强度包线与有效应力强度包线相同，总应力强度指标，也就是有效应力强度指标。

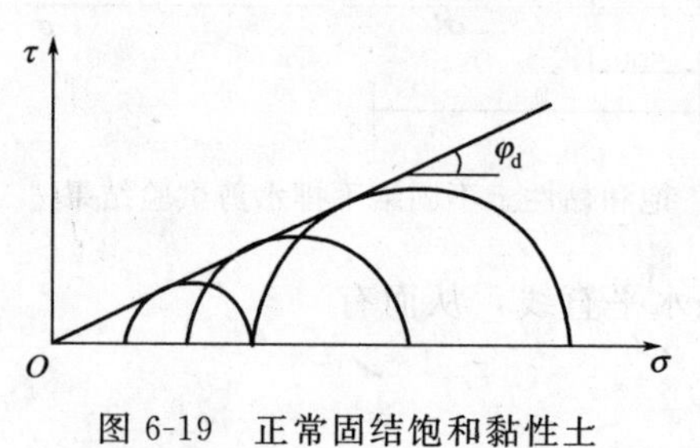

图 6-19　正常固结饱和黏性土固结排水剪试验曲线

试验结果表明，固结排水剪得到的抗剪强度指标 c_d 和 φ_d 与固结不排水剪得到的有效抗剪强度指标 c' 和 φ' 很接近。所以也常用 c'、φ' 来代替 c_d、φ_d，而不做费工费时的固结排水剪试验。

【例 6-2】　某大厦为高层建筑，在建筑场地进行岩土工程勘察时，在地下水位以下黏性土地基中取原状土进行三轴压缩试验，采用固结不排水剪切试验。一组 4 个试样，周围压力分别为 60，100，150，200kPa，试样剪损时最大主应力 σ_1 与孔隙水压力 u 的数值，如表 6-1 所示，试用总应力法和有效应力法确定土的抗剪强度指标。

表 6-1　三轴压缩试验数据

试验编号	1	2	3	4
σ_1/kPa	145	218	310	405
σ_3/kPa	60	100	150	200
u/kPa	21	38	62	84

【解】

（1）总应力法　总应力法确定土的抗剪强度指标时，不计孔隙水压力 u 的影响。直接用最大主应力 σ_1 和最小主应力 σ_3 作莫尔破损应力圆。

采用直角坐标系。在横坐标上，按适当比例尺绘上 σ_1 和 σ_3 的点，并用 σ_1-σ_3 为直径作圆，即为莫尔破损应力圆。一组 4 个试样，分别作出莫尔破损应力圆，然后作此 4 个莫尔破损应力圆的公切线，即为试样的抗剪强度曲线，如图 6-20 中实线所示。

由图 6-20 中实线所示的抗剪强度曲线，与纵坐标的截距为黏聚力 $c_{cu}=17$kPa，抗剪强度曲线与横坐标（水平线）的夹角即为内摩擦力 $\varphi_{cu}=17°$。

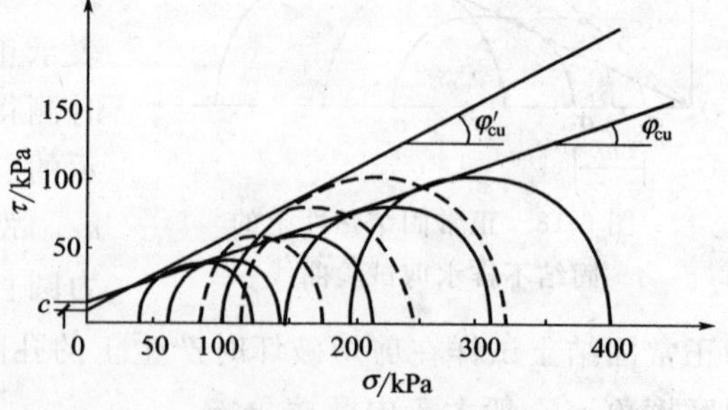

图 6-20　例 6-2 三轴压缩抗剪强度试验曲线

（2）有效应力法　有效应力法确定土的抗剪强度指标时应计入孔隙水压力 u 的影响，采用有效应力大主应力 σ'_1 和有效应力小主应力 σ'_3，作莫尔破损应力圆。用表 6-2 的数据作莫尔破损应力圆，方法同上，如图 6-20 中的虚线所示；同理，可得黏聚力 $c'_{cu}=12$kPa，内摩擦角 $\varphi'_{cu}=25°$。

表 6-2　三轴压缩试验有效应力数据

试验编号	1	2	3	4
$\sigma_1'=(\sigma_1-u)$/kPa	124	180	248	321
$\sigma_3'=(\sigma_3-u)$/kPa	39	62	88	116

【例 6-3】 一黏性土试样在三轴仪中进行固结不排水试验，施加周围压力 $\sigma_3=220$kPa，试样破坏时的主应力差 $(\sigma_1-\sigma_3)_f=280$kPa，测得孔隙水压力 $u_f=190$kPa，整理试验结果得有效内摩擦角 $\varphi'=25°$，有效黏聚力 $c'=74.6$kPa。如果破坏面与水平面的夹角为60°，试问：(1) 破坏面上的法向应力和剪应力以及试样中的最大剪应力各是多少？(2) 说明为什么破坏面发生在 $\alpha=60°$ 的平面上而不发生在最大剪应力的作用面？

【解】

(1) 由试验得

$$\sigma_1=220+280=500\text{kPa},\ \sigma_3=220\text{kPa}$$

由式(6-5)、式(6-6) 计算破坏面上的法向应力 σ 和剪应力 τ：

$$\sigma=\frac{1}{2}(\sigma_1+\sigma_3)+\frac{1}{2}(\sigma_1-\sigma_3)\cos2\alpha$$

$$=\frac{1}{2}(500+220)+\frac{1}{2}(500-220)\cos120°=290\text{kPa}$$

$$\tau=\frac{1}{2}(\sigma_1-\sigma_3)\sin2\alpha=\frac{1}{2}(500-220)\sin120°=121.2\text{kPa}$$

最大剪应力发生在 $\alpha=45°$ 的平面上：

$$\tau_{max}=\frac{1}{2}(\sigma_1-\sigma_3)=\frac{1}{2}(500-220)=140\text{kPa}$$

(2) 在破坏面上的有效法向应力

$$\sigma'=\sigma-u_f=290-190=100\text{kPa}$$

抗剪强度

$$\tau_f=c'+\sigma'\tan\varphi'=74.6+100\tan25°=121.2\text{kPa}$$

可见，在 $\alpha=60°$ 的平面上的剪应力等于该面上土的抗剪强度，即 $\tau=\tau_f=121.2$kPa，因此在该面上发生剪切破坏。

而在剪应力的作用面（$\alpha=45°$）上：

$$\sigma=\frac{1}{2}(500+220)+\frac{1}{2}(500-220)\cos90°=360\text{kPa}$$

$$\sigma'=\sigma-u_f=360-190=170\text{kPa}$$

$$\tau_f=c'+\sigma'\tan\varphi'=74.6+170\tan25°=153.9\text{kPa}$$

由 (1) 算出在 $\alpha=45°$ 的平面上的最大剪应力 $\tau_{max}=140$kPa，可见在该面上虽然剪应力比较大，但是抗剪强度 τ_f(=153.9kPa) 大于剪应力 τ_{max}(=140kPa)，故在最大剪应力的平面上不发生剪切破坏。

【例 6-4】 对某无黏性土饱和试样进行固结排水剪切试验，测得抗剪强度指标 $c_d=0$，$\varphi_d=28°$，如果对同一试样进行固结不排水剪切试验，施加的周围压力 $\sigma_3=200$kPa，试样破坏时的轴向偏压力 $(\sigma_1-\sigma_3)_f=170$kPa。试求试样的不排水剪强度指标 φ_{cu} 和破坏时的孔隙水压力 u_f。

【解】 据试验结果

$$\sigma_{1f}=170+200=370\text{kPa}, \quad \sigma_{3f}=200\text{kPa}$$

排水剪的孔隙水压力恒为零，得 $c'=c_d=0$，$\varphi'=\varphi_d=28°$。而无黏性土的 $c_{cu}=0$。

由式(6-13) 得

$$\tan^2\left(45°+\frac{\varphi_{cu}}{2}\right)=\frac{\sigma_1}{\sigma_3}=\frac{370}{200}=1.85$$

解之得 $\varphi_{cu}=17°$

同理，由式(6-13)

$$\frac{\sigma'_1}{\sigma'_3}=\tan^2\left(45°+\frac{\varphi'}{2}\right)=\tan^2\left(45°+\frac{28°}{2}\right)=2.770$$

得 $$\sigma'_1=2.770\sigma'_3$$

根据 $$(\sigma'_1-\sigma'_3)_f=(\sigma_1-\sigma_3)_f=170\text{kPa}$$

联立求解以上二式，可得大、小主应力 $\sigma'_{1f}=266\text{kPa}$，$\sigma'_{3f}=96\text{kPa}$

故破坏时的孔隙水压力

$$u_f=\sigma_{3f}-\sigma'_{3f}=200-96=104\text{kPa}$$

3. 无侧限抗压强度试验

无侧限抗压试验是三轴剪切试验的一种特例，即对圆柱形试样不施加周围压力（σ_3），而只对它施加垂直的轴向压力 σ_1，由此测出试样在无侧向压力的条件下，抵抗轴向压力的极限强度，称之为无侧限抗压强度。

如图 6-21(a) 所示为应变控制式无侧限压缩仪，试样受力情况如图 6-21(b)。因为试验时 $\sigma_3=0$，所以试验结果只能作出一个极限应力圆，对于一般非饱和黏性土，难以作出强度包线。

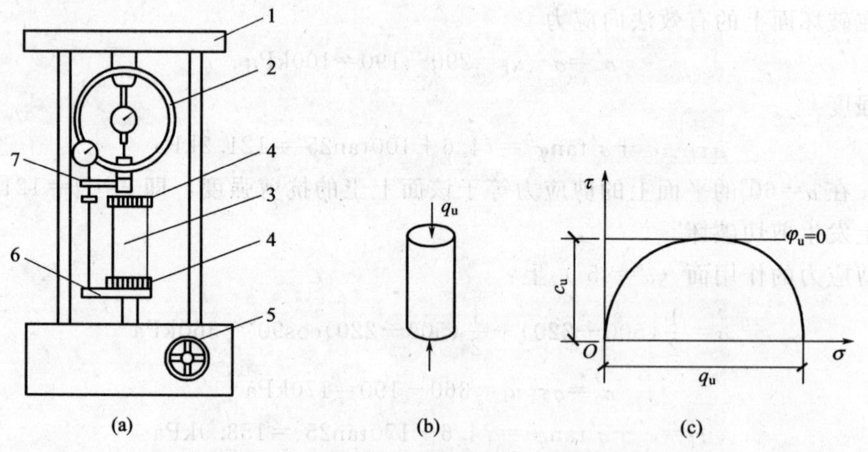

图6-21 应变控制式无侧限抗压强度试验

1—轴向加压架；2—轴向测力计；3—试样；4—上、下传压板；5—手轮或电动转轮；6—升降板；7—轴向位移计

对于饱和软黏土，根据三轴不排水剪切试验成果，其强度包线近似于一水平线，即 $\varphi_u=0$，如图 6-21(c) 所示。故无侧限抗压试验适用于测定饱和软黏土的不排水抗剪强度。在 σ-τ 坐标轴上，以无侧限抗压强度 q_u 为直径，通过 $\sigma_3=0$、$\sigma_1=q_u$ 作极限应力圆，其水平切线就是强度包线，该线在 τ 轴上的截距即等于抗剪强度 τ_f，即

$$\tau_f = c_u = \frac{q_u}{2} \tag{6-19}$$

式中　c_u——饱和软黏土的不排水抗剪强度，kPa。

饱和黏性土的抗剪强度与土的结构有关，当土的结构遭受破坏时，其强度会迅速降低，工程上常用灵敏度 s_t 来反映土的结构性强弱（见第三章）。

4. 十字板剪切试验

在抗剪强度的现场原位测试方法中，最常用的是十字板剪切试验。该试验无须钻孔取得原状土样，对土的扰动小，试验时土的排水条件、受力状态与实际情况十分接近，因而特别适用于难于取样且灵敏度高的饱和软黏土。

十字板剪切仪，如图 6-22 所示，主要由板头、加力装置和量测设备三部分组成。试验时，将套管打到要求测试深度以上 75cm，然后将套管内土清除，通过套管将安装在钻杆下的十字板压入土中至测试深度。再在地面上以一定转速对钻杆施加扭转力矩，使埋在土中的十字板扭转，直至土剪切破坏。破坏面为十字板旋转所形成的圆柱面。

设土体剪切破坏时所施加的扭矩为 M，则它应该与剪切圆柱体侧面、上下端面的抗剪强度所产生的抵抗力矩相等，即

$$M = \pi DH \frac{D}{2}\tau_v + 2\frac{\pi D^2}{4}\frac{D}{3}\tau_H$$

$$= \frac{1}{2}\pi D^2 H\tau_v + \frac{1}{6}\pi D^3 \tau_H \tag{6-20}$$

式中　M——剪切破坏时的扭矩，kN·m；

τ_v，τ_H——剪切破坏时圆柱体侧面和上下端面土的抗剪强度，kPa；

H——十字板的高度，m；

D——十字板的直径，m。

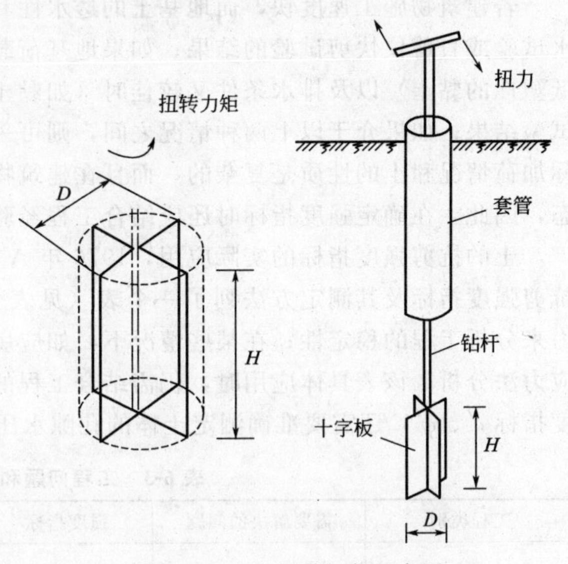

图 6-22　十字板剪切仪示意图

一般而言，土体是各向异性的，为简化计算，假定土体为各向同性体，即土的抗剪强度各向相等，用 τ_f 表示，式(6-20)成为

$$M = \left(\frac{1}{2}\pi D^2 H + \frac{1}{6}\pi D^3\right)\tau_f \tag{6-21}$$

于是，通过十字板原位剪切试验测得的土体抗剪强度 τ_f 为

$$\tau_f = \frac{2M}{\pi D^2\left(H + \dfrac{D}{3}\right)} \tag{6-22}$$

利用十字板剪切试验在现场测定饱和黏性土的抗剪强度，类似于不排水剪的试验条件，因此其试验结果与无侧限抗压强度试验结果接近。对饱和软黏土来说，十字板剪切试验所得成果即为不排水抗剪强度，饱和软黏土 $\varphi_u = 0$，所以抗剪强度 τ_f 计算公式同式(6-19)。

事实上，十字板剪切试验结果往往比无侧限抗压强度高，这可能与土的扰动较小有关。土的各向异性、十字板的尺寸、形状、高径比、旋转速率等因素对十字板剪切试验结果均有一定影响。另外，十字板剪切试验也可用来测定软土的灵敏度。

二、抗剪强度指标的选择

如前所述，黏性土的强度性状是很复杂的，它不仅随剪切条件不同而异，而且还受许多因素（例如土的各向异性、应力历史、蠕变等）的影响。此外对于同一种土，强度指标与试验方法以及实验条件都有关，实际工程问题的情况又是千变万化的，用实验室的实验条件去模拟现场条件毕竟还会有差别。因此，对于某个具体工程问题，如何确定三种不同排水并不是一件容易的事。

首先要根据工程问题的性质确定三种不同排水的试验条件，进而决定采用总应力或有效应力的强度指标，然后选择室内或现场的试验方法。一般认为，由三轴固结不排水试验确定的有效应力强度指标 c' 和 φ' 宜用于分析地基的长期稳定性（例如土坡的长期稳定性分析、估计挡土结构物的长期土压力、位于软土地基上结构物的长期稳定分析等）；而对于饱和软黏土的短期稳定性问题，则宜采用不固结不排水试验的强度指标 c_u，即 $\varphi_u=0$，以总应力法进行分析。一般工程问题多采用总应力法分析，其指标和测试方法的选择大致如下：

若建筑物施工速度快，而地基土的透水性和排水条件不良时，可采用三轴仪不固结不排水试验或直剪仪快剪试验的结果；如果地基荷载增长速率较慢，地基土的透水性不太小（如低塑性的黏土）以及排水条件又较佳时（如黏土层中夹砂层），则可以采用固结排水或慢剪试验结果；如果介于以上两种情况之间，则可采用固结不排水或固结快剪实验结果。由于实际加荷情况和土的性质是复杂的，而且在建筑物的施工和使用过程中都要经历不同的固结状态，因此，在确定强度指标时还应结合工程经验。

土的抗剪强度指标的实际应用，1976 年 A・辛格（Singh）对一些工程问题需要采用的抗剪强度指标及其测定方法列了一个表（见表 6-3），可供参考。该表主要是推荐用有效应力来分析工程的稳定性；在某些情况下，如应用于饱和黏性土的稳定性验算，可用 $\varphi_u=0$ 总应力法分析。该表具体应用时，仍需结合工程的实际问题，不能照搬。如果采用有效应力强度指标 c'、φ'，还需要准确测定土体的孔隙水压力分布。

表 6-3 工程问题和强度指标的选用

工程类别	需要解决的问题	强度指标	试验方法	备注
1. 位于饱和黏性土上结构或填土基础	(1)短期稳定性 (2)长期稳定性	$c_u,\varphi_u=0$ c',φ'	不排水三轴或无侧限抗压试验； 现场十字板试验； 排水或固结不排水试验	长期安全系数高于短期的
2. 位于部分饱和砂和粉质砂土上的基础	短期和长期稳定性	c',φ'	用饱和试样进行排水或固结不排水试验	可假定 $c'=0$，最不利的条件室内在无荷载下将试样饱和
3. 无支撑开挖地下水位以下的紧密黏土	(1)快速开挖时的稳定性 (2)长期稳定性	$c_u,\varphi_u=0$ c',φ'	不排水试验； 排水或固结不排水试验	除非有专用的排水设备降低地下水位，否则长期安全系数是最小的
4. 开挖坚硬的裂缝土和风化黏土	(1)短期稳定性 (2)长期稳定性	$c_u,\varphi_u=0$ c',φ'	不排水试验； 排水或固结不排水试验	试样应在无荷载下膨胀； 现场的 c' 比室内测定的要低，假定 $c'=0$ 较安全
5. 有支撑开挖黏土	抗挖方底面的隆起	$c_u,\varphi_u=0$	不排水试验	
6. 天然边坡	长期稳定性	c',φ'	排水或固结不排水试验	对坚硬的裂缝黏土，假定 $c'=0$； 对特别灵敏的黏土和流动性黏土，室内测定的 φ 偏大，不能采用 $\varphi_u=0$ 分析

续表

工程类别	需要解决的问题	强度指标	试验方法	备　注
7. 挡土结构物的土压力	(1)估计挖方时的总压力 (2)估计长期土压力	$c_u, \varphi_u=0$ c', φ'	不排水试验； 排水或固结不排水试验	$\varphi_u=0$ 分析，不能正确反映坚硬裂缝黏土的性状，在应力减小情况下，甚至开挖后短期也不行
8. 不透水的水坝	(1)施工期或完工后的短期稳定性 (2)稳定渗流期的长期稳定性 (3)水位骤降时的稳定性	c', φ'	排水或固结不排水试验	试样用填筑含水量（或施工期具有的含水量范围）增加试样含水量，将大大降低 c'，但 φ 几乎无变化 在稳定渗流和水位骤降两种情况下，对试样施加主应力差之前，应使试样在适当范围内软化，假定 $c'=0$ 针对稳定渗流做排水试验时，可使水在小水头下流过试样模拟坝体透水作用
9. 透水水坝	上述三种稳定性	c', φ'	排水试验	对自由排水材料采用 $c'=0$
10. 黏性地基上的填方，其施工速率允许土体部分固结	短期稳定性	$c_u, \varphi_u=0$ 或 c', φ'	不排水试验； 排水或固结不排水试验	不能肯定孔隙水压力消散速率，对所有重要工程都应进行孔隙水压力观测

第四节　地基的变形破坏和地基承载力的确定方法

地基承载力是土力学理论与地基基础工程中最重要的课题之一。土的强度与变形是分析地基破坏过程、确定地基承载力的理论依据。地基承载力问题包含两个基本内容：一是运用土的强度理论分析地基在建筑物荷载作用下的稳定性；二是运用土的变形理论分析地基的变形是否超过建筑物所允许的变形值。对于一个实际工程，地基在荷载作用下的稳定性与变形量均应在允许的范围内。

以土的强度理论分析地基的承载力，首先要了解地基在荷载作用下的破坏过程。在一般情况下，地基随荷载 p 的逐渐增加，其垂直变形 s 也在逐渐发展，最后才使地基产生破坏。这个过程通常可分为三个阶段，如图 6-23 所示。

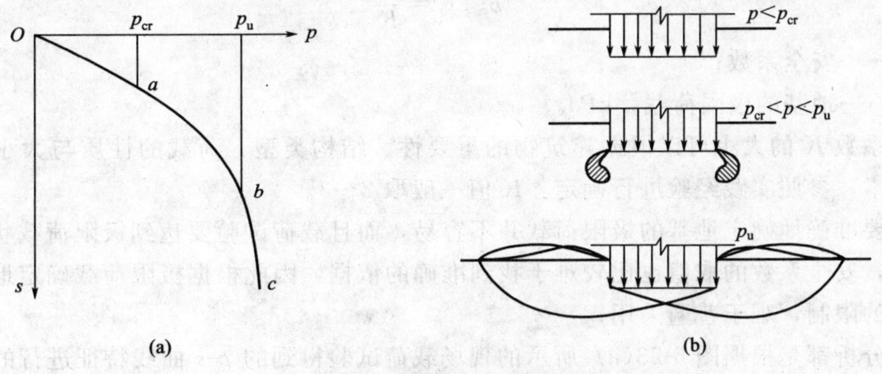

图 6-23　地基荷载试验的曲线

(1) 线性变形阶段　线性变形阶段相应于 p-s 曲线的 Oa 部分。由于荷载较小，地基主要产生压密变形，荷载与沉降关系接近于直线。此时，土体中各点的剪应力均小于抗剪强度，地基处于弹性平衡状态。

(2) 弹塑性变形阶段　弹塑性变形阶段又称为局部剪切破坏阶段，相应于 p-s 曲线的 ab 部分。压力与变形不再呈线性关系，变形的速度增大，地基表现出塑性变形的特征。首先在基础边缘处产生局部剪切破坏，随着荷载的增加，塑性变形区也逐渐增大，但未连成整体。

(3) 破坏阶段　破坏阶段相应于 p-s 曲线的 bc 部分。这个阶段地基的塑性变形区已发展到形成了一个连续的滑动面，一旦荷载略有增加，地基就会丧失稳定，故也称整体剪切破坏阶段。

相应于上述地基变形的三个阶段，在 p-s 曲线上有两个转折点 a 和 b [见图 6-23(a)]。a 点所对应的荷载称为临塑荷载，以 p_{cr} 表示，即为地基从压密的弹性变形阶段刚转为弹塑性变形阶段的荷载。当基底压力等于该荷载时，基础边缘的土体开始出现剪切破坏，但塑性破坏区尚未发展。临塑荷载就是直线段的末端荷载，即比例极限，荷载在该极限范围以内，压力和变形之间成正比例关系。b 点所对应的荷载称为极限荷载，以 p_u 表示，即是使地基发生整体剪切破坏的荷载。荷载从 p_{cr} 增加到 p_u 的过程也就是地基剪切破坏区逐渐发展的过程 [见图 6-23(b)]，曲线上 a 点和 b 点之间的某个压力值称为临界荷载。

根据地基变形阶段及相应的荷载特征，可以有两种确定地基承载力的理论计算方法。

(1) 以临界荷载为依据。地基在比例极限以内的荷载作用下仍处于弹性变形阶段，变形值很小，尚有较大的承载潜力，显然以临塑荷载作为地基的承载力是偏于保守的。在工程中应当允许地基中产生局部塑性区，但控制塑性变形区的最大深度 z_{max} 不超过规定深度 z，保证地基有足够的稳定安全度。通常规定 $z=nb$，其中 n 为系数，b 为基础宽度，相应于此塑性变形条件的临界荷载为 p_n，根据 p_n 确定的地基承载力特征值为 f_a，地基安全条件为

$$p \leqslant f_a \tag{6-23}$$

根据我国的工程经验，对于中等强度的土可取 $n=1/4$，较好的土可取 $n=1/3$，由此来确定地基承载力。地基有足够的安全度，一般变形量也是容许的。

(2) 以极限荷载为依据。地基在极限荷载作用下，将因为塑性区发展成为连续的滑动面而丧失整体稳定性。显然地基的承载力若采用极限荷载是十分危险的，应考虑一定的安全度。所以根据极限荷载确定地基承载力的条件为

$$p \leqslant f_a = \frac{p_u}{K} \tag{6-24}$$

式中　K——安全系数；

　　p_u——地基的极限荷载，kPa。

安全系数 K 的大小可以根据建筑物的重要性、结构类型、荷载的性质与大小、地基的条件等因素，参照实践经验进行确定，K 值一般取 2～3。

因为要准确地确定地基的极限荷载并不容易，而且载荷试验要达到极限荷载状态也有相当的困难，安全系数的取值也比较难于找到准确的依据，因此根据极限荷载确定地基承载力受到较多的限制，难于普遍采用。

以上分析都是根据图 6-23(a) 所示的现场载荷试验得到的 p-s 曲线特征进行的，这些分析对于了解地基在建筑荷载作用下的破坏过程是很有帮助的，载荷试验是确定地基承载力的一种较好的理论与实践的依据。但是由于现场载荷试验的荷载板尺寸均较小，压板下的地基土主要受力区及压缩区的影响深度有限，此外还有试验条件与试验技术的限制，因此载荷试

验的成果需结合实际情况进行分析与修正，以便正确采用。

我国现在采用的地基承载力计算方法也是建立在载荷试验与限定塑性变形区发展的理论上，以地基达到正常使用极限状态取值，具体方法与规定在浅基础设计中说明。

第五节　地基的临塑荷载和临界荷载

一、地基的临塑荷载

地基的临塑荷载是指在外荷作用下，地基中将要出现但尚未出现塑性区时，基础底面单位面积上所承受的荷载（压力）。

如图 6-24 所示为一条形基础承受轴心荷载作用，基底附加压力为 p_0。按弹性理论可以导出地基内任一点 M 处的大、小主应力的计算公式为

$$\left.\begin{matrix}\sigma_1\\\sigma_3\end{matrix}\right\}=\frac{p_0}{\pi}(\beta_0\pm\sin\beta_0) \tag{6-25}$$

式中 $p_0=p-\gamma_m d$（γ_m 为基底以上土的加权平均重度）。

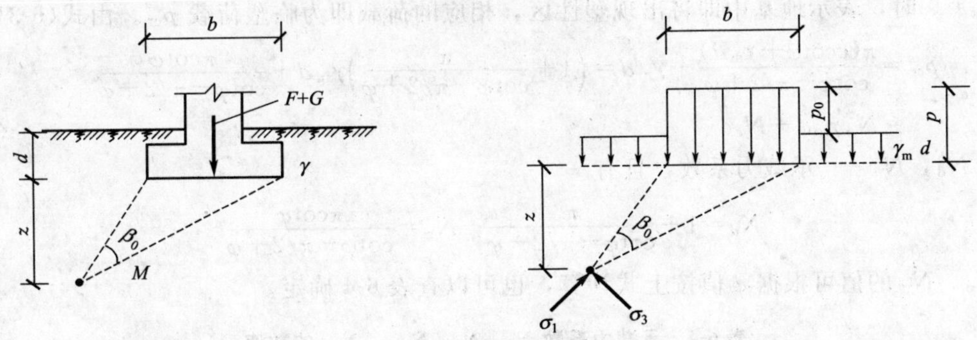

图 6-24　均布条形荷载作用下地基中的应力

M 点处除上述由荷载 p_0 产生的地基附加应力外，还受到土的自重应力 $\sigma_{cz}=\gamma_m d+\gamma z$ 作用。为了将自重应力叠加到附加应力之上而又不改变附加应力场中大、小主应力的作用方向，假设原有自重应力场中 $\sigma_{cz}=\sigma_{cx}$。土的自重应力产生的大、小主应力为

$$\left.\begin{matrix}\sigma_1\\\sigma_3\end{matrix}\right\}=\gamma_m d+\gamma z \tag{6-26}$$

地基中任意一点 M 处的最大和最小主应力，可由式(6-25) 和 (6-26) 叠加得到

$$\left.\begin{matrix}\sigma_1\\\sigma_3\end{matrix}\right\}=\frac{p-\gamma_m d}{\pi}(\beta_0\pm\sin\beta_0)+\gamma_m d+\gamma z \tag{6-27}$$

当 M 点处于极限平衡状态时，该点的大、小主应力应满足极限平衡条件。由式(6-8) 得

$$\sin\varphi=\frac{\sigma_1-\sigma_3}{\sigma_1+\sigma_3+2c\cot\varphi}$$

将式(6-27) 代入上式，整理后得

$$z=\frac{p-\gamma_m d}{\pi\gamma}\left(\frac{\sin\beta_0}{\sin\varphi}-\beta_0\right)-\frac{c}{\gamma\tan\varphi}-\frac{\gamma_m}{\gamma}d \tag{6-28}$$

式(6-28) 即为塑性区边界方程，它描述了极限平衡区边界线上的任一点的坐标 z 与 β_0 的关系，如图 6-25 所示。

塑性区的最大深度 z_{max} 可由极值条件求得，即

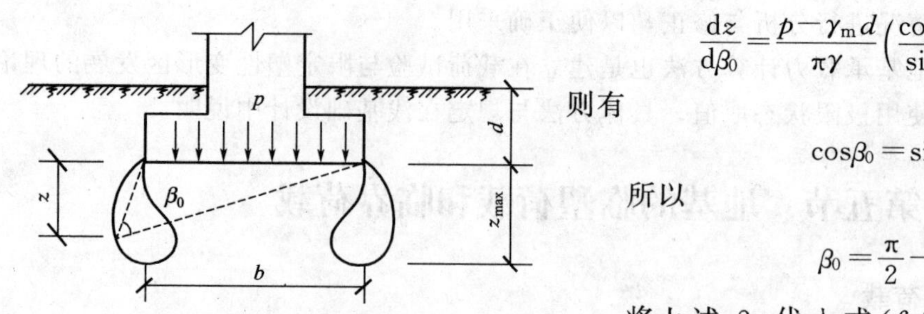

图 6-25 条形基底边缘的塑性区

$$\frac{\mathrm{d}z}{\mathrm{d}\beta_0}=\frac{p-\gamma_m d}{\pi\gamma}\left(\frac{\cos\beta_0}{\sin\varphi}-1\right)=0$$

则有

$$\cos\beta_0=\sin\varphi$$

所以

$$\beta_0=\frac{\pi}{2}-\varphi \tag{6-29}$$

将上述 β_0 代入式(6-28)，得 z_{max} 的表达式为

$$z_{max}=\frac{p-\gamma_m d}{\pi\gamma}\left(\cot\varphi-\frac{\pi}{2}+\varphi\right)-\frac{c}{\gamma\tan\varphi}-\frac{\gamma_m}{\gamma}d \tag{6-30}$$

或基底压力为

$$p=\frac{\pi(\gamma z_{max}+c\cot\varphi+\gamma_m d)}{\cot\varphi-\pi/2+\varphi}+\gamma_m d \tag{6-31}$$

式(6-30)表明，在其他条件不变的情况下，塑性区最大深度 z_{max} 随着 p 的增大而发展。当 $z_{max}=0$ 时，表示地基中即将出现塑性区，相应的荷载即为临塑荷载 p_{cr}。由式(6-31)得

$$\begin{aligned}p_{cr}&=\frac{\pi(c\cot\varphi+\gamma_m d)}{\cot\varphi-\pi/2+\varphi}+\gamma_m d=\left(1+\frac{\pi}{\cot\varphi-\pi/2+\varphi}\right)\gamma_m d+\frac{\pi\cot\varphi}{\cot\varphi-\pi/2+\varphi}c\\&=N_d\gamma_m d+N_c c\end{aligned} \tag{6-32}$$

式中 N_d，N_c——承载力系数，且有

$$N_d=1+\frac{\pi}{\cot\varphi-\pi/2+\varphi},\quad N_c=\frac{\pi\cot\varphi}{\cot\varphi-\pi/2+\varphi}$$

N_d、N_c 的值可根据 φ 值按上式计算，也可以查表 6-4 确定。

表 6-4 承载力系数 N_d，N_c，$N_{1/4}$，$N_{1/3}$ 的数值

φ/(°)	N_d	N_c	$N_{1/4}$	$N_{1/3}$	φ/(°)	N_d	N_c	$N_{1/4}$	$N_{1/3}$
0	1.00	3.14	0	0	22	3.44	6.04	0.61	0.81
2	1.12	3.32	0.03	0.04	24	3.87	6.45	0.80	1.07
4	1.25	3.51	006	0.08	26	4.37	6.90	1.10	1.47
6	1.39	3.71	0.10	0.13	28	4.93	7.40	1.40	1.87
8	1.55	3.98	0.14	0.18	30	5.59	7.95	1.90	2.53
10	1.73	4.17	0.18	0.25	32	6.35	8.55	2.60	3.47
12	1.94	4.42	0.24	0.31	34	7.21	9.22	3.40	4.53
14	2.17	4.60	0.29	0.39	36	8.25	9.97	4.20	5.60
16	2.43	5.00	0.36	0.48	38	9.44	10.80	5.00	6.67
18	2.72	5.31	0.43	0.57	40	10.84	11.73	5.80	7.73
20	3.06	5.66	0.51	0.69					

注：根据试验和经验，当 $\varphi\geqslant22°$ 时，要对 $N_{1/4}$、$N_{1/3}$ 进行修正，本表为修正后的数值。

二、地基的临界荷载

实践及理论分析证明，在地基基础设计中采用 p_{cr} 作为地基承载力无疑是安全的，但对于一般地基来说却偏于保守。通常认为，在轴心垂直荷载作用下，塑性区最大发展深度可控

制为基础宽度的1/4，即 $z_{max}=b/4$；在偏心荷载作用下，可取基础宽度的1/3，即取 $z_{max}=b/3$，与之相对应的荷载分别为 $p_{1/4}$、$p_{1/3}$，称为临界荷载。将 $z_{max}=b/4$ 和 $z_{max}=b/3$ 分别代入式(6-31)，并考虑到式(6-32)，得到

$$p_{1/4}=p_{cr}+N_{1/4}\gamma b \tag{6-33}$$

$$p_{1/3}=p_{cr}+N_{1/3}\gamma b \tag{6-34}$$

其中承载力系数

$$N_{1/4}=\frac{\pi}{4(\cot\varphi-\pi/2+\varphi)},\quad N_{1/3}=\frac{\pi}{3(\cot\varphi-\pi/2+\varphi)}$$

$N_{1/4}$、$N_{1/3}$的值可由 φ 值查表6-4确定。

【例6-5】 已知地基土的重度 $\gamma=18\text{kN/m}^3$，黏聚力 $c=16\text{kPa}$，内摩擦角 $\varphi=18°$。若条形基础宽度 $b=2.1\text{m}$，埋置深度 $d=1.5\text{m}$，试求该地基的 p_{cr}、$p_{1/4}$和 $p_{1/3}$值。

【解】

(1) 根据内摩擦角查表6-4

$N_d=2.72$，$N_c=5.31$，$N_{1/4}=0.43$，$N_{1/3}=0.57$

(2) 计算临塑荷载和临界荷载

$$p_{cr}=N_d\gamma_m d+N_c c=2.72\times18\times1.5+5.31\times16=158.4\text{kPa}$$

$$N_{1/4}=p_{cr}+N_{1/4}\gamma b=158.4+0.43\times18\times2.1=174.7\text{kPa}$$

$$N_{1/3}=p_{cr}+N_{1/3}\gamma b=158.4+0.57\times18\times2.1=179.9\text{kPa}$$

【例6-6】 某宾馆设计采用框架结构独立基础，基础底面尺寸：长 $l=3.00\text{m}$，宽 $b=2.40\text{m}$，承受偏心荷载作用，基础埋深1.00m，地基土共分3层：表层为素填土，天然重度 $\gamma_1=17.8\text{kN/m}^3$，厚度 $h_1=0.80\text{m}$；第二层为粉土，$\gamma_2=18.8\text{kN/m}^3$，内摩擦角 $\varphi_2=21°$，黏聚力 $c_2=12\text{kPa}$，层厚 $h_2=7.40\text{m}$；第三层为粉质黏土，$\gamma_3=19.2\text{kN/m}^3$，$\varphi_3=18°$，$c_3=24\text{kPa}$，层厚 $h_3=4.80\text{m}$，计算宾馆地基的临界荷载。

【解】 应用偏心荷载作用下临界荷载计算公式(6-34)

(1) 根据内摩擦角查表6-4，内摩擦角 $\varphi_2=21°$内插法得到

$N_d=3.25$，$N_c=5.85$，$N_{1/3}=0.75$

基底处 $\gamma=\gamma_2=18.8\text{kN/m}^3$，$c=c_2=12\text{kPa}$

(2) 计算地基临界荷载

$$\gamma_m=\frac{17.8\times0.80+18.8\times0.20}{0.80+0.20}=18.0\text{kN/m}^3$$

$$p_{cr}=N_d\gamma_m d+N_c c=3.25\times18.0\times1.00+5.85\times12=128.7\text{kPa}$$

$$N_{1/3}=p_{cr}+N_{1/3}\gamma b=128.7+0.75\times18.8\times2.40=162.5\text{kPa}$$

【例6-7】 在例6-6的宾馆旁设计一座烟囱。烟囱基础为圆形，直径 $D=3.00\text{m}$，埋深 $d=1.2\text{m}$，地基土质与宾馆相同，计算烟囱地基的临界荷载。若其他条件不变，烟囱基础埋深改为 $d=2.0\text{m}$，试求地基的临界荷载。

【解】 烟囱按轴心荷载考虑，可应用式(6-33)计算

$$p_{1/4}=p_{cr}+N_{1/4}\gamma b=N_d\gamma_m d+N_c c+N_{1/4}\gamma b$$

烟囱基础折算为矩形（正方形）基础，宽度为

$$b=\sqrt{A}=\frac{D}{2}\sqrt{\pi}=\frac{3.00}{2}\sqrt{\pi}=2.66\text{m}$$

(1) 埋深1.2m

根据内摩擦角查表 6-4，内摩擦角 $\varphi_2=21°$内插法得到

$N_d=3.25$，$N_c=5.85$，$N_{1/4}=0.56$

基底处 $\gamma=\gamma_2=18.8\text{kN/m}^3$，$c=c_2=12\text{kPa}$

基底以上土的加权平均重度

$$\gamma_m=\frac{17.8\times0.8+18.8\times0.4}{1.2}=18.1\text{kN/m}^3$$

计算地基临界荷载

$$p_{1/4}=N_d\gamma_m d+N_c c+N_{1/4}\gamma b$$
$$=3.25\times18.1\times1.2+5.85\times12+0.56\times18.8\times2.66=168.8\text{kPa}$$

(2) 埋深 2.0m

基底以上土的加权平均重度

$$\gamma_m=\frac{17.8\times0.8+18.8\times1.2}{2.0}=18.4\text{kN/m}^3$$

其他条件不变，地基临界荷载为

$$p_{1/4}=N_d\gamma_m d+N_c c+N_{1/4}\gamma b$$
$$=3.25\times18.4\times2.0+5.85\times12+0.56\times18.8\times2.66=217.8\text{kPa}$$

由上述例 6-6 与例 6-7 可知，若地基土的天然重度 γ、内摩擦角 φ 与黏聚力 c 相同，基础形状为矩形或者圆形，上部荷载为轴心荷载或偏心荷载，这些变化对地基临界荷载的影响不大，当基础埋深 $d=1.2$m 加深至 $d=2.0$m 时，则地基临界荷载增大 49kPa，影响十分显著。

第六节 地基的极限荷载

一、确定地基极限荷载的原理

地基极限荷载是指地基达到完全剪切破坏，丧失整体稳定时的荷载，相当于图 6-23(a) 中 p-s 曲线上 b 点对应的压力 p_u，也就是极限压力。

要确定地基的极限荷载，首先必须判断地基剪切破坏的状态。由于荷载性质与地基土的性质差别较大，地基破坏形式也会有所不同，一般可以分为三种基本类型，如图 6-26 所示。

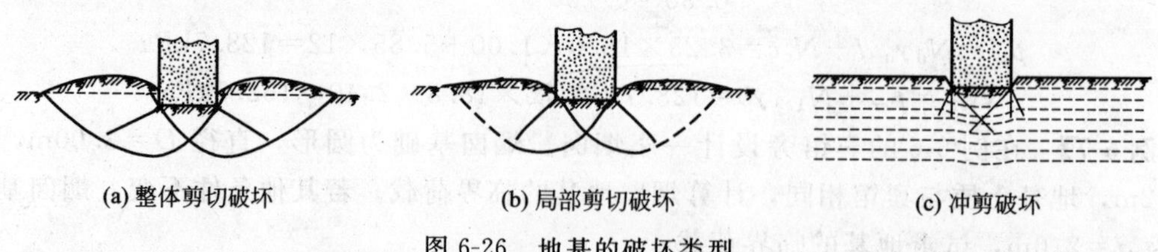

(a) 整体剪切破坏　(b) 局部剪切破坏　(c) 冲剪破坏

图 6-26　地基的破坏类型

(1) 整体剪切破坏　基底压力 p 超过临塑荷载后，随着荷载的增加，剪切破坏区不断扩大，最后在地基中形成连续的滑动面，基础急剧下沉并可能向一侧倾斜，基础四周的地面明显隆起，如图 6-26(a) 所示。密实的砂土和硬黏土较可能发生这种形式的破坏。

(2) 局部剪切破坏　随着荷载的增加，塑性区只发展到地基内某一范围，滑动面不延伸到地面而是终止在地基内某一深度处，基础周围地面稍有隆起，地基会发生较大变形，但房

屋一般不会倒塌，如图 6-26(b) 所示。中等密实砂土、松砂和软黏土都可能发生这种形式的破坏。

(3) 冲剪破坏　基础下软弱土发生垂直剪切破坏，使基础连续下沉。破坏时地基中无明显滑动面，基础四周地面无隆起而是下陷，基础无明显倾斜，但发生较大沉降，如图 6-26 (c) 所示。对于压缩性较大的松砂和软土地基将可能发生这种形式的破坏。

地基的破坏形式除了与土的性状有关外，还与基础埋深、加载速率等因素有关。当基础埋深较浅，荷载缓慢施加时，趋向于发生整体剪切破坏；若基础埋深大，快速加荷，则可能形成局部剪切破坏或冲剪破坏。目前地基极限承载力的计算公式均按整体剪切破坏导出，然后经过修正或乘上相关系数后用于其他破坏形式。

求解整体剪切破坏形式的地基极限荷载的途径有两种。一是用严密的数学方法求解土中某点达到极限平衡时的静力平衡方程组，以得出地基极限承载力。此方法运算过程甚繁，未被广泛采用。二是根据模型试验的滑动面形状，通过简化得到假定的滑动面，然后借助该滑动面上的极限平衡条件，求出地基极限承载力。此类方法是半经验性质的，称为假定滑动面法。由于不同研究者所进行的假设不同，所得到的结果也不同，下面介绍几个常用的计算地基极限荷载的方法。

二、太沙基极限荷载公式

太沙基极限荷载公式是一个半经验公式，其应用了极限平衡理论的成果与形式，考虑了基础有埋深、基底是粗糙的、地基土有重量等实际情况，并假定了滑动面的形状，使公式推导变得简单。

太沙基假定地基中滑动面的形状如图 6-27 所示。滑动土体共分为三区：

Ⅰ区——基础下的楔形压密区。由于土与粗糙基底的摩阻力作用，该区的土不进入剪切状态而处于压密状态，形成“弹性核”，弹性核边界与基底所成角度为 φ。

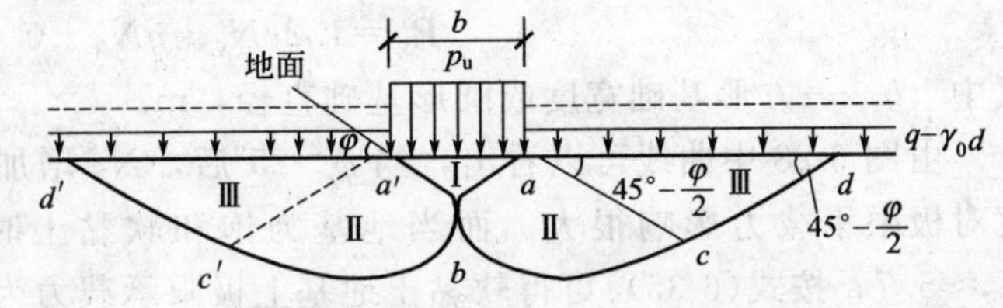

图 6-27　太沙基公式假设的滑动面

Ⅱ区——过渡区。滑动面按对数螺旋线变化。b 点处螺线的切线垂直于地面，c 点处螺线的切线与水平线成 $45°-\varphi/2$ 角。

Ⅲ 区——被动土压力区。即土体处于被动极限平衡状态，滑动面是平面，与水平面的夹角为 $45°-\varphi/2$。

太沙基公式不考虑基底以上基础两侧土体抗剪强度的影响，以均布超载 $q=\gamma_m d$ 来代替埋深范围内的土体自重。根据弹性土楔 $aa'b$ 的静力平衡条件，可求得太沙基极限承载力 p_u 计算公式为

$$p_u=cN_c+qN_q+\frac{1}{2}\gamma bN_\gamma \tag{6-35}$$

式中　q——基底面以上基础两侧超载，kPa，$q=\gamma_m d$；

b，d——分别为基底宽度和埋置深度，m；

N_c，N_q，N_γ——承载力系数，与土的内摩擦角 φ 有关，可由图 6-28 中的实线查取。

式(6-35) 适用于条形基础整体剪切破坏的情况，对于局部剪切破坏，太沙基建议将 c 和 $\tan\varphi$ 值均降低 1/3，即

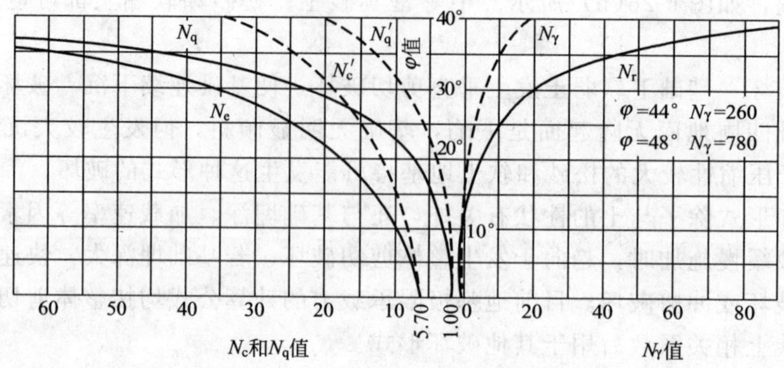

图 6-28　太沙基公式的承载力系数值

$$c'=\frac{2}{3}c \qquad \tan\varphi'=\frac{2}{3}\tan\varphi \tag{6-36}$$

则局部破坏时的地基极限承载力 p_u 为

$$p_u=\frac{2}{3}cN_c'+qN_q'+\frac{1}{2}\gamma bN_\gamma' \tag{6-37}$$

式中　N_c'，N_q'，N_r'——局部剪切破坏时的承载力系数，由图 6-28 中虚线查取。

对于方形和圆形均布荷载整体剪切破坏情况，太沙基建议采用经验系数进行修正，修正后的公式为

方形基础

$$P_u=1.2cN_c+qN_q+0.4\gamma bN_r \tag{6-38}$$

圆形基础

$$P_u=1.2cN_c+qN_q+0.6\gamma bN_r \tag{6-39}$$

式中　b——方形基础宽度或圆形基础直径，m。

由图 6-28 中曲线可以看出，当 $\varphi>25°$后，N_γ 增加很快，说明对于砂土地基，基础的宽度对极限承载力影响很大。而当地基为饱和软黏土时，$\varphi_u=0$，这时 $N_\gamma\approx 0$，$N_q\approx 1.0$，$N_c\approx 5.7$，按式(6-35) 可得软黏土地基上极限承载力为

$$p_u\approx q+5.7c \tag{6-40}$$

即软黏土地基的极限承载力与基础宽度无关。

【例 6-8】　某条形基础，基础宽度 $b=2.4$m，埋深 $d=1.6$m。地基土的重度 $\gamma=18.5\text{kN/m}^3$，黏聚力 $c=18$kPa，内摩擦角 $\varphi=20°$，试按太沙基公式确定地基的极限承载力。如果安全系数 $K=2.5$，则地基承载力特征值是多少？

【解】

(1) 极限承载力，由式(6-35) 得

$$p_u=cN_c+qN_q+\frac{1}{2}\gamma bN_\gamma$$

由 $\varphi=20°$，查图 6-28 得 $N_c=15$，$N_q=6.5$，$N_\gamma=3.5$，所以

$$p_u=18\times15+18.5\times1.6\times6.5+\frac{1}{2}\times18.5\times2.4\times3.5=540.1\text{kPa}$$

(2) 地基承载力特征值，由式(6-24) 得

$$f_a=\frac{p_u}{K}=\frac{540.1}{2.5}=216\text{kPa}$$

三、斯肯普顿极限承载力公式

斯肯普顿公式是针对饱和软土地基（$\varphi_u=0$）提出来的，在太沙基公式中承载力系数 N_c、N_q、N_γ 都是内摩擦角 φ 的函数，但是当地基土的 $\varphi=0$ 时，太沙基公式就难以应用了。斯肯普顿专门研究了 $\varphi=0$ 的饱和软土地基的极限荷载的计算方法。

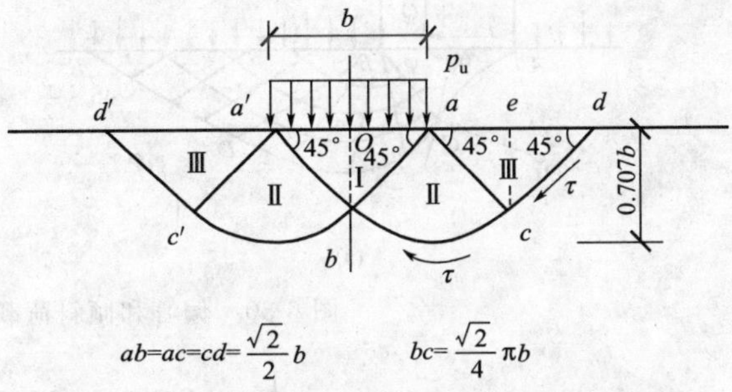

图 6-29　斯肯普顿极限承载力公式假定的滑动面

斯肯普顿假设当条形均布荷载作用于地基表面时，其滑动面形状如图 6-29 所示。Ⅰ 区和 Ⅲ 区分别为主动土压力区和被动土压力区，均为底角等于 45°的等腰直角三角形。Ⅱ 区 bc 面为圆弧面。根据脱离体 $obce$ 的静力平衡条件可得

$$p_u=c(2+\pi)=5.14c \tag{6-41}$$

对于埋深为 d 的矩形基础，斯肯普顿极限承载力公式为

$$p_u=5c_u\left(1+0.2\frac{b}{l}\right)\left(1+0.2\frac{d}{b}\right)+\gamma_m d \tag{6-42}$$

式中　b，l——分别为基础的宽度和长度，m；

d——基础的埋深，m；

γ_m——基础埋深范围内土的加权平均重度，kN/m^3；

c_u——地基土的不排水强度，取基底以下 $2b/3$ 深度范围内的平均值，kPa。

工程实践证明，用斯肯普顿极限承载力公式计算的饱和软土地基承载力与实际情况是比较接近的，同时，对于基础埋深 $d\leqslant 2.5b$ 的浅基础，斯肯普顿极限承载力公式也是适用的。

【例 6-9】 某矩形基础，宽度 $b=2.7$m，长度 $l=3.6$m，埋置深度 $d=1.8$m，地基土为饱和软黏土，重度 $\gamma=18$ kN/m^3，$c_u=14$kPa，$\varphi_u=0$。试按斯肯普顿极限承载力公式确定地基极限承载力。

【解】 由式(6-42) 得

$$\begin{aligned}p_u&=5c_u\left(1+0.2\frac{b}{l}\right)\left(1+0.2\frac{d}{b}\right)+\gamma_m d\\&=5\times14\times\left(1+0.2\times\frac{2.7}{3.6}\right)\times\left(1+0.2\times\frac{1.8}{2.7}\right)+18\times1.8=123.6\text{kPa}\end{aligned}$$

四、汉森和魏锡克极限承载力公式

在实际工程中，理想轴心荷载作用的情况是不多的，在许多时候荷载是偏心的，甚至是倾斜的，这时情况就比较复杂，基础可能会发生整体剪切破坏，也可能发生水平滑动破坏。其理论破坏模式如图 6-30 所示。与中心荷载下不同的是，有水平荷载作用时地基的整体剪切破坏沿水平荷载作用方向一侧发生滑动，弹性区的边界面也不对称，滑动方向一侧为平面，另一侧为圆弧，其圆心即为基础转动中心［如图 6-30(a) 所示］。随着荷载偏心距的增大，滑动面明显缩小［如图 6-30(b) 所示］。J. B. 汉森（Hansen）和 A. S. 魏锡克（Vesic）在太沙基理论基础上假定基底光滑，考虑荷载倾斜、偏心、基础形状、地面倾斜、基底倾斜等的影响，对承载力计算公式提出了修正公式。

汉森和魏锡克极限承载力公式的基本形式为

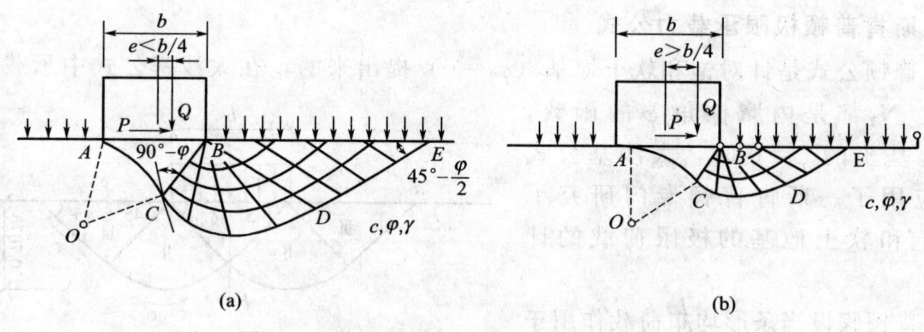

图 6-30 偏心和倾斜荷载下地基的破坏模式

$$p_u = \frac{1}{2}\gamma b N_r S_r i_r + c N_c S_c d_c i_c + q N_q S_q d_q i_q \tag{6-43}$$

式中 γ——基础底面以下持力层土的重度，地下水位以下用有效重度，kN/m³；

b——基础宽度，m；

q——基础平面处的自重荷载，kPa；

N_r，N_c，N_q——极限承载力系数；

S_r，S_c，S_q——基础形状修正系数；

d_c，d_q——基础埋深修正系数；

i_r，i_c，i_q——基础倾斜修正系数。

但是，汉森与魏锡克在极限承载力系数和影响承载力各因素的修正系数的取值上却不一样。

魏锡克极限承载力系数，可以用下式计算

$$N_r = 2(N_q + 1)\tan\varphi$$

$$N_c = (N_q - 1)\cot\varphi$$

$$N_q = \exp(\pi\tan\varphi)\tan^2(45° + \varphi/2)$$

承载力系数也可以由表 6-5 确定，魏锡克修正系数的物理意义及计算表达式见表 6-6。

表 6-5 魏锡克公式承载力系数表

φ	N_c	N_q	N_γ	N_q/N_c	$\tan\varphi$	φ	N_c	N_q	N_γ	N_q/N_c	$\tan\varphi$
0	5.14	1.00	0.00	0.20	0.00						
1	5.28	1.09	0.07	0.20	0.02	16	11.63	4.34	3.06	0.37	0.29
2	5.63	1.20	0.15	0.21	0.03	17	12.34	4.77	3.53	0.39	0.31
3	5.90	1.31	0.24	0.22	0.05	18	13.10	5.26	4.07	0.40	0.32
4	6.19	1.43	0.34	0.23	0.07	19	13.93	5.80	4.68	0.42	0.34
5	6.49	1.57	0.45	0.24	0.09	20	14.83	6.40	5.39	0.43	0.36
6	6.81	1.72	0.57	0.25	0.11	21	15.82	7.07	6.20	0.45	0.38
7	7.16	1.88	0.71	0.26	0.12	22	16.88	7.82	7.13	0.46	0.40
8	7.53	2.06	0.86	0.27	0.14	23	18.05	8.66	8.20	0.48	0.42
9	7.92	2.25	1.03	0.28	0.16	24	19.32	9.60	9.44	0.50	0.45
10	8.35	2.47	1.22	0.30	0.18	25	20.72	10.66	10.88	0.51	0.47
11	8.80	2.71	1.44	0.31	0.19	26	22.25	11.85	12.54	0.53	0.49
12	9.28	2.97	1.60	0.32	0.21	27	23.94	13.20	14.47	0.55	0.51
13	9.81	3.26	1.97	0.33	0.23	28	25.80	14.72	16.72	0.57	0.53
14	10.37	3.59	2.29	0.35	0.25	29	27.86	16.44	19.34	0.59	0.55
15	10.98	3.94	2.65	0.36	0.27	30	30.14	18.40	22.40	0.61	0.58

续表

φ	N_c	N_q	N_γ	N_q/N_c	$\tan\varphi$	φ	N_c	N_q	N_γ	N_q/N_c	$\tan\varphi$
31	32.67	20.63	25.99	0.63	0.60	41	83.86	73.90	130.22	0.88	0.87
32	35.49	23.18	30.22	0.65	0.62	42	93.71	85.38	155.55	0.91	0.90
33	38.64	26.09	35.19	0.68	0.65	43	105.11	99.02	186.54	0.94	0.93
34	42.16	29.44	41.06	0.70	0.67	44	118.37	115.31	224.64	0.97	0.97
35	46.12	33.30	48.03	0.72	0.70	45	133.83	134.88	271.76	1.01	1.00
36	50.59	37.75	56.31	0.75	0.73	46	152.10	158.51	330.35	1.04	1.04
37	55.63	42.92	66.19	0.77	0.75	47	173.64	187.21	403.67	1.08	1.07
38	61.35	48.93	78.03	0.80	0.78	48	199.26	222.31	496.01	1.12	1.11
39	67.87	55.96	92.25	0.82	0.81	49	229.93	265.51	613.16	1.15	1.15
40	75.31	64.20	109.41	0.85	0.84	50	266.89	319.07	762.89	1.20	1.19

表 6-6　魏锡克公式中各修正系数的物理意义及表达式

基础形状修正系数		荷载倾斜修正系数	基础埋深修正系数
矩形	$s_c=1+\frac{b}{l}\times\frac{N_q}{N_c}$ $s_q=1+\frac{b}{l}\tan\varphi$ $s_\gamma=1-0.4\frac{b}{l}$	当 $\varphi\neq0$ 时 $i_q=\left(1-\frac{Q}{p+b'l'c\cot\varphi}\right)^2$ $i_c=i_q-\frac{1-i_q}{N_c\tan\varphi}$	当 $d/b\leqslant1$ 时 $d_q=1+2\tan\varphi(1-\sin\varphi)^2\frac{d}{b}$ $d_\gamma=1.0$ $d_c=d_q-\frac{1-d_q}{N_c\tan\varphi}$ 或 $d_c=1+0.4\frac{d}{b}$（当 $\varphi=0$）
方(圆)形	$s_c=1+\frac{N_q}{N_c}$ $s_q=1+\tan\varphi$ $s_\gamma=0.60$	当 $\varphi=0$ 时 $i_c=1-\frac{2Q}{b'l'N_c}$ $i_\gamma=\left(1-\frac{Q}{p+b'l'c\cot\varphi}\right)^3$	当 $d/b>1$ 时 $d_q=1+2\tan\varphi(1-\sin\varphi)^2\arctan\frac{d}{b}$ $d_\gamma=1.0$ $d_c=d_q-\frac{1-d_q}{N_c\tan\varphi}$ 或 $d_c=1+0.4\arctan\frac{d}{b}$（当 $\varphi=0$）

注：l'，b'——基础假想折算长度与宽度，$b'=b-2e_b$，$l'=l-2e_l$；e_l，e_b——荷载在长与宽方向的偏心距。

汉森极限承载力公式中，除了有荷载倾斜的修正系数，还考虑了地面倾斜的修正系数及基础底面倾斜的修正系数，代入式(6-43)可得

$$p_u=\frac{1}{2}\gamma bN_rS_ri_rg_rb_r+cN_cS_cd_ci_cg_cb_c+qN_qS_qd_qi_qg_qb_q \tag{6-44}$$

式中　g_r，g_c，g_q——地面倾斜修正系数；

b_r，b_c，b_q——基础底面倾斜修正系数。

汉森极限承载力系数的计算公式为

$$N_r=1.8(N_q-1)\tan\varphi,$$
$$N_c=(N_q-1)\cot\varphi,$$
$$N_q=\exp(\pi\tan\varphi)\tan^2(45°+\varphi/2)$$

汉森公式中各承载力影响因素的修正系数计算表达式见表 6-7。

汉森公式适用范围较广，北欧各国应用颇多，如丹麦基础工程实用规范等。我国《港口工程技术规范第五篇，地基》亦推荐使用该公式。

表 6-7 汉森公式各修正系数表达式

形状修正系数	埋深修正系数	荷载倾斜修正系数	地面倾斜修正系数	基底倾斜修正系数
$s_c=1+\frac{b}{l}\times\frac{N_q}{N_c}$	$d_c=1+0.4\frac{d}{b}$	$i_c=i_q-\frac{1-i_q}{N_c\tan\varphi}$	$g_c=1-\beta/147°$	$b_c=1-\eta/147°$
$s_q=1+\frac{b}{l}\tan\varphi$	$d_q=1+2\tan\varphi(1-\sin\varphi)^2\frac{d}{b}$	$i_q=\left(1-\frac{0.5P_h}{P_r-A c\cot\varphi}\right)^5$	$g_q=(1-0.5\tan\beta)^5$	$b_q=\exp(-2\eta\tan\varphi)$
$s_\gamma=1-0.4\frac{b}{l}$	$d_\gamma=1.0$	$i_q=\left(1-\frac{0.5P_h}{P_r-A c\cot\varphi}\right)^5$	$g_r=(1-0.5\tan\beta)^5$	$b_r=\exp(-2.7\eta\tan\varphi)$

注：A——基础有效接触面积，$A=l'b'$；P_h——平行于基础的荷载分量；P_r——垂直于基础的荷载分量；β——地面倾角；η——基底倾角。

思 考 题

6.1 何谓土的抗剪强度？砂土与黏性土的抗剪强度表达式有何不同？为什么说土的抗剪强度不是一个定值？

6.2 土体中发生剪切破坏的平面是否为最大剪应力作用面？在什么情况下，破坏面与最大剪应力面一致？一般情况下，破裂面与大主应力面成什么角度？

6.3 什么是土的极限平衡状态？如何推求土的极限平衡表达式？土的极限平衡表达式有何用途？

6.4 实验室中确定土体抗剪强度的三轴剪切试验方法有哪几种？其特点是什么？

6.5 莫尔圆与一点的应力状态有何关系？它们如何对应？

6.6 地基破坏有哪几种形式？各有何特征？

6.7 地基破坏过程一般分哪几个阶段？

6.8 何谓临塑荷载和临界荷载？它们有什么不同之处？如何确定？

6.9 何谓地基极限承载力？常用的地基极限承载力理论计算公式有哪些？它们各自有何优缺点？其适用条件是什么？

选 择 题

6.1 土的强度破坏是由于（　　）所致。

A. 基底压力大于土的抗压强度　　B. 土的抗拉强度过低

C. 土中某点的剪应力达到土的抗剪强度　　D. 在最大剪应力作用面上发生剪切破坏

6.2 若代表土中某点应力状态的莫尔应力圆与抗剪强度包线相切，则表明土中该点（　）。

A. 任一平面上的剪应力都小于土的抗剪强度

B. 某一平面上的剪应力超过了土的抗剪强度

C. 在相切点所代表的平面上，剪应力正好等于抗剪强度

D. 在最大剪应力作用面上，剪应力正好等于抗剪强度

6.3 土中一点发生剪切破坏时，破裂面与小主应力作用方向的夹角为（　　）。

A. $45°+\frac{\varphi}{2}$　　B. $45°-\frac{\varphi}{2}$　　C. $45°$　　D. $45°+\varphi$

6.4 饱和软黏土的不排水抗剪强度等于其无侧限抗压强度的（　）倍。

A. 2　　B. 1　　C. 0.5　　D. 0.25

6.5 软黏土的灵敏度可用（　　）测定。

A. 直接剪切试验　　B. 室内压缩试验　　C. 标准贯入试验　　D. 无侧限抗压强度试验

6.6 （　　）是在现场原位进行的。

A. 直接剪切试验　　B. 三轴压缩试验　　C. 无侧限抗压强度试验　　D. 十字板剪切试验

6.7 三轴压缩试验的优点之一是（　　）。

A. 能严格地控制排水条件　　B. 能进行不固结不排水剪切试验

C. 仪器设备简单　D. 试验操作简单

6.8　无侧限抗压强度试验属于（　）。

A. 不固结不排水剪　B. 固结不排水剪　C. 固结排水剪　D. 固结快剪

6.9　十字板剪切试验属于（　）。

A. 不固结不排水剪　B. 固结不排水剪　C. 固结排水剪　D. 慢剪

6.10　十字板剪切试验常用于现场测定（　）的原位不排水抗剪强度。

A. 砂土　B. 粉土　C. 黏性土　D. 饱和软黏土

6.11　当施工进度快、地基土的透水性低且排水条件不良时，宜选择（　）。

A. 不固结不排水剪　B. 固结不排水剪　C. 固结排水剪　D. 慢剪

6.12　饱和黏性土的抗剪强度指标（　）。

A. 与排水条件有关　B. 与基础宽度有关

C. 与试验时的剪切速率无关　D. 与土中孔隙水压力是否变化无关

6.13　浅基础的地基极限承载力是指（　）。

A. 地基中将要出现但尚未出现塑性区时的荷载　B. 地基中的塑性区发展到一定范围时的荷载

C. 使地基土体达到整体剪切破坏时的荷载　D. 使地基中局部土体处于极限平衡状态时的荷载

6.14　地基临塑荷载（　）。

A. 与基础埋深无关　B. 与基础宽度无关　C. 与地下水位无关　D. 与地基土软硬无关

6.15　地基界限荷载（　）。

A. 与基础埋深无关　B. 与基础宽度无关　C. 与地下水位无关　D. 与地基土排水条件有关

6.16　设基础底面宽度为 b，则临塑荷载 p_{cr} 是指基底下塑性变形区的深度 $z_{max}=$（　）时的基底压力。

A. $b/3$　B. $>b/3$　C. $b/4$　D. 0，但塑性区即将出现

计 算 题

6.1　已知地基土的抗剪强度指标 $c=17$kPa，$\varphi=24°$，试问：当地基中某点的小主应力 $\sigma_3=220$kPa，而大主应力 σ_1 为多少时该点刚好发生剪切破坏？

6.2　一饱和黏性土试样在三轴仪中进行固结不排水剪切试验，施加周围压力 $\sigma_3=100$kPa，试样破坏时的主应力差 $\sigma_1-\sigma_3=150$kPa。试求：

(1) 最大剪应力 τ_{max} 及最大剪应力作用面与大主应力面的夹角 α；

(2) 破裂面与水平面的夹角（设内摩擦角 $\varphi=22°$）；

(3) 破裂面上的正应力和剪应力。

6.3　从某土层中取出两个相同的试样进行直接剪切试验。试验时压应力 σ 分别取 100kPa 和 300kPa，测得相应的抗剪强度 τ_f 分别为 50kPa 和 150kPa。试在 τ_f-σ 坐标上画出抗剪强度包线并标出 c、φ 的大小。问该土是黏性土还是无黏性土？

6.4　已知地基中某点的大主应力 $\sigma_1=500$kPa，小主应力 $\sigma_3=240$kPa，土的抗剪强度指标 $c=14$kPa，$\varphi=32°$，问该点是否会发生剪切破坏？

6.5　某饱和黏性土由无侧限抗压强度试验测得不排水抗剪强度 $c_u=60$kPa，如果对同一土样进行三轴不固结不排水试验，施加周围压力 $\sigma_3=320$kPa，问试件将在多大的轴向压力作用下发生破坏？破裂面与大主应力面的夹角为多少？

6.6　对某砂土试样作固结排水剪试验，测得试样破坏时的主应力差 $\sigma_1-\sigma_3=200$kPa，围压 $\sigma_3=100$kPa，试求该砂土的抗剪强度指标 c 和 φ。

6.7　已知地基中某点受到大主应力 $\sigma_1=600$kPa，小主应力 $\sigma_3=100$kPa，问题：(1) 绘制莫尔应力圆；(2) 求最大剪应力值及最大剪应力作用面与大主应力面的夹角；(3) 计算作用在与小主应力面成 30°的面上的正应力和剪应力。

6.8　某方形基础受轴心垂直荷载作用，$b=1$m，$d=2$m。地基为坚硬黏土，$\gamma=18.2\text{kN/m}^3$，$c=30$kPa，$\varphi=22°$。试分别按 $p_{1/4}$、太沙基公式确定地基的承载力，安全系数取 3。

第七章　土压力和土坡稳定性

挡土墙是防止土体坍塌的构筑物，广泛应用于房屋建筑、水利以及道路和桥梁工程。例如，平整场地时填方区使用的挡土墙、房屋地下室的侧墙、桥台以及支撑基坑或土坡的板桩墙等，均起到挡土的作用。此外，散料仓库、筒仓等亦可按挡土墙的理论进行分析计算，几种常见的挡土墙如图 7-1 所示。

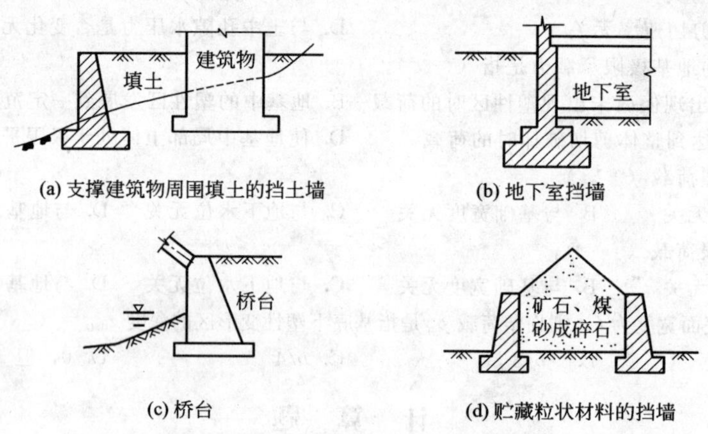

(a) 支撑建筑物周围填土的挡土墙　(b) 地下室挡墙

(c) 桥台　(d) 贮藏粒状材料的挡墙

图 7-1　挡土墙应用举例

墙后土体作用在挡土墙背上的压力，称为土压力，其计算十分复杂，它与填料的性质、挡土墙的形状和位移方向以及地基的土质等因素有关。目前计算土压力的理论大多还是沿用古典的朗肯理论和库仑理论。尽管这些理论都是基于各种不同的假定和简化，具有各自不同的适用条件，但其计算简便，且至今为止，国内外大量挡土墙模型试验、原位观测及理论研究结果均表明，这两个古典理论仍不失为计算挡土墙土压力的行之有效的实用计算方法。

土坡可分为由于地质作用而形成的天然土坡（如山区的天然山坡、江河的岸坡）以及建筑工程中因平整场地、开挖基坑而形成的人工斜坡，由于某些外界不利因素（如坡顶堆载、雨水侵袭、地震及爆破等）的影响，会造成边坡局部土体滑动而丧失稳定性。边坡的坍塌常造成严重的工程事故，并危及人身安全。因此工程中还应验算土坡的稳定性以及采取适当的工程措施（如建造挡土墙等）。

土压力计算和边坡稳定性分析都是建立在土的强度理论基础之上的。本章主要介绍朗肯土压力理论和库仑土压力理论计算土压力的方法，并简要介绍挡土墙的设计方法和边坡稳定性分析方法。

第一节　挡土墙上的土压力

土压力的大小与分布规律，与挡土墙所采用的材料、墙的形状和位移情况、墙的截面刚度、地基的变形以及墙后填土的种类和填土面的形式等都存在着关系。按墙的位移情况和墙后土体的应力状态，土压力可分为以下三种类型。

(1) 主动土压力　在侧向土压力的作用下，挡土墙向着离开土体的方向运动（移动或转动）。土压力大小将随着位移的增大而减小。当位移达到某一数值时，土体达到主动极限平衡状态，此时的土压力称为主动土压力，用 E_a 表示，如图 7-2(a) 所示。

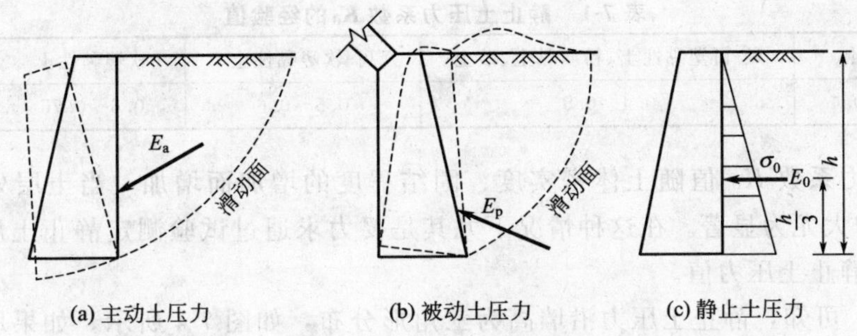

图 7-2　挡土墙的三种土压力

(2) 被动土压力　在外力的作用下，挡土墙向着土体的方向推挤土体（移动或转动）。土压力大小将随着位移的增大而增大。当位移达到某一数值时，土体达到被动极限平衡状态，此时的土压力称为被动土压力，用 E_p 表示，如图 7-2(b) 所示。

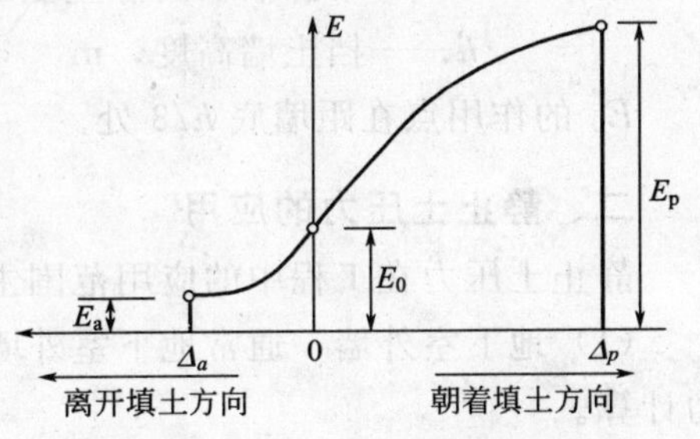

图 7-3　土压力与挡土墙位移的关系

(3) 静止土压力　在侧向土压力的作用下，挡土墙并不向任何方向运动（移动或转动）。土体处于弹性极限平衡状态，此时的土压力称为静止土压力，用 E_0 表示，如图 7-2(c) 所示。

实验与理论研究都表明，在相同条件下，主动土压力小于静止土压力，而静止土压力又小于被动土压力，即 $E_a<E_0<E_p$。

相对应地，产生被动土压力所需的位移量 Δ_p 也大大超过产生主动土压力所需的位移量 Δ_a。三种土压力与墙身位移之间的关系可用图 7-3 表示。

第二节　静止土压力

一、静止土压力的计算方法

作用在挡土结构背面的静止土压力可视为天然土层自重应力的水平分量。如图 7-4 所示，在墙后填土体中任意深度 z 处取一微小单元体，作用于单元体水平面上的应力为 γz，则该点的静止土压力，即侧压力强度为

$$\sigma_0=K_0\gamma z \tag{7-1}$$

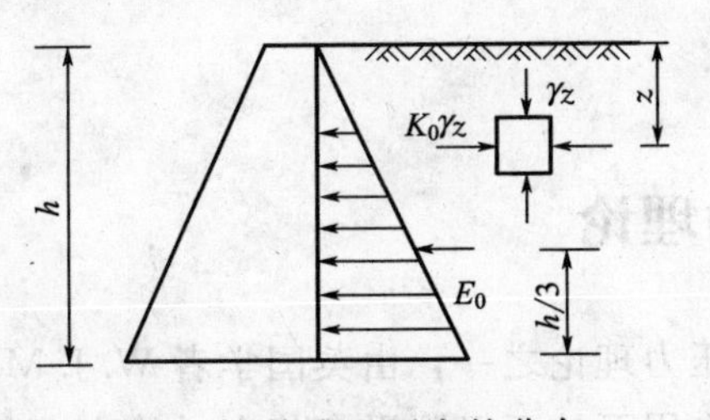

图 7-4　静止土压力的分布

式中　K_0——土的侧压力系数，即静止土压力系数；

γ——墙后填土重度，kN/m³；

z——计算点在填土面下的深度，m。

静止土压力系数的确定方法一般有以下几种。

(1) 通过侧限条件下的试验测定，一般认为这是最可靠的方法。

（2）采用经验公式计算，即 $K_0=1-\sin\varphi'$，式中 φ' 为土的有效内摩擦角。该式计算的 K_0 值，与砂土的试验结果吻合较好，对黏性土会有一定误差，对饱和软黏土更应慎重采用。

（3）按表 7-1 提供的经验值酌定。

表 7-1 静止土压力系数 K_0 的经验值

土类	坚硬土	硬-可塑黏性土、粉质黏土、砂土	可-软塑黏性土	软塑黏性土	流塑黏性土
K_0	0.2～0.4	0.4～0.5	0.5～0.6	0.6～0.75	0.75～0.8

静止土压力系数 K_0 值随土体密实度、固结程度的增加而增加，当土层处于超压密状时，K_0 值的增大尤为显著。在这种情况下尤其是要力求通过试验测定静止土压力系数，以得到更准确的静止土压力值。

由式(7-1）可知，静止土压力沿墙高为三角形分布，如图 7-4 所示，如果取单位墙长计算，则作用在墙上的静止土压力为

$$E_0=\frac{1}{2}\gamma h^2 K_0 \tag{7-2}$$

式中 E_0——单位墙长的静止土压力，kN/m；

h——挡土墙高度，m。

E_0 的作用点在距墙底 $h/3$ 处。

二、静止土压力的应用

静止土压力在工程中的应用范围主要包括：

（1）地下室外墙　通常地下室外墙，都有内隔墙支挡，墙位移与转角为零，按静止土压力计算。

（2）岩基上的挡土墙　挡土墙与岩石地基牢固联结，墙不可能位移与转动，按静止土压力计算无疑。

（3）拱座　拱座不允许产生位移，故亦按静止土压力计算。

（4）其他　水闸、船闸的边墙，因与闸底板连成整体，边墙位移可忽略不计，也都按静止土压力计算。

【例 7-1】 某工程在岩基上修建挡土墙，墙高 $h=6.0$m，墙后填土为中砂，重度 $\gamma=18.5\text{kN/m}^3$，内摩擦角 $\varphi=30°$。试计算作用在挡土墙上的土压力。

【解】 因挡土墙位于岩基上，按静止土压力公式计算：

$$E_0=\frac{1}{2}\gamma h^2 K_0=\frac{1}{2}\times 18.5\times 6^2\times(1-\sin 30°)=166.5\text{kN/m}$$

若静止土压力系数 K_0 取经验值的平均值，$K_0=0.4$，则静止土压力：

$$E_0=\frac{1}{2}\gamma h^2 K_0=\frac{1}{2}\times 18.5\times 6^2\times 0.4=133.2\text{kN/m}$$

总静止土压力作用点距墙底 $h/3=2$m。

第三节 朗肯土压力理论

朗肯土压力理论是土压力计算中两个著名的古典土压力理论之一，由英国学者 W. J. M. 朗肯（Rankine）于 1857 年在研究了半无限土体在自重作用下处于极限平衡状态时的应力条

件后，推导得出的。

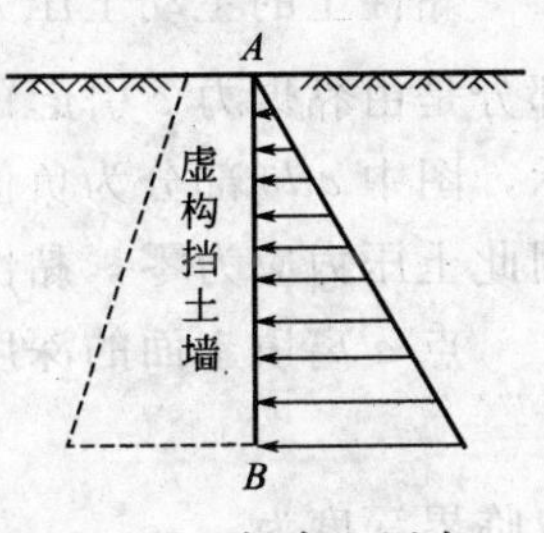

图 7-5　朗肯土压力理论的假设

朗肯理论的假设条件为：表面水平的半无限土体，处于弹性平衡状态。假想在土体中把垂直线 AB 左侧的土体换成挡土墙，如图 7-5 所示。墙背面垂直、表面光滑，则作用在挡土墙上的土压力等于原来土体中作用在 AB 垂直线上的水平法向应力。

由朗肯的假设条件可知朗肯土压力理论的适用条件为：

(1) 挡土墙的墙背垂直；

(2) 挡土墙的墙后填土表面水平；

(3) 挡土墙的墙背光滑，墙和填土之间没有摩擦力，所以墙背为主应力面。

一、主动土压力

如果图 7-6 中的挡土墙在墙背土压力作用下向离开土体的方向移动，则土体向水平方向伸展，因而使水平向的应力（小主应力）减小，而竖向应力（大主应力）保持不变。当墙的位移达到一定数值时，墙后填土达到主动极限平衡状态，此时作用于 z 深度处土单元上的竖向应力 $\sigma_{cz}=\gamma z$ 应是大主应力 σ_1，而作用在墙背上的水平向土压力 σ_a（主动土压力）应是小主应力 σ_3。因此，利用式(6-12) 中极限平衡条件下 σ_1 与 σ_3 的关系

$$\sigma_3=\sigma_1\tan^2\left(45^\circ-\frac{\varphi}{2}\right)-2c\tan\left(45^\circ-\frac{\varphi}{2}\right)$$

即可直接求得黏性土主动土压力的强度 σ_a。

$$\sigma_a=\gamma z\tan^2(45^\circ-\varphi/2)-2c\tan(45^\circ-\varphi/2)=\gamma zK_a-2c\sqrt{K_a} \tag{7-3}$$

式中　K_a——主动土压力系数，且 $K_a=\tan^2(45^\circ-\varphi/2)$；

c——填土的黏聚力，kPa。

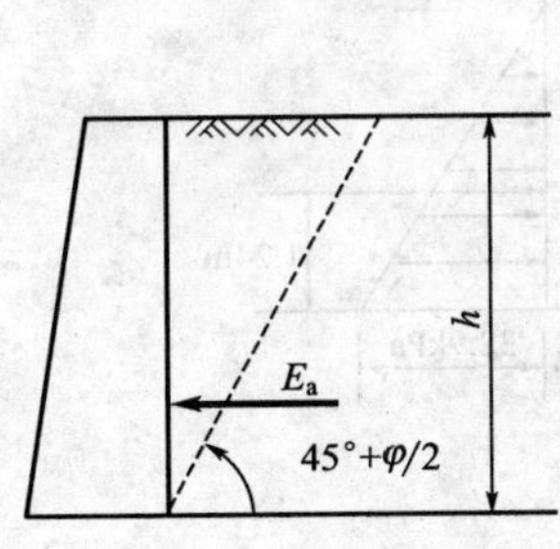

(a) 主动土压力

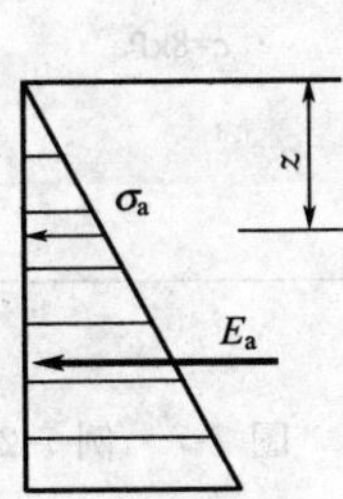

(b) 无黏性土主动土压力分布

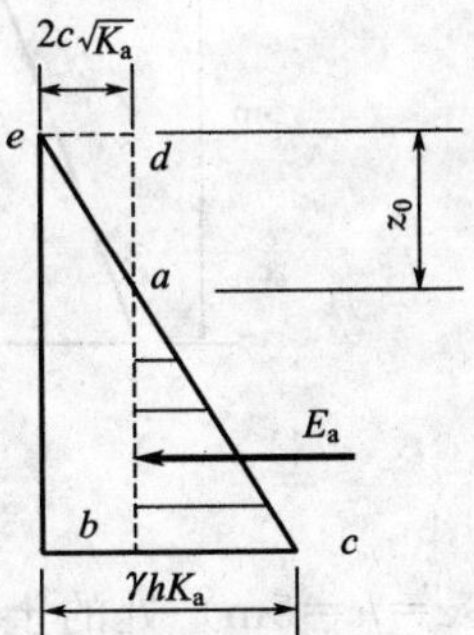

(c) 黏性土主动土压力分布

图 7-6　朗肯主动土压力

对于无黏性土，因为 $c=0$，所以

$$\sigma_a=\gamma z\tan^2(45^\circ-\varphi/2)=\gamma zK_a \tag{7-4}$$

由公式(7-4) 可知，无黏性土的主动土压力强度与 z 成正比，沿墙高土压力呈三角形分布，如图 7-6(b) 所示，如取单位墙长来计算，则主动土压力为

$$E_a=\frac{1}{2}\gamma h^2K_a \tag{7-5}$$

且 E_a 通过三角形的形心，即作用在离墙底 $h/3$ 高度处。

黏性土的主动土压力强度由两部分组成，一部分是由土自重引起的土压力 $\gamma z K_a$；另一部分是由黏聚力 c 引起的负侧压力 $2c\sqrt{K_a}$，这两部分土压力叠加的结果，如图 7-6(c) 所示，图中 ade 部分为负值，对墙背是拉力，但实际上墙与土在很小的拉力作用下就会分离，因此土压力应为零，黏性土的土压力分布实际上仅是 abc 部分。

点 a 离填土面的深度 z_0 称为临界深度，当填土面无荷载时，可令式(7-3) 为零，即

$$\sigma_a=\gamma z_0 K_a-2c\sqrt{K_a}=0$$

故临界深度为

$$z_0=\frac{2c}{\gamma\sqrt{K_a}} \tag{7-6}$$

若取单位墙长来计算，则主动土压力为

$$E_a=\frac{1}{2}(h-z_0)(\gamma h K_a-2c\sqrt{K_a})=\frac{1}{2}\gamma h^2 K_a-2ch\sqrt{K_a}+\frac{2c^2}{\gamma} \tag{7-7}$$

主动土压力 E_a 通过三角形压力分布图 abc 的形心，即作用在离墙底 $(h-z_0)/3$ 深度处。

【例 7-2】 如图 7-7 所示为一挡土墙，已知墙高 $h=5\text{m}$，墙背竖直、光滑，填土表面水平，填土为黏性土，重度 $\gamma=18\text{kN/m}^3$，内摩擦角 $\varphi=20°$，黏聚力 $c=8\text{kPa}$。试按朗肯土压力理论计算主动土压力 E_a 及其作用点，并绘出主动土压力强度分布图。

【解】

土压力分布的临界深度

$$K_a=\tan^2(45°-\varphi/2)=\tan^2(45°-20°/2)=0.49,\quad \sqrt{K_a}=0.7$$

$$z_0=\frac{2c}{\gamma\sqrt{K_a}}=\frac{2\times 8}{18\times 0.7}=1.27\text{m}$$

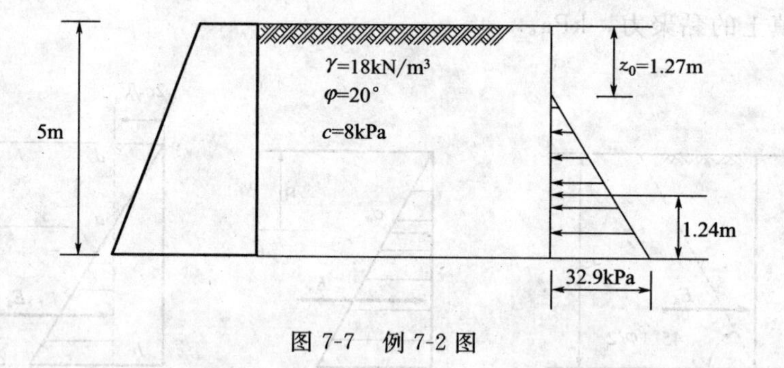

图 7-7 例 7-2 图

墙底 $(z=h=5\text{m})$ 处的土压力强度

$$\sigma_{ah}=\gamma h K_a-2c\sqrt{K_a}=18\times 5\times 0.49-2\times 8\times 0.7=32.9\text{kPa}$$

主动土压力强度分布图如图 7-7 所示。主动土压力为

$$E_a=\frac{1}{2}(h-z_0)\sigma_{ah}=\frac{1}{2}\times(5-1.27)\times 32.9=61.36\text{kN/m}$$

E_a 的作用点至墙底距离为

$$\frac{1}{3}(h-z_0)=\frac{1}{3}\times(5-1.27)=1.24\text{m}$$

二、被动土压力

如果挡土墙向挤压土体的方向移动，则水平向的应力逐渐增加，当水平向应力的数值超

过竖向应力时，水平向应力成为大主应力。当挡土墙的位移使墙后填土达到被动极限平衡状态时，竖向应力 $\sigma_{cz}=\gamma z$ 为小主应力 σ_3，作用在墙背上的水平向土压力 σ_p（被动土压力）则为大主应力 σ_1。

同理，利用极限平衡条件下 σ_1 与 σ_3 的关系式(6-11)，即可直接求得黏性土和无黏性土的被动土压力的强度 σ_p。

黏性土：
$$\sigma_p=\gamma z K_p+2c\sqrt{K_p} \tag{7-8}$$

无黏性土：
$$\sigma_p=\gamma z K_p \tag{7-9}$$

式中 K_p——被动土压力系数，且 $K_p=\tan^2(45°+\varphi/2)$。

被动土压力分布如图 7-8 所示，如取单位墙长计算，则总被动土压力为：

黏性土：
$$E_p=\frac{1}{2}\gamma h^2 K_p+2ch\sqrt{K_p} \tag{7-10}$$

无黏性土：
$$E_p=\frac{1}{2}\gamma h^2 K_p \tag{7-11}$$

被动土压力 E_p 的作用线通过三角形或梯形压力分布图的形心。

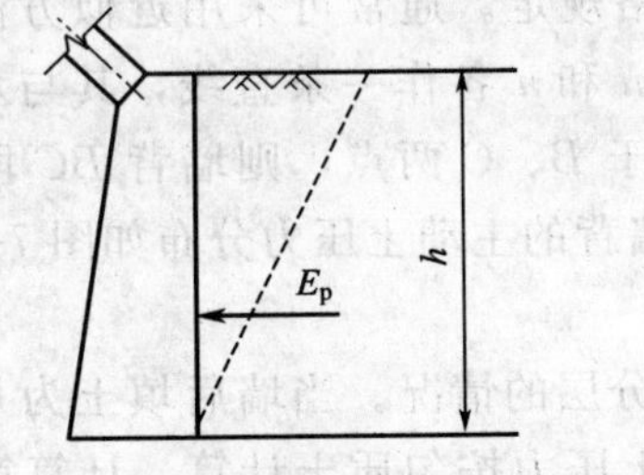

(a) 被动土压力

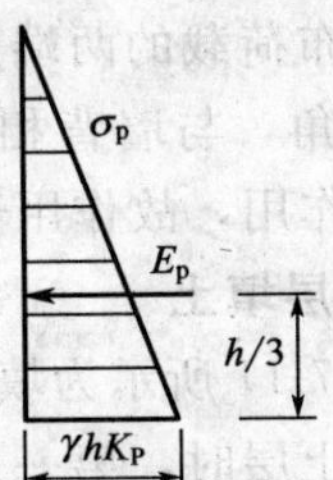

(b) 无黏性土被动土压力分布

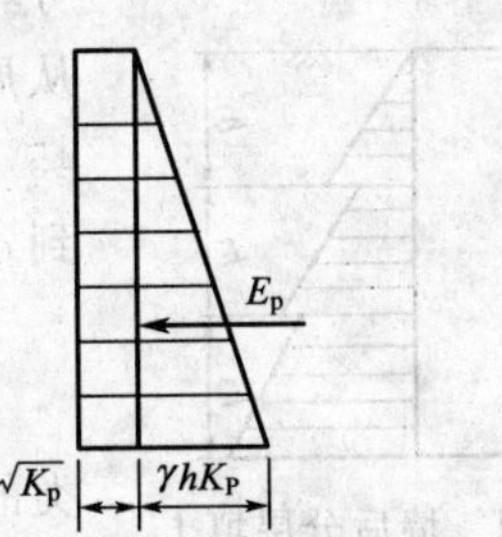

(c) 黏性土被动土压力分布

图 7-8 朗肯被动土压力

三、几种常见情况下的土压力计算

一些特殊的情况（例如墙后填土表面有连续均布荷载、填土面受局部均布荷载、填土中存在地下水以及填土为成层土等）常在工程中遇到。下面介绍利用朗肯土压力的基本公式来计算这些情况下的主动土压力的方法。

1. 填土表面有连续均布荷载

当挡土墙后填土表面有连续均布荷载 q 作用时，一般可将均布荷载换算成地表以上的当量土重，即用假想的土重代替均布荷载。当填土面水平时，当量的土层厚度 h' 为

$$h'=\frac{q}{\gamma} \tag{7-12}$$

再以 $h+h'$ 为墙高，按填土面上无荷载的情况计算土压力，如图 7-9 所示。如填土为无黏性土时，墙顶 a 点的主动土压力强度为

$$\sigma_{aa}=\gamma h' K_a=qK_a$$

墙底 b 点的土压力强度为

$$\sigma_{ab}=\gamma(h+h')K_a=(q+\gamma h)K_a$$

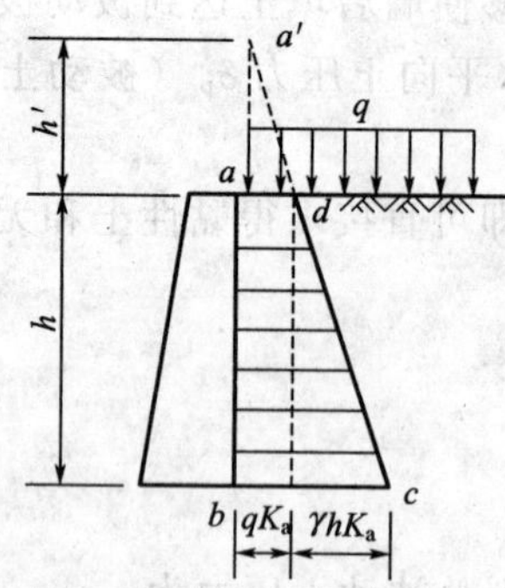

图 7-9　填土面上受连续均布荷载

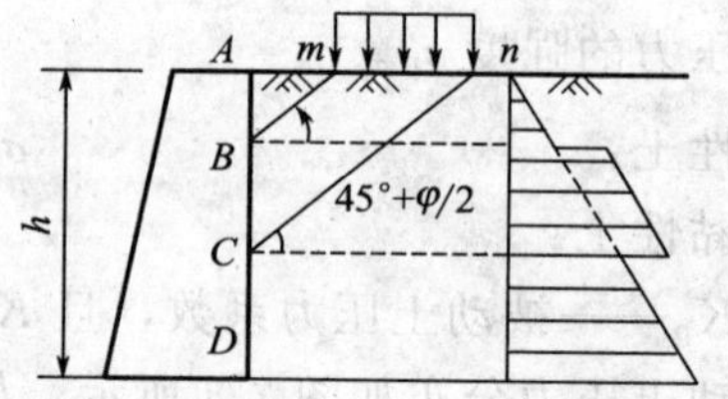

图 7-10　填土面上受局部均布荷载

主动土压力分布如图 7-9 所示，实际的土压力分布为梯形 $abcd$ 部分，土压力作用点的高度与梯形的形心高度相同。

由上可见，当填土面有均布荷载时，其主动土压力强度只是比在无荷载情况时增加一项 qK_a 即可。对于黏性土情况也是一样。

2. 填土面上受局部均布荷载

当填土表面承受局部均匀荷载时，荷载对墙背的主动土压力强度附加值仍为 qK_a，但其分布范围难于从理论上严格规定。通常可采用近似方法处理，即从局部均布荷载的两端点 m 和 n 各作一条直线，其与水平表面成 $45°+\varphi/2$ 角，与墙背相交于 B、C 两点，则墙背 BC 段范围内受到 qK_a的作用，故作用于墙背的主动土压力分布如图 7-10 所示。

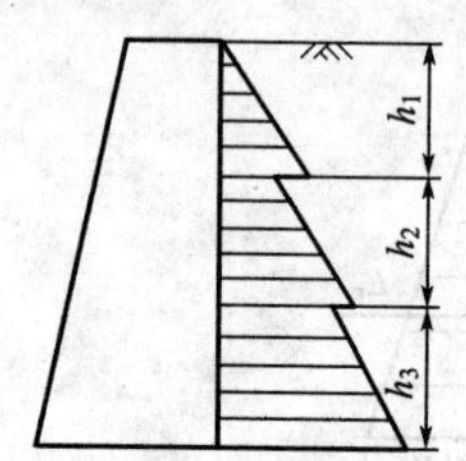

图 7-11　墙后分层填土

3. 分层填土

如图 7-11 所示为填土分层的情况。当墙后填土为几种不同种类的水平土层时，第一层土压力按匀质土计算。计算第二层土压力时，将上层土按重度换算成与第二层重度相同的当量土层计算，当量土层厚度 $h_1'=h_1\gamma_1/\gamma_2$，以下各层亦同样计算。由于土的性质不同，各层土的土压力系数也不同。现以无黏性土主动土压力为例，来说明计算方法：

第一层填土的土压力强度

$$\sigma_{a0}=0$$

$$\sigma_{a1}=\gamma_1 h_1 K_{a1}$$

第二层填土的土压力强度

$$\sigma_{a1}'=\gamma_2\frac{\gamma_1 h_1}{\gamma_2}K_{a2}=\gamma_1 h_1 K_{a2}$$

$$\sigma_{a2}=\gamma_2\left(\frac{\gamma_1 h_1}{\gamma_2}+h_2\right)K_{a2}=(\gamma_1 h_1+\gamma_2 h_2)K_{a2}$$

第三层填土的土压力强度

$$\sigma_{a2}'=\gamma_3\frac{(\gamma_1 h_1+\gamma_2 h_2)}{\gamma_3}K_{a3}=(\gamma_1 h_1+\gamma_2 h_2)K_{a3}$$

$$\sigma_{a3}=\gamma_3\left(\frac{\gamma_1 h_1+\gamma_2 h_2+\gamma_3 h_3}{\gamma_3}\right)K_{a3}=(\gamma_1 h_1+\gamma_2 h_2+\gamma_3 h_3)K_{a3}$$

需要注意是，在两土层交界处因各层土的物理力学性质指标不同，其土压力大小亦不同，故此时土压力强度曲线将出现突变。

4. **填土中有地下水**

墙后填土常会部分或全部处于地下水位以下，由于渗水或排水不畅会导致墙后填土含水量增加。工程上一般可忽略水对砂土抗剪强度指标的影响，但对黏性土，随着含水量的增加，抗剪强度指标明显降低，导致墙背土压力增大。因此，挡土墙应具有良好的排水措施，对于重要工程，计算时还应考虑适当降低抗剪强度指标值。此外，地下水位以下土的重度应该采用浮重度（有效重度），并计入地下水对挡土墙产生的静水压力 $\gamma_w h_2$ 的影响，如图 7-12 所示。因此，作用在墙背上总的侧压力为土压力和水压力之和。图 7-12 中 $abdec$ 为土压力分布图，而 cef 为水压力分布图。

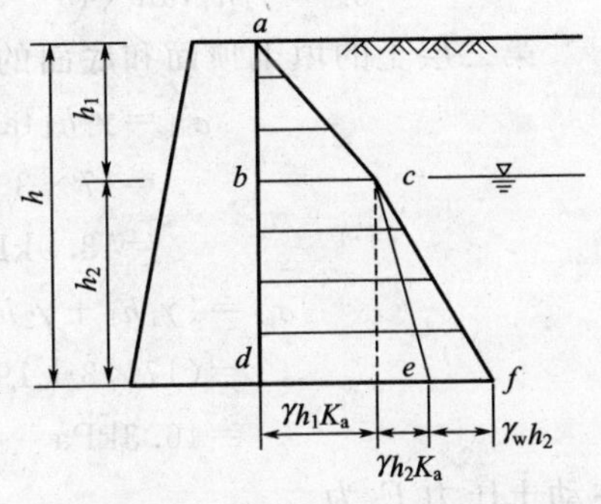

图 7-12　砂性土中有地下水

【例 7-3】 某挡土墙高 $h=5\text{m}$，墙后填土为砂土，土体的物理力学性质指标为：$\gamma=18.5\text{kN/m}^3$，$\varphi=34°$，墙背直立、光滑、土体表面水平并有均布荷载 $q=10\text{kPa}$，求挡土墙的主动土压力及其作用点位置，并绘出土压力分布图。

【解】

主动土压力系数

$$K_a=\tan^2(45°-\varphi/2)=\tan^2(45°-34°/2)=0.283$$

将地面均布荷载换算成填土的当量土层厚度 $h'=q/\gamma$，填土面处的土压力强度为

$$\sigma_{a0}=\gamma h'K_a=qK_a=10\times0.283=2.8\text{kPa}$$

墙底处的土压力强度为

$$\sigma_{ah}=\gamma(h'+h)K_a=(q+\gamma h)K_a=(10+18.5\times5)\times0.283=29\text{kPa}$$

主动土压力为

$$E_a=(\sigma_{ah}+\sigma_{a0})h/2=(2.8+29)\times5/2=79.5\text{kN/m}$$

土压力作用点的位置距离墙底高度为

$$z=\frac{h}{3}\times\frac{2\sigma_{a0}+\sigma_{ah}}{\sigma_{a0}+\sigma_{ah}}=\frac{5}{3}\times\frac{2\times2.8+29}{2.8+29}=1.81\text{m}$$

土压力分布如图 7-13 所示。

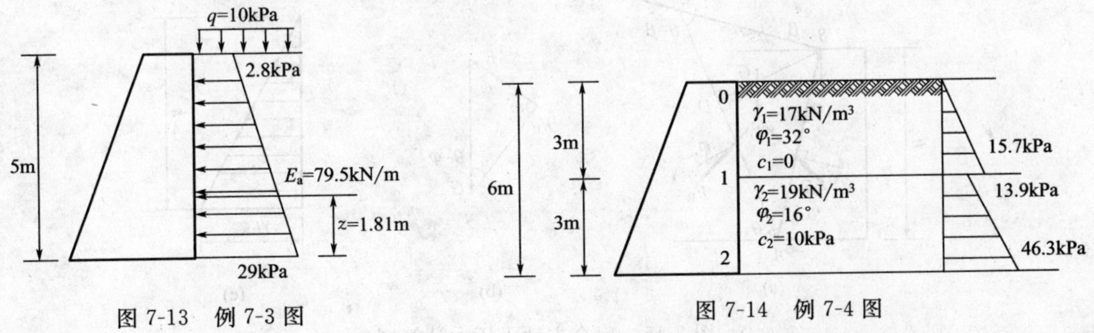

图 7-13　例 7-3 图　　图 7-14　例 7-4 图

【例 7-4】 挡土墙高 $h=6\text{m}$，背直立、光滑、墙后填土面水平，共分两层。各层土的物理力学指标如图 7-14 所示，试求主动土压力 E_a，并绘出土压力的分布图。

【解】

计算第一层土的土压力强度

层顶处和层底处分别为

$$\sigma_{a0}=\gamma_1 z\tan^2(45°-\varphi_1/2)=0$$

$$\sigma_{a1}=\gamma_1 h_1\tan^2(45°-\varphi_1/2)=17\times3\times\tan^2(45°-32°/2)=15.7\text{kPa}$$

第二层土的填土顶面和底面的土压力强度分别为

$$\begin{aligned}\sigma'_{a1}&=\gamma_1 h_1\tan^2(45°-\varphi_2/2)-2c_2\tan(45°-\varphi_2/2)\\&=17\times3\times\tan^2(45°-16°/2)-2\times10\times\tan(45°-16°/2)\\&=13.9\text{kPa}\end{aligned}$$

$$\begin{aligned}\sigma_{a2}&=(\gamma_1 h_1+\gamma_2 h_2)\tan^2(45°-\varphi_2/2)-2c_2\tan(45°-\varphi_2/2)\\&=(17\times3+19\times3)\times\tan^2(45°-16°/2)-2\times10\times\tan(45°-16°/2)\\&=46.3\text{kPa}\end{aligned}$$

主动土压力 E_a 为

$$E_a=15.7\times3/2+(13.9+46.3)\times3/2=113.9\text{kN/m}$$

土压力分布图如图 7-14 所示。

第四节 库仑土压力理论

库仑土压力理论是 1776 年法国工程师 C.A. 库仑（Coulomb）根据墙后土体处于极限平衡状态并形成一楔体滑动体时，从楔体的静力平衡条件得出的土压力计算理论。库仑土压力理论的基本假设为：

① 墙后填土是理想的散粒体（黏聚力 $c=0$）；

② 滑动破裂面为通过墙踵的平面。

库仑土压力理论适用于砂土或碎石填料的挡土墙设计，可考虑墙背倾斜、填土面倾斜以及墙背与填土间的摩擦等多种因素的影响。分析时，一般沿墙长度方向取 1m 考虑。

一、主动土压力

如图 7-15 所示，当楔体 ABC 向下滑动，处于极限平衡状态时，作用在楔体 ABC 上的力有：

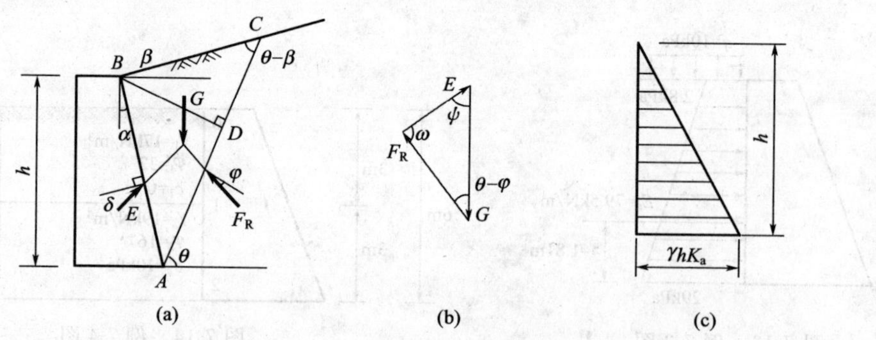

图 7-15 库仑主动土压力计算图

（1）重力 G 由土楔体 ABC 引起，根据几何关系得：

$$G=A_{\Delta ABC}\gamma=\frac{1}{2}\overline{AC}\ \overline{BD}\gamma$$

在三角形 ABC 中，利用正弦定理可得：

$$\overline{AC}=\overline{AB}\frac{\sin(90°-\alpha+\beta)}{\sin(\theta-\beta)}$$

因为

$$\overline{AB}=h/\cos\alpha,\ \overline{BD}=\overline{AB}\cos(\theta-\alpha)=h\ \frac{\cos(\theta-\alpha)}{\cos\alpha}$$

故

$$G=\frac{1}{2}\overline{AC}\ \overline{BD}\gamma=\frac{\gamma h^2}{2}\times\frac{\cos(\alpha-\beta)\cos(\theta-\alpha)}{\cos^2\alpha\sin(\theta-\beta)}$$

(2) 反力 F_R　F_R为楔体滑动时破裂面 AC 上的法向反力与该面土体间的切向摩擦力的合力，作用于 AC 面上，与 AC 面法线的夹角等于土的内摩擦角 φ。当楔体下滑时，F_R位于法线的下侧。

(3) 墙背反力 E　其与墙背 AB 法线的夹角等于土与墙体材料间的外摩擦角 δ，该力与作用在墙背上的土压力大小相等，方向相反。当楔体下滑时，该力位于法线的下侧。

土楔体 ABC 在上述三力作用下处于静力平衡状态。因此构成一个闭合的力三角形［见图 7-15(b)］。现已知三力的方向及 G 的大小，故可由正弦定理得

$$E=G\frac{\sin(\theta-\varphi)}{\sin\omega}=\frac{\gamma h^2}{2\cos^2\alpha}\times\frac{\cos(\alpha-\beta)\cos(\theta-\alpha)\sin(\theta-\varphi)}{\sin(\theta-\beta)\sin\omega}\tag{7-13}$$

式中，$\omega=\pi/2+\delta+\alpha+\varphi-\theta$。

在上式中，α、β、γ、φ 及 δ 都是已知的，而滑动面 AC 与水平面的夹角 θ 则是任意假定的。因此，选定不同的 θ 角，可得到一系列相应的土压力 E 值，即 E 是 θ 的函数。E 的最大值 E_{max}，即为墙背的主动土压力，其对应的滑动面即是土楔最危险的滑动面。因此可用微分学中求极值的方法求得 E 的最大值，即：

$$\frac{dE}{d\theta}=0$$

可解得使 E 为极大值时填土的破裂角 θ_{cr}，再将 θ_{cr} 代入式(7-13)，经整理后可得库仑主动土压力的一般表达式为

$$E_a=\frac{1}{2}\gamma h^2 K_a\tag{7-14}$$

库仑主动土压力系数为

$$K_a=\frac{\cos^2(\varphi-\alpha)}{\cos^2\alpha\cos(\alpha+\delta)\left[1+\sqrt{\frac{\sin(\varphi+\delta)\sin(\varphi-\beta)}{\cos(\alpha+\delta)\cos(\alpha-\beta)}}\right]^2}\tag{7-15}$$

式中　α——墙背与竖直线的夹角，(°)，俯斜时取正号、仰斜时为负号；

β——墙后填土面的倾角，(°)；

δ——土与墙背材料间的外摩擦角，(°)。

当墙背竖直（$\alpha=0$）、光滑（$\delta=0$）、填土面水平（$\beta=0$）时，式(7-15) 就变为：

$$K_a=\tan^2(45°-\varphi/2)$$

在此条件下，库仑主动土压力公式和朗肯主动土压力公式完全相同。

沿墙高的主动土压力分布强度 σ_a，可通过 E_a对 z 取导数得到，即

$$\sigma_a=\frac{dE_a}{dz}=\frac{d}{dz}\left(\frac{1}{2}\gamma z^2 K_a\right)=\gamma z K_a\tag{7-16}$$

由上式可见，主动土压力分布强度沿墙高成三角形分布，如图 7-15(c) 所示，土压力的

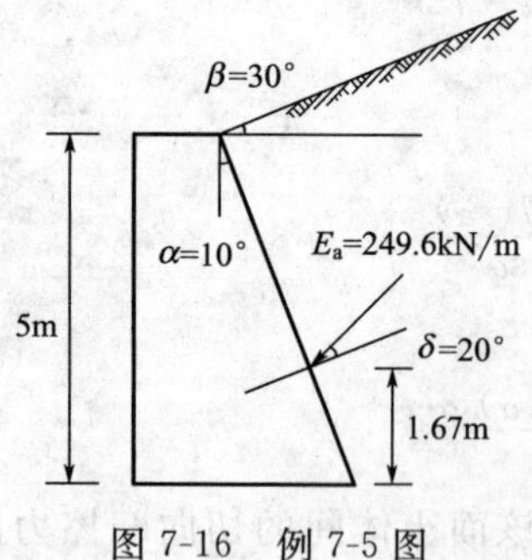

图 7-16 例 7-5 图

合力作用点离墙底 $h/3$，方向与墙背的法向成 δ 角。注意，图 7-15(c) 中表示的土压力分布图只表示其数值大小，而不代表其作用方向。

【例 7-5】 挡土墙高 $h=5\text{m}$，墙背倾斜角 $\alpha=10°$（俯斜），填土坡角 $\beta=30°$，填土重度 $\gamma=19\text{kN/m}^3$，$\varphi=30°$，$c=0$，填土与墙背的摩擦角 $\delta=2\varphi/3=20°$，如图 7-16 所示，试按库仑理论求主动土压力 E_a 及其作用点。

【解】

根据 $\delta=20°$、$\alpha=10°$、$\beta=30°$、$\varphi=30°$，由式(7-15) 得库仑主动土压力系数 $K_a=1.051$，由式(7-14) 计算主动土压力为

$$E_a=\frac{1}{2}\gamma h^2 K_a=\frac{1}{2}\times 19\times 5^2\times 1.051=249.6\text{kN/m}$$

土压力作用点在离墙底 $h/3=5/3=1.67\text{m}$ 处。

二、被动土压力

如图 7-17(a) 所示，当挡土墙在外力作用下挤压土体，楔体向上隆起而处于极限平衡状态时，同理可得作用在楔体上的力三角形［见图 7-17(b)］。此时由于楔体上隆，E 和 F_R 均位于法线的上侧。按求主动土压力相同的方法可以求得被动土压力 E_p 的库仑公式为

$$E_p=\frac{1}{2}\gamma h^2 K_p \tag{7-17}$$

式中 K_p——被动土压力系数。即

$$K_p=\frac{\cos^2(\varphi+\alpha)}{\cos^2\alpha\cos(\alpha-\delta)\left[1-\sqrt{\dfrac{\sin(\varphi+\delta)\sin(\varphi+\beta)}{\cos(\alpha-\delta)\cos(\alpha-\beta)}}\right]^2} \tag{7-18}$$

若墙背竖直（$\alpha=0$）、光滑（$\delta=0$）、墙后填土面水平（$\beta=0$），式(7-18) 就变为

$$K_p=\tan^2(45°+\varphi/2)$$

与无黏性土的朗肯被动土压力公式相同。

被动土压力强度可按下式计算，即

$$\sigma_p=\frac{dE_p}{dz}=\frac{d}{dz}\left(\frac{1}{2}\gamma z^2 K_p\right)=\gamma z K_p \tag{7-19}$$

被动土压力强度沿墙高也呈三角形分布，如图 7-17(c) 所示，其合力作用点在距离墙底 $h/3$ 处。

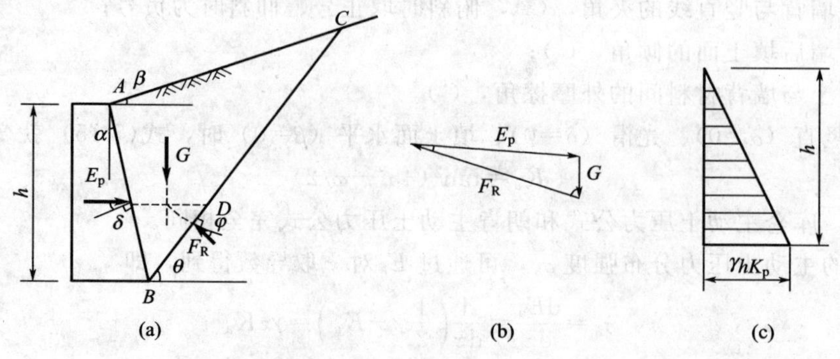

图 7-17 库仑被动土压力计算图

三、非散体材料填土的库仑土压力

库仑土压力理论只能直接用于计算无黏性填土（$c=0$）的土压力。对于黏性土和粉土等非散体材料（$c\neq0$），为考虑黏聚力 c 对土压力的影响，可采用以下方法求解土压力。

1. 等效内摩擦角法

所谓等效内摩擦角法，就是根据一定的等效原则将黏性土等效为仅具有摩擦角 φ_d 的无黏性土，然后用库仑土压力公式来求解。这是一种近似的计算方法，φ_d 称为等效内摩擦角，代换一般采用强度相等的原则，即

$$\sigma\tan\varphi_d=c+\sigma\tan\varphi \tag{7-20}$$

或

$$\varphi_d=\arctan(\tan\varphi+c/\sigma) \tag{7-21}$$

在应用时，上式中的 σ 值可取相当于挡土墙墙高 2/3 处的自重应力值。

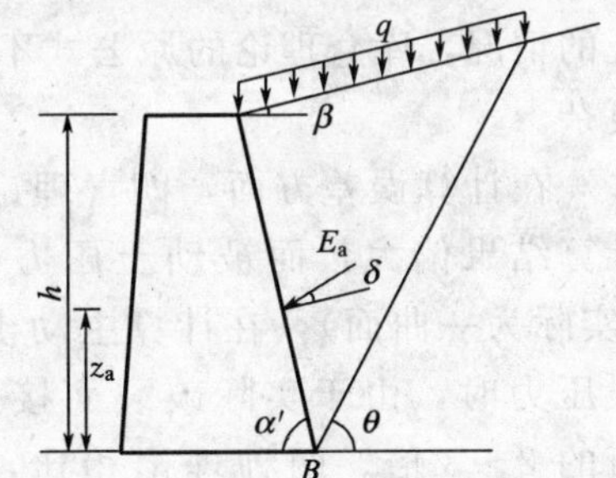

图 7-18 《规范》推荐法计算简图

2.《规范》推荐方法

对于黏性土和粉土的库仑主动土压力计算，《规范》推荐法的公式为

$$E_a=\frac{1}{2}\psi_c\gamma h^2K_a \tag{7-22}$$

式中　ψ_c——主动土压力增大系数（墙高小于 5m 时取 1.0，墙高为 5～8m 时取 1.1，墙高大于 8m 时取 1.2）；

K_a——《规范》主动土压力系数，按下式确定，即

$$K_a=\frac{\sin(\alpha'+\beta)}{\sin^2\alpha'\sin^2(\alpha'+\beta-\varphi-\delta)}\times\{k_q[\sin(\alpha'+\beta)\sin(\alpha'-\beta)+\sin(\varphi+\delta)\sin(\varphi-\beta)]+2\eta\sin\alpha'\cos\varphi\cos(\alpha'+\beta-\varphi-\delta)-2[(k_q\sin(\alpha'+\beta)\sin(\varphi-\delta)+\eta\sin\alpha'\cos\varphi)(k_q\sin(\alpha'-\beta)\sin(\varphi+\delta)+\eta\sin\alpha'\cos\varphi)]^{1/2}\} \tag{7-23}$$

$$k_q=1+\frac{2q\sin\alpha'\cos\beta}{\gamma h\sin(\alpha'+\beta)} \tag{7-24}$$

$$\eta=\frac{2c}{\gamma h} \tag{7-25}$$

式中　q——地表均布荷载，kPa，以单位水平投影面积上的荷载强度计；

α'——墙背与水平向的夹角，(°)。

E_a 作用点至墙底的距离 z_a 为

$$z_a=\frac{h}{3}\times\frac{\gamma h+3q}{\gamma h+2q} \tag{7-26}$$

四、朗肯理论与库仑理论的比较

朗肯土压力理论和库仑土压力理论，均属于极限状态土压力理论。用这两种理论计算出的土压力均为墙后土体处于极限平衡状态下的主动或被动土压力。当墙背直立（$\alpha=0$）、墙背光滑（$\delta=0$）、填土表面水平（$\beta=0$）时，库仑土压力理论与朗肯土压力理论计算结果完全相同。

但两者在分析方法上存在着较大的差异。朗肯理论是从研究半无限体中一点的极限平衡应力状态出发，首先求出作用在土中竖直面上的土压力强度 σ_a 或 σ_p 的分布形式，然后再计

算作用在墙背上的土压力（合力）E_a或E_p。库仑理论则是根据墙背和滑裂面之间的土楔整体处于极限平衡状态，用静力平衡条件先求出作用在墙背上的土压力（合力）E_a或E_p，需要时再计算土压力强度σ_a或σ_p的分布形式。

在适用条件方面，朗肯理论适用于墙后土体为黏性或非黏性土、墙背光滑、垂直、墙后填土表面为水平面，对于墙背倾斜、粗糙、填土表面倾斜等情况使用受到限制；库仑理论适用于墙后填土为砂土、墙背倾斜并且粗糙、填土表面为倾斜面的情况，对于墙后填土为黏性土的情况，库仑理论的原公式不能使用，此时只能用改进的库仑方法进行计算，计算相对复杂。

在计算误差方面，朗肯理论由于不考虑墙背与填土之间的摩擦力，其主动土压力的计算结果偏大，而被动土压力的计算结果偏小。库仑理论由于假设破裂面是一个平面（实际为一曲面），在计算主动土压力时，引起的计算误差约为 2%～10%；在计算被动土压力时，由于实际破裂面接近对数螺旋线，计算误差较大，计算结果有时可达真实值的 2～3 倍。两种理论相比，计算主动土压力时，库仑理论比朗肯理论计算结果略小。总体来看，库仑土压力理论能处理多种复杂条件下的土压力问题，因此在工程中被广泛采用。

第五节 挡土墙设计

挡土墙设计包括墙型选择、稳定性验算、地基承载力验算、墙身材料强度验算以及一些设计中的构造要求和措施等。本节着重介绍挡土墙设计中的有关问题。

一、挡土墙类型选择

常用的挡土墙型式有重力式、悬臂式、扶壁式、锚杆及锚定板式和加筋土挡墙等。一般应根据工程需要、土质情况、材料供应、施工技术以及造价等因素合理地选择。

1. 重力式挡土墙

重力式挡土墙一般由块石或混凝土材料砌筑而成，墙身截面较大。根据墙背倾斜方向可分为仰斜、直立和俯斜三种，如图 7-19 所示。重力式挡土墙依靠墙身自重来抵抗土压力引起的倾覆力矩。其结构简单，施工方便，能就地取材，在建筑工程中应用最广。

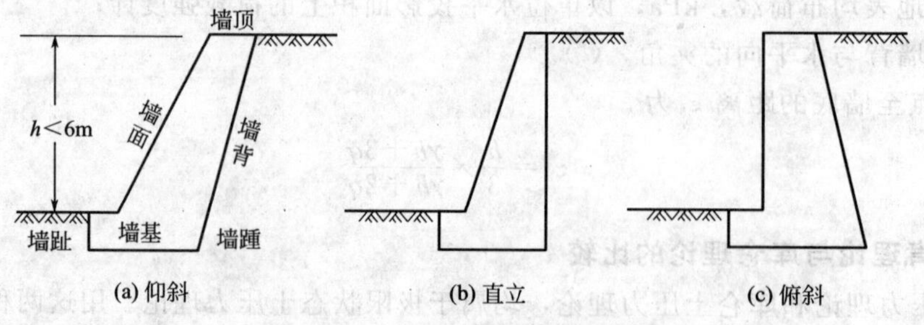

图 7-19 重力式挡土墙型式

2. 悬臂式挡土墙

悬臂式挡土墙一般由钢筋混凝土建造，墙的稳定主要依靠墙踵悬臂以上的土重来维持。墙体内设置钢筋承受拉应力，故墙身截面较小。初步设计时可按图 7-20 所示选取截面尺寸。悬臂式挡土墙适用于墙高大于 5m、地基土质较差、工地缺少石料等情况，多用于市政工程及贮料仓库。

3. **扶壁式挡土墙**

当墙高大于10m时，挡土墙立壁挠度较大，为了增强立壁的抗弯性能，常沿墙的纵向每隔一定距离（通常为0.3h～0.6h）设置一道扶壁，称为扶壁式挡土墙，如图7-21所示。扶壁间填土可增加抗滑和抗倾覆能力，一般用于重要的大型土建工程。扶壁式挡土墙设计时可按图7-21初选截面尺寸，再将墙身及墙踵作为三边固定的板，用有限元或有限差分方法进行优化设计。

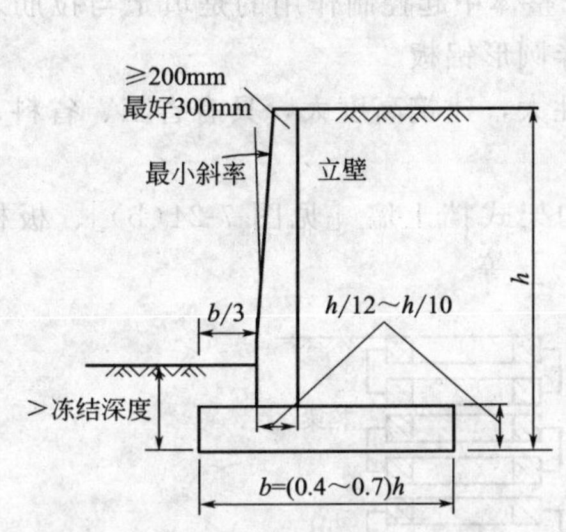

图7-20 悬臂式挡土墙初步设计尺寸

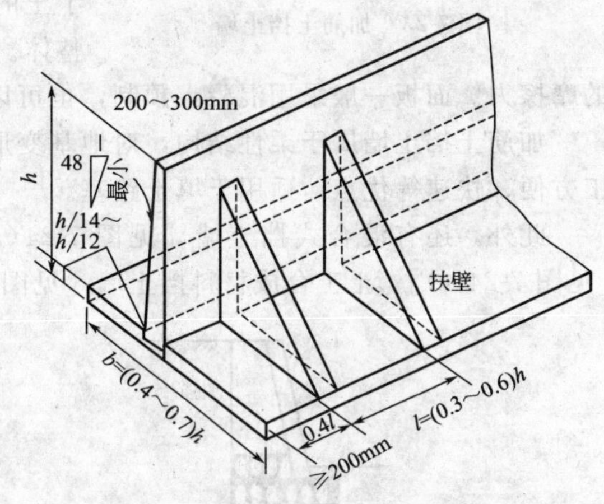

图7-21 扶壁式挡土墙初步设计尺寸

4. **锚定式挡土墙**

锚定式挡土墙可分为锚杆式和锚定板式两种。

锚杆式挡土墙是一种轻型挡土墙，它由预制的钢筋混凝土柱、挡土板构成墙面，与水平或倾斜的钢锚杆联合组成，图7-22(a) 所示。锚杆的一端与立柱连接，另一端被锚固在岩土中。

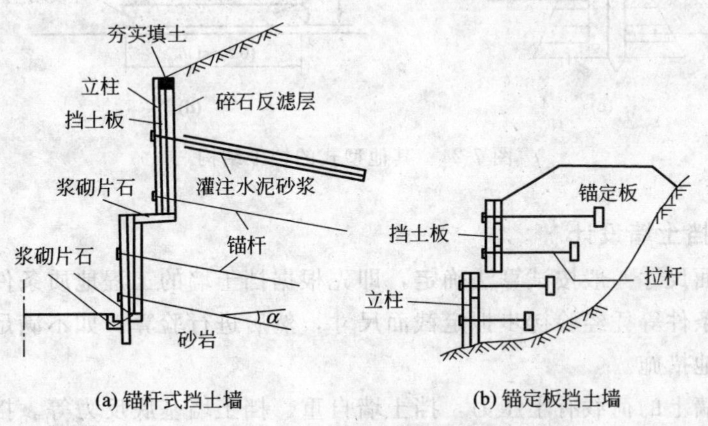

图7-22 锚定式挡土墙实例

锚定板挡土墙由预制的钢筋混凝土立柱、墙面、钢拉杆和埋置在填土中的锚定板在现场拼装而成，依靠填土与结构的相互作用力来维持其自身的稳定。

与重力式挡土墙相比，锚定式挡土墙结构轻、柔性大、工程量少、造价低、施工方便，特别适用于地基承载力不大的地区。

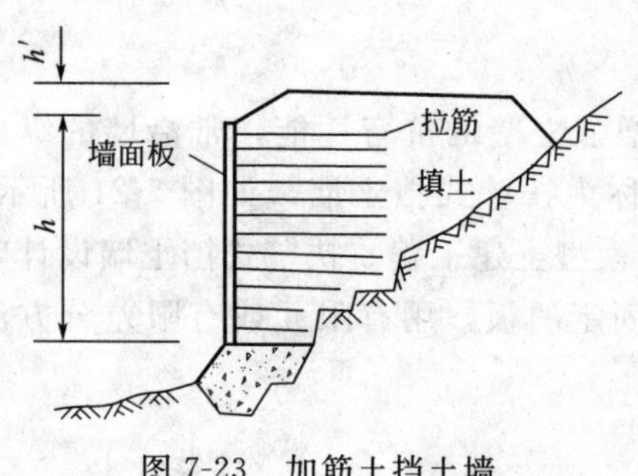

图 7-23 加筋土挡土墙

5. 加筋土挡土墙

加筋土挡土墙于 20 世纪 60 年代创始于法国，80 年代已推广到 30 多个国家，共计 2000 多项工程。例如，法国、意大利和美国在高速公路上应用这种挡土墙。

加筋土挡土墙是填土、拉筋、面板三者的结合体，如图 7-23 所示。填土和拉筋之间的摩擦力改善了土的物理力学性质，而使得填土与拉筋结合为一个整体。在这个整体中起控制作用的是填土与拉筋之间的摩擦力。面板一般采用混凝土预制，也可以采用半圆形铝板。

加筋土挡土墙属于柔性结构，对地基变形适应性大，建筑高度大，具有省工、省料、施工方便、快速等优点，适用于填土路基。

此外，还有混合式挡土墙［见图 7-24(a)］、构架式挡土墙［见图 7-24(b)］、板桩墙［见图 7-24(c)］、土工合成材料挡土墙［见图 7-24(d)］等。

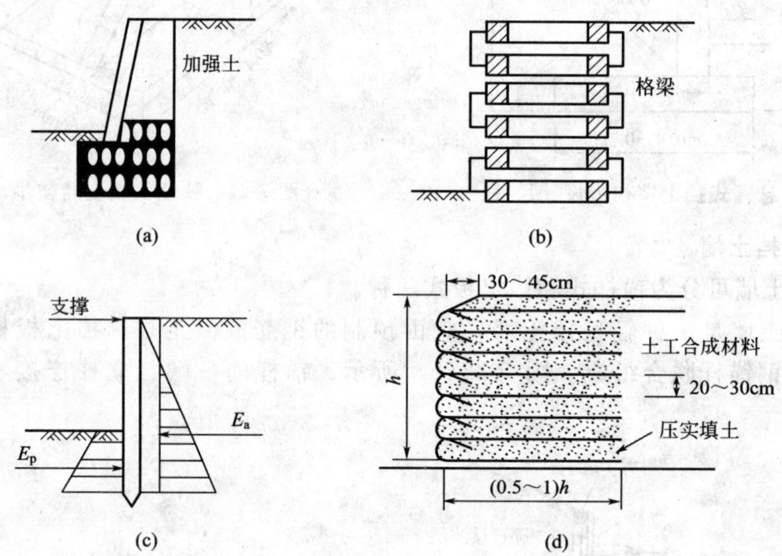

图 7-24 其他型式的挡土结构

二、重力式挡土墙设计

挡土墙的截面尺寸一般按试算法确定，即先根据挡土墙的工程地质条件、填土性质以及墙身材料和施工条件等凭经验初步拟定截面尺寸，然后进行验算。如不满足要求，则修改截面尺寸或采取其他措施。

作用在挡土墙上的荷载有土压力，挡土墙自重、挡土墙基底反力等。挡土墙的计算内容通常包括：(1) 稳定性验算（抗倾覆、抗滑动等）；(2) 地基承载力验算；(3) 墙身强度验算。下面以最为广泛使用的重力式挡土墙为例，介绍挡土墙的设计和计算方法。

1. 墙型选择及截面尺寸确定

重力式挡土墙根据墙背倾斜方向主要分为仰斜、直立、俯斜三种，设计中应根据使用要求、地形和施工条件等实际情况合理选择墙型。

选择墙背形式时，从填、挖方考虑，挖方边坡选择仰斜比较合理，因为这样可以使墙背与开挖面密贴，一方面增加了边坡的稳定性，另一方面也便于施工；填方工程用俯斜或垂直墙背挡土墙比较合理，因为这种墙背形状便于填土的夯实。

重力式挡土墙的截面尺寸一般按试算法确定，可结合工程地质、填土性质、墙身材料和施工条件等方面的情况按经验初步拟定截面尺寸，然后进行验算、修正，直到满足要求为止。

一般重力式挡土墙基底宽度与墙高之比约为1/2～1/3；挡土墙墙面一般为平面，其坡度应与墙背坡度相协调，仰斜墙面与墙背宜平行，坡度不宜缓于1：0.25。选择墙顶的最小宽度时，块石挡土墙顶宽不小于0.4m，混凝土挡土墙为0.24～0.4m。

拟定挡土墙截面尺寸前，还需充分调查地基土层条件，绝大部分挡土墙，都直接修筑在天然地基上。当地基较弱，地形平坦而墙身较高时，为减小基底压力和增加抗倾覆稳定性，可加大墙趾外伸宽度，以增大基底面积。若墙趾加宽过多时，可采用钢筋混凝土底板，其厚度由抗剪及抗弯计算确定。当地基为软弱土层（如淤泥、软黏土等）时，可采用砂砾、碎石、矿渣或灰土等材料换填，以扩散基底压力。若墙趾处地基情况较好而地面横坡坡度较大时，基础可做成台阶状，以减少基坑开挖和节省圬工。如图7-25所示为正在砌筑的重力式挡土墙。

图7-25　砌筑中的重力式挡土墙

挡土墙的埋置深度，一般不小于0.5m，当有冲刷时，基础埋深至少在冲刷线以下1m，此外还应考虑冻胀的影响。遇岩石地基时，应把基础埋入未风化的岩层内，为增加墙体稳定性．基底可做成逆坡，坡度 n 可取0.1或0.2。

2. 稳定性验算

为了验算挡土墙的稳定性，必须首先了解作用于挡土墙的各种力。

① 土压力 E_a　土压力是挡土墙的主要设计荷载。根据挡土墙的位移情况，可以形成不同性质的土压力。例如，路基挡土墙一般都可能有向外的位移或倾覆，因此在设计中应假定墙背土体达到主动极限平衡状态，采用主动土压力 E_a 作为验算荷载。对于墙趾前土体的被动土压力 E_p，在挡土墙基础埋深不大的情况下，一般可忽略不计，其结果偏于安全。

② 墙身自重 W　当挡土墙的型式及截面尺寸确定后可计算挡土墙的自重，墙身自重 W 作用于挡土墙的重心，方向竖直向下。

③ 挡土墙基底反力　在墙身自重、墙后主动土压力等的作用下，挡土墙基底竖向反力通常呈梯形分布，水平反力假设沿墙基底均匀分布，地基反力合力作用方向与墙身所受荷载合力方向相反，作用点相同。

另外还需注意，在浸水地区，除上述几种力之外，还有挡土墙受到的水压力。对于地震地区，还应考虑地震附加惯性力对挡土墙的影响。

(1) 抗倾覆稳定验算　研究表明，挡土墙的破坏大部分是倾覆破坏。要保证挡土墙在土压力的作用下不发生绕墙趾 O 点的倾覆（见图 7-26），必须要求抗倾覆安全系数 K_t（O 点的抗倾覆力矩与倾覆力矩之比）不小于 1.6，即

$$K_t=\frac{Wx_0+E_{az}x_f}{E_{ax}z_f}\geqslant 1.6 \tag{7-27}$$

式中 E_{ax}——E_a 的水平分力，kN/m，$E_{ax}=E_a\cos(\alpha+\delta)$；

E_{az}——E_a 的竖向分力，kN/m，$E_{az}=E_a\sin(\alpha+\delta)$；

W——挡土墙每延米自重，kN/m；

x_f——土压力作用点离 O 点的水平距离，m，$x_f=b-z\tan\alpha$；

z_f——土压力作用点离 O 点的高度，m，$z_f=z-b\tan\alpha_0$；

x_0——挡土墙重心离墙趾的水平距离，m；

α_0——挡土墙的基底倾角，(°)；

b——基底的水平投影宽度，m；

z——土压力作用点离墙踵的高度，m。

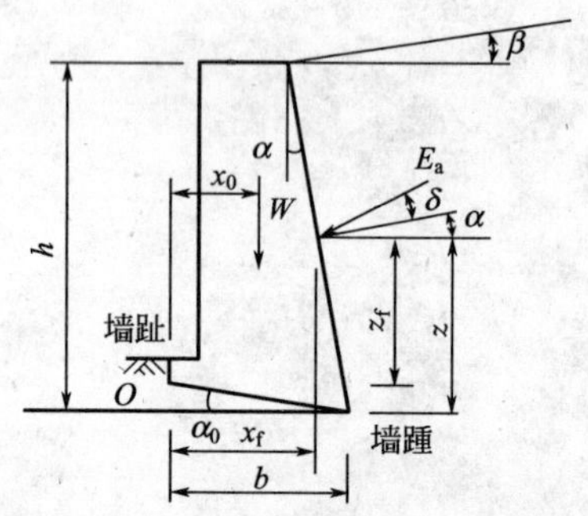

图 7-26　挡土墙的抗倾覆稳定性验算

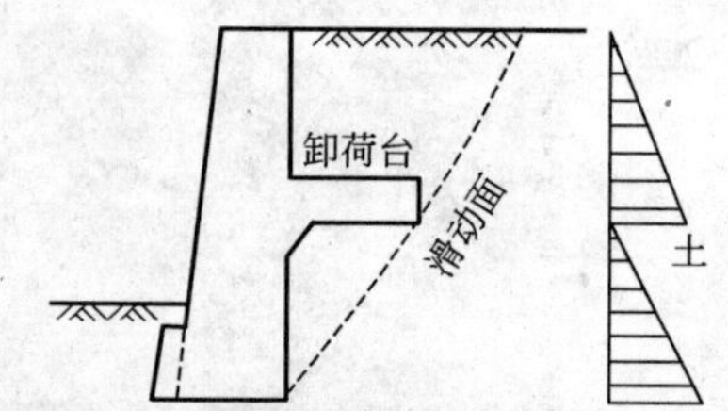

图 7-27　有卸荷台的挡土墙

在软弱地基上，墙趾可能陷入土中，使力矩中心点内移，导致抗倾覆安全系数降低，有时甚至会沿圆弧滑动而发生整体破坏，因此验算时应注意土的压缩性。验算悬臂式挡土墙时，可认为土压力作用在墙踵的垂直面上，将墙踵悬臂以上土重计入挡土墙自重。

若验算结果不能满足式(7-27) 要求时，可按以下措施进行处理：

① 增大挡土墙断面尺寸，使 W 增大，但工程量也相应增大；

② 伸长墙趾，加大 x_0。但墙趾过长，若厚度不够，则需配置钢筋；

③ 墙背做成仰斜，可减小土压力；

④ 在挡土墙垂直墙背上做卸荷台，形状如牛腿（见图 7-27）。则平台以上土压力不能传到平台以下，总土压力减小，故抗倾覆稳定性增大。

(2) 抗滑移稳定验算　在土压力的作用下，挡土墙也可能沿基础底面发生滑动。因此要求基底的抗滑安全系 K_s（抗滑力与滑动力之比）不小于 1.3，即

$$K_s=\frac{(W_n+E_{an})\mu}{E_{at}-W_t}\geqslant 1.3 \tag{7-28}$$

式中 W_n——挡墙自重在垂直于基底平面方向的分力，kN/m，$W_n=W\cos\alpha_0$；

W_t——挡墙自重在平行于基底平面方向的分力，kN/m，$W_n=W\sin\alpha_0$；

E_{an}——E_a在垂直于基底平面方向的分力，kN/m，$E_{an}=E_a\sin(\alpha+\alpha_0+\delta)$；

E_{at}——E_a在平行于基底平面方向的分力，kN/m，$E_{at}=E_a\cos(\alpha+\alpha_0+\delta)$；

μ——土对挡土墙基底的摩擦系数，宜按试验确定，也可按表 7-2 选用。

表 7-2　土对挡土墙基底的摩擦系数 μ

土的类别	状态	摩擦系数 μ
黏性土	可塑	0.25～0.30
	硬塑	0.30～0.35
	坚硬	0.35～0.45
粉土		0.30～0.40
中砂、粗砂、砾砂		0.40～0.50
碎石土		0.40～0.60
软质岩		0.40～0.60
表面粗糙的硬质岩		0.65～0.75

注：1. 对于易风化的软质岩石和塑性指数 I_P 大于 22 的黏性土，基底摩擦系数应通过试验确定；
2. 对于碎石土，密实的可取高值；稍密、中密及颗粒为中等风化或强风化的取低值。

若抗滑移稳定性验算不能满足式(7-28)要求，可采取以下措施进行处理：

① 修改挡土墙断面尺寸，以加大自重 W 值；

② 将挡土墙基底面做成砂、石垫层，以提高 μ 值；

③ 将墙底做成逆坡，如图 7-28(a) 所示，利用滑动面上部分反力来抗滑；

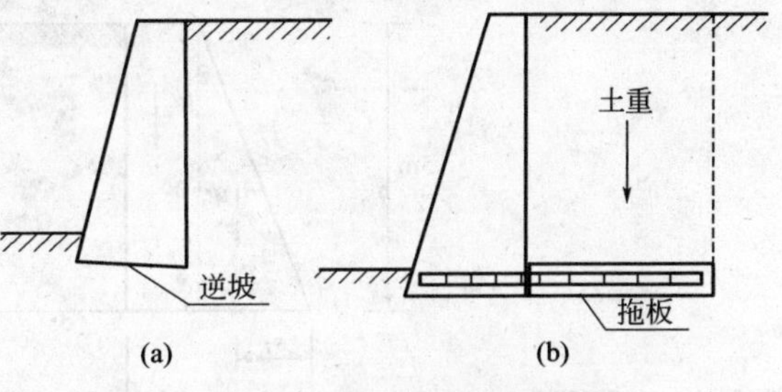

图 7-28　增加抗滑动稳定的措施

④ 在软土地基上，当其他方法无效或不经济时，可在墙踵后加拖板，利用拖板上的土重来抗滑，拖板与挡土墙之间应用钢筋连接，如图 7-28(b) 所示。

3. 地基承载力及墙身强度验算

挡土墙在自重及土压力的垂直分力作用下，基底压力按线性分布。其验算方法及要求完全如同天然地基浅基础验算，具体可参见第九章的有关内容，并要求基底合力的偏心距不应大于 0.25 倍基础的宽度。挡土墙墙身材料强度应满足 GB50010—2002《混凝土结构设计规范》和 GB50003—2001《砌体结构设计规范》中的有关要求。

三、重力式挡土墙的主要构造措施

对于墙顶高出地面 6m 以上，或连续长度大于 20m 的路肩墙，墙顶应设置护栏。

工程设计中，还应考虑挡土墙的排水。挡土墙的排水措施包括：①当墙后有山坡时，应在坡下设置截水沟，顶底面宜铺设防水层。②设置墙身泄水孔，最下层排泄水孔的底部应高出地面 0.3m。当为路堑墙时，出水口应高于边沟水位 0.3m；若为浸水挡土墙，则应设于常水位以上 0.3m；对于干砌挡土墙可不设泄水孔。③路堑墙趾处的边沟应紧靠泄水孔下部设置黏土或其他材料的隔水层，墙前应做好散水或排水沟。④墙底要做好滤水层和必要的排水盲沟，可选用卵石、碎石等粗颗粒作为滤水层。⑤设置沉降缝及伸缩缝。为避免地基不均匀沉降及墙体伸缩而产生裂缝，需根据地形及地质等情况每隔 10～15m 设置一道沉降缝。为考虑墙体在土压力和温度作用下的胀缩变形问题，应每隔 10～20m 设置一道伸缩缝，在地基压缩性变化处，可改设为沉降缝。且挡土墙拐角处应适当采取加强的构造措施。

此外，墙后填土宜选择透水性强、性能稳定的非冻胀材料，例如粗砂、碎（卵）石、炉碴等材料，其抗剪强度较稳定，不具有胀缩性和冻胀性，且易于排水；不应选择有机土，也不宜用黏性土作为填料。因为黏性土干湿变化引起的体积缩胀及寒冷地区冬季的冻胀会造成实际土压力值变化很大，导致挡土墙破坏。当不得不采用黏性土作为填料时，宜掺入适量的碎石或块石。填土压实质量应严格控制，分层夯实，并检查其压密质量。

【例 7-6】 某工程需要砌筑高 $h=5\text{m}$ 的重力式挡土墙，墙背垂直光滑，填土面水平，墙体材料采用 MU20 毛石，M2.5 砂浆。砌体重度 22kN/m^3，填土内摩擦角 $\varphi=40°$，黏聚力 $c=0$，重度 $\gamma=18\text{kN/m}^3$，基底摩擦系数 $\mu=0.5$，地基承载力特征值 $f_{\text{ak}}=220\text{kPa}$，试设计此挡土墙。

【解】

(1) 初选挡土墙截面尺寸　挡土墙顶宽一般取 $(1/12\sim1/10)h=(1/12\sim1/10)\times5=0.42\text{m}\sim0.5\text{m}$，取 0.5m；底宽一般取 $(1/3\sim1/2)h=(1/3\sim1/2)\times5=1.7\text{m}\sim2.5\text{m}$，取 2.4m，如图 7-29 所示。

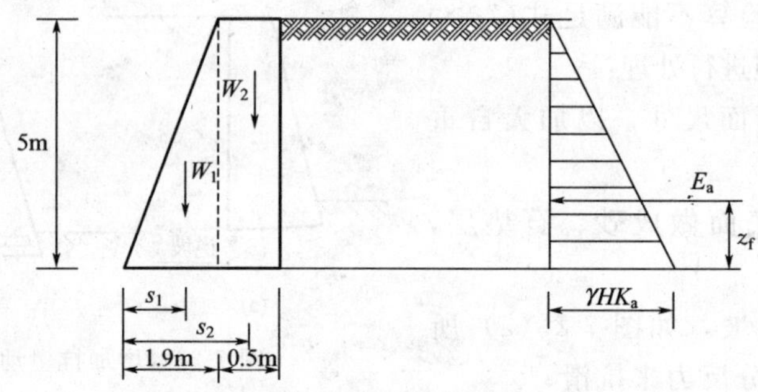

图 7-29　例 7-6 图

(2) 土压力计算　由于墙背垂直光滑，填土面水平，可采用朗肯土压力理论计算；由于 $c=0$，亦可采用库仑土压力理论计算。前已述及，在这种情况下，按两种理论计算的结果是一致的，现按朗肯土压力理论计算。

$$K_{\text{a}}=\tan^2(45°-\varphi/2)=\tan^2(45°-40°/2)=0.217$$

墙顶处土压力强度　$\sigma_{\text{aA}}=0$

墙底处土压力强度

$$\sigma_{\text{aB}}=\gamma hK_{\text{a}}=18\times5\times0.217=19.5\text{kPa}$$

土压力的合力

$$E_{\text{a}}=\frac{1}{2}\sigma_{\text{aB}}h=\frac{1}{2}\times19.5\times5=48.8\text{kN/m}$$

作用点距墙底 $h/3=5/3=1.67\text{m}$。

(3) 抗倾覆验算

墙体三角形部分重　$W_1=\frac{1}{2}\times1.9\times5\times22=104.5\text{kN/m}$

墙体矩形部分重　$W_2=0.5\times5\times22=55\text{kN/m}$

墙体总重　$W=W_1+W_2=104.5+55=159.5\text{kN/m}$

$$K_t=\frac{W_1 s_1+W_2 s_2}{E_a z_f}=\frac{104.5\times[(2/3)\times 1.9]+55\times(1.9+0.5/2)}{48.8\times 1.67}=3.08>1.6$$

满足抗倾覆要求。

(4) 抗滑移验算

$$K_s=\frac{(W_1+W_2)\mu}{E_a}=\frac{159.5\times 0.5}{48.8}=1.63>1.3$$

满足抗滑移要求。

(5) 地基承载力验算　W_1、W_2、E_a 合力作用点距墙角 O 点的水平距离为

$$s=\frac{W_1 s_1+W_2 s_2-E_a z_f}{W}=\frac{104.5\times[(2/3)\times 1.9]+55\times(1.9+0.5/2)-48.8\times 1.67}{159.5}=1.06\text{m}$$

轴心力 $N=W_1+W_2$ 对墙底中心线偏心距为

$$e=(2.4/2-1.06)=0.14\text{m}<0.25b=0.25\times 2.4=0.6\text{m}$$

$$p=\frac{N}{A}=\frac{159.5}{2.4\times 1}=66.5\text{kPa}<f_{ak}=220\text{kPa}$$

$$p_{max}=\frac{N}{A}\left(1+\frac{6e}{b}\right)=\frac{159.5}{2.4\times 1}\times\left(1+\frac{6\times 0.14}{2.4}\right)=89.7\text{kPa}<1.2f_{ak}=1.2\times 220\text{kPa}=264\text{kPa}$$

$$p_{min}=\frac{N}{A}\left(1-\frac{6e}{b}\right)=\frac{159.5}{2.4\times 1}\times\left(1-\frac{6\times 0.14}{2.4}\right)=43.2\text{kPa}>0$$

满足地基承载力要求，墙身验算从略。

第六节　土坡稳定分析

土坡是指具有倾斜坡面的土体。通常可分为天然土坡（由于地质作用自然形成的土坡，如山坡、江河岸坡等）和人工土坡（经人工开挖的土坡和填筑的土工建筑物边坡，如基坑、渠道、土坝、路堤等）。无论是天然土坡还是人工土坡，由于坡向倾斜，在土体自重和其他外界因素影响下，近坡面的部分土体有着向下滑动的趋势。如果坡面设计得过于陡峻，则土坡在一定范围内整体地沿某一滑动面向下或向外移动而失去其稳定性，造成坍塌；而如果坡面设计得过于平缓，则将增加工程的土方量，不经济。因此，进行土坡稳定性分析，对于工程的安全、经济，具有重要意义。

一、土坡稳定性影响因素

影响土坡滑动的因素复杂多变，但其根本原因在于土体内部某个面上的剪应力达到了其抗剪强度，使稳定平衡遭到破坏。导致土坡滑动失稳的原因可归纳为以下两类。

(1) 外界荷载作用或土坡环境变化等使土体内部剪应力加大。例如路堑或基坑的开挖，堤坝施工中上部填土荷重的增加，降雨使土体饱和导致重度增加，土体内地下水的静压力和渗流力，坡顶荷载过量或由于地震、打桩等引起的动力荷载等。

(2) 外界各种因素影响导致土体抗剪强度降低，促使土坡失稳、破坏。例如超静孔隙水压力的产生，气候变化产生的干裂、冻融，黏土夹层因雨水等侵入而软化，以及黏性土蠕变导致的土体强度降低等。

二、无黏性土坡稳定分析

设一坡角为 β 的无黏性土坡，土坡及地基为均质的同一种土，且不考虑渗流的影响。例

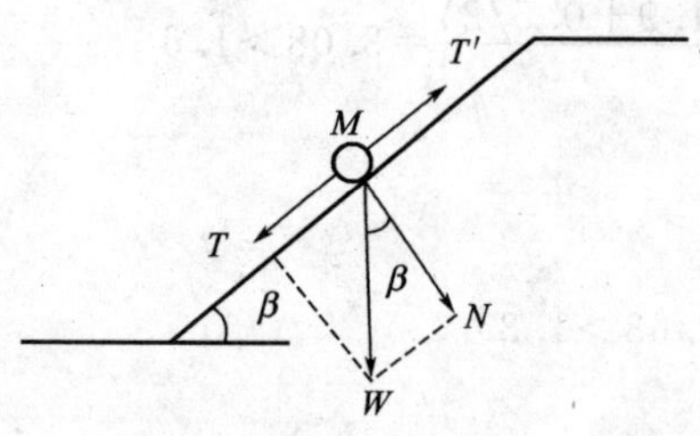

图 7-30 无黏性土坡稳定性分析

如，纯净的干砂，颗粒之间无黏聚力，其抗剪强度只由摩擦力提供。对于这类土坡，其稳定性分析可由图 7-30 所示的力系来说明。

斜坡上的土颗粒 M，其自重为 W，砂土的内摩擦角为 φ。W 在垂直于坡面和平行于坡面的分力分别为 N 和 T，其值为

$$T=W\sin\beta$$
$$N=W\cos\beta$$

分力 T 将使土颗粒 M 向下滑动，为滑动力。阻止 M 下滑的抗滑力则是由垂直于坡面上的分力 N 引起的最大静摩擦力 T'，其值为

$$T'=N\tan\varphi=W\cos\beta\tan\varphi \tag{7-29}$$

抗滑力与滑动力的比值称为稳定安全系数 K，其值为

$$K=\frac{T'}{T}=\frac{W\cos\beta\tan\varphi}{W\sin\beta}=\frac{\tan\varphi}{\tan\beta} \tag{7-30}$$

由上式可知，无黏性土坡稳定的极限坡角 β 等于其内摩擦角，即当 $\beta=\varphi$ 时，$K=1$，土坡处于极限平衡状态，故砂土的内摩擦角也称为自然休止角。由上述的平衡关系还可看出，无黏性土坡的稳定性与坡高无关，仅取决于坡角 β，只要 $\beta<\varphi(K>1)$，土坡就是稳定的。为了保证土坡有足够的安全储备，可取 $K=1.1\sim1.5$。

上述分析只适用于无黏性土坡的最简单情况。即只有重力作用，且土的内摩擦角是常数。工程实际中只有均质的干土坡才完全符合这些条件。对于有渗透水流的土坡、部分浸水土坡以及高应力水平下 φ 角变小的土坡，则不完全符合这些条件。这些情况下的无黏性土坡稳定分析可参考有关书籍。

三、黏性土坡稳定分析

黏性土坡失稳时，多在坡顶出现明显的下沉和张拉裂缝，近坡脚的地面有较大的侧向位移和微微隆起，随着剪切变形的增大，局部土体沿着某一曲面突然产生整体滑动。如图7-31 所示，滑动面为一曲面，接近圆弧面。在理论分析时，常常近似地假设滑动面为圆弧面，并按平面问题进行分析。目前工程上最常用的黏性土坡稳定分析方法是条分法，它是由瑞典科学家 W. 费兰纽斯（Fellenius，1922）首先提出。下面介绍这种方法。

如图 7-32 所示，当土坡沿 AB 圆弧滑动时，可视为土体 ABD 绕圆心 O 转动。在纵向上取土坡 1m 长度进行分析。具体步骤如下：

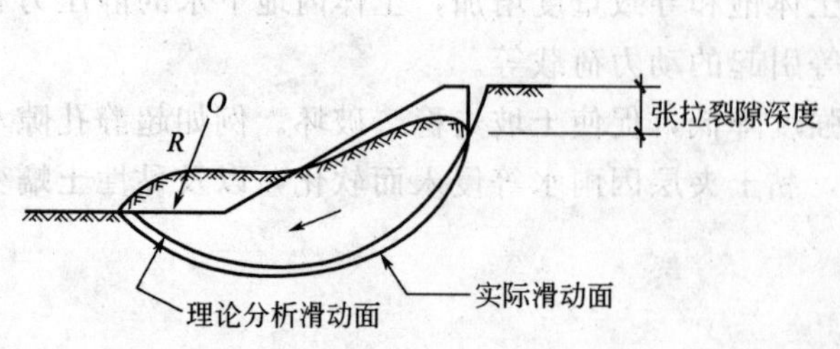

图 7-31 黏性土坡的滑动面

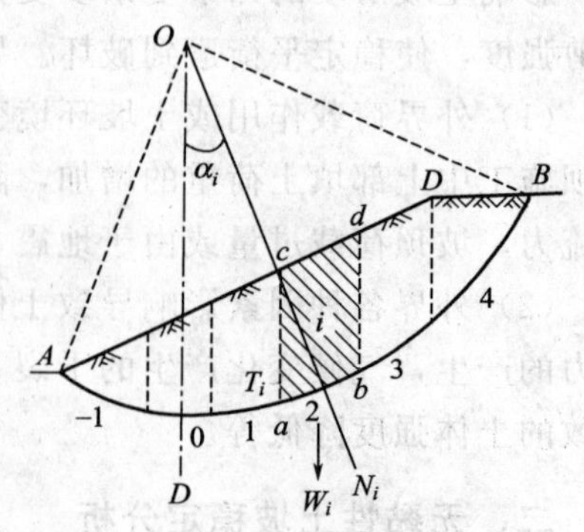

图 7-32 土坡稳定分析圆弧

① 按适当的比例尺绘制土坡剖面图，并在图上注明土的指标 γ、c、φ 的数值。

② 选一个可能的滑动面 AB，确定圆心 O 和半径 R。在选择圆心 O 和圆弧 AB 时，应尽量使 AB 的坡度陡，则滑动力大，即安全系数 K 值小。此外，半径 R 应取整数，使计算简便。

③ 将滑动土体竖向分条与编号，使计算方便而准确。分条时，各条的宽度 b 相同，编号由坡脚向坡顶依次进行。

④ 计算每一土条的自重 W_i，计算式为

$$W_i=\gamma bh \tag{7-31}$$

式中 b——土条的宽度，m；

h——土条的平均高度，m。

⑤ 将土条的自重 W_i 分解为作用在滑动面 AB 上的两个分力（忽略条块之间的作用力）。若 α_i 为法向分力 N_i 与垂线之间的夹角，则法向分力为 $N_i=W_i\cos\alpha_i$，切向分力为 $T_i=W_i\sin\alpha_i$。

⑥ 计算滑动力矩，其计算式为

$$M_T = T_1R+T_2R+T_3R+\cdots=R\sum_{i=1}^{n}W_i\sin\alpha_i$$

式中 n——土条数目。

⑦ 计算抗滑力矩，其计算式为

$$M_R = N_1\tan\varphi R+N_2\tan\varphi R+cl_1R+cl_2R+\cdots$$

$$=R\tan\varphi(N_1+N_2+\cdots)+Rc(l_1+l_2+\cdots)=R\tan\varphi\sum_{i=1}^{n}W_i\cos\alpha_i+RcL$$

式中 l_i——第 i 个土条的滑弧长度，m；

L——圆弧 AB 的总长度，m。

⑧ 计算土坡稳定安全系数

$$K=\frac{M_R}{M_T}=\frac{R\tan\varphi\sum_{i=1}^{n}W_i\cos\alpha_i+RcL}{R\sum_{i=1}^{n}W_i\sin\alpha_i}=\frac{\tan\varphi\sum_{i=1}^{n}W_i\cos\alpha_i+cL}{\sum_{i=1}^{n}W_i\sin\alpha_i} \tag{7-32}$$

由于滑动圆弧是任意作出的，每作出一个圆弧就能求出一个相应的土坡稳定安全系数 K，因此，上述方法是一种试算法。按此方法进行计算时，必须作出若干圆弧滑动面，以求出其中最小的稳定安全系数。最小的稳定安全系数所对应的滑动圆弧才是最危险的滑动圆弧。大型水库土坝稳定性计算，上、下游坝坡每一种水位需计算 50～80 个滑动圆弧，才能找出最小的安全系数 $K_{\min}$，由此可看出，计算量很大，目前一般采用计算机完成。

除了计算机外，还可采用费兰纽斯提出的经验方法，以减少试算工作量。这种方法的步骤是（参见图 7-33）：

① 根据土坡坡度或坡角 β，由表 7-3 查得相应的 a、b 角数值。

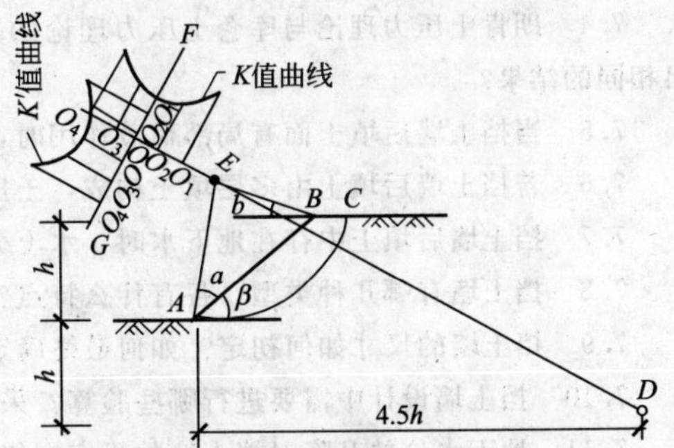

图 7-33 最危险滑动圆弧中心的确定

② 根据 a 值由坡脚 A 点作 AE 线，使 $\angle EAB=a$；根据 b 的值，由坡顶 B 点作 BE 线，使其与水平线夹角为 b。

③ AE 与 BE 交点 E，为 $\varphi=0$ 时土坡最危险滑动面的圆心。

④ 由坡脚 A 点竖直向下取 h 值，然后向土坡方向水平线上取 $4.5h$ 处为 D 点。作 DE 直线，并向外延长。延长线上 E 点附近的点，为 $\varphi>0$ 时土坡最危险滑动面的圆心位置。

⑤ 在 DE 延长线上选 3～5 个点作为圆心 O_1，O_2，…，计算各自的土坡稳定安全系数 K_1，K_2，…。按一定的比例尺将每个 K 的数值画在圆心与 DE 线正交的线上，并连成曲线。取曲线下凹处的最低点 O，过 O 点作直线 FOG 与 DE 正交。

⑥ 同理，在 FG 直线上，选 3～5 点作为圆心 O_1，O_2，…，分别计算各自的土坡稳定安全系数 K_1'，K_2'，…，按相同比例尺画在各圆心点上，方向与 FG 直线正交，将 K' 端点连成曲线，取曲线下凹最低点对应的 O' 点，即为所求最危险滑动面的圆心位置。

以上是对条分法的具体介绍。条分法的基本原理可以这样归纳：根据抗剪强度和极限平衡理论，假定若干圆弧滑动面，对土坡进行条分，计算每一滑动面内各土条抗滑力矩之和与滑动力矩之和的比值，即每一滑动面的土坡稳定安全系数 K，从中找出最小的安全系数 $K_{\min}$。理论上应使 $K_{\min}$ 大于 1；工程上要求取 $K_{\min}$ 为 1.1～1.5，根据工程性质而定。如果达不到此要求，则需重新设计土坡，重复验算，直到满足要求为止。

表 7-3 a、b 角的数值

土坡坡度	坡角 β/(°)	a 角/(°)	b 角/(°)
1∶0.58	60	29	40
1∶1.0	45	28	37
1∶1.5	33°41′	26	35
1∶2.0	26°34′	25	35
1∶3.0	18°26′	25	35
1∶4.0	14°03′	25	36

思 考 题

7.1 什么是静止土压力、主动土压力及被动土压力？它们的区别是什么？

7.2 朗肯土压力理论是如何得到计算主动压力公式与被动土压力公式的？

7.3 什么叫临界深度？如何计算临界深度？

7.4 朗肯土压力理论与库仑土压力理论的基本原理和假定有什么不同？它们在什么条件下才可以得出相同的结果？

7.5 当挡土墙后填土面有局部荷载作用时，对土压力有何影响？

7.6 若挡土墙后填土由多层填土构成，土压力如何计算？应特别注意什么问题？

7.7 挡土墙后填土中存在地下水时，水土分算与水土合算计算土压力有什么区别？

7.8 挡土墙有哪几种类型，各有什么特点？

7.9 挡土墙的尺寸如何初定？如何最终确定？

7.10 挡土墙设计中需要进行哪些验算？采取哪些措施可以提高稳定安全系数？

7.11 地下水位的升降对挡土墙的稳定有何影响？

7.12 挡土墙后回填土是否有技术要求？为什么？理想的回填土是什么土？不能用的回填土是什么土？

7.13　挡土墙不设排水措施会产生什么问题？

7.14　如何确定无黏性土坡的稳定安全系数？

7.15　土坡稳定分析圆弧法的原理是什么？为什么要分条计算？怎样避免计算中发生概念性的错误？

选择题

7.1　当挡土墙后的填土处于被动极限平衡状态时，挡土墙（　　）。

A. 在外荷载作用下推挤墙背土体　B. 被土压力推动而偏离墙背土体

C. 被土体限制而处于原来的位置　D. 受外力限制而处于原来的位置

7.2　用朗肯土压力理论计算挡土墙的土压力时，适用条件之一是（　　）。

A. 墙后填土干燥　B. 墙背粗糙　C. 墙背直立　D. 墙背倾斜

7.3　采用库仑土压力理论计算挡土墙的土压力时，适用条件之一是（　　）。

A. 墙后填土干燥　B. 填土为无黏性土

C. 墙背直立　D. 墙背光滑

7.4　下列指标或系数中，哪一个与库仑土动土压力系数无关？（　　）

A. h　B. φ　C. δ　D. α

7.5　设计仅起挡土作用的重力式挡土墙时，土压力应按（　　）计算。

A. 主动土压力　B. 被动土压力　C. 静止土压力　D. 静止水压力

7.6　下列有关重力式挡土墙的构造措施中，哪一条是不正确的？（　　）

A. 墙身应设置泄水孔　B. 墙后填土宜选择透水性较强的填料

C. 黏性土不能用作填料　D. 填土需分层夯实

7.7　下列措施中，哪一条对提高挡土墙抗倾覆稳定性有利？（　　）

A. 采用黏性土作为填料　B. 每隔 10～20m 设伸缩缝一道

C. 将墙趾做成台阶形　D. 将墙底做成逆坡

7.8　在影响挡土墙土压力的诸多因素中，（　　）是最主要的因素。

A. 挡土墙的高度　B. 挡土墙的刚度

C. 墙后填土类型　D. 挡土墙的位移方向及大小

7.9　不能减小主动土压力的措施是（　　）。

A. 将墙后填土分层夯实　B. 采取有效的排水措施

C. 墙后填土采用透水性较强的填料　D. 采用俯斜式挡土墙

7.10　无黏性土坡的稳定性　（　　）。

A. 与密实度无关　B. 与坡高无关

C. 与土的内摩擦角无关　D. 与坡角无关

计算题

7.1　某地下室外墙高度 5m，墙后填土重度 $\gamma=18.2\text{kN/m}^3$，静止土压力系数 $K_0=0.42$，试求墙底处的静止土压力强度 σ_0、合力 E_0 及作用点位置。

7.2　某地下室外墙高度 4.2m，墙后填土有效重度 $\gamma'=8.5\text{kN/m}^3$，静止土压力系数 $K_0=0.43$，地下水位在地面处。试求作用在墙上的总侧压力 E_0 及其作用位置。

7.3　高度为 5m 的挡土墙，墙背直立、光滑，墙后填土面水平，填土的 $\gamma=19\text{kN/m}^3$，$c=5\text{kPa}$，$\varphi=34°$，试作出主动土压力分布图，并求合力 E_a 及其作用位置。

7.4　高度为 6m 的挡土墙，墙背直立、光滑，墙后填土面水平，其上作用有均布荷载 $q=10\text{kPa}$，填土 $\gamma=18\text{kN/m}^3$，$c=0$，$\varphi=35°$。试作出主动土压力分布图并求合力的大小。

7.5　某挡土墙高 4.5m，墙后填土为砂土，其内摩擦角 $\varphi=35°$，重度 $\gamma=19\text{kN/m}^3$，填土面与水平面

的夹角 $\beta=20°$，墙背倾角 $\alpha=5°$（俯斜），墙背外摩擦角 $\delta=25°$，试求：(1) 主动土压力 E_a；(2) 被动土压力 E_p。

7.6　某重力式挡土墙高 $h=5\text{m}$，墙背倾角 $\alpha=10°$。墙后回填砂土，$c=0$，$\varphi=30°$，$\gamma=18\text{kN/m}^3$，墙背与填土之间的摩擦角 $\delta=15°$，主动土压力系数 $K_a=0.405$。试求主动土压力的合力 E_a 的大小、作用点位置及作用方向与水平面的夹角。

7.7　某一挡土墙，取如图 7-34 所示的毛石砌体截面，砌体重度为 22kN/m^3，挡土墙下方为坚硬黏性土，土对挡土墙基底的摩擦系数 $\mu=0.45$。假设墙背光滑，填土面水平，填土的 $c=11\text{kPa}$，$\varphi=20°$，$\gamma=18\text{kN/m}^3$。试对该挡土墙进行抗滑和抗倾覆稳定验算。

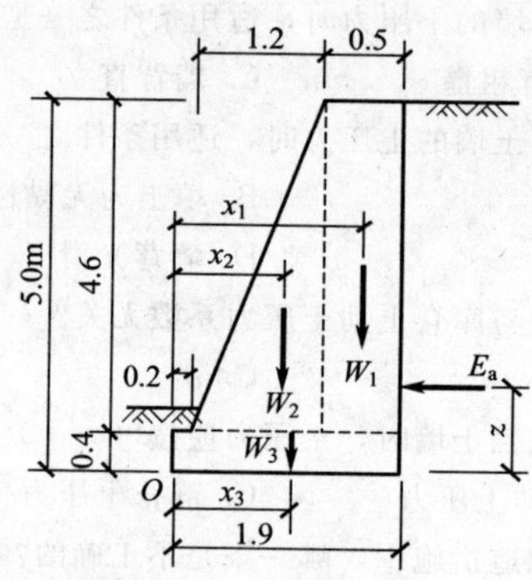

图 7-34　计算题 7.7 图

第八章　岩土工程勘察

第一节　岩土工程勘察的基本要求

岩土工程勘察（geotechnical investigation），习称工程地质勘察，简称地勘，是岩土工程的基础性工作，也是建筑地基基础设计和施工前的一项非常重要的工作。所谓岩土工程勘察，就是根据工程的要求，查明、分析、评价建筑场地的地质、地理环境特征和岩土工程条件，编制勘察文件的一系列活动，为项目选址决策、地基基础设计和施工提供基本资料（参数），并提出地基基础设计方案建议。没有勘察，就不能设计，所以勘察工作十分重要。

一、岩土工程勘察分级

1. 工程重要性等级

根据工程的规模和特征，以及由于岩土工程问题造成工程破坏或影响正常使用的后果，可分为如下三个工程重要性等级。

(1) 一级工程：重要工程，后果很严重。

(2) 二级工程：一般工程，后果严重。

(3) 三级工程：次要工程，后果不严重。

2. 场地等级

根据场地的复杂程度，将建筑场地划分为三个等级。

(1) 一级场地　符合下列条件之一者为一级场地，也就是复杂场地。

① 对建筑抗震危险的地段；

② 不良地质作用强烈发育；

③ 地质环境已经或可能受到强烈破坏；

④ 地形地貌复杂；

⑤ 有影响工程的多层地下水，岩溶裂隙水或其他水文地质条件复杂，需要专门研究的场地。

(2) 二级场地　符合下列条件之一者为二级场地，也就是中等复杂场地。

① 对建筑抗震不利的地段；

② 不良地质作用一般发育；

③ 地质环境已经或可能受到一般破坏；

④ 地形地貌较复杂；

⑤ 基础位于地下水位以下的场地。

(3) 三级场地　符合下列条件之一者为三级场地，也就是简单场地。

① 抗震设防裂度小于或等于 6 度，或对建筑抗震有利的地段；

② 不良地质作用不发育；

③ 地质环境基本未受破坏；

④ 地形地貌简单；

⑤ 地下水对工程无影响。

从一级开始，向二级、三级推定，以最先满足的为准；对建筑抗震有利、不利和危险地段的划分，应按现行国家标准《建筑抗震设计规范》（GB 50011—2001）的规定确定。

3. 地基等级

根据地基的复杂程度，将地基分为三个等级。

（1）一级地基（复杂地基） 符合下列条件之一者为一级地基或复杂地基：

① 岩土种类多，很不均匀，性质变化大，需特殊处理；

② 严重湿陷、膨胀、盐渍、污染的特殊性岩土，以及其他情况复杂，需作专门处理的岩土。

（2）二级地基（中等复杂地基） 符合下列条件之一者为二级地基或中等复杂地基：

① 岩土种类多，不均匀，性质变化较大；

② 除一级地基规定条件以外的特殊性岩土。

（3）三级地基（简单地基） 符合下列条件之一者为三级地基或简单地基：

① 岩土种类单一，均匀，性质变化不大；

② 无特殊性岩土。

4. 岩土工程勘察等级

根据工程重要性等级、场地复杂程度等级和地基复杂程度等级，按下列条件划分岩土工程勘察等级。

（1）甲级 在工程重要性、场地复杂程度和地基复杂程度等级中，有一项或多项为一级。

（2）乙级 除勘察等级为甲级和丙级以外的勘察项目。

（3）丙级 工程重要性、场地复杂程度和地基复杂程度等级均为三级。

建筑在岩质地基上的一级工程，当场地复杂程度等级和地基复杂程度等级均为三级时，岩土工程勘察等级可定为乙级。

二、建筑物的勘察内容

1. 勘察准备

建筑物包括房屋建筑和构筑物，其岩土工程勘察应在收集建筑物上部荷载、功能特点、结构类型、基础形式、埋置深度和变形限制等方面资料的基础上进行。

2. 主要工作内容

（1）查明场地和地基稳定性、地层结构、持力层和下卧层的工程特性、土的应力历史和地下水条件以及不良地质作用等；

（2）提供满足设计施工所需的岩土参数，确定地基承载力，预测地基变形性状；

（3）提出地基基础、基坑支护、工程降水和地基处理设计与施工方案的建议；

（4）提出对建筑物有影响的不良地质作用的防治方案建议；

（5）对抗震设防烈度等于或大于6度的场地，进行场地与地基的地震效应评价。

岩土工程勘察是分阶段进行的。根据工程项目推进的先后，可分为可行性研究勘察（选址勘察）、初步勘察（初勘）、详细勘察（详勘）和施工勘察四个阶段。可行性研究勘察应符合选址方案的要求，初步勘察应符合初步设计的要求，详细勘察应符合施工图设计的要求。

当场地条件复杂或有特殊要求的工程，宜进行施工勘察。当建筑物平面布置已经确定，且场地或附近已有岩土工程资料时，可根据实际情况，直接进行详细勘察。不同勘察阶段，勘察内容的侧重点和要求不相同。

三、各勘察阶段的内容与要求

1. 可行性研究勘察

可行性研究勘察阶段属于工程项目的选址阶段，需要取得几个场址方案的主要岩土工程地质资料，作为比较和选择场址的依据。因此，本阶段应对各个场址的稳定性和建筑的适宜性作出正确的评价。可行性研究勘察的具体工作内容为：

(1) 搜集区域地质、地形地貌、地震、矿产、当地的工程地质、岩土工程和建筑经验等资料；

(2) 在充分搜集和分析已有资料的基础上，通过踏勘了解场地的地层、构造、岩性、不良地质作用和地下水等工程地质条件；

(3) 当拟建场地工程地质条件复杂，已有资料不能满足要求时，应根据具体情况进行工程地质测绘和必要的勘探工作；

(4) 当有两个或两个以上拟选场址时，应进行比选分析。

2. 初步勘察

初步勘察是在场址确定以后进行，应对场地内拟建建筑地段的稳定性作出评价。

(1) 初步勘察主要工作内容为：

① 搜集拟建工程的有关文件、工程地质和岩土工程资料以及工程场地范围的地形图；

② 初步查明地质构造、地层结构、岩土工程特性、地下水埋藏条件；

③ 查明场地不良地质作用的成因、分布、规模、发展趋势，并对场地的稳定性作出评价；

④ 对抗震设防烈度等于或大于 6 度的场地，应对场地和地基的地震效应作出初步评价；

⑤ 季节性冻土地区，应调查场地土的标准冻结深度；

⑥ 初步判定水和土对建筑材料的腐蚀性；

⑦ 高层建筑初步勘察时，应对可能采取的地基基础类型、基坑开挖与支护、工程降水方案进行初步分析评价。

(2) 初步勘察的勘探工作应符合以下要求：

① 勘探线应垂直地貌单元、地质构造和地层界线布置；

② 每个地貌单元均应布置勘探点，在地貌单元交接部位和地层变化较大的地段，勘探点应予加密；

③ 在地形平坦地区，可按网格布置勘探点；

④ 对岩质地基，勘探线和勘探点布置，勘探孔的深度，应根据地质构造、岩体特性、风化情况等按地方标准或当地经验确定。对土质地基，勘探线、勘探点的间距可按表 8-1 取值，局部异常地段应予加密；勘探孔的深度可按表 8-2 取值。

表 8-1 初步勘察勘探线、勘探点间距 m

地基复杂程度等级	勘探线间距	勘探点间距
一级(复杂)	50～100	30～50
二级(中等复杂)	75～150	40～100
三级(简单)	150～300	75～200

注：表中间距不适用于地球物理勘探；控制性勘探点宜占勘探点总数的 1/5～1/3，且每个地貌单元均应有控制性勘探点。

表 8-2 初步勘察勘探孔深度 m

工程重要性等级	一般性勘探孔	控制性勘探孔
一级(重要工程)	≥15	≥30
二级(一般工程)	10～15	15～30
三级(次要工程)	6～10	10～20

注：勘探孔包括钻孔、探井和原位测试孔等；特殊用途的钻孔除外。

(3) 当遇到下列情况之一时，应适当增减勘探孔深度：

① 当勘探孔的地面标高与预计整平地面标高相差较大时，应按其差值调整勘探孔深度；

② 在预定深度内遇基岩时，除控制性勘探孔仍应钻入基岩适当深度外，其他勘探孔达到确认的基岩后即可终止钻进；

③ 在预定深度内有厚度较大，且分布均匀的坚实土层（如碎石土、密实砂、老沉积土等）时，除控制性勘探孔应达到规定深度外，一般性勘探孔的深度可适当减小；

④ 当预定深度内有软弱土层时，勘探孔深度应适当增加，部分控制性勘探孔应穿透软弱土层或达到预计控制深度；

⑤ 对重型工业建筑应根据结构特点和荷载条件适当增加勘探孔深度。

(4) 初步勘察采取土试样和进行原位测试应符合下列要求：

① 采取土试样和进行原位测试的勘探点应结合地貌单元、地层结构和土的工程性质布置，其数量可占勘探点总数的1/4～1/2；

② 采取土试样的数量和孔内原位测试的竖向间距，应根据地层特点和土的均匀程度确定；每层土均应采取土试样或进行原位测试，其数量不宜少于6个。

(5) 初步勘察应进行下列水文地质工作：

① 调查含水层的埋藏条件，地下水类型，补给排泄条件，各层地下水位，调查其变化幅度，必要时应设置长期观测孔，监测水位变化；

② 当需要绘制地下水等水位线图时，应根据地下水的埋藏条件和层位，统一量测地下水位；

③ 当地下水可能浸湿基础时，应采取水试样进行腐蚀性评价。

3. 详细勘察

经过可行性研究勘察和初步勘察之后，为配合技术设计和施工图设计，需要进行详细勘察。详细勘察应按单体建筑物或建筑群提出详细的岩土工程资料和设计、施工所需的岩土参数；对建筑地基做出岩土工程评价，并对地基类型、基础形式、地基处理、基坑支护、工程降水和不良地质作用的防止等提出建议。

(1) 详细勘察的主要工作内容：

① 搜集附近有坐标和地形的建筑总平面图，场区的地面整平标高，建筑物的性质、规模、荷载、结构特点、基础形式、埋置深度、地基允许变形等资料；

② 查明不良地质作用的类型、成因、分布范围、发展趋势和危害程度，提出整治方案的建议；

③ 查明建筑范围内岩土层的类型、深度、分布、工程特性、分析和评价地基的稳定性、均匀性和承载力；

④ 对需要进行沉降计算的建筑物，提供地基变形计算参数，预测建筑物的变形特征；

⑤ 查明埋藏的河道、墓穴、防空洞、孤石等对工程不利的埋藏物；

⑥ 查明地下水的埋藏条件，提供地下水位及其变化幅度；

⑦ 在季节性冻土地区，提供场地土的标准冻结深度；

⑧ 判定水和土对建筑材料的腐蚀性。

(2) 勘探点的布置应符合下列规定：

① 勘探点宜按建筑物周边线和角点布置，对无特殊要求的其他建筑物可按建筑物或建筑群范围布置。

② 同一建筑范围内的主要受力层或有影响的下卧层起伏较大时，应加密勘探点，查明其变化。

③ 重大设备基础应单独布置勘探点，重大的动力机器基础和高耸构筑物，勘探点不宜少于 3 个。

④ 勘探手段宜采用钻探与触探相配合，在复杂地质条件、湿陷性土、膨胀岩土、风化岩和残积土地区，宜布置适量探井。

⑤ 详细勘探点的间距，可按表 8-3 确定。

表 8-3 详细勘察勘探点的间距 m

地基复杂程度等级	勘探点间距	地基复杂程度等级	勘探点间距
一级(复杂) 二级(中等复杂)	10～15 15～30	三级(简单)	30～50

⑥ 详细勘察的单栋高层建筑勘探点的布置，应满足对地基均匀性评价的要求，且不应少于 4 个，对密集的高层建筑群，勘探点可适当减少，但每栋建筑物至少应有 1 个控制性勘探点。

(3) 详细勘察的勘探深度自基础底面算起，应符合下列规定：

① 勘探孔深度应能控制地基主要受力层，当基础底面宽度不大于 5m 时，勘探孔的深度对条形基础不应小于基础底面宽度的 3 倍，对单独柱基础不应小于基础底面宽度的 1.5 倍，且不应小于 5m。

② 对高层建筑和需要作变形计算的地基，控制性勘探孔的深度应超过地基变形计算深度；高层建筑的一般性勘探孔应达到基底下 0.5～1.0 倍的基础宽度，并深入稳定分布的地层。

③ 对仅有地下室的建筑或高层建筑的裙房，当不能满足抗浮设计要求，需设置抗浮桩或锚杆时，勘探孔深度应满足抗拔承载力评价的要求。

④ 当有大面积地面堆载或软弱下卧层时，应适当加深控制性勘探孔的深度。

⑤ 在上述规定深度内当遇基岩或厚层碎石土等稳定地层时，勘探孔的深度应根据情况进行调整。

(4) 详细勘察的勘探孔深度，还应符合下列规定：

① 地基变形计算深度，对中、低压缩性土可取附加压力等于上覆土层有效自重压力 20%的深度；对于高压缩性土层可取附加压力等于上覆土层有效自重压力 10%的深度。

② 建筑总平面内的裙房或仅有地下室部分（或当基底附加压力 $p_0 \leqslant 0$ 时）的控制性勘探孔深度可适当减小，但应深入稳定分布地层，且根据荷载和土质条件不宜少于基底下 0.5～1.0 倍基础宽度。

③ 当需要进行地基整体稳定性验算时，控制性勘探孔深度应根据具体条件满足验算

要求。

④ 当需确定场地抗震类别而邻近无可靠的覆盖层厚度资料时，应布置波速测试孔，其深度应满足确定覆盖层厚度的要求。

⑤ 大型设备基础勘探孔深度不宜小于基础底面宽度的 2 倍。

⑥ 当需要进行地基处理时，勘探孔的深度应满足地基处理设计与施工要求。

（5）当采用桩基时，勘探孔的深度，应满足如下要求：

① 一般性勘探孔的深度应达到预计桩长以下 $3d$～$5d$（d 为桩径），且不得小于 3m；对于大直径桩，不得小于 5m。

② 控制性勘探孔深度应满足下卧层验算要求；对需要验算沉降的桩基，应超过地基变形深度。

③ 钻至预计深度遇软弱层时，应予加深；在预计勘探孔深度内遇稳定坚实岩土时，可适当减小。

④ 对嵌岩桩，应钻入预计嵌岩面以下 $3d$～$5d$，并穿过溶洞、破碎带，达到稳定地层。

⑤ 对可能有多种桩长方案时，应根据最长桩方案确定。

（6）详细勘察采取土试样和进行原位试验，应符合下列要求：

① 采取土试样和进行原位试验的勘探点数量，应根据地层结构、地基土的均匀性和设计要求确定，对地基基础设计等级为甲级的建筑物每栋不应少于 3 个。

② 每个场地每一主要土层的原状土试样或原位测试数据不应少于 6 件（组）。

③ 在地基主要受力层内，对厚度大于 0.5m 的夹层或透镜体，应采取土试样或进行原位测试。

④ 当土层性质不均匀时，应增加取土数量或原位测试工作量。

4. 施工勘察

遇到下列情况之一时，应配合设计、施工单位进行施工勘察，解决与施工有关的岩土工程问题，并提出相应的勘察资料。

（1）基槽开挖后，地质条件有差异，并可能影响工程质量；

（2）深基础施工设计及施工中需进行有关地基监测工作；

（3）地基处理、加固时，需进行设计和检验工作；

（4）对已埋的塘、浜、沟、谷等的位置，需进一步查明及处理；

（5）预计施工时，对土坡稳定性需进行监测和处理。

第二节 岩土工程勘察方法

一、测绘和调查

工程地质测绘就是在地形图上布置一定数量的观察点和观测线，以便按点和线进行观测和描绘；工程地质调查则是走访现场及其周边，了解、收集相关资料。对地质条件简单的场地，可用调查代替工程地质测绘。测绘和调查的目的是通过对场地的地形地貌、地层岩性、地质构造、地下水、地表水、不良地质现象进行调查研究和测绘，为评价场地工程地质条件及合理确定勘探工作提供依据。而对建筑场地稳定性研究，则是工程地质调查和测绘的重点。

工程地质测绘和调查，宜在可行性研究勘察或初步勘察阶段进行，在详细勘察阶段可对某些专门地质问题作补充调查。测绘和调查的范围，应包括场地及其附近地段。

测绘和调查的内容宜包括：

(1) 查明地形、地貌特征及其与地层、构造、不良地质作用的关系，划分地貌单元；

(2) 岩土的年代、成因、性质、厚度和分布；对岩层应鉴定其风化程度，对土层应区分新近沉积土、各种特殊性土；

(3) 查明岩体结构类型，各类结构面（尤其是软弱结构面）的产状和性质，岩、土接触面和软弱夹层的特性等，新构造活动的形迹及其与地震活动的关系；

(4) 查明地下水的类型、补给来源、排泄条件、井泉位置，含水层的岩性特征、埋藏深度、水位变化、污染情况及其与地表水的关系；

(5) 搜集气象、水文、植被、土的标准冻结深度等资料；调查最高洪水位及其发生时间、淹没范围；

(6) 查明岩溶、土洞、滑坡、崩塌、泥石流、冲沟、地面沉降、断裂、地震震害、地裂缝、岸边冲刷等不良地质作用的形成、分布、形态、规模、发育程度及其对工程建设的影响；

(7) 调查人类活动对场地稳定性的影响，包括人工洞穴、地下采空、大挖大填、抽水排水和水库诱发地震等；

(8) 建筑物的变形和工程经验。

工程地质测绘和调查的成果资料宜包括实际材料图、综合工程地质图、工程地质分区图、综合地质柱状图、工程地质剖面图以及各种素描图、照片和文字说明等。

二、勘探方法

勘探可以查明岩土的性质和分布，采取岩土试样、进行原位测试。常用的勘探方法有坑探、钻探和触探三种。地球物理勘探只在弄清某些地质问题时才采用。

1. 坑探

这里的“坑”包括井、槽、洞，所以坑探包括井探、槽探和洞探，就是人工开挖的探坑（探井、探槽、探洞），如图 8-1 所示。通过探坑的开挖，可以绘制出地质剖面图、展示图，或拍摄剖面照片；同时，还可以方便地取得原状土样，供实验室测试，也可以在设定的部位进行原位试验。

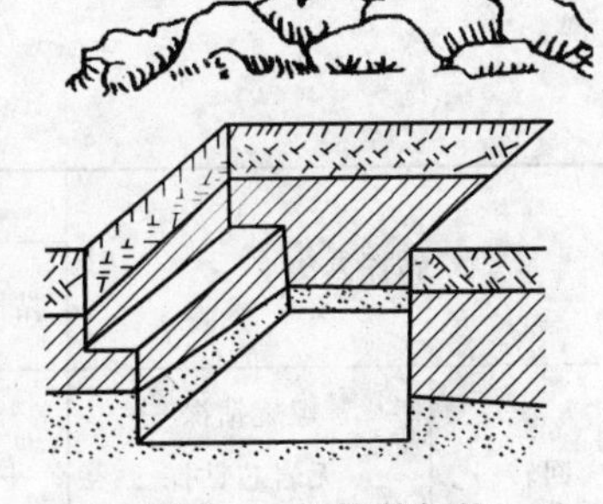

图 8-1　开挖的探坑

探坑的平面形状一般采用 1.5m×1.0m 的矩形或直径为 0.8～1.0m 的圆形，其深度视地层的土质和地下水的埋藏条件而定。探坑深度不宜超过地下水位，较深的探坑需进行坑壁支护。在坝址、地下工程、大型边坡等勘察中，当需要详细查明深部岩层性质、构造特征时，可采用竖井或平洞。

对探井、探槽和探洞除文字描述记录外，尚应以剖面图、展示图等反映井、槽、洞壁和底部的岩性、地层分界、构造特征、取样或原位试验位置、并辅以代表性部位的彩色照片。

坑探法适用于土层中含有块石，钻探困难或土层很不均匀的情况。其优点是直观、并可取原状土样作试验或在探坑内作载荷试验，这是钻探法和触探法无法做到的。缺点是探查深度不大，且不能用于水下，勘察完成后，探坑回填工作量较大。

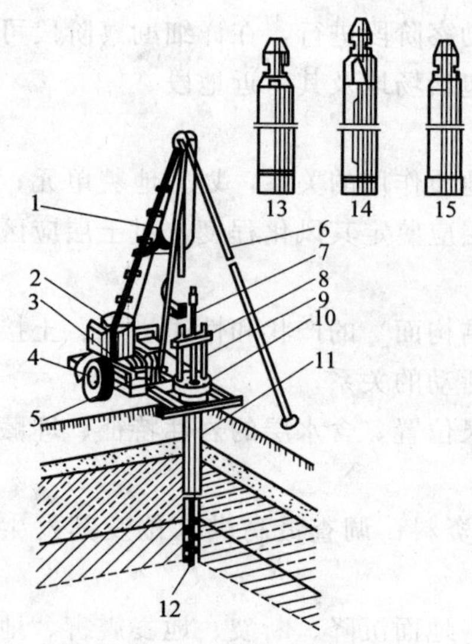

图 8-2 SH-30 型钻机

1—钢丝绳；2—汽油机；3—卷扬机；4—车轮；5—变速箱及操纵把；6—四腿支架；7—钻杆；8—钻杆夹；9—拔棍；10—转盘；11—钻孔；12—螺旋钻头；13—抽筒钻头；14—劈土钻头；15—劈石钻头

2. 钻探

钻探是用钻机在土层钻孔，以鉴别和划分土层，并用取土器采取土样，也可直接在孔内进行某些原位测试。这是岩土工程勘察的基本手段，其成果是进行工程地质评价和岩土工程设计、施工的基础资料。

钻机主要有冲击式和回旋式两种。冲击式钻机利用卷扬机钢丝绳带动钻具，再利用钻具的重力上下反复冲击，使钻头冲击孔底，破碎地层形成钻孔，在成孔过程中，它只能取出岩石碎块或扰动土样。回旋式钻机则是利用钻机的回转器带动钻具旋转，磨削孔底的地层而钻进，这种钻机通常使用管状钻具，能取柱状岩样或土样。图 8-2 所示为国产 SH-30 型钻机的钻进情况，其最大钻进深度可达到 30m，适用于建筑物和道路工程等的岩土工程勘探。对于不同的地层，应选取不同的钻头。常用的几种钻头见图中的“12”至“15”各小图。

此外，钻机还有振动式和冲洗式两种。振动钻探有较高的工效，但对地层扰动大，不利于采取不扰动土样；冲洗式钻探能以较高的速度和低的成本达到某一深度，能了解松软覆盖层下的硬层（如基岩、卵石）的埋藏深度，但不能直观鉴别地层、也不能采取试样。

不同的钻探方法有不同的适用范围，所以应根据岩土类别和勘察要求来选择钻探方法。表 8-4 可以作为选择钻探方法的参考。

表 8-4 钻探方法的适用范围

钻探方法		钻进地层					勘察要求	
		黏性土	粉土	砂土	碎石土	岩石	直观鉴别、采取不扰动试样	直观鉴别、采取扰动试样
回转	螺旋钻探	++	+	+	—	—	++	++
	无岩芯钻探	++	++	++	+	++	—	—
	岩芯钻探	++	++	++	+	++	++	++
冲击	冲击钻探	—	—	++	++	—	—	—
	捶击钻探	++	++	++	+	—	++	++
振动钻探		++	++	++	+	—	+	++
冲洗钻探		+	++	++	—	—	—	—

注：++：适用；+：部分适用；—：不适用。

勘探浅部土层可采用小口径麻花钻（或提土钻）钻进、小口径勺形钻钻进和洛阳铲钻进的钻探方法。其中小口径麻花钻头，接上钻杆，以人力回旋钻进（见图 8-3）。这种钻孔直径较小，深度可达 10m，只能取扰动黏性土样，现场鉴别土的性质。洛阳铲（见图 8-4），因过去由洛阳盗墓人所创，故名。现为考古勘察常用的一种工具，也作为岩土工程勘察的手工钻探工具。铲头半圆形，由钢制成，装上木制或金属长柄，并可系长绳。一人操作。在均匀的普通黏性土、粉土中，一小时可打出一个直径约 10～20cm 的 5～6m 深的探孔。根据铲头带上的土，可鉴别和划分土层，考古人员也可据此判别地下有无古代墓葬或文物线索。

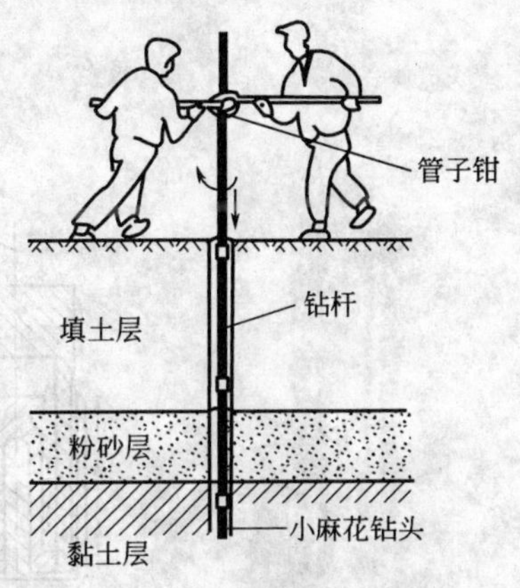

图 8-3　手摇麻花钻钻进示意

钻孔的记录应符合下列要求：

(1) 野外记录应由经过专业训练的人员承担；记录应真实及时，按钻进回次逐段填写，严禁事后追记；

(2) 钻探现场可采用肉眼鉴别和手触方法，有条件或勘察工作有明确要求时，可采用微型贯入仪等定量化、标准化的方法；

(3) 钻探成果可用钻孔野外柱状图或分层记录表示；岩土芯样可根据工程要求保存一定期限或长期保存，亦可拍摄岩芯、土芯彩照纳入勘察成果资料。

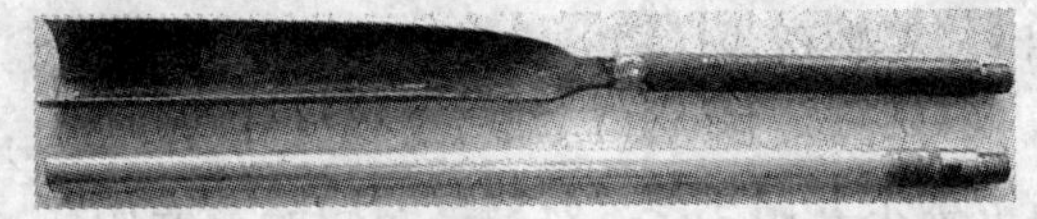
图 8-4　洛阳铲

3. **触探**

触探是用静力或动力将金属探头贯入土层，根据土对触探头的贯入阻力或锤击数，间接判断土层及其性质的一种方法。触探是一种勘探方法，又是一种原位测试技术。作为勘探方法，触探可用于划分土层，了解地层的均匀性；作为测试技术，则可估计土的某些特性指标或估计地基承载力。触探根据贯入方式的不同，可分为静力触探和动力触探（含圆锥动力触探和标准贯入)。

(1) 静力触探　静力触探是用准静力将一个内部装有传感器的触探头匀速压入土层中，利用电测技术测定贯入阻力，以此来判断土的力学性质。一般说来，同一种土，贯入阻力大，土层力学性质好；贯入阻力小，土层软弱。该法适用于软土、一般黏性土、粉土、砂土和含少量碎石的土。

静力触探的主要设备是提供压力的触探仪和感应贯入阻力的触探头，如图 8-5 所示。触探仪有机械式和油压式两种，触探头的传感元件为电阻片（应变片）。当触探头贯入土层时，探头套所受的土层阻力，通过顶柱传递到空心柱上部，使空心柱与贴在其上面的电阻片一起产生拉伸变形。通过应变测量系统，便可测得电阻片产生的应变，或输出电信号。应变的大小与阻力相关，这样就可由测定应变来实现测定阻力。

实际应用中，触探头分单桥探头和双桥探头两类，前者以一个测力电桥（惠斯登电桥）来量测探头总贯入阻力，后者用两个电桥分别量测探头的锥尖阻力和侧壁阻力。

对于单桥探头，将总贯入阻力 P（kN）除以探头截面面积 A（m^2）定义为比贯入阻力，用 p_s 表示，单位为 kPa：

$$p_s=\frac{P}{A} \tag{8-1}$$

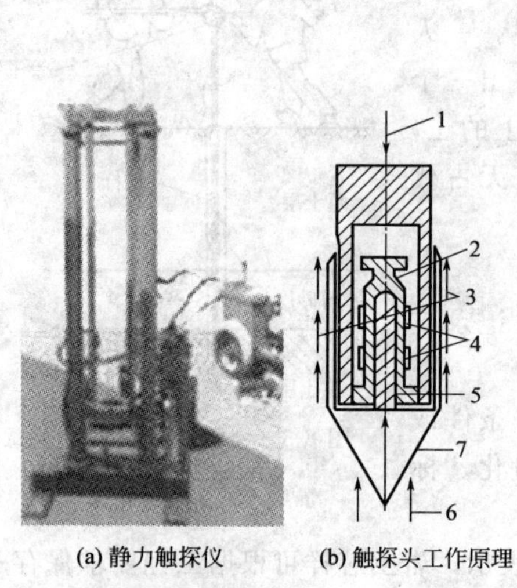

(a) 静力触探仪　(b) 触探头工作原理

图 8-5　触探仪和探头

1—贯入力；2—空心柱；3—侧壁摩阻力；4—电阻片；5—顶柱；6—锥尖阻力；7—探头套

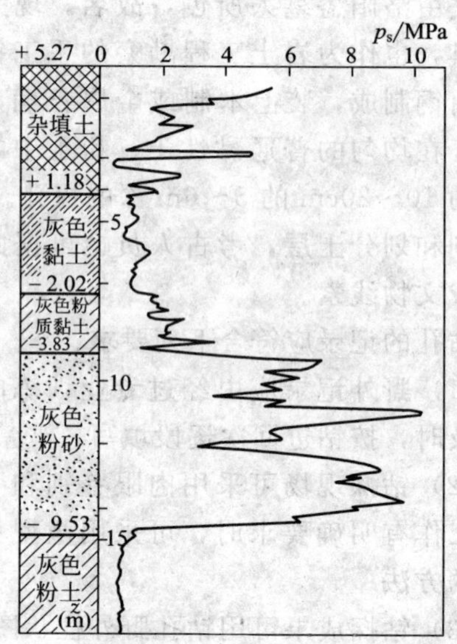

图 8-6　静力触探 p_s-z 曲线和钻孔柱状图

对于双桥探头，可测出锥尖总阻力 Q_c（kN）和侧壁总摩阻力 P_f（kN），则定义锥尖阻力 q_c（kPa）：

$$q_c=\frac{Q_c}{A} \tag{8-2}$$

侧壁摩阻力 f_s(kPa)：

$$f_s=\frac{P_f}{A_s} \tag{8-3}$$

式中　A_s——外套筒的总表面积，m^2。

根据锥尖阻力 q_c 和侧壁摩阻力 f_s 可计算同一深度处的摩阻比 R_f：

$$R_f=\frac{f_s}{q_c}\times 100\% \tag{8-4}$$

20 世纪 80 年代初期，研制出孔压静力触探仪，实现了对孔隙水压力 u 的测定，使静力触探技术提高到了一个新的高度。

由测得的 p_s、q_c、f_s、R_f、u 等参数，可绘制出随深度变化的曲线，如图 8-6 所示。这样的曲线，称为贯入曲线。根据贯入曲线的线型特征，结合相邻钻孔资料和地区经验，可以划分土层和判定土类。

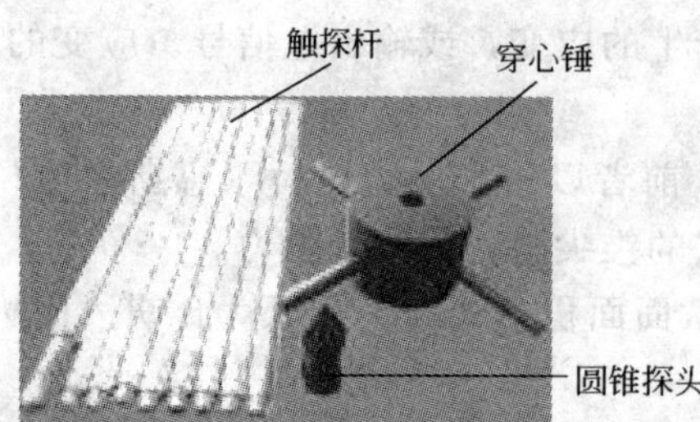

图 8-7　圆锥动力触探设备

根据静力触探资料，利用地区经验，可进行力学分层，估算土的塑性状态或密实度、强度、压缩性、地基承载力、单桩承载力、沉桩阻力，以及进行液化判别等。根据孔压消散曲线，可估算土的固结系数和渗透系数。

（2）圆锥动力触探　圆锥动力触探是利用一定锤击动能，将一定规格的圆锥探头打入土中，根据打入土中一定深度所需锤击数来判别土层工程性质的一种方法。

圆锥动力触探的设备主要由圆锥探头、触探杆、穿心锤及钢砧锤垫四部分组成，如图 8-7 所示。根据穿心锤质量不同，我国将圆锥动力触探分为轻型、重型和超重型三种，其规格和适用土类见表 8-5。

表 8-5 圆锥动力触探类型

类型		轻型	重型	超重型
落锤	锤的质量/kg	10	63.5	120
	落距/cm	50	76	100
探头	直径/mm	40	74	74
	锥角/(°)	60	60	60
探杆直径/mm		25	42	50～60
指标		贯入 30cm 的读数 N_{10}	贯入 10cm 的读数 $N_{63.5}$	贯入 10cm 的读数 N_{120}
主要适用岩土		浅部的填土、砂土、粉土、黏性土	砂土、中密以下的碎石土、极软岩	密实和很密的碎石土、软岩、极软岩

试验的具体方法是先将穿心锤穿入带钢砧与锤垫的触探杆上，探头及探杆垂直地面放置于测试地点，然后提起穿心锤至预定高度，使其自由下落撞击锤垫，将探头打入土中，记录每贯入 30cm（或 10cm）的锤击数。重复上述步骤，直至达到预定深度为止。

随着探杆入土长度的增加，杆侧土层的摩阻力以及其他形式的能量消耗也增大了，因而使得锤击数值偏大。对重型和超重型圆锥动力触探，习惯上采用牛顿碰撞理论来对杆长的影响进行修正：

$$N_{63.5}=\alpha_1 N'_{63.5}, \quad N_{120}=\alpha_2 N'_{120} \tag{8-5}$$

式中 $N_{63.5}$，N_{120}——修正后的锤击数；

$N'_{63.5}$，N'_{120}——实测锤击数；

α_1——重型圆锥动力触探锤击修正系数，按表 8-6 取值；

α_2——超重型圆锥动力触探锤击修正系数，按表 8-7 取值。

表 8-6 重型圆锥动力触探锤击修正系数 α_1

L/m \ $N'_{63.5}$	5	10	15	20	25	30	35	40	≥50
2	1.00	1.00	1.00	1.00	1.00	1.00	1.00	1.00	
4	0.96	0.95	0.93	0.92	0.90	0.89	0.87	0.86	0.84
6	0.93	0.90	0.88	0.85	0.83	0.81	0.79	0.78	0.75
8	0.90	0.86	0.83	0.80	0.77	0.75	0.73	0.71	0.67
10	0.88	0.83	0.79	0.75	0.72	0.69	0.67	0.64	0.61
12	0.85	0.79	0.75	0.70	0.67	0.64	0.61	0.59	0.55
14	0.82	0.76	0.71	0.66	0.62	0.58	0.56	0.53	0.50
16	0.79	0.73	0.67	0.62	0.57	0.54	0.51	0.48	0.45
18	0.77	0.70	0.63	0.57	0.53	0.49	0.46	0.43	0.40
20	0.75	0.67	0.59	0.53	0.48	0.44	0.41	0.39	0.36

注：表中 L 为杆长。

表 8-7　超重型圆锥动力触探锤击修正系数 α_2

L/m \ N'_{12}	1	3	5	7	9	10	15	20	25	30	35	40
1	1.00	1.00	1.00	1.00	1.00	1.00	1.00	1.00	1.00	1.00	1.00	1.00
2	0.96	0.92	0.91	0.90	0.90	0.90	0.90	0.89	0.89	0.88	0.88	0.88
3	0.94	0.88	0.86	0.85	0.84	0.84	0.84	0.83	0.82	0.82	0.81	0.81
5	0.92	0.82	0.79	0.78	0.77	0.77	0.76	0.75	0.74	0.73	0.72	0.72
7	0.90	0.78	0.75	0.74	0.73	0.72	0.71	0.70	0.68	0.68	0.67	0.66
9	0.88	0.75	0.72	0.70	0.69	0.68	0.67	0.66	0.64	0.63	0.62	0.62
11	0.87	0.73	0.69	0.67	0.66	0.66	0.64	0.62	0.61	0.60	0.59	0.58
13	0.86	0.71	0.67	0.65	0.64	0.63	0.61	0.60	0.58	0.57	0.56	0.55
15	0.84	0.69	0.65	0.63	0.62	0.61	0.59	0.58	0.56	0.55	0.54	0.53
17	0.85	0.68	0.63	0.61	0.60	0.60	0.57	0.56	0.54	0.53	0.52	0.50
19	0.84	0.66	0.62	0.60	0.58	0.58	0.56	0.54	0.52	0.51	0.50	0.48

注：表中 L 为杆长。

根据圆锥动力触探试验指标和地区经验，可进行力学分层，评定土的均匀性和物质性质（状态、密实度）、土的强度、变形参数、地基承载力、单桩承载力，查明土洞、滑动面、软硬土层界面，检测地基处理效果等。

（3）标准贯入试验　标准贯入试验是动力触探的一种。以钻机作为提升架，并配用标准圆形贯入器、触探杆和穿心锤等设备（见图 8-8）。试验时在钻孔孔底安放贯入器和探杆锤击系统，将质量为 63.5kg 的穿心锤以 76cm 的落距自由下落，首先将贯入器打入土层中 15cm，然后开始记录打入土层 30cm 的锤击数，即为实测锤击数 N。当锤击数已达 50 击，而贯入深度未达到 30cm 时，可记录 50 击的实际贯入深度 ΔS(cm)，按下式换算成相当于 30cm 的标准贯入试验锤击数 N，并终止试验。

$$N=30\times\frac{50}{\Delta S}=\frac{1500}{\Delta S} \tag{8-6}$$

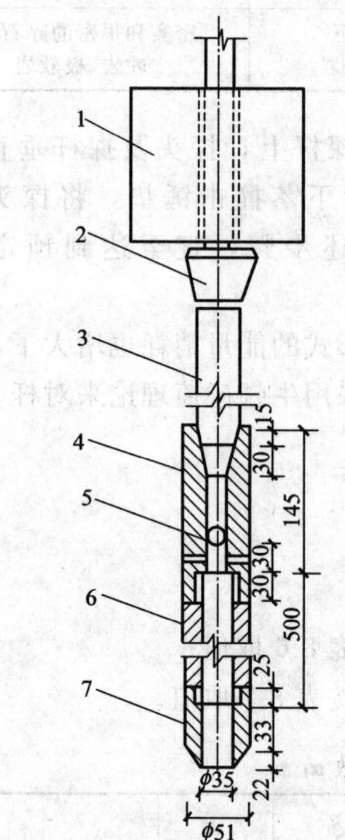

图 8-8　标准贯入试验设备（单位：mm）
1—穿心锤；2—锤垫；3—触探杆；4—贯入器头；5—出水孔；6—由两半圆形管并合而成的贯入器身；7—贯入器靴

标准贯入试验成果 N 可直接标在工程地质剖面图上，也可绘制单孔标准贯入锤击数 N 与深度的关系曲线或直方图。依据 N 值，可对砂土、粉土、黏性土的物理状态、土的强度、变形参数、地基承载力、单桩承载力、砂土和粉土的液化，成桩的可能性等作出评价。

标准贯入试验是 20 世纪 40 年代末期发展起来的，适用于砂土、粉土和一般黏性土，不适用于碎石土及岩层。对饱和软黏土而言，由于其试验精度较低，通常采用十字板剪切和静力触探，而不采用标准贯入试验。

由于使用方便，标准贯入试验方法在国内外都得到广泛应用，如图 8-9 所示为某建筑场地的试验现场。

图 8-9　标准贯入试验现场

三、测试工作

测试工作是岩土工程勘察工作的重要组成部分。通过室内试验和现场原位测试，可以取得岩土的物理力学性质和地下水的水质等方面的定量指标，以供工程设计、施工时使用。

1. 室内试验

岩土性质的室内试验按现行国家标准《土工试验方法标准》（GB/T50123）和《工程岩体试验方法标准》（GB/T50266）的规定进行。岩土工程评价时所选用的参数，宜与相应的原位测试成果或原位观测反分析成果比较，经修正后确定。

根据勘探所采取的土试样所受扰动程度不同，将土试样分成四个质量等级。Ⅰ级土样为不扰动土样，指原位应力状态虽已改变，但土的结构、密度和含水量变化很小，能满足室内试验的各项要求的土样。Ⅱ级土样为轻微扰动土样，用于土类定名、含水量、密度测定等。除地基基础设计等级为甲级的工程外，在工程技术要求允许的情况下，可用Ⅱ级土试样进行强度和固结试验，但宜先对土试样受扰动程度作抽样鉴定，判定用于试验的适宜性，并结合地区经验使用试验成果。Ⅲ级土样为显著扰动土样，用于土类定名、含水量试验。Ⅳ级土样为完全扰动土样，仅用于土类定名试验。

（1）物理性质指标测定　各类工程均应测定下列土的分类指标和物理性质指标。

对砂土，试验项目为颗粒级配、比重、天然含水量、天然密度、最大和最小密度。当无法取得Ⅰ级、Ⅱ级、Ⅲ级砂土试样时，可只进行颗粒级配试验。

对粉土试样，试验项目为颗粒级配、液限、塑限、密度、天然含水量、天然密度和有机质含量。

对黏性土，试验项目为液限、塑限、密度、天然含水量、天然密度和有机质含量。若目测鉴定不含有机质时，可不进行有机质试验。

（2）渗透性试验　当需要进行渗流分析，基坑降水设计等要求提供土的透水性参数时，可进行渗透性试验。常水头试验适用于砂土和碎石土；变水头试验适用于粉土和黏性土；透水性很低的软土可通过固结试验测定固结系数，体积压缩系数，计算渗透系数。土的渗透系数取值应与野外抽水试验或注水试验的成果比较后确定。

（3）力学试验　土的力学试验包括侧限压缩试验、无侧限抗压强度试验、直接剪切试验、三轴剪切试验等，测定土的强度指标和侧限压缩模量。

对岩石，一般可作室内饱和单轴抗压强度试验，如有需要也可作三轴压缩、直接剪切以及抗拉强度试验。

（4）腐蚀性试验　混凝土结构或钢结构处于地下水位以下时，应采取地下水位以下的水试样和地下水位以上的土试样，分别作腐蚀性试验；结构处于地下水位以上时，应采取土试样作腐蚀性试验。

腐蚀性试验的项目，一般有 pH 值、Ca^{2+}、Mg^{2+}、Cl^{-}、SO_4^{2-}、HCO_3^{-}、CO_3^{2-}、侵蚀性 CO_2、游离 CO_2、NH_4^{+}、OH^{-}、总矿化度、氧化还原电位、极化曲线、电阻率、扰动土质量损失。

2. 原位测试

所谓原位测试，就是在岩土体所处的位置，基本保持岩土原来的结构、湿度和应力状态，对岩土体进行的测试。原位测试包括地基土的静载荷试验（浅层平板载荷试验、深层平板载荷试验）、触探试验、十字板剪切试验，岩土现场剪切试验、动力参数或剪切波速测定，桩的静载荷试验、动载荷试验等。有时，还要进行地下水位变化的观测和抽水试验。一般来说，原位测试可在现场条件下直接测定土的性质，避免土试样在取样、运输以及室内准备试验过程中被扰动，因而其试验成果较为可靠。

第三节　岩土的野外鉴别与描述

一、岩土的野外鉴别

在勘探过程中，应在野外（现场）条件下及时对岩土进行简单的鉴别和文字描述，作为勘察工作的原始资料。

所谓岩土的野外鉴别，就是通过肉眼观察、用手触摸并辅以随身携带的简单工具，凭感觉、凭经验，对岩土类型、状态等作出初步判断。

1. 岩石的野外鉴别

岩石是由一种或几种矿物组成的集合体，具有一定的化学成分、矿物成分，一定的结构和构造。是否是岩石，通过肉眼观察就可以判定。岩石坚硬程度的定性划分见表 8-8。

表 8-8　岩石坚硬程度的定性划分

名　称		定性鉴定	代表性岩石
硬质岩	坚硬岩	锤击声清脆，有回弹，振手，难击碎；基本无吸水反应	未风化或微风化的花岗岩、闪长岩、辉绿岩、玄武岩、安山岩、片麻岩、石英岩、硅质砾岩、石英砂岩、硅质石灰岩等
	较硬岩	锤击声较清脆，有轻微回弹，稍震手，较难击碎；有轻微吸水反应	微风化的坚硬岩；未风化或微风化的大理岩、板岩、石灰岩、钙质砂岩等
软质岩	较软岩	锤击声不清脆，无回弹，较易击碎；指甲可刻出印痕	中风化的坚硬岩和较硬岩；未风化或微风化的凝灰岩、千枚岩、砂质泥岩、泥灰岩等
	软　岩	锤击声哑，无回弹，有凹痕，易击碎；浸水后，可捏成团	强风化的坚硬岩和较硬岩；中风化的较软岩；未风化或微风化的泥质砂岩、泥岩等
极软岩		锤击声哑，无回弹，有较深凹痕，手可捏碎；浸水后，可捏成团	风化的软岩；全风化的各种岩石；各种半成岩

2. 碎石土的野外鉴别

碎石土的分类是以土中颗粒大小及其相对含量为依据的。大于蚕豆（胡豆、罗汉豆）大小颗粒的含量超过一半者为卵石或碎石，大于绿豆大小颗粒的含量超过全重的一半者为砾石(圆砾或角砾)。碎石土的干时状态完全分散，湿时状态无黏着感。

碎石土的密实度，可按表 8-9 进行初步划分。

表 8-9　碎石土密实度野外鉴别方法

密实度	骨架颗粒含量和排列	可挖性	可钻性
密　实	骨架颗粒含量大于总重的 70%，呈交错排列，连续接触	锹镐挖掘困难，用撬棍方能松动，井壁一般较稳定	钻进极困难，冲击钻探时，钻杆、吊锤跳动剧烈，孔壁较稳定

续表

密实度	骨架颗粒含量和排列	可挖性	可钻性
中密	骨架颗粒含量等于总重的60%～70%，呈交错排列，大部分接触	锹镐可挖掘，井壁有掉块现象，从井壁取出大颗粒处，能保持颗粒凹面形状	钻进较困难，冲击钻探时，钻杆、吊锤跳动不剧烈，孔壁有坍塌现象
稍密	骨架颗粒含量等于总重的55%～60%，排列混乱，大部分不接触	锹可以挖掘，井壁易坍塌，从井壁取出大颗粒后，砂土立即坍落	钻进较容易，冲击钻探时，钻杆稍有跳动，孔壁易坍塌
松散	骨架颗粒含量小于总重的55%，排列十分混乱，绝大部分不接触	锹易挖掘，井壁极易坍塌	钻进很容易，冲击钻探时，钻杆无跳动，孔壁极易坍塌

3. 砂土的野外鉴别

砂土的分类也是以土中颗粒大小及其相对含量为依据的。大于绿豆大小的颗粒含量超过全重四分之一者为砾砂，大于小米小于绿豆大小的颗粒含量超过全重一半者为粗砂，大于砂糖、小于小米大小的颗粒含量超过全重一半者为中砂，类似于粗玉米粉颗粒粗细者为细砂，类似于细白糖颗粒粗细者为粉砂。

砂土的野外鉴别还可借助“砂粒标准粒度计”。它是由一系列的砂粒粒组，按粗细顺序装在一根玻璃管内而成的。将野外砂土与标准粒度计中的已知粗细作比较，再估计其相对含量，便可初步对砂土定名。

4. 粉土和黏性土的野外鉴别

粉土和黏性土的颗粒粒径很小，不能用肉眼判别，这类土可以用小刀切、用手捻摸等方法进行初步鉴别，具体判定特征可参见表 8-10。

表 8-10 粉土和黏性土野外鉴定特征

鉴别方法＼土类	黏土	粉质黏土	粉土
湿润时用刀切	切面非常光滑，刀刃有黏腻的阻力	稍有光滑面，切面规则	无光滑面，切面比较粗糙
用手捻摸时的感觉	湿土用手捻有滑腻感，当水分较大时极为黏手，感觉不到砂粒存在	仔细的捻摸感觉到有少量细颗粒，稍有滑腻感，有黏滞感	感觉有细颗粒存在或感觉粗糙，有轻微的黏滞感
黏着程度	湿土极易黏着物体(包括金属和玻璃)，干燥后不易剥去，用手反复洗才能去掉	能黏着物体，干燥后较易剥掉	一般不黏着物体，干燥后一碰即掉
湿土搓条情况	能搓成 0.5mm 的土条(长度不短于手掌)，手持一端不致断裂	能搓成 0.5mm～2mm 的土条	能搓成 2mm～3mm 的土条

表 8-10 中的各种特征已反映出土中黏粒含量等因素的影响。黏性土含有一定数量的黏粒，故具有黏聚力。粉土可能含有某些黏粒而具有黏聚力，也可能少含黏粒，潮湿时所具有的黏聚力在干燥时消失。粉土含有较多的粉粒，塑性较低。

野外鉴别粉土还可采用“摇振反应”：用少量的土和水拌和形成一个含水量接近饱和的小球，放在手掌上左右摇动，并以另一手掌振击持土的手掌，若土中水渗出土球表面，并呈现光泽，则该土为粉土。这是因为土中水较容易在粉土颗粒间通过，振击使土中水由于惯性力作用而移至表面，产生震动水析现象。

黏性土的物理状态，野外鉴别时可依据相应特征来划分。坚硬状态：人工小钻钻探时很费力，几乎钻不进，钻头取上的土样用手指捏不动，加力不能使土变形，只会碎裂。硬塑状态：人工小钻钻探时较费力，钻头取上的土样用手指捏时，当用较大的力才能使土略有变形，并即碎散。可塑状态：钻头取出的土样，手指用力不大就能使土变形，土可捏成各种形状。软塑状态：可以把土捏成各种形状，手指揿入土中毫不费力，由钻头取上的土剥取时还能成条。流塑状态：钻进较易，钻头取上的土样少，剥取时已不能成形，放在手中也不易成块。

二、岩土的描述

在野外鉴别的基础上，综合室内试验、现场测试成果，对土的名称、颜色、成因类型、地质时代、地质特征以及物理力学性质等，用文字和指标对场地岩土作出全面描述。不同类型的岩土，描述要求不同。

1. 岩石的描述

岩石应描述其成因类型、矿物成分、形态、颜色、光泽、软硬程度、破碎情况以及风化程度等。

2. 碎石土的描述

碎石土应描述其成因类型，颗粒级配、形状、最大粒径、物质成分及风化程度，填充物的性质、填充情况以及密实度等。碎石土的填充物及填充情况与其成因有关，填充物为砂土时，颗粒粗且分散；填充物为黏性土时，颗粒细且具黏性。

3. 砂土的描述

砂土应描述其成因类型、颗粒级配、矿物成分、黏性土含量、湿度和密实度等。

砂土的湿度野外鉴别可采用以下简便方法：现场取一块保持天然含水量的砂土，放在手中迅速摇荡，若表面有水渗出，则表明是饱和的；若摇不出水分，但可勉强捏成团，则砂土是很湿的；若呈松散状态，手感有潮湿感，则属稍湿的。

4. 粉土和黏性土的描述

粉土和黏性土应描述其生成年代、成因类型、沉积环境、断面形态、孔隙大小、粗糙程度、是否有层理，土的颜色、湿度、状态、包含物以及有无人类的文化遗迹等。

土层中含有非本层土成分的其他物质，称为包含物。例如碎砖、炉碴、石灰碴、植物根、有机质、贝壳、氧化铁、云母等。应注明包含物的大小和数量。

5. 人工填土的描述

首先应分清属于人工填土中的哪一种，是素填土还是杂填土，然后描述其物质组成、压密程度和堆积年限等。填土的物质成分和压密程度随物质来源和填积方法而异。为了查明人工填土的情况，在勘察时，应调查（走访当地居民、收集旧地形图、查阅地方志）和描述场地的地形、地物变迁，填土的堆填年代、堆填方式、堆填物的主要成分。

第四节　岩土工程勘察报告

当完成野外勘察工作和室内试验以后，由直接和间接得到的各种岩土资料，经分析整理、检查校对、归纳总结，便可形成由文字和图表组成的岩土工程勘察报告，供工程项目的设计、施工使用。

一、勘察报告的内容要求

岩土工程勘察报告应资料完整、真实准确、数据无误、图表清晰、结论有据、建议合理、便于使用和适宜长期保存，并应因地制宜，重点突出，有明确的工程针对性。

1. 基本内容

岩土工程勘察报告应根据甲方的任务要求、勘察阶段、工程特点和地质条件等具体情况编写，并应包括下列内容：

(1) 勘察目的、任务要求和技术标准；

(2) 拟建工程概况；

(3) 勘察方法和勘察工作布置；

(4) 场地地形、地貌、地层、地质构造、岩土性质及其均匀性；

(5) 各项岩土性质指标，岩土的强度参数、变形参数、地基承载力的建议值；

(6) 地下水埋藏情况、类型、水位及其变化；

(7) 土和水对建筑材料的腐蚀性；

(8) 可能影响工程稳定的不良地质作用的描述和对工程危害程度的评价；

(9) 场地稳定性和适宜性评价。

除此之外，还应对岩土利用、整治和改造的方案进行分析论证，提出建议；对工程施工和使用期间可能发生的岩土工程问题进行预测，提出监控和预防措施的建议。对岩土的利用、整治和改造的建议，宜进行不同方案的技术经济论证，并提出对设计、施工和现场监测要求的建议。

2. 成果附件

成果报告应附下列图件：

(1) 勘探点平面布置图；

(2) 工程地质柱状图；

(3) 工程地质剖面图；

(4) 原位测试成果图表；

(5) 室内试验成果图表。

当需要时，尚可附综合工程地质图，综合地质柱状图，地下水位等水位线、素描、照片、综合分析图表，岩土利用、整治和改造方案的有关图表，岩土工程计算简图及计算成果图表等。

3. 专题报告

任务需要时，可提交下列专题报告：

(1) 岩土工程测试报告；

(2) 岩土工程检验或监测报告；

(3) 岩土工程事故调查与分析报告；

(4) 岩土利用、整治或改造方案报告；

(5) 专门岩土工程问题的技术咨询报告。

二、勘察报告的阅读要点

岩土工程勘察报告，短的数十页，长的数百页，内容众多，资料丰富，设计人员在阅读时不必面面俱到，应抓住要点重点阅读或关注。

在地质条件比较复杂的地区，阅读勘察报告时，首先应注意场地的稳定性，掌握地质条件，地层成层条件。特别要注意是否有不良地质现象，例如场地土层是否稳定，有无滑坡、断层、溶洞、土洞及地震等情况。对于处于平原地区的建筑场地，主要了解土层在深度方向的分层情况，水平方向的均匀程度，地下水位以及地下水的腐蚀性。土层分布规律通常上部土的性质较差，下部土的性质较好，直到基岩；但要注意是否有反常情况，即是否有下卧软弱层存在，这将影响到持力层的选择、基础的埋置深度。

岩土的物理力学性质指标众多，阅读勘察报告应注意能说明岩土工程性质的主要参数，比如重度 γ、孔隙比 e、液性指数 I_L、抗剪强度指标（标准值）φ_k 和 c_k，以及压缩性指数 $a_{1\text{-}2}$ 或 E_s。如果有现场测试数据，如标准贯入锤击数 N、圆锥动力触探锤击数 N_{10}、$N_{63.5}$、N_{120}，静力触探的贯入曲线，则更能直观地把握土的强度随深度的变化。特别要注意地基承载力特征值 f_{ak}，单桩竖向承载力特征值 R_a 等参数，因为持力层的选择、基础底面尺寸的确定或桩基础中桩数的确定，直接与承载力有关。

思 考 题

8.1 工程建设为什么要进行岩土工程勘察？

8.2 场地等级和地基等级如何划分？岩土工程勘察又是如何划分等级的？

8.3 岩土工程勘察如何分阶段？什么样的工程可以直接进行详细勘察？详细勘察阶段应该完成哪些工作？

8.4 对于建筑工程而言，常用的勘探方法有哪几种？各有什么优缺点和适用范围？

8.5 重型圆锥动力触探试验和标准贯入试验有何异同？

8.6 野外如何鉴别碎石土？密实度如何确定？

8.7 岩土工程勘察报告的内容有哪些？

8.8 阅读岩土工程勘察报告时应抓住哪些主要内容？

选 择 题

8.1 岩土工程勘探通常要采取土试样。根据土样受扰动的程度，将其分为四个质量级别。其中Ⅰ级土样指的是（　　）。

A. 扰动土样　B. 轻微扰动土样　C. 未扰动土样　D. 重塑土样

8.2 地形地貌较复杂，基础位于地下水位以下的场地，属于（　　）。

A. 一级场地　B. 二级场地　C. 三级场地　D. 四级场地

8.3 三级地基属于（　　）。

A. 简单地基　B. 复杂地基　C. 中等简单地基　D. 中等复杂地基

8.4 对于一般工程，初步勘察时控制性勘探孔的深度应为（　　）m。

A. 10～15　B. 15～30　C. 10～20　D. ≥30

8.5 静力触探试验有单桥探头和双桥探头两种探头，其中单桥探头的测试结果以指标（　　）表示。

A. 比贯入阻力 $p_s=\dfrac{P}{A}$　B. 锥尖阻力 $q_c=\dfrac{Q_c}{A}$

C. 侧壁阻力 $f_s=\dfrac{P_f}{A_s}$　D. 摩阻比 $R_f=\dfrac{f_s}{q_c}\times100\%$

8.6 下列试验中，属于原位测试的是（　　）。

A. 液限试验　B. 饱和单轴抗压强度试验　C. 静载荷试验　D. 三轴剪切试验

8.7 标准贯入试验中，穿心锤的质量为（　　）。

A. 10kg　B. 32.5kg　C. 50kg　D. 63.5kg

8.8 轻型圆锥动力触探试验中，穿心锤的质量为10kg，落距为（　　）mm。

A. 1000　B. 760　C. 500　D. 380

第九章　浅基础设计

第一节　浅基础的类型

根据基础埋置深度 d 的不同，可将基础分为浅基础和深基础两类。通常将 $d \leqslant 5\text{m}$ 或 $d \leqslant$ 基底宽度 b 的基础称为浅基础，而将 $d > 5\text{m}$ 和 $d >$ 基底宽度 b 的基础称为深基础，本章介绍浅基础设计，第十章介绍深基础设计。根据设计计算方法的不同，浅基础的类型可分为无筋扩展基础、扩展基础、柱下条形基础、高层建筑筏形基础、箱形基础等。

一、无筋扩展基础

无筋扩展基础是指由砖、灰土、三合土、毛石、混凝土或毛石混凝土等材料组成的，且不需配置钢筋的墙下条形基础或柱下独立基础（单独基础）。无筋扩展基础截面尺寸较大，具有很大的抗弯刚度，在上部结构传来的荷载和自重作用下，基础不会出现挠曲变形和开裂，故又称为刚性基础。与此相对应的钢筋混凝土基础，因截面高度较小，抗弯刚度较小，工作时变形较大，故称为柔性基础。

1. 砖基础

用砖和砂浆砌筑的基础就是砖基础，它是应用最广泛的无筋扩展基础，常用于六层及六层以下的民用建筑和工业厂房。

砖基础在基础底面以下一般先做 100mm 厚的混凝土垫层（图 9-1），混凝土强度等级可取为 C10，垫层每边自基底边缘伸出 50～100mm。设计时混凝土垫层不作为基础的结构部分，即垫层厚度不计入基础的埋深之内，垫层的宽度也不计入基础的底面宽度之内。

图 9-1　基础垫层

砖基础的尺寸应符合砖的模数，剖面为阶梯形，通常砌成大放脚。每一阶梯挑出长度为砖长的四分之一，对标砖而言就是 60mm。大放脚的砌法有“两皮一收”和“二一间隔收”两种（见图 9-2）。“两皮一收”是每砌两皮砖收进 1/4 砖长［见图 9-2(a)］；“二一间隔收”是先砌两皮砖收进 1/4 砖长，再砌一皮砖收进 1/4 砖长［见图 9-2(b)］，如此反复进行。在相同底面宽度的情况下，二一间隔收法可减小基础高度，但为了保证基础的强度，底层需要用两皮一收砌筑。为了施工方便，减少砍砖损耗，大放脚基础的底面宽度应该取砖尺寸的倍数，如 240、370、490mm 等（尺寸中已包含 10mm 的灰缝在内）。

2. 灰土基础

灰土基础是在砖基础大放脚下面做灰土垫层，因该垫层较厚，故属于基础的组成部分。由石灰和黏性土、粉土按一定比例（体积配比 2∶8 或 3∶7）混合为灰土，在基槽内分层夯（压）实形成灰土基础。通常每层虚铺 220～250mm，夯（压）实至 150mm 为一步，一般铺设两步或三步。灰土基础适用于地下水位较低，五层或五层以下的混合结构房屋和砌体承重

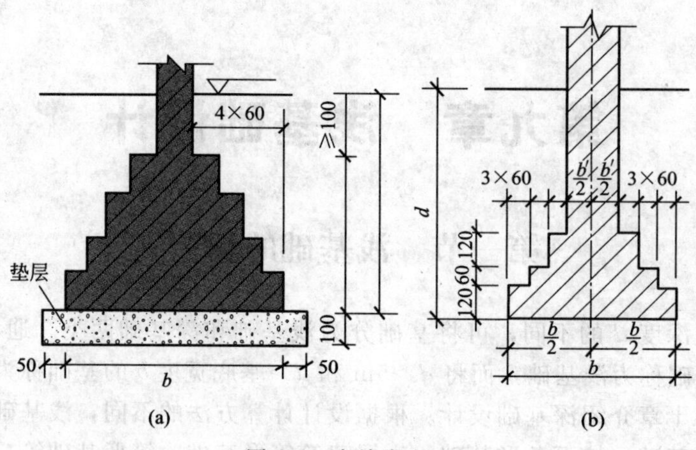

图 9-2　大放脚砌法

的轻工业厂房。

3. 三合土基础

三合土是由石灰、砂和骨料（碎石、碎砖或矿渣）加水混合而成，体积配比为石灰：砂：骨料＝1：2：4 或 1：3：6。将三合土在基槽内分层夯（压）实形成基础，在三合土的顶面再砌筑大放脚砖基础（见图 9-3)。三合土基础可用于地下水位较低的四层及四层以下的民用建筑。

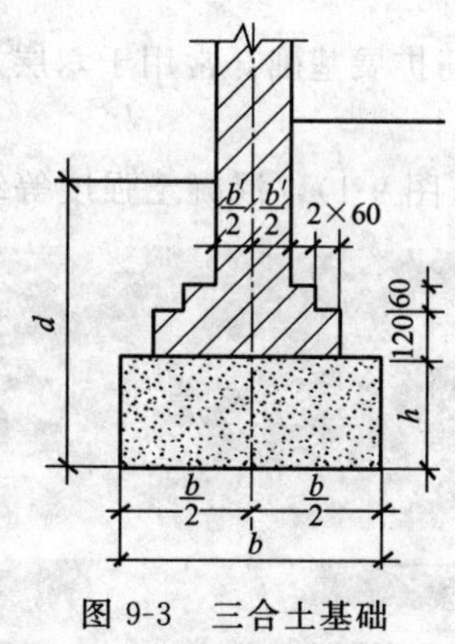

图 9-3　三合土基础

图 9-4　毛石基础

4. 毛石基础

毛石基础是选用强度较高的未经风化的毛石用砂浆砌筑而成的基础（见图 9-4)。由于毛石之间的间隙较大，为了保证锁结力，每一阶梯宜用三排或三排以上的毛石。毛石基础一般用于地下水位以上，因其抗冻性能较好，在北方可用于七层及七层以下的建筑物。

5. 混凝土基础

混凝土基础是由素混凝土浇筑而成的基础，强度等级通常为 C15。因其抗压强度、耐久性能和抗冻性能均较好，故常用于荷载较大的墙下或柱下。

6. 毛石混凝土基础

混凝土基础的水泥用量较大，造价较砖、石基础高，为了节省水泥、降低造价，在浇筑混凝土时，可掺入一定数量的毛石，做成毛石混凝土基础（见图 9-5)。毛石混凝土基础中，所掺入的毛石尺寸不宜超过 300mm，毛石体积以占基础总体积的 25%～30%为宜。

二、扩展基础

将上部结构传来的荷载，通过侧边扩展成一定底面积，使作用在基底的压力（压应力）满足地基土的承载力条件，而基础内部的应力应同时满足材料本身的强度要求，这种起到压力扩散作用的基础称为扩展基础。《建筑地基基础设计规范》中的扩展基础，系指柱下钢筋混凝土独立基础和墙下钢筋混凝土条形基础。

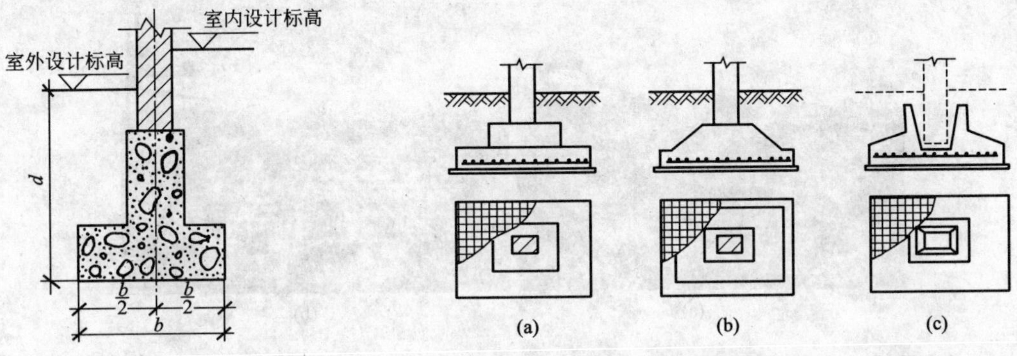

图 9-5　毛石混凝土基础

图 9-6　柱下钢筋混凝土独立基础（单独基础）

1. 柱下钢筋混凝土独立基础

现浇柱的基础可以做成阶梯形［见图 9-6(a)］或角锥形［见图 9-6(b)］，预制柱通常采用杯口基础［见图 9-6(c)］。轴心受压柱的基础底面一般为正方形，而偏心受压柱的基础底面则多为长方形，且以偏心方向为长边。

钢筋混凝土柱下独立基础的底板配筋、混凝土模板如图 9-7(a) 所示，浇筑后的基础与柱中插筋如图 9-7(b) 所示。

图 9-7　柱下钢筋混凝土独立基础施工现场

2. 墙下钢筋混凝土条形基础

条形基础是墙下最常用的一种基础形式，除采用无筋扩展基础以外，还大量采用钢筋混凝土条形基础。墙下钢筋混凝土条形基础可以做成不带肋［见图 9-8(a)］和带肋［见图 9-8(b)］两种形式。这种基础底面宽度可达 2m 以上，而底板厚度可以较小（可小至 300mm），适宜在需要“宽基浅埋”的情况下采用。在存在地基不均匀沉降的情况下，可采用带肋的墙下

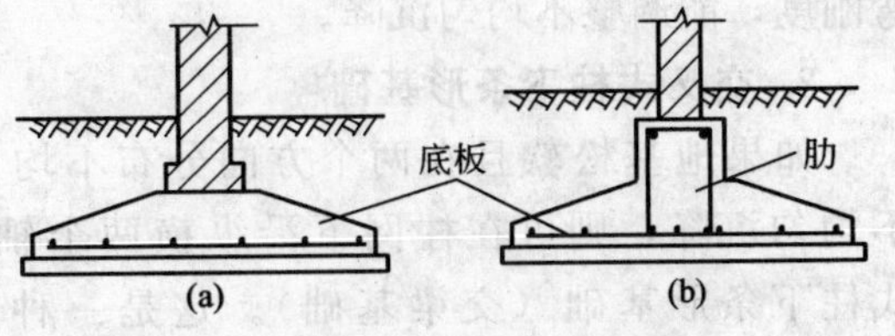

图 9-8　墙下钢筋混凝土条形基础

钢筋混凝土条形基础，因为肋部配置的纵向钢筋和箍筋，可以承受不均匀沉降引起的弯曲应力，从而化解不均匀沉降对上部结构（或墙体）的不利影响。

图 9-9 所示为某一栋砖混结构宿舍楼的墙下条形基础施工照片，其（a）图可见基础底板的受力钢筋（短向）和分布钢筋（长向），其（b）图则为模板内肋部的纵向钢筋和箍筋绑扎完成后的情形。

(a) (b)

图 9-9 墙下钢筋混凝土条形基础施工现场

三、柱下条形基础

支承同一方向或同一轴线上若干根柱的长条形连续基础称为柱下条形基础或基础梁，实际工程中分单向式柱下条形基础［见图 9-10(a)］和交叉式柱下条形基础［见图 9-10(b)］两类。

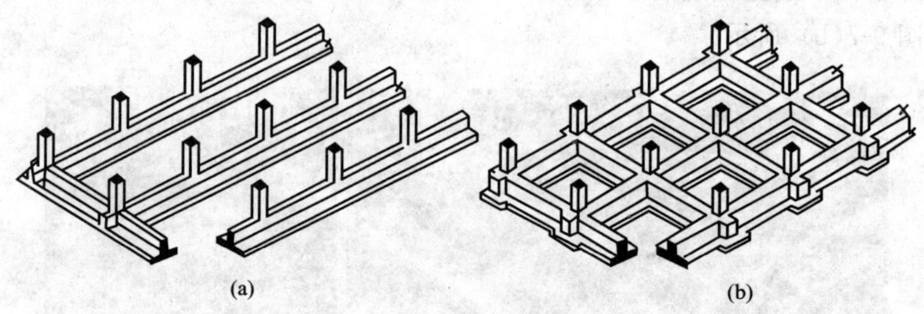

(a) (b)

图 9-10 柱下条形基础

1. 单向式柱下条形基础

当地基软弱，承载力较低时，若采用柱下独立基础，基底面积可能很大而使基础边缘互相接近甚至重叠，为增加基础的整体性并方便施工，可以做成柱下钢筋混凝土条形基础，它将建筑物同一方向所有各层的荷载传递到地基。基础梁除底板配置受力钢筋和分布钢筋外，通常按连续梁或弹性地基梁进行肋梁的内力计算，并配置纵筋和箍筋，故自身具有较大的抗弯刚度，能调整不均匀沉降。

2. 交叉式柱下条形基础

如果地基松软且在两个方向分布不均匀，需要基础两个方向具有一定的刚度来调整不均匀沉降，则可在柱网下沿纵横两个轴线方向设置钢筋混凝土条形基础，形成交叉式柱下条形基础（交梁基础）。这是一种较复杂的浅基础，造价比单向式柱下条形基础高。

四、高层建筑筏形基础和箱形基础

当上部荷载很大时，为满足地基承载力需要很大的基底面积，可以将墙下、柱下的基础做成一个整体，形成筏形基础或箱形基础。《高层建筑混凝土结构技术规程》JGJ3-2002 规定，高层建筑应采用整体性好，能满足地基的承载力和建筑物容许变形要求并能调节不均匀沉降的基础形式，宜采用筏形基础，必要时可采用箱形基础。

1. 筏形基础

筏形基础又称片筏基础，有平板式和梁板式两种。

平板式筏基就是一块钢筋混凝土平板，平板上浇筑钢筋混凝土柱和地下室外墙。板的厚度可根据受冲切承载力计算确定，但不宜小于 400mm，一般可取 500～1500mm 或更厚。当地基比较均匀、上部结构刚度较好、筏板的厚跨比不小于 1/6、柱间距及柱荷载的变化不超过 20%时，高层建筑筏形基础可按倒楼盖法计算内力。当不符合上述条件时，宜按弹性地基板理论进行计算。

梁板式筏基是在浇筑好的筏板之上沿柱的轴线方向浇筑钢筋混凝土肋梁（基础梁），再在基础梁上浇筑钢筋混凝土柱，如图 9-11 所示。梁板式筏基的梁高取值应包括底板在内，不宜小于平均柱距的 1/6。

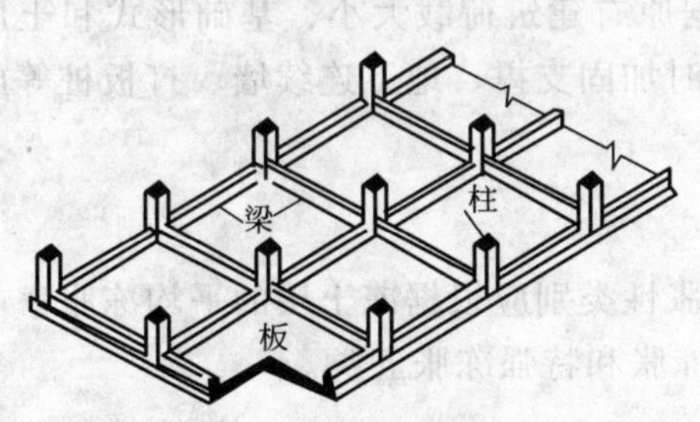

图 9-11　梁板式筏形基础

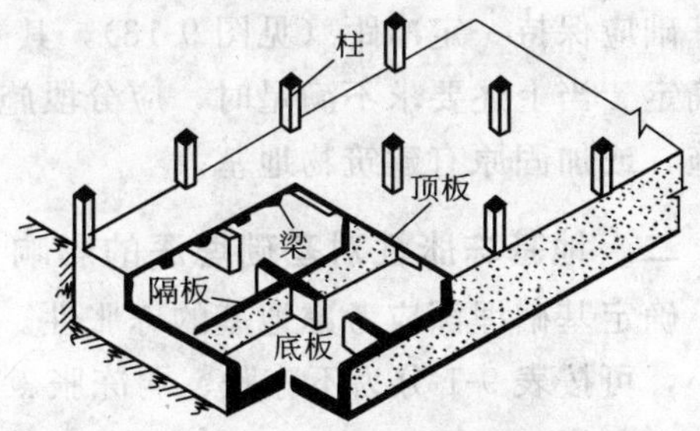

图 9-12　箱形基础

当满足地基承载力时，筏形基础的周边不宜向外有较大的伸挑扩大。当需要外挑时，有肋梁的筏基宜将梁一同挑出。周边有墙体的筏基，筏板可不外伸。

2. 箱形基础

箱形基础是由钢筋混凝土底板、顶板和纵横交错的内外隔墙组成的整体空间结构（见图 9-12）。箱形基础的高度不宜小于基础长度的 1/20，且不宜小于 3m，故具有很大的抗弯刚度，只能产生大致均匀的沉降或倾斜，从而基本上消除了因地基变形而使建筑物开裂的可能性。

箱形基础的顶板、底板及墙体厚度，应根据受力情况、整体刚度和防水要求确定。无人防设计要求的箱基，基础底板不应小于 300mm，外墙厚度不应小于 250mm，内墙的厚度不应小于 200mm，顶板厚度不应小于 200mm。

第二节　基础埋置深度

一、基础埋置深度的确定原则

基础的埋置深度，应按下列条件确定：

(1) 建筑物的用途，有无地下室、设备基础和地下设施，基础的型式和构造；

(2) 作用在基础上的荷载大小和性质；

(3) 工程地质和水文地质条件；

(4) 相邻建筑物的基础埋深；

(5) 地基土冻胀和融陷的影响。

在满足地基稳定和变形要求的前提下，基础宜浅埋，当上层地基的承载力大于下层土时，宜利用上层土作为持力层。除岩石地基外，基础埋深不宜小于 0.5m。

高层建筑筏形和箱形基础的埋置深度应满足地基承载力、变形和稳定性要求。在抗震设防区，除岩石地基外，天然地基上的箱形和筏形基础埋置深度不宜小于建筑物高度的 1/15；桩箱或桩筏基础的埋置深度（不计桩长）不宜小于建筑物高度的 1/18～1/20，以保证基础的抗滑移和抗倾覆稳定性。位于岩石地基上的高层建筑，其基础埋深应满足抗滑要求。

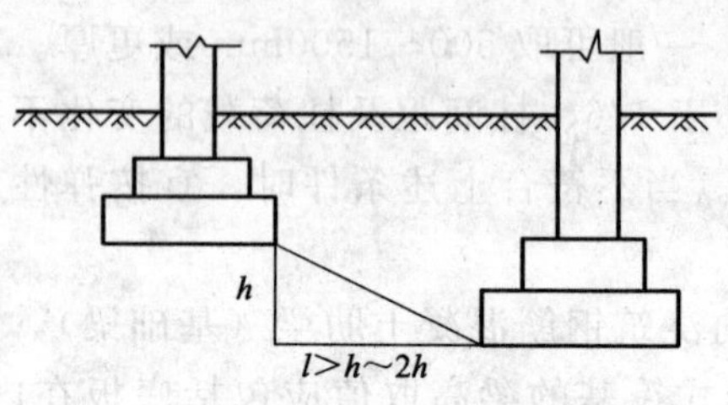

图 9-13 不同埋深的相邻基础

基础宜埋置在地下水位以上，当必须埋在地下水位以下时，应采取地基土在施工时不受扰动的措施。当基础埋置在易风化的岩层上，施工时应在基坑开挖后立即铺筑垫层。

当存在相邻建筑物时，新建建筑物的基础埋深不宜大于原有建筑基础。当埋深大于原有建筑基础时，两基础应保持一定净距（见图 9-13），其数值应根据原有建筑荷载大小、基础形式和土质情况确定。当上述要求不满足时，应分段施工，设临时加固支撑、地下连续墙、打板桩等施工措施，或加固原有建筑物地基。

二、地基冻胀性对基础埋深的影响

确定基础埋深应考虑地基的冻胀性。地基的冻胀性类别应根据冻土层的平均冻胀率 η 的大小，可按表 9-1 分为不冻胀、弱冻胀、冻胀、强冻胀和特强冻胀五类。

表 9-1 地基土的冻胀性分类

土的名称	冻前天然含水量 w/%	冻结期间地下水位距冻结面的最小距离 h_w/m	平均冻胀率 η/%	冻胀等级	冻胀类别
碎(卵)石，砾、粗、中砂(粒径小于 0.075mm 颗粒含量大于 15%)，细砂(粒径小于 0.075mm 颗粒含量大于 10%)	$w\leqslant12$	>1.0	$\eta\leqslant1$	Ⅰ	不冻胀
		≤1.0	$1<\eta\leqslant3.5$	Ⅱ	弱冻胀
	$12<w\leqslant18$	>1.0			
		≤1.0	$3.5<\eta\leqslant6$	Ⅲ	冻胀
	$w>18$	>0.5			
		≤0.5	$6<\eta\leqslant12$	Ⅳ	强冻胀
粉砂	$w\leqslant14$	>1.0	$\eta\leqslant1$	Ⅰ	不冻胀
		≤1.0	$1<\eta\leqslant3.5$	Ⅱ	弱冻胀
	$14<w\leqslant19$	>1.0			
		≤1.0	$3.5<\eta\leqslant6$	Ⅲ	冻胀
	$19<w\leqslant23$	>1.0			
		≤1.0	$6<\eta\leqslant12$	Ⅳ	强冻胀
	$w>23$	不考虑	$\eta>12$	Ⅴ	特强冻胀

续表

土的名称	冻前天然含水量 w/%	冻结期间地下水位距冻结面的最小距离 h_w/m	平均冻胀率 η/%	冻胀等级	冻胀类别
粉土	$w \leqslant 19$	>1.5	$\eta \leqslant 1$	Ⅰ	不冻胀
		$\leqslant 1.5$	$1<\eta \leqslant 3.5$	Ⅱ	弱冻胀
	$19<w \leqslant 22$	>1.5	$1<\eta \leqslant 3.5$	Ⅱ	弱冻胀
		$\leqslant 1.5$	$3.5<\eta \leqslant 6$	Ⅲ	冻　胀
	$22<w \leqslant 26$	>1.5			
		$\leqslant 1.5$	$6<\eta \leqslant 12$	Ⅳ	强冻胀
	$26<w \leqslant 30$	>1.5			
		$\leqslant 1.5$	$\eta>12$	Ⅴ	特强冻胀
	$w>30$	不考虑			
黏性土	$w \leqslant w_p+2$	>2.0	$\eta \leqslant 1$	Ⅰ	不冻胀
		$\leqslant 2.0$	$1<\eta \leqslant 3.5$	Ⅱ	弱冻胀
	$w_p+2<w \leqslant w_p+5$	>2.0			
		$\leqslant 2.0$	$3.5<\eta \leqslant 6$	Ⅲ	冻胀
	$w_p+5<w \leqslant w_p+9$	>2.0			
		$\leqslant 2.0$	$6<\eta \leqslant 12$	Ⅳ	强冻胀
	$w_p+9<w \leqslant w_p+15$	>2.0			
		$\leqslant 2.0$	$\eta>12$	Ⅴ	特强冻胀
	$w>w_p+15$	不考虑			

注：1. w_p—塑限含水量（%），w—在冻土层内冻前天然含水量的平均值；

2. 盐渍化冻土不在表列；

3. 塑性指数大于 22 时，冻胀性降低一级；

4. 粒径小于 0.005mm 的颗粒含量大于 60%时，为不冻胀土；

5. 碎石类土当充填物大于全部质量的 40%时，其冻胀性按充填物土的类别判断；

6. 碎石土、砾砂、粗砂、中砂（粒径小于 0.075mm 颗粒含量不大于 15%）、细砂（粒径小于 0.075mm 颗粒含量不大于 10%）均按不冻胀考虑。

季节性冻土地基的设计冻深 z_d 应按下式计算：

$$z_d = z_0 \psi_{zs} \psi_{zw} \psi_{ze} \tag{9-1}$$

式中　z_0——标准冻深，m。系采用在地表平坦、裸露、城市之外的空旷场地中不少于 10 年实测最大冻深的平均值。当无实测资料时，可按《建筑地基基础设计规范》GB50007—2002 附录 F 提供的“中国季节性冻土标准冻深线图”采用；

ψ_{zs}——土的类别对冻深的影响系数，按表 9-2 采用；

ψ_{zw}——土的冻胀性对冻深的影响系数，按表 9-3 采用；

ψ_{ze}——环境对冻深的影响系数，按表 9-4 采用。

表 9-2　土的类别对冻深的影响系数

土的类别	影响系数 ψ_{zs}	土的类别	影响系数 ψ_{zs}
黏性土	1.00	中、粗、砾砂	1.30
细砂、粉砂、粉土	1.20	碎石土	1.40

表 9-3 土的冻胀性对冻深的影响系数

冻胀性	影响系数 ψ_{zw}	冻胀性	影响系数 ψ_{zw}
不冻胀	1.00	强冻胀	0.85
弱冻胀	0.95	特强冻胀	0.80
冻　胀	0.90		

表 9-4 环境对冻深的影响系数

周围环境	影响系数 ψ_{ze}	周围环境	影响系数 ψ_{ze}
村、镇、旷野	1.00	城市市区	0.90
城市近郊	0.95		

注：环境影响系数一项，当城市市区人口为 20～50 万时，按城市近郊取值；当城市市区人口大于 50 万小于或等于 100 万时，按城市市区取值；当城市市区人口超过 100 万时，按城市市区取值，5km 以内的郊区应按城市近郊取值。

若当地有多年实测资料，则设计冻深可按实测数据计算。设 h' 为实测冻土层厚度，Δz 为地表冻胀量，则 z_d 可取为：

$$z_d = h' - \Delta z \tag{9-2}$$

当建筑基础底面之下允许有一定厚度的冻土层，可用下式计算基础的最小埋深：

$$d_{min} = z_d - h_{max} \tag{9-3}$$

式中　h_{max}——基础底面下允许残留冻土层的最大厚度，m，按表 9-5 取值。

表 9-5 建筑基底下允许残留冻土层最大厚度 h_{max}　　m

冻胀性	基础形式	采暖情况	基底平均压力/kPa						
			90	110	130	150	170	190	210
弱冻胀土	方形基础	采暖	—	0.94	0.99	1.04	1.11	1.15	1.20
		不采暖	—	0.78	0.84	0.91	0.97	1.04	1.10
	条形基础	采暖	—	>2.50	>2.50	>2.50	>2.50	>2.50	>2.50
		不采暖	—	2.20	2.50	>2.50	>2.50	>2.50	>2.50
冻胀土	方形基础	采暖	—	0.64	0.70	0.75	0.81	0.86	—
		不采暖	—	0.55	0.60	0.65	0.69	0.74	—
	条形基础	采暖	—	1.55	1.79	2.03	2.26	2.50	—
		不采暖	—	1.15	1.35	1.55	1.75	1.95	—
强冻胀土	方形基础	采暖	—	0.42	0.47	0.51	0.56	—	—
		不采暖	—	0.36	0.40	0.43	0.47	—	—
	条形基础	采暖	—	0.74	0.88	1.00	1.13	—	—
		不采暖	—	0.56	0.66	0.75	0.84	—	—
特强冻胀土	方形基础	采暖	0.30	0.34	0.38	0.41	—	—	—
		不采暖	0.24	0.27	0.31	0.34	—	—	—
	条形基础	采暖	0.43	0.52	0.61	0.70	—	—	—
		不采暖	0.33	0.40	0.47	0.53	—	—	—

注：1. 本表只计算法向冻胀力，如果基侧存在切向冻胀力，应采取防切向力措施；

2. 本表不适用于宽度小于 0.6m 的基础，矩形基础可取短边尺寸按方形基础计算；

3. 表中数据不适用于淤泥、淤泥质土和欠固结土；

4. 表中基底平均压力数值为永久荷载标准值乘以 0.9，可以内插。

当有充分依据时，基底下允许残留冻土层的厚度也可根据当地经验确定。

第三节　地基承载力特征值

地基承载力特征值是指由载荷试验测定的地基土压力变形曲线线性变形段内规定的变形所对应的压力值，其最大值为比例界限值。它表示正常使用极限状态计算时采用的地基承载力值，即在发挥正常使用功能时所允许采用的抗力设计值。

地基承载力特征值可由载荷试验或其他原位测试、公式计算，并结合工程实践经验等方法综合确定。

一、根据载荷试验确定地基承载力

根据试验土层深度不同，地基静载荷试验可分为浅层平板载荷试验和深层平板载荷试验两类，由此可以确定承压板下应力主要影响范围内土层的承载力。下面介绍浅层平板载荷试验确定地基承载力的方法。

1. 浅层平板载荷试验

(1) 承压板面积不应小于 $0.25m^2$，对于软土不应小于 $0.5m^2$。

(2) 试验基坑宽度不应小于承压板宽度或直径的 3 倍。应保持试验土层的原状结构和天然湿度。宜在拟试压表面用粗砂或中砂层找平，其厚度不超过 20mm。

(3) 加荷分级不应少于 8 级。最大加载量不应小于设计要求的 2 倍。

(4) 每级加载后，按间隔 10min、10min、10min、15min、15min，以后为每隔半小时测读一次沉降量，当连续 2h 内，每小时的沉降量小于 0.1mm 时，则认为已趋稳定，可加下一级荷载。

(5) 当出现下列情况之一时，即可终止加载：①承压板周围的土明显地侧向挤出；②沉降 s 急骤增大，荷载～沉降（p～s）曲线出现陡降段；③在某一级荷载下，24h 内沉降速率不能达到稳定；④沉降量与承压板宽度或直径之比大于或等于 0.06。当满足前三种情况之一时，其对应的前一级荷载定为极限荷载。

2. 地基承载力特征值 f_{ak}

承载力特征值的确定应符合下列规定：

(1) 当 p～s 曲线上有比例界限时，取该比例界限所对应的荷载值；

(2) 当极限荷载小于对应比例界限荷载的 2 倍时，取极限荷载的一半；

(3) 当不能按上述二款要求确定时，当压板面积为 0.25～$0.5m^2$ 时，可取 $s/b=0.01$～0.015 所对应的荷载，但其值不应大于最大加载量的一半。

同一土层参加统计的试验点不应少于 3 点，当试验实测值的极差不超过其平均值的 30%时，取此平均值作为该土层的地基承载力特征值 f_{ak}。

3. 修正后的地基承载力特征值 f_a

当基础宽度大于 3m 或埋置深度大于 0.5m 时，从载荷试验或其他原位测试、经验值等方法确定的地基承载力特征值，尚应按下式修正：

$$f_a = f_{ak} + \eta_b \gamma (b-3) + \eta_d \gamma_m (d-0.5) \tag{9-4}$$

式中　f_a——修正后的地基承载力特征值，kPa；

f_{ak}——由载荷试验或其他原位测试、经验值等方法确定的地基承载力特征值，kPa；

η_b，η_d——基础宽度和埋深的地基承载力修正系数，按基底下土的类别查表 9-6 取值；

γ——基础底面以下土的重度，kN/m^3，地下水位以下取浮重度（有效重度）；

b——基础底面宽度，m，当基宽小于 3m 按 3m 取值，大于 6m 按 6m 取值；

γ_m——基础底面以上土的加权平均重度，kN/m^3，地下水位以下取浮重度；

d——基础埋置深度，m，一般自室外地面标高算起。在填方整平地区，可自填土地面标高算起，但填土在上部结构施工后完成时，应从天然地面标高算起。对于地下室，如采用箱形基础或筏基时，基础埋置深度自室外地面标高算起；当采用独立基础或条形基础时，应从室内地面标高算起。

【例 9-1】 某建筑物地基上层填土厚 1.5m，重度 $\gamma=17.8kN/m^3$；下层为黏土，重度 $\gamma=18.5kN/m^3$，孔隙比 $e=0.8$，液性指数 $I_L=0.72$，承载力特征值 $f_{ak}=190kPa$。柱下单独基础，$l\times b=4.5m\times 3m$，埋置深度 $d=2.5m$。试确定修正后的地基承载力特征值 f_a。

【解】

孔隙比 e 和液性指数 I_L 均小于 0.85，由表 9-6 可得修正系数 $\eta_b=0.3$，$\eta_d=1.6$。基底土的自重应力为

$$\sigma_{cd}=\gamma_1 h_1+\gamma_2 h_2=17.8\times 1.5+18.5\times 1.0=45.2kPa$$

基底以上土的加权平均重度

$$\gamma_m=\frac{\sigma_{cd}}{d}=\frac{45.2}{2.5}=18.08kN/m^3$$

修正后的地基承载力特征值

$$f_a=f_{ak}+\eta_b\gamma(b-3)+\eta_d\gamma_m(d-0.5)$$
$$=190+0.3\times 18.5\times(3-3)+1.6\times 18.08\times(2.5-0.5)=247.9kPa$$

表 9-6 承载力修正系数

土的类别		η_b	η_d
淤泥和淤泥质土		0	1.0
人工填土 e 或 I_L 大于等于 0.85 的黏性土		0	1.0
红黏土	含水比 $\alpha_w>0.8$	0	1.2
	含水比 $\alpha_w\leqslant 0.8$	0.15	1.4
大面积压实填土	压实系数大于 0.95、黏粒含量 $\rho_c\geqslant 10\%$ 的粉土	0	1.5
	最大干密度大于 $2.1t/m^3$ 的级配砂石	0	2.0
粉　土	黏粒含量 $\rho_c\geqslant 10\%$ 的粉土	0.3	1.5
	黏粒含量 $\rho_c<10\%$ 的粉土	0.5	2.0
e 及 I_L 小于 0.85 的黏性土		0.3	1.6
粉砂、细砂(不包括很湿与饱和时的稍密状态)		2.0	3.0
中砂、粗砂、砾砂和碎石土		3.0	4.4

注：1. 强风化和全风化的岩石，可参照所风化的相应土类取值，其他状态下的岩石不修正；

2. 地基承载力特征值由深层平板载荷试验确定时 η_d 取 0。

对于黄土地基，按《湿陷性黄土地区建筑规范》(GB50025—2004) 的规定，当基础宽度大于 3m 或埋置深度大于 1.50m 时，地基承载力特征值应按下式修正：

$$f_a=f_{ak}+\eta_b\gamma(b-3)+\eta_d\gamma_m(d-1.50) \tag{9-5}$$

其中基础宽度和埋置深度的地基承载力修正系数 η_b 和 η_d，依据基底下土的类别由表 9-7 查取。

表 9-7　基础宽度和埋置深度的地基承载力修正系数

土的类别	有关物理指标	承载力修正系数	
		η_b	η_d
晚更新世(Q_3)、全新世(Q_4^1)湿陷性黄土	$w \leqslant 24\%$	0.20	1.25
	$w > 24\%$	0	1.10
新近堆积(Q_4^2)黄土	—	0	1.00
饱和黄土①②	e 及 I_L 都小于 0.85	0.20	1.25
	e 或 I_L 大于 0.85	0	1.10
	e 及 I_L 都不小于 1.0	0	1.00

注：1. 只适用于 $I_p > 10$ 的饱和黄土；

2. 饱和度 $S_r \geqslant 80\%$ 的晚更新世（Q_3）、全新世（Q_4^1）黄土。

岩石地基承载力特征值，可由岩基载荷试验确定。而对于完整、较完整和较破碎的岩石地基，其承载力特征值也可根据室内饱和单轴抗压强度按下式进行计算：

$$f_a = \psi_r f_{rk} \tag{9-6}$$

式中　f_a——岩石地基承载力特征值，kPa；

f_{rk}——岩石饱和单轴抗压强度标准值，kPa；

ψ_r——折减系数。根据岩体完整程度以及结构面的间距、宽度、产状和组合，由地区经验确定。无经验时，对完整岩体可取 0.5；对较完整岩体可取 0.2～0.5；对较破碎岩体可取 0.1～0.2。

需要注意的是，上述折减系数值未考虑施工因素及建筑物使用后风化作用的继续；对于黏土质岩，在确保施工期及使用期不致遭水浸泡时，也可采用天然湿度的试样，不进行饱和处理。

对破碎、极破碎的岩石地基承载力特征值，可根据地区经验取值，无地区经验时，可根据平板载荷试验确定。

二、按土的抗剪强度指标计算地基承载力

由第六章可知，依据土的抗剪强度指标 c、φ 可以计算地基的临塑荷载 p_{cr}，临界荷载 $p_{1/4}$、$p_{1/3}$ 和极限荷载 p_u，它们都可以用来衡量地基的承载力。地基从开始出现塑性区到剪切破坏，相应的荷载有一个相当大的变化范围，因此，若以 p_{cr} 作为地基承载力，显得保守。实践表明，地基中出现小范围的塑性区域，对安全并无妨碍，所以规范以 $p_{1/4}$ 作为确定地基承载力特征值的依据。

对于轴心受压基础和偏心距 $e \leqslant 0.033b$ 的偏心受压基础，根据土的抗剪强度指标确定的地基承载力特征值可按下式计算：

$$f_a = M_b \gamma b + M_d \gamma_m d + M_c c_k \tag{9-7}$$

式中　f_a——由土的抗剪强度指标确定的地基承载力特征值，kPa；

M_b，M_d，M_c——承载力系数，按表 9-8 取值；

b——基础底面宽度，m，大于 6m 按 6m 取值，对于砂土小于 3m 时按 3m 取值；

c_k——基底下一倍短边宽度内土的黏聚力标准值，kPa。

式(9-7) 和表 9-8 中的抗剪强度标准值，可采用原状土室内剪切试验、无侧限抗压强度试验、现场剪切试验、十字板剪切试验等方法测定。当采用室内剪切试验确定时，应选择三

轴压缩试验中的不固结不排水试验。经过预压固结的地基可采用固结不排水试验。每层土的试验数量不得少于六组。室内抗剪强度指标标准值 φ_k、c_k 按下述方法确定。

表 9-8　承载力系数 M_b、M_d、M_c

土的内摩擦角标准值 φ_k/(°)	M_b	M_d	M_c
0	0	1.00	3.14
2	0.03	1.12	3.32
4	0.06	1.25	3.51
6	0.10	1.39	3.71
8	0.14	1.55	3.93
10	0.18	1.73	4.17
12	0.23	1.94	4.42
14	0.29	2.17	4.69
16	0.36	2.43	5.00
18	0.43	2.72	5.31
20	0.51	3.06	5.66
22	0.61	3.44	6.04
24	0.80	3.87	6.45
26	1.10	4.37	6.90
28	1.40	4.93	7.40
30	1.90	5.59	7.95
32	2.60	6.35	8.55
34	3.40	7.21	9.22
36	4.20	8.25	9.97
38	5.00	9.44	10.80
40	5.80	10.84	11.73

注：φ_k——基底下一倍短边宽深度范围内土的内摩擦角标准值。

已知 n 组试验结果 μ_i，首先计算出平均值 μ、标准差 σ 和变异系数 δ：

$$\mu = \frac{1}{n}\sum_{i=1}^{n}\mu_i \tag{9-8}$$

$$\sigma = \sqrt{\frac{1}{n-1}\left(\sum_{i=1}^{n}\mu_i^2 - n\mu^2\right)} \tag{9-9}$$

$$\delta = \sigma/\mu \tag{9-10}$$

然后计算内摩擦角和黏聚力的修正系数

$$\psi_\varphi = 1-\left(\frac{1.704}{\sqrt{n}}+\frac{4.678}{n^2}\right)\delta_\varphi \tag{9-11}$$

$$\psi_c = 1-\left(\frac{1.704}{\sqrt{n}}+\frac{4.678}{n^2}\right)\delta_c \tag{9-12}$$

式中　ψ_φ——内摩擦角的统计修正系数；

ψ_c——黏聚力的统计修正系数；

δ_φ——内摩擦角的变异系数；

δ_c——黏聚力的变异系数。

最后计算内摩擦角和黏聚力的标准值 φ_k、c_k，公式为

$$\varphi_k = \psi_\varphi \varphi_m ，c_k = \psi_c c_m \tag{9-13}$$

式中　φ_m——内摩擦角的试验平均值，(°)；

c_m——黏聚力的试验平均值，kPa。

【例 9-2】 某建筑物基础底面 $l\times b=4.0\text{m}\times3.0\text{m}$，埋深 $d=3.0\text{m}$。上部结构传至基础顶面的竖向力 $F_k=2500\text{kN}$，力矩 $M_k=260\text{kN.m}$。场地土第一层为杂填土，厚 3m，重度 $\gamma=16\text{kN/m}^3$；第二层为粉质黏土，厚 4m，重度 $\gamma=19\text{kN/m}^3$。粉质黏土层为持力层，原状土的室内三轴剪切试验测得的抗剪强度指标如下，

黏聚力（kPa）：12.30，11.24，12.47，11.85，13.06，12.57

内摩擦角（°）：27.18，26.42，26.28，25.75，26.04，26.81

试确定地基的承载力特征值 f_a。

【解】

偏心距

$$e=\frac{M_k}{F_k+G_k}=\frac{260}{2500+20\times(4.0\times3.0)\times3.0}=0.0807\text{m}$$

$$<0.033b=0.033\times3.0=0.099\text{m}$$

所以，可以利用式(9-7) 计算地基承载力特征值 f_a。

(1) 抗剪强度指标的标准值

样本数 $n=6$

平均值

$$c_m=\frac{1}{n}\sum_{i=1}^{n}c_i=\frac{1}{6}(12.30+11.24+12.47+11.85+13.06+12.57)=12.25\text{kPa}$$

$$\varphi_m=\frac{1}{n}\sum_{i=1}^{n}\varphi_i=\frac{1}{6}(27.18+26.42+26.28+25.75+26.04+26.81)=26.41^\circ$$

标准差

$$\sigma_c=\sqrt{\frac{1}{n-1}\left(\sum_{i=1}^{n}c_i^2-nc_m^2\right)}$$

$$=\sqrt{\frac{1}{5}(12.30^2+11.24^2+12.47^2+11.85^2+13.06^2+12.57^2-6\times12.25^2)}$$

$$=0.631$$

$$\sigma_\varphi=\sqrt{\frac{1}{n-1}\left(\sum_{i=1}^{n}\varphi_i^2-n\varphi_m^2\right)}$$

$$=\sqrt{\frac{1}{5}(27.18^2+26.42^2+26.28^2+25.75^2+26.04^2+26.81^2-6\times26.41^2)}$$

$$=0.518$$

变异系数

$$\delta_c=\frac{\sigma_c}{c_m}=\frac{0.631}{12.25}=0.0515,\quad \delta_\varphi=\frac{\sigma_\varphi}{\varphi_m}=\frac{0.518}{26.41}=0.0196$$

统计修正系数

$$\psi_c=1-\left(\frac{1.704}{\sqrt{n}}+\frac{4.678}{n^2}\right)\delta_c=1-\left(\frac{1.704}{\sqrt{6}}+\frac{4.678}{6^2}\right)\times0.0515=0.958$$

$$\psi_\varphi=1-\left(\frac{1.704}{\sqrt{n}}+\frac{4.678}{n^2}\right)\delta_\varphi=1-\left(\frac{1.704}{\sqrt{6}}+\frac{4.678}{6^2}\right)\times0.0196=0.984$$

抗剪强度指标标准值

$$c_k=\varphi_c c_m=0.958\times 12.25=11.74\text{kPa}$$

$$\varphi_k=\psi_\varphi \varphi_m=0.984\times 26.41=26.0°$$

(2) 由式(9-7) 计算地基承载力特征值 由 $\varphi_k=26.0°$查表 9-8，得承载力系数：$M_b=1.10$，$M_d=4.37$，$M_c=6.90$；已知 $\gamma=19\text{kN/m}^3$，$\gamma_m=16\text{kN/m}^3$，$b=3.0\text{m}$，$d=3.0\text{m}$，所以

$$f_a=M_b\gamma b+M_d\gamma_m d+M_c c_k=1.10\times 19\times 3.0+4.37\times 16\times 3.0+6.90\times 11.74=353.5\text{kPa}$$

第四节 地基计算

所谓地基计算，就是通过地基承载力计算和变形计算，以确定基础底面尺寸，此时采用正常使用极限状态。按地基承载力确定基础底面尺寸时，传至基础底面上的荷载效应取正常使用极限状态下的标准组合，相应的抗力采用地基承载力特征值；计算地基变形时，传至基础底面上的荷载效应取正常使用极限状态下的准永久组合，且不计入风荷载和地震作用，相应的限值为地基变形允许值。

一、持力层承载力计算

1. 基底压力及承载力条件

基础底面的压力分布比较复杂，通常按《材料力学》或《工程力学》的公式进行简化计算。基底平均压力 p_k 为

$$p_k=\frac{F_k+G_k}{A} \tag{9-14}$$

式中 F_k——相应于荷载效应标准组合时，上部传至基础顶面的竖向力值，kN；

G_k——基础自重和基础上的回填土重，kN，可取 $G_k=\gamma_G Ad$，其中 γ_G 为基础和台阶上回填土的平均重度，一般取 20kN/m^3，地下水位以下应扣除浮力，取 10kN/m^3；

A——基础底面面积，m^2。

当为轴心荷载作用时，平均压力就是基底压力；当为偏心荷载作用时，基底除平均压力外，还有最大压力 p_{kmax}、最小压力 p_{kmin}：

$$p_{kmax}=\frac{F_k+G_k}{A}+\frac{M_k}{W}=p_k\left(1+\frac{6e}{l}\right) \tag{9-15}$$

$$p_{kmin}=\frac{F_k+G_k}{A}-\frac{M_k}{W}=p_k\left(1-\frac{6e}{l}\right) \tag{9-16}$$

式中 M_k——相应于荷载效应标准组合时，作用于基础底面的力矩值，kN·m；

W——基础底面的抵抗矩，m^3，矩形基础 $W=bl^2/6$；

e——偏心距，m，$e=M_k/(F_k+G_k)$。

地基承载力要求基底平均压力不超过地基的承载力特征值，最大压力不超过地基承载力特征值的 1.2 倍，即：

$$p_k\leqslant f_a \tag{9-17}$$

$$p_{kmax}\leqslant 1.2f_a \tag{9-18}$$

2. 轴心荷载作用下基础底面尺寸

轴心荷载作用下，基底压力均匀分布，由式(9-14) 和 (9-17)，有

$$p_k=\frac{F_k+G_k}{A}=\frac{F_k}{A}+\gamma_G d\leqslant f_a$$

所以得到基础底面积

$$A\geqslant\frac{F_k}{f_a-\gamma_G d} \tag{9-19}$$

轴心荷载作用下的基础底面，通常设计为正方形，由面积可以确定边长。

对于条形基础，可沿长度方向取一延长米（1m）进行计算，荷载也按单位长度计算，此时面积 $A=1\times b=b$，所以由式(9-19) 即可得条形基础的底面宽度：

$$b\geqslant\frac{F_k}{f_a-\gamma_G d} \tag{9-20}$$

在利用式(9-19)、式(9-20) 进行计算时，因 b 未知，故公式中的地基承载力特征值 f_a 可先按埋置深度 d 修正（隐含 $b\leqslant 3.0$m)，初步确定基底尺寸后，若 $b>3.0$m 需要重新对地基承载力进行宽度修正，再调整尺寸，直至设计出合适的基础底面尺寸。

3. 偏心荷载作用下基础底面尺寸

偏心荷载作用下，地基承载力要满足式(9-17) 和式(9-18)，基础底面尺寸不能用公式直接写出，通常按如下方法进行计算：

(1) 按轴心荷载作用下的公式(9-19) 或式(9-20) 进行估算；

(2) 根据偏心距的大小，将估算的底面积放大10%～40%，以此确定基底的长度 l 和宽度 b，一般取 $l/b=1.2\sim2.0$；

(3) 计算偏心荷载作用下的 p_k、p_{kmax}，并验算是否满足要求。如果不满足要求，可调整基底尺寸，再验算，直至满足为止。

【例 9-3】 某一墙下条形基础，埋深 $d=1.2$m，上部结构传至基础顶面的竖向力 $F_k=190$kN/m。地基为黏性土，$I_L=0.85$，$\gamma=19$kN/m³，$f_{ak}=150$kPa。试确定该条形基础的底面宽度。

【解】

(1) 修正后的地基承载力特征值　由 $I_L=0.85$ 查表 9-6，得 $\eta_b=0$，$\eta_d=1.0$

$$f_a=f_{ak}+\eta_b\gamma(b-3)+\eta_d\gamma_m(d-0.5)=150+0+1.0\times19\times(1.2-0.5)=163.3\text{kPa}$$

(2) 确定基底宽度　由式(9-20)，得

$$b\geqslant\frac{F_k}{f_a-\gamma_G d}=\frac{190}{163.3-20\times1.2}=1.36\text{m}$$

取 $b=1.40$m。

【例 9-4】 某工业厂房柱下基础，埋深 $d=1.8$m，上部结构及围护墙传至基础顶面的力和力矩如图 9-14 所示。地基为粉土，重度 $\gamma=18.5$kN/m³，黏粒含量 $\rho_c=12\%$，承载力特征值 $f_{ak}=220$kPa。试确定基底尺寸。

【解】

(1) 按深度修正后的地基承载力特征值　因为粉土的黏粒含量 $\rho_c=12\%>10\%$，所以查表 9-6 得 $\eta_b=0.3$，$\eta_d=1.5$。基底宽度 b 未知，仅按深度修正（隐含 $b\leqslant3.0$m)，所以

$$\begin{aligned}f_a&=f_{ak}+\eta_b\gamma(b-3)+\eta_d\gamma_m(d-0.5)\\&=220+0+1.5\times18.5\times(1.8-0.5)=256\text{kPa}\end{aligned}$$

(2) 初步确定基底尺寸

$$F_k=N_k+P_k=1800+220=2020\text{kN}$$

按轴心荷载作用的公式(9-19)估算基底面积

$$A' \geqslant \frac{F_k}{f_a - \gamma_G d} = \frac{2020}{256 - 20 \times 1.8} = 9.18\text{m}^2$$

考虑到偏心较大，将面积放大40%

$$A = 1.4A' = 1.4 \times 9.18 = 12.85\text{m}^2$$

取 $l/b=2$，$l=2b$，$A=lb=2b^2$，所以

$$b = \sqrt{0.5A} = \sqrt{0.5 \times 12.85} = 2.53\text{m}$$

初步确定 $b=2.60\text{m}$，$l=2b=2\times2.60=5.20\text{m}$，$A=5.20\times2.60=13.52\text{m}^2$。

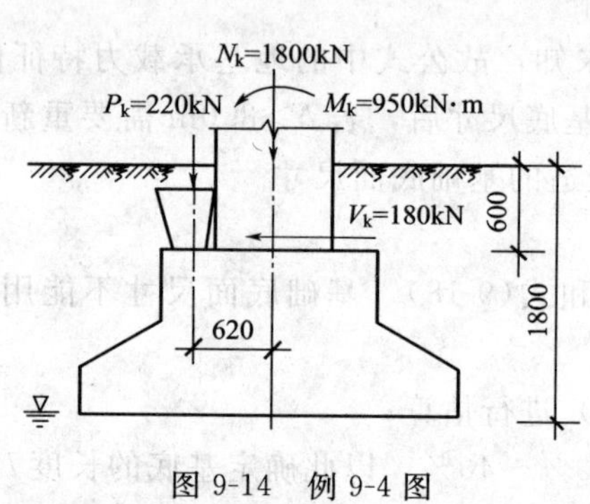

图 9-14 例 9-4 图

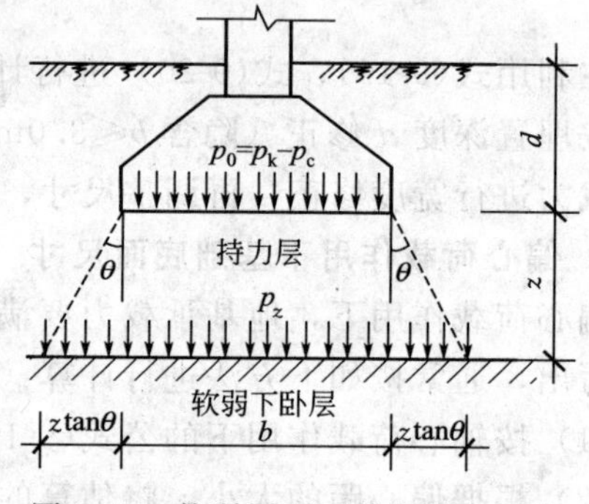

图 9-15 软弱层顶面处的附加压力

(3) 承载力验算

因为 $b=2.60\text{m}<3.0\text{m}$，所以地基承载力特征值无需按宽度修正。

$$G_k = \gamma_G A d = 20 \times 13.52 \times 1.8 = 486.72\text{kN}$$

$$F_k + G_k = 2020 + 486.72 = 2506.72\text{kN}$$

$$M_k = 950 + 180 \times 1.2 + 220 \times 0.62 = 1302.4\text{kN} \cdot \text{m}$$

$$e = \frac{M_k}{F_k + G_k} = \frac{1302.4}{2506.72} = 0.5196\text{m}$$

$$p_k = \frac{F_k + G_k}{A} = \frac{2506.72}{13.52} = 185.4\text{kPa} < f_a = 256\text{kPa} \quad \text{满足}$$

$$p_{k\max} = p_k\left(1 + \frac{6e}{l}\right) = 185.4 \times \left(1 + \frac{6 \times 0.5196}{5.20}\right) = 296.6\text{kPa}$$

$$< 1.2f_a = 1.2 \times 256 = 307.2\text{kPa} \quad \text{满足}$$

验算满足要求，说明初步设定的基底尺寸 $l\times b=5.20\text{m}\times2.60\text{m}$ 可行。

二、软弱下卧层承载力计算

当地基受力层范围内有软弱下卧层时，应按下式验算下卧层顶面处的承载力

$$p_z + p_{cz} \leqslant f_{az} \tag{9-21}$$

式中 p_z——相应于荷载效应标准组合时，软弱下卧层顶面处的附加压力值，kPa；

p_{cz}——软弱下卧层顶面处土的自重压力值，kPa；

f_{az}——软弱下卧层顶面处经深度修正后地基承载力特征值，kPa。

软弱层顶面处的附加压力 p_z，通常按压力扩散法简化计算。自基础边缘按 θ 角向下扩散至软弱层顶面，形成一个扩大的承力面积，假设附加压力在该面积上均匀分布，如图 9-15所示。根据基底附加压力 $p_0=p_k-p_c$ 的合力与扩散面积上附加压力 p_z 的合力相等，

对矩形基础应有

$$(p_k - p_c)lb = p_z(l + 2z\tan\theta)(b + 2z\tan\theta)$$

所以

$$p_z = \frac{(p_k - p_c)lb}{(l + 2z\tan\theta)(b + 2z\tan\theta)} \tag{9-22}$$

式中　p_k——基础底面的平均压力值，kPa；

p_c——基础底面处土的自重压力值，kPa；

z——基础底面至软弱下卧层顶面的距离，m；

θ——地基压力扩散线与垂直线的夹角，(°)，可按表 9-9 取值。

表 9-9　地基压力扩散角 θ

E_{s1}/E_{s2}	z/b	
	0.25	0.50
3	6°	23°
5	10°	25°
10	20°	30°

注：1. E_{s1} 为上层土压缩模量，E_{s2} 为下层土压缩模量；

2. $z/b < 0.25$ 时取 $\theta = 0°$，必要时，宜由试验确定；$z/b > 0.50$ 时 θ 值不变。

同理，对于条形基础应有

$$p_z = \frac{(p_k - p_c)b}{b + 2z\tan\theta} \tag{9-23}$$

压力扩散角取值中没有关于 $(E_{s1}/E_{s2}) < 3$ 的资料。在这种情况下，可以认为下层土的压缩模量与上层土的压缩模量差别不大，也即下卧土层并不“软弱”。如果 $E_{s1} = E_{s2}$，则不存在软弱下卧层了。当 $(E_{s1}/E_{s2}) > 10$ 时，θ 值按 $(E_{s1}/E_{s2}) = 10$ 取值；E_{s1}/E_{s2} 之值介于表中值之间时，θ 可直线插值。当 z/b 之值介于 0.25 和 0.50 之间时，θ 值也应按线性插值取用。

软弱下卧层顶面处的地基承载力特征值只需要经过深度修正，而不必考虑宽度影响，计算公式为

$$f_{az} = f_{ak} + \eta_d \gamma_m (d + z - 0.5) \tag{9-24}$$

式中　γ_m——软弱下卧层顶面以上土的加权平均重度，kN/m³，$\gamma_m = p_{cz}/(d+z)$。

如果软弱下卧层承载力不满足要求，则应考虑加大基础底面积（降低基底平均压力 p_k），或减小基础埋置深度（增大 z）。若还不能满足，就应考虑采用其他的地基基础方案。

【例 9-5】　某柱下基础，作用于设计地面处的荷载标准值、基础尺寸、埋置深度及地基条件如图 9-16 所示，试验算持力层和软弱下卧层的承载力。

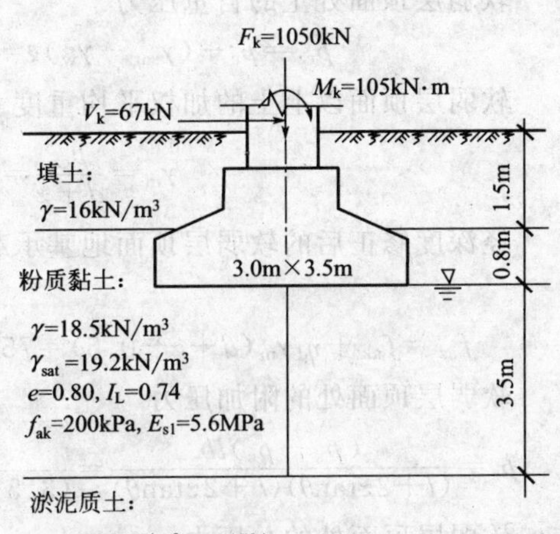

图 9-16　例 9-5 图

【解】

(1) 持力层承载力验算

基底自重压力

$$p_c=16\times1.5+18.5\times0.8=38.8\text{kPa}$$

基底以上土的加权平均重度

$$\gamma_m=\frac{p_c}{d}=\frac{38.8}{2.3}=16.9\text{kN/m}^3$$

承载力修正系数

$$\eta_b=0.3,\ \eta_d=1.6$$

修正后的承载力特征值

$$f_a=f_{ak}+\eta_b\gamma(b-3)+\eta_d\gamma_m(d-0.5)=200+0+1.6\times16.9\times(2.3-0.5)=248.7\text{kPa}$$

作用于基底的竖向荷载

$$G_k=\gamma_G Ad=20\times(3.0\times3.5)\times2.3=483\text{kN}$$

$$F_k+G_k=1050+483=1533\text{kN}$$

荷载作用偏心距

$$M_k=105+67\times2.3=259.1\text{kN}\cdot\text{m}$$

$$e=\frac{M_k}{F_k+G_k}=\frac{259.1}{1533}=0.169\text{m}$$

基底压力

$$p_k=\frac{F_k+G_k}{A}=\frac{1533}{3.0\times3.5}=146\text{kPa}<f_a=248.7\text{kPa}，满足$$

$$p_{kmax}=p_k\left(1+\frac{6e}{l}\right)=146\times\left(1+\frac{6\times0.169}{3.5}\right)=188.3\text{kPa}$$

$$<1.2f_a=1.2\times248.7=298.4\text{kPa}，满足$$

所以，持力层承载力满足要求。

(2) 软弱下卧层承载力验算

压力扩散角

$$d=2.3\text{m},\ z=3.5\text{m}$$

$$\frac{E_{s1}}{E_{s2}}=\frac{5.6}{1.86}=3，\frac{z}{b}=\frac{3.5}{3.0}=1.17>0.50，查表 9\text{-}9 得 \theta=23^\circ$$

软弱层顶面处土的自重压力

$$p_{cz}=p_c+(\gamma_{sat}-\gamma_w)z=38.8+(19.2-10)\times3.5=71.0\text{kPa}$$

软弱层顶面以上土的加权平均重度

$$\gamma_m=\frac{p_{cz}}{d+z}=\frac{71.0}{2.3+3.5}=12.24\text{kN/m}^3$$

经深度修正后的软弱层顶面地基承载力特征值

$$\eta_d=1.0$$

$$f_{az}=f_{ak}+\eta_d\gamma_m(d+z-0.5)=75+1.0\times12.24\times(2.3+3.5-0.5)=139.9\text{kPa}$$

软弱层顶面处的附加压力

$$p_z=\frac{(p_k-p_c)lb}{(l+2z\tan\theta)(b+2z\tan\theta)}=\frac{(146-38.8)\times3.5\times3.0}{(3.5+2\times3.5\tan23^\circ)(3.0+2\times3.5\tan23^\circ)}=29.1\text{kPa}$$

软弱层顶面处的总压力

$$p_z+p_{cz}=29.1+71.0=100.1\text{kPa}<f_{az}=139.9\text{kPa}$$

所以，软弱下卧层承载力满足要求。

三、地基变形验算

如果地基变形过大或地基产生过大的不均匀变形，将会导致房屋墙体开裂或倾斜，影响正常使用，而地基变形验算正是为满足正常使用要求而采取的保障措施。设计等级为甲级、乙级的建筑物均应按地基变形设计；表 9-10 所列范围内设计等级为丙级的建筑物可不作变形验算，如有下列情况之一时，仍应作变形验算：

表 9-10　可不作地基变形计算设计等级为丙级的建筑物范围

<table>
<tr><td rowspan="2">地基主要受力层情况</td><td colspan="3">地基承载力特征值 f_{ak}/kPa</td><td>$60\leqslant f_{ak}<80$</td><td>$80\leqslant f_{ak}<100$</td><td>$100\leqslant f_{ak}<130$</td><td>$130\leqslant f_{ak}<160$</td><td>$160\leqslant f_{ak}<200$</td><td>$200\leqslant f_{ak}<300$</td></tr>
<tr><td colspan="3">各土层坡度/%</td><td>≤5</td><td>≤5</td><td>≤10</td><td>≤10</td><td>≤10</td><td>≤10</td></tr>
<tr><td rowspan="8">建筑类型</td><td colspan="3">砌体承重结构、框架结构/层数</td><td>≤5</td><td>≤5</td><td>≤5</td><td>≤6</td><td>≤6</td><td>≤7</td></tr>
<tr><td rowspan="4">单层排架结构（6m 柱距）</td><td rowspan="2">单跨</td><td>吊车额定起重量/t</td><td>5～10</td><td>10～15</td><td>15～20</td><td>20～30</td><td>30～50</td><td>50～100</td></tr>
<tr><td>厂房跨度/m</td><td>≤12</td><td>≤18</td><td>≤24</td><td>≤30</td><td>≤30</td><td>≤30</td></tr>
<tr><td rowspan="2">多跨</td><td>吊车额定起重量/t</td><td>3～5</td><td>5～10</td><td>10～15</td><td>15～20</td><td>20～30</td><td>30～75</td></tr>
<tr><td>厂房跨度/m</td><td>≤12</td><td>≤18</td><td>≤24</td><td>≤30</td><td>≤30</td><td>≤30</td></tr>
<tr><td colspan="2">烟囱</td><td>高度/m</td><td>≤30</td><td>≤40</td><td>≤50</td><td colspan="2">≤75</td><td>≤100</td></tr>
<tr><td colspan="2" rowspan="2">水塔</td><td>高度/m</td><td>≤15</td><td>≤20</td><td>≤30</td><td colspan="2">≤30</td><td>≤30</td></tr>
<tr><td>容积/m^3</td><td>≤50</td><td>50～100</td><td>100～200</td><td>200～300</td><td>300～500</td><td>500～1000</td></tr>
</table>

注：1. 地基主要受力层系指条形基础底面下深度为 $3b$（b 为基础底面宽度），独立基础下为 $1.5b$，且厚度均不小于 5m 的范围（二层以下一般的民用建筑除外）；

2. 地基主要受力层中如有承载力特征值小于 130kPa 的土层时，表中砌体承重结构的设计，应符合有关软弱地基的要求；

3. 表中砌体承重结构和框架结构均指民用建筑，对于工业建筑可按厂房高度、荷载情况折合成与其相当的民用建筑层数；

4. 表中吊车额定起吊重量、烟囱高度和水塔容积的数值系指最大值。

（1）地基承载力特征值小于 130kPa，且体型复杂的建筑；

（2）在基础上及其附近有地面堆载或相邻基础荷载差异较大，可能引起地基产生过大的不均匀沉降时；

（3）软弱地基上的建筑物存在偏心荷载时；

（4）相邻建筑距离过近，可能发生倾斜时；

（5）地基内有厚度较大或厚薄不均的填土，其自重固结未完成时。

地基变形验算的要求是：建筑物的地基变形计算值，不应大于地基变形允许值。而地基变形特征可分为沉降量、沉降差、倾斜和局部倾斜四类：

（1）沉降量：指基础中点的沉降量；

（2）沉降差：指相邻两单独基础沉降量之差；

（3）倾斜：指基础倾斜方向两端点的沉降差与距离的比值；

（4）局部倾斜：指砌体承重结构沿纵向 6～10m 内基础两点的沉降差与其距离的比值。

地基变形的计算，本书第五章已经介绍，注意公式中的 p_0 是对应于荷载效应准永久组合时基础底面的附加压力。在计算地基变形时，应符合下列规定：

（1）由于建筑地基不均匀、荷载差异很大、体型复杂等因素引起的地基变形，对于砌体承重结构应由局部倾斜值控制；对于框架结构和单层排架结构应由相邻柱基的沉降差控制；

对于多层或高层建筑和高耸结构应由倾斜值控制，必要时尚应控制平均沉降量。

(2) 在必要情况下，需要分别预估建筑物在施工期间和使用期间的地基变形值，以便预留建筑物有关部分之间的净空，选择连接方法和施工顺序。一般多层建筑物施工期间完成的沉降量，对于砂土可以认为其最终沉降量已完成80%以上，对于其他低压缩性土可以认为已完成最终沉降量的50%～80%，对于中压缩性土可认为已完成20%～50%，对于高压缩性土可认为已完成5%～20%。

建筑物的地基变形允许值，按表9-11的规定采用。对于表中未包括的建筑物，其地基变形允许值应根据上部结构对地基变形的适应能力和使用上的要求确定。

表9-11 建筑物的地基变形允许值

变形特征		地基土类别	
		中、低压缩性土	高压缩性土
砌体承重结构基础的局部倾斜		0.002	0.003
工业与民用建筑相邻柱基的沉降差			
(1)框架结构		$0.002l$	$0.003l$
(2)砌体墙填充的边排柱		$0.0007l$	$0.001l$
(3)当基础不均匀沉降时不产生附加应力的结构		$0.005l$	$0.005l$
单层排架结构(柱距为6m)柱基的沉降量/mm		(120)	200
桥式吊车轨面的倾斜(按不调整轨道考虑)			
纵向		0.004	
横向		0.003	
多层和高层建筑的整体倾斜	$H_g \leqslant 24$	0.004	
	$24 < H_g \leqslant 60$	0.003	
	$60 < H_g \leqslant 100$	0.0025	
	$H_g > 100$	0.002	
体型简单的高层建筑基础的平均沉降量/mm		200	
高耸结构基础的倾斜	$H_g \leqslant 20$	0.008	
	$20 < H_g \leqslant 50$	0.006	
	$50 < H_g \leqslant 100$	0.005	
	$100 < H_g \leqslant 150$	0.004	
	$150 < H_g \leqslant 200$	0.003	
	$200 < H_g \leqslant 250$	0.002	
高耸结构基础的沉降量/mm	$H_g \leqslant 100$	400	
	$100 < H_g \leqslant 200$	300	
	$200 < H_g \leqslant 250$	200	

注：1. 本表数值为建筑物地基实际最终变形允许值；

2. 有括号者仅适用于中压缩性土；

3. l 为相邻柱基的中心距离，mm；H_g 为自室外地面起算的建筑物高度，m。

第五节 无筋扩展基础设计

无筋扩展基础系指由砖、毛石、混凝土或毛石混凝土、灰土和三合土等材料组成的墙下条形基础或柱下独立基础，习惯上又称为刚性基础，它适用于多层民用建筑和轻型厂房。这种基础的抗拉强度和抗剪强度较低，因此必须控制基础内的拉应力和剪应力，工程上通常采用较大的截面尺寸（限制台阶宽高比）来保证抗拉和抗剪，而无需进行内力分析和截面强度计算。

无筋扩展基础的高度，应符合下式要求（见图 9-17）：

$$H_0 \geqslant \frac{b-b_0}{2\tan\alpha} \tag{9-25}$$

式中　b——基础底面宽度，m；

b_0——基础顶面的墙体宽度或柱脚宽度，m；

H_0——基础高度，m；

b_2——基础台阶宽度，m；

$\tan\alpha$——基础台阶宽高比 $b_2 : H_0$，其允许值可按表 9-12 选用。

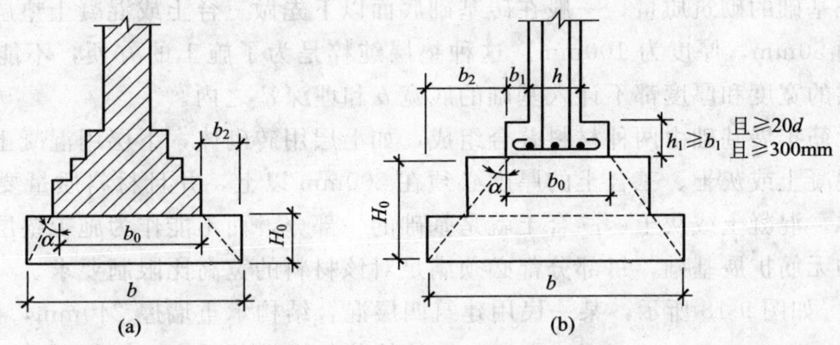

图 9-17　无筋扩展基础构造示意

表 9-12 中提供的无筋扩展基础台阶宽高比的允许值，是根据材料力学和现行结构设计规范确定的，只要台阶的宽高比不超过其允许值，就能保证基础自身的承载力。但对于混凝土基础，当基础底面的平均压力超过 300kPa 时，应按下式验算墙（柱）边缘或变阶处的受剪承载力：

表 9-12　无筋扩展基础台阶宽高比的允许值

基础材料	质量要求	台阶宽高比的允许值		
		$p_k \leqslant 100$	$100 < p_k \leqslant 200$	$200 < p_k \leqslant 300$
混凝土基础	C15 混凝土	1：1.00	1：1.00	1：1.25
毛石混凝土基础	C15 混凝土	1：1.00	1：1.25	1：1.50
砖基础	砖不低于 MU10、砂浆不低于 M5	1：1.50	1：1.50	1：1.50
毛石基础	砂浆不低于 M5	1：1.25	1：1.50	—
灰土基础	体积比为 3：7 或 2：8 的灰土，其最小干密度：粉土 1.55t/m³　粉质黏土 1.50t/m³　黏土 1.45t/m³	1：1.25	1：1.50	—
三合土基础	体积比为 1：2：4～1：3：6（石灰：砂：骨料），每层约虚铺 220mm，夯至 150mm	1：1.50	1：2.00	—

注：1. p_k 为荷载效应标准组合时基础底面处的平均压力值，kPa；

2. 阶梯形毛石基础的每阶伸出宽度，不宜大于 200mm；

3. 当基础由不同材料叠合组成时，应对接触部分作抗压验算。

$$V_s \leqslant 0.366 f_t A \tag{9-26}$$

式中 V_s——相应于荷载效应基本组合时的地基土平均净反力产生的沿墙（柱）边缘或变阶处单位长度的剪力设计值，kN/m；

f_t——混凝土的轴心抗拉强度设计值，kN/m^2；

A——沿墙（柱）边缘或变阶处混凝土基础单位长度面积，m^2/m。

采用无筋扩展基础的钢筋混凝土柱，其柱脚高度 h_1 不得小于 b_1［见图 9-17(b)］，并不应小于 300mm 且不小于 $20d$（d 为柱中的纵向受力钢筋最大直径）。当柱纵向钢筋在柱脚内的竖向锚固长度不满足锚固要求时，可沿水平方向弯折，弯折后的水平锚固长度不应小于 $10d$，也不应大于 $20d$。

为了保证基础的砌筑质量，一般在砖基础底面以下先做三合土或混凝土垫层，垫层每边伸出基础底面 50mm，厚度为 100mm。这种垫层纯粹是为了施工的方便，不能作为基础的一部分。垫层的宽度和厚度都不计入基础的底宽 b 和埋深 d 之内。

有时，无筋扩展基础由两种材料叠合组成，如上层用砖砌体，下层用混凝土或灰土、三合土。下层混凝土或灰土、三合土的厚度必须在 200mm 以上，并且材料质量要符合表 9-12 的要求。这样，混凝土或灰土、三合土就是基础的一部分，而不能作为施工垫层看待。由不同材料做成的无筋扩展基础，每部分都必须满足对该材料的宽高比限制要求。

【例 9-6】 如图 9-18 所示，某一民用建筑四层混合结构承重墙厚 240mm，传至±0.000 处的荷载标准值 $F_k = 192\text{kN/m}$。场地土厚度基本均匀，表层为耕植土，厚 0.6m，重度 $\gamma = 17.0\text{kN/m}^3$；持力层为粉土，厚度 12m，重度 $\gamma = 18.6\text{kN/m}^3$，地基承载力特征值 $f_{ak} = 160\text{kPa}$，黏粒含量 $\rho_c = 15\%$，地下水位 −0.800m。试设计该墙下条形基础。

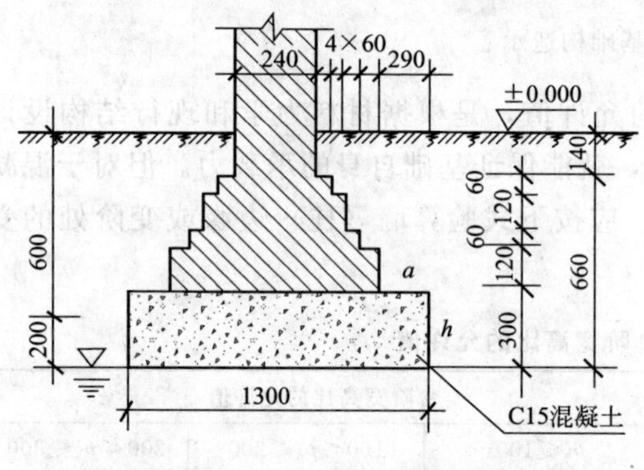

图 9-18 例 9-6 图

【解】

(1) 埋置深度 基础宜浅埋，最好位于地下水位以上，取埋深 $d = 0.8\text{m}$。

(2) 修正后的地基承载力特征值

$$p_c = 17.0 \times 0.6 + 18.6 \times 0.2 = 13.92\text{kPa}$$

$$\gamma_m = \frac{p_c}{d} = \frac{13.92}{0.8} = 17.4\text{kN/m}^3$$

承载力修正系数 $\eta_b = 0.3$，$\eta_d = 1.5$

假设 $b \leqslant 3\text{m}$，则有

$$f_a = f_{ak} + \eta_b \gamma (b-3) + \eta_d \gamma_m (d-0.5) = 160 + 0 + 1.5 \times 17.4 \times (0.8-0.5) = 167.8\text{kPa}$$

(3) 基底宽度 由式(9-20)，得

$$b \geqslant \frac{F_k}{f_a - \gamma_G d} = \frac{192}{167.8 - 20 \times 0.8} = 1.26\text{m}$$

取 $b = 1.30\text{m}$（$b < 3\text{m}$，与假设相符，地基承载力不必再修正）

(4) 基础材料和构造 下部采用 300mm 厚的 C15 混凝土，其上用 MU10 的烧结普通砖和 M5 水泥砂浆砌筑。整个基础由两种材料叠合组成，剖面形式如图 9-18 所示。

为减小基础高度，砖基础的大放脚采用“二一间隔收”砌法，宽高比满足要求。

混凝土基础的宽高比为：

$$a : h = 290 : 300 = 1 : 1.03 < 1 : 1.00$$

满足要求。

（5）验算地基承载力

$$G_k = \gamma_G A d = 20 \times 1.30 \times 0.8 = 20.8\text{kN/m}$$

$$F_k + G_k = 192 + 20.8 = 212.8\text{kN/m}$$

$$p_k = \frac{F_k + G_k}{b} = \frac{212.8}{1.30} = 163.7\text{kPa} < f_a = 167.8\text{kPa}\text{，满足要求}$$

（6）地基变形 砌体承重结构应以“局部倾斜”作为变形控制参数。本例地基条件简单，荷载分布均匀，可定为丙级基础，$f_{ak} = 160\text{kPa}$，层数<6层，符合表9-10关于丙级基础不作变形计算的要求，故可不计算地基的变形。

第六节 扩展基础设计

扩展基础在《建筑地基基础设计规范》（GB50007—2002）中系指墙下钢筋混凝土条形基础和柱下钢筋混凝土独立基础，它们广泛用于多层建筑中。上部荷载直接通过墙或柱传递到基础顶面，基础内力容易确定。内力一旦确定，配筋计算就容易了。

一、扩展基础的构造要求

扩展基础的剖面可采用锥形或阶梯形（见图9-6～图9-8）。锥形基础的边缘高度，不宜小于200mm；锥形坡度一般不超过25°，顶部每边宜沿墙边（柱边）放出50mm。阶梯形基础的每阶高度，宜为300～500mm。阶梯形基础的阶高和阶宽（见图9-19）均采用50mm的倍数，最下一阶宽度 $b_1 \leqslant 1.75h_1$，其余阶宽不大于阶高。当高度 $H \leqslant 500\text{mm}$ 时，宜分为一阶；当 $500\text{mm} < H \leqslant 900\text{mm}$ 时，宜分为二阶；当 $H > 900\text{mm}$ 时，宜分为三阶。

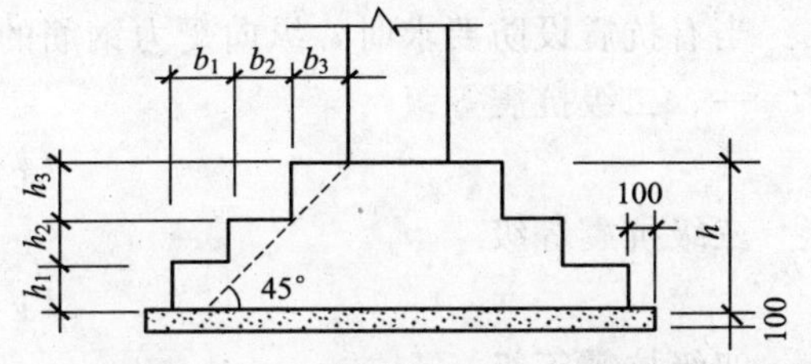

图9-19 阶梯形基础的阶高和阶宽

基础垫层的厚度不宜小于70mm（通常做法是：垫层采用厚度100mm，两边伸出基础底板100mm）；垫层混凝土的强度等级应为C10。

扩展基础底板受力钢筋的最小直径不宜小于10mm；间距不宜大于200mm，也不宜小于100mm。墙下钢筋混凝土条形基础纵向分布钢筋的直径不宜小于8mm，间距不大于300mm；每延米分布钢筋的面积应不小于受力钢筋面积的1/10。当有垫层时，钢筋的保护层厚度 c 不小于40mm，无垫层时 c 不小于70mm。基础混凝土的强度等级不应低于C20。

当柱下钢筋混凝土独立基础的边长或墙下钢筋混凝土条形基础的宽度大于或等于2.5m时，底板受力钢筋的长度可取边长或宽度的0.9倍，并宜交错布置［见图9-20(a)］。钢筋混凝土条形基础底板在T形及十字形交接处，底板横向受力钢筋仅沿一个主要受力方向通长布置，另一方向的横向受力钢筋可布置到主要受力方向底板宽度1/4处［见图9-20(b)］。在拐角处底板横向受力钢筋应沿两个方向布置［见图9-20(c)］。

钢筋混凝土柱和剪力墙纵向受力钢筋在基础内的锚固长度 l_a 应根据钢筋在基础内的最小保护层厚度按现行《混凝土结构设计规范》有关规定确定：

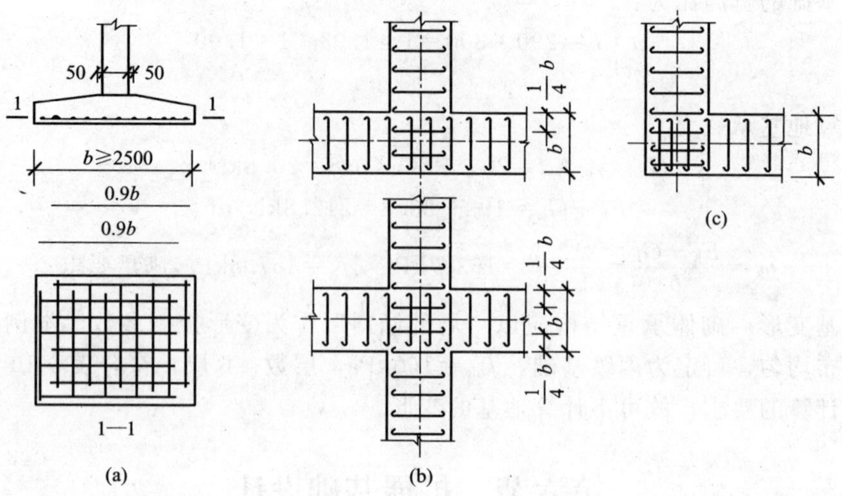

图 9-20 扩展基础底板受力钢筋布置示意图

$$l_a = \alpha \frac{f_y}{f_t} d \qquad (9\text{-}27)$$

式中 α——钢筋外形系数，光面钢筋取 0.16，带肋钢筋取 0.14；

f_y——钢筋的抗拉强度设计值，N/mm^2；

f_t——混凝土的抗拉强度设计值，N/mm^2；

d——钢筋的公称直径，mm。

当有抗震设防要求时，纵向受力钢筋的最小锚固长度 l_{aE} 应按下式计算：

一、二级抗震等级

$$l_{aE} = 1.15 l_a \qquad (9\text{-}28)$$

三级抗震等级

$$l_{aE} = 1.05 l_a \qquad (9\text{-}29)$$

四级抗震等级

$$l_{aE} = l_a \qquad (9\text{-}30)$$

现浇柱的基础，其插筋的数量、直径以及钢筋种类应与柱内纵向受力钢筋相同。插筋的锚固长度应满足上述要求。插筋与柱纵向受力钢筋的连接方法，应符合现行《混凝土结构设计规范》的规定。插筋的下端宜做成直钩放在基础底板钢筋网上。当符合下列条件之一时，可仅将四角的插筋伸至底板钢筋网上，其余插筋锚固在基础顶面下 l_a 或 l_{aE}（有抗震设防要求时）处（见图 9-21）。

(1) 柱为轴心受压或小偏心受压，基础高度大于等于 1200mm；

(2) 柱为大偏心受压，基础高度大于等于 1400mm。

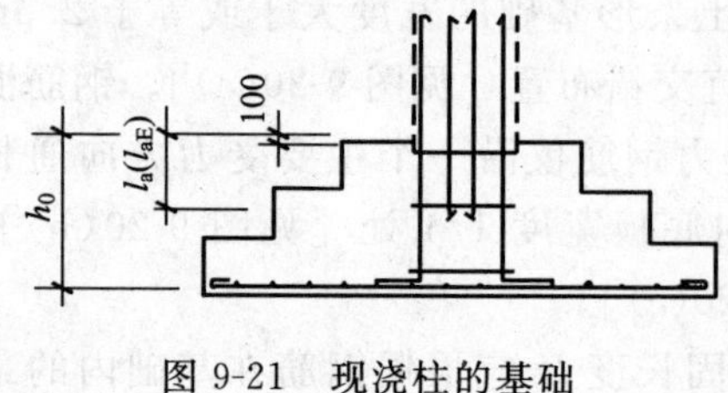

图 9-21 现浇柱的基础中插筋构造示意图

预制钢筋混凝土柱通常采用杯形基础，将柱端插入杯口之内，并用细石混凝土填充间隙形成整体。预制钢筋混凝土柱与杯口基础的连接，应符合下列要求（见图 9-22）：

(1) 柱的插入深度，可按表 9-13 选用，并应满足

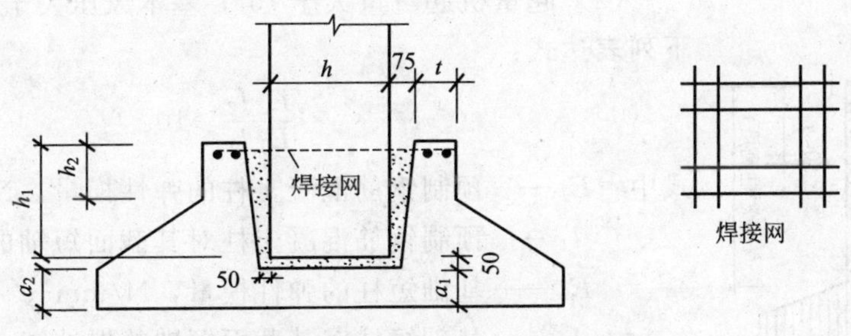

图 9-22 预制钢筋混凝土柱独立基础示意图（$a_2 \geqslant a_1$）

钢筋锚固长度的要求及吊装时柱的稳定性。

表 9-13 柱的插入深度 h_1 mm

矩形或工字形柱				双肢柱
$h<500$	$500 \leqslant h<800$	$800 \leqslant h \leqslant 1000$	$h>1000$	
$h \sim 1.2h$	h	$0.9h$ 且$\geqslant 800$	$0.8h$ 且$\geqslant 1000$	$(1/3 \sim 2/3)h_a$，$(1.5 \sim 1.8)h_b$

注：1. h 为柱截面长边尺寸；h_a 为双肢柱全截面长边尺寸；h_b 为双肢柱全截面短边尺寸；

2. 轴心受压或小偏心受压时，h_1 可适当减小，偏心距大于 $2h$ 时，h_1 应适当加大。

（2）基础的杯底厚度和杯壁厚度，可按表 9-14 选用。

表 9-14 基础的杯底厚度和杯壁厚度

柱截面长边尺寸 h/mm	杯底厚度 a_1/mm	杯壁厚度 t/mm
$h<500$	$\geqslant 150$	150～200
$500 \leqslant h<800$	$\geqslant 200$	$\geqslant 200$
$800 \leqslant h<1000$	$\geqslant 200$	$\geqslant 300$
$1000 \leqslant h<1500$	$\geqslant 250$	$\geqslant 350$
$1500 \leqslant h \leqslant 2000$	$\geqslant 300$	$\geqslant 400$

注：1. 双肢柱的杯底厚度值，可适当加大；

2. 当有地梁时，地梁下的杯壁厚度，应满足其支承宽度的要求；

3. 柱子插入杯口部分的表面应凿毛，柱子与杯口之间的空隙，应用比基础混凝土强度等级高一级的细石混凝土充填密实，当达到材料设计强度的 70%以上时，方能进行上部吊装。

（3）当柱为轴心受压或小偏心受压且 $t/h_2 \geqslant 0.65$ 时，或大偏心受压且 $t/h_2 \geqslant 0.75$ 时，杯壁可不配筋；当柱为轴心受压或小偏心受压且 $0.5 \leqslant t/h_2<0.65$，杯壁可按表 9-15 构造配筋；其他情况下应按计算配筋。

表 9-15 杯壁构造配筋

柱截面长边尺寸/mm	$h<1000$	$1000 \leqslant h<1500$	$1500 \leqslant h \leqslant 2000$
钢筋直径/mm	8～10	10～12	12～16

注：表中钢筋置于杯口顶部，每边两根（图 9-22）。

预制钢筋混凝土柱（包括双肢柱）与高杯口基础的连接（见图 9-23），其插入深度应符合表 9-13 的要求；杯壁厚度符合表 9-14 的规定且符合下列条件时，杯壁和短柱配筋可按图 9-24 的构造要求进行设计。

（1）起重机起重量小于或等于 75t，轨顶标高小于或等于 14m，基本风压小于 0.5kPa 的工业厂房，且基础短柱的高度不大于 5m。

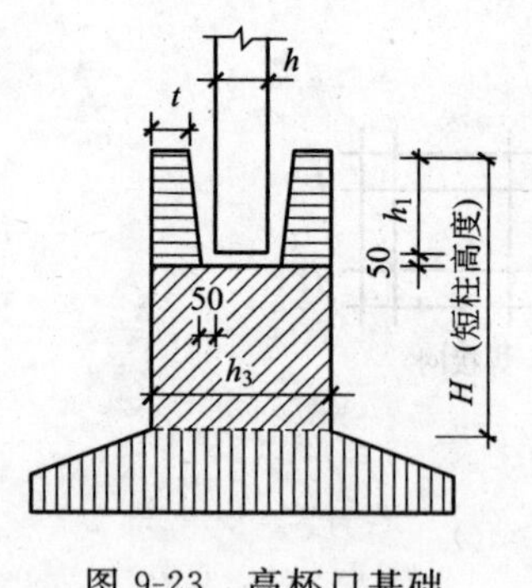

图 9-23 高杯口基础

（2）起重机起重量大于75t，基本风压大于0.5kPa，且符合下列表达式：

$$\frac{E_2 I_2}{E_1 I_1} \geqslant 10 \tag{9-31}$$

式中 E_1——预制钢筋混凝土柱的弹性模量，N/mm^2；

I_1——预制钢筋混凝土柱对其截面短轴的惯性矩，mm^4；

E_2——基础短柱的弹性模量，N/mm^2；

I_2——基础短柱对其截面短轴的惯性矩，mm^4。

（3）当基础短柱的高度大于5m时，符合下列表达式：

$$\Delta_2/\Delta_1 \leqslant 1.1 \tag{9-32}$$

式中 Δ_1——单位水平力作用在以高杯口基础顶面为固定端的柱顶时，柱顶的水平位移，mm；

Δ_2——单位水平力作用在以短柱底面为固定端的柱顶时，柱顶的水平位移，mm。

（4）高杯口基础短柱的纵向钢筋，除满足计算要求外，在非抗震设防区及抗震设防烈度低于9度地区，且满足上述（1）、（2）、（3）条的要求时，短柱四角纵向钢筋的直径不宜小于20mm，并延伸至基础底板的钢筋网上。短柱长边的纵向钢筋，当长边尺寸小于或等于1000mm时，其钢筋直径不应小于12mm，间距不应大于300mm；当长边尺寸大于1000mm时，其钢筋直径不应小于16mm，间距不应大于300mm，且每隔一米左右伸下一根并做150mm的直钩支承在基础底部的钢筋网上，其余钢筋锚固至基础底板顶面下 l_a 处（见图9-24）。短柱短边每隔300mm应配置直径不小于12mm的纵向钢筋，且每边的配筋率不少于0.05%短柱的截面面积。短柱中的箍筋直径不应小于8mm，间距不应大于300mm；当抗震设防烈度为8度和9度时，箍筋直径不应小于8mm，间距不应大于150mm。

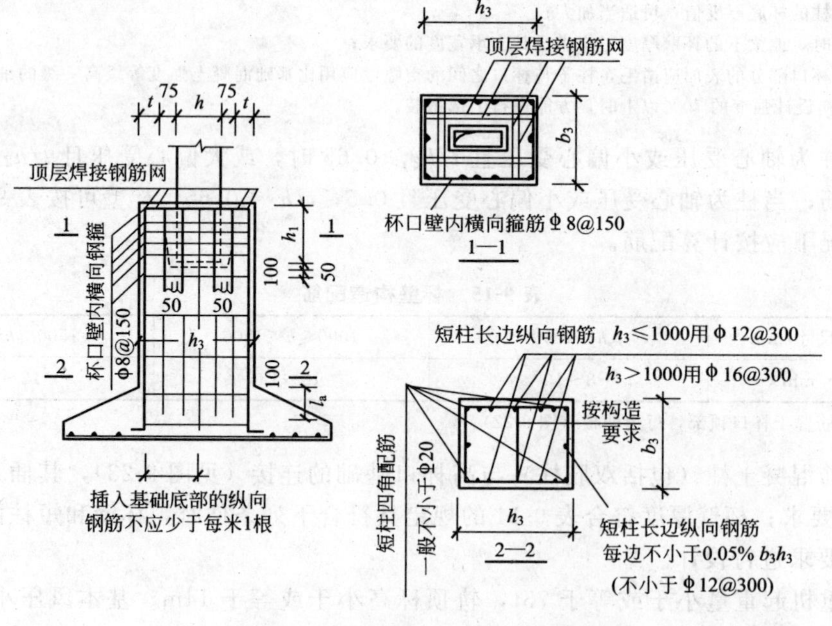

图 9-24 高杯口基础构造配筋示意图

二、墙下钢筋混凝土条形基础计算

基础计算在于确定基础高度和基础底板的配筋。按承载能力极限状态计算，荷载效应采用基本组合。不考虑基础及其台阶上回填土的重力 G，仅由基础顶面的荷载设计值产生的地基净反力 p_j 来设计基础。

1. 基础内力

墙下条形基础沿墙长度方向取 1m 作为计算单元，将底板看成是倒置的悬臂板，墙作为支座，承受地基净反力作用，以此进行内力和承载力计算。

(1) 轴心荷载作用　在轴心荷载作用下，地基净反力均匀分布

$$p_j=\frac{F}{A}=\frac{F}{lb}=\frac{F}{b} \tag{9-33}$$

式中 p_j——地基净反力，kPa；

F——上部荷载传至基础顶面的压力，kN/m；

b——墙下钢筋混凝土条形基础底面宽度，m。

在 p_j 作用下，基础底板内产生剪力和弯矩，控制截面为墙边截面Ⅰ—Ⅰ（见图 9-25）。设砖墙厚度为 a，则内力为：

$$V=\frac{1}{2}p_j(b-a) \tag{9-34}$$

$$M=\frac{1}{8}p_j(b-a)^2 \tag{9-35}$$

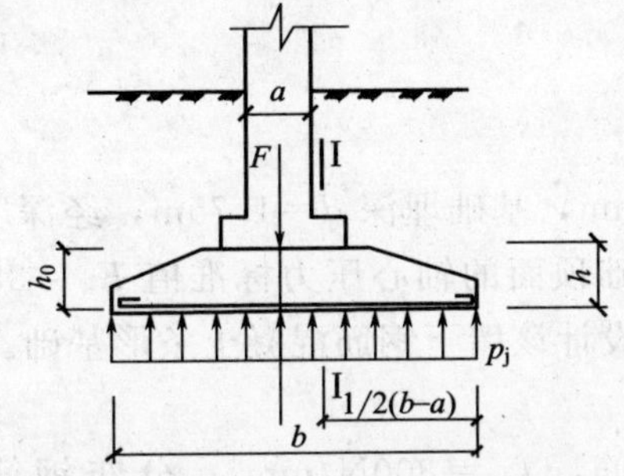

图 9-25　墙下条形基础受轴心荷载作用

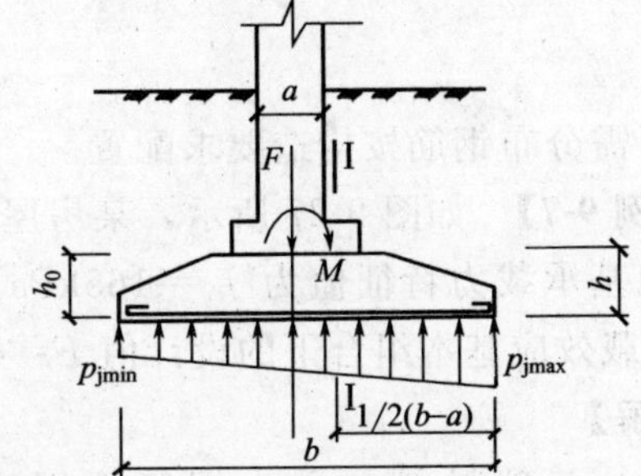

图 9-26　墙下条形基础受偏心荷载作用

(2) 偏心荷载作用　偏心荷载作用下，地基净反力一般呈梯形分布（见图 9-26），基底边缘处的最大、最小净反力为

$$p_{j\max}=\frac{F}{b}+\frac{6M}{b^2} \tag{9-36}$$

$$p_{j\min}=\frac{F}{b}-\frac{6M}{b^2} \tag{9-37}$$

墙边截面Ⅰ—Ⅰ（最大净反力一侧）处的净反力，由线性分布关系可得

$$p_{j\mathrm{I}}=p_{j\min}+\frac{b+a}{2b}(p_{j\max}-p_{j\min}) \tag{9-38}$$

Ⅰ—Ⅰ截面为控制截面，内力为

$$V=\frac{1}{4}(p_{j\mathrm{I}}+p_{j\max})(b-a) \tag{9-39}$$

$$M=\frac{1}{24}(2p_{j\mathrm{I}}+p_{j\max})(b-a)^2 \tag{9-40}$$

2. 基础高度

墙下钢筋混凝土条形基础的高度或底板厚度 h，初选时可设 $h=b/8$，并按模数取值。因为底板不配置箍筋和弯起钢筋，所以基础底板的厚度应由混凝土的抗剪承载力确定，公式为

$$V \leqslant 0.7 f_t l h_0 = 0.7 f_t h_0 \tag{9-41}$$

式中 V——剪力设计值，(kN/m，N/mm)；

f_t——混凝土的抗拉强度设计值，N/mm^2；

h_0——基础底板的有效高度，mm。当有垫层时可取 $h_0=h-50$，无垫层时可取 $h_0=h-80$。

若满足上式，则表明所选底板厚度 h 可行；若不满足式(9-41)，则应将 h 增大一个模数，再验算，直至满足为止。也可以直接由式(9-41) 计算 h_0，进而确定基础高度（底板厚度）h。

3. 底板配筋

根据《混凝土结构设计规范》的假设，承载能力极限状态下（对受压区混凝土压力的合力点取矩）的力矩平衡条件为

$$M=M_u=f_y A_s (h_0-0.5x)=f_y A_s h_0 (1-0.5\xi)$$

对于基础设计，因受压区面积可能是矩形（条形基础、一阶的阶梯形基础）、T 形（阶梯形基础）或梯形（锥形基础），情况比较复杂，通常不严格求解混凝土受压区高度 x，而是近似地取 $x=0.2h_0$ 或 $\xi=0.2$，所以

$$M=0.9 f_y A_s h_0$$

由此得受力钢筋的截面面积

$$A_s=\frac{M}{0.9 f_y h_0} \tag{9-42}$$

所需分布钢筋按构造要求配置。

【例 9-7】 如图 9-27 所示，某房屋承重墙厚 370mm，基础埋深 $d=1.75$m，经深度修正后的地基承载力特征值为 $f_a=165$kPa。墙体传至基础顶面的轴心压力标准值 $F_k=352$kN/m、荷载效应基本组合下的设计值 $F=445$kN/m，试设计该墙下钢筋混凝土条形基础。

【解】

(1) 基础材料　受力钢筋选用 HRB335 级钢筋，$f_y=300N/mm^2$；分布钢筋采用 HPB235 级钢筋；垫层混凝土强度等级为 C10，垫层厚度取 100mm；基础混凝土采用 C20，$f_c=9.6N/mm^2$，$f_t=1.10N/mm^2$。

(2) 基底宽度　采用荷载效应标准组合，由地基承载力条件确定基础底面宽度，公式为

$$p_k=\frac{F_k+G_k}{A}=\frac{F_k}{b}+20d \leqslant f_a$$

$$b \geqslant \frac{F_k}{f_a-20d}=\frac{352}{165-20\times1.75}=2.71\text{m}$$

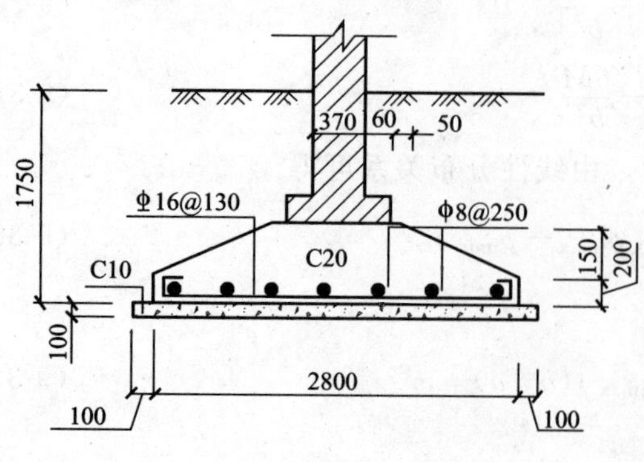

图 9-27　例 9-7 图

取 $b=2.80\text{m}=2800\text{mm}$，$b<3\text{m}$ 地基承载力特征值不需要按宽度进行修正，所取基础底面宽度能满足地基承载力要求。

(3) 基础底板内力　采用荷载效应基本组合，因为是轴心受压，所以

$$p_j=\frac{F}{b}=\frac{445}{2.80}=158.9\text{kPa}$$

$$V=\frac{1}{2}p_j(b-a)=\frac{1}{2}\times158.9\times(2.80-0.37)=193.1\text{kN/m}$$

$$M=\frac{1}{8}p_j(b-a)^2=\frac{1}{8}\times158.9\times(2.80-0.37)^2=117.3\text{kN}\cdot\text{m/m}$$

（4）基础高度 初选 $h=b/8=2800/8=350\text{mm}$，符合模数要求。有垫层，取混凝土保护层厚度 $c=c_{\min}=40\text{mm}$，设钢筋直径为 d，则钢筋合力中心到混凝土底板底边的距离为

$$a_s=c+d/2\approx40+20/2=50\text{mm}$$

基础的有效高度

$$h_0=h-a_s=350-50=300\text{mm}$$

抗剪承载力验算

$$0.7f_th_0=0.7\times1.10\times300=231\text{kN/m}>V=193.1\text{kN/m}$$

满足要求，说明取 $h=350\text{mm}$ 可行。

（5）底板配筋

受力钢筋

$$A_s=\frac{M}{0.9f_yh_0}=\frac{117.3\times10^6}{0.9\times300\times300}=1448\text{mm}^2$$

实配Φ16@130，面积 $A_s=1547\text{mm}^2$。

分布钢筋按构造配置Φ8@250。

该墙下钢筋混凝土条形基础采用锥形剖面，边缘高度取 200mm，砖墙底挑出 1/4 砖（60mm），顶部墙边放 50mm，实际锥形坡度为

$$\tan\alpha=\frac{350-200}{(2800-370)/2-60-50}=0.1357，\alpha=7.73°<25°$$

基础的尺寸和配筋如图 9-27 所示。

三、柱下钢筋混凝土独立基础计算

试验表明，柱下钢筋混凝土独立基础可能发生冲切破坏和弯曲破坏。当基础底板面积较大，而高度较薄时，基础从柱子（或变阶处）四周开始，沿着 45°斜面拉裂，从而形成冲切角锥体（见图 9-28），这种破坏称为冲切破坏。矩形基础一般沿柱短边一侧先产生冲切破坏。底板在净反力作用下，两个方向上均发生向上的弯曲变形，底部受拉、顶部受压，在危险截面内的弯矩超过底板的抗弯极限承载力时，底板就会发生弯曲破坏。

1. 基础高度

基础高度 h 由混凝土抗冲切强度确定。由冲切破坏角锥体以外的地基净反力所产生的冲切力应不大于冲切面处混凝土的抗冲切能力。对于矩形截面柱的矩形基础，应验算柱与基础交接处以及基础变阶处的受冲切承载力，即按下式确定基础高度：

$$F_l\leqslant0.7\beta_{hp}f_tb_mh_0 \tag{9-43}$$

$$b_m=(b_t+b_b)/2 \tag{9-44}$$

$$F_l=p_jA_l \tag{9-45}$$

式中 β_{hp}——受冲切承载力截面高度影响系数，当 h 不大于 800mm 时，β_{hp} 取 1.0；当 h 大于等于 2000mm 时，β_{hp} 取 0.9，其间按线性内插法取用；

f_t——混凝土轴心抗拉强度设计值，kPa；

h_0——基础冲切破坏锥体的有效高度，m；

b_m——冲切破坏锥体最不利一侧计算长度，m，如图 9-29 所示；

b_t——冲切破坏锥体最不利一侧截面的上边长，m，当计算柱与基础交接处的受冲切承载力时取柱宽，当计算基础变阶处的受冲切承载力时取上阶宽；

b_b——冲切破坏锥体最不利一侧斜截面在基础底面积范围内的下边长，m；

p_j——荷载效应基本组合时地基土单位面积净反力，kPa，偏心受压基础可取最大净反力 p_{jmax}；

A_l——冲切验算时取用的部分基底面积，m^2；如图 9-30(a) 所示中的阴影面积 $ABCDEF$，或如图 9-30(b) 所示中的阴影面积 $ABCD$；

F_l——相应于荷载效应基本组合时作用在 A_l 上的地基土净反力设计值，kN。

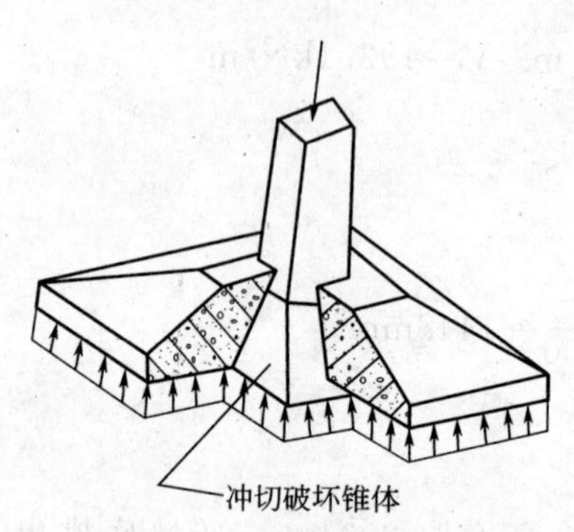

图 9-28　冲切破坏角锥体

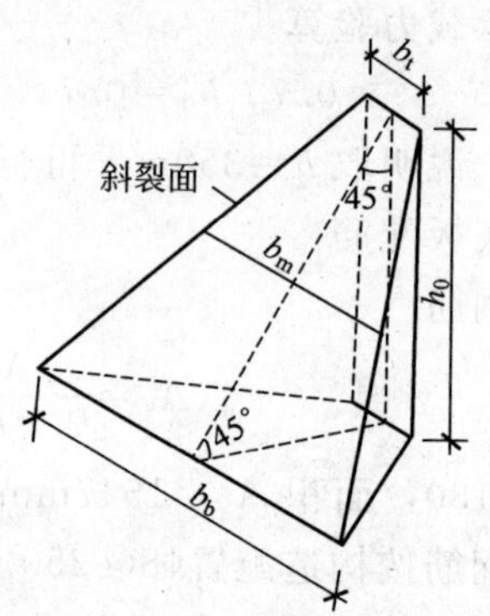

图 9-29　冲切斜裂面边长

轴心受压时，地基土的净反力设计值为

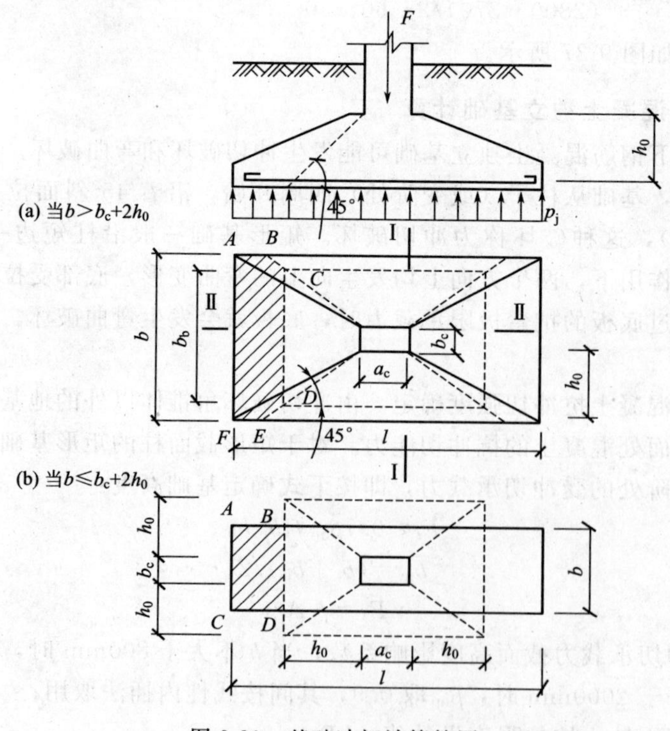

图 9-30　基础冲切计算简图

$$p_j=\frac{F}{A}=\frac{F}{bl} \tag{9-46}$$

偏心受压时，地基土净反力设计值的最大、最小值分别为

$$p_{jmax}=\frac{F}{A}+\frac{M}{W}=\frac{F}{bl}+\frac{6M}{bl^2} \tag{9-47}$$

$$p_{jmin}=\frac{F}{A}-\frac{M}{W}=\frac{F}{bl}-\frac{6M}{bl^2} \tag{9-48}$$

假设柱截面的长边、短边尺寸分别用 a_c、b_c 表示，则沿柱边产生冲切时，应有 $b_c=b_t$（见图 9-30）。当 $b>b_c+2h_0$ 时，冲切破坏锥体的底边落在基础底面积之内［见图 9-30(a)］，此时 $b_b=b_c+2h_0$，所以

$$b_m=(b_t+b_b)/2=(b_c+b_c+2h_0)=b_c+h_0 \tag{9-49}$$

$$A_l=\left(\frac{l}{2}-\frac{a_c}{2}-h_0\right)b-\left(\frac{b}{2}-\frac{b_c}{2}-h_0\right)^2 \tag{9-50}$$

而当 $b\leqslant b_c+2h_0$ 时，冲切力的作用面积为一矩形［见图 9-30(b)］，此时 $b_b=b$，所以

$$b_m=(b_c+b)/2 \tag{9-51}$$

$$A_l=\left(\frac{l}{2}-\frac{a_c}{2}-h_0\right)b \tag{9-52}$$

通常做法是根据经验假定基础高度 h，得出 h_0，按式(9-43) 进行验算。如满足，则假定高度可取；若不满足，则应加大基础高度，重新验算，直到满足为止。

当基础剖面为阶梯形时，除可能在柱子周边沿 45°斜面拉裂形成冲切角锥体外，还可能从变阶处开始沿 45°斜面拉裂。因此，尚需对基础变阶处进行冲切验算。此时，变阶处的有效高度 h_{01} 由变阶处的截面高度确定，并将上述公式中的 a_c 和 b_c 分别换成变阶处的台阶尺寸 a_1 和 b_1 即可。

当基础底面边缘在 45°冲切破坏线以内时，可不进行基础高度的受冲切承载力验算。

2. 基础底板配筋

独立基础底板在地基净反力作用下，沿着柱的周边向上弯曲，一般矩形基础均为双向受弯，因此应在底板两个方向配置受力钢筋。内力计算时，将基础底板看成四块固定在柱周边的梯形悬臂板（见图 9-31），则基础底板长、宽两个方向的弯矩，就等于相应梯形基底面积上地基净反力所产生的力矩。

(1) 轴心受压基础　固定于柱四周的四边悬挑基础底板，沿长边方向柱边截面Ⅰ—Ⅰ的弯矩为梯形面积 $ABCD$ 上的净反力所产生。$ABCD$ 面积内净反力的合力大小为

$$V_{\mathrm{I}}=p_j\frac{1}{4}(l-a_c)(b+b_c)$$

该合力作用于梯形的形心，与Ⅰ—Ⅰ截面相距为 e_{I}：

$$e_{\mathrm{I}}=\frac{2}{3}\times\left(\frac{2b+b_c}{b+b_c}\right)\times\frac{l-a_c}{2}\times\frac{1}{2}=\frac{(l-a_c)(2b+b_c)}{6(b+b_c)}$$

Ⅰ—Ⅰ截面的弯矩设计值

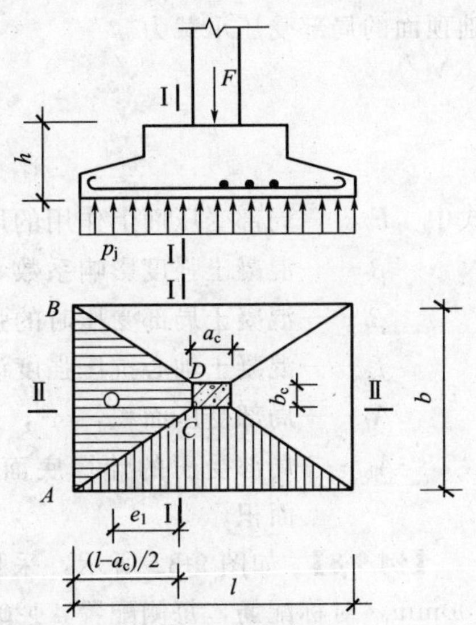

图 9-31　矩形基础内力计算简图

$$M_{\mathrm{I}}=V_{\mathrm{I}}e_{\mathrm{I}}=\frac{p_{\mathrm{j}}}{24}(l-a_{\mathrm{c}})^2(2b+b_{\mathrm{c}}) \tag{9-53}$$

Ⅰ—Ⅰ截面受力钢筋面积

$$A_{\mathrm{sI}}=\frac{M_{\mathrm{I}}}{0.9f_{\mathrm{y}}h_0} \tag{9-54}$$

该钢筋位于底板的底部。

同理，沿短边方向柱边Ⅱ—Ⅱ截面应有：

$$M_{\mathrm{II}}=\frac{p_{\mathrm{j}}}{24}(b-b_{\mathrm{c}})^2(2l+a_{\mathrm{c}}) \tag{9-55}$$

$$A_{\mathrm{sII}}=\frac{M_{\mathrm{II}}}{0.9f_{\mathrm{y}}(h_0-d)} \tag{9-56}$$

短边方向的弯矩小于长边方向的弯矩，该方向的钢筋布置在长边方向钢筋之上，故其合力作用点到基础顶面的距离为 h_0-d（这里 d 为钢筋直径）。

(2) 偏心受压基础　偏心受压基础底板的配筋计算，可利用轴心受压的相关公式，但净反力的取值不同。计算Ⅰ—Ⅰ截面弯矩 M_{I} 时

$$p_{\mathrm{j}}=\frac{p_{\mathrm{jmax}}+p_{\mathrm{jI}}}{2} \tag{9-57}$$

$$p_{\mathrm{jI}}=p_{\mathrm{jmin}}+\frac{l+a_{\mathrm{c}}}{2l}(p_{\mathrm{jmax}}-p_{\mathrm{jmin}}) \tag{9-58}$$

计算Ⅱ—Ⅱ截面弯矩 M_{II} 时

$$p_{\mathrm{j}}=\frac{p_{\mathrm{jmax}}+p_{\mathrm{jmin}}}{2} \tag{9-59}$$

对于阶梯形基础，除进行柱边截面配筋计算外，尚应计算变阶处截面的配筋，此时只需用台阶平面尺寸替换柱截面尺寸，按上述方法计算。最后，根据同一方向柱边截面、变阶截面所计算的钢筋面积，取较大者进行实际配筋。

3. 局部受压承载力验算

当扩展基础的混凝土强度等级小于柱的混凝土强度等级时，尚应按下式验算柱下扩展基础顶面的局部受压承载力。

$$F_l\leqslant 0.9\beta_{\mathrm{c}}\beta_l f_{\mathrm{c}}A_l \tag{9-60}$$

$$\beta_l=\sqrt{\frac{A_{\mathrm{b}}}{A_l}} \tag{9-61}$$

式中　F_l——局部受压面上作用的局部荷载或局部压力设计值，kN；

β_{c}——混凝土强度影响系数（当混凝土强度等级不超过 C50 时，β_c 取 1.0）；

β_l——混凝土局部受压时的强度提高系数；

f_{c}——混凝土轴心抗压强度设计值，kPa；

A_l——局部受压面积，m^2，即柱的截面面积 $A_l=a_{\mathrm{c}}b_{\mathrm{c}}$；

A_{b}——局部受压的计算底面积，m^2，可取 $A_{\mathrm{b}}=3b_{\mathrm{c}}(2b_{\mathrm{c}}+a_{\mathrm{c}})$，并不超过基础顶面面积。

【例 9-8】 如图 9-32 所示，采用 C30 混凝土浇筑的某框架外柱截面尺寸为 400mm×500mm，对称配筋，每侧配置 4Φ20 纵向受力钢筋。柱传至基础顶面的内力设计值（荷载效应基本组合）为 $N=1680$kN，$M=176$kN·m，$V=49$kN；内力标准值为 $N_{\mathrm{k}}=1295$kN，

$M_k=130kN \cdot m$，$V_k=36.5kN$。室外地坪－0.60m（室内地坪±0.00），基础顶面为－1.40m，地基为黏性土，重度 $\gamma=17.6kN/m^3$（无地下水），孔隙比 $e=0.85$，承载力特征值 $f_{ak}=125kPa$。试设计该柱的钢筋混凝土基础。

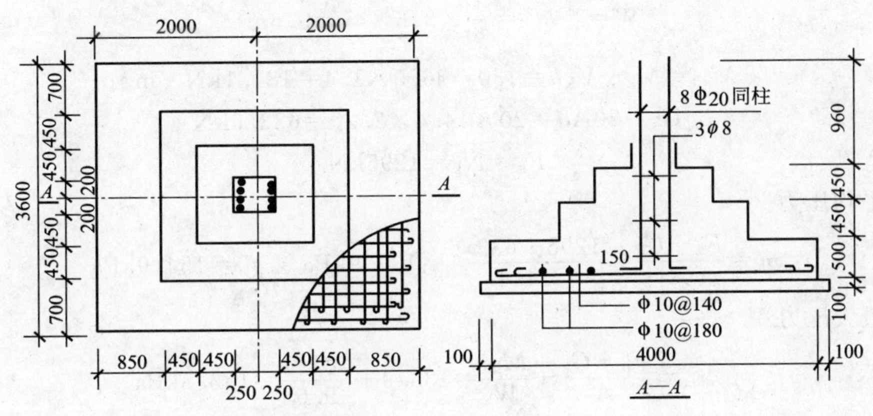

图 9-32 例 9-8 图

【解】

（1）选择设计基本参数　基础垫层采用 C10 混凝土，厚度 100mm，每边自底板外缘挑出 100mm。基础混凝土强度等级采用 C20，$f_c=9.6N/mm^2$，$f_t=1.10N/mm^2$。钢筋采用 HPB235 级热轧钢筋（光面钢筋），$f_y=210N/mm^2$。

柱受拉钢筋的锚固长度（柱纵向钢筋为 HRB335 级，$f_y=300N/mm^2$）

$$l_a=\frac{0.14f_y}{f_t}d=\frac{0.14\times300}{1.10}\times20=764mm$$

初步确定基础高度 $h=900mm$，分成二阶。基础埋深 d 为（室外地面标高算起）

$$d=(1.40-0.60)+0.90=1.70m$$

（2）持力层承载力确定基础底面尺寸　由孔隙比 $e=0.85$ 查表 9-6，得承载力修正系数 $\eta_b=0$、$\eta_d=1.0$，修正后的地基承载力特征值为

$$f_a=f_{ak}+\eta_b\gamma(b-3)+\eta_d\gamma_m(d-0.5)=125+0+1.0\times17.6\times(1.70-0.5)=146.1kPa$$

采用荷载效应标准组合，按轴心受压公式估算基础底面积

$$p_k=\frac{F_k+G_k}{A}=\frac{N_k}{A}+20d\leqslant f_a$$

$$A\geqslant\frac{N_k}{f_a-20d}=\frac{1295}{146.1-20\times1.70}=11.55m^2$$

偏心受压基础，面积乘以 1.2 的放大系数

$$A\geqslant1.2\times11.55=13.86m^2$$

取 $l=4000mm$，$b=3600mm$，面积 $A=lb=4\times3.6=14.4m^2$，荷载沿长边方向偏心。台阶尺寸按三阶拟定：取 $l_2=l_3=450mm$、$l_1=850mm$，$b_2=b_3=450mm$、$b_1=700mm$，取 $h_2=h_3=450mm$、$h_1=500mm$。基础总高度

$$h=450+450+500=1400mm$$

基础详细尺寸如图 9-32 所示。此时基础埋深为

$$d=(1.40-0.60)+1.40=2.20m$$

重新修正地基承载力特征值

$$f_a = f_{ak} + \eta_b \gamma(b-3) + \eta_d \gamma_m (d-0.5) = 125 + 0 + 1.0 \times 17.6 \times (2.20 - 0.5) = 154.9\text{kPa}$$

验算地基承载力

$$A = 4 \times 3.6 = 14.4\text{m}^2$$

$$W = \frac{1}{6} b l^2 = \frac{1}{6} \times 3.6 \times 4^2 = 9.6\text{m}^3$$

$$M_{kd} = M_k + V_k h = 130 + 36.5 \times 1.4 = 181.1\text{kN} \cdot \text{m}$$

$$G_k = 20Ad = 20 \times 14.4 \times 2.20 = 633.6\text{kN}$$

$$F_k = N_k = 1295\text{kN}$$

基底平均压力

$$p_k = \frac{F_k + G_k}{A} = \frac{1295 + 633.6}{14.4} = 133.9\text{kPa} < f_a = 154.9\text{kPa}$$

基底最大压力

$$p_{kmax} = \frac{F_k + G_k}{A} + \frac{M_{kd}}{W} = 133.9 + \frac{181.1}{9.6} = 152.8\text{kPa}$$

$$< 1.2 f_a = 1.2 \times 154.9 = 185.9\text{kPa}$$

地基承载力满足要求。

(3) 基础高度验算　基础高度必须满足受冲切承载力条件。上两个台阶的宽高相同，均为450mm，刚好位于45°冲切线（斜面）内，故抗冲切承载力仅由最下一个台阶的高度控制，此时截面有效高度 $h_0 = h_1 - a_s = 500 - 50 = 450\text{mm}$。受冲切承载力验算应采用荷载效应基本组合，对于偏心受压基础取

$$p_j = p_{jmax} = \frac{F}{A} + \frac{M_d}{W} = \frac{1680}{14.4} + \frac{176 + 49 \times 1.4}{9.6} = 142.1\text{kPa}$$

用第一个台阶处的尺寸代替柱截面尺寸

$$a_c = 0.5 + 4 \times 0.45 = 2.30\text{m}, \quad b_c = 0.4 + 4 \times 0.45 = 2.20\text{m}$$

$$b_c + 2h_0 = 2.20 + 2 \times 0.45 = 3.10\text{m}$$

因为 $b = 3.6\text{m} > b_c + 2h_0 = 3.10\text{m}$，所以

$$b_m = b_c + h_0 = 2.20 + 0.45 = 2.65\text{m}$$

$$A_l = \left(\frac{l}{2} - \frac{a_c}{2} - h_0\right) b - \left(\frac{b}{2} - \frac{b_c}{2} - h_0\right)^2$$

$$= \left(\frac{4}{2} - \frac{2.30}{2} - 0.45\right) \times 3.6 - \left(\frac{3.6}{2} - \frac{2.20}{2} - 0.45\right)^2 = 1.38\text{m}^2$$

$$F_l = p_j A_l = 142.1 \times 1.38 = 196.1\text{kN}$$

基础冲切角锥体高度 $h_1 = 500\text{mm} < 800\text{mm}$，$\beta_{hp} = 1.0$

$$0.7\beta_{hp} f_t b_m h_0 = 0.7 \times 1.0 \times 1.10 \times 10^3 \times 2.65 \times 0.45 = 918.2\text{kN}$$

$$> F_l = 196.1\text{kN}$$

满足要求，所拟定的基础高度可行。

(4) 基础顶面局部受压承载力验算　因为柱的混凝土强度等级C30高于基础的混凝土强度等级C20，所以应验算柱下基础顶面的局部受压承载力。

$$f_c = 9.6\text{N/mm}^2 = 9600\text{kPa}, \quad \beta_c = 1.0$$

$$A_l = a_c b_c = 0.5 \times 0.4 = 0.2\text{m}^2$$

$$A_b = 3b_c(2b_c + a_c) = 3 \times 0.4 \times (2 \times 0.4 + 0.5) = 1.56\text{m}^2$$

$<$基础顶面面积$(0.5+2\times0.45)\times(0.4+2\times0.45)=1.82\text{m}^2$

$$\beta_l=\sqrt{\frac{A_b}{A_l}}=\sqrt{\frac{1.56}{0.2}}=2.79$$

$$F_l=N=1680\text{kN}$$

$$0.9\beta_c\beta_l f_c A_l=0.9\times1.0\times2.79\times9600\times0.2=4821\text{kN}$$

$F_l<0.9\beta_c\beta_l f_c A_l$，基础顶面局部受压承载力满足要求。

(5) 基础底板配筋计算　按荷载效应基本组合，基底压力梯形分布

$$p_{j\max}=\frac{F}{A}+\frac{M_d}{W}=\frac{1680}{14.4}+\frac{176+49\times1.4}{9.6}=142.1\text{kPa}$$

$$p_{j\min}=\frac{F}{A}-\frac{M_d}{W}=\frac{1680}{14.4}-\frac{176+49\times1.4}{9.6}=91.2\text{kPa}$$

① 沿基础长边方向配筋

柱边截面Ⅰ—Ⅰ

$$a_c=0.5\text{m},\ b_c=0.4\text{m},\ h_0=1400-50=1350\text{mm}$$

$$p_{j\mathrm{I}}=p_{j\min}+\frac{l+a_c}{2l}(p_{j\max}-p_{j\min})=91.2+\frac{4+0.5}{2\times4}\times(142.1-91.2)=119.8\text{kPa}$$

$$p_j=\frac{p_{j\max}+p_{j\mathrm{I}}}{2}=\frac{142.1+119.8}{2}=131.0\text{kPa}$$

$$M_{\mathrm{I}}=\frac{p_j}{24}(l-a_c)^2(2b+b_c)=\frac{131.0}{24}\times(4-0.5)^2\times(2\times3.6+0.4)=508.2\text{kN}\cdot\text{m}$$

$$A_{s\mathrm{I}}=\frac{M_{\mathrm{I}}}{0.9f_yh_0}=\frac{508.2\times10^6}{0.9\times210\times1350}=1992\text{mm}^2$$

第二个台阶的变阶截面Ⅲ—Ⅲ

$$a_c=0.5+2\times0.45=1.4\text{m},\ b_c=0.4+2\times0.45=1.3\text{m}$$

$$h_0=(1400-450)-50=900\text{mm}$$

$$p_{j\mathrm{III}}=p_{j\min}+\frac{l+a_c}{2l}(p_{j\max}-p_{j\min})=91.2+\frac{4+1.4}{2\times4}\times(142.1-91.2)=125.6\text{kPa}$$

$$p_j=\frac{p_{j\max}+p_{j\mathrm{III}}}{2}=\frac{142.1+125.6}{2}=133.9\text{kPa}$$

$$M_{\mathrm{III}}=\frac{p_j}{24}(l-a_c)^2(2b+b_c)=\frac{133.9}{24}\times(4-1.4)^2\times(2\times3.6+1.3)=320.6\text{kN}\cdot\text{m}$$

$$A_{s\mathrm{III}}=\frac{M_{\mathrm{III}}}{0.9f_yh_0}=\frac{320.6\times10^6}{0.9\times210\times900}=1885\text{mm}^2$$

第一个台阶的变阶截面Ⅴ—Ⅴ

$$a_c=0.5+4\times0.45=2.3\text{m},\ b_c=0.4+4\times0.45=2.2\text{m}$$

$$h_0=h_1=500-50=450\text{mm}$$

$$p_{j\mathrm{V}}=p_{j\min}+\frac{l+a_c}{2l}(p_{j\max}-p_{j\min})=91.2+\frac{4+2.3}{2\times4}\times(142.1-91.2)=131.3\text{kPa}$$

$$p_j=\frac{p_{j\max}+p_{j\mathrm{V}}}{2}=\frac{142.1+131.3}{2}=136.7\text{kPa}$$

$$M_{\mathrm{V}}=\frac{p_j}{24}(l-a_c)^2(2b+b_c)=\frac{136.7}{24}\times(4-2.3)^2\times(2\times3.6+2.2)=154.7\text{kN}\cdot\text{m}$$

$$A_{s\text{V}}=\frac{M_\text{V}}{0.9f_yh_0}=\frac{154.7\times10^6}{0.9\times210\times450}=1820\text{mm}^2$$

三个截面计算的钢筋面积分别为 1992mm²、1885mm² 和 1820mm²，取最大值进行配筋。每米宽度需要钢筋面积 1992/3.6=553mm²/m，实配Φ10@140，面积 561mm²/m。

② 沿基础短边方向配筋

柱边截面Ⅱ—Ⅱ

$$a_c=0.5\text{m},\ b_c=0.4\text{m},\ h_0=1400-50=1350\text{mm}$$

$$p_j=\frac{p_{j\max}+p_{j\min}}{2}=\frac{142.1+91.2}{2}=116.7\text{kPa}$$

$$M_\text{II}=\frac{p_j}{24}(b-b_c)^2(2l+a_c)=\frac{116.7}{24}\times(3.6-0.4)^2\times(2\times4+0.5)=423.2\text{kN}\cdot\text{m}$$

$$A_{s\text{II}}=\frac{M_\text{II}}{0.9f_y(h_0-d)}=\frac{423.2\times10^6}{0.9\times210\times(1350-10)}=1671\text{mm}^2$$

第二个台阶的变阶截面Ⅳ—Ⅳ

$$a_c=1.4\text{m},\ b_c=1.3\text{m},\ h_0=900\text{mm}$$

$$M_\text{IV}=\frac{p_j}{24}(b-b_c)^2(2l+a_c)=\frac{116.7}{24}\times(3.6-1.3)^2\times(2\times4+1.4)=241.8\text{kN}\cdot\text{m}$$

$$A_{s\text{IV}}=\frac{M_\text{IV}}{0.9f_y(h_0-d)}=\frac{241.8\times10^6}{0.9\times210\times(900-10)}=1437\text{mm}^2$$

第一个台阶的变阶截面Ⅵ—Ⅵ

$$a_c=2.3\text{m},\ b_c=2.2\text{m},\ h_0=450\text{mm}$$

$$M_\text{VI}=\frac{p_j}{24}(b-b_c)^2(2l+a_c)=\frac{116.7}{24}\times(3.6-2.2)^2\times(2\times4+2.3)=98.2\text{kN}\cdot\text{m}$$

$$A_{s\text{VI}}=\frac{M_\text{VI}}{0.9f_y(h_0-d)}=\frac{98.2\times10^6}{0.9\times210\times(450-10)}=1181\text{mm}^2$$

三个截面计算的钢筋面积分别为 1671mm²、1437mm² 和 1181mm²，取最大值进行配筋。每米宽度需要钢筋面积 1671/4=418mm²/m，实配Φ10@180，面积 436mm²/m。

基础的配筋如图 9-32 所示，由于每边长度超过 2.5m，所以钢筋的长度可取 $0.9l$ 和 $0.9b$，交错布置。

第七节　钢筋混凝土梁板基础设计

柱下钢筋混凝土条形基础、筏形基础和箱形基础都是钢筋混凝土梁板基础，这类基础属于弹性地基上的梁、板，内力计算要考虑地基变形与之协调，比较复杂，但对于常见的梁板基础，通常可采用简化方法计算。

一、柱下钢筋混凝土条形基础

柱下钢筋混凝土条形基础是指布置成单向或双向的钢筋混凝土条状基础，又称为梁式基础或基础梁，其横断面一般呈倒 T 形，中部高度较大者为肋或肋梁，底部有横向外伸者为翼板。在下述情况下，可考虑采用柱下钢筋混凝土条形基础：①多层与高层房屋当上部结构传下的荷载较大，地基土的承载力较低，采用各种形式的独立基础不能满足设计要求时；②柱网较小，采用独立基础所需底面积由于邻近建筑物或设备基础的限制而无法扩展时；

③地基土不均匀，需要加大基础整体刚度，防止过大的不均匀沉降时；④各柱荷载差异过大，基础之间的沉降差较大时。

1. 柱下条形基础的构造措施

柱下条形基础的构造，除满足扩展基础的基本要求之外，尚应符合下列规定（见图 9-33）：

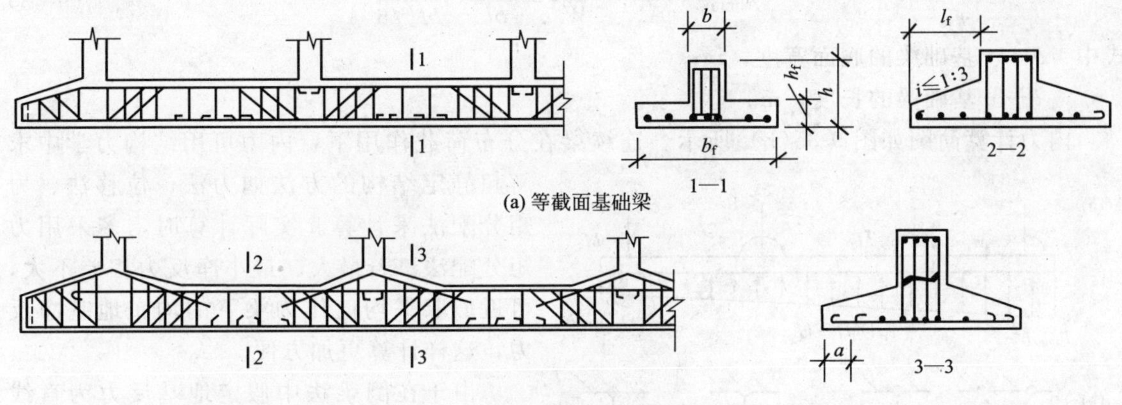

(a) 等截面基础梁

(b) 变截面基础梁

图 9-33　柱下条形基础构造

（1）柱下条形基础梁的高度 h 宜为柱距的 1/8～1/4，翼板厚度 h_f 不应小于 200mm。当 $h_f \leqslant 250$mm 时，翼板做成等厚度；当 $h_f > 250$mm 时，宜采用变厚度翼板，其坡度宜小于或等于 1∶3。基础梁的肋高按计算确定，肋宽 b 应比柱的截面宽度稍大一些，见图 9-33(a)。当柱荷载较大时，接近柱边的剪力较大，此时可在基础梁支座处加腋，见图 9-33(b)。

（2）条形基础的端部宜向外伸出，其长度宜为第一跨距的 0.25 倍，以增大基础的底面积，并使基底反力分布比较合理。

（3）基础宽度一般沿纵向不变，但当柱截面边长大于或等于梁肋宽时，可在柱位处将肋部加宽。现浇柱与条形基础梁的交接处，其平面尺寸不应小于图 9-34 的规定。

（4）条形基础梁顶部和底部的纵向受力钢筋除满足计算要求外，顶部钢筋按计算配筋全部贯通，底部通长钢筋不应少于底部受力钢筋截面总面积的 1/3。肋梁内的箍筋，当 $b \leqslant 350$mm 时（b 为肋宽），用双肢箍；当 $350\text{mm} < b \leqslant 800$mm 时，用四肢箍；当 $b > 800$mm 时，用六肢箍。

（5）柱下条形基础的混凝土强度等级，不应低于 C20。

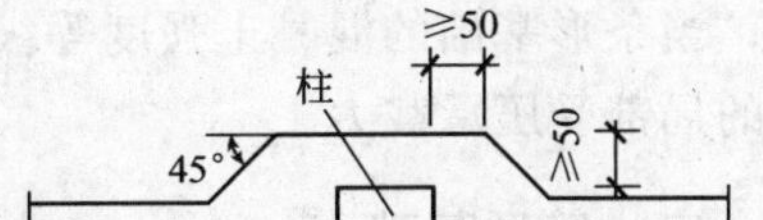

图 9-34　现浇柱与条形基础梁交接处平面尺寸

2. 内力简化计算方法

在比较均匀的地基上，上部结构刚度好，荷载分布较均匀，且条形基础梁的高度小于 1/6 柱距时，可按倒梁法计算基础内力。即假设地基净反力直线分布，成为作用于条形基础梁上的荷载，将柱视为基础梁的支座。这样一来，就将基础梁作为一倒置的连续梁，地基净反力及柱脚处的弯矩为梁上的荷载，用弯矩分配法（力矩分配法）计算梁端弯矩，再根据支座弯矩及荷载，取每跨为脱离体计算支座剪力。

条形基础上的柱传来的荷载设计值（基本组合）如图 9-35(a) 所示，将这些荷载向基础梁中心简化，得到总的竖向力（主矢）$\sum F$、总力矩（主矩）$\sum M$，按材料力学或工程力学中相关公式计算最大净反力和最小净反力，其公式为

$$p_{\text{jmax}}=\frac{\sum F}{A}+\frac{\sum M}{W}=\frac{\sum F}{bl}+\frac{\sum M}{bl^2/6} \tag{9-62}$$

$$p_{\text{jmin}}=\frac{\sum F}{A}-\frac{\sum M}{W}=\frac{\sum F}{bl}-\frac{\sum M}{bl^2/6} \tag{9-63}$$

式中 b——基础梁的底面宽度，m；

l——基础梁的长度，m。

内力计算简图如图 9-35(b) 所示。连续梁在分布荷载作用下，内力可用结构力学中求解超静定结构的方法如力法、位移法、力矩分配法来计算。实际计算时，多采用力矩分配法。若最大、最小净反力相差不大，可近似取平均值作为梁下的均布地基净反力，这样计算更加方便。

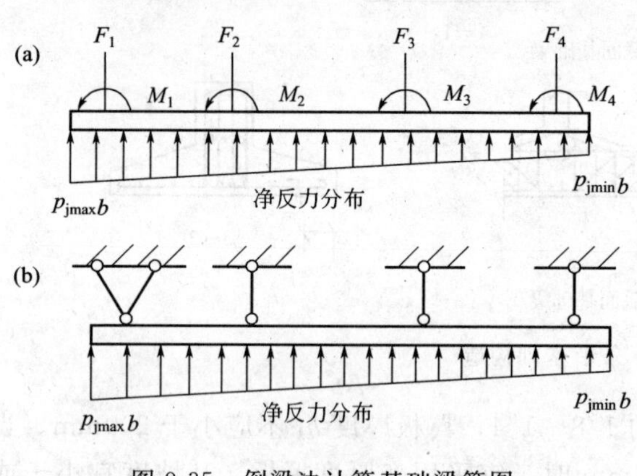

图 9-35 倒梁法计算基础梁简图

由于在倒梁法中假定地基反力为直线分布，故计算结果与实际不完全相符，即由图 9-35(b) 计算出的支座反力和相应位置柱的荷载并不相等，这种误差通常能为工程所接受（不会影响结构安全）。如果条形基础不满足按倒梁法简化计算的条件时，则内力宜按弹性地基梁计算。

对交叉条形基础，交叉点上的柱荷载，可按交叉梁的刚度或变形协调的要求，进行分配。其内力可由上述倒梁法，分别进行计算。

3. 截面设计

柱下钢筋混凝土条形基础的截面设计计算，包括底板横向受力钢筋、基础梁纵向力钢筋和箍筋的配筋计算（基础的受弯承载力和受剪承载力计算）。当存在扭矩时，尚应作抗扭计算；当条形基础的混凝土强度等级低于柱的混凝土强度等级时，尚应验算柱下条形基础梁顶面的局部受压承载力。

二、筏形基础

筏形基础分为梁板式和平板式两种类型，通常作为高层建筑的基础，其选型应根据工程地质、上部结构体系、柱距、荷载大小以及施工条件等因素确定。筏板的平面尺寸应由地基承载力条件式(9-17)、式(9-18) 确定。对单幢建筑物，在地基土比较均匀的条件下，基底平面形心宜与结构竖向永久荷载重心重合。当不能重合时，荷载效应准永久组合下，偏心距 e 宜符合下式要求：

$$e\leqslant 0.1W/A \tag{9-64}$$

式中 W——与偏心距方向一致的基础底面边缘抵抗矩，m^3；

A——基础底面面积，m^2。

当满足地基承载力要求时，筏形基础的周边不宜向外有较大的伸挑扩大；当需要外挑时，有肋梁的筏基宜将梁一同挑出。周边有墙体的筏基，筏板可不外伸。

1. **构造要求**

(1) 筏形基础的混凝土强度等级不应低于C30。当有地下室时应采用防水混凝土，防水混凝土的抗渗等级应根据地下水的最大水头与防渗混凝土厚度的比值按表9-16采用，且不应小于0.6MPa。必要时可设置架空排水层。

表9-16 基础防水混凝土的抗渗等级

最大水头 H 与防水混凝土厚度 h 的比值	设计抗渗等级/MPa
$H/h<10$	0.6
$10\leqslant H/h<15$	0.8
$15\leqslant H/h<25$	1.2
$25\leqslant H/h<35$	1.6
$H/h\geqslant 35$	2.0

当采用刚性防水方案时，同一建筑的基础应避免设置变形缝。可沿基础长度每隔30～40m留一道贯通顶板、底板及墙板的施工后浇缝，缝宽不宜小于800mm，且宜设置在柱距三等分的中间范围内。后浇处底板及外墙宜采用附加防水层；后浇缝混凝土宜在其两侧混凝土浇灌完毕两个月后进行浇灌，其强度等级应提高一级，且宜采用早强、补偿收缩的混凝土。

(2) 采用筏形基础的地下室，地下室钢筋混凝土外墙厚度不应小于250mm，内墙厚度不应小于200mm。墙的截面设计除满足承载力要求外，尚应考虑变形、抗裂及防渗等要求。墙体内应设置双面钢筋，竖向和水平钢筋的直径不应小于12mm，间距不应大于300mm。

(3) 筏形基础截面尺寸。筏形基础的厚度可根据受冲切承载力、受剪切承载力计算确定。平板式筏形基础的厚度不应小于400mm；对12层以上建筑的梁板式筏基，其底板厚度与最大双向板格的短边净跨之比不应小于1/14，且板厚不应小于400mm。

梁板式筏形基础的肋梁宽度不宜过大，在满足剪力设计值 V 不大于 $0.25\beta_c f_c bh_0$ 的条件下，当梁宽小于柱宽时，可将梁肋在柱边加腋以满足构造要求。墙、柱的纵向钢筋要贯通基础梁而插入筏板中，并且应从梁上皮起满足锚固长度的要求。

梁板式筏形基础的梁高取值应包括底板厚度在内，梁高不宜小于平均柱距的1/6。应综合考虑荷载大小、柱距、地质条件等因素，经计算满足承载力的要求。

(4) 筏形基础的钢筋。筏形基础的钢筋间距不应小于150mm，宜为200～300mm，受力钢筋直径不宜小于12mm。采用双向钢筋网片配置在板的顶面和底面。当筏板的厚度大于2000mm时，宜在板厚中间部位设置直径不小于12mm、间距不大于300mm的双向钢筋网。

梁板式筏基的底板和基础梁的配筋除满足计算要求外，纵横向的底部钢筋尚应有1/3～1/2贯通全跨，且其配筋率不应小于0.15%，顶部钢筋按计算配筋全部连通。

(5) 高层建筑筏形基础与裙房基础之间的构造应符合下述要求：当高层建筑与相连的裙房之间设置沉降缝时，高层建筑的基础埋深应大于裙房基础的埋深至少2m。当不满足要求时必须采取有效措施。沉降缝地面以下处应用粗砂填实（见图9-36）。

当高层建筑与相连的裙房之间不设置沉降缝时，宜在裙房一侧设置后浇带，后浇带的位置宜设在距主楼边柱的第二跨内。后浇带混凝土宜根据实测沉降值并计算后期沉降差能满足设计要求后方可进行浇注。

当高层建筑与相连的裙房之间不允许设置沉降缝和后浇带时，应进行地基变形验算，验算时需考虑地基与结构变形的相互影响，并采取相应措施。

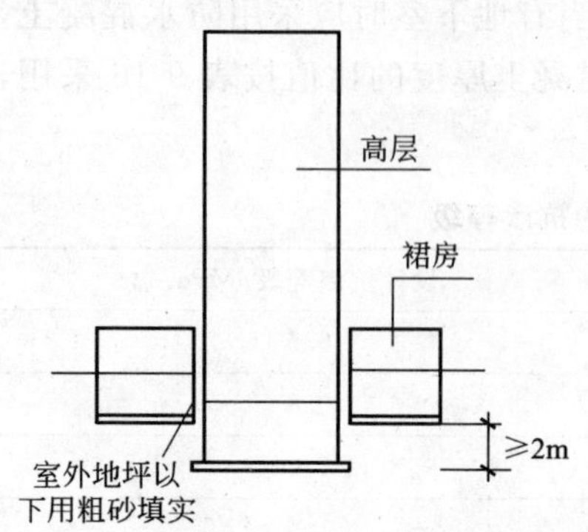

图 9-36 高层建筑与裙房间的沉降缝处理

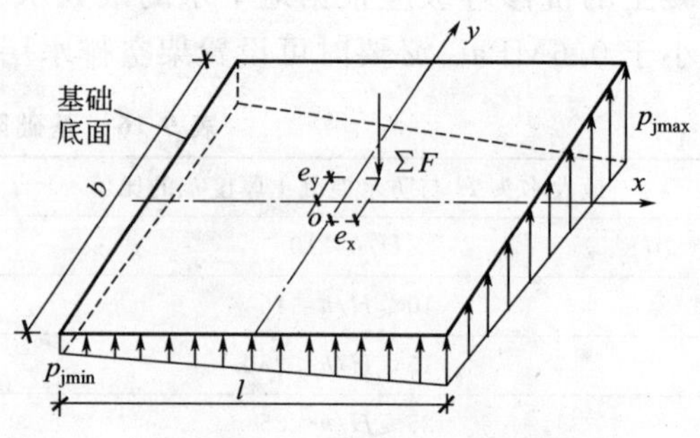

图 9-37 地基反力简化计算

2. **内力简化计算**

当地基土比较均匀、上部结构刚度较好、梁板式筏基梁的高跨比或平板式筏基板的厚跨比不小于 1/6，且相邻柱荷载及柱间距的变化不超过 20%时，筏形基础可仅考虑局部弯曲作用。基底反力可假定为线性分布（见图 9-37），净反力的最大值、最小值计算公式为：

$$p_{\text{jmax}}=\frac{\sum F}{lb}\left(1+\frac{6e_x}{l}+\frac{6e_y}{b}\right) \tag{9-65}$$

$$p_{\text{jmin}}=\frac{\sum F}{lb}\left(1-\frac{6e_x}{l}-\frac{6e_y}{b}\right) \tag{9-66}$$

式中 $\sum F$——结构竖向荷载设计值，kN；

l，b——基础底面长边和短边边长，m；

e_x，e_y——竖向荷载设计值在 x、y 方向的对基底形心的偏心距，m，如图 9-37 所示。

基础内力可采用倒楼盖法近似计算。它是将筏板作为倒置的楼盖，柱为楼盖支座，地基净反力成为荷载，底板按连续单向板或双向板计算内力，纵横肋梁按连续梁计算内力。基础梁边跨跨中弯矩和第一内支座的弯矩值宜乘以 1.2 的系数。

基础底板、肋梁内力计算完成后，就可进行受弯、受剪、受冲切承载力计算，据此配置相应的受力钢筋。

三、箱形基础

箱形基础是高层建筑所选用的基础形式之一，其优点体现在：基础的整体性好，刚度大，能调整和减小不均匀沉降；箱形基础由于由底板、顶板和纵横墙组成，具有一定的高度，所以都埋置在地面以下一定深度，可以增加高层建筑的抗倾覆稳定性；施工时的深基坑开挖，可使卸去的土重替换（补偿）为建筑物的部分或全部重量，设计思想比较合理；基础内部空间（地下室）可作为设备层、贮藏室、停车场或供人防使用。然而，箱形基础也存在一些缺点，如设计比较复杂，施工技术要求比较高，用钢量多，造价昂贵。

1. **尺寸要求**

箱形基础的平面尺寸应根据地基土承载力和上部结构布置以及荷载大小等因素确定。外墙宜沿建筑物周边布置，内墙沿上部结构的柱网或剪力墙位置纵横均匀布置，墙体水平截面总面积不宜小于箱形基础外墙外包尺寸的水平投影面积的 1/10。对基础平面长宽比大于 4 的箱形基础，其纵墙水平截面面积不应小于箱基外墙外包尺寸的水平投影面积的 1/18。箱基的偏心距 e 应满足式(9-64)。

箱形基础的高度应满足结构的承载力和刚度要求，并根据建筑使用要求确定。一般不宜小于箱基长度的1/20，且不宜小于3m。此处箱基长度不计墙外悬挑板部分。箱形基础的顶板、底板及墙体的厚度，应根据受力情况、整体刚度和防水要求确定。无人防设计要求的箱基，基础底板不应小于300mm，外墙厚度不应小于250mm，内墙厚度不应小于200mm，顶板厚度不应小于200mm，可用合理的简化方法计算箱形基础的承载力。

2. 内力计算方法

地基反力分布的形状和大小是决定箱形基础内力的最主要因素。国内将箱形基础底面沿长度方向8等分，宽度方向5等分，形成40个区格，假定每个区格内反力均匀分布。通过北京、上海等地对一般第四纪黏性土、粉土和软土地基上箱形基础进行的实测，整理得到地基反力系数α（表9-17、表9-18），它是每个区格上的反力与平均反力的比值。这样，第i个区格上的净反力为系数α_i与平均净反力的乘积，其公式为

$$(p_j)_i=\alpha_i\frac{\sum F}{A}=\alpha_i\frac{\sum F}{lb} \tag{9-67}$$

表9-17　一般第四纪黏性土地基反力系数α

$2l/b=3\sim4$							
1.282 1.143 1.129 1.143 1.282	1.043 0.930 0.919 0.930 1.043	0.987 0.881 0.869 0.881 0.987	0.976 0.870 0.859 0.870 0.976	0.976 0.870 0.859 0.870 0.976	0.987 0.881 0.869 0.881 0.987	1.043 0.930 0.919 0.930 1.043	1.282 1.143 1.129 1.143 1.282
$2l/b=4\sim6$							
1.229 1.096 1.082 1.096 1.229	1.042 0.929 0.918 0.929 1.042	1.014 0.904 0.893 0.904 1.014	1.003 0.895 0.884 0.895 1.003	1.003 0.895 0.884 0.895 1.003	1.014 0.904 0.893 0.904 1.014	1.042 0.929 0.918 0.929 1.042	1.229 1.096 1.082 1.096 1.229
$2l/b=6\sim8$							
1.215 1.083 1.070 1.083 1.215	1.053 0.939 0.927 0.939 1.053	1.013 0.903 0.892 0.903 1.013	1.008 0.899 0.888 0.899 1.008	1.008 0.899 0.888 0.899 1.008	1.013 0.903 0.892 0.903 1.013	1.053 0.939 0.927 0.939 1.053	1.215 1.083 1.070 1.083 1.215

表9-18　软土地基反力系数α

0.906	0.966	0.814	0.738	0.738	0.814	0.966	0.906
1.124	1.197	1.009	0.914	0.914	1.009	1.197	1.124
1.235	1.314	1.109	1.006	1.006	1.109	1.314	1.235
1.124	1.197	1.009	0.914	0.914	1.009	1.197	1.124
0.906	0.966	0.814	0.738	0.738	0.814	0.966	0.906

有了基底净反力，就可以进行基础内力计算，其计算方法可分为按整体弯曲计算和按局部弯曲计算两种。

（1）按整体弯曲计算　把整个箱形基础当作双向受弯的空心厚板，在地基净反力和上部荷载作用下，视箱形基础为静定梁，可以得到基础整体弯曲所产生的弯矩。此弯矩由箱形基

础和上部结构共同来承担，并按箱形基础的抗弯刚度和上部结构的总折算刚度进行分配，得到箱形基础所承担的弯矩和剪力。弯矩使顶板、底板处于轴心受压和轴心受拉状态，剪力则由箱基的横墙（或纵墙）承担。

（2）按局部弯曲计算　不考虑箱形基础的整体弯曲，只考虑顶板、底板的局部弯曲。这时，顶板、底板被纵、横墙体分隔成块。把墙体作为顶板、底板的支座，顶板上作用着实际荷载，底板承受地基反力（考虑箱形基础的自重，但扣除底板的自重）。然后把顶板、底板作为双向板或单向板，计算各自的内力。

当地基压缩层深度范围内的土层在竖向和水平方向皆较均匀，且上部结构为平立面布置较规则的框架、剪力墙、框架—剪力墙结构时，箱形基础的顶板、底板可仅考虑局部弯曲计算。计算时底板反力应扣除板的自重及其上面层和填土的自重，顶板荷载按实际情况取值。整体弯曲的影响可在构造上加以考虑。

3. 配筋构造

箱形基础的顶板和底板钢筋配置除符合计算要求外，纵横方向支座钢筋尚应有 1/3 至 1/2 的钢筋连通，且连通钢筋的配筋率分别不小于 0.15%（纵向）、0.10%（横向），跨中钢筋按实际需要的配筋全部连通。钢筋接头宜采用机械连接；采用搭接接头时，搭接长度应按受拉钢筋考虑。

箱形基础的顶板、底板及墙体均应采用双层双向配筋。墙体的竖向和水平钢筋直径均不应小于 10mm，间距均不应大于 200mm。除上部为剪力墙外，内、外墙的墙顶处宜配置两根直径不小于 20mm 通长构造钢筋。

上部结构底层柱纵向受力钢筋伸入箱形基础墙体长度应符合下列要求：柱下三面或四面有箱形基础墙的内柱，除柱四角纵向钢筋直通到基底外，其余钢筋可伸入顶板底面以下 40 倍纵向钢筋直径处；外柱、与剪力墙相连的柱及其他内柱的纵向钢筋应直通到基底。

第八节　减轻地基不均匀沉降危害的措施

地基变形过大以及发生过大不均匀沉降，都会给建筑物造成损害或影响其使用功能。软弱地基的沉降量通常较大，还会因为土质软硬不均导致沉降不均匀或严重沉降不均匀，可直接使墙体开裂或建筑物倾斜，设计时必须认真对待。从地基基础的角度出发，可采用条形基础、筏形基础、箱形基础、桩基础，以及采用人工地基（对软弱地基进行处理），但造价往往较高；也可以从地基、基础与上部结构相互作用的概念出发，选择合理的建筑、结构、施工方案和措施，降低对地基基础处理的要求和难度，同样可以达到减轻房屋不均匀沉降危害的目的。

一、建筑措施

1. 建筑物的体型力求简单

建筑物平面和立面上的轮廓形状，构成了建筑物的体型。复杂的体型常常是削弱建筑物整体刚度和加剧不均匀沉降的因素。平面形状复杂的建筑物，在纵、横单元交叉处基础密集，地基中各单元荷载产生的附加应力相互重叠，使该处的局部沉降量增加；该类建筑整体刚度差，而且刚度不对称，当地基出现不均匀沉降时，容易产生扭曲应力，因而更容易使建筑物开裂。立面形状复杂，使建筑物高低变化过大，地基各部分所受的荷载大小不同，自然也会出现过量的不均匀沉降。因此，在满足使用和其他要求的前提下，建筑体型应力求简单：平面形状简单，立面高差变化不大。

2. 控制建筑物长高比及合理布置墙体

建筑物的长度或沉降单元的长度 L 与建筑物的总高度（从基础底面算起）H_f 之比 L/H_f，称为建筑物或沉降单元的长高比。长高比是决定砌体结构刚度的一个重要因素，长高比小，则整体刚度大，抵抗弯曲和调整不均匀沉降的能力就强。砌体结构因不均匀沉降而开裂，裂缝大致呈 45°左右并倾向于沉降大的一方，经常在墙体刚度削弱的墙角处首先出现。建筑物的长高比控制在 2.0～3.0 以内时，一般可以避免不均匀沉降引起的裂缝。

合理布置纵、横墙，是增强砌体承重结构房屋整体刚度的重要措施之一。通常情况下，房屋的纵向刚度较弱，故地基不均匀沉降的危害表现为纵墙的挠曲破坏，所以内、外纵墙应避免转折、中断。另外，缩小横墙间距，也可有效改善房屋的整体性，从而增强调整不均匀沉降的能力。

3. 设置沉降缝

当建筑物体型比较复杂时，宜根据平面形状和高度差异情况，在适当部位用沉降缝将其划分成若干个刚度较好的单元；当高度差异或荷载差异较大时，可将两者隔开一定距离，当拉开距离后的两单元必须连接时，应采用能自由沉降的连接构造。

建筑物的下列部位宜设沉降缝：

(1) 建筑平面的转折部位；

(2) 高度差异或荷载差异处；

(3) 长高比过大的砌体承重结构或钢筋混凝土框架结构的适当部位；

(4) 地基土的压缩性有显著差异处；

(5) 建筑结构或基础类型不同处；

(6) 分期建造房屋的交界处。

沉降缝应有足够的宽度，缝内一般不得填塞材料（寒冷地区需填松软材料），以保持两侧房屋内倾时不相互挤压。沉降缝的宽度，二、三层房屋为 50～80mm，四、五层房屋为 80～120mm，五层以上房屋不小于 120mm。

4. 相邻建筑物基础间应有一定距离

同期建造的两相邻建筑，或在原有房屋邻近新建高重的建筑物，常由于地基中附加应力扩散和相互影响，使相邻建筑物产生附加不均匀沉降，造成倾斜和开裂。为了避免相邻建筑物影响的危害，建筑物基础之间应有一定的净距。决定相邻建筑物基础净距的主要因素是被影响建筑物的刚度（用长高比来衡量）和产生影响的建筑物的预估沉降量，净距可按表 9-19采用。

相邻高耸结构或对倾斜要求严格的构筑物的外墙间隔距离，应根据倾斜允许值计算确定。

5. 调整建筑物的局部标高

由于建筑物的沉降，使用时将改变各部分的原有标高，严重时将影响建筑物的正常使用，甚至导致管道等设备的破坏。设计时应根据可能产生的不均匀沉降，采取下列相应措施。

(1) 室内地坪和地下设施的标高，应根据预估沉降量予以提高。建筑物各部分（或设备之间）有联系时，可将沉降较大者的标高提高。

表 9-19 相邻建筑物基础间的净距 m

影响建筑的预估平均沉降量 s/mm	被影响建筑的长高比	
	$2.0 \leqslant L/H_f < 3.0$	$3.0 \leqslant L/H_f < 5.0$
70～150	2～3	3～6
160～250	3～6	6～9
260～400	6～9	9～12
＞400	9～12	≥12

注：1. 表中 L 为建筑物长度或沉降缝分隔的单元长度（m）；H_f 为自基础底面标高算起的建筑物高度（m）；
2. 当被影响建筑的长高比为 $1.5 < L/H_f < 2.0$ 时，其间净距可适当缩小。

（2）建筑物与设备之间，应留有净空。当建筑物有管道穿过时，应预留孔洞，或采用柔性的管道接头等。

二、结构措施

1. 减轻建筑物自重

基底压力中，建筑物自重所占比例很大，工业建筑占 40%～50%，民用建筑可达 60%～80%。因此，减轻自重，是减小沉降量的措施之一。如选用轻型结构，减轻墙体自重，采用架空地板代替室内填土；设置地下室、半地下室，采用覆土少、自重轻的基础型式。

2. 调整荷载分布

调整各部分的荷载分布、基础宽度或埋置深度，使基底压力分布趋于均匀，从而减小不均匀沉降。对不均匀沉降要求严格的建筑物，可增大基底面积，减小基底附加压力。

对于建筑体型复杂、荷载差异较大的框架结构，可采用箱基、桩基、筏基等加强基础刚度，调整基底压力分布，减少不均匀沉降。

3. 增强结构的整体刚度和强度

对于砌体结构的房屋，宜采用下列措施增强整体刚度和强度。

（1）对于三层和三层以上的房屋，其长高比 L/H_f 宜小于或等于 2.5；当房屋长高比为 $2.5 < L/H_f \leqslant 3.0$ 时，宜做到纵墙不转折或少转折，并应控制其内横墙的间距或增强基础刚度和强度。当房屋的预估最大沉降量小于或等于 120mm 时，其长高比可不受限制。

（2）墙体内宜设置钢筋混凝土圈梁或钢筋砖圈梁。

（3）在墙体上开洞时，宜在开洞部位配筋或采用构造柱及圈梁加强。

4. 设置圈梁

设置圈梁可以提高砌体结构抵抗弯曲的能力，增强建筑物的整体刚度。实践证明，圈梁是砌体承重结构防止出现裂缝和阻止裂缝开展的一项十分有效的措施。圈梁应按下列要求设置。

（1）在多层房屋的基础和顶层处宜各设置一道，其他各层可隔层设置，必要时也可层层设置。单层工业厂房、仓库，可结合基础梁、地梁、联系梁、过梁等酌情设置。

（2）圈梁应设置在外墙、内纵墙和主要内横墙上，并宜在平面内连成封闭系统（如遇门窗洞口中断，应在洞口上方设置附加圈梁）。

三、施工措施

施工时合理安排施工进度、注意某些施工方法，也能收到减少或调整地基不均匀沉降的效果。

在基坑开挖时，不要扰动基底土的原来结构，通常在坑底保留大约200mm厚的土层，待垫层施工时再铲除。如发现坑底土已被扰动，应将已扰动的土挖去，用砂、碎石回填夯实。

当建筑物存在高、低层或轻重不同部分时，应先施工高层及重的部分，后建低层及轻的部分，即所谓"先高重，后低轻。"当高层建筑的主、裙楼下有地下室时，可在主楼和裙楼相交的裙楼一侧适当位置设施工后浇带，以调整主、裙楼之间（或高低层之间）的部分沉降差异。

在已建成的轻型建筑物和在建工程的周围，应避免长时间集中堆放大量的建筑材料或弃土，以免引起建筑物附加沉降。

思考题

9.1 什么是浅基础？浅基础有哪些类型？

9.2 什么是地基承载力特征值？如何进行深度和宽度修正？

9.3 影响基础埋置深度的因素有哪些？

9.4 基础的沉降量和沉降差有何不同？

9.5 偏心荷载作用下基底尺寸是如何确定的？

9.6 为什么要验算软弱下卧层的承载力？如果不满足要求，应采取哪些措施来满足？

9.7 哪些结构型式应以局部倾斜作为地基变形验算的依据？

9.8 无筋扩展基础的高度应该如何确定？

9.9 墙下钢筋混凝土条形基础的高度是如何确定的？

9.10 柱下钢筋混凝土独立基础的高度是根据什么条件确定的？

9.11 砖基础的"大放脚"有哪些放脚方式？

9.12 垫层混凝土强度等级采用C10，厚度一般取100mm，它为什么不能算是基础的一部分？

9.13 钢筋混凝土基础无垫层时，保护层厚度不小于70mm，此时截面有效高度 h_0 应如何确定？

9.14 柱下钢筋混凝土条形基础在满足什么条件时，基础梁的内力可以按连续梁简化计算？此时梁上荷载如何确定？

9.15 在什么条件下筏形基础可以按倒楼盖法计算内力？

9.16 有哪些措施可以减轻地基不均匀沉降的危害？

选择题

9.1 下列浅基础中，属于刚性基础的是（ ）。

A. 柱下钢筋混凝土条形基础　　B. 墙下钢筋混凝土条形基础

C. 混凝土基础　　D. 箱形基础

9.2 基础的埋置深度可根据哪些影响因素确定？（ ）

A. 工程地质条件和水文地质条件的影响

B. 相邻建筑物基础的埋深和地基土的冻胀性影响

C. 建筑物的用途、类型和荷载大小、性质的影响

D. 上述各因素

9.3 地基基础设计应满足的要求是（ ）。

A. 地基应具有足够的强度和稳定性

B. 基础应具有足够的强度、刚度和耐久性

C. 基础的沉降量值应不大于地基的允许变形值

D. 上述各项

9.4 在强冻胀土地基上修建房屋时，若基底平均压力为140kPa，则采暖房间条形基础基底下允许残留冻土层的最大厚度为（ ）。

A. 0.94m B. 0.71m C. 0.47m D. 0.51m

9.5 为了保护基础，通常基础均应埋置在地面以下。除岩石地基外，基础埋深不宜小于（ ）。

A. 0.1m B. 0.5m C. 0.8m D. 1.0m

9.6 地基土层的承载力特征值可由浅层平板载荷试验确定。该法要求同一土层参加统计的试验点不少于三点，当试验实测值的极差不超过其平均值的（ ）时，取此平均值作为该土层的地基承载力特征值 f_{ak}。

A. 10% B. 20% C. 30% D. 40%

9.7 某柱下独立基础底面尺寸为 3.5m×2.0m，埋置深度 $d=1.5$m。地基土为均质黏性土，重度 $\gamma=18\text{kN/m}^3$，承载力特征值 $f_{ak}=200$kPa，承载力修正系数 $\eta_b=0.3$、$\eta_d=1.6$。则该地基修正后的承载力特征值为（ ）。

A. 229kPa B. 232kPa C. 205kPa D. 223kPa

9.8 设计基础底面尺寸时，与下列哪个因素无关？（ ）

A. 基础的埋置深度 d B. F_k 和 G_k

C. 基础材料种类 D. 地基承载力和变形

9.9 当地基变形计算深度范围内有软弱下卧层时，需要验算软弱下卧层（ ）的承载力。

A. 底面 B. 顶面 C. 中部 D. 中任意一处

9.10 无筋扩展基础材料的抗拉强度很低，不能承受较大的弯曲拉应力，故设计时要求台阶的（ ）不超过规定值（允许值）

A. 长高比 B. 长宽比 C. 宽高比 D. 高厚比

9.11 基础剖面设计计算时，需要进行双向受力配筋计算的基础型式是（ ）。

A. 墙下钢筋混凝土条形基础 B. 柱下钢筋混凝土条形基础

C. 墙下条形砖基础 D. 柱下钢筋混凝土独立基础

9.12 进行地基变形验算时，对于框架结构应由（ ）控制。

A. 沉降 B. 沉降差 C. 倾斜 D. 局部倾斜

9.13 在进行钢筋混凝土基础底板抗冲切验算和配筋计算时，应采用（ ）。

A. 基底总压力 p B. 基底附加压力 p_0 C. 基底净反力 p_j D. 基底承载力

计 算 题

9.1 某柱下独立基础，基底尺寸 3.6m×2.4m，埋深 1.8m，地基土为中砂，承载力特征值 $f_{ak}=250$kPa，重度 $\gamma=18\text{kN/m}^3$，试计算修正后的地基承载力特征值 f_a。

9.2 某黏性土地基，内摩擦角标准值 $\varphi_k=20°$，黏聚力标准值 $c_k=15$ kPa，基础轴心受压，基底宽 $b=1.8$m，埋深 $d=1.2$m。基底以上土的加权平均重度 $\gamma_m=18.5\text{kN/m}^3$，基底土的重度 $\gamma=19.0\text{kN/m}^3$。试确定地基承载力特征值 f_a。

9.3 柱下正方形基础，埋深 $d=1.6$m，承受轴心荷载作用，上部结构传至基础顶面的竖向压力标准值为 $F_k=1580$kN。场地土分两层，上层为杂填土，厚 1.2m，重度 $\gamma=17\text{kN/m}^3$；下层为粉土，黏粒含量 $\rho_c=12\%$，重度 $\gamma=18\text{kN/m}^3$，地基承载力特征值 $f_{ak}=210$kPa。试确定基础底面尺寸。

9.4 某建筑物的柱下矩形基础，埋深 $d=1.5$m。作用在基础顶面的竖向荷载标准值 $F_k=800$kN，弯矩标准值 $M_k=200\text{kN}\cdot\text{m}$。地基的工程地质条件如图 9-38 所示，试设计基础底面尺寸，并验算软弱下卧层的承载力。（取基底长宽之比为：$l/b=1.5$）

9.5 如图 9-39 所示为有吊车的工业厂房柱下基础的示意图，图中给出了必要的数据。地基为粉质黏土，重度 $\gamma=19\text{kN/m}^3$，孔隙比 $e=0.74$，承载力特征值 $f_{ak}=240$kPa。试确定矩形基础的底面尺寸。

9.6 墙下条形毛石基础，用 M5 混合砂浆砌筑。已知基础的上部荷载标准值 $F_k=260$kN/m。基础埋置深度 $d=1.2$m，墙厚 370mm，地基土为粉土，其中黏粒含量 $\rho_c=15\%$，重度 $\gamma=18\text{kN/m}^3$，承载力特征值 $f_{ak}=200$kPa。试设计该基础。

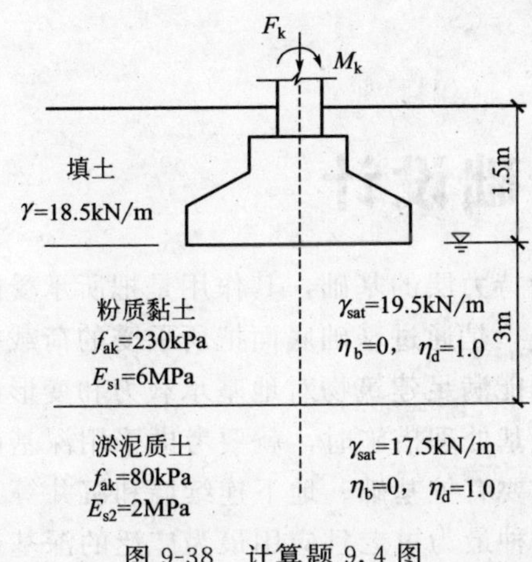

图 9-38　计算题 9.4 图

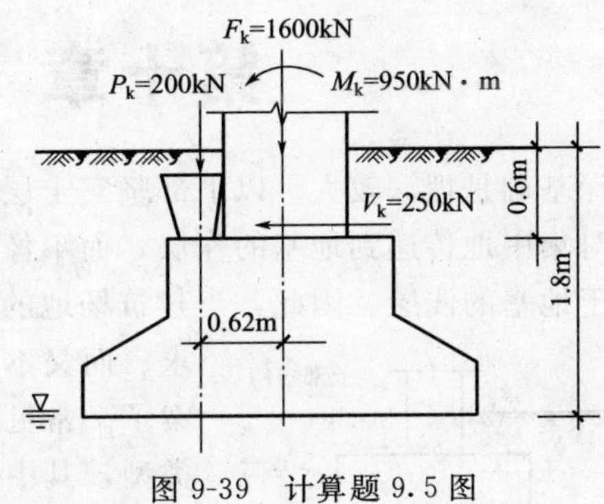

图 9-39　计算题 9.5 图

9.7　试设计某承重横墙的砖基础。基础顶面的竖向荷载标准值 $F_k=120\text{kN/m}$，基础埋置深度 $d=1.0\text{m}$，地基为黏土，孔隙比 $e=0.86$，重度 $\gamma=18.5\text{kN/m}^3$，承载力特征值 $f_{ak}=110\text{kPa}$。

9.8　试设计某中学教学楼外墙的钢筋混凝土基础。作用在基础顶面处的相应于荷载效应标准组合的上部结构荷载值 $F_k=245\text{kN/m}$，荷载效应基本组合的荷载值 $F=280\text{kN/m}$。室内外高差 0.45m，基础埋置深度为 1.30m，修正后的地基承载力特征值 $f_a=160\text{kPa}$，混凝土强度等级为 C20（$f_c=9.6\text{N/mm}^2$，$f_t=1.10\text{N/mm}^2$），采用 HPB235 级钢筋（$f_y=210\text{N/mm}^2$）。

9.9　试设计轴心受压的钢筋混凝土柱基础。已知上部荷载标准值 $F_k=800\text{kN}$、设计值 $F=1020\text{kN}$，柱截面尺寸 400mm×400mm，基础埋置深度 $d=1.8\text{m}$，修正后的地基承载力特征值 $f_a=180\text{kPa}$。

9.10　某建筑场地为黏性土，重度 $\gamma=18\text{kN/m}^3$，孔隙比 $e=0.78$，承载力特征值 $f_{ak}=220\text{kPa}$。现修建一外柱基础，柱截面为 300mm×400mm。柱的混凝土强度等级为 C30。室内外高差 0.3m，室内标高为 ±0.000，室外标高为 −0.300m，基础顶面标高 −0.700m。作用于基础顶面处的荷载标准：轴心压力 $F_k=700\text{kN}$，弯矩 $M_k=80\text{kN}\cdot\text{m}$，水平剪力 $V_k=15\text{kN}$；荷载设计值（基本组合）：轴心压力 $F=900\text{kN}$，弯矩 $M=100\text{kN}\cdot\text{m}$，水平剪力 $V=18\text{kN}$。试设计该柱下钢筋混凝土基础。

第十章　深基础设计

深基础是埋深较大、以下部坚实土层或岩层作为持力层的基础，其作用是把所承受的荷载相对集中地传递到地基的深层，而不像浅基础那样，是通过基础底面把所承受的荷载扩散分布于地基的浅层。因此，当建筑场地的浅层土质不能满足建筑物对地基承载力和变形的要求、而又不适宜采取地基处理措施时，就要考虑采用深基础方案了。常见的深基础主要有桩基础、地下连续墙和沉井等几种类型，其中桩基础是一种最为古老且应用最为广泛的深基础形式。它是采用不同材料及不同的施工方法将桩设置在土层中，并在桩顶设置承台，上部结构的荷载经承台再通过桩传递给地基土。桩基础包括承台及桩两部分，简称桩基，如图 10-1 所示；而桩基础中的单桩，称为基桩。

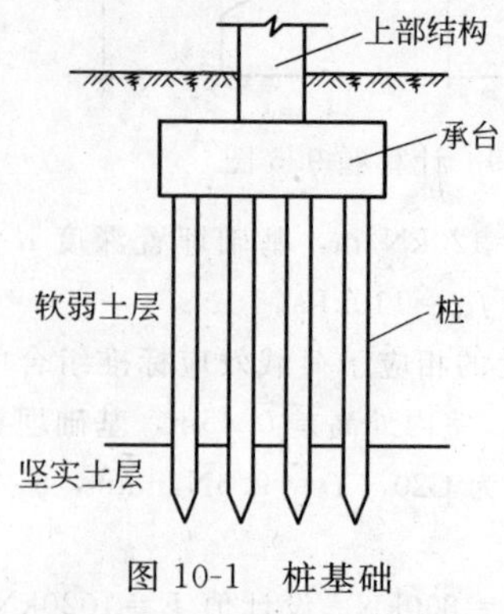

图 10-1　桩基础

我国早在 7000 多年前的河姆渡遗址中就已经采用了木桩。在明、清时代，将桩基础广泛地应用到桥梁、水利、海塘、房屋等各类土木建筑中。近代，特别是 20 世纪中后期，我国在工程建设中已相当普遍地采用了各种类型的桩基础。桩基础能较好地适应各种地质条件、工程要求及荷载情况，又具有承载力大、稳定性好、绝对变形和相对变形值小，特别是变形速率小、收敛快等特点，一般情况下，如果采用浅基础而沉降及稳定性不能满足要求时，常采用桩基础。随着高层和超高层等巨大荷载建筑物的兴建，对地基基础的承载力、沉降及稳定性要求更高，高层建筑的竖向荷载大而集中，重心高，对倾斜十分敏感，在风荷载及水平地震的作用下会产生巨大的倾覆力矩，若采用一般浅基础，往往满足不了对地基基础的承载力、稳定性和倾斜等方面的要求，甚至采用整体刚度好的筏基、箱基，也可能达不到满意效果，而采用承载力大的桩基础，则可抵御复杂荷载，在各种地质条件下又具有较强的适应性。可以说，桩基础已成为高层建筑理想的基础形式。本章将着重讨论桩基础的理论与实践。

第一节　桩基础分类和质量检测

一、桩基础按承台位置分类

不同功能的建（构）筑物，当采用桩基础时，桩顶承台的位置需适应建（构）筑物功能的需要。例如，桥梁、码头的构筑物桩基，其承台一般均位于地面或水面以上，称为高承台桩基，也称高桩。工业与民用建筑采用的桩基础，承台一般位于地面以下，即桩身全部埋于土中，承台底面与土体接触，称为低承台桩基，又称低桩，如图 10-2 所示。

近年来由于大直径钻孔灌注桩的采用，桩的刚度、强度都较大，因而高桩承台在桥梁基础中已广泛采用。

二、桩按施工方法分类

桩基础由于施工时采用的机具设备和工艺过程的不同，桩的施工方法种类就较多，通常采用的是预制桩和灌注桩两大类，如图 10-3 所示。

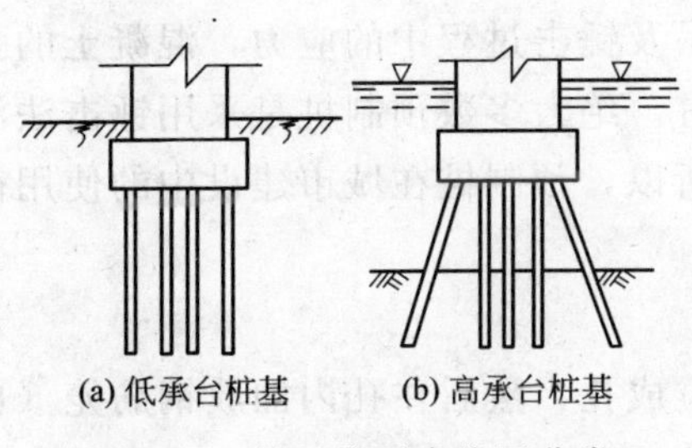
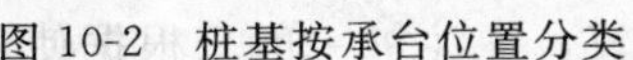
(a) 低承台桩基　(b) 高承台桩基

图 10-2　桩基按承台位置分类

(a) 预制桩　(b) 灌注桩

图 10-3　预制桩和灌注桩

1. 预制桩

预制桩是在现场或工厂预先制作桩身，然后以一定工艺将其沉入土层中的桩。预制桩的沉桩方式主要有锤击法沉桩、振动法沉桩和静力法压桩三种。

(1) 锤击法沉桩　锤击法沉桩是通过锤击（或以高压射水辅助）将各种预制桩打入地基内达到所需要的深度。这种施工方法适用于地基土为松散的碎石土（不含大卵石或漂石）、砂土、粉土和可塑状态下的黏性土的情况。但该法沉桩伴有噪声、振动和地层扰动等问题，在城市建设中应考虑其对环境的影响。

(2) 振动法沉桩　振动法沉桩是将大功率的振动打桩机安装在桩顶，利用振动力以减少土对桩的阻力，使桩沉入土中。这种施工方法适用于可塑状态下的黏性土和砂土，对受振动时土的抗剪强度有较大降低的砂土地基和自重不大的钢桩，沉桩效果更为明显。

(3) 静力法压桩　静力法压桩是采用静力压桩机将预制桩压入地基中的施工方法。这种方法免除了锤击的振动影响，是软土地区特别是在不允许有强烈振动的条件下桩基础施工的一种有效方法。该法具有无噪声、无振动、无冲击力、施工应力小、桩顶不易损坏和沉桩精度较高等特点。但较长桩分节压入时，接头较多会影响压桩的效率。

在建筑行业中，钢筋混凝土预制桩是主要的传统桩型。一般采用锤击法沉桩，施工时，将强度达到设计要求的预制桩对准桩位，利用打桩机上配置的柴油锤自由下落时的瞬时冲击力锤击桩头，使桩尖土体压缩和侧移，随着反复锤击桩头，桩身不断下沉直至设计标高处。当预制桩被打入松散的粉土、砂砾土层中时，由于桩周围及桩端的土体被挤密，桩侧摩阻力也因土体加密及桩侧法向应力的增大而提高，桩端阻力也相应增大。地基土愈松散，采用预制桩成桩后，地基土承载力提高幅度愈大。若建筑场地存在较厚的中密以上的砂土、砾石层时，为了提高桩基的承载力，一般宜将该砂、砾土层作为持力层，且桩应进入砂、砾土层一定深度。当预制桩被打入饱和黏土层中时，土体原结构会遭破坏并产生超孔隙水压力，而桩的承载力只能随土体中超孔隙水压力的消散后才能相应恢复，工程中称这一现象为时间效应。因时间效应桩承载力恢复所需的休止时间，随土体的成分和结构的不同而不同。

由于预制桩沉桩过程并不复杂，一般来讲，施工质量较稳定。因受桩截面面积、桩长及沉桩机械设备能力的限制，一般单桩承载力可达 3000kN，在采用大功率打桩设备的海洋工程中，由于桩的几何尺寸大，单桩承载力可达 100000kN。

预制桩的适用范围也有其局限性，例如当需穿过较厚的硬夹层（硬塑黏性土层，中密以上砂土层）时，除非采用植桩、射水等辅助沉桩措施，否则难以穿过。因此，进入硬黏土层、砂砾土层及强风化基岩的深度不大，并将以上硬土层作为桩端持力层。由于沉桩过程中产生的挤土效应，特别是在饱和软黏土地区沉桩，可能导致邻近建筑物、道路、地下管线等受损。当施打顺序安排不当，会造成部分桩的端部达不到设计标高，以致需截去设计桩顶标高以上的桩体，造成浪费。由于预制桩需承受运输、起吊及锤击过程中的应力，混凝土的强度等级较高，含钢量也较大，所以其造价往往高于灌注桩。绝大多数预制桩是采用锤击法沉桩，施工过程中所产生的振动及噪声会影响周围环境，所以，预制桩在城市建设中的使用往往受到一定限制。

2. 灌注桩

灌注桩是在现场采用机械或人工方法直接在所设桩位成孔，然后在孔内加放钢筋笼（也有省去钢筋的）和浇注混凝土而成。与钢筋混凝土预制桩比较，灌注桩一般只根据使用期间可能出现的内力配置钢筋，用钢量较省。同时，桩长可在施工过程中根据要求在某一范围内取定。灌注桩的横截面呈圆形，可以做成大直径和扩底桩。保证灌注桩承载力的关键在于桩身的成形和混凝土质量。常用的灌注桩大体可分为钻（冲、磨、挖）孔灌注桩和沉管灌注桩两类。

（1）钻、挖孔灌注桩　用钻（冲）孔机械在土体中先钻成桩孔，然后在孔内放入钢筋骨架，灌注桩身混凝土而成钻孔灌注桩，最后在桩顶浇注承台（或盖梁），称为钻孔灌注桩基础。它的特点是施工设备简单、操作方便，适用于各种砂性土、黏性土，也适用于碎、卵石类土层和岩层。但对于淤泥及可能发生流砂或有承压水的地基，施工较为困难，常常易发生塌孔或埋钻等情况。一般钻孔灌注桩入土深度由几米至几百米。

依靠人工（用部分机械配合）在地基中挖出桩孔，然后与钻孔桩一样灌注混凝土成桩称为挖孔灌注桩。它的特点是不受设备和地形限制，施工简单，因靠人工挖土，故桩径较大，一般大于1.4m。它只适用于无水或渗水量小的地层。对可能发生流砂或含厚的软黏土层地基施工较困难，需要加强孔壁支撑确保安全。

目前国产的钻（冲）孔灌注桩的机具有：UX100型的小型钻机、GPS15型反循环回旋钻机、H-150型正循环黄河钻机、CZ-22型冲击钻机和潜水电动钻机等。这些钻机在钻进时不下钢套管，利用泥浆保护孔壁（泥浆质量应符合要求），以防坍塌，清孔后浇注水下混凝土。施工程序如图10-4所示。常用的桩径为800mm、1000mm、1200mm等，桩长10～30m。国外的大直径钻机，一般用钢套管护壁，具有回旋钻进、冲击、磨头磨碎岩石和进行

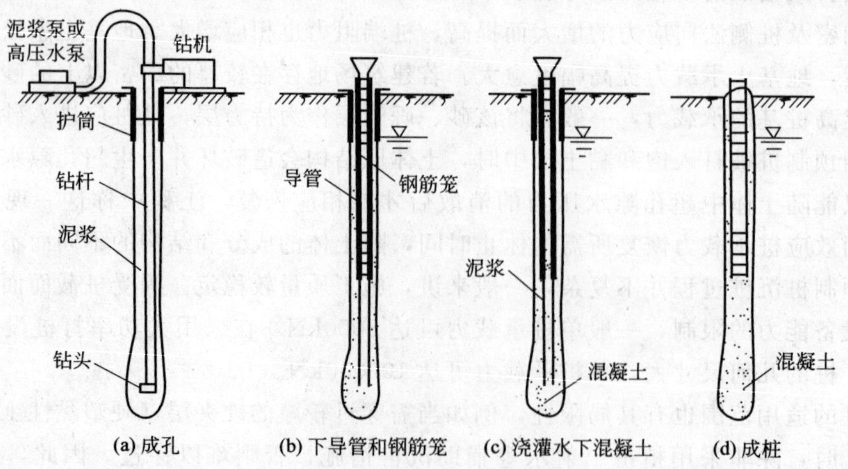

图10-4　钻孔灌注桩施工程序

扩底等多种功能，并能克服流砂，消除孤石等障碍物，钻进速度快，深度可达60m，能进入微风化硬质岩层。

(2) 沉管灌注桩 沉管灌注桩系指采用锤击或振动的方法把带有钢筋混凝土桩尖或带有活瓣式桩尖的钢套管沉入土中成孔，然后在套管内放置钢筋骨架，并边灌注混凝土边拔出套管成桩。也可将钢套管打入土中挤土成孔后向套管中灌注混凝土并拔出套管成桩。它适用于黏性土、粉土、砂土地基。由于采用了套管，可以避免钻孔灌注桩施工中可能产生的流砂、坍孔的危害和由泥浆护壁所带来的排渣等弊病。但沉管灌注桩的直径较小，常用的尺寸在0.6m以下，桩长常在20m以内。值得注意的是，在黏土中，沉管的挤压作用对邻桩有影响，且挤压时产生的孔隙水压力易使拔管时出现混凝土颈缩现象。其施工程序如图10-5所示。

此外，还有打入式灌注桩（即打入带有桩尖的套管成孔，然后边拔套管边灌注混凝土形成灌注桩）和爆扩桩（即成孔后用爆破方法扩大桩下端以提高桩底承载力）的施工方法，这两种方法在公路桥梁桩基础中很少采用。

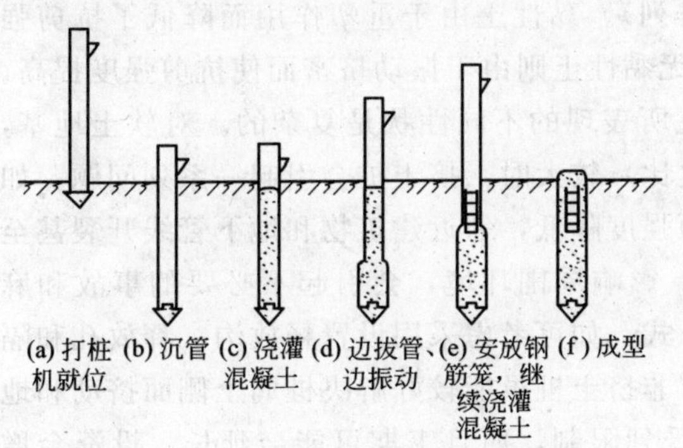

图 10-5 沉管灌注桩的施工程序示意

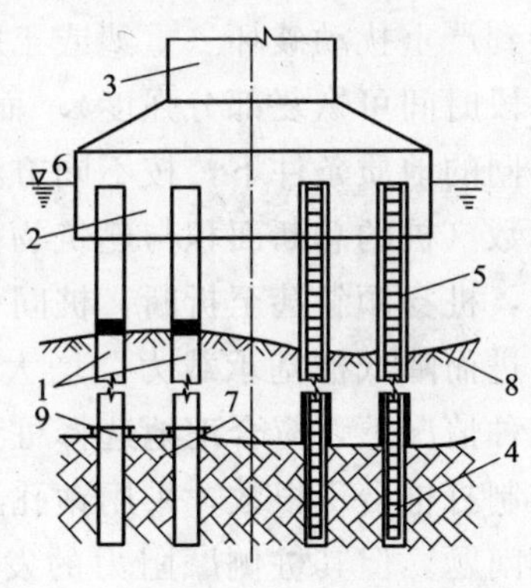

图 10-6 管桩基础

1—管桩；2—承台；3—墩身；4—嵌固于岩层；5—钢筋骨架；6—低水位；7—岩层；8—覆盖层；9—钢管靴

3. 管桩

管桩是将预制的大直径钢筋混凝土或预应力混凝土管或钢管柱，用大型的振动桩锤沿导向结构振动下沉到基岩（一般以高压射水和吸泥机辅助下沉），然后在管内钻岩成孔，下放钢筋骨架，灌注混凝土，将管桩与岩层牢固连接形成管桩基础，如图10-6所示。管桩基础可以在深水及各种覆盖层条件下进行施工，没有水下作业且不受季节限制，但施工需要有振动沉桩锤、凿岩机、起重设备等大型机具，动力要求较高，所以一般在大跨径桥梁的深水基础中被采用。

4. 钻埋空心桩

将预制桩壳预拼接后，吊放沉入已成的桩孔内，然后进行桩侧填石压浆和桩底填石压浆而形成的预应力钢筋混凝土空心桩叫钻埋空心桩。它适用于大跨径大直径桩基础，通常与空心墩相配合，形成无承台大直径空心桩墩（hollow pier）。

三、桩按设置效应分类

成桩方式对桩基的工程性状有显著影响，随着桩的设置方法的不同，桩孔处的排土量和桩周土所受的排挤作用也很不同。排挤作用会引起桩周土天然结构、应力状态和性质的变化，从而影响桩的承载力和变形性质，这些影响统称为桩的设置效应。因此，根据成桩方法和成桩过程的挤土效应，将桩分为非挤土桩、部分挤土桩和挤土桩三类。

1. 非挤土桩

先钻孔后再打入的预制桩和钻（冲或挖）孔桩在成孔过程中将孔中土体清除，故不会产生设桩时的排挤土作用。由于桩周土可能向桩孔内移动，因此，不排土桩的承载力常有所减小。

2. 部分挤土桩

底端开口的钢管桩，H型钢桩和开口薄壁预应力钢筋混凝土桩等，沉桩时对桩周土体稍有排挤作用（也属于“打入桩”），但土的强度和变形性质改变不大。由原状土测得的土的物理力学性质指标一般仍可用于估算桩的承载力和沉降。

3. 挤土桩

实心的预制桩、下端封闭的管桩，木桩以及沉管灌注桩，在锤击、振动贯入过程中，都将桩位处的土大量排挤开（用这类方法设置的桩属于“打入桩”），因而使桩周某一范围内的土结构受到严重扰动破坏（重塑或土颗粒重新排列）。黏性土由于重塑作用而降低了抗剪强度（过一段时间可恢复部分强度）；而非密实的无黏性土则由于振动挤密而使抗剪强度提高。

在不同的地质条件下，按不同方法设置的桩所表现的不同性状是复杂的。对软土地基，当面度系数（桩的总断面积与建筑物落地面积之比）较大时，挤土桩会引起一系列问题：如地面隆起，桩身倾斜甚至折断，桩间土受扰动而强度降低，邻近建筑物和地下管线开裂甚至破坏等，进而降低桩基承载力，增大桩基沉降，影响周围环境，会引起不必要的事故和麻烦。在这种情况下，应合理地选择桩型及成桩方式，如可考虑采用设置释放沟、释放孔和隔振沟，控制打桩台班根数，采用钻孔灌注桩等。非挤土桩虽能较好解决桩周土侧面挤动和地基隆起等问题，但其桩侧摩阻力的发挥可能会受到限制，而且工期可能会延长，投资会增加。挤土桩在某些情况下也会表现出有利的一面，如在疏松状态的无黏性土地基上，采用挤土桩会由于桩对桩间土的挤密作用而提高桩周土的抗剪强度和承载力。目前，设计中还只能大致考虑桩的设置效应。

四、桩按使用功能和工作机理分类

1. 竖向抗压桩

主要承受竖向压力荷载的桩，应进行竖向承载力计算，必要时还需计算桩基沉降，验算下卧层的承载力以及负摩擦阻力产生的下拽荷载。根据荷载的传递方式又可分为端承桩、摩擦端承桩、摩擦桩、端承摩擦桩四类。

(1) 端承桩　桩穿越软弱土层，桩端支承在坚硬土层或岩层上，竖向荷载作用下桩顶荷载全部或绝大部分由桩尖处坚硬岩土层提供的端阻力承担，桩侧摩阻力很小可以忽略不计的桩，如图 10-7(a) 所示。

(2) 摩擦端承桩　竖向荷载作用下，桩顶荷载主要由桩端阻力承受，桩侧阻力分担荷载的比例不大于50%的桩。

(3) 摩擦桩　软土层很厚，桩端达不到坚硬土层或岩层上，竖向荷载作用下，桩顶荷载全部或绝大部分由桩侧阻力承担，桩端阻力很小可以忽略不计的桩，如图 10-7(b) 所示。

(4) 端承摩擦桩　竖向荷载作用下，以侧摩阻力为主，桩端阻力分担荷载的比例不大于50%的桩。

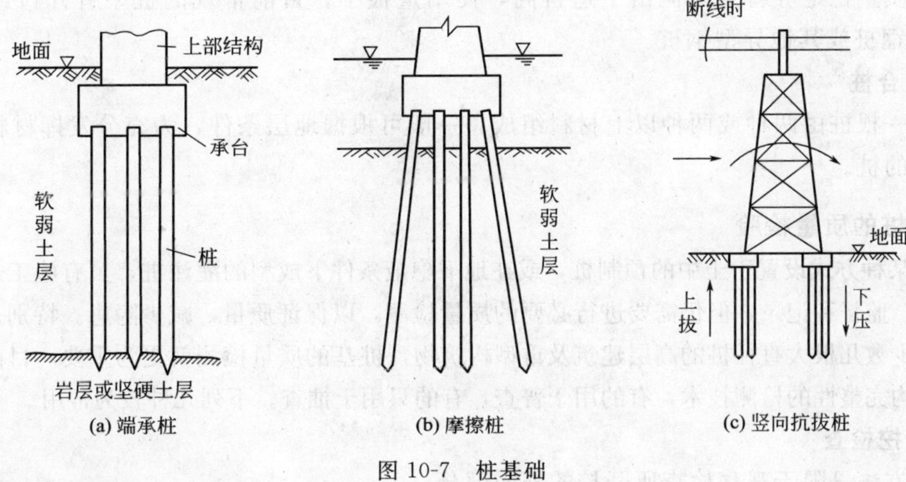

图 10-7　桩基础

2. 竖向抗拔桩

主要承受上拔荷载的桩，如图 10-7(c) 所示的输电线塔，应进行桩身强度和抗裂计算以及抗拔承载力验算。

3. 水平受荷桩

主要承受水平荷载的桩，应进行桩身强度和抗裂验算以及水平承载力和位移验算。

4. 复合受荷桩

承受竖向、水平荷载均较大的桩，应按竖向抗压（或抗拔）桩及水平受荷桩的要求进行验算。

五、桩按桩身材料分类

按桩身材料分类，可分为木桩、混凝土桩、钢筋混凝土桩（含预应力钢筋混凝土桩）、钢桩、组合桩。

1. 木桩

木桩是一种古老的基础型式，在我国很早就已成功使用木桩来解决软土地基上的基础建造问题，例如北京的御河桥、上海的龙华塔、西安的灞桥等。目前工程中已趋淘汰。

2. 混凝土桩和钢筋混凝土桩

各类混凝土桩是目前工程上使用最广泛的桩，按施工制作方法分有预制混凝土桩和灌注桩两大类。

(1) 预制混凝土桩　预制混凝土桩为配筋率较低（一般为 0.3%～1.0%）的钢筋混凝土桩，可在工厂集中生产或在现场预制。为提高混凝土的抗裂性能和节省钢材可做成预应力桩；为减少沉桩的挤土效应可做成敞口预应力桩。预制混凝土桩按截面形状有实心和空心桩，圆形和方形桩。按沉桩方法分有打入桩、压入桩、振动沉入桩、旋入桩。按接桩的方法有钢板角钢焊接、法兰盘加螺栓联结、硫磺胶泥锚固、机械联结（插入楔块或销钉联结）。

(2) 灌注桩　为了节省钢材和减少打桩时的噪声与振动，可在现场桩位上先做成桩孔，然后再向孔内现场灌注混凝土（有时也配置钢筋）而成。随着灌注桩成桩工艺不断发展，灌注桩能适应各种地层、灵活调整桩长及桩径，从而成为目前工民建与桥梁使用的主要类型。

3. 钢桩

钢桩可根据承载要求、减少挤土效应而灵活调整截面，并具有抗冲击性能强、接桩方便、施工质量稳定等特点，但由于造价高，使用量很小。目前常规的桩型有开口或敞口管桩、H型钢桩或其他异型钢桩。

4. 组合桩

指同一根桩由两种或两种以上材料组成，一般可根据地层条件，为充分发挥材料特性而组合而成的桩。

六、桩的质量检验

采用某种方式设置于土中的预制桩，或在地下隐蔽条件下成型的灌注桩，虽有施工过程中的基本检验、监督和记录，但仍需要进行必要的质量检测，以保证质量，减少隐患。特别是柱下采用一根或少数几根大直径桩的高层建筑及重型构筑物，桩基的质量检测就更为重要。目前已有多种桩身结构完整性的检测技术，有的用于普查，有的只用于抽查。下列几种较为常用。

1. 开挖检查

这种方法只限于观察检查所开挖的外露部分。

2. 钻芯法

在灌注桩桩身内进行钻孔（桩径在800mm以上，钻芯直径在150mm以内），取混凝土芯样进行观察和进行单轴抗压试验，了解混凝土有无离析、空洞、桩底沉渣和入泥等现象以及材料强度。有条件时可采用钻孔电视直接观察孔壁孔底质量。此法有效，但费时，且钻孔技术要求较高。

3. 声波检测法

利用超声波在不同强度（或不同弹性模量）的混凝土中传播速度的变化来检测桩身质量。预先在桩中埋入3～4根金属管，试验时在其中一根管内放入发射器，在其他管中放入接收器，连续放下检测仪器，可以对不同深度进行检测。这种试验的接收放大器应该是高效率和抗干扰的，其检测结果较可靠。

4. 动测法

它包括锤击、水电效应、机械阻抗、共振等低能量小应变动测法、PIT（桩身结构完整性分析仪）和PDA（打桩分析仪）等高能量大应变动测法等。这些方法对于等截面、均质性较好的预制桩的测试效果较可靠；对于灌注桩成形和混凝土质量的检验，已经过相当多工程实践的检验，具有一定的可靠性。目前各地已普遍采用动测法进行桩基检测。

第二节 单桩轴向荷载的传递

按桩承载性状划分桩的种类时，是根据桩在极限荷载作用下桩侧摩阻力和桩端阻力的相对大小来划分的，可分为端承型桩和摩擦型桩。实测证明，在对桩进行加荷时，桩侧摩阻力的发挥一般先于桩端阻力的发挥，即桩在较小桩顶荷载作用下时，可能桩顶荷载主要由桩侧摩阻力来承担了。在不同桩顶荷载水平下桩侧摩阻力和桩端阻力的相对大小是不同的，桩在桩顶荷载作用下桩侧摩阻力和桩端阻力的发挥过程及其规律叫做桩的荷载传递。当由多根桩来共同承担上部结构传递下来的荷载且桩距不大时（一般认为不大于$6d$，d为桩截面边长或直径），相邻桩之间应力扩散的影响对桩荷载传递也会产生重要的影响。当桩顶承台与地基土接触并承担一部分荷载时，承台的存在也对桩的荷载传递产生一定影响。为了研究这些因素对桩的荷载传递的影响，首先应了解孤立的一根桩（称为单桩）荷载传递情况，即桩顶的竖向荷载是如何通过桩土相互作用传递给地基以及不同荷载水平下单桩桩侧摩阻力与桩端阻力发挥情况。

一、单桩竖向荷载的承担

作用于桩顶的竖向荷载 Q 是由桩侧土的总摩阻力 Q_S 和桩端土的总抗力 Q_P 共同承担的，如图 10-8(a) 所示。桩顶竖向荷载可表示为

$$Q = Q_S + Q_P \tag{10-1}$$

当桩顶荷载增大至极限值时，上式改写为

$$Q_u = Q_{su} + Q_{pu} \tag{10-2}$$

式中　Q_u——单桩竖向抗压极限承载力，kN；

Q_{su}——单桩总极限侧阻力，kN；

Q_{pu}——单桩总极限端阻力，kN。

对桩的荷载传递过程研究表明，桩在外荷载 Q 作用下，桩身上部受到压缩而产生相对于土向下的位移，与此同时桩侧表面受到土的向上摩阻力 Q_n 的作用，随着荷载的增加，桩身压缩量和位移量逐渐增加，桩身下部的摩阻力也逐渐被调动并发挥，桩身荷载传至桩底，桩底土层受到压缩而产生桩端阻力 Q_{pu}，即作用荷载通过桩侧阻力与桩端阻力传递到桩周围土层中。

荷载传递过程中，Q_{su} 与 Q_{pu} 的发挥程度与桩土之间的相对位移情况有关。试验证明，桩与土之间发生不大的相对位移，摩擦阻力就可充分发挥出来。例如相对位移达到 10mm 摩擦阻力就可达到极限值，而与桩的直径、长度以及土的种类关系不大；桩端阻力发挥所需要的相对位移则与桩端土的性质和沉桩方法有关。对于端承桩，桩端支承于岩层或坚硬土层上，只要很小的相对位移桩端阻力就能充分发挥，且承载力中桩端阻力占绝大部分；而对一般的摩擦桩，桩端土与桩侧土性质相差不大时，桩端阻力发挥所需要的相对位移值就要大得多（例如，对打入桩，桩端阻力达到极限值所需的相对位移约为桩径 10%，对钻孔桩则可达桩径的 30%），因此桩工作时总是桩侧摩阻力先发挥出来，然后桩端承载力才逐渐发挥作用。由此可见，对一般摩擦桩来说，在不同的荷载阶段，桩侧摩阻力和桩端阻力的分担比例是变化的，如图 10-8(b) 所示。

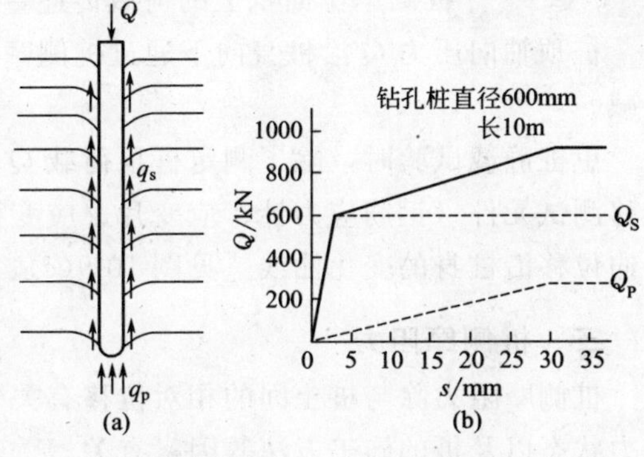

图 10-8　桩的承载力组成

二、桩身轴力和截面位移

桩顶受竖向荷载作用后，桩身压缩而向下位移，桩侧表面受到土的向上摩阻力，桩身荷载通过发挥出来的侧阻力传递到周围的土层中去，从而使桩身荷载与桩身轴向变形随深度递减。随着荷载的增加，桩端出现竖向位移和桩端反力。桩端位移加大了桩身各截面的位移。并促使桩侧阻力进一步发挥。一般来说，靠近桩身上部土层的阻力先于下部土层发挥出来，而侧阻力先于端阻力发挥出来。如图 10-9 所示为桩的轴向力、位移和桩侧摩阻力沿深度的分布，由图 10-9(b) 看出，任意深度 z 处桩身截面的轴力为

$$N(z) = Q - u_P \int_0^z q_s(z)\mathrm{d}z \tag{10-3}$$

竖向位移为

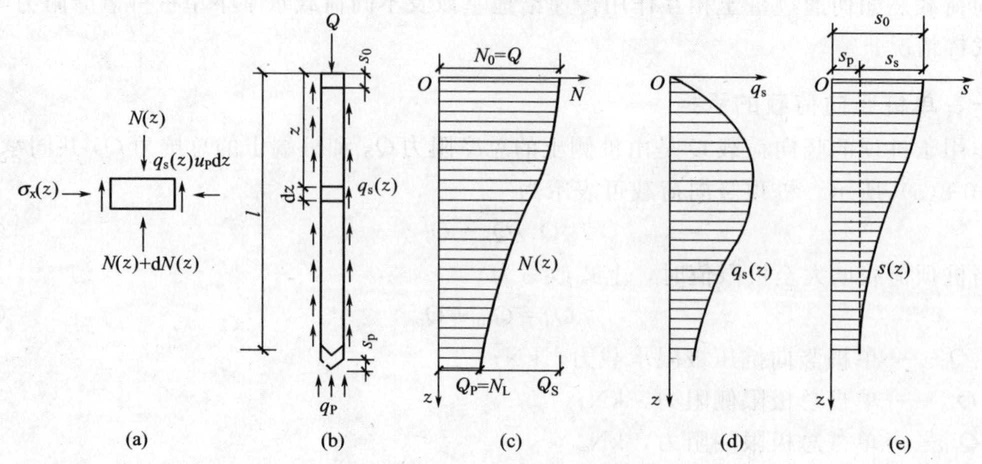

图 10-9 桩的轴向力、位移和桩侧摩阻力沿深度的分布

$$s(z)=s_0-\frac{1}{E_P A_P}\int_0^z N(z)\,dz \tag{10-4}$$

由微分段 dz 的竖向平衡可求得

$$q_s(z)=-\frac{1}{u_P}\times\frac{dN(z)}{dz} \tag{10-5}$$

式中 A_P——桩身截面面积，m^2；

E_P——桩身弹性模量，kN/m^2；

u_P——桩身周长，m；

$q_s(z)$——桩侧单位面积上的荷载传递量，kPa。

桩顶轴向压力 Q 沿桩身向下通过桩侧摩阻力逐步传给桩周土，因此桩身轴力 N 随深度递减。

单桩静载试验时，除了测定桩顶荷载 Q 作用下桩顶沉降 s_0 外，通过在桩身埋设应力或位移测试元件（钢筋应力计、应变片、应变杆等），利用上述公式即可求得轴力、侧阻力和竖向位移沿桩身的变化曲线［见图 10-9(c)、(d)、(e)］。

三、桩侧摩阻力

桩侧摩阻力除与桩土间的相对位移有关外，还与土的性质、桩的刚度、时间因素和土中应力状态以及桩的施工方法等因素有关。

桩侧摩阻力实质上是桩侧土的剪切问题。柱侧土极限摩阻力值随着土的抗剪强度的增大而增加。而土的抗剪强度又取决于其类别、性质、状态和剪切面上的法向应力。不同类别、性质、状态和深度处的桩侧土将具有不同的桩侧摩阻力。

从位移角度分析，桩的刚度对桩侧摩阻力也有影响。桩的刚度较小时，桩顶截面的位移较大而桩底较小，桩顶处桩侧摩阻力常较大。当桩刚度较大时。桩各截面位移较接近，由于桩下端侧面上的初始法向应力较大，土的抗剪强度也较大，以致桩下端桩侧摩阻力大于桩上部。

由于桩底地基土的压缩是逐渐完成的，因此桩侧摩阻力所承担的荷载将随时间由桩身上部向桩下部转移。在桩基施工过程中及完成后，桩侧土的性质、状态在一定范围内会有变化，对桩侧摩阻力的影响往往具有时间效应。

影响桩侧摩阻力的诸因素中，土的类别、性状是主要因素。在分析基桩承载力等问题时，各因素对桩侧摩阻力大小与分布的影响，应分情况予以注意。例如，在塑性状态黏性土中打桩，桩侧土受到扰动。再加上打桩的挤压影响会在打桩过程中使桩周围土内孔隙水压力上升，土的抗剪强度降低，桩侧摩阻力变小。在打桩完成并经过一段时间后，超静孔隙水压力逐渐消散，再加上黏性土的触变性质，使桩周围一定范围内土的抗剪强度不但能得到恢复，而且往往还可能超过其原来的强度，桩侧摩阻力得到提高。在砂土中打桩时，桩侧摩阻力的变化与砂土的初始密实度有关，如密实砂土有剪胀性，会使摩阻力在出现峰值后有所下降。

桩侧摩阻力的分布十分复杂，目前尚难精确确定其分布规律。一般认为在黏性土中打入桩的桩侧摩阻力沿深度近乎抛物线分布，在桩顶处摩阻力等于零，桩身中段的摩阻力比桩的下段大；钻孔灌注桩从地面起呈线性增加，其深度仅为桩径的5～10倍，而沿桩长的摩阻力分布则比较均匀。为简化起见，常近似假设打入桩侧摩阻力在地面处为零，沿桩入土深度呈线性分布；钻孔灌注桩侧摩阻力沿桩身均匀分布。

四、桩端阻力

桩端阻力与土的性质、持力层上覆荷载（覆盖土层厚度）、桩径、桩底作用力、时间及桩底端进入持力层深度等因素有关，其主要影响因素仍为桩底土的性质。桩底土的受压刚度和抗剪强度大，则桩底阻力也大。桩端极限阻力取决于持力层土的抗剪强度和上覆荷载以及桩径大小。由于桩底地基土层受压固结作用是逐渐完成的，因而桩端阻力将随土层固结度的提高而增长。模型和现场试验研究均表明，桩的承载力（主要是桩底阻力）随着桩的入土深度，特别是进入持力层的深度而变化，这种特性称为深度效应。

当硬持力层较厚且施工条件许可时，桩端进入持力层的深度宜尽可能达到该土层桩端阻力的临界深度。桩端阻力随桩端进入持力层深度的增加而增大。当桩端进入持力层的深度超过该土层的界限深度值后，柱端阻力就不再有显著增加或不再增加了，这一界限深度就称为桩端阻力的临界深度。将桩端设置在土层的临界深度处，有利于充分发挥桩的承载力。砂与碎石类土的临界深度为（3～10）d，随密实度的提高而增大；粉土、黏性土的临界深度为(2～6)d，随土的孔隙比和液性指数的减小而增大。

对于薄持力层，且桩端持力层有下卧软弱土层时，桩端进入持力层过深，反而会降低桩的承载力。因此，当有软弱下卧层存在时，桩端持力层也有一个临界厚度 t_0。若桩底到下卧软弱层顶面的距离 $t<t_0$，桩底阻力将随着 t 的减小而下降。

桩端持力层的选择原则及桩端进入持力层的最小深度，主要是考虑了在各类持力层中成桩的可能性和尽量提高桩端阻力的要求。在以夹于软层中的硬层作桩底持力层时，要根据夹层厚度，综合考虑基桩进入持力层的深度和桩底下余留的硬层厚度。

五、桩侧负摩阻力

1. 负摩阻力及中性点

在一般情况下，桩受轴向荷载作用后，桩相对于桩侧土体向下位移，使土对桩产生向上作用的摩阻力，这种摩阻力称为正摩阻力，如图10-10(a) 所示。但是，当桩周土体因某种

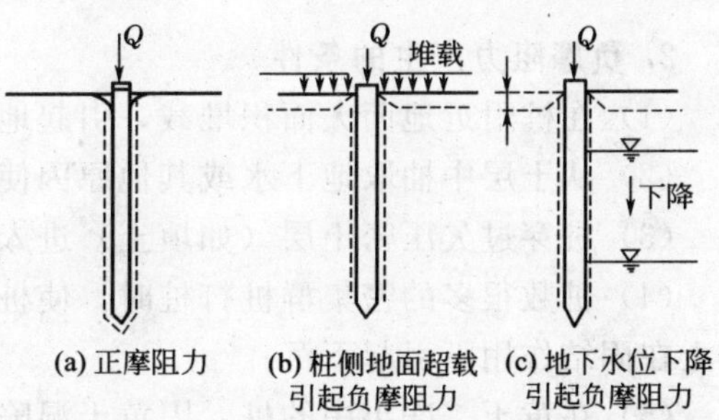

图10-10　桩的正、负摩阻力示意图

原因发生下沉，且其沉降速率大于桩的下沉时，桩侧土就相对于桩产生向下位移，而使土对桩产生向下作用的摩阻力，此即负摩阻力，如图 10-10(b)、(c) 所示。

桩侧负摩阻力的发生将使桩侧土的部分重力传递给桩。因此负摩阻力不但不能成为桩承载力的一部分，反而变成施加在桩上的外荷载。对于入土深度相同的桩来说，若有负摩阻力发生，则桩的外荷载增大，桩的承载力相对降低，桩基沉降量加大，这在确定桩的承载力和桩基设计中应予以注意。对于桥梁工程，特别要注意桥头路堤高填土的桥台桩基础的负摩阻力问题。因路堤高填土是一个很大的地面荷载且位于桥台的一侧，若产生负摩阻力，将使桥台背与路堤填土间产生负摩阻力并使桩基础产生不均匀沉降。

桩身负摩阻力并不一定发生于整个软弱土层中，产生负摩阻力的范围就是桩侧土层对桩产生相对下沉的范围。它与桩侧土层的压缩、桩身弹性压缩变形和桩底下沉量有关。

如图 10-11(a) 所示为一根承受竖向荷载的桩，桩身穿过正在固结中的土层而桩底坐落在坚硬土层上。图 10-11(b) 中，曲线 1 表示土层不同深度的位移；曲线 2 为该桩的截面位移曲线。曲线 1 和曲线 2 之间的位移差（图中划上横线部分）为桩土之间的相对位移。交点 (O_1 点) 为桩土之间不产生相对位移的截面位置，该处既没有正摩阻力，又没有负摩阻力，习惯上称为中性点。在中性点之上，即桩的埋深 $l_n=al$ 范围内，土层产生相对于桩身的向下位移，在桩侧出现负摩阻力 τ_{nz}。在 O_1点之下，即 $(1-a)l$ 范围内，土层相对向上位移，因而在桩侧产生正摩阻力 τ_z。图 10-11(c)、(d) 分别为桩侧摩阻力和桩身轴力曲线，其中 Q_n为负摩阻力引起的桩身最大轴力，又称为下拉力；F_s为总的正摩阻力。从图中可知，在中性点处桩身轴力达到最大值 $(Q+Q_n)$，而桩端总阻力则等于 $Q+(Q_n-F_s)$。

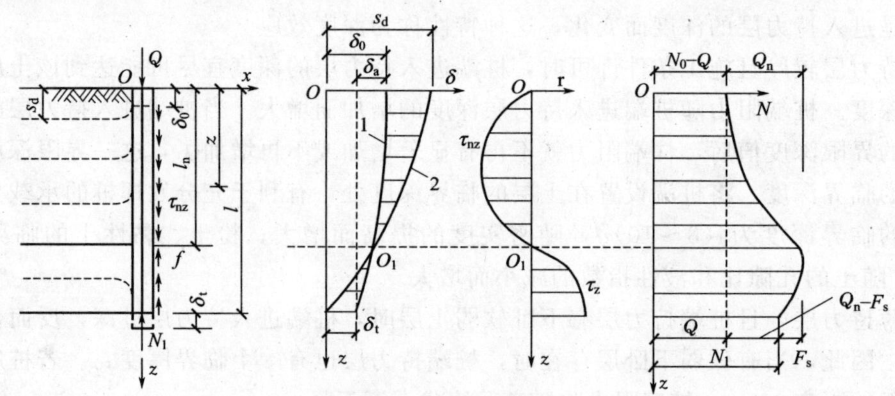

图 10-11 单桩在产生负摩阻力时的荷载传递

1—土层竖向位移曲线；2—桩的截面位移曲线

2. 负摩阻力产生的条件

(1) 在桩附近地面大面积堆载，引起地面沉降；

(2) 从土层中抽取地下水或其他原因使地下水位下降，使土层产生自重固结下沉；

(3) 桩穿过欠压密土层（如填土）进入硬持力层，欠压密土层产生自重固结下沉；

(4) 桩数很多的密集群桩打桩时，使桩周土中产生很大的超孔隙水压力，打桩停止后桩周土在固结作用下引起下沉；

(5) 在黄土、冻土中的桩，因黄土湿陷、冻土融化产生地面下沉。

由上述可见，当桩穿过软弱高压缩性土层而支承在坚硬的持力层上时，很容易产生桩的负摩阻力。要确定桩身负摩阻力的大小，首先要确定土层产生负摩阻力的范围和负摩阻力强度的大小。

3. 负摩阻力对承载力的影响

负摩阻力对于桩基承载力和沉降的影响随侧阻力分担荷载比、建筑物各桩基周围土层沉降均匀性、建筑物对不均匀沉降的敏感程度而异，因此，对于考虑负摩阻力验算承载力和沉降也应有所区别。

(1) 对于摩擦桩，当出现负摩擦力对基桩施加下拉荷载时，由于持力层压缩性较大，随之引起沉降。桩基沉降一出现，土对桩的相对位移便减小，负摩擦阻力便降低，直到转化为零。因此，一般情况下对于摩擦型桩基，可近似视中性点（理论中性点）以上侧阻力为零计算桩基承载力。

(2) 对于端承桩，由于其桩端持力层较坚硬，受负摩阻力引起下拉荷载后不致产生沉降或沉降量较小，此时负摩阻力将长期作用于桩身中性点以上桩侧面。因此，应计算中性点以上负摩阻力形成的下拉荷载 Q_n，并以下拉荷载作为外荷载的一部分验算其承载力。

(3) 中性点位置的确定及负摩阻力计算。由于桩周土层的固结是随着时间而变化的，所以土层竖向位移和桩身截面位移都是时间的函数。在一定的桩顶荷载 Q 作用下，这两种位移都随时间而变，因此中性点的位置、摩阻力以及轴力都应发生变化。一般来说，中性点的位置，在初期多少是有变化的，它是随着桩的沉降增加而向上移动，当沉降趋于稳定，中性点也将稳定在某一固定的深度 l_n 处。

工程实测表明，在可压缩土层范围内，负摩阻力的作用长度，即中性点的稳定深度 l_n，是随桩端持力层的强度和刚度的增大而增加的，其深度比 l_n/l_0 的经验值列于表 10-1 中。

表 10-1 中性点深度 l_n

持力层性质	黏性土、粉土	中密以上砂	砾石、卵石	基岩
中性点深度比 l_n/l_0	0.5～0.6	0.7～0.8	0.9	1.0

注：1. l_n、l_0—分别为自桩顶算起的中性点深度和桩周软弱土层下限深度；
2. 桩穿越自重湿陷性黄土层时，l_n 可按表列值增大 10%（持力层为基岩除外）；
3. 当桩周土层固结与桩基固结沉降同时完成时，取 $l_n=0$；
4. 当桩周土层计算沉降量小于 20mm 时，l_n 应按表列值乘以 0.4～0.8 折减。

多数学者认为，桩侧负摩阻力的大小与桩侧土的有效应力有关，不同负摩阻力的计算公式中也都反映了有效应力这一因素。大量试验与工程实测结果表明，以有效应力法较接近于实际。有效应力法计算负摩阻力标准值的公式如下：

$$q_{si}^{n}=K\tan\varphi'\sigma_i'=\xi_n\sigma_i' \tag{10-6}$$

当降低地下水位时

$$\sigma_i'=\gamma_i' z_i \tag{10-7}$$

当地面有满布荷载 p 时

$$\sigma_i'=p+\gamma_i' z_i \tag{10-8}$$

式中 q_{si}^{n}——第 i 层土桩侧负摩阻力标准值；

ξ_n——桩周土负摩阻力系数，可按表 10-2 取值；

σ_i'——桩周第 i 层土平均竖向有效应力；

γ_i'——第 i 层土层底以上桩周土按厚度计算的加权平均有效重度；

z_i——自地面起算的第 i 层土中点深度。

表 10-2　负摩阻力系数 ξ_n

土　类	ξ_n	土　类	ξ_n
饱和软土	0.15～0.25	砂土	0.35～0.50
黏性土、粉土	0.25～0.40	自重湿陷性黄土	0.20～0.35

注：1. 在同一类土中，对于挤土桩，取表中较大值，对于非挤土桩，取表中最小值；
2. 填土按其组成取表中同类土的较大值。

第三节　单桩竖向承载力特征值

确定单桩承载力的方法有计算法、静载荷试验法、原位测试法及经验参数法等。计算法是以刚塑体理论为基础，按计算模型假定出不同的土破坏滑动面形态，导出不同的极限桩端阻力理论表达式，用以计算桩端阻力；而以土的抗剪强度及侧压力系数得出桩侧阻力。各种理论表达式由于假定的滑动面形态不同，致使各理论表达式中的承载力系数相差很大，工程设计中均未采用此类方式确定单桩承载力。以原位测试所得出的相关指标确定单桩承载力，以及根据土的物理力学指标与承载力参数之间的经验关系确定单桩承载力这两种方法，在各国的工程设计中均有采用，而对桩进行静载荷试验确定单桩竖向承载力则是最为可靠的方法。

现将有关规范确定单桩竖向承载力的规定介绍如下。

按《建筑地基基础设计规范》(GB 50007—2002)，确定单桩竖向承载力特征值 R_a 应符合下列规定。

(1) 单桩竖向承载力特征值 R_a 应通过单桩竖向静载荷试验确定（将静载荷试验所得单桩竖向极限承载力除以安全系数 2，得单桩竖向承载力特征值 R_a）。在同一条件下的试桩数量，不宜少于总桩数的 1%，且不应少于 3 根。

当桩端持力层为密实砂卵石或其他承载力类似的土层时，对单桩承载力很高的大直径端承桩，可采用深层平板载荷试验确定桩端土的承载力特征值。

(2) 地基基础设计等级为丙级的建筑物，可采用静力触探及标准贯入试验参数确定单桩竖向承载力特征值 R_a。

(3) 初步设计时单桩竖向承载力特征值可按下式估算，公式为

$$R_a = q_{pa}A_p + u_p \sum q_{sia} l_i \tag{10-9}$$

式中　R_a——单桩竖向承载力特征值，kN；

q_{pa}，q_{sia}——桩端阻力、侧阻力特征值，kPa，由当地静载荷试验结果统计分析算得；

A_p——桩端横截面面积，m^2；

u_p——桩身周长，m；

l_i——第 i 层岩土的厚度，m。

当桩端嵌入完整及较完整的硬质岩中时，可按下式估算单桩竖向承载力特征值，公式为

$$R_a = q_{pa}A_p \tag{10-10}$$

式中　q_{pa}——桩端岩石承载力特征值。

(4) 嵌岩灌注桩桩端以下三倍桩径范围内应无软弱夹层、断裂破碎带和洞穴分布；并应在桩底应力扩散范围内无岩体临空面。当桩端无沉渣时，桩端岩石承载力特征值应根据岩石饱和单轴抗压强度或按岩基载荷试验确定。

按《建筑桩基技术规范》(JGJ94—2008)，单桩竖向极限承载力标准值应按下列规定确定：

(1) 设计等级为甲级的建筑桩基，应通过单桩静载试验确定；

(2) 设计等级为乙级的建筑桩基，当地质条件简单时，可参照地质条件相同的试桩资料，结合静力触探等原位测试和经验参数综合确定；其余均应通过单桩静载试验确定；

(3) 设计等级为丙级的建筑桩基，可根据原位测试和经验参数确定。

按以上两规范进行桩基设计时，均应确定单桩竖向极限承载力。现将确定单桩竖向极限承载力的方法介绍如下。

1. 静载试验法

采用现场静载荷试验确定单桩竖向极限承载力标准值时，试桩可在已打好的工程桩中选定，也可专门设置与工程桩相同的试验桩。试桩的施工方法以及试桩的材料、尺寸和入土深度均应与设计桩相同。试验时，在桩顶逐级施加轴向荷载，并测量每级荷载下不同时间的桩顶沉降，根据沉降与荷载及时间关系，分析确定单桩竖向极限承载力。

(1) 试验装置　锚桩法是常用的一种反力加载装置，主要设备由锚桩、锚梁、横梁和油压千斤顶组成，如图 10-12 所示。锚桩可根据需要布设 4～6 根。锚桩的入土深度等于或大于试桩的入土深度。锚桩与试桩的间距应不小于试桩桩径的 4 倍、且＞2m，以减小对试桩的影响。桩顶沉降常用百分表或位移计量测。观测装置的固定点（如基准桩）与试桩、锚桩的距离应大于或等于试桩或锚桩直径的 4 倍且＞2.0m，以避免受到试桩、锚桩位移的干扰。

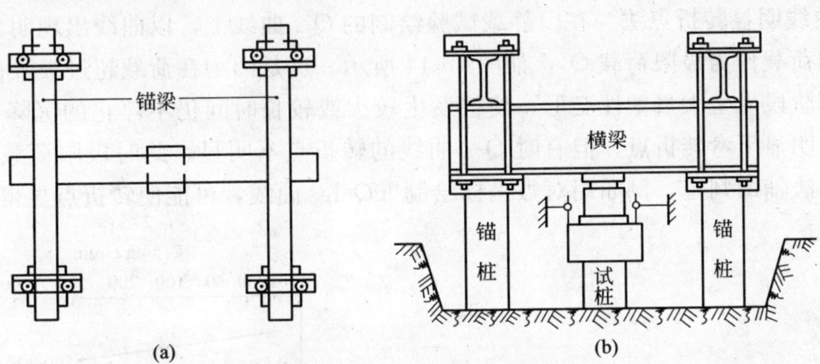

图 10-12　锚桩法试验装置

千斤顶的反力除由锚桩承担外，也可由压重平台的重力来平衡。如图 10-13 所示为某建筑场地所采用的压重平台反力系统（堆载反力装置），这种系统因其简单可靠、可重复使用，而被业界广泛采用。堆载施加于地基的压应力不宜超过地基承载力特征值，堆载的限值可根据其对试桩和对基准桩的影响确定，堆载量大时，宜利用桩（可利用工程桩）作为堆载的支点。

图 10-13　堆载反力装置

(2) 测试方法　开始试验的时间规定为：预制桩在砂土中入土 7 天后；黏性土不得少于 15 天；对于饱和软黏土不得少于 25 天。灌注桩应在桩身混凝土达到设计强度后，才能进行。

试桩加载应分级进行，加载分级不应小于 8 级。每级荷载约为预估破坏荷载的 1/8～1/10。有时也采用递变加载方式，开始阶段每级荷载取预估破坏荷载的 1/2.5～1/5，终了阶段取 1/10～1/15。

测读沉降时间。在每级加荷后的第一小时内，按 5、10、15、30、45、60min 各测读一次，以后每隔 30min 测读一次，直至沉降稳定为止。沉降稳定的标准，通常规定桩的沉降量连续两次在每小时内小于 0.1mm。待沉降稳定后，方可施加下一级荷载。循环加载观测，直到桩达到破坏状态，终止试验。

当出现下列情况之一时，一般认为桩已达破坏状态，可终止加载，相应施加的荷载即为破坏荷载：

① 桩的沉降量突然增大（Q-s 曲线上出现陡降段），且总沉降量大于 40mm；

② 本级荷载下桩的沉降量为前一级荷载下沉降量的 2 倍，且 24h 桩的沉降未趋稳定；

③ 25m 以上的非嵌岩桩，Q-s 曲线（荷载-位移曲线）呈缓变型时，桩顶总沉降量大于 60～80mm；

④ 在特殊条件下，可根据具体要求加载至桩顶总沉降量大于 100mm。

(3) 极限荷载的确定　破坏荷载求得以后，可将其前一级荷载作为极限荷载。但在上述确定破坏荷载的标准中，人为地统一规定了以某个沉降值或沉降速率作为破坏标准，实际上处于各种土层中的桩，在破坏荷载下的沉降量及沉降速率是不相同的，因此比较准确地确定桩极限荷载的方法，应当根据试验测得资料所做成的试验曲线来分析。分析试桩曲线的方法很多，下面仅介绍两种常用方法。

① Q-s 曲线明显转折点法　在由静载试验绘制的 Q-s 曲线上，以曲线出现明显下弯转折点所对应的作用荷载作为极限荷载 Q_u，如图 10-14 所示。这是因为在荷载超过极限荷载后，桩底下土达到破坏阶段发生大量塑性变形，使桩发生较大或较长时间仍不停止的沉降，所以在 Q-s 曲线上呈现出明显下弯转折点。但有时 Q-s 曲线的转折点不明显，此时极限荷载就难以确定，需借助其他方法辅助判定，例如用对数坐标绘制 $\lg Q$-$\lg s$ 曲线，可能使转折点显得明确些。

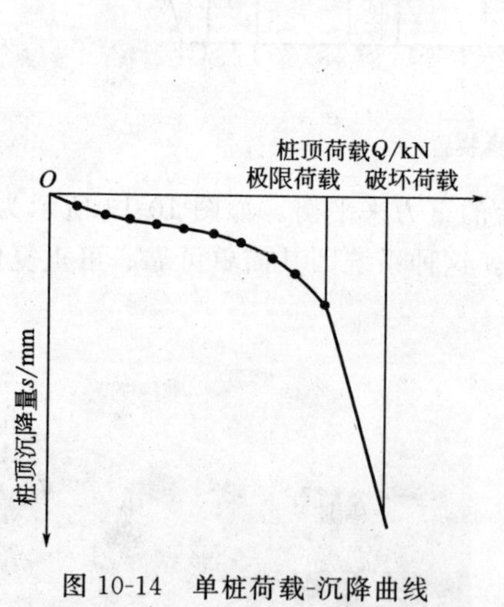

图 10-14　单桩荷载-沉降曲线

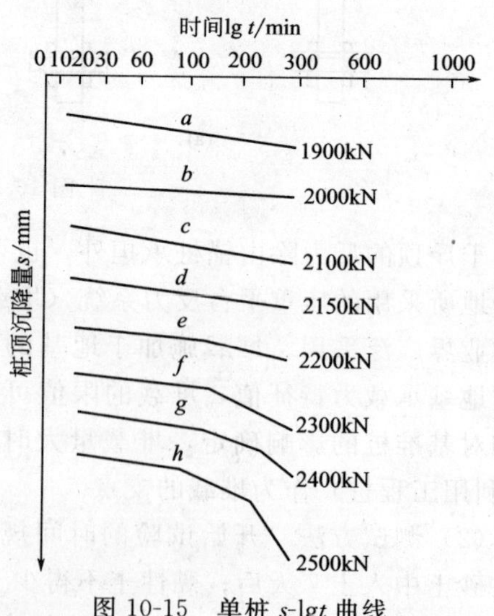

图 10-15　单桩 s-$\lg t$ 曲线

② s-$\lg t$ 法（沉降速率法）　该方法是按沉降随时间的变化特征来确定极限荷载的。根据以往大量的试桩资料分析表明，桩在破坏荷载以前的每级下沉量（s）与时间（t）的对数呈线性关系（见图 10-15），用公式表示为

$$s = m\lg t \tag{10-11}$$

直线的斜率 m 在某种程度上反映了桩的沉降速率。m 值不是常数，它随着桩上荷载增加而增大，m 越大，桩的沉降速率越大。当桩上荷载继续增大时，如发现绘制的 s-lg$t$ 线不是直线而是折线，则说明在该级荷载作用下桩沉降骤增，此为地基土塑性变形骤增的结果，即是桩破坏的标志。因此可将相应于 s-lg$t$ 线型由直线变为折线的那一级荷载定为该桩的破坏荷载，其前一级荷载即为桩的极限荷载 Q_u。

表 10-3　桩的极限侧阻力标准值 q_{sik}　　kPa

土的名称	土的状态		混凝土预制桩	泥浆护壁钻(冲)孔桩	干作业钻孔桩
填土			22～30	20～28	20～28
淤泥			14～20	12～18	12～18
淤泥质土			22～30	20～28	20～28
黏性土	流塑	$I_L>1$	24～40	21～38	21～38
	软塑	$0.75<I_L\leqslant 1$	40～55	38～53	38～53
	可塑	$0.50<I_L\leqslant 0.75$	55～70	53～68	53～66
	硬可塑	$0.25<I_L\leqslant 0.50$	70～86	68～84	66～82
	硬塑	$0<I_L\leqslant 0.25$	86～98	84～96	82～94
	坚硬	$I_L\leqslant 0$	98～105	96～102	94～104
红黏土	$0.7<a_w\leqslant 1$		13～32	12～30	12～30
	$0.5<a_w\leqslant 0.7$		32～74	30～70	30～70
粉土	稍密	$e>0.9$	26～46	24～42	24～42
	中密	$0.75\leqslant e\leqslant 0.9$	46～66	42～62	42～62
	密实	$e<0.75$	66～88	62～82	62～82
粉细砂	稍密	$10<N\leqslant 15$	24～48	22～46	22～46
	中密	$15<N\leqslant 30$	48～66	46～64	46～64
	密实	$N>30$	66～88	64～86	64～86
中砂	中密	$15<N\leqslant 30$	54～74	53～72	53～72
	密实	$N>30$	74～95	72～94	72～94
粗砂	中密	$15<N\leqslant 30$	74～95	74～95	76～98
	密实	$N>30$	95～116	95～116	98～120
砾砂	稍密	$5<N_{63.5}\leqslant 15$	70～110	50～90	60～100
	中密(密实)	$N_{63.5}>15$	116～138	116～130	112～130
圆砾、角砾	中密、密实	$N_{63.5}>10$	160～200	135～150	135～150
碎石、卵石	中密、密实	$N_{63.5}>10$	200～300	140～170	150～170
全风化软质岩		$30<N\leqslant 50$	100～120	80～100	80～100
全风化硬质岩		$30<N\leqslant 50$	140～160	120～140	120～150
强风化软质岩		$N_{63.5}>10$	160～240	140～200	140～220
强风化硬质岩		$N_{63.5}>10$	220～300	160～240	160～260

注：1. 对于尚未完成自重固结的填土和以生活垃圾为主的杂填土，不计算其侧阻力；

2. a_w 为含水比，$a_w=w/w_l$，w 为土的天然含水量，w_l 为土的液限；

3. N 为标准贯入击数；$N_{63.5}$ 为重型圆锥动力触探击数；

4. 全风化、强风化软质岩和全风化、强风化硬质岩系指其母岩分别为 $f_{rk}\leqslant$15MPa、$f_{rk}>$30MPa 的岩石。

参加统计的试桩，当满足其极差不超过平均值的 30%时，可取平均值为单桩竖向极限承载力标准值 Q_{uk}。极差超过平均值的 30%时，宜增加试桩数量并分析离差过大的原因，结合工程具体情况确定极限承载力标准值 Q_{uk}。将单桩竖向极限承载力标准值除以安全系数 2，得单竖向承载力特征值 R_{a}，即

$$R_{\mathrm{a}}=\frac{Q_{\mathrm{uk}}}{K}=\frac{Q_{\mathrm{uk}}}{2} \tag{10-12}$$

2. 设计规范经验公式法

利用经验公式确定单桩竖向极限承载力标准值 Q_{uk} 是一种沿用多年的传统方法，《桩基规范》在《地基基础规范》的基础上，积累了丰富的资料，使其适用于各类基桩，并以极限状态设计形式表示。

(1) 一般预制桩及灌注桩

$$Q_{\mathrm{uk}}=Q_{\mathrm{sk}}+Q_{\mathrm{pk}}=u_{\mathrm{p}}\sum q_{\mathrm{s}ik}l_i+q_{\mathrm{pk}}A_{\mathrm{p}} \tag{10-13}$$

式中 Q_{sk}——单桩总极限侧阻力标准值，kN；

Q_{pk}——单桩总极限端阻力标准值，kN；

$q_{\mathrm{s}ik}$——桩侧第 i 层土的极限侧阻力标准值，kPa，如无当地经验时，可按表 10-3 取值；

q_{pk}——桩端极限端阻力标准值，kPa，如无当地经验值时，可按表 10-4 取值。

表 10-4　桩的极限端阻力标准值 q_{pk}　　kPa

土名称	桩型 / 土的状态		混凝土预制桩桩长 l/m				泥浆护壁钻(冲)孔桩桩长 l/m				干作业钻孔桩桩长 l/m		
			$l\le9$	$9<l\le16$	$16<l\le30$	$l>30$	$5\le l<10$	$10\le l<15$	$15\le l<30$	$30\le l$	$5\le l<10$	$10\le l<15$	$15\le l$
黏性土	软塑	$0.75<I_{\mathrm{L}}\le1$	210～850	650～1400	1200～1800	1300～1900	150～250	250～300	300～450	300～450	200～400	400～700	700～950
黏性土	可塑	$0.50<I_{\mathrm{L}}\le0.75$	850～1700	1400～2200	1900～2800	2300～3600	350～450	450～600	600～750	750～800	500～700	800～1100	1000～1600
黏性土	硬可塑	$0.25<I_{\mathrm{L}}\le0.50$	1500～2300	2300～3300	2700～3600	3600～4400	800～900	900～1000	1000～1200	1200～1400	850～1100	1500～1700	1700～1900
黏性土	硬塑	$0<I_{\mathrm{L}}\le0.25$	2500～3800	3800～5500	5500～6000	6000～6800	1100～1200	1200～1400	1400～1600	1600～1800	1600～1800	2200～2400	2600～2800
粉土	中密	$0.75\le e\le0.9$	950～1700	1400～2100	1900～2700	2500～3400	300～500	500～650	650～750	750～850	800～1200	1200～1400	1400～1600
粉土	密实	$e<0.75$	1500～2600	2100～3000	2700～3600	3600～4400	650～900	750～950	900～1100	1100～1200	1200～1700	1400～1900	1600～2100
粉砂	稍密	$10<N\le15$	1000～1600	1500～2300	1900～2700	2100～3000	350～500	450～600	600～700	650～750	500～950	1300～1600	1500～1700
粉砂	中密、密实	$N>15$	1400～2200	2100～3000	3000～4500	3800～5500	600～750	750～900	900～1100	1100～1200	900～1000	1700～1900	1700～1900
细砂	中密、密实	$N>15$	2500～4000	3600～5000	4400～6000	5300～7000	650～850	900～1200	1200～1500	1500～1800	1200～1600	2000～2400	2400～2700
中砂	中密、密实	$N>15$	4000～6000	5500～7000	6500～8000	7500～9000	850～1050	1100～1500	1500～1900	1900～2100	1800～2400	2800～3800	3600～4400
粗砂	中密、密实	$N>15$	5700～7500	7500～8500	8500～10000	9500～11000	1500～1800	2100～2400	2400～2600	2600～2800	2900～3600	4000～4600	4600～5200
砾砂	中密、密实	$N>15$	6000～9500		9000～10500		1400～2000		2000～3200		3500～5000		
角砾、圆砾	中密、密实	$N_{63.5}>10$	7000～10000		9500～11500		1800～2200		2200～3600		4000～5500		
碎石、卵石	中密、密实	$N_{63.5}>10$	8000～11000		10500～13000		2000～3000		3000～4000		4500～6500		

续表

土名称	土的状态	混凝土预制桩桩长 l/m				泥浆护壁钻(冲)孔桩桩长 l/m				干作业钻孔桩桩长 l/m		
		$l\leqslant9$	$9<l\leqslant16$	$16<l\leqslant30$	$l>30$	$5\leqslant l<10$	$10\leqslant l<15$	$15\leqslant l<30$	$30\leqslant l$	$5\leqslant l<10$	$10\leqslant l<15$	$15\leqslant l$
全风化软质岩	$30<N\leqslant50$	4000～6000				1000～1600				1200～2000		
全风化硬质岩	$30<N\leqslant50$	5000～8000				1200～2000				1400～2400		
强风化软质岩	$N_{63.5}>10$	6000～9000				1400～2200				1600～2600		
强风化硬质岩	$N_{63.5}>10$	7000～11000				1800～2800				2000～3000		

注：1. 砂土和碎石类土中桩的极限端阻力取值，宜综合考虑土的密实度，桩端进入持力层的深径比 h_b/d，土愈密实，h_b/d 愈大，取值愈高；

2. 预制桩的岩石极限端阻力指桩端支承于中、微风化基岩表面或进入强风化岩、软质岩一定深度条件下极限端阻力。

3. 全风化、强风化软质岩和全风化、强风化硬质岩指其母岩分别为 $f_{rk}\leqslant15$MPa、$f_{rk}>30$MPa 的岩石。

对于液化土地基，桩周摩阻力应乘以土层液化影响折减系数，该系数取值为 0～1（详见 GB 50011《建筑抗震设计规范》）。

(2) 大直径桩（$d>800$mm）　大直径桩的桩底持力层一般都呈渐进破坏，其 Q-s 曲线呈缓变型，单桩承载力的取值常以沉降控制，极限端阻随桩径的增大而减小，且以持力层为无黏性土时为甚。由于大直径桩一般为钻、冲、挖孔灌注桩，在无黏性土的成孔过程中将使孔壁因应力解除而松弛，故侧阻的降幅随孔径的增大而增大。《桩基规范》推荐其单桩的竖向极限承载力标准值按下式计算，公式为

$$Q_{uk}=Q_{sk}+Q_{pk}=u_p\sum\Psi_{si}q_{sik}l_{si}+\Psi_p q_{pk}A_p \tag{10-14}$$

式中　q_{sik}——桩侧第 i 层土的极限侧阻力标准值，kPa，如无当地经验值时，可按表 10-3 取值，对于扩底桩变截面以上 $2d$ 长度范围内不计侧阻力；

q_{pk}——桩径为 800mm 的极限端阻力标准值，kPa，如无当地经验时，对于干作业挖孔（清底干净）可按表 10-5 取值；对于其他成桩工艺可按表 10-4 取值；

Ψ_{si}，Ψ_p——大直径桩侧阻、端阻尺寸效应系数，按表 10-6 取值，当为等直径时，表中 $D=d$。

表 10-5　干作业挖孔桩（清底干净，D=800mm）**极限端阻力标准值 q_{pk}**　kPa

土名称		状态		
黏性土		$0.25<I_L\leqslant0.75$	$0<I_L\leqslant0.25$	$I_L\leqslant0$
		800～1800	1800～2400	2400～3000
粉土			$0.75\leqslant e\leqslant0.9$	$e<0.75$
			1000～1500	1500～2000
砂土碎石类土		稍密	中密	密实
	粉砂	500～700	800～1100	1200～2000
	细砂	700～1100	1200～1800	2000～2500
	中砂	1000～2000	2200～3200	3500～5000
	粗砂	1200～2200	2500～3500	4000～5500
	砾砂	1400～2400	2600～4000	5000～7000
	圆砾、角砾	1600～3000	3200～5000	6000～9000
	卵石、碎石	2000～3000	3300～5000	7000～11000

注：1. 当桩进入持力层的深度 h_b 分别为：$h_b\leqslant D$，$D<h_b\leqslant4D$，$h_b>4D$ 时，q_{pk} 可相应取低、中、高值；

2. 砂土密实度可根据标贯击数判定，$N\leqslant10$ 为松散，$10<N\leqslant15$ 为稍密，$15<N\leqslant30$ 为中密，$N>30$ 为密实。

3. 当桩的长径比 $l/d\leqslant8$ 时，q_{pk} 宜取较低值。

4. 当对沉降要求不严时，q_{pk} 可取高值。

表 10-6 大直径灌注桩侧阻尺寸效应系数 Ψ_{si}、端阻尺寸效应系数 Ψ_p

土类型	黏性土、粉土	砂土、碎石类土
Ψ_{si}	$(0.8/d)^{1/5}$	$(0.8/d)^{1/3}$
Ψ_p	$(0.8/D)^{1/4}$	$(0.8/D)^{1/3}$

此外，对于混凝土护壁的大直径挖孔桩，其设计桩径取护壁外直径。

(3) 嵌岩桩 随着高层建筑及桥梁工程的高速发展，嵌岩桩的应用日益广泛。近十年来大量试验研究成果和工程应用经验均表明，一般情况下，只要嵌岩桩不是很短，上覆土层的侧阻力就能部分发挥；此外，嵌岩深度内也有侧阻力作用，传递到桩端的应力随嵌岩深度增大而递减，当嵌岩深度达 $5d$ 时，该应力接近于零。所以桩端嵌岩深度一般不必很大，超过某一界限则无助于提高桩的竖向承载力。因此，桩端置于完整、较完整基岩的嵌岩桩单桩竖向极限承载力，由桩周土总极限侧阻力和嵌岩段总极限阻力组成。当根据岩石单轴抗压强度确定单桩竖向极限承载力标准值 Q_{uk}时，可按下列公式计算：

$$Q_{uk}=Q_{sk}+Q_{rk} \tag{10-15}$$

$$Q_{sk}=u_p\sum q_{sik}l_i \tag{10-16}$$

$$Q_{rk}=\zeta_r f_{rk}A_p \tag{10-17}$$

式中 Q_{sk}，Q_{rk}——分别为土的总极限侧阻力标准值、嵌岩段总极限阻力标准值，kN；

q_{sik}——桩周第 i 层土的极限侧阻力，kPa，无当地经验时，可根据成桩工艺按表 10-3 取值；

f_{rk}——岩石饱和单轴抗压强度标准值，kPa，黏土岩取天然湿度单轴抗压强度标准值；

ζ_r——嵌岩段侧阻和端阻综合系数，与嵌岩深径比 h_r/d、岩石软硬程度和成桩工艺有关，可按表 10-7 采用；表中数值适用于泥浆护壁成桩，对于干作业成桩（清底干净）和泥浆护壁成桩后注浆，ζ_r应取表列数值的 1.2 倍。

表 10-7 嵌岩段侧阻和端阻综合系数 ζ_r

嵌岩深径比 h_r/d	0	0.5	1.0	2.0	3.0	4.0	5.0	6.0	7.0	8.0
极软岩、软岩	0.60	0.80	0.95	1.18	1.35	1.48	1.57	1.63	1.66	1.70
较硬岩、坚硬岩	0.45	0.65	0.81	0.90	1.00	1.04				

注：1. 极软岩、软岩指 $f_{rk}\leqslant$15MPa，较硬岩、坚硬岩指 $f_{rk}>$30MPa，介于二者之间可内插取值。

2. h_r 为桩身嵌岩深度，当岩面倾斜时，以坡下方嵌岩深度为准；当 h_r/d 为非表列值时，ζ_r 可内插取值。

3. 按土的抗剪强度指标确定

国外广泛采用以土力学原理为基础的单桩极限承载力公式。该类公式在土的抗剪强度指标的取值上考虑理论公式无法概括的某些影响因素，例如：土的类别和排水条件、桩的类型和设置效应等，所以仍是经验性的，其单桩极限承载力 Q_u 一般可以下式表示：

$$Q_u=Q_{su}+Q_{pu}-(G-\gamma A_p l) \tag{10-18}$$

式中 G，γ——桩的自重（kN）和桩长以内土的平均重度，kN/m^3；

$(G-\gamma A_p l)$——因桩的设置而附加于地基的重力。

$\gamma A_p l$ 为与桩同体积的土重，常假设其值等于桩重 G，故上式可简化为：

$$Q_u=Q_{su}+Q_{pu} \tag{10-19}$$

对于黏性土中的桩，因桩在设置和受荷初期，桩周土来不及排水固结，一般以短期承载力控制设计，宜按总应力分析法取不排水强度 c_u 估算 Q_u，故

$$Q_u = u_p \sum c_{ai} l_i + c_u N_c A_p \tag{10-20}$$

式中　c_u——桩底以上 $3d$ 至桩底以下 $1d$ 范围内土的不排水抗剪强度平均值（对裂隙黏土宜用含裂隙的大试样测定；对钻孔桩可取三轴不排水抗剪强度的 0.75 倍）；

N_c——地基承载力系数，当桩的长径比 $l/d>5$ 时，取 9；

c_a——桩土之间的附着力，$c_a=\alpha c_u$。

对黏性土 $\alpha=1$ 或更大，且随 c_u 的增大而迅速降低。对硬黏土中的桩，当 $l/d\leqslant 20$ 时，α 取 1.25；当上部为软土时取 $\alpha=0.4$；其他情况 $\alpha=0.7$。对钻孔桩，α 的取值尚不成熟，平均约为 0.45；对扩底桩，桩底以上 $2d$ 范围内 c_u 不予考虑，即取 $\alpha=0$。

4. 静力触探法

静力触探是将圆锥形的金属探头，以静力方式按一定的速率均匀压入土中。借助探头的传感器，测出探头侧阻 f_s 及端阻 q_c，探头由浅入深测出各种土层的这些参数后，即可算出单桩承载力。根据探头构造的不同，又可分为单桥探头和双桥探头两种。

静力触探与桩的静载荷试验虽有很大区别，但与桩打入土中的过程基本相似，所以可把静力触探近似看成是小尺寸打入桩的现场模拟试验，且由于其设备简单，自动化程度高等优点，被认为是一种很有发展前途的确定单桩承载力的方法，国外应用极广。双桥探头（圆锥面积 $15cm^2$，锥角 60°，摩擦套筒高 21.85cm，侧面积 $300cm^2$）可同时测出 f_s 和 q_c，《桩基规范》在总结各地经验的基础上提出，当按双桥探头静力触探资料确定混凝土预制桩单桩竖向极限承载力标准值时，对于黏性土、粉土和砂土，若无当地经验时可按下式计算：

$$Q_{uk} = \alpha q_c A_p + u_p \sum l_i \beta_i f_{si} \tag{10-21}$$

式中　q_c——桩端平面上、下探头阻力（取桩端平面以上 $4d$ 范围内按土层厚度的探头阻力加权平均值，然后再与桩端平面以下 $1d$ 范围内的探头阻力进行平均），kPa；

α——桩端阻力修正系数，对黏性土、粉土取 2/3，饱和砂土取 1/2；

f_{si}——第 i 层土的探头平均侧阻力，kPa；

β_i——第 i 层土桩侧阻力综合修正系数，其计算式为

黏性土：
$$\beta_i = 10.04(f_{si})^{-0.55} \tag{10-22}$$

砂土：
$$\beta_i = 5.05(f_{si})^{-0.45} \tag{10-23}$$

5. 动力试桩法

动力试桩法是应用物体振动和应力波的传播理论来确定单桩竖向承载力以及检验桩身完整性的一种方法。它与传统的静载荷试验相比，无论在试验设备、测试效率、工作条件以及试验费用等方面，均具有明显的优越性。其最大的技术经济效益是速度快、成本低；可对工程桩进行大量的普查，及时找出工程桩的隐患，防止重大安全质量事故。

动力测试技术在国外应用较早，早期的打桩公式就是一种动力试桩法。打桩时，桩在一定能量锤击下入土的难易程度反映出土对桩的支承能力，桩在一次锤击下入土的深度，称为贯入度，用 e 表示。当其他条件相同时，桩打入硬土中的 e 值要比软土中的小；在同一土层中，则桩入土越深 e 值就越小。也就是说，贯入度 e 与打桩时土对桩的阻力之间存在着一定的函数关系，反映这种关系的表达式就统称为动力打桩公式。动力打桩公式的基本假定与实际不符，往往带来较大误差，近年来国内外已很少采用。

动力试桩法种类繁多。一般可分为高应变动力检测法和低应变动力检测法两大类。

高应变动力检测法由20世纪70年代的锤击法到80年代引进的PDA和PID法，近年来又自行研制成各种试桩分析仪，软件和硬件的功能都有很大的提高。今后宜有步骤地发展这种动力测试仪器，加强动力模型和机理的研究工作。提高软硬件的质量、适用性和可靠性。目前，国际上普遍采用高应变法测定桩的极限承载力，而用低应变法检测桩的质量和完整性。

低应变动力检测法在我国应用极为广泛，约有90%的检测单位采用低应变法，每年检测的桩数在4万根以上。由于低应变法具有软硬件价格便宜，设备轻巧，测试过程简单等优点，目前多用于桩身质量检测。

6. 桩的抗拔承载力

对于高耸结构物桩基（如高压输电塔、电视塔、微波通信塔等）、承受巨大浮托力作用的基础（如地下室、地下油罐、取水泵房等）以及承受巨大水平荷载的结构（如码头、桥台、挡土墙等），桩则部分或全部承受上拔力，此时尚需验算桩的抗拔承载力。

桩的抗拔承载力主要取决于桩身材料强度及桩与土之间的抗拔侧阻力和桩身自重。上拔时形成的桩端真空吸引力所占比例不大，且可靠性不高，可不予考虑。目前，有关抗拔承载力的机理研究尚不充分。《桩基规范》规定，对于设计等级为甲级和乙级的建筑桩基，基桩的抗拔极限承载力应通过现场单桩上拔静载荷试验确定。如无当地经验时，群桩基础及设计等级为丙级的建筑桩基，基桩的抗拔极限承载力标准值可按下列规定计算：

群桩非整体破坏时

$$T_{uk}=\sum\lambda_i q_{sik} u_i l_i \tag{10-24}$$

式中 λ_i——抗拔系数，可按表10-8取值；

q_{sik}——桩侧第 i 层的极限侧阻力标准值，kPa；

l_i——第 i 层岩土厚度，m；

u_i——桩身周长，m。

表 10-8 抗拔系数

土类	λ
砂土	0.50～0.70
黏性土、粉土	0.70～0.80

注：$l/d\leqslant 20$ 时，λ取小值。

群桩呈整体破坏时

$$T_{gk}=\frac{1}{n}u_l\sum\lambda_i q_{sik} l_i \tag{10-25}$$

式中 u_l——群桩外围周长，m。

第四节 群桩竖向承载力

一、群桩的工作特点

对于群桩基础，作用于承台上的荷载实际上是由桩和地基土共同承担，由于承台、地基土的相互作用情况不同，使桩端、桩侧阻力和地基土的阻力因桩基类型而异。

1. 端承型群桩

由于端承型桩基持力层坚硬，桩顶沉降较小，桩侧摩阻力不易发挥，桩顶荷载基本上通过桩身直接传到桩端处土层上。而桩端处承压面积很小，各桩端的压力彼此互不影响（见图 10-16），因此可近似认为端承型群桩基础中各基桩的工作性状与单桩基本一致；同时，由于桩的变形很小，桩间土基本不承受荷载，群桩基础的承载力就等于各单桩的承载力之和；群桩的沉降量也与单桩基本相同。

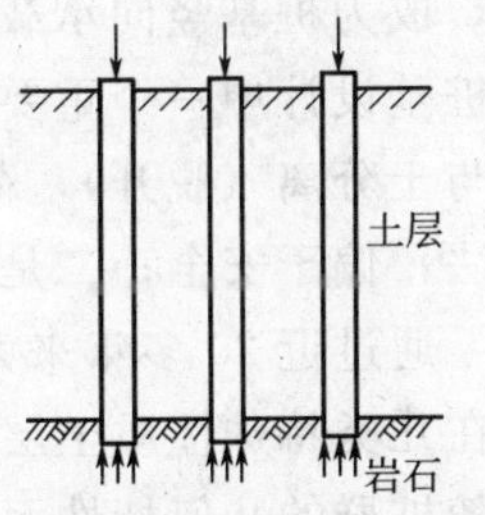

图 10-16　端承型群桩基础

2. **摩擦型群桩**

当基桩为摩擦桩，在桩基础的整个工作过程中承台与桩间土不脱开，桩基础受竖向荷载时，承台底面地基土、桩间土及桩端以下地基土都得参与工作，承台、桩、土会相互影响共同作用，使摩擦型群桩的工作性状变得复杂。

因受荷载的基桩主要通过桩侧摩阻力将桩顶荷载传递到桩周及桩端土层中，又由于应力的扩散作用，各桩传递的应力会产生重叠现象，群桩在桩尖处土受的压力比单独工作的单桩大，应力传递范围也比单桩深，应力影响深度及压缩层厚度会成倍增加，如图 10-17 所示。

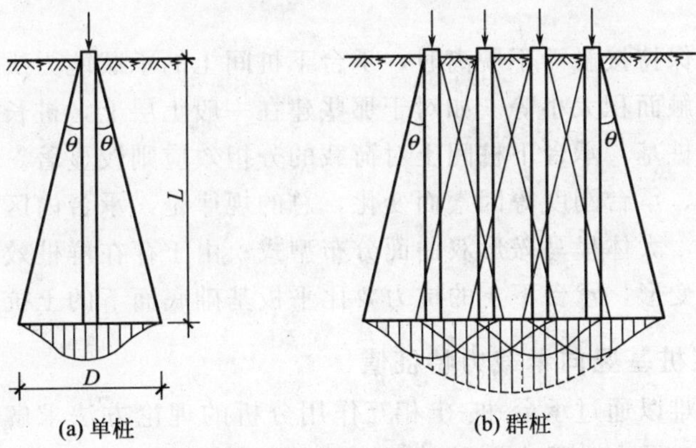

图 10-17　桩侧摩阻力的扩散作用与桩端平面上的压力分布

竖向荷载作用下的群桩基础，由于承台、桩与地基土相互作用，使桩侧阻力、桩端阻力、沉降等性状发生变化而明显不同于单桩，表现为群桩承载力往往不等于各单桩承载力之和，群桩沉降不等于平均荷载作用下单桩所对应的沉降，这种现象称为群桩效应。群桩效应与土性、桩距、桩数、桩的长细比、桩长、承台尺寸、承台刚度、桩端持力层及成桩方法等诸多因素有关。一般情况下，对于黏性土地基，群桩的承载力要小于单桩承载力之和；但在砂土地基中，打桩时靠近桩周的土被振密，群桩的承载力却大于单桩承载力之和。群桩效率系数定义为

$$\eta=\frac{\text{群桩极限承载力}}{\text{单桩极限承载力之和}} \tag{10-26}$$

η 值可能大于 1，也可能等于或小于 1。

国内外大量工程实践和试验研究结果表明，用单一的群桩效率系数不能正确反映群桩基础的工作状态。原因是：①群桩基础的沉降量只要满足建筑物桩基变形允许值的要求，无需按单桩的沉降量控制；②群桩基础中的基桩与单桩的工作条件不同，其极限承载力也不一样。减小群桩效应不利影响的措施，是控制桩之间的中心距不应过小。

二、承台下土对荷载的分担作用

摩擦型群桩在竖向荷载作用下，由于桩土相对位移，桩间土对承台产生一定的竖向抗

力，成为桩基竖向承载力的一部分而分担荷载，这种效应称为承台效应。是否考虑承台效应是桩基设计中一个重要的问题。可分两种情况分析：一是“群桩”情况，认为群桩的承台底面与土分离（脱开），荷载全部由桩承担，承台底面的桩间土不分担荷载，这是传统的分析方法，偏于安全；二是“复合桩基”情况，由各基桩和承台底面的桩间土共同承担荷载。

通过近 20 多年来大量的室内研究和现场实测分析，对于摩擦型桩基，除了承台底面下存在几类特殊性质土层和动力作用情况外，承台下的桩间土参与承担部分外荷载。承担的比例随桩群的几何特性而有较大幅度的变化，从百分之十几至百分之五十之间，因此需认真考虑承台与桩共同分担荷载的问题。

根据实际工程观测，在下列一些情况中，出现地基土与承台脱空现象：①承受经常出现的动力作用，如铁路桥梁的桩基。②承台存在可能产生负摩擦力的土层，如湿陷性黄土、欠固结土、新填土、高灵敏软土以及可液化土；或由于降水地基土固结而与承台脱开。③在饱和软土中沉入密集桩群，引起超静孔隙水压力和土体隆起，随着时间推移，桩间土逐渐固结下沉而与承台脱离。显然这些情况下不能考虑承台下土对荷载的分担作用，即不考虑承台效应。

当承台底面与土保持接触而不脱离时，承台下桩间土的承载能力决定于桩和桩间土的刚度、承台与桩间土接触面积大小等。如对于那些建在一般土层上，桩长较短而桩距较大，或承台外围面积较大的桩基，承台下桩间土对荷载的分担效应则较显著。承台下土抗力的分布形式，随桩距、桩长、承台刚度等因素而变化，总的规律是，承台内区（桩群外包络线以内范围）显著小于外区，大体呈马鞍形双曲面分布型式；由于存在群桩效应，桩侧土因桩的竖向位移而发生了剪切变形，承台下土的抗力要比平板基础底面下的土抗力低。

三、按规范确定桩基竖向承载力特征值

桩基的群桩效应难以通过承台-桩-土相互作用分析的理论方法求解。《桩基规范》根据大量基桩侧阻、端阻、承台土阻力测试结果，经统计分析，给出了桩基承载力特征值 R 的确定方法。

对于端承型桩基、桩数少于 4 根的摩擦型柱下独立桩基、或由于地层土性、使用条件等因素不宜考虑承台效应时，基桩竖向承载力特征值应取单桩竖向承载力特征值，即 $R=R_a$。

对于符合下列条件之一的摩擦型桩基，宜考虑承台效应确定其复合基桩的竖向承载力特征值：(1) 上部结构整体刚度较好、体型简单的建筑物或构筑物；(2) 对差异沉降适应性较强的排架结构和柔性构筑物；(3) 按变刚度调平原则设计的桩基相对弱化区；(4) 软土地基的减沉复合疏桩基础。考虑承台效应的复合基桩竖向承载力特征值估算，计算公式为

$$R=R_a+\eta_c f_{ak}A_c \tag{10-27}$$

$$A_c=(A-nA_{ps})/n \tag{10-28}$$

式中 η_c——承台效应系数，可按表 10-9 取值；

f_{ak}——承台下 1/2 承台宽度且不超过 5m 深度范围内各层土的地基承载力特征值按厚度加权的平均值，kPa；

A_c——计算基桩所对应的承台底净面积，m^2；

A_{ps}——桩身截面面积，m^2；

n——桩数；

A——承台计算域面积，m^2：对于柱下独立基础，A 为承台总面积；对于桩筏基础，A

为柱、墙筏板的1/2跨距和悬臂边2.5倍筏板厚度所围成的面积；桩集中布置于单片墙下的桩筏基础，取墙两边各1/2跨距围成的面积，按条形承台计算。

表 10-9　承台效应系数 η_c

B_c/l \ s_a/d	3	4	5	6	>6
≤0.4	0.06～0.08	0.14～0.17	0.22～0.26	0.32～0.38	0.50～0.80
0.4～0.8	0.08～0.10	0.17～0.20	0.26～0.30	0.38～0.44	
>0.8	0.10～0.12	0.20～0.22	0.30～0.34	0.44～0.50	
单排桩条形承台	0.15～0.18	0.25～0.30	0.38～0.45	0.50～0.60	

注意：1. 表中 s_a/d 为桩中心距与桩径之比，B_c/l 为承台宽度与桩长之比。当计算基桩为非正方形排列时，$s_a=\sqrt{A/n}$，A 为承台计算域面积，n 为总桩数。
2. 对于布置于墙下的箱、筏承台，η_c 可按单排桩条形承台取值。
3. 对于单排桩条形承台，当承台宽度小于 $1.5d$ 时，η_c 按非条形承台取值。
4. 对于采用后注浆灌注桩的承台，η_c 宜取低值。
5. 对于饱和黏性土中的挤土桩基、软土地基上的桩基承台，η_c 宜取低值的0.8倍。

当承台底为可液化土、湿陷性土、高灵敏软土、欠固结土、新填土时，沉桩引起超孔隙水压力和土体隆起时，不考虑承台效应，取 $\eta_c=0$。

【例 10-1】 某预制桩桩径为400mm，桩长10m，穿越厚度 $l_1=3\text{m}$、液性指数 $I_L=0.75$ 的黏土层；进入密实的中砂层，长度 $l_2=7\text{m}$。桩基同一承台中采用3根桩，桩顶离地面1.5m。试确定该预制桩的竖向极限承载力标准值和基桩竖向承载力特征值（不考虑承台效应）。

【解】 由表10-3查得桩的极限侧阻力标准值 q_{sik} 为

黏土层：$I_L=0.75$，$q_{s1k}=55\text{kPa}$；

中砂层：密实，可取 $q_{s2k}=80\text{kPa}$。

桩的入土深度 $h=1.5+3+7=11.5\text{m}$，桩长 $l=10\text{m}$。密实中砂，$l=10\text{m}$，再由表10-4查得桩的极限端阻力标准值为 $q_{pk}=5500\sim7000\text{kPa}$，可取 $q_{pk}=6000\text{kPa}$。

故单桩竖向极限承载力标准值为：

$$Q_{uk}=Q_{sk}+Q_{pk}=u_p\sum q_{sik}l_i+q_{pk}A_P=\pi\times0.4\times(55\times3+80\times7)+6000\times\pi\times0.4^2/4=1665\text{kN}$$

不考虑承台效应，基桩竖向承载力特征值 R 等于单桩竖向承载力特征值 R_a，即

$$R=R_a=\frac{1}{K}Q_{uk}=\frac{1}{2}\times1665=832.5\text{kN}$$

第五节　桩基础设计

与其他工程设计相同，桩基础设计也应符合结构安全、技术可行和经济合理的要求。对桩和承台来说，应具有足够的强度、刚度和耐久性；对桩端持力层地基来说，应有足够的承载力和沉降满足变形允许值要求。一般桩基础的设计应按下述步骤进行：(1) 收集设计资料；(2) 选择持力层，确定桩的类型、截面尺寸和桩长，初步确定承台底面标高；(3) 确定单桩竖向承载力特征值；(4) 估算桩数并确定其在平面上的布置；(5) 桩基承载力验算；(6) 桩身结构设计；(7) 承台设计；(8) 绘制桩基施工图。

一、收集设计资料

1. 岩土工程勘察资料

因为地质条件是特定荷载条件下制约桩径、桩长的主要因素，也是选择桩型及成桩工艺

的主要依据，所以，岩土工程勘察资料必须完善，其主要内容包括以下几点。

(1) 对桩型、桩尖持力层、桩长及桩径提出最佳方案；按室内及原位测试参数和地区经验提出的摩阻力、端阻力，以及预估的单桩极限承载力值；沉降计算参数、对单桩及群桩的估算沉降量以及软弱下卧层的强度验算；负摩阻力对桩基承载力的影响；分析桩侧堆载、桩侧开挖引起地基土的水平移动对桩基础的影响，以及沉桩及挤土效应对已有工程的影响，并提出保护措施的建议。

(2) 岩土埋藏条件及设计所需的岩土物理力学性能指标值，持力层及软弱下卧层的埋深、厚度、性状及其变化情况。当采用基岩作为桩的持力层时，应对基岩的岩性、构造、岩面变化、风化程度、强度、完整性、基本质量等级以及有无洞穴、临空面、破碎岩体及软弱岩层等作出判定。

(3) 对建筑场地的不良地质作用、可液化土层和特殊性岩土的分布及其对桩基的危害程度，有明确的判断及结论，并提出防治措施的建议。

(4) 水文地质条件及地下水对桩基设计和施工的影响，以及水质对建筑材料的腐蚀性判定。

(5) 有关地基土冻胀性、湿陷性、膨胀性的资料，抗震设防区按设防烈度提供的液化地层资料。

(6) 现场试桩资料以及附近类似桩基工程经验资料。

2. 场地、环境及施工技术条件的有关资料

设计时，必须结合当地环境条件及施工技术条件选择成桩工艺及方法，否则，设计意图难以实施甚至造成负效应。有关资料应包括如下。

(1) 反映交通设施、高压架空线、地下管线、地下障碍物及地下构筑物等分布情况的建筑场地平面图。

(2) 相邻建筑物的安全等级、基础形式及埋深，周围建筑物的防震、防噪声要求。

(3) 泥浆排放，弃土堆放及外运条件。

(4) 成桩机具设备条件、制桩条件、动力条件以及对地质条件的适应性，各施工技术的成熟性。

(5) 施工机械设备的进出场及现场运行条件。

3. 建筑物的有关资料

(1) 建筑物的总平面布置图。

(2) 建筑物的结构类型、荷载及对基础竖向、水平向承载力及位移的要求。

(3) 建筑物的安全等级、抗震设防烈度和建筑抗震类别。

二、选择持力层、确定桩的类型、截面尺寸并初步确定承台底面标高及桩长

1. 选择持力层

桩基础设计的第一步，就是根据场地勘察报告中地质土层剖面情况，结合建筑物结构类型、荷载情况，选择桩端持力层，应尽可能使桩支承在承载力相对较高的坚实土层上。

为提高桩基的承载力和减少沉降，对桩端全端面进入持力层的深度和桩端下持力层的厚度及情况有一定的要求。对于黏性土、粉土不宜小于 $2d$，砂土不宜小于 $1.5d$，碎石类土不宜小于 $1d$。穿越软弱土层而支承在倾斜岩层上的桩，当风化岩层厚度小于 $2d$ 时，桩端应进入新鲜（微风化）岩层。端承桩嵌入微风化或中等风化岩体的最小深度，不宜小于 0.5m，

以确保桩端与岩体接触。当坚硬持力层较厚且施工条件许可时，桩端全端面进入持力层的深度宜达到桩端阻力的临界深度。

当存在软弱下卧层时桩端全端面以下坚硬持力层厚度不宜小于 $3d$。嵌岩桩（端承桩）在桩端全端面以下 $3d$ 范围内应无软弱夹层、断裂带、洞穴和空隙分布，这对荷载很大的柱下单桩（大直径灌注桩）更为重要。岩层表面往往起伏不定，且常有隐伏的沟槽，尤其在可溶性碳酸盐分布区，溶槽、石芽密布，此时桩端可能坐落在岩面隆起的斜面上而易招致滑动，为确保桩端和岩体的稳定，在桩端下应力影响范围内，应无岩体临空面（如沟、槽、洞穴的侧面，或倾斜、陡立的岩面）存在，且宜采用小直径的桩和条形或筏板式承台，这样较易满足桩端下持力层厚度要求，也有利于荷载的扩散。

2. 确定桩型、截面尺寸

确定桩型一般应有三个步骤：

(1) 根据荷载水平和地层条件，参考文献资料和实践经验列出可用桩型；

(2) 根据施工能力、打桩设备及环境限制（噪声、振动）等因素，通过调查和实地考察决定桩型；

(3) 通过计算，根据经济指标比较决定采用的桩型。其中工期长短应作为参与经济比较的一项重要因素。

确定桩型时，同一结构单元宜避免采用不同类型的桩。确定桩型后，即可相应确定桩的截面尺寸。

3. 初步确定承台底面标高及桩长

桩的类型和几何尺寸确定后，应初步确定承台底面标高。确定原则与浅基础相同，应方便施工、考虑结构要求、冻胀性要求等。

桩长是指自承台底面至桩端的长度。承台底面标高和持力层确定后，预估桩长就可确定。在实际工程中，场地土层往往起伏不平或层面倾斜，或岩层产状复杂。实际桩长不同于预估桩长，施工中决定桩长的条件是：对于打入桩，主要由侧摩阻提供支承时，以设计桩底标高作为主要控制条件，以最后贯入度作为参考条件；主要由端承提供支承时，以最后贯入度作为控制条件，设计桩底标高作为参考条件。对于钻、挖、冲孔灌注桩，以验明持力层的岩土性质为主，同时注意核对标高。最后贯入度是指打桩结束之前每次锤击的沉入量，通常以最后每阵（10击）的平均贯入量表示。一般要求最后二、三阵的贯入度为10～30mm/阵（锤重、桩长者取大值），质量7t以上的单动蒸汽锤、柴油锤可增至30～50mm/阵；振动沉桩者，可用1min作为一阵。

三、确定单桩竖向承载力特征值

按第三节所述方法确定单桩竖向承载力特征值 R_a，并参考岩土工程勘察报告中提供的数值及地区经验，最后确定基桩竖向承载力特征值 R。

四、桩数估算及桩的平面布置

1. 桩的根数估算

一个基础所需桩的根数可根据承台底面上的竖向荷载和基桩承载力特征值估算，计算式为

$$n=\mu\frac{F_k+G_k}{R} \tag{10-29}$$

式中　n——桩的根数；

F_k——荷载效应标准组合下，作用于承台顶面的竖向力，kN；

G_k——桩基承台和承台上土的自重标准值，kN，对稳定的地下水位以下部分应扣除水的浮力；

R——基桩竖向承载力特征值，kN；

μ——桩基轴心受压时，取 $\mu=1$；考虑偏心荷载时各桩受力不均而适当增加桩数的经验系数，可取 $\mu=1.1\sim1.2$。

若承台尺寸尚未确定，则在式(10-29) 中可取 $G_k=0$ 近似计算。估算的桩数是否合适，待桩位平面布置完成后，满足承载力条件才能最后确定。

2. 桩间距的确定

为了避免桩基础施工可能引起土的松弛效应和挤土效应对相邻基桩的不利影响，以及群桩效应对基桩承载力的不利影响，布设桩时，应根据土类成桩工艺以及排列确定桩的最小中心距。一般情况下，穿越饱和软土的挤土桩，要求桩中心距最大，部分挤土桩或穿越非饱和土的挤土桩次之，非挤土桩最小；对于大面积的桩群，桩的最小中心距宜适当加大。对于桩的排数为 1～2 排、桩数小于 9 根的其他情况摩擦型桩基，桩的最小中心距可适当减小。

摩擦桩的群桩中心距，从受力角度考虑最好是使各桩端平面处压力分布范围不相重叠，以充分发挥其承载能力。根据这一要求，经试验测定，中心距定为 $6d$。但桩距如采用 $6d$ 就需要很大面积的承台，因此一般采用的群桩中心距均小于 $6d$。为了使桩端平面处相邻桩作用于土的压应力重叠不至太多，不致因土体挤密而使桩挤不下去，根据经验规定打入桩的桩端平面处的中心距不小于 $3d$。

3. 桩在平面上的布置

桩在平面内可以布置成方形（或矩形）网格或三角形网格（梅花式）的形式，也可采用不等距排列。

为了使桩基中各桩受力比较均匀，群桩横截面的重心应与荷载合力的作用点重合或接近。当上部结构的荷载有几种不同的组合时，承台底面上的荷载合力作用点将发生变化，此时，可使群桩横截面重心位于合力作用点变化范围之内，并应尽量接近最为不利的合力作用点位置。

在有门洞的墙下布桩时，应将桩设置在门洞的两侧。梁式或板式承台下的群桩，布桩时应注意使梁、板中的弯矩尽量减小，即多布设在柱、墙下，使上部荷载尽快传递给桩基。

为了节省承台用料和减少承台施工的工作量，在可能情况下，墙下应尽量采用单排桩基，柱下的桩数也应尽量减少。一般来说，桩数较少而桩长较大的摩擦型桩，无论在承台的设计和施工方面，还是在提高群桩的承载力以及减小桩基沉降量方面，都比桩数多而桩长小的桩基优越。同一结构单元宜避免采用不同类型的桩。同一基础的邻桩桩底高差，对于非嵌岩桩，不宜超过相邻桩的中心距，对于摩擦型桩，在相同土层中不宜超过桩长的 1/10。

五、桩基承载力验算

1. 竖向承载力验算

在初步确定桩数 n 和桩的平面布置完成之后，即可验算桩基中各桩所受的荷载是否超过基桩的竖向承载力特征值 R。

对于轴心受压的桩基来说，各桩所受的竖向力标准值 N_k 应满足验算要求，其计算式为

$$N_k=\frac{F_k+G_k}{n}\leqslant R \tag{10-30}$$

偏心受压的桩基，可按材料力学偏心受压的理论计算各桩所受的竖向力标准值 N_{ik}，其计算式为

$$N_{ik}=\frac{F_k+G_k}{n}+\frac{M_{xk}y_i}{\sum y_i^2}+\frac{M_{yk}x_i}{\sum x_i^2} \tag{10-31}$$

式中 x_i、y_i——取承台底面处桩群横截面形心 O 作为坐标原点，第 i 根桩分别至 y 轴和 x 轴的距离，如图 10-18 所示；

M_{xk}、M_{yk}——荷载效应标准组合下，作用于承台底面，绕通过桩群形心的 x、y 主轴的力矩，kN·m。

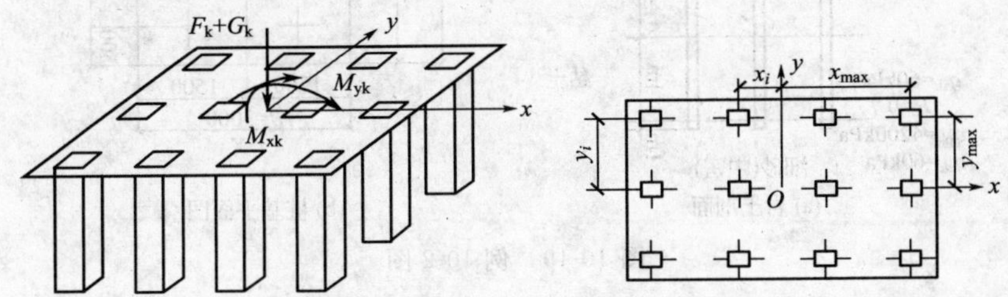

图 10-18 桩顶荷载的计算简图

偏心受压桩基，除应满足式(10-30) 以外，其受力最大的角桩承载力还应满足如下列条件：

$$N_{kmax}=\frac{F_k+G_k}{n}+\frac{M_{xk}y_{max}}{\sum y_i^2}+\frac{M_{yk}x_{max}}{\sum x_i^2}\leqslant 1.2R \tag{10-32}$$

2. 水平承载力验算

若已知单桩水平承载力特征值 R_{Ha} 和作用于承台底面的水平力标准值 H_k，进行基桩水平承载力验算式为

$$H_{ik}=\frac{H_k}{n}\leqslant R_{Ha} \tag{10-33}$$

【例 10-2】 某建筑柱下桩基采用边长为 400mm 的预制方桩，地质条件和桩的布置如图 10-19 所示。荷载效应标准组合下，传至承台顶面的竖向力和绕 y 轴的弯矩分别为 $F_k=4260\text{kN}$，$M_{yk}=840\text{kN·m}$。试验算基桩竖向承载力。

【解】

偏心荷载基础，承台面积 $A=3\times4=12\text{m}^2$，埋深 $d=1.5\text{m}$，总桩数 $n=6$。

(1) 复合基桩承担荷载计算

$$G_k=\gamma_G Ad=20\times12\times1.5=360\text{kN}$$

$$N_k=\frac{F_k+G_k}{n}=\frac{4260+360}{6}=770\text{kN}$$

$$N_{kmax}=\frac{F_k+G_k}{n}+\frac{M_{yk}x_{max}}{\sum x_i^2}=770+\frac{840\times1.5}{4\times1.5^2}=910\text{kN}$$

(2) 复合基桩的竖向承载力计算 预制方桩周长 $u_p=4\times0.4=1.6\text{m}$，桩端面积 $A_p=0.4\times0.4=0.16\text{m}^2$。从图 10-19(a) 得知：

一、二、三、四层软土层：$q_{sk}=25\text{kPa}$

黏土层：$q_{sk}=60\text{kPa}$

细砂层：$q_{sk}=60\text{kPa}$，$q_{pk}=4200\text{kPa}$

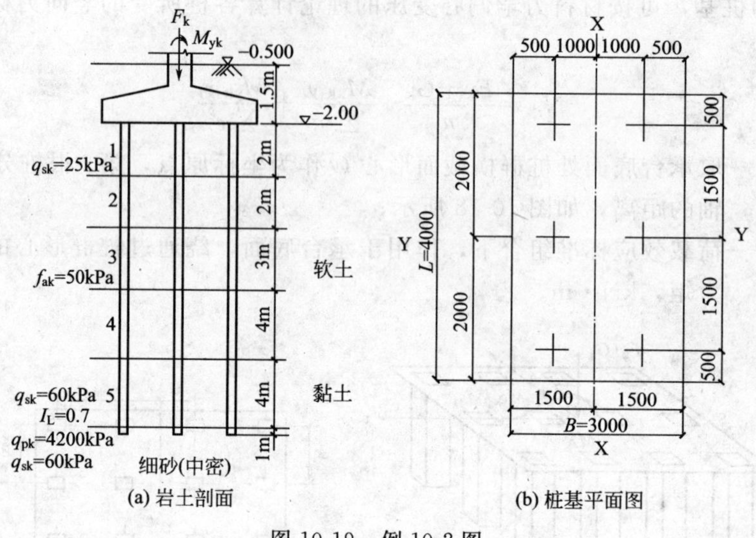

图 10-19　例 10-2 图

单桩竖向承载力特征值为

$$Q_{sk}=u_p\sum q_{sik}l_i=1.6\times(25\times11+60\times5)=920\text{kN}$$

$$Q_{pk}=q_{pk}A_p=0.16\times4200=672\text{kN}$$

$$Q_{uk}=Q_{sk}+Q_{pk}=920+672=1592\text{kN}$$

$$R_a=\frac{Q_{uk}}{K}=\frac{1592}{2}=796\text{kN}$$

考虑承台效应

$$s_a=\sqrt{A/n}=\sqrt{12/6}=1.414\text{m}$$

$$s_a/d=\frac{1414}{400}=3.54,\ B_c/l=\frac{3}{16}=0.188\Rightarrow \text{查表 10-9，取 } \eta_c=0.8\times0.11=0.088$$

$$A_c=\frac{A-nA_{ps}}{n}=\frac{12}{6}-0.16=1.84\text{m}^2$$

复合基桩竖向承载力特征值

$$R=R_a+\eta_c f_{ak}A_c=796+0.088\times50\times1.84=804\text{kN}$$

(3) 承载力验算

$$N_k=770\text{kN}<R=804\text{kN}$$

$$N_{kmax}=910\text{kN}<1.2R=1.2\times804=964.8\text{kN}$$

承载力满足要求。

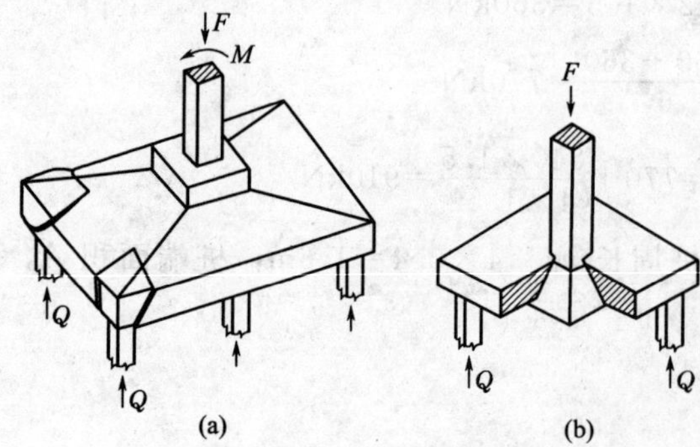

图 10-20　承台板的冲切破坏

六、承台设计

承台形式可分为板式承台和梁式承台两种。对于板式承台，当受荷载作用后，其破坏特征可能是受弯开裂破坏，也可能是冲切或剪切破坏。当承台厚度不够，配筋率较低时，常会发生受弯破坏；当厚度较小，则可能产生冲切破坏，即沿柱边或变阶处形成近45°的破坏锥体，或者在角桩处形成近45°的破坏锥体，如图 10-20 所示。承台也可能产生剪切破坏。可见，承台应有足够的厚度，且底部应配置足量的受力钢筋。

对于梁式承台，应分别按墙下承台梁和柱下承台梁考虑其抗冲切、抗剪切及抗弯承载力。

1. 承台受弯计算

(1) 板式承台受弯计算 经大量模型试验表明，柱下独立桩基承台受荷载作用后，挠曲裂缝在平行于柱边的两个方向交替出现，承台在两个方向交替呈梁式承担荷载，最大弯矩产生于平行柱边两个方向的屈服线处，即柱下独立桩基承台呈梁式破坏。因此，多桩矩形承台弯矩计算截面应取在柱边和承台高度变化处（杯口外侧或台阶边缘），如图 10-21(a) 所示。承台正截面弯矩设计值计算式为

$$\left.\begin{aligned} M_x &= \sum N_i y_i \\ M_y &= \sum N_i x_i \end{aligned}\right\} \tag{10-34}$$

式中 M_x，M_y——分别为绕 x 轴和 y 轴方向计算截面的弯矩设计值，kN·m；

x_i，y_i——垂直 y 轴和 x 轴方向自桩轴线到相应计算截面的距离，m；

N_i——不计承台及其上土重，在荷载效应基本组合下的第 i 基桩或复合基桩竖向反力设计值，kN。

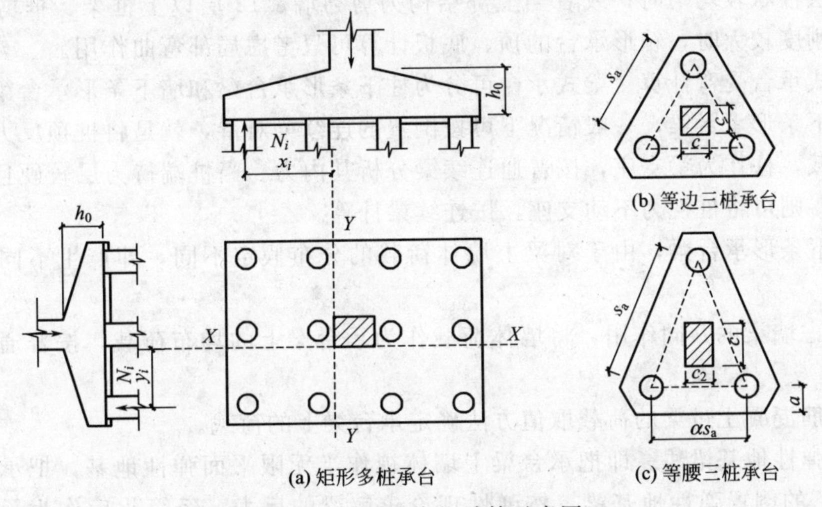

图 10-21 承台弯矩计算示意图

对于柱下三桩承台，其受弯破坏模式也呈梁式破坏，屈服线也位于柱边两正交方向，如图 10-21(b)、(c) 所示。对于等边三桩承台，正截面弯矩设计值计算式为

$$M=\frac{N_{max}}{3}\left(s_a-\frac{\sqrt{3}}{4}c\right) \tag{10-35}$$

式中 M——通过承台形心至各边边缘正交截面范围内板带的弯矩设计值，kN·m；

N_{max}——不计承台及其上土重，在荷载效应基本组合下三桩中最大基桩或复合基桩竖向反力设计值，kN；

s_a——桩中心距，m；

c——方柱边长，圆柱时 $c=0.8d$（d 为圆柱直径）。

对于等腰三桩承台，弯矩设计值为

$$M_1=\frac{N_{\max}}{3}\left(s_a-\frac{0.75}{\sqrt{4-\alpha^2}}c_1\right) \tag{10-36}$$

$$M_2=\frac{N_{\max}}{3}\left(\alpha s_a-\frac{0.75}{\sqrt{4-\alpha^2}}c_2\right) \tag{10-37}$$

式中 M_1，M_2——分别为通过承台形心至两腰边缘和底边边缘正交截面范围内板带的弯矩设计值，kN·m；

s_a——长向桩中心距，m；

α——短向桩中心距与长向桩中心距之比，当 $\alpha<0.5$ 时，应按变截面的二桩承台设计；

c_1，c_2——分别为垂直于、平行于承台底边的柱截面边长，m。

对于筏形承台和箱形承台，计算弯矩时宜考虑地基土性质、基桩的几何特征、承台和上部结构形式及刚度，按地基-桩-承台-上部结构共同作用的原理进行分析计算。对于筏形承台，若桩端持力层坚硬均匀，上部结构的刚度较好，且柱荷载及柱间距的差异不大于 20% 时，可仅考虑局部弯曲作用，按倒楼盖法计算弯矩。若桩端以下有中、高压缩性土，或非均匀土层，上部结构刚度较差或柱荷载及柱间距变化较大时，则应按弹性地基梁板进行计算。具体计算方法可参阅有关文献。对于箱形承台，若桩端持力层为基岩、密实的碎石类土、砂土，且持力层性状较均匀时；或者当上部结构为剪力墙、12 层以上框架、框剪体系且箱形承台的整体刚度较大时，箱形承台的顶、底板计算可只考虑局部弯曲作用。

(2) 梁式承台受弯计算　梁式承台可分为柱下条形承台梁和墙下条形承台梁两种。

对于柱下条形承台梁，一般情况下可按倒置的连续梁对待，就是将桩顶反力作为承台梁上的集中荷载，柱作为梁支座，按普通连续梁分析其内力。当桩端持力层较硬且桩与柱的轴线不重合时，则可将桩视为不动支座，按连续梁计算。

对于墙下条形承台梁，由于对梁上墙体荷载的分布假定不同，即产生不同的内力计算方法：

① 不考虑墙梁的共同作用，将墙体荷载作为承台梁上的均布荷载，按普通连续梁计算弯矩及剪力。

② 按钢筋混凝土过梁的荷载取值方法确定承台梁上的荷载。

③ 倒置弹性地基梁法。即把承台梁上墙体视作半无限平面弹性地基，把承台梁视为桩顶荷载作用下的倒置弹性地基梁，按弹性理论求解梁的反力，经简化后作为承台梁上的荷载，再按连续梁计算弯矩和剪力。对于承台上的砖墙，还应验算桩顶以上部分砌体的局部承压强度。

2. 承台受冲切计算

(1) 板式承台受冲切计算　板式承台（柱下独立桩基承台及柱和墙下满堂桩基承台）的冲切破坏，可能由柱或墙对承台板的冲切而引起，也可能由桩对承台板的冲切引起。冲切破坏时，会沿柱或墙底周边或桩顶周边以近 45°的扩散线围成锥体面，使锥体面上混凝土被拉裂（见图 10-22 及图 10-23）。当独立柱桩基承台的中部厚度不足时，则可能因柱对承台板的冲切使承台破坏，所以，由承台板受柱冲切承载力来决定板中部的厚度。同理，为避免桩（主要是承台边缘的角桩）对承台的冲切破坏，由承台板受角桩冲切的承载力来决定承台板边缘的厚度。

① 计算柱或变阶处对承台的冲切时，是将柱底与承台交接处范围内面积作为锥体顶面，

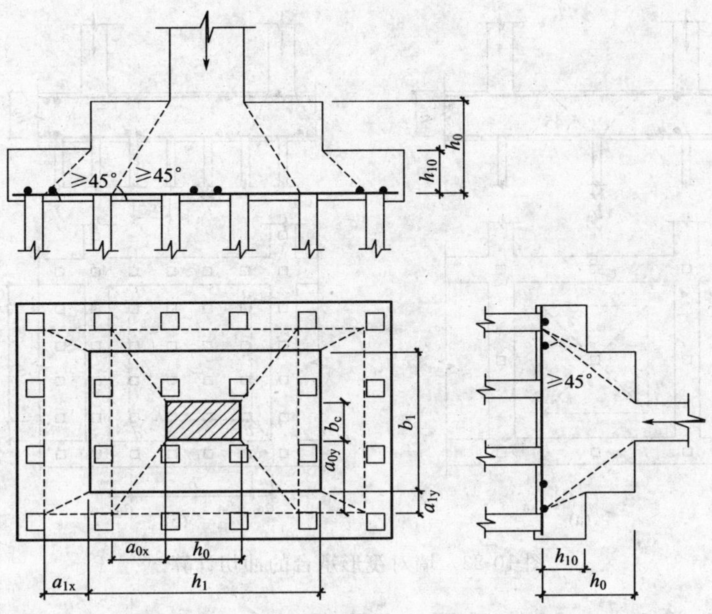

图 10-22　柱下独立桩基柱对承台的冲切计算

或者是将承台变阶处周长所围成的面积作为锥体顶面，扩散线位置由锥体顶面边缘与相应的桩顶内边缘连线所决定（见图 10-22），且锥体斜面与承台底面夹角不小于 45°。

根据试验资料及混凝土结构设计规范的要求，柱（墙）下桩基承台受冲切承载力的计算式为

$$F_l \leqslant \beta_{hp} \beta_0 u_m f_t h_0 \tag{10-38}$$

$$F_l = F - \sum Q_i \tag{10-39}$$

$$\beta_0 = \frac{0.84}{\lambda + 0.2} \tag{10-40}$$

式中　F_l——不计承台及其上土重，在荷载效应基本组合下作用于冲切破坏锥体上的冲切力设计值，N；

β_{hp}——受冲切承载力截面高度影响系数，当 $h \leqslant 800$mm 时，β_{hp} 取 1.0，$h \geqslant 2000$mm 时，β_{hp} 取 0.9，其间按线性内插法取值；

f_t——承台混凝土抗拉强度设计值，N/mm²；

u_m——承台冲切破坏锥体一半有效高度处的周长，mm；

h_0——承台冲切破坏锥体的有效高度，mm；

β_0——柱（墙）冲切系数；

λ——冲跨比，$\lambda = a_0/h_0$，a_0 为冲跨，即柱（墙）边或承台变阶处到桩边的水平距离；当 $\lambda < 0.25$ 时取 $\lambda = 0.25$；当 $\lambda > 1.0$ 时取 $\lambda = 1.0$；

F——不计承台及其上土重，在荷载效应基本组合作用下柱（墙）底的竖向荷载设计值，N；

$\sum Q_i$——不计承台及其上土重，在荷载效应基本组合作用下冲切破坏锥体内各基桩或复合基桩的反力设计值之和，N。

当桩和柱为圆形截面时，按方形截面与圆形截面周长相等的原则，将圆形截面的桩、柱换算成方桩和方柱，即将图 10-22 及图 10-23 中柱截面边宽 b_c 取 $b_c = 0.8d_c$，d_c 为圆柱直

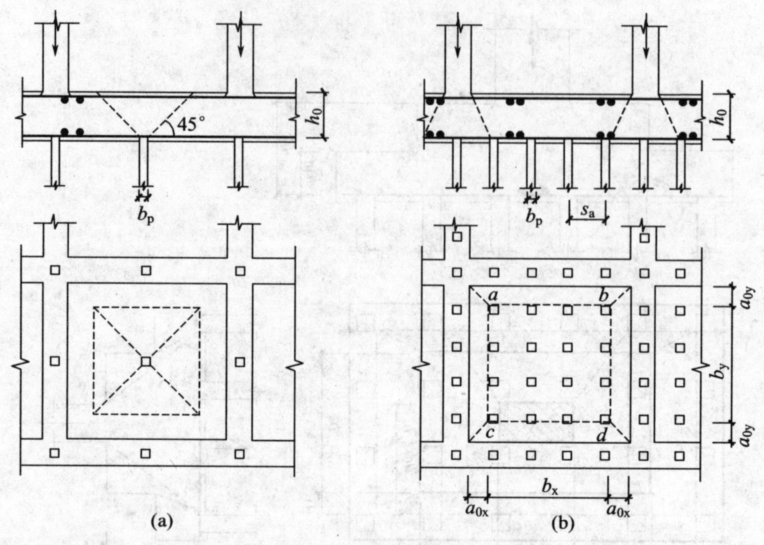

图 10-23 墙对筏形承台的冲切计算

径；桩截面边宽 b_p 取 $b_p=0.8d$，d 为圆桩直径。

柱下矩形独立承台（图 10-22）受柱冲切的承载力条件为

$$F_l \leqslant 2[\beta_{0x}(b_c+a_{0y})+\beta_{0y}(h_c+a_{0x})]\beta_{hp} f_t h_0 \tag{10-41}$$

式中 β_{0x}，β_{0y}——按式(10-40) 计算，其中 $\lambda_{0x}=a_{0x}/h_0$，$\lambda_{0y}=a_{0y}/h_0$，（a_{0x}、a_{0y} 分别为柱短边及长边到最近桩边的水平距离）；

h_c，b_c——分别为柱截面的长、短边尺寸。

② 对位于柱（墙）冲切破坏锥体以外的基桩，也应考虑其对承台的冲切破坏，承台受角桩冲切破坏的计算简图见图 10-24。四桩（含四桩）以上承台受角桩冲切的承载力的计算式为

$$N_l \leqslant [\beta_{1x}(c_2+a_{1y}/2)+\beta_{1y}(c_1+a_{1x}/2)]\beta_{hp} f_t h_0 \tag{10-42}$$

$$\beta_{1x}=\frac{0.56}{\lambda_{1x}+0.2}$$

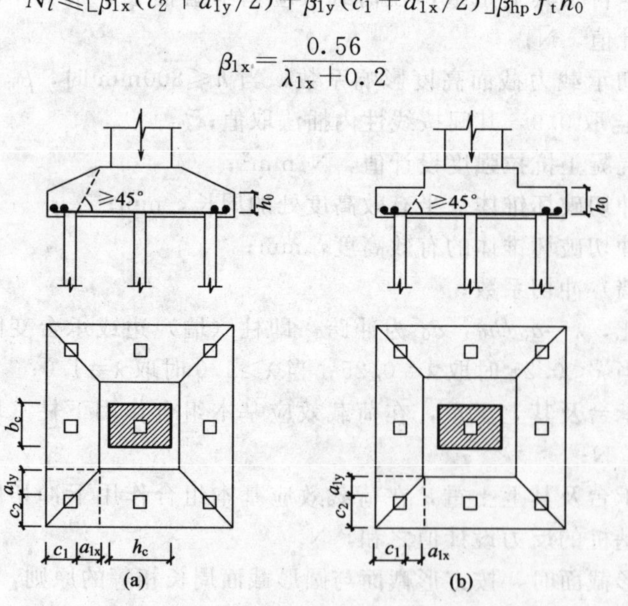

图 10-24 四桩以上承台角柱冲切验算

$$\beta_{1y}=\frac{0.56}{\lambda_{1y}+0.2}$$

式中　N_l——角桩竖向净反力设计值，N；

β_{1x}，β_{1y}——角桩冲切系数；

c_1，c_2——角桩内侧边缘至承台外边缘的距离，mm；

λ_{1x}，λ_{1y}——角桩冲跨比，其值应满足 $\lambda=0.25\sim1.0$，且

$$\lambda_{1x}=\frac{a_{1x}}{h_0},\ \lambda_{1y}=\frac{a_{1y}}{h_0}$$

a_{1x}，a_{1y}——从承台底角桩内边缘引 45°冲切线与承台顶面相交点至角桩内边缘的水平距离，mm；当柱边缘或承台变阶处位于该 45°冲切线以内时，则取由柱边或变阶处与桩内边缘连线为冲切锥体的锥线；

h_0——承台边缘有效高度。

③ 对于三桩三角形承台，则应分别验算承台三角形顶部角桩及三角形底部角桩对承台的冲切作用，如图 10-25所示。三桩三角形承台受角桩冲切的承载力，其计算式为

对三角形底部角桩：

$$N_l\leqslant\beta_{11}(2c_1+a_{11})\beta_{hp}\tan\frac{\theta_1}{2}f_t h_0 \quad (10\text{-}43)$$

$$\beta_{11}=\frac{0.56}{\lambda_{11}+0.2} \quad (10\text{-}44)$$

对三角形顶部角桩：

$$N_l\leqslant\beta_{12}(2c_2+a_{12})\beta_{hp}\tan\frac{\theta_2}{2}f_t h_0 \quad (10\text{-}45)$$

$$\beta_{12}=\frac{0.56}{\lambda_{12}+0.2} \quad (10\text{-}46)$$

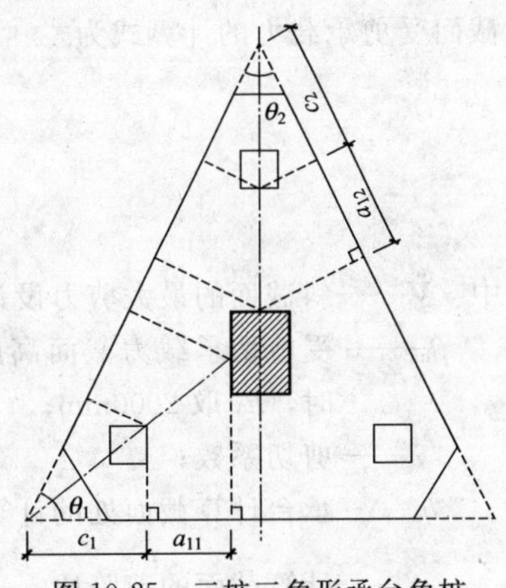

图 10-25　三桩三角形承台角桩冲切计算示意

式中　λ_{11}，λ_{12}——角桩冲跨比，其值应满足 0.25～1.0 的要求，且

$$\lambda_{11}=\frac{a_{11}}{h_0},\ \lambda_{12}=\frac{a_{12}}{h_0}$$

a_{11}，a_{12}——与式(10-42) 中 a_{1x}、a_{1y}的含义相当。

④ 对于大面积满堂桩基承台（筏形、箱形承台），则需考虑承台受内部基桩的冲切作用，并且应分别考虑单桩及群桩对承台的冲切作用。

若满堂桩基承台内基桩按正方形网格布置，如图 10-23 所示，则承台受单一基桩的冲切承载力的计算式为

$$N_l\leqslant2.8(b_p+h_0)\beta_{hp}f_t h_0 \quad (10\text{-}47)$$

承台受群桩冲切承载力的计算式为

$$\sum N_{li}\leqslant2[\beta_{0x}(b_y+a_{0y})+\beta_{0y}(b_x+a_{0x})]\beta_{hp}f_t h_0 \quad (10\text{-}48)$$

式中　N_l——不计承台和其上土重，在荷载效应基本组合下，基桩竖向反力设计值，N；

$\sum N_{li}$——如图 10-24 所示，冲切锥体范围内各桩竖向反力设计值之和，N；

b_p——桩截面边宽，mm；

b_x、b_y——冲切锥体在两个方向的底部长度，mm；

β_{0x}、β_{0y}——按式(10-40) 计算，其中 $\lambda_{0x}=\frac{a_{0x}}{h_0}$，$\lambda_{0y}=\frac{a_{0y}}{h_0}$。

对于柱（墙）下的满堂桩基承台板，由于板厚度常常受到限制，为了提高抗冲切承载力，常需配置箍筋或弯起筋，此时，可按配置箍筋和弯起筋的受冲切承载力公式计算承台板厚度及配筋量，见《混凝土结构设计规范》。

（2）承台梁受冲切计算　对于墙下承台梁，当梁受到桩反力作用后，由于墙体与承台梁的共同工作，使承台梁具有很高的抵抗桩的冲切破坏能力，因此不需验算桩对承台梁的冲切作用。

对于柱下承台梁，其抗冲切计算可参照板式承台的受冲切计算方法，分别考虑柱及桩对承台梁的冲切作用。

3. 承台受剪计算

（1）承台板受剪计算　板式承台的剪切破坏面往往是通过柱边（墙边）和桩边连线形成的斜截面。承台板的斜截面受剪承载力与剪跨比的大小密切相关，依混凝土结构设计要求，斜截面受剪承载力的计算式为

$$V\leqslant\beta_{hs}\alpha f_t b_0 h_0 \tag{10-49}$$

$$\beta_{hs}=(800/h_0)^{\frac{1}{4}} \tag{10-50}$$

$$\alpha=\frac{1.75}{\lambda+1.0} \tag{10-51}$$

式中　V——斜截面的最大剪力设计值，N；

β_{hs}——受剪切承载力截面高度影响系数，$h_0<800$mm 时，h_0 取 800mm；$h_0>2000$mm 时，h_0 取 2000mm；

α——剪切系数；

b_0——承台计算截面处的计算宽度，mm；

λ——计算截面的剪跨比，$\lambda_x=\frac{a_x}{h_0}$，$\lambda_y=\frac{a_y}{h_0}$，此处 a_x、a_y 为柱边（墙边）或承台变阶处至 x、y 方向计算一排桩的桩边的水平距离，当 $\lambda<0.25$ 时取 $\lambda=0.25$，当 $\lambda>3$ 时取 $\lambda=3$。

当柱边（墙边）外布设多排桩时，会形成多个剪切斜截面，此时，对每一个斜截面都应按上述要求计算其受剪承载力。

在采用公式(10-49)、式(10-50)、式(10-51) 计算承台斜截面受剪承载力时，对阶梯形及锥形承台柱边纵横两方向计算截面的计算宽度，需采用折算宽度的计算方法确定。

对于阶梯形柱下矩形独立承台，应分别在变阶处（A_1—A_1 及 B_1—B_1）和柱边处（A_2—A_2 及 B_2—B_2）进行斜截面受剪计算，如图 10-26 所示。在计算变阶处截面 A_1—A_1 及 B_1—B_1 处的斜截面受剪承载力时，其截面的有效高度为 h_{01}，计算宽度分别为 b_{y1} 及 b_{x1}；计算柱边截面 A_2—A_2 及 B_2—B_2 处的斜截面受剪承载力时，其截面有效高度应为 $h_{01}+h_{02}$，此时截面宽度计算式为

对 A_2—A_2：
$$b_{y0}=\frac{b_{y1}h_{01}+b_{y2}h_{02}}{h_{01}+h_{02}} \tag{10-52}$$

对 B_2—B_2：
$$b_{x0}=\frac{b_{x1}h_{01}+b_{x2}h_{02}}{h_{01}+h_{02}} \tag{10-53}$$

对于锥形承台，则应对 A—A 及 B—B 两个截面进行受剪承载力计算，见图 10-27。截面有效高度均为 h_0，其两个方向截面的宽度计算式为

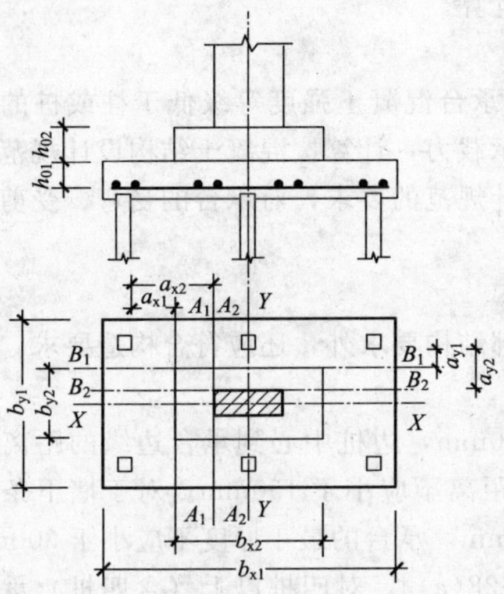

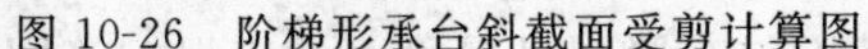

图 10-26　阶梯形承台斜截面受剪计算图

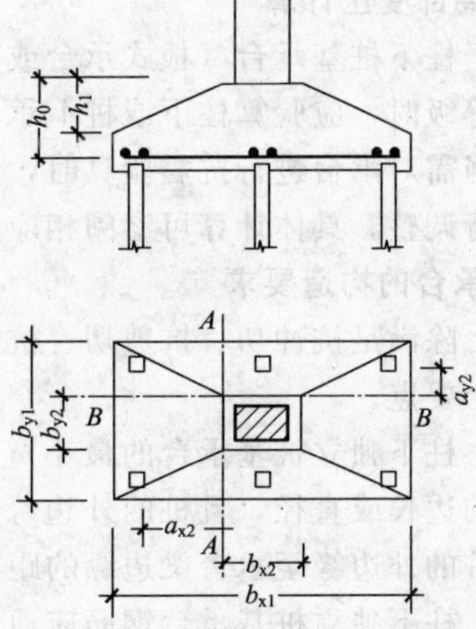

图 10-27　锥形承台受剪计算图

对 A—A：
$$b_{y0}=\left[1-0.5\frac{h_1}{h_0}\left(1-\frac{b_{y2}}{b_{y1}}\right)\right]b_{y1} \tag{10-54}$$

对 B—B：
$$b_{x0}=\left[1-0.5\frac{h_1}{h_0}\left(1-\frac{b_{x2}}{b_{x1}}\right)\right]b_{x1} \tag{10-55}$$

(2) 砌体墙下条形承台梁受剪计算　砌体墙下条形承台梁配有箍筋但未配弯起筋时，斜截面的受剪承载力计算式为

$$V\leqslant 0.7f_tb_0h_0+1.25f_{yv}\frac{A_{sv}}{s}h_0 \tag{10-56}$$

式中　A_{sv}——配置在同一截面内箍筋各肢的全部截面面积，mm^2；

s——沿构件长度方向箍筋的间距，mm；

f_{yv}——箍筋抗拉强度设计值，N/mm^2。

其他符号同前。

砌体墙下承台梁配有箍筋和弯起钢筋时，斜截面的受剪承载力计算式则为

$$V\leqslant 0.7f_tb_0h_0+1.25f_{yv}\frac{A_{sv}}{s}h_0+0.8f_yA_{sb}\sin\alpha_s \tag{10-57}$$

式中　A_{sv}——同一弯起平面内弯起钢筋的截面面积，mm^2；

f_y——弯起钢筋的抗拉强度设计值，N/mm^2；

α_s——斜截面上弯起钢筋与承台底面的夹角，(°)。

(3) 柱下条形承台梁受剪计算　柱下条形承台梁，当配有箍筋但未配弯起钢筋时，其斜截面的受剪承载力的计算式为

$$V\leqslant\frac{1.75}{\lambda+1}f_tbh_0+f_{yv}\frac{A_{sv}}{s}h_0 \tag{10-58}$$

式中　λ——计算截面的剪跨比，$\lambda=a/h_0$，a 为柱边至桩边的水平距离；当 $\lambda<1.5$ 时，取 $\lambda=1.5$；当 $\lambda>3$ 时，取 $\lambda=3$。

对于柱下承台梁，其构造与一般连续梁近似，受荷载后的最大剪力发生在柱与最近的一根桩之间，斜截面的受剪承载力也按以上公式求算。需注意，对承台梁的柱、桩边缘处，受拉区弯起钢筋弯起点处，受拉区箍筋数与间距改变处，承台梁宽、高改变处等位置的截面，

都应考虑承台梁斜截面的受剪承载力并按上述方法计算。

4. **局部受压计算**

对于柱下桩基承台（板式承台或梁式承台），当承台混凝土强度等级低于柱或桩的混凝土强度等级时，应验算柱下或桩上承台的局部受压承载力，计算按混凝土结构设计规范要求进行。当需对承台进行抗震验算时，则应按抗震设计规范的要求，对承台的受弯、受剪切承载力进行调整。具体计算可参阅相应规范。

5. **承台的构造要求**

承台除满足抗冲切、抗剪切、抗弯承载力和上部结构要求外，还应符合构造要求。这里介绍几个要点。

(1) 柱下独立桩基承台的最小宽度不应小于500mm，边桩中心到承台边缘的距离不应小于桩的边长或直径，且桩的外边缘至承台边缘的距离不应小于150mm。对于墙下条形承台梁，桩的外边缘至承台梁边缘的距离不应小于75mm，承台的最小厚度不应小于300mm。

(2) 柱下独立桩基承台钢筋应通长配置［图 10-28(a)］，对四桩以上（含四桩）承台宜按双向均匀布置，对三桩的三角形承台应按三向板带均匀布置，且最里面的三根钢筋围成的三角形应在柱截面范围内［图 10-28(b)］；最小配筋率不应小于0.15%。条形承台梁的纵向主筋应符合现行国家标准《混凝土结构设计规范》GB 50010 关于最小配筋率的规定［图 10-28(c)］，主筋直径不应小于12mm，架立筋直径不应小于10mm，箍筋直径不应小于6mm。

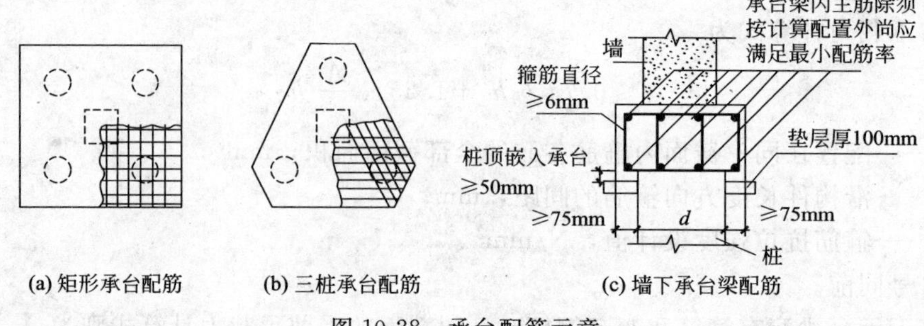

(a) 矩形承台配筋　(b) 三桩承台配筋　(c) 墙下承台梁配筋

图 10-28　承台配筋示意

(3) 承台混凝土强度等级不应低于C20。纵向钢筋的混凝土保护层厚度，当有混凝土垫层时，不应小于50mm，无垫层时不应小于70mm；此外尚不应小于柱头嵌入承台内的长度。

(4) 桩嵌入承台内的长度对中等直径桩（桩径250mm～800mm）不宜小于50mm；对大直径桩（桩径≥800mm）不宜小于100mm。

【例 10-3】 某乙级建筑桩基如图 10-29 所示，柱截面尺寸为450mm×600mm，作用在基础顶面的荷载效应标准组合值分别为 F_k=2800kN，M_k=210kN·m（作用在长边方向），H_k=145kN，基本组合的设计值分别为 F=3654kN，M=455kN·m，H=188kN。拟采用截面为350mm×350mm的预制混凝土方桩，桩长12m，已确定基桩竖向承载力特征值 R=500kN，水平承载力特征值 R_{Ha}=45kN，承台混凝土强度等级C25，配置HRB335级钢筋，试设计该桩基础。

【解】

C25 混凝土：

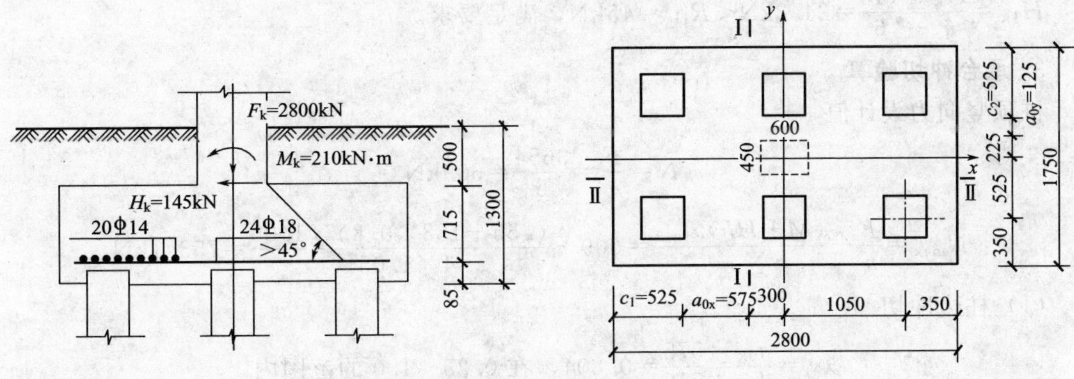

图 10-29　例 10-3 图

$$f_t = 1.27\text{N/mm}^2 = 1270\text{kPa}$$

$$f_c = 11.9\text{N/mm}^2 = 11900\text{kPa}$$

HRB335 级钢筋：$f_y = 300\text{N/mm}^2$。

基桩持力层、桩材、桩型、外形尺寸及承载力特征值均已确定，桩身结构设计从略。

1. 估算桩数并确定承台尺寸

确定桩数

$$n > \frac{F_k}{R} = \frac{2800}{500} = 5.6$$

暂取 6 根，桩距 $s = 3d = 3 \times 0.35\text{m} = 1.05\text{m}$，按矩形布置，如图 10-29 所示。

取承台长边和短边尺寸为

$$L_c = 2 \times (0.35 + 1.05) = 2.8\text{m}$$

$$B_c = 2 \times 0.35 + 1.05 = 1.75\text{m}$$

承台埋深 1.3m，初定承台高 800mm，桩顶伸入承台 50mm，钢筋的混凝土保护层最小厚度 70mm，综合考虑取保护层厚度为 $c = 75\text{mm}$，则纵筋合力中心到承台边缘的距离应为保护层厚度加钢筋外径的一半，近似取钢筋外径为 20mm，所以

$$a_s = c + d'/2 \approx 75 + 20/2 = 85\text{mm}$$

承台截面的有效高度为

$$h_0 = h - a_s = 800 - 85 = 715\text{mm} = 0.715\text{m}$$

2. 桩基承载力验算

（1）竖向承载力

承台及其上填土自重

$$G_k = \gamma_G A d = 20 \times 2.8 \times 1.75 \times 1.3 = 127.4\text{kN}$$

基桩承载力

$$N_k = \frac{F_k + G_k}{n} = \frac{2800 + 127.4}{6} = 487.9\text{kN} < R = 500\text{kN}$$

$$N_{k\max} = N_k + \frac{(M_k + H_k h) x_{\max}}{\sum x_i^2} = 487.9 + \frac{(210 + 145 \times 0.8) \times 1.05}{4 \times 1.05^2} = 565.5\text{kN}$$

$< 1.2R = 1.2 \times 500 = 600\text{kN}$，竖向承载力满足要求。

（2）基桩水平承载力

$H_{1k}=\dfrac{H_k}{n}=\dfrac{145}{6}=24.2\text{kN}<R_{Ha}=45\text{kN}$，满足要求。

3. 承台冲切验算

桩顶竖向力设计值

$$N=\frac{F}{n}=\frac{3654}{6}=609\text{kN}$$

$$N_{max}=\frac{F}{n}+\frac{(M+Hh)x_{max}}{\sum x_i^2}=609+\frac{(455+188\times0.8)\times1.05}{4\times1.05^2}=753.1\text{kN}$$

（1）柱边冲切

$$\lambda_{0x}=\frac{a_{0x}}{h_0}=\frac{575}{715}=0.804，在 0.25\sim1.0 的范围内$$

$$\beta_{0x}=\frac{0.84}{\lambda_{0x}+0.2}=\frac{0.84}{0.804+0.2}=0.837$$

$$\lambda_{0y}=\frac{a_{0y}}{h_0}=\frac{125}{715}=0.175<0.25，取 \lambda_{0y}=0.25$$

$$\beta_{0y}=\frac{0.84}{\lambda_{0y}+0.2}=\frac{0.84}{0.25+0.2}=1.867$$

因为 $h=800\text{mm}$，所以 $\beta_{hp}=1.0$，柱边冲切承载力条件为

$2[\beta_{0x}(b_c+a_{0y})+\beta_{0y}(h_c+a_{0x})]\beta_{hp}f_t h_0$

$=2\times[0.837\times(0.45+0.125)+1.867\times(0.600+0.575)]\times1.0\times1270\times0.715\text{kN}$

$=4858\text{kN}$

$>F_l=F-\sum N_i=3654-0=3654\text{kN}$，符合要求。

（2）角桩向上冲切

$$c_1=c_2=0.525\text{m}，a_{1x}=a_{0x}，\lambda_{1x}=\lambda_{0x}，a_{1y}=a_{0y}，\lambda_{1y}=\lambda_{0y}$$

$$\beta_{1x}=\frac{0.56}{\lambda_{1x}+0.2}=\frac{0.56}{0.804+0.2}=0.558$$

$$\beta_{1y}=\frac{0.56}{\lambda_{1y}+0.2}=\frac{0.56}{0.25+0.2}=1.244$$

$[\beta_{1x}(c_2+a_{1y}/2)+\beta_{1y}(c_1+a_{1x}/2)]\beta_{hp}f_t h_0$

$=[0.558\times(0.525+0.125/2)+1.244\times(0.525+0.575/2)]\times1.0\times1270\times0.715\text{kN}$

$=1215.5\text{kN}$

$>N_{max}=753.1\text{kN}$，符合要求。

4. 承台受剪切承载力计算

剪跨比与冲切比相同，故对Ⅰ—Ⅰ斜截面：

$$\lambda_x=\lambda_{0x}=0.804（介于 0.25\sim3 之间）$$

$$\alpha=\frac{1.75}{\lambda+1.0}=\frac{1.75}{0.804+1.0}=0.970$$

$h_0=715\text{mm}<800\text{mm}$，取 $h_0=800\text{mm}$ 计算受剪切承载力截面高度影响系数

$$\beta_{hs}=\left(\frac{800}{h_0}\right)^{1/4}=\left(\frac{800}{800}\right)^{1/4}=1.0$$

$$\beta_{hs}\alpha f_t b_0 h_0=1.0\times0.970\times1270\times1.75\times0.715=1541.4\text{kN}$$

$$>V=2N_{max}=2\times753.1=1506.2\text{kN}，满足要求。$$

Ⅱ—Ⅱ斜截面 λ 按 0.25 计，其受剪切承载力更大，故不必再验算。

5. 承台受弯承载力计算

柱边Ⅰ—Ⅰ截面：

$$M_y=\sum N_i x_i=2\times753.1\times0.75=1129.7\text{kN}\cdot\text{m}$$

$$A_{sI}=\frac{M_y}{0.9f_y h_0}=\frac{1129.7\times10^6}{0.9\times300\times715}=5852\text{mm}^2$$

$\rho=\frac{A_{sI}}{bh_0}=\frac{5852}{2800\times715}=0.292\%>0.15\%$，满足最小配筋率的要求。

实际选用 24 Φ 18，$A_s=6018\text{mm}^2$，沿平行 x 轴方向均匀布置。

柱边Ⅱ—Ⅱ截面：

$$M_x=\sum N_i y_i=3\times609\times0.3=548.1\text{kN}\cdot\text{m}$$

$$A_{sII}=\frac{M_x}{0.9f_y(h_0-d)}=\frac{548.1\times10^6}{0.9\times300\times(715-20)}=2921\text{mm}^2$$

$\rho=\frac{A_{sII}}{bh_0}=\frac{2921}{1750\times715}=0.233\%>0.15\%$，满足最小配筋率的要求。

实际选用 20 Φ 14，$A_s=3078\text{mm}^2$，沿平行 y 轴方向均匀布置。

第六节　其他深基础介绍

深基础种类很多，除桩基外，墩基、沉井、沉箱和地下连续墙等都属于深基础。深基础的主要特点是需采用特殊的施工方法，解决基坑开挖、排水等问题，减小对邻近建筑物的影响。

一、墩基础

墩是一种利用机械或人工在地基中开挖成孔后灌注混凝土形成的大直径桩基础，由于其直径粗大如墩（一般直径 $d>1500\text{mm}$），故称为墩基础。

墩基础的功能与桩相似，底面可扩大成钟形，形成扩底墩。墩底直径最大已达到约 7.5m，深度一般为 20～40m，最大可达 60～80m。当支承于基岩上时，竖向承载力可达 60～70MN，且沉降量极小。

墩基能较好地适应复杂的地质条件，常用于高层建筑中柱基础。墩身可穿越浅部不良地基达到深部基岩或坚实土层，并可通过扩底工艺获得很高的单墩承载力。但其混凝土用量大，施工时有一定难度，故不宜用于荷载较小、地下水位较高、水量较大的小型工程及相当深度内无坚硬持力层的地区。墩基的基本要求如下。

(1) 墩基承载力高，原则上应采用一柱一墩。扩底墩的中心距不宜小于 $1.5d_b$（见图 10-30），d_b/d 不宜大于 3.0，扩大头斜面高宽比 h/b 不宜小于 1.5，具体数值应根据持力层土体稳定条件确定。

(2) 墩基持力层必须承载力较高且具有一定厚度，其厚度不得小于 $(1.5\sim2.0)d_b$，并保证土层在扩底施工时具有足够的稳定性。墩底一般可做成锅底状，进入持力层深度不宜小于

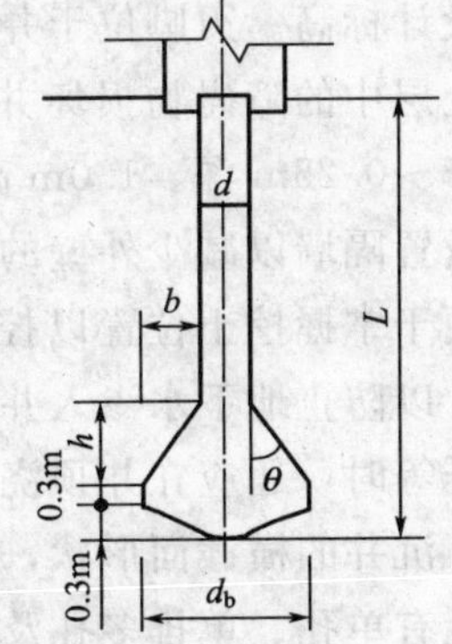

图 10-30　扩底墩的基本尺寸

0.5m。当持力层为基岩时，应嵌入岩层一定深度，当岩面倾斜时宜做成台阶形，并进行稳定性验算，以防止滑动失稳。

(3) 墩基的混凝土强度等级一般≥C20，钢筋不少于φ10@200，最小配筋率当受压时应≥0.2%，受弯时≥0.4%。箍筋不少于φ@300，墩顶1.5m范围内应加密至@100，并设置φ14@200加劲筋。主筋混凝土保护层厚度不小于35mm，水下浇注混凝土时不小于50mm。墩顶应嵌入承台不小于100mm，承台厚度不小于300mm，墩边至承台边的距离不小于200mm。此外，还宜在墩的双向设置拉梁，拉梁配筋可按所联柱子轴力值的10%设置。

(4) 因墩基承载力高，多为一柱一墩，一旦发生质量问题，其后果严重且难以处理。故设计时必须明确规定施工和质检方案，提出监控指标及安全、技术措施，并预计到可能出现的不利变化及人为因素等造成影响，以确保墩基的施工质量。

二、沉井基础

沉井（见图10-31）通常是用钢筋混凝土或砖石、混凝土等材料制成的井筒状结构物，一般分数节制作。施工时，先在场地上整平地面铺设砂垫层，设支承枕木，制作第一节沉井，然后在井筒内挖土（或水力吸泥），使沉井失去支承下沉，边挖边排边下沉，再逐节接长井筒。当井筒下沉达设计标高后，用素混凝土封底，最后浇注钢筋混凝土底板，构成地下结构物，或在井筒内用素混凝土或砂石填充，构成深基础。

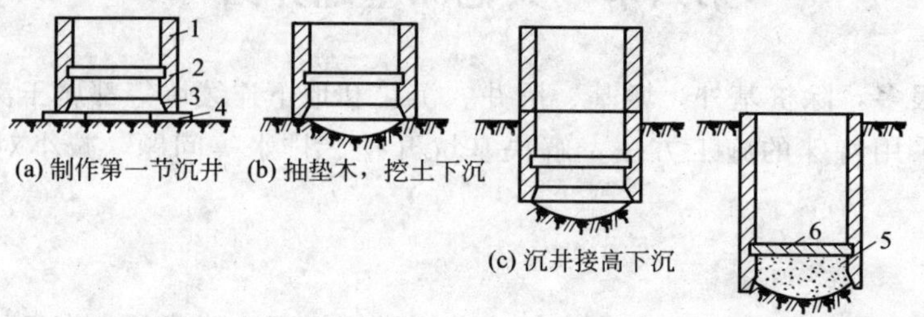

图10-31 沉井施工顺序示意图

1—井壁；2—凹槽；3—刃脚；4—垫木；5—素混凝土封底；6—钢筋混凝土底板

沉井主要由井壁、刃脚、隔壁（墙）、井孔、凹槽、封底和盖板等部分组成（见图10-32）。井壁是沉井的主要部分，施工完毕后也是建筑物的基础部分。沉井在下沉过程中，井壁需挡土、挡水，承受各种最不利荷载组合产生的内力，因此应有足够的强度；同时井壁还需有足够的厚度和重量（一般壁厚0.8～1.8m），以便在自重作用下克服侧壁摩阻力下沉至设计标高。刃脚位于井壁的最下端（见图10-32），其作用是使沉井易于切土下沉，并防止土层中的障碍物损坏井壁。刃脚应有足够的强度，以免挠曲或破坏。靠刃脚处应设置约0.15～0.25m深、1.0m高的凹槽，使封底混凝土嵌入井壁形成整体结构。需要时，井筒内可设置隔墙以减少外壁的净跨距，加强沉井的刚度，同时把沉井分成若干个取土小间，施工时便于掌握挖土位置以控制沉降和纠偏。当沉井下沉到达设计标高后，在井底用混凝土封底，以防止地下水渗入井内。封底混凝土强度等级一般不低于C15。当井孔内不填料或填以砂砾等时，还应在井顶浇注钢筋混凝土盖板。

沉井的横截面形状，根据使用要求可作成方形、矩形、圆形、椭圆形等多种。井筒内的井孔有单孔、单排多孔及多孔等。当沉井下沉困难时，其立面也可作成台阶形。

沉井的优点是占地面积小，井筒在施工过程中可作支承围护，不需另外的挡土结构，技

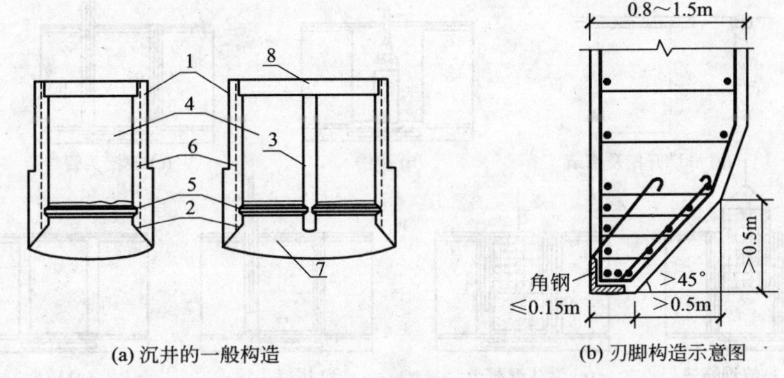

(a) 沉井的一般构造　　(b) 刃脚构造示意图

图 10-32　一般沉井的构造

1—井壁；2—刃脚；3—隔壁；4—井孔；5—凹槽；6—射水管组；7—封底混凝土；8—盖板

术上操作简便，不需放坡，挖土量少，节约投资，施工稳妥可靠。通常适用于地基深层土的承载力大，而上部土层比较松软、易于开挖的地层；或由于建筑物的使用要求，基础埋深很大；或因施工原因，例如在已有浅基础邻近修建深埋较大的设备基础时，为了避免基坑开挖对已有基础的影响，也可采用沉井法施工。

沉井在下沉过程中常会发生各种问题：如遇到大块石、残留基础或大树根等障碍物阻碍下沉；穿过地下水位以下的细、粉砂层时，大量砂土涌入井内，使沉井倾斜。以上这些问题，都会对施工造成很大困难，甚至工作无法进行。因比，对于准备用沉井法施工的场地，必须事先做好地基勘探工作，并对可能发生的问题事先加以预防。当问题发生时，要及时采取措施进行处理。

三、地下连续墙

地下连续墙一般是在泥浆护壁条件下，使用专门的成槽机械，在地面开挖一条狭长的深槽，然后在槽内设置钢筋笼，浇注混凝土，逐步形成一道连续的地下钢筋混凝土连续墙。用以作为基坑开挖时防渗、挡土和对邻近建筑物基础的支护以及直接成为承受上部结构荷载的基础的一部分。

地下连续墙的优点是土方量小、施工期短、成本低，可在沉井作业、板桩支护等方法难以实施的环境中进行无噪声、无振动施工，并穿过各种土层进入基岩，无须采取降低地下水的措施，因此可在密集建筑群中施工，尤其是用于二层以上地下室的建筑物，可配合“逆筑法”施工（从地面逐层而下修筑建筑物地下部分的一种施工技术），而更显出其独特的作用。目前，地下连续墙已发展有后张预应力、预制装配和现浇预制等多种形式。其使用日益广泛，目前在泵房、桥台、地下室、箱基、地下车库、地铁车站、码头、高层建筑深基础、水处理设施，甚至深埋的下水道等，都有成功应用的实例。

地下连续墙的成墙深度由使用要求决定，大都在 50m 以内，墙宽与墙体的深度以及受力情况有关，目前常用 600mm 及 800mm 两种，特殊情况下也有 400mm 及 1200mm 的薄型及厚型地下连续墙。地下连续墙的施工工序（见图 10-33）如下。

① 修筑导墙　沿设计轴线两侧开挖导沟，修筑钢筋混凝土（钢、木）导墙，以供成槽机械钻进导向、维护表土和保持泥浆稳定液面。导墙内壁面之间的净空应比地下连续墙设计厚度加宽 40～60mm，埋深一般为 1～2m，墙厚 0.1～0.2m。

② 制备泥浆　泥浆以膨润土或细粒土在现场加水搅拌制成，用以平衡侧向地下水压力

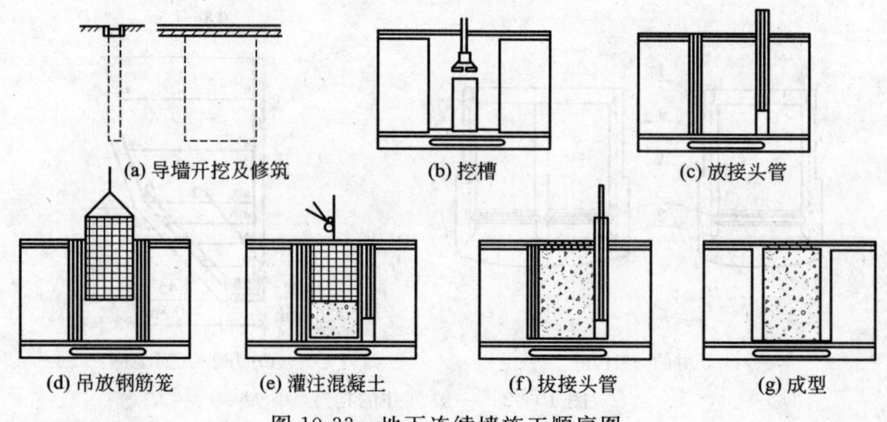

图 10-33 地下连续墙施工顺序图

和土压力，保护槽壁不致坍塌，并起到携渣、防渗等作用。泥浆液面应保持高出地下水位0.5～1.0m，比重（1.05～1.10）应大于地下水的比重。其浓度、黏度、pH值、含水量、泥皮厚度以及胶体率等多项指标应严格控制并随时测定、调整，以保证其稳定性。

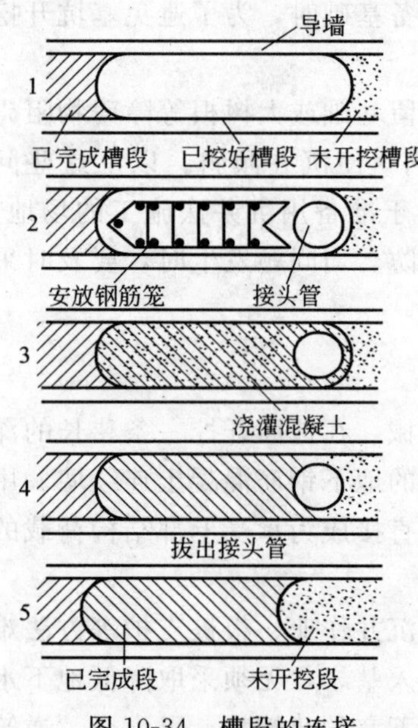

图 10-34 槽段的连接

③ 成槽 成槽是地下连续墙施工中最主要的工序，对于不同土质条件和槽壁深度应采用不同的成槽机具开挖槽段。例如大卵石或孤石等复杂地层可用冲击钻；切削一般土层，特别是软弱土，常用导板抓斗、铲斗或回转钻头抓铲。采用多头钻机开槽，每段槽孔长度可取6～8m，采用抓斗或冲击钻机成槽，每段长度可更大。墙体深度可达几十米。

④ 槽段的连接 地下连续墙各单元槽段之间靠接头连接。接头通常要满足受力和防渗要求，并施工简单。国内目前使用最多的接头型式是用接头管连接的非刚性接头。在单元槽段内土体被挖除后，在槽段的一端先安放接头管，再吊入钢筋笼，浇筑混凝土，然后逐渐将接头管拔出，形成半圆形接头，如图10-34所示。

地下连续墙既是地下工程施工时的围护结构，又是永久性建筑物的地下部分。因此，设计时应针对墙体施工和使用阶段的不同受力和支承条件下的内力进行简化计算；或采用能考虑土的非线性力学性状以及墙与土的相互作用的计算模型以有限单元法进行分析。

思 考 题

10.1 桩基础的主要优点有哪些？什么地基适宜应用桩基础？在何时不能使用桩基础？

10.2 预制桩与灌注桩都有哪些优缺点？它们各自的适应场合是什么？

10.3 试分别根据桩的承载性状和桩的施工方法对桩进行分类。

10.4 简述单桩在竖向荷载下的工作性能。

10.5 群桩效应的含义是什么？为何摩擦型群桩应考虑群桩效应？

10.6 何为单桩竖向极限承载力标准值、承载力特征值？基桩的承载力特征值如何确定？

10.7　桩基承载力的验算有哪几方面的内容？

10.8　桩基础设计的主要步骤是哪些？

10.9　桩基承台设计包括哪些内容？

10.10　简述桩的质量检测的方法。

选 择 题

10.1　低桩承台的非挤土桩，当桩身周围有液化土层时，对该土层的桩侧阻力应如何考虑才是正确的（　　）？

A. 按该土层液化折减系数进行折减

B. 该土层的桩侧阻力为零

C. 该土层液化后再固结，对桩侧产生负摩阻力

D. 按非液化土层的厚度进行折减

10.2　群桩基础中的单桩称为（　　）。

A. 单桩基础　B. 桩基　C. 复合桩基　D. 基桩

10.3　下列桩中，不属于挤土桩的是（　　）。

A. 沉管灌注桩　B. 下端封闭的管桩

C. 开口预应力混凝土管柱　D. 木桩

10.4　采用以概率理论为基础的极限状态设计法时，以（　　）量度桩基的可靠度。

A. 安全系数　B. 可靠度指标　C. 桩基安全等级　D. 建筑桩基重要性系数

10.5　下列哪一项不属于桩基承载能力极限状态计算的内容（　　）。

A. 承台的抗冲切验算　B. 承台的抗剪切验算

C. 桩身结构计算　D. 裂缝宽度验算

10.6　若在地层中存在比较多的大孤石而又无法排除，则宜选用（　　）。

A. 钢筋混凝土预制桩　B. 预应力管桩

C. 木桩　D. 冲孔混凝土灌注桩

10.7　桩侧负摩阻力的产生，使桩的竖向承载力（　　）。

A. 增大　B. 减小　C. 不变　D. 有时增大，有时减小

10.8　桩基承台发生冲切的原因是（　　）。

A. 底板配筋不足　B. 承台的有效高度不足　C. 钢筋保护层不足　D. 承台平面尺寸过大

10.9　在不出现负摩阻力的情况下，摩擦桩桩身轴力分布的特点之一是（　　）。

A. 桩顶轴力最大　B. 桩顶轴力最小　C. 桩端轴力最大　D. 桩身轴力为一常数

10.10　摩擦型桩由于桩身上部大面积填土下沉产生负摩阻力，下列几种工况中，桩的中性点深度及总负摩阻力最大的是（　　）。

A. 填土数月后成桩　B. 桩基尚未加载情况下填土

C. 桩基已加载但沉降尚未稳定情况下填土　D. 桩基加载且沉降稳定后填土

计 算 题

10.1　某场地土层情况自上而下为：第一层杂填土，厚度 1.0m；第二层为淤泥，软塑状态，厚度 6.5m；第三层为粉质黏土，$I_L=0.25$，厚度较大。现需设计一框架内柱（截面为 350mm×450mm）的预制桩基础。柱底在地面处的荷载效应标准组合值分别为：轴向力 $F_k=2000$kN、弯矩 $M_k=120$kN·m、水平力 $H_k=100$kN，荷载效应基本组合设计值分别为 $F=2500$kN、$M=180$kN·m、$H=100$kN，设预制桩截面为 350mm×350mm。试设计该桩基础。

10.2　已知预制方桩的截面为 400mm×400mm，长 24m（从承台底面算起），穿越的土层厚度及相应

的指标或状态依次为：第一层为黏性土，厚 1.5m，$I_L=0.4$；第二层为淤泥，厚 21.5m，含水量 $w=55\%$；第三层为中密粗砂，桩打入 1.0m，试按《规范》经验公式计算单桩竖向承载力特征值。

10.3 某工程钢筋混凝土柱的截面为 350mm×400mm，作用在承台顶面上的荷载标准值为 $F_k=2000\text{kN}$，$M_k=300\text{kN}\cdot\text{m}$。地基土表层为杂填土，厚 1.5m；第二层为软塑黏土，厚 9m，$q_{s2k}=16.6\text{kPa}$；第三层为可塑性粉质黏土，厚 5m，$q_{s3k}=35\text{kPa}$，$q_{pk}=870\text{kPa}$。试求所需钢筋混凝土预制桩的截面尺寸、桩长及桩数。

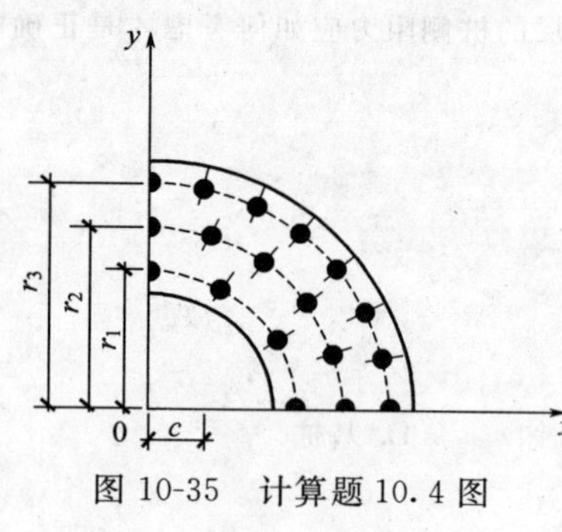

图 10-35 计算题 10.4 图

10.4 (1) 如图 10-35 所示为某环形刚性承台下桩基平面图的 1/4，如果对称轴为坐标轴，荷载偏心方向为 x 轴，试由式(10-31)导出基桩荷载公式如下：

$$N_i=\frac{F+G}{n}+\frac{2Mx_i}{\sum n_j r_j^2}$$

式中 M——竖向荷载 $F+G$ 对 y 轴的力矩，$M=(F+G)e$；

e——竖向荷载偏心距；

n_j——半径为 r_j 的同心圆周上的桩数。

提示：

$\sum n_j r_j^2=\sum r_i^2$；利用对称性，证明 $\sum x_i^2=\sum y_i^2$

(2) 图中桩基的基桩总数，$n=60$，设竖向荷载 $F+G=12\text{MN}$，其偏心距 $e=0.8\text{m}$；分别处于半径 $r_1=2.5\text{m}$，$r_2=3.5\text{m}$，$r_3=4.5\text{m}$ 的同心圆圆周上的基桩数目 $n_1=12$，$n_2=20$，$n_3=28$，求最大的基桩荷载 N_{max} 和最小的基桩荷载 N_{min}。

第十一章 软弱地基处理

第一节 软土地基及其处理方法

软弱土是指淤泥、淤泥质土和部分冲填土、杂填土及其他高压缩性土。由软弱土组成的地基称为软弱土地基。淤泥和淤泥质土一般是第四纪后期在滨海、湖泊、河滩、三角洲、冰碛等地质沉积环境下沉积形成的，还有部分冲填土和杂填土。这类土的物理特性大部分是饱和的，含有机质，天然含水量大于液限，孔隙比大于1。当天然孔隙比大于1.5时，称为淤泥，天然孔隙比大于1而小于1.5时，则称为淤泥质土。这类土的工程特性甚为软弱，抗剪强度很低，压缩性较高，渗透性很小，并具有结构性，广泛分布于我国东南沿海地区和内陆江河湖泊的周围，是软弱土的主要土类，通称软土，一般具有下列工程特性。

(1) 含水量较高，孔隙比较大。因为软土的成分主要是由黏土粒组和粉土粒组组成，并含少量的有机质。黏粒的矿物成分为蒙脱石、高岭石和伊利石。这些矿物晶粒很细，呈薄片状，表面带负电荷，它与周围介质的水和阳离子相互作用，形成偶极水分子，并吸附于表面形成水膜。在不同的地质环境下沉积形成各种絮状结构。因此，这类土的含水量和孔隙比都比较高。根据统计，一般含水量为35%～80%，孔隙比为1～2。软土的高含水量和大孔隙比不但反映土中的矿物成分与介质相互作用的性质，同时也反映软土的抗剪强度和压缩性的大小。含水量愈大，土的抗剪强度愈小，压缩性愈大。反之，强度愈大，压缩性愈小。由此可见，欲要改善地基软土的强度和变形特性，那么首先降低软土的含水量。

(2) 抗剪强度很低。根据土工试验的结果，我国软土的天然不排水抗剪强度一般小于20kPa，其变化范围约在5～25kPa。有效内摩擦角$\varphi'=20°\sim35°$。固结不排水剪内摩擦角$\varphi_{cu}=12°\sim17°$。正常固结的软土层的不排水剪切强度往往是随离地表深度的增加而增大，每米的增长率约为1～2kPa。在荷载的作用下，如果地基能够排水固结，软土的强度将产生显著的变化，土层的固结速率愈快，软土的强度增加愈大。加速软土层的固结速率是改善软土强度特性的一项有效途径。

(3) 压缩性较高。一般正常固结的软土层的压缩系数$a_{1\text{-}2}=0.5\sim1.5\text{MPa}^{-1}$，最大可达到$a_{1\text{-}2}=4.5\text{MPa}^{-1}$；压缩指数$C_c=0.35\sim0.75$，它与天然含水量的关系为$C_c=0.0147w\sim0.213$。天然状态的软土层大多数属于正常固结状态，但也有部分是属于超固结状态，近代海岸滩涂沉积为欠固结状态。欠固结状态土在荷载作用下产生较大沉降。超固结状态土，当应力未超过先期固结压力时，地基的沉降很小。因此研究软土的变形特性时应注意考虑软土的天然固结状态。先期固结压力p_c和超固结比OCR是表示土层固结状态的一个重要参数。它不但影响土的变形特性，同时也影响土的强度变化。

(4) 渗透性很小。软土的渗透系数一般约为$i\times10^{-6}\sim i\times10^{-5}$cm/s。所以在荷载作用下固结速率很慢。若软土层的厚度超过10m，要使土层达到较大的固结度（如$U=90\%$）往往需要5～10年之久。所以在软土层上的建筑物基础的沉降往往拖延很长时间才能稳定，同样在荷载作用下地基土的强度增长也是很缓慢的。这对于改善地基土的工程特性是十分不利的。软土层的渗透性有明显的各向异性，水平向的渗透系数往往要比垂直向的渗透系数大，特别含有水平夹砂层的软土层更为显著，这是改善软土层工程特性的一个有利因素。

(5) 具有明显的结构性。软土一般为絮状结构，尤以海相黏土更为明显。这种土一旦受到扰动（振动、搅拌、挤压等），土的强度显著降低，甚至呈流动状态。土的结构性常用灵敏度 S_t 表示。我国沿海软土的灵敏度一般为 4～10，属于高灵敏土。因此，在软土层中进行地基处理和基坑开挖，若不注意避免扰动土的结构，就会加剧土体的变形，降低地基土的强度，影响地基处理的效果。

(6) 具有明显的流变性。在荷载的作用下，软土承受剪应力的作用产生缓慢的剪切变形，并可能导致抗剪强度的衰减，在主固结沉降完毕之后还可能继续产生可观的次固结沉降。

根据上述软土的特点，以软土作为建筑物的地基是十分不利的。由于软土的强度很低，天然地基上浅基础的承载力特征值一般为 50～80kPa，这就不能承受较大的建筑物荷载，否则就可能出现地基的局部破坏乃至整体滑动，在开挖较深的基坑时，就可能出现基坑的隆起和坑壁的失稳现象。由于软土的压缩性较高，建筑物基础的沉降和不均匀沉降是比较大的，对于一般四层至七层的砌体承重结构房屋，最终沉降约为 200～500mm，对于荷载较大的构筑物（贮罐、粮仓、水池）基础的沉降一般达 500mm 以上，有些甚至可达到 2m 以上。如果建筑物各部位荷载差异较大，体形又比较复杂，那就要产生较大的不均匀沉降。沉降和不均匀沉降过大将引起建筑物基础标高的降低，影响建筑物的使用条件，或者造成倾斜、开裂破坏。由于渗透性很小，固结速率很慢，沉降延续的时间很长，使建筑物内部设备的安装和与外部的连接带来许多困难，同时，软土的强度增长比较缓慢，长期处于软弱状态，影响地基加固的效果。由于软土具有比较高的灵敏度，若在地基施工中采取振动、挤压和搅拌等作用，就可能引起软土结构的破坏，降低软土的强度。因此，在软土地基上建造建筑物，则要求对软土地基进行处理。地基处理的目的主要是改善地基土的工程性质，达到满足建筑物对地基稳定和变形的要求，包括改善地基土的变形特性和渗透性，提高其抗剪强度和抗液化能力，消除其他不利的影响。

近年来许多重要的工程和复杂的工业厂房在软弱土地基上兴建，工程实践的要求推动了软弱土地基处理技术的迅速发展，地基处理的途径愈来愈多，考虑问题的思路日益新颖，老的方法不断改进完善，新的方法不断涌现。根据地基处理方法的原理，基本上可分为如表 11-1 所示的几类处理方法。

表 11-1 软弱土地基处理方法分类

编号	分 类	处理方法	原理及作用	适用范围
1	换土垫层	砂石垫层、素土垫层，灰土垫层，矿碴(粉煤灰)垫层	以砂石、素土、灰土和矿渣等强度较高的材料，置换地基表层软弱土，提高持力层的承载力，减少沉降量	暗沟、暗塘等软弱土地基
2	碾压及夯实	重锤夯实法，机械碾压法，振动压实法，强夯法(动力固结)	利用压实原理，通过机械碾压夯击，把表层地基土压实，强夯则利用强大的夯击能，在地基中产生强烈的冲击波和动应力，使土体动力固结密实	碎石、砂土、粉土、低饱和度的黏性土、杂填土等。对饱和黏性土可采用强夯法
3	振密挤密	振冲挤密，灰土挤密桩，砂桩，石灰桩，爆破挤密	采用一定的技术措施，通过振动或挤密，使土体孔隙减少，强度提高；也可在振动挤密的过程中，回填砂、砾石、灰土、素土等，与地基土组成复合地基，从而提高地基的承载力，减少沉降量	松砂、粉土、杂填土及湿陷性黄土

续表

编号	分 类	处理方法	原理及作用	适用范围
4	排水固结	天然地基预压，砂井预压，塑料排水板预压，真空预压，降水预压	通过改善地基排水条件和施加预压荷载，加速地基的固结和强度增长，提高地基的稳定性，并使基础沉降提前完成	饱和软弱土层；对于渗透性很低的泥炭土，则应慎重
5	胶结固结	深层搅拌，高压喷射注浆等	采用专门的技术措施，在部分软弱土地基中掺入水泥、石灰或砂浆等形成加固体，与周边土组成复合地基，从而提高地基的承载力，减少沉降量	黏性土、冲填土、粉砂、细砂等
6	土工聚合物	土工膜、土工织物、土工格栅等合成物	一种用于土工的化学纤维新型材料，可用于排水、隔离、反滤和加固补强等方面	软土地基、填土及陡坡填土、砂土
7	其他	冻结，托换技术，纠偏技术	通过独特的技术措施处理软弱土地基	根据建筑物和地基基础情况确定

表中各种地基处理方法都有各自的特点和作用机理，在不同的土类中产生不同的加固效果和局限性，没有哪一种方法是万能的。具体的工程地质条件是千变万化的，工程对地基的要求也是不相同的，而且材料的来源、施工机具和施工条件也因工程地点的不同又有较大的差别。因此，对于每一项工程必须进行综合考虑，通过几种可能采用的地基处理方案的比较，选择一种技术可靠、经济合理、施工可行的方案，既可以是单一的地基处理方法，也可以是多种地基处理方法的综合处理。

本章简要介绍几种常用地基处理方法的作用原理、设计方法和施工质量要求。

第二节 换土垫层法

一、换土垫层及其作用

当建筑物基础下的持力层比较软弱，不能满足上部荷载对地基的要求时，常采用换土垫层来处理软弱土地基，即将基础下一定范围内的土层挖去，然后回填以强度较大的砂、碎石或灰土等，并夯至密实。

实践证明：换土垫层可以有效地处理某些荷载不大的建筑物地基问题，例如：一般的三、四层房屋、路堤、油罐和水闸等的地基。换土垫层按其回填的材料可分为砂垫层、碎石垫层、素土垫层、灰土垫层等。下面仅以砂垫层为例讨论换土垫层的作用和原理。

砂垫层的主要作用如下。

(1) 提高浅基础下地基的承载力。一般来说，地基中的剪切破坏是从基础底面开始的，并随着应力的增大逐渐向纵深发展。因此，若以强度较大的砂土代替可能产生剪切破坏的软弱土，就可以避免地基的破坏。

(2) 减少沉降量。一般情况下，基础下浅层地基的沉降量在总沉降量中所占的比例是比较大的。以条形基础为例，在相当于基础宽度的深度范围内沉降量约占总沉降量的50%左右，同时由侧向变形而引起的沉降，理论上也是浅层部分占的比例较大，若以密实的砂土代替浅层软弱土，那么就可以减少大部分的沉降量。由于砂垫层对应力的扩散作用，作用在下卧土层上的压力较小，这样也会相应减少下卧土层的沉降量。

(3) 加速软弱土层的排水固结。建筑物的不透水基础直接与软弱土层接触时，软弱土地基中的水被迫绕基础两侧排出，因而使基底下的软弱土不易固结，形成较大的孔隙水压力，还可能导致由于地基土强度降低而产生塑性破坏的危险。砂垫层提供了基底下的排水面，不但可以使基础下面的孔隙水压力迅速消散，避免地基土的塑性破坏，还可以加速砂垫层下软弱土层的固结及其强度的提高，然而固结的效果只限于表层，深部的影响就不显著了。

在各类工程中，砂垫层的作用是不同的，房屋建筑物基础下的砂垫层主要起置换的作用，对路堤和土坝等，则主要是利用其排水固结作用。

二、砂垫层的设计要点

砂垫层设计的主要内容是确定断面的合理宽度和厚度，如图 11-1 所示。根据建筑物对地基变形及稳定的要求，对于换土垫层，既要有足够的厚度置换可能被剪切破坏的软弱土层，又要有足够的宽度以防止砂垫层向两侧挤动。对于排水垫层，一方面要求有一定的厚度和宽度防止加荷过程中产生局部剪切破坏，另一方面要求形成一个排水层，促进软弱土层的固结。砂垫层设计的方法有多种，这里只介绍一种常用的方法。

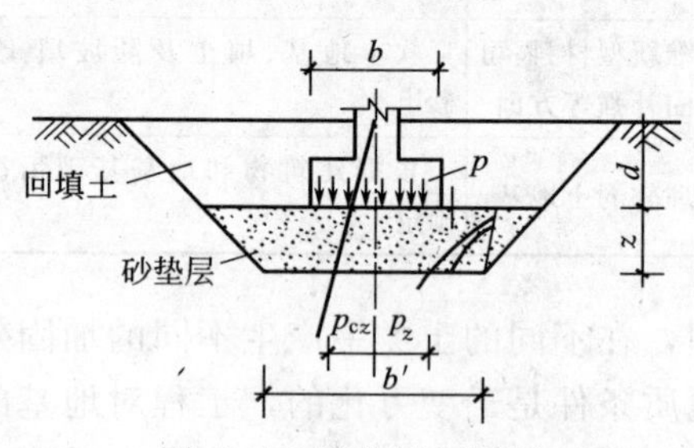

图 11-1 砂垫层剖面图

1. 砂垫层厚度的确定

根据垫层作用的原理，砂垫层厚度 z 必须满足在建筑物荷载作用下垫层地基不应产生剪切破坏，同时通过垫层传递至下卧软弱土层的应力也不产生局部剪切破坏。其计算式为

$$p_z + p_{cz} \leqslant f_{az} \tag{11-1}$$

式中 f_{az}——砂垫层底面处软弱土层的承载力特征值（应按垫层底面的深度考虑深度修正），kPa；

p_{cz}——砂垫层底面处土的自重应力，kPa；

p_z——相应于荷载效应标准组合时，砂垫层底面处的附加应力值，kPa，按应力扩散法计算。

对条形基础，p_z 为

$$p_z = \frac{b(p_k - p_c)}{b + 2z\tan\theta} \tag{11-2a}$$

对矩形基础，p_z 为

$$p_z = \frac{bl(p_k - p_c)}{(b + 2z\tan\theta)(l + 2z\tan\theta)} \tag{11-2b}$$

式中 l，b——分别为基础的长度和宽度，m；

z——砂垫层的厚度，m；

p_k——相应于荷载效应标准组合时，基底压力，kPa；

p_c——基础底面标高处土的自重应力，kPa；

θ——砂垫层的压力扩散角，(°)，可按表 11-2 采用。

表 11-2 压力扩散角 θ (°)

换填材料 / z/b	中(粗、砾)砂、圆砾角砾 卵石、碎石	黏性土和粉土 ($8 < I_p < 14$)	灰 土
0.25	20	6	30
≥0.50	30	23	30

注：1. 当 $z/b < 0.25$ 时，除灰土仍取 $\theta = 30°$外，其余材料均取 $\theta = 0°$。

2. 当 $0.25 < z/b < 0.5$ 时，θ 值可内插求得。

计算时，先假设一个垫层的厚度，然后用式(11-1) 验算。如不符合要求，则需改变厚度，重新验算，直至满足为止。一般砂垫层的厚度为 1～2m 左右，过薄的垫层（<0.5m）其作用不显著，垫层太厚（>3m）则施工较困难。

2. 垫层宽度的确定

垫层的底面宽度应以满足基础底面应力扩散和防止垫层向两侧挤出为原则进行设计。关于宽度计算，目前还缺乏可靠的方法，一般根据当地经验确定或按公式要求计算，其算式为

$$b' \geqslant b + 2z\tan\theta \tag{11-3}$$

式中　b'——垫层底面宽度，m；

b——矩形基础或条形基础底面的宽度，m；

z——基础底面下垫层的厚度，m；

θ——垫层的压力扩散角，(°)，可按表 11-2 选用：当 $z/b<0.25$ 时，仍按 $z/b=0.25$ 取值。

垫层顶面每边比基础底面大 0.3m，或从垫层底面两侧向上按当地开挖基坑经验的要求放坡，整片垫层的宽度可根据施工的要求适当加宽。

3. 垫层承载力的确定

垫层承载力宜通过现场试验确定，当无试验资料时，可按表 11-3 选用，并应验算下卧层的承载力。

表 11-3　各种垫层的承载力

施工方法	换填材料类别	压实系数 λ_c	承载力特征值 f_{ak}/kPa
碾压或振密	碎石、卵石	0.94～0.97	200～300
	砂夹石(其中碎石卵石占全重的 30%～50%)		200～250
	土夹石(其中碎石卵石占全重的 30%～50%)		150～200
	中砂、粗砂、砾砂		150～200
	黏性土和粉土($8<I_p<14$)		130～180
	灰土	0.93～0.95	200～250
重锤夯实	土或灰土	0.93～0.95	150～200

4. 沉降计算

建筑物基础沉降等于垫层自身的变形量 s_1 与下卧土层的变形量 s_2 之和，应满足要求。

以上按应力扩散设计砂垫层的方法比较简单，故常被设计人员所采用。但是必须注意，应用此法验算砂垫层的厚度时，往往得不到接近实际的结果。因为增加砂垫层的厚度时，式(11-1) 中的 p_z 虽可减少，但 p_{cz} 却增大了，因而两者之和（p_z+p_{cz}）的减少并不明显，所以这样设计的砂垫层往往较厚（偏于安全）。

三、砂垫层的施工要点

(1) 砂垫层的砂料必须具有良好的压实性，以中、粗砂为好，也可使用碎石；细砂虽然也可以作垫层，但不易压实，且强度不高。垫层用料虽然要求不高，但不均匀系数不能小于5，有机质含量、含泥量和水稳性不良的物质不宜超过 2%，且不希望掺有大石块。

(2) 砂垫层施工的关键是如何将砂加密至设计的要求。加密的方法常用的有加水振动、

水撼法、碾压法等。这些方法都要求控制一定的含水量，分层铺砂，逐层振密或压实。含水量太低或饱和砂都不易密实。以湿润到接近饱和状态时为好。

(3) 开挖基坑铺设砂垫层时，必须避免扰动软土层的表面和破坏坑底土的结构。因此基坑开挖后，应立即回填，不能暴露过久或浸水，更不得任意践踏坑底。

(4) 当采用碎石垫层时，为了避免碎石挤入土中，应在坑底先铺一层砂，然后再铺碎石垫层。

垫层的种类很多，除了砂和碎石垫层外，还有素土和灰土垫层等，近年来又发展了类似垫层的土工聚合物加筋垫层。

第三节 碾压和夯实法

建筑物地基表层的松散填土、杂填土或其他松软土层，常常要求压实后才能作为地基的持力层。夯硪或蛙夯的夯击功能很小，影响深度很浅，只能应用于整平基槽或局部压实。

一般建筑物地基要求增大压实的影响深度，常用压实功能较大的重锤夯实、机械碾压和振动压实等方法处理。近年来夯实技术的发展突破了原来压实的原理，出现了强夯法。这已不属于一般的压实范围了，而是一种通过夯击产生振动波处理地基的方法。因为它还是用锤夯击，所以在这里一并介绍。

一、重锤夯实法

重锤夯实法是利用起重机将重锤提到一定高度，然后使其自由落下，重复夯打，把地基表层夯实。这种方法可用于处理非饱和黏性土或杂填土，提高其强度，减少其压缩性和不均匀性，也可用于处理湿陷性黄土，消除其湿陷性。

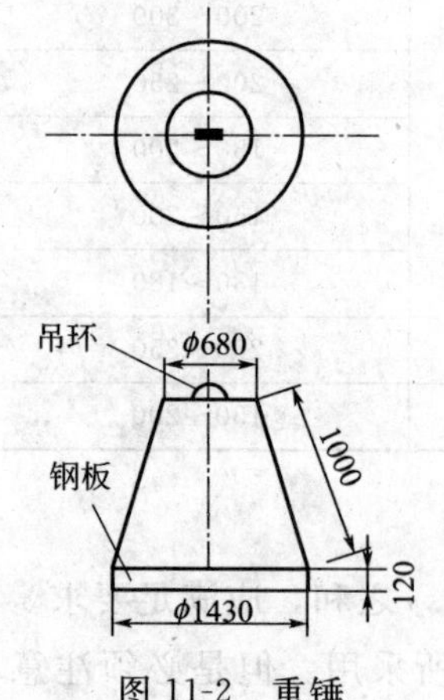

图 11-2 重锤

重锤夯实法的主要机具是起重机和重锤。重锤为一截头的圆锥体（见图 11-2），锤重不小于 15kN，锤底的直径约为 0.7～1.5m。

重锤夯实的效果与锤重、锤底的直径、落距、夯击的遍数、夯实土的种类和含水量有密切关系。合理选定上述参数和控制土的含水量，才能达到较好的夯实效果，因此在施工时，一方面控制含水量，使土在最优含水量条件下夯实，另一方面，若夯实土的含水量发生变化，则可以调节夯实功的大小，使夯实功适应土的实际含水量。一般情况下，增大夯实功或增加夯击的遍数可以提高夯实的效果。但是当土夯实到达某一密实度时，再增大夯实功和夯击遍数，土的密度却不再增大了，甚至有时会使土的密实度降低。夯实功和夯击的遍数一般通过现场试验确定，根据实践经验，夯实的影响深度约为重锤底直径的一倍左右；夯实后杂填土地基的承载力特征值一般可以达到 100～150kPa。对于地下水位离地表很近或软弱土层埋置很浅的情况，重锤夯实可能产生橡皮土的不良的效果，所以要求重锤夯实的影响深度高出地下水位 0.8m 以上，且不宜存在饱和软土层。

二、机械碾压法

机械碾压法是一种采用平碾、羊足碾、压路机、推土机或其他压实机械压实松软土的方法。这种方法常用于大面积填土的压实和杂填土地基的处理，碾压的效果主要决定于被压实土的含水量和压实机械的压实能量。在实际工程中若要求获得较好的压实效果，应根据碾压机械的压实能量，控制碾压土的含水量，选择适合的分层碾压厚度和遍数，一般可以通过现场碾压试验确定。关于黏性土的碾压，通常用80～100kN的平碾或120kN的羊足碾，每层铺土厚度约为200～300mm，碾压8～12遍，碾压后填土地基的质量常以压实系数λ_c和现场含水量控制，压实系数为控制的干密度与最大干密度的比值，在主要受力层范围内一般要求$\lambda_c \geqslant 0.96$。

三、振动压实法

振动压实法是一种在地基表面施加振动把浅层松散土振实的方法。振动压实机是这种方法的主要机具，自重为20kN，振动力为50～100kN，频率为1160～1180r/min，振幅为3.5mm。这种方法主要应用于处理砂土、炉碴、碎石等无黏性土为主的填土，振动压实的效果主要决定于被压实土的成分和振动的时间，振动的时间越长，效果越好。但超过一定时间后，振动的效果就趋于稳定。所以在施工之前先进行试振，确定振动所需的时间和产生的下沉量，例如炉灰和细粒填土，振实的时间约为3～5min，有效的振实深度约为1.2～1.5m。一般杂填土经过振实后，地基承载力特征值可以达到100～120kPa。如地下水位太高，则将影响振实的效果。另外应注意振动对周围建筑物的影响，振源与建筑物的距离应大于3m。

四、强夯法

强夯法是法国L. 梅纳（Menard，1969）首创的一种地基加固的方法，即用几十吨重锤从高处落下，反复多次夯击地面，对地基进行强力夯实。这种强大的夯击力在地基中产生应力和振动，从地面夯击点发出的纵波和横波可以传至土层深处，从而使浅层和深层得到不同程度的加固作用。实践证明，强夯法加固地基效果显著。如图11-3所示，经强夯后的地基承载力可提高2～5倍，压缩性可降低200%～500%，影响深度在10m以上。而且这种方法具有施工简单、速度快、节省材料等特点，因而受到工程界的广泛重视。

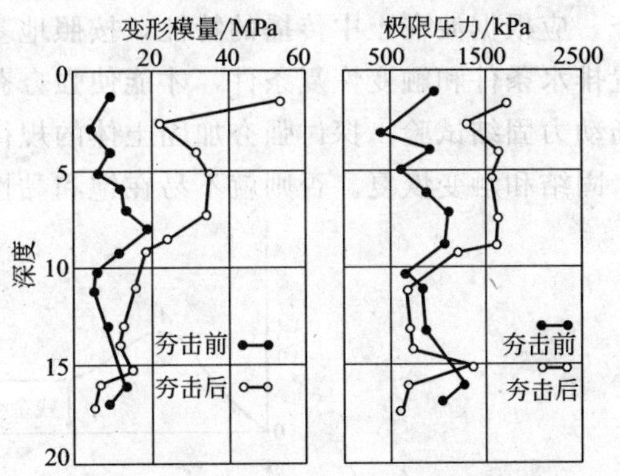

图11-3 夯实前后旁压仪试验结果

1. 强夯法的作用机理

关于强夯法加固地基的作用机理，目前尚未完全了解。然而通过大量工程实践和现场实测资料分析，对强夯作用机理的认识逐步明朗。强夯加固地基主要是由于强大的夯击能在地基中产生强烈的冲击波和动应力对土体作用的结果。由强夯产生的冲击波，按其在土中的传播和对土作用的特性可分为体波和面波两类。体波包括纵波和横波（或压缩波和剪切波），从夯击点向地基深处传播，对地基土起压缩和剪切作用，可能引起地基土的压密固结。面波从夯击点沿地表面传播，对地基不起加固作用，而使地基表面松动。因此，强夯的结果，在地基中沿深度常形成性质不同的三个作用区。在地基表层受到面波和剪切波的干扰形成松动区；在松动区下面某一深度，受到压缩波的作用，使土层产生沉降和土体的压密，形成加固区；在加固区下面，冲击波逐渐衰减，不足以使土产生塑性变形，对地基不起加固作用，称为弹性区。

在强夯的过程中，根据土体中的孔隙水压力、动应力和应变关系，加固区内波对土体的作用可分为三个阶段，如图 11-4 所示：（1）加载阶段（OA 或 $O'A'$ 段），即夯击的一瞬间，夯锤的冲击使地基土体产生强烈的振动和动应力 σ，在波动的影响带内，动应力和孔隙水压力急剧上升（OA 和 $O'A'$），而动应力往往大于孔隙水压力（$\sigma_{max}>u_{max}$），有效动应力使土体产生塑性变形，破坏土的结构。对于砂土，迫使土的颗粒重新排列而密实。对于黏性土，土骨架被迫压缩，同时由于土体中的水和土颗粒两种介质引起不同的振动效应，两者的动应力差大于土颗粒的吸附能时，土中部分结合水和毛细水从颗粒间析出，产生动力水聚结，形成排水通道，制造动力排水条件；（2）卸载阶段（AB 或 $A'B'$ 段），即夯击动能卸去的一瞬间，动的总应力瞬息即逝，然而土中孔隙水压力仍然保持较高的水平，此时孔隙水压力大于有效应力，因此土体中存在较大的负有效应力，引起砂土的液化。在黏性土地基中，当最大孔隙水压力大于小主应力 σ_3、静止侧压力 $K_0\sigma_z$ 及土的抗拉强度之和时，土体开裂，渗透性迅速增大，孔隙水压力迅速下降；（3）动力固结阶段（BC 或 $B'C'$ 段），在卸载之后，土体中仍然保持一定的孔隙水压力，土体就在此压力作用下排水固结。在砂土中，孔隙水压力消散甚快，约 3～5 分钟，使砂土进一步密实；在黏性土中，孔隙水压力消散较慢，可能要延续 2～4 周。如果有条件排水固结，土颗粒进一步靠近，重新形成新的水膜和结构连接，土的强度逐渐恢复和提高，达到加固地基的目的。上述三个过程称为动力固结。如果在加载和卸载阶段所形成的最大孔隙水压力不能使土体开裂，也不能使土颗粒的水膜和毛细水析出，动荷载卸去后，孔隙中水未能迅速排走，则孔隙水压力很大，土的结构已被扰动破坏，又没有条件排水固结；土颗粒间的触变恢复条件又较慢，在这种情况下，不但不能使黏性土加固，反而使土扰动，降低了地基土的抗剪强度，增大土的压缩性。因此对饱和黏性土进行强夯，应根据波在土中传播的特性，按照地基土的性质选择适合的强夯能量，同时又要注意设置排水条件和触变恢复条件，才能使强夯获得良好的加固效果。在施工前，事先必须进行现场动力固结试验，探讨强夯加固土体的规律，选择强夯能量和方法，检验是否能产生动力排水固结和触变恢复。否则就不易在饱和黏性土地基中获得良好的效果，有些工程在饱和软土

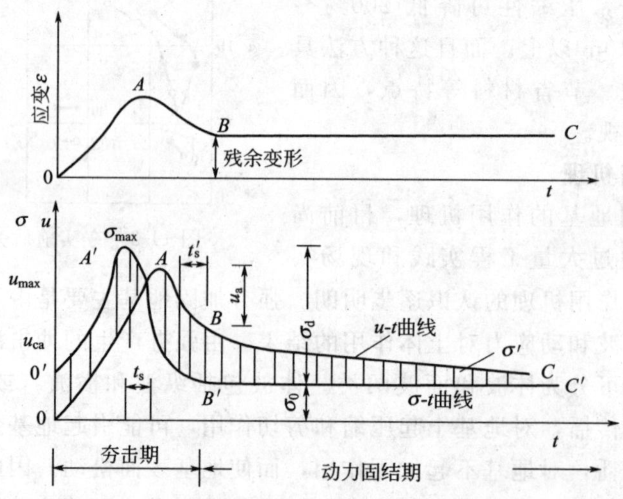

图 11-4 强夯冲击波对土体的作用过程

σ—夯击应力；σ_{max}—最大夯击应力；u—孔隙水压力；u_{max}—最大孔隙水压力；u_{ca}—荷载卸去后的孔隙水压力；u_a—土体膨胀引起的孔隙水压力；σ_d—夯击动应力增量；σ_0—土体静应力；t_s—最大动应力与孔隙水压力的时差；t'_s—动应力卸去后孔隙水压力滞后时差

中进行强夯未能获得预期的效果，甚至破坏了土的结构，这是因为在饱和黏性土中强夯不易控制达到动力固结的缘故。所以应持慎重态度。

关于非饱和土的强夯机理，可以这样来理解，夯击能量产生的波和动应力的反复作用，迫使土骨架产生塑性变形，由夯击能转化为土骨架的变形能，使土密实，提高土的抗剪强度，改善土的变形特性。

2. 强夯实施要点

为了使强夯加固达到预期的效果，首先根据建筑物对地基加固深度的要求，确定所需的夯击能量，然后根据被加固地基的土类，按其强夯的机理选择锤重、落高、夯击点间距、排列、夯击遍数、每遍夯击点的击数和每遍间歇的时间等。

夯击的能量 E 与加固深度 z 的关系，可用经验公式估算：

$$z=m\sqrt{E}=m\sqrt{WH} \tag{11-4}$$

式中 z——有效加固深度，m；

W——锤重，t；

H——落高，m；

m——经验系数，它与波在土中传播的速度及土吸收能量的能力有关。根据我国的实践经验，m 值约为 0.40～0.80 之间，碎石土、砂土等为 0.45～0.50，粉土、黏性土、湿陷性黄土等为 0.45～0.50。

锤重和落高决定于加固深度所需的能量，锤重有 100kN、150kN、200kN、300kN 等，落高则由起重设备来决定。当夯击的能量确定后，便可根据施工设备的条件选择锤重和落高，并通过现场试夯确定。

强夯时，一般按一定的间距和排列布置夯点，然后在每一夯击点连续夯击，开始夯击时形成一个夯坑，第一击下沉较大，连续多次夯击后，下沉逐渐减少，待最后二击平均下沉量不大于 50mm 时，停止夯击，完成全部夯击点称为第一遍。间歇一段时间，待夯击引起的孔隙水压力消散后，继续夯击第二、第三遍。夯击点一般按方格布置，间距约 5～9m。第一遍夯点距离不宜太小，约为夯锤直径的 3～4 倍，第二、三遍的距离逐渐减小，完成全部夯击遍数，最后用低能量满夯，每遍夯击数一般约 5～10 击，夯击遍数和要求与土的种类有关，一般约为 2～4 遍，每遍间歇时间决定孔隙水压力消散的速率，对于砂土地基间歇时间很短，甚至可以连续夯击，对于黏性土一般为 15～30 天。

强夯法适用于处理砂土，碎石土，低饱和度的黏性土，粉土，湿陷性黄土等。在饱和软弱土地基采用强夯法时，应通过现场试验获得效果后才宜采用。这种方法不足之处是施工振动大，噪声大，影响附近建筑物，所以在城市中不宜采用。

第四节 挤密和振冲法

一、挤密及振冲作用机理

众所周知：在砂土中，通过机械振动挤压或加水振动可以使土密实。挤密法和振冲法就是利用这个原理发展起来的两种地基加固方法。

1. 挤密法

挤密法是以振动或冲击的方法成孔，然后在孔中填入砂、石、石灰、灰土或其他材料，并加以捣实成为桩体，按其填入的材料分别称为砂桩、砂石桩、石灰桩、灰土桩等。挤密法

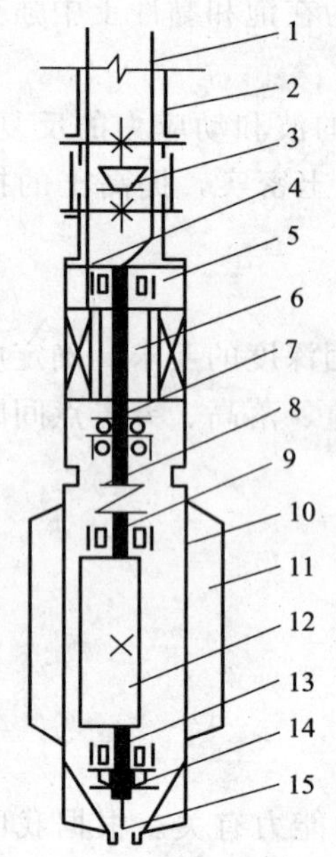

图 11-5 振冲器构造图

1—水管；2—吊管；3—活节头；4—电动机垫板；5—潜水电动机；6—转子；7—电动机轴；8—联轴节；9—空心轴；10—壳体；11—翼板；12—偏心体；13—同心轴承；14—推力轴承；15—射水管

有用打桩机或振动打桩机施工的，也有用爆破成孔的。挤密桩的加固机理主要靠桩管打入地基中，对土产生横向挤密作用，在一定挤密功能作用下，土粒彼此移动，小颗粒填入大颗粒的空隙，颗粒间彼此靠近，空隙减少，使土密实，地基土的强度也随之增强。所以挤密法主要是使松软土地基挤密，改善土的强度和变形特性。由于桩体本身具有较大的强度和变形模量，桩的断面也较大，故桩体与土组成复合地基，共同承担建筑物荷载。

必须指出：挤密砂桩与排水砂井都是以砂为填料的桩体，但两者的作用是不同的。砂桩的作用主要是挤密，故桩径较大，桩距较小，而砂井的作用主要是排水固结，故井径小而间距大。

挤密桩主要应用于处理松砂土、素填土、湿陷性黄土等，将土挤密或消除湿陷性，其效果是显著的。

2. 振冲法

振冲法是利用一个振冲器（见图 11-5），在高压水流的帮助下边振边冲，使松砂地基变密；或在黏性土地基中成孔，在孔中填入碎石制成一根根的桩体，这样的桩体和原来的土构成比原来抗剪强度高和压缩性小的复合地基。

振冲器为圆筒形，筒内由一组偏心铁块，潜水电机和通水管三部分组成。潜水电机带动偏心铁块使振冲器产生高频振动，通水管接通高压水流从喷水口喷出，形成振动水冲作用。振冲法的工作过程是用吊车或卷扬机把振冲器就位后（见图 11-6 中第一步），打开喷水口，开动振冲器，在振冲作用下使振冲器沉到需要加固的深度（图中第二步），然后边往孔内回填碎石，边喷水振动，使碎石密实，逐渐上提，振密全孔，孔内的填料愈密，振动消耗的电量愈大，常通过观察电流的变化，控制振密的质量，这样就使孔内填料及孔周围一定范围内土密实（图中第三、四步）。

在砂土中和黏性土中振冲法的加固机理是不同的。在砂土中，振冲器对土施加重复水平振动和侧向挤压作用，使土的结构逐渐破坏，孔隙水压力逐渐增大。由于土的结构破坏，土粒便向低势能位置转移，土体由松变密。当孔隙水压力增大到大主应力值时，土体开始液化。所以，振冲对砂土的作用主要是振动密实和振动液化，随后孔隙水消散固结。振动液化与振动加速度有关，而振动加速度又随着离振冲器的距离增大而衰减。因此，把振冲的影响范围从振冲器壁向外，按加速度的大小划分为液化区，过渡区和压密区。压密区外无加固效果。一般来说过渡区和压密区愈大，加固效果愈好，因为液化状态的土不易密实，液化区过大反而降低加密的效果。根据工程实践的结果，砂土加固的效果决定于土

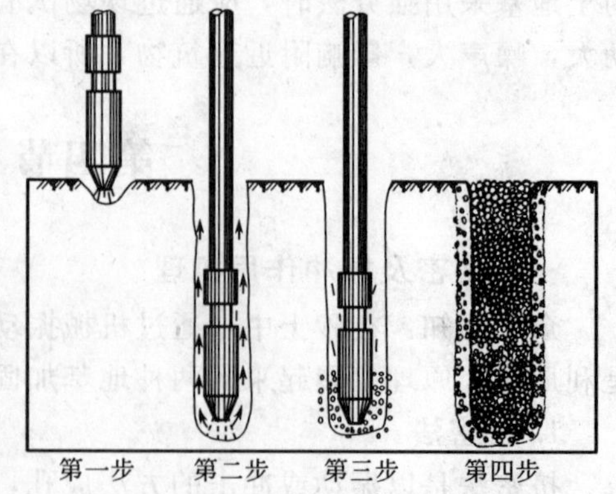

图 11-6 振冲法施工顺序图

的性质（砂土的密度、颗粒的大小、形状、级配、比重、渗透性和上覆压力等）和振冲器的性能（如偏心力、振动频率、振幅和振动历时）。土的平均有效粒径 $d_{10}=0.2\sim2$mm 时加密的效果较好；颗粒较细易产生宽广的液化区，振冲加固的效果较差。所以对于颗粒较细的砂土地基，需在振冲孔中添加碎石形成碎石桩，才能获得较好的加密效果。颗粒较粗的中、粗砂土可不必加料，也可以得到较好的加密效果。

在黏性土中，振动不能使黏性土液化，除了部分非饱和土或黏粒土含量较少的黏性土在振动挤压作用下可能压密外，对于饱和黏性土，特别是饱和软土，振动挤压不可能使土密实的，甚至扰动了土的结构，引起土中孔隙水压力的升高，降低有效应力，使土的强度降低。所以振冲法在黏性土中的作用主要是振冲制成碎石桩，置换软弱土层，碎石桩与周围土组成复合地基。在复合地基中，碎石桩的变形模量远较黏性土大，因而使应力集中于碎石桩，相应减少软弱土中的附加应力，从而改善地基承载能力和变形特性。但在软弱土中形成复合地基是有条件的，即在振冲器制成碎石桩的过程中，桩周土必须具有一定的强度，以便抵抗振冲器对土产生的振动挤压力和尔后在荷载作用下支撑碎石桩的侧向挤压作用。若地基土的强度太低，不能承受振冲过程的挤压力和支撑碎石桩的侧向挤压，复合地基的作用就不可能形成了。由此可见，被加固土的抗剪强度是影响加固效果的关键。工程实践证明，具有一定的抗剪强度（$c_u>20$kPa）的地基土采用碎石桩处理地基的效果较好，反之，处理效果就不显著，甚至不能采用。众多工程技术人员认为：当地基土的不固结不排水抗剪强度 $c_u<20$kPa 时，采用振冲碎石桩应该慎重对待。实践证明振动挤压可能引起饱和软土强度的衰减，但经过一段间歇期后，土的抗剪强度是可以恢复的。所以，在比较软弱的土层中，如能振冲制成碎石桩，应间歇一段时间，待强度恢复后，才能施加上部荷载。

总之振冲法的机理，在砂土中主要是振动挤密和振动液化作用，在黏性土中主要是振冲置换作用，置换的桩体与土组成复合地基。近年来振冲法已广泛应用处理各类地基土，但是主要应用于处理砂土、湿陷性黄土及部分非饱和黏性土，提高这些土的地基承载力和抗液化性能，也应用于处理不排水剪强度稍高的饱和黏性土和粉土，改善这类土的地基承载力和变形特性。

二、设计和计算原理

利用振冲法和挤密法处理地基的设计理论和方法目前尚不完善，主要依靠工程实践的经验进行综合分析，在工程实践的基础上提出了一些半经验方法。由于在砂土和黏性土中挤密和振冲的加固机理不同，分别讨论如下：

1. 砂土地基中的设计

在砂土地基中，主要是从挤密的角度出发来考虑地基加固的设计问题。首先根据工程对地基加固的要求（如提高地基承载力，减少沉降，抗地震液化等），按土力学的基本理论，计算出加固后要求达到的密度和孔隙比，并考虑建筑基础的形状，合理布置桩位（单独基础按正方形布置，大面积基础按梅花形布置）。如果要把砂土从初始孔隙比 e_0，加固后达到孔隙比为 e_1，并假设挤密法和振冲法只产生侧向挤密，那么振冲碎石桩（或挤密砂桩）的间距 l 可按下面公式确定。对于正方形布置

$$l=0.90d\sqrt{\frac{1+e_0}{e_0-e_1}} \tag{11-5}$$

对于梅花形布置则为

$$l=0.95d\sqrt{\frac{1+e_0}{e_0-e_1}} \tag{11-6}$$

$$e_1=e_{max}-D_{r1}(e_{max}-e_{min})$$

式中　d——砂桩的直径，mm；

e_0，e_1——地基处理前和处理后要求达到的孔隙比；

e_{max}，e_{min}——砂土最大和最小孔隙比，并按现行规定确定；

D_{r1}——挤密后要求达到的相对密实度，可以取0.70～0.85。

关于估算加固后达到的承载力特征值，可通过现场标准贯入试验锤击数（修正后的N值），按《建筑地基基础设计规范》(GB 50007—2002）求得；按照《建筑地基处理技术规范》(JGJ 79—2002)，可用现场载荷试验确定地基承载力特征值。

关于加固深度问题，若是为了提高承载力和减少沉降，加固的深度不需太深，一般不超过8m，因为砂土的强度随深度增大很快，沉降的影响深度也不大。若为了抗地震液化，可按现行抗震规范确定，也可以用标准贯入试验的一些经验公式估算加固深度。

2. 黏性土地基中的设计要点

对于黏性土地基，利用振动碎石桩加固后，复合地基的承载力和变形特性一方面决定于被加固土的特性，另一方面决定于置换率的大小，置换率用截面积比表示，即

$$m=\frac{A_P}{A}=\frac{A_P}{A_P+A_S} \tag{11-7}$$

式中　m——置换率；

A_P——碎石桩置换软土的截面积；

A_S——被加固范围内的土所占的截面积；被加固的面积$A=A_P+A_S$。在荷载作用下，应力分别由桩体和土来承担，常用桩土应力比n表示，即

$$n=\frac{p_p}{p_s} \tag{11-8}$$

式中　p_p——桩体承担的部分竖向荷载，kPa；

p_s——桩周土承担的部分荷载，kPa。

n的大小随荷载水平而变化。当荷载到达极限荷载时，根据复合地基的静力平衡原理，复合地基的极限竖向承载力可按面积加权计算，即

$$f_{cp,u}=\frac{A_P f_p+A_S f_s}{A} \tag{11-9}$$

$$f_{cp,u}=mf_p+(1-m)f_s \tag{11-10}$$

式中　$f_{cp,u}$——复合地基的极限竖向承载力，kPa；

f_p——桩体单位面积极限承载力，kPa；

f_s——桩间土极限承载力，kPa。

令$\xi_p=f_p/c_u$；$\xi_s=f_s/c_u$。c_u为天然地基不固结不排水剪切强度，ξ_p和ξ_s分别为碎石桩和桩周土的承载力系数，则复合地基的承载力系数ξ为

$$\xi=\frac{f_{cp,u}}{c_u}=m\xi_p+(1-m)\xi_s \tag{11-11}$$

从式(11-11）可以看出，加固后复合地基的承载力决定于置换率m的大小及承载力系数ξ_p和ξ_s。

复合地基的设计首先根据地基加固的要求，选择一个合理的置换率。由置换率的大小确

定碎石桩的桩径和间距。实际工程中常用的置换率 $m=10\%\sim20\%$，碎石桩的直径约为 0.6～1.0m，间距约 1.5～3.0m。对于大面积加固，桩宜采用梅花形布置，对于条形基础和单独基础采用正方形布置，桩的长度按建筑物对地基的要求确定，一般尽可能打入坚实土层，如软土层太厚，桩长最深也不超过 15m，但一般打至 8m 深度以后，再增加深度，对于提高承载力的效果逐渐不显著，只是减少沉降量而已。复合地基的各项尺寸确定后，必须进一步验算复合地基承载力及沉降是否能满足所设计建筑物的要求。根据我国工程实践的经验，利用修正的 J. 布朗斯（Brauns，1980）公式可以得到较接近于实际的结果。如图 11-7 所示。布朗斯假设：(1) 极限平衡区位于桩顶附近，滑动面成漏斗形，桩的破坏深度 $h=2r_0\tan\delta_p$；(2) $\tau_m=0$，$\sigma_\theta=0$；(3) 地基土和桩体的自重忽略不计。其中 r_0 为碎石桩的半径，$\delta_p=45°+\varphi_p/2$，φ_p 为碎石桩的抗剪角（$\varphi_p\approx30°\sim40°$）。在这些前提下，他导出了碎石桩单桩竖向极限承载力 $f_p=\sigma_p$ 公式，即

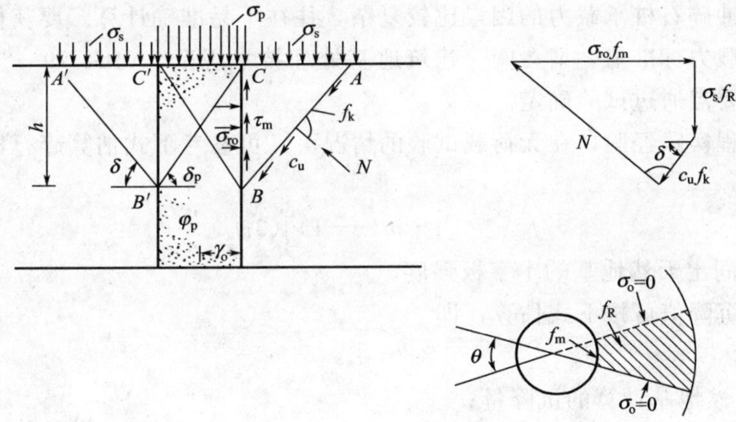

图 11-7　Brauns 的计算图式

$$\sigma_p=\tan^2\delta_p\frac{2c_u}{\sin2\delta}\left(\frac{\tan\delta_p}{\tan\delta}+1\right)\tag{11-12}$$

或

$$\xi_{p0}=\frac{\sigma_p}{c_u}=\frac{2\tan^2\delta_p}{\sin2\delta}\left(\frac{\tan\delta_p}{\tan\delta}+1\right)\tag{11-13}$$

式中　δ——滑动面与水平面的夹角，按照下式用计算法求得，即

$$\delta_p=\frac{1}{2}\tan\delta(\tan^2\delta-1)\tag{11-14}$$

式(11-12) 是不考虑存在群桩影响的承载力计算式，这种情况的承载力系数记为 ξ_{p0}。实际上的碎石桩都存在群桩的影响。若考虑四周都在群桩的影响的情况（即满堂桩情况），也可导得碎石桩的单桩竖向极限承载力 σ_{p1} 公式，即

$$\sigma_{p1}=\frac{c_u(\lambda+1)}{2}\left(\frac{\sigma_s}{c_u}+\frac{\lambda-1}{2\tan\delta_p}+\frac{2\tan\delta_p}{\lambda-1}\right)\tan^2\delta_p=\xi_{p1}c_u\tag{11-15a}$$

$$\xi_{p1}=\frac{(\lambda+1)}{2}\left(\frac{\sigma_s}{c_u}+\frac{\lambda-1}{2\tan\delta_p}+\frac{2\tan\delta_p}{\lambda-1}\right)\tan^2\delta_p\tag{11-15b}$$

式中　ξ_{p1}——四周有群桩影响的单桩承载力系数。

$\lambda=\left(\frac{1}{m}\right)^{\frac{1}{2}}$，$\sigma_s=(2\sim3)c_u$，一般情况 $\xi_s=\frac{\sigma_s}{c_u}=2\sim3$，当允许变形比较小时，$\xi_s=2$，否则取高值。$\xi_{p0}$ 和 ξ_{p1} 是两种极端情况下的承载力系数，实际的群桩都处于这两种情况之间，

因此碎石桩的承载力系数 ξ_p 可以根据每根桩的边界条件，分别属于 ξ_{p0} 和 ξ_{p1} 的情况按比例分配求得，即

$$\xi_p=\left(\frac{b_0}{b}\right)\xi_{p0}+\left(\frac{b_1}{b}\right)\xi_{p1} \tag{11-16}$$

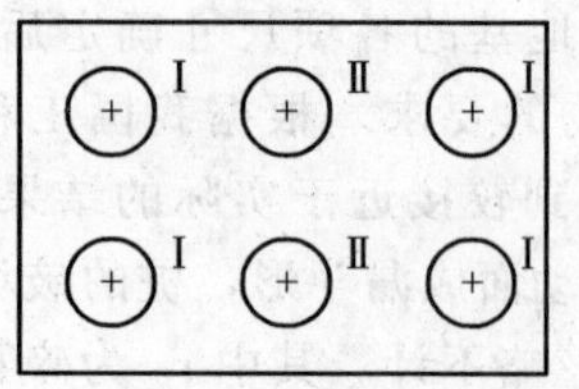

图 11-8　六桩布置图

式中　b——总边界数，对于正方形布置每根桩有 4 个边界，梅花形布置则有 6 个边界，总边界数为桩数乘边界数。b_0 和 b_1 分别为属于 ξ_{p0} 和 ξ_{p1} 情况的边界数。如图 11-8 中，$b=6\times4=24$，$b_0=10$，$b_1=14$，故

$$\xi=\frac{10}{24}\xi_0+\frac{14}{24}\xi_1$$

那么，碎石桩与桩间土组成的复合地基极限承载力可按式 (11-9) 求得。复合地基承载力标准值可把极限承载力除以安全系数 2～3 求得。

由于影响振冲碎石桩承载力的因素比较复杂，往往不易准确计算。要获得比较可靠的碎石桩复合地基承载力标准值，请参阅《建筑地基处理技术规范》(JGJ 79—2002) 按复合地基现场荷载试验要点通过试验确定。

根据我国工程实践经验，在无荷载试验的情况下，可参考下式估算碎石桩复合地基承载力标准值，即

$$f_{sp,k}=[1+m(n-1)](3\tau_{fu}) \tag{11-17}$$

式中　τ_{fu}——桩间土天然地基的十字板强度。

复合地基的沉降值可按下式估算，即

$$s'=\mu_s s \tag{11-18}$$

式中　s——按天然地基计算的沉降量；

s'——复合地基估算沉降量；

μ_s——折减系数：$\mu_s=\dfrac{1}{1+m(n-1)}$。

第五节　排水固结法

一、排水固结法的原理

排水固结法就是利用地基排水固结规律，采用各种排水技术措施处理饱和软弱土的一种方法。它的基本原理可用图 11-9 来说明。在压缩曲线中，当试样的天然压力为 σ_0' 时，对应的孔隙比为 e_0，如图中的 a 点，当压力增加 $\Delta\sigma$ 至固结完成 $\Delta\sigma'$ 时，孔隙比变化至 c 点，孔隙比减少了 Δe；与此同时，在抗剪强度 τ_f 与固结压力 σ_c' 的变化曲线 $\tau_f\sim\sigma_c'$ 中，抗剪强度随固结压力的增大也由 a 点提高至 c 点，增长了 $\Delta\tau_f$。如果从 c 点卸除压力 $\Delta\sigma'$，则土样产生膨胀，曲线由 c 返回到 f 点，然后又从 f 点再加压力 $\Delta\sigma'$ 至完全固结，土样再压缩沿虚线至 c' 点，相应的强度也从 f 点增大至 c' 点。

由此可见，地基受压固结时，一方面孔隙比减少，土体被压缩，抗剪强度也相应提高，另一方面，卸荷再压缩时，固结压力同样从 σ_0' 增加 $\Delta\sigma'$，而孔隙比仅减少 $\Delta e'$，因为土体已变为超固结状态的压缩，所以 $\Delta e'$ 比 Δe 小得多，抗剪强度也相应有所提高。

排水固结法就是利用这一变化规律来处理软弱土地基，主要有两方面问题。

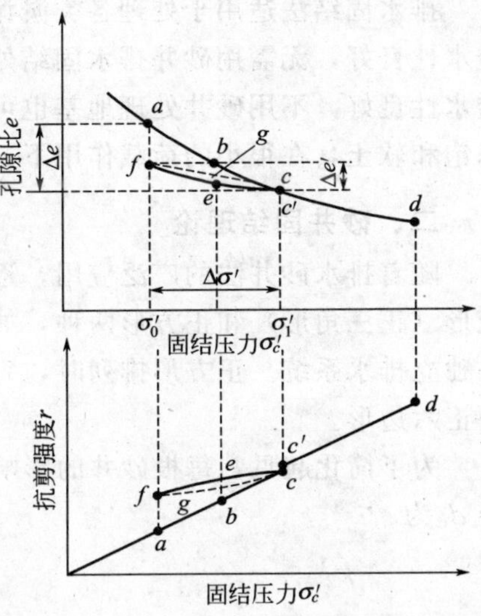

图 11-9　排水固结增大地基土密度的原理

一是沉降问题。预先在拟建的建筑物场地上施加一预压荷载，使土层固结，然后卸去顶压荷载建造建筑物，称为预压法，这样由建筑荷载引起的沉降和沉降差就大大地减少了。

二是稳定问题。利用建筑物荷载作用，促使地基土排水固结引起抗剪强度的增长，提高地基的承载力，控制施工加荷速率，满足建筑物荷载对地基稳定性的要求。

地基土层的排水固结效果与它的排水边界有关。根据固结理论，在达到同一固结度时，固结所需的时间与排水距离的长短的平方成正比。如图 11-10 所示，软弱土层越厚，一维固结所需的时间越长，如果淤泥质土层厚度大于 10～20m，要达到较大固结度（$U>80\%$），所需的时间要几年至十几年之久。为了加速固结，最有效的办法就是在天然土层中增加排水途径，缩短排水距离。在天然地基中设置垂直向排水体（砂井或塑料排水带），如图 11-10 所示，这就是缩短排水距离的最好措施。所以砂井或塑料排水带的作用就是增加排水条件，缩短排水距离，加速地基的固结，加速抗剪强度的增长，加速沉降的发展。在地基处理中，主要是利用这些加速作用，缩短预压工程的预压期，在短期内达到较好的固结效果，使沉降提前完成，加速地基土强度的增长，使地基承载力提高的速率始终大于施工荷载增长的速率，以保证地基的稳定性。这一点无论从理论和实践都得到证实。例如浙江省宁波机场和温州机场，在厚 10～20m 的淤泥质黏土地基上，采用砂井堆载预压建造跑道，效果良好。

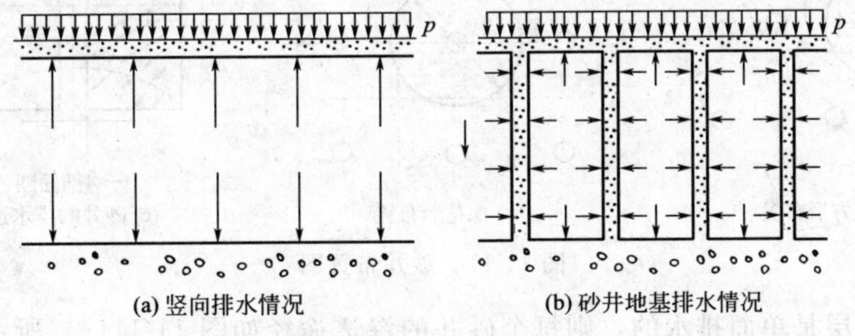

图 11-10　排水法原理

必须指出：排水固结法的应用条件，除了设置砂井或塑料排水带的施工机械外，必须要有预压荷载、预压时间和适用的土类等条件。预压荷载是个关键问题，因为施加预压荷载后才能引起地基的排水固结，然而施加一个与建筑物相等的荷载，这并非轻而易举之事，少则几千吨，大则数十万吨。许多工程因无条件施加预压荷载而不宜采用砂井处理地基。为了解决这一问题，发展了各种排水固结法，如：(1) 真空预压法；(2) 降水预压法；(3) 电渗排水等。堆载预压是在地基中形成超静水压力条件下排水固结，称为正压固结，真空预压和降水预压是在负超静水压力下排水固结，称为负压固结，两者的原理是类似的。

预压时间是通过设计来确定，如果实际工程有充裕的时间条件，可考虑用天然地基排水条件进行排水固结；反之，则采用不同间距和深度的砂井，加速地基的固结以满足工程的要求。

排水固结法适用于处理各类淤泥、淤泥质土及其他类饱和软黏土。对于砂土和粉上，因透水性良好，无需用砂井排水固结处理地基；含水平夹砂或粉砂层的饱和软土，因为水平向透水性良好，不用砂井处理地基也可获得良好的固结效果。对于泥炭及透水性极小的流塑状态饱和软土，在很小的荷载作用下，地基土就出现较大的剪切蠕变，排水固结效果很差。

二、砂井固结理论

随着排水砂井法的广泛应用，逐步发展了砂井地基固结理论。一般砂井的平面布置有梅花形（正三角形）和正方形两种，如图 11-11 所示。在大面积荷载作用下，假设每根砂井为一独立排水系统。正方形排列时，每根砂井的影响范围为一正方形，而梅花形布置时，则为一正六边形。

为了简化起见，每根砂井的影响范围都化作一个等面积圆。因此梅花形排列时的影响直径 d_e 为

$$d_e=\sqrt{\frac{2\sqrt{3}}{\pi}}l=1.05l$$

正方形排列的情况则为

$$d_e=\sqrt{\frac{4}{\pi}}l=1.128l$$

式中　l——砂井的间距，m。

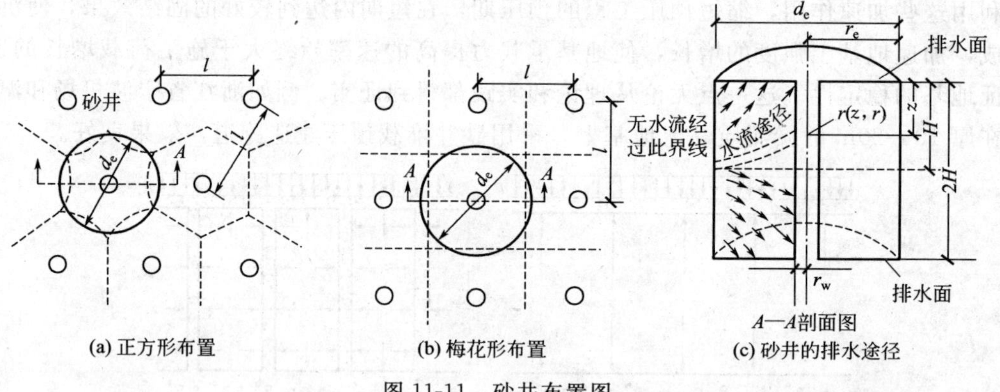

图 11-11　砂井布置图

如果软弱土层是单面排水的，则每个砂井的渗透途径如图 11-11(c) 所示，它既有竖向分量，亦有径向分量。如果假定：(1) 每个砂井的影响范围在平面上为一个圆，整个砂井为一个圆柱；(2) 砂井地基表面上荷载是均匀分布的，而且附加应力的分布不随深度而变化；(3) 地基土只能产生竖向压密变形；(4) 施加瞬时荷载后，全部荷载立即由孔隙水来承担；(5) 不考虑固结过程中固结系数的变化和砂井施工过程中涂抹作用的影响，则根据第五章中的一维固结理论之原理，砂井的三维固结微分方程可以表示为

$$\frac{\partial u}{\partial t}=c_V\left(\frac{\partial^2 u}{\partial x^2}+\frac{\partial^2 u}{\partial y^2}+\frac{\partial^2 u}{\partial z^2}\right) \tag{11-19}$$

若改为 z、r 圆柱坐标，则三维固结微分方程则为

$$\frac{\partial u}{\partial t}=c_V\left(\frac{\partial^2 u}{\partial r^2}+\frac{1}{r}\times\frac{\partial u}{\partial r}+\frac{\partial^2 u}{\partial z^2}\right) \tag{11-20}$$

当土层的水平向的渗透系数 k_H 不等于竖向的渗透系数 k_V 时，上式应改写为

$$\frac{\partial u}{\partial t}=c_{\mathrm{H}}\left(\frac{\partial^2 u}{\partial r^2}+\frac{1}{r}\times\frac{\partial u}{\partial r}\right)+c_{\mathrm{V}}\frac{\partial^2 u}{\partial z^2} \tag{11-21}$$

其中 c_{V} 为竖向固结系数，c_{H} 为水平向固结系数，分别为：

$$c_{\mathrm{V}}=\frac{k_{\mathrm{V}}(1+e)}{a\gamma_{\mathrm{w}}},\ c_{\mathrm{H}}=\frac{k_{\mathrm{H}}(1+e)}{a\gamma_{\mathrm{w}}}$$

式(11-21) 可以用分离变量法分为

$$\frac{\partial u}{\partial t}=c_{\mathrm{H}}\left(\frac{\partial^2 u}{\partial r^2}+\frac{1}{r}\times\frac{\partial u}{\partial r}\right) \tag{11-22a}$$

$$\frac{\partial u}{\partial t}=c_{\mathrm{V}}\frac{\partial^2 u}{\partial z^2} \tag{11-22b}$$

式(11-21) 表示在每个砂井影响范围内任意一点（z,r）在任意时间 t 的孔隙水压力 $u=f(z,r,t)$ 的微分方程。它可以分解为径向向内排水固结式(11-22a) 和竖向排水固结式(11-22b) 两部分，从而根据起始条件和边界条件分别解得径向向内排水固结的孔隙水压力分量 u_{r} 和竖向排水的孔隙水压力分量 u_{z}。N. 卡里诺（Carrillo）从理论上证明：任意一点的孔隙水压力 u 有如下关系，即

$$\frac{u}{u_0}=\frac{u_{\mathrm{r}}}{u_0}\times\frac{u_{\mathrm{z}}}{u_0} \tag{11-23a}$$

式中　u_0——起始的孔隙水压力。

整个砂井影响范围内土柱体的平均孔隙水压力也有同样的关系，即

$$\frac{\overline{u}}{u_0}=\frac{\overline{u}_{\mathrm{r}}}{u_0}\times\frac{\overline{u}_{\mathrm{z}}}{u_0} \tag{11-23b}$$

或以固结度表达为

$$(1-U_{\mathrm{rz}})=(1-\overline{U}_{\mathrm{r}})(1-\overline{U}_{\mathrm{z}}) \tag{11-24}$$

式中　U_{rz}——每一个砂井影响范围内圆柱的平均固结度；

$\overline{U}_{\mathrm{r}}$——径向排水的平均固结度；

$\overline{U}_{\mathrm{z}}$——竖向排水的平均固结度。

在双面排水条件下或者固结土层中的应力分布均匀时，可由一维固结理论解得 $\overline{U}_{\mathrm{z}}$，即

$$\overline{U}_{\mathrm{z}}=1-\frac{8}{\pi^2}\sum_{m=1}^{\infty}\frac{1}{m^2}\exp\left(-\frac{m^2\pi^2}{4}T_{\mathrm{V}}\right)$$

式中　m——正奇整数（1,3,5…）。

当 $\overline{U}_{\mathrm{z}}>30\%$ 时

$$\overline{U}_{\mathrm{z}}=1-\frac{8}{\pi^2}\exp\left(-\frac{\pi^2}{4}T_{\mathrm{V}}\right)$$

R. A. 巴隆（Barron）曾分别在自由应变和等应变两种条件下求得 $\overline{U}_{\mathrm{r}}$ 的解答，但以等应变求解比较简单，其结果为

$$\overline{U}_{\mathrm{r}}=1-\exp\left(-\frac{8}{F}T_{\mathrm{H}}\right) \tag{11-25}$$

式中　$T_{\mathrm{H}}=\dfrac{c_{\mathrm{H}}t}{d_{\mathrm{e}}^2}$；

$F=\dfrac{n^2}{n^2-1}\ln(n)-\dfrac{3n^2-1}{4n^2}$；

c_{H}——水平向固结系数；

d_e——每一个砂井有效影响范围的直径；

n——$n=\dfrac{d_e}{d_w}$，称为井径比；

d_W——砂井直径；

T_H——水平向固结时间因数。

将式(11-25) 代入式(11-24) 后则得到砂井的平均固结度$\overline{U}_{rz}$，即

$$\overline{U}_{rz}=1-\frac{8}{\pi^2}\sum_{m=1}^{\infty}\frac{1}{m^2}\exp\left(-\frac{8c_H}{Fd_0}t-\frac{m^2\pi^2c_V}{4H^2}t\right) \tag{11-26}$$

式中 m——正奇整数 (1,3,5,…)。

如果$\overline{U}_{rz}>30\%$，则式(11-26) 可以近似表达为

$$\overline{U}_{rz}=1-\frac{8}{\pi^2}\exp\left(-\frac{8c_H}{Fd_0}t-\frac{\pi^2c_V}{4H^2}t\right) \tag{11-27}$$

$$令\ \beta=\frac{8c_H}{Fd_0}+\frac{\pi^2c_V}{4H^2} \tag{11-28}$$

$$则\overline{U}_{rz}=1-\frac{8}{\pi^2}\exp(-\beta t) \tag{11-29}$$

砂井地基的平均固结度常用式(11-24) 计算，式中的 U_z 和 U_r 分别为 T_V、T_H 及 F 的函数。如果 T_V 和$\dfrac{8}{F}T_H$已知，则可以由式(11-25) 分别计算$\overline{U}_z$及$\overline{U}_r$。当$\overline{U}_{rz}>30\%$时，可以直接应用式(11-27) 计算。当竖向排水影响很小时（如软土层很厚），可以直接应用水平向固结度计算式(11-25) 计算砂井地基的固结度。

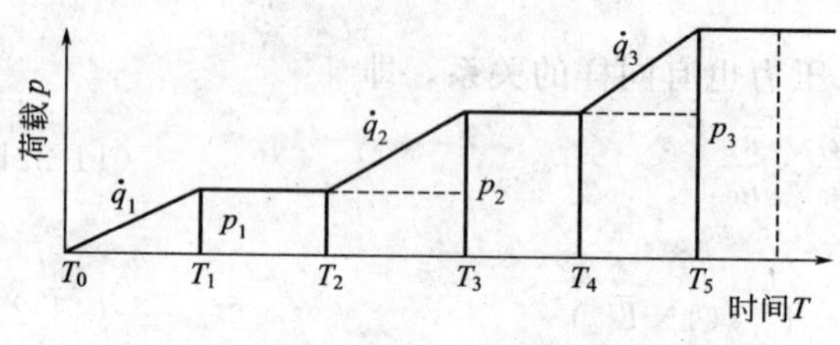

图 11-12 多级加荷图

上述各式均假设荷载是一次瞬时施加的，而实际工程多为分级逐渐施加的，对于多级等速加荷的情况，如图 11-12 所示。理论证明，理论解的简化式为

$$\overline{U}_{rz}=1-\sum_{m=1}^{\infty}\frac{q_n}{p_t}\left[(T_n-T_{n-1})-\frac{8}{\beta_{rz}\pi^2}e^{-\beta_{rz}t}\left(e^{-\beta_{rz}T_{n-1}}\right)\right] \tag{11-30}$$

式中 p_t——与多级加荷历时 t 对应的荷载，固结度对此荷载而言；

q_n——第 n 级荷载的加荷速率；

T_n，T_{n-1}——第 n 级荷载的终点和始点的历时（从零点计起）；

t——所求固结度的历时，t 应大于 T_n，当 $T_{n-1}\leqslant t\leqslant T_n$时，则 $T_n=t$，$n=1$，2，3，…。

当软土层比较厚时，常常砂井没有打穿整个软土层，如图 11-13 所示。因此不能把砂井部分的固结度代表整个受压层的固结度。对于砂井未完全打穿整个受压层情况，地基的平均固结度计算式为

$$\overline{U}=\rho\overline{U}_{rz}+(1-\rho)\overline{U}_z \tag{11-31}$$

式中 $\overline{U}$——地基的平均固结度；

$\overline{U}_{rz}$——砂井部分土层平均固结度，按砂井固结理论计算；

$\overline{U}_z$——砂井以下部分土层的固结度，按照一维固结理论计算，计算时可以将砂井底面视作排水面；

ρ——砂井打入深度与整个压缩层的厚度的比值，即

$$\rho=\frac{L}{L+H}$$

式中　L——砂井长度；

H——砂井下压缩层范围内土层的厚度。

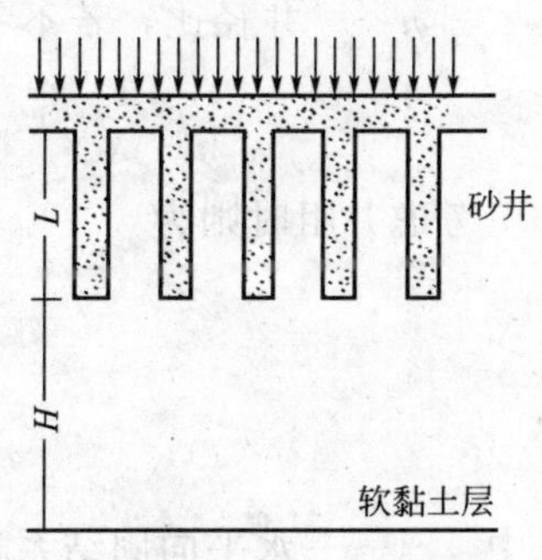

图 11-13　砂井未打穿整个受压土层的情况

三、砂井的应用和设计

砂井在工程上的应用主要有两方面：(1) 对于以变形控制设计的建筑物或构筑物，例如房屋建筑、机场跑道和高速公路，利用砂井加速固结进行堆载预压，减少沉降和不均匀沉降；(2) 对于以稳定性控制的构筑物，例如堤坝、油罐（同时也要控制变形）等，利用砂井加速软弱土强度的增长，提高地基的承载力，控制加荷速率，满足施加构筑物荷载对地基的要求。此外，也可利用砂井消散打桩引起的孔隙水压力，提高单桩承载力。因此，砂井地基设计方法分为两类，预压设计和稳定控制设计。两者的设计既有共同的问题，又有各自的要求，现分别讨论如下：

1. 砂井类型和砂井布置尺寸的选择

(1) 砂井类型　常用的有三种。一是普通砂井，指用沉管法或高压射水法施打的砂井，直径 $d_w>300$mm。二是袋装砂井，用土工编织布制成的袋，内装中、粗砂的长条形砂袋，然后打入地基中形成砂井，直径 $d_w=(70\sim100)$mm。三是塑料排水带，这是由塑料制成的通水芯片外包土工无纺透水滤膜制成，宽 100mm，厚 3.5～6mm，长 100～300m。实践证明，三种砂井都能获得良好的固结效果。普通砂井井径较大，排水性能良好，长细比较小，井阻和涂抹作用不明显。但是，施工速度较慢，工程量较大，质量不易控制。袋装砂井井径较小，施工简便，价格低廉，质量易于保证，但是，长细比较大，随砂井长度增大，井阻对固结度的影响越来越明显。因此，对于长度较大的砂井，必须采用透水性良好的中、粗砂为井料，否则就降低其排水固结作用。排水带是近年来发展的一种土工复合排水材料，透水性好，排通量大，质轻价廉，施工简便，工效快，而且质量易于保证。虽然随着砂井的长度增大，相应井阻增大，但可以按砂井的长度选择较大的排通量，可减少井阻对固结的影响。所以在选择砂井类型时，应考虑设计建筑物地基软弱土层的透水性、厚度、施工条件、材料的来源、造价、工程对固结时间和效果等因素后选用。相对来说，排水带的性能优于其他两种材料，但也要比较材料的来源和造价等因素以确定砂井类型。

(2) 砂井间距的选择　当砂井类型选定后，砂井的直径也基本确定了。因为它们的尺寸基本上是定型的，普通砂井的直径约为 400mm；袋装砂井的直径约为 70mm 或 100mm；塑料排水带的宽度和厚度约为 100mm×4mm 或 100mm×4.5mm，当量直径约为65mm～68mm。

需要认真选定的砂井尺寸是砂井的间距和长度（或深度）。根据砂井固结理论，砂井间距越小和井径越大，固结的效果越好；反之，固结效果越差。相对而言缩短间距比增大井径的固结效果好，因而得到一个优选砂井井径与间距的原则，即细而密原则。但是也不是越细越密固结效果越好，因为太细太密就无法保证砂井的质量。具体来说，砂井的间距是根据工程对地基固结度大小的要求和容许固结时间长短决定的，根据固结理论，可按下式确定，即

$$l=And_w \tag{11-32}$$

式中　A——系数，梅花形布置 $A=0.95$，正方形布置 $A=0.89$；

n——井径比，若不考虑井阻作用，可用下式试算求解，即

$$n^2\left[\frac{n^2}{n^2-1}\ln(n)-\frac{3n^2-1}{4n^2}\right]=K \tag{11-33}$$

考虑井阻时则为

$$n^2\left[\ln(n)-\frac{3}{4}+\pi G\right]=K \tag{11-34}$$

$$K=\frac{8c_h}{\beta d^2 w},\beta=\frac{1}{t}\ln\frac{8}{(1-U_t)\pi^2}$$

式中 c_h——水平向固结系数；

t 和 U_t——工程容许的固结时间和要求达到的固结度；

G——井阻因子。

工程实践证明：普通砂井一般用井径比 $n=6\sim9$；袋装砂井用 $n=15\sim25$，均可取得良好的效果。

砂井打入深度 H，一般按下列原则确定：如果软土层不厚（10～15m），砂井应贯穿软土层；如果软土层很厚，则根据建筑受压层深度来确定。

2. 砂井地基土强度增长的预测

为了保证地基稳定，控制施工加荷速率，必须认真估算地基土强度的增长。在荷载作用下，由于砂井地基的排水固结，地基土强度相应提高，同时由于荷载产生的剪应变和剪切速率的减缓，又引起地基土强度衰减。

从理论分析地基土强度增长值可按下式计算，即

$$\tau_{ft}=\frac{\eta p_1\sin\varphi'\cos\varphi'[K_1+A_f(1-K_1)]}{1+(2A_f-1)\sin\varphi'} \tag{11-35}$$

式中 η——由于剪切蠕变和剪切速率减慢引起强度衰减的衰减系数；

p_1——计算点的最大有效主应力，kPa；

A_f——孔隙水压力系数；

K_1——大小主应力比；

φ'——有效内摩擦角，(°)。

依据工程实测结果，式(11-35) 可简化为下式，即

$$\tau_{ft}=\left[c_u+\Delta\sigma_1 U_t\,\frac{\sin\varphi'\cos\varphi'}{1-\sin\varphi}\right]\eta \tag{11-36}$$

式中 c_u——天然地基土的不排水剪切强度；

$\Delta\sigma_1$——由荷载引起的大主应力增量；

U_t——固结度；

系数 η，可用下式计算：

$$\eta=\left(1-\rho_a\lg\frac{t}{t_a}\right) \tag{11-37}$$

式中 t_a——不排水剪切试验剪损的历时，一般约 10min；

t——建筑物荷载持续的时间；

ρ_a——每一对数周期的强度衰减系数；$\rho_a=0.04\sim0.06$。

工程实测结果 $\eta=0.7\sim0.9$。为了简化计算，由如下经验公式也能得到接近实际的结果，即

$$\tau_{ft}=c_u+\sigma_z U_t \tan\varphi_{cu} \tag{11-38}$$

$$\tau_{ft}=c_u+\sigma_z U_t m \qquad m=\frac{1}{5}\sim\frac{1}{4} \tag{11-39}$$

式中　φ_{cu}——固结不排水剪内摩擦角。

3. 堆载预压设计

堆载预压的目的是使地基在预压荷载作用下基本固结完成，然后卸去预压荷载建造建筑物，以消除建筑物基础的部分固结沉降和不均匀沉降。因此预压设计的内容包括：(1) 确定预压荷载的大小；(2) 确定预压的时间；(3) 预压后地基沉降的估算等。预压荷载的大小决定于软弱土层的厚薄和压缩性、预压的时间和建筑物的允许沉降等。如果软弱土层不太厚，允许预压的时间比较长，可以不用超载；反之则需要超载。一般超载的大小约为建筑物荷载的 1.30 倍。特殊情况则根据工程具体要求来决定。

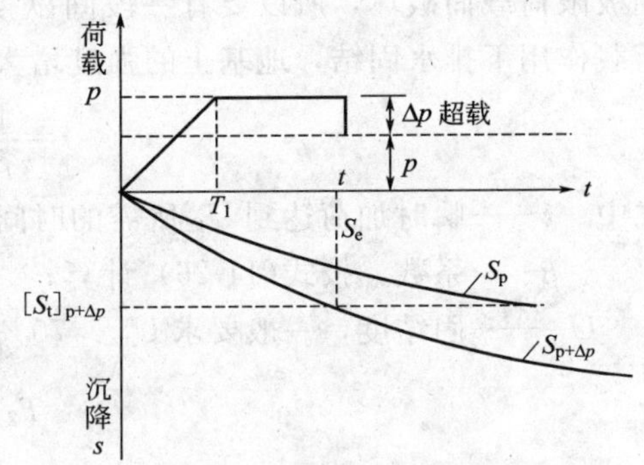

图 11-14　超载预压消除主固结沉降

超载预压的时间决定于建筑物的允许沉降，(如图 11-14 所示)，要求满足如下标准，即

$$[S_\infty]_p-[S_t]_{p+\Delta p}\leqslant S_a \tag{11-40}$$

而$[S_t]_{p+\Delta p}=[S_d]_{p+\Delta p}+[U_t S_c]_{p+\Delta p}+[S_s]_{p+\Delta p}$

式中　$[S_\infty]_p$——建筑物荷载作用下基础的最终沉降；

$[S_t]_{p+\Delta p}$——预压荷载 $p+\Delta p$ 作用下历时 t 的沉降；

S_a——建筑物的允许沉降值；

$[S_d]_{p+\Delta p}$，$[S_c]_{p+\Delta p}$，$[S_s]_{p+\Delta p}$——分别为在荷载 $p+\Delta p$ 作用下的瞬时沉降/主固结沉降和次固结沉降。固结度 U_t 为

$$U_t=\frac{[S_\infty]_p-S_a-[S_d]_{p+\Delta p}-[S_s]_{p+\Delta p}}{[S_c]_{p+\Delta p}} \tag{11-41}$$

则 $t=\dfrac{T_1}{2}+\dfrac{1}{\beta}\ln\dfrac{8}{\pi^2(1-U_t)}$

式中　$\beta=\dfrac{\pi^2 c_V}{4H^2}$（无砂井情况）；

$\beta=\dfrac{\pi^2 c_V}{4H^2}+\dfrac{8c_h}{Fd_0^2}$（有砂井情况）。

预压后沉降的计算则根据地基的固结状态，参考相应的沉降计算公式计算。

4. 地基稳定性控制设计

在施加预压荷载的过程中，砂井地基中各部位立即产生剪应力，同时地基土的抗剪强度相应增长（有时减少）。如果地基土的强度增长速率大于荷载引起的剪应力的增大，地基就稳定；反之，如果加荷速率控制不当，地基中剪应力的增大超过了由固结引起强度的增长，地基就会产生局部剪切破坏，乃至整体破坏。因此，砂井地基必须控制加荷速率，控制剪应力的增大始终小于强度的增大，以保证地基的稳定。因此，在施工加荷前，应设计一个合理的加荷计划和加荷速率控制图，设计的步骤如下。

(1) 估计第一级允许施加的荷载（如图 11-12 所示中的 p_1）。这级荷载就是天然地基的

容许荷载。对于矩形基础可以用下式估算：$p_1=\frac{1}{F}5c_u\left(1+0.2\frac{b}{l}\right)\left(1+0.2\frac{d}{b}\right)rd$

式中　F——安全系数。

(2) 估计加荷速率及间歇期。第一级荷载可以快一些，但对于软土也不宜过快，根据经验，每天加荷速率控制在 q：2～3kPa（q 为加荷速率），由此可得第一级荷载所需的时间 T_1（天）为：$T_1=p_1/q$。在第一级荷载施加之后；如果继续施加第二级荷载，很容易使地基达到极限荷载而破坏，所以要有一段间歇期，如图 11-12 中的 T_1 至 T_2 段，使地基在第一级荷载作用下排水固结，地基土的强度增大后，然后施加第二级荷载。间歇期估算式为

$$t=\frac{1}{\beta}\ln\frac{8}{\pi^2(1-U_{rz})} \tag{11-42}$$

式中　t——瞬时加荷达到 U_{rz} 所需的时间；

β——系数，按式(11-26) 计算；

U_{rz}——固结度，一般要求 $U_{rz}>70\%$ 后才施加下一级荷载，则间歇期

$$T_2=t+\frac{T_0+T_1}{2}$$

(3) 计算地基土的强度增长。在施加第一级荷载后，并经过一段间歇期，地基土的强度增长可按式(11-36) 估算 τ_{ft} 值。

(4) 估算施加第二级荷载的大小。这一级荷载的大小主要决定于前一级荷载作用下固结强度的增长值。计算方法和第一步骤相同，但计算式中的天然地基土的强度改用固结后的强度。

如果第二级荷载还未达到设计的最终荷载，可依此类推，重复前述步骤，继续计算到达设计的总荷载。

上述步骤仅是估算求得控制加荷速率的进程，实际的加荷进程还要考虑施工条件并通过现场观测加以修正。对于比较重要的工程要求对初步拟订的加荷进程进行固结计算，强度增长的计算、稳定分析和沉降计算，校核是否能满足工程的要求。如果发现不能满足地基稳定及沉降的要求，那么就要修改加荷进程或采取其他措施。

四、砂井施工简介

砂井地基施工一般都有专用的施工机械，普通砂井通常用打入式的打桩机或用射水砂井机施打，袋装砂井和排水带则分别用袋装砂井机和插板机施工。施工中主要的技术问题是控制砂井材料的质量，对于砂井的砂料必须采用中、粗砂，不宜用细砂或掺细砂，含泥量必须小于 3%，渗透系数 $k>1.0\times10^{-2}$ cm/s。袋装砂井除砂料满足以上质量要求外，外包织物袋必须要有足够的强度、透水性及防淤堵性。排水带的质量要求，必须保证足够的竖向通水量，一般要求单位梯度通水量大于 10cm³/s。另外滤膜要求渗透系数 $k>1.0\times10^{-2}$ cm/s 和满足防淤堵的要求。

第六节　胶结加固法

胶结加固法是指利用水泥浆液、黏土浆液或其他化学浆液，采用压力注入、高压喷射或深层搅拌等使浆液与土颗粒胶结起来，以改善地基土的物理力学性质的地基处理方法。

胶结加固法主要包括高压喷射注浆法和深层搅拌法。高压喷射注浆法和深层搅拌法是近

年来发展起来的两种地基处理方法。两者都可以用多种化学浆液注入地基中与地基土拌和，组成加固体，达到加固的目的。由于这些浆液中有些带有毒性，有些价格昂贵，目前工程上主要采用水泥系浆液。所以本节主要介绍以水泥系浆液的高压喷射注浆法和深层搅拌法。

一、高压喷射注浆法加固原理

高压喷射注浆法是利用高压喷射化学浆液与土混合固化处理地基的一种方法。它是将带有特殊喷嘴的注浆管置入预定的深度后，以 20MPa 的高压喷射冲击破坏土体，并使浆液与土混合，经过凝结固化形成加固体。按注浆的形式分为旋喷注浆、定喷注浆和摆喷注浆三种类型。

旋喷注浆法的施工程序如图 11-15 所示。首先用钻机钻孔至设计处理深度，然后用高压脉冲泵，通过安装在钻杆下端的特殊喷射装置，向四周土喷射化学浆液。在喷射化学浆液的同时，钻杆以一定的速度旋转，并逐渐往上提升。高压射流使一定范围内土体结构遭受到破坏并与化学浆液强制混合，胶结硬化后即在地基中形成比较均匀的圆柱体，称为旋喷桩。

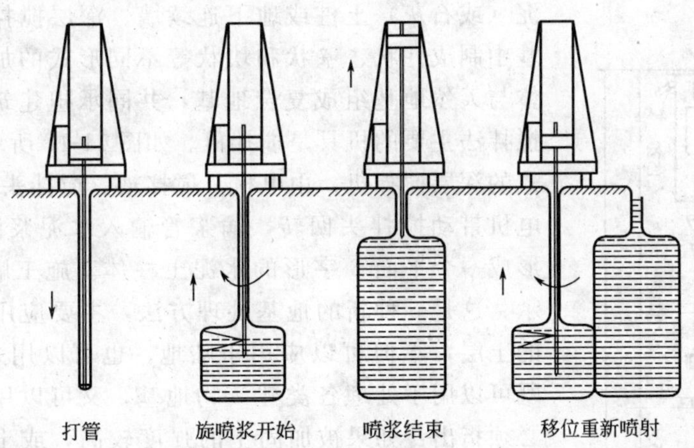

图 11-15　高压喷射注浆施工工艺图

高压旋喷注浆法的主要设备是高压脉冲泵（要求工作压力在 20MPa 以上）和带有特殊喷嘴的钻头。脉冲泵把旋喷时所需要的浆液，低压吸入，并借助于喷嘴高压排出，使浆液具有很大的动能，以达到破坏土体，搅拌浆液。装在钻头侧面的喷嘴是旋喷灌浆的关键部件，一般是由耐磨的钨合金制成。高压泵输出的浆液通过喷嘴后具有很大的功能，这种高速喷流，能破坏周围土的结构。旋喷时的压力、喷嘴的形状和喷嘴回旋的速度等对所形成的旋喷桩的质量影响很大。常用的喷嘴形状如图 11-16，喷嘴出口的直径 D 取 2mm 左右，圆锥角 θ 约为 13°，喷嘴的直线段长为 $s=3D\sim4D$，而锥部长度 l 视钻头的尺寸而定。喷射压力一般用 20MPa，喷嘴的回转速度约 20r/min，这样的组合效果较好。由于单一喷嘴的喷射浆液破坏土的有效射程较短，因而又发展了二重管和三重管旋喷法，大大提高了喷射能力和加固效果。

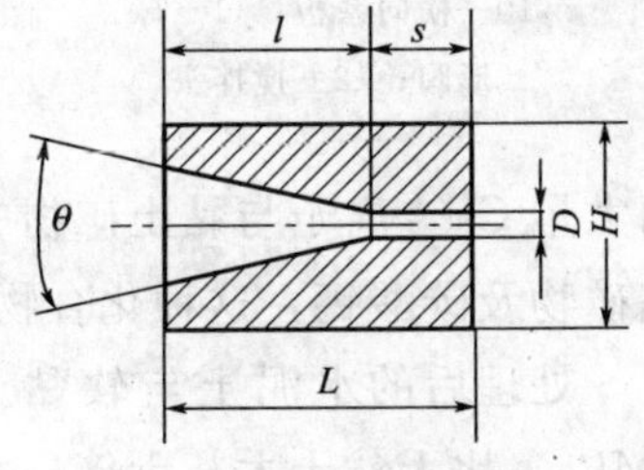

图 11-16　喷嘴构造图

旋喷桩的浆液有多种，一般应根据土质条件和工程设计的要求来选择，同时也要考虑材料的来源、价格和对环境的污染等因素。目前使用的是以水泥浆液为主，当土的透水性较大或地下水流速较大时，为了防止浆液流失，常在浆液中加速凝剂，如三乙醇胺和氯化钙等。在软弱土地基中，所形成的旋喷桩试样的极限抗压强度可达3.0～5.0MPa。桩体的直径随着地基土的性质及旋喷压力的大小而变化。在软土中，如压力为5～10MPa，形成旋喷桩的直径约0.8m。

高压喷射注浆法一般适用于标准贯入试验击数 $N<10$ 的砂土和 $N<5$ 的黏性土，超过上述限度，则可能影响成桩的直径，应慎重考虑。这种方法用途广泛，作为旋喷桩可以提高地基的承载力，作为连续墙可以防渗止水，还可应用于深基础的开挖，防止基坑隆起，减轻支撑基坑的侧壁压力，特别是对于已建建筑物的事故处理，有它独到之处。但对于拟建建筑物基础，其作用与灌注桩类似，而强度较差，造价较贵，显得逊色。如能发展无毒、廉价的化学浆液，高压喷射注浆法将会有更好的前途。

二、深层搅拌法加固作用原理

深层搅拌法系利用水泥作固结剂，通过特制的搅拌机械，在地基中将水泥和土体强制拌和，使软弱土硬结成整体，形成具有水稳性和足够强度的水泥（或石灰）土桩或地下连续墙。深层搅拌法可以在软土地基中制成柱状、壁状和块状等不同形式的加固体，这些加固体与天然地基组成复合地基，共同承担建筑物的荷载。深层搅拌法主要的机具是搅拌机。如图11-17所示，为一双轴回转式的深层搅拌机，由电机、搅拌轴、搅拌头和输浆管等组成。电机带动搅拌头回转，输浆管输入水泥浆液与周围土拌和，形成一个平面8字形的水泥土柱体。施工顺序如图11-18所示。这是一种新的地基处理方法，主要应用于处理比较软弱的土层，不但可以应用于陆地，也可以用来处理水下软土；既可以用于处理各类建筑物地基，又可以用于加固岸坡。但必须指出：如果被加固土的强度较高，或土中含树根、坚硬障碍物，搅拌就很困难。

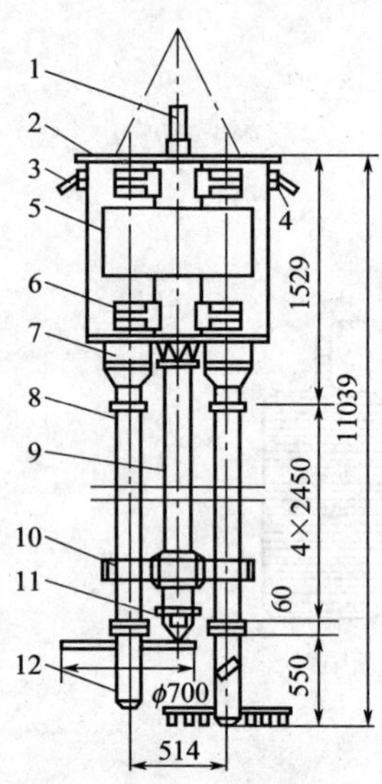

图11-17 SJB-1型深层双轴搅拌机

1—输浆管；2—外壳；3—出水口；4—进水口；5—电动机；6—导向滑块；7—减速器；8—搅拌轴；9—中心管；10—横向系板；11—球形阀；12—搅拌头

通过机械搅拌把水泥和软土混合形成水泥土是一种物理化学反应的过程，它与混凝土硬化的机理不同，混凝土硬化是水泥在粗骨料中进行，而水泥土硬化是水泥在具有活性的黏土介质中进行，作用缓慢而复杂。水泥遇水后发生水化和水解作用，生成氧化钙等多种化合物，其中钙离子与黏土矿物表面吸附的 K^+ 及 Na^+ 离子进行当量交换，使黏土颗粒形成较大的土团粒，同时水泥水化后生成的胶体粒子，把土团粒连接起来形成蜂窝状结构。随着水泥水化的深入，溶液析出大量 Ca^{2+} 离子与黏土矿物中的二氧化硅和三氧化二铝进行化学反应，形成稳定性好的结晶矿物及碳酸钙，这种化合物在水和空气中逐渐硬化成为水泥土。

处理后的水泥土与软黏土比较，其力学特性显著改善。无侧限抗压强度约为0.3～4MPa，比天然土大几十倍。水泥土的抗压强度除了与被加固土的性质有关外，还与水泥的强度等级、掺合量、龄期及外加剂等有密切关系。水泥强度等级愈高强度增长愈大，水泥的强度等级增加一个级别，水泥土的强度可提高30%，因此实用上应尽量采用高强度等级的

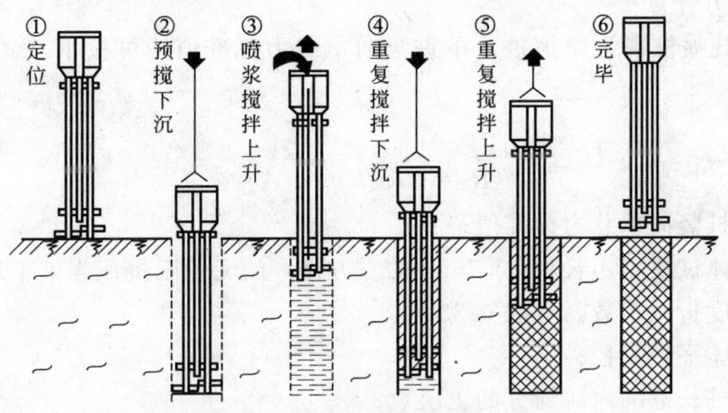

图 11-18　深层搅拌法的工艺流程

水泥。水泥的掺入比愈大，水泥土的强度逐渐增大，当掺入比小于 5%时，对水泥土的强度影响不大，因此掺入比必须大于 5%，一般掺入比采用 10%～15%。水泥土的强度随养护的龄期增大而增大，超过三个月后，强度增长才开始稳定，一般采用三个月的龄期作为标准。外加剂如木钙、三乙醇胺和石膏等，对加固土起早强、缓凝、减水和节省水泥的作用，但必须避免污染环境。水泥土的抗剪强度、抗拉强度和变形模量都与无侧限抗压强度存在一定的关系。当无侧限抗压强度 $q_u=1.0\sim8.0$MPa 时，如竖向应力比较小，抗剪强度与无侧限抗压强度的关系为 $\tau_f=0.3q_u\sim0.45q_u$，当竖向应力较大时，$\tau_f=0.5q_u$。抗拉强度与无侧限抗压强度的关系为 $\tau_f=0.15q_u\sim0.25q_u$。变形模量为 $E_0=120q_u\sim150q_u$。一般水泥土的内摩擦角 $\varphi=20°\sim25°$，压缩模量 $E_s=60\sim100$MPa。

三、高压旋喷注浆法和深层搅拌法的设计

高压旋喷注浆与深层搅拌法都形成水泥土加固体（桩或墙体），它与被加固土相比，强度较大，压缩性较小，而且两者相差比较悬殊。从这点来看，水泥土桩的设计与混凝土桩类似。然而水泥土桩本身具有蜂窝状结构，有一定的压缩性。这就应该考虑它与被加固土组成复合地基作用。所以在设计时，既要考虑桩的作用又要考虑复合地基的作用。在计算单桩承载力时，可借用一般桩的计算方法，对于地基承载力及沉降则采用复合地基的计算方法。

高压旋喷注浆设计的主要要求是确定浆液的水灰比、外加剂、桩径的大小和验算桩体和复合地基承载力的标准值及基础沉降。根据经验，水泥浆液的水灰比一般为 1：1～1.5：1 外加剂一般采用氯化钙、木钙、石膏、三乙醇胺和氯化钠等。桩径的大小决定于采用旋喷的方法，在黏性土中单管旋喷一般为 0.4～0.8m，二重管旋喷为 0.8～1.2m，三重管为 1.0～2.0m，在砂土中旋喷约为 0.1～0.2m。

深层搅拌法加固地基设计一般是要根据建筑物地基的土质、水质条件和建筑物对地基的要求，确定搅拌桩的长度、水泥掺入比及置换率或桩数，然后验算单桩和复合地基承载力标准值及基础沉降。一般设计方法，首先根据地质条件确定搅拌桩的桩长及桩径，按摩擦桩计算单桩极限承载力，然后计算桩身水泥土要求的极限抗压强度 q_u。再通过室内试验，按所需的极限抗压强度，选择水泥掺入比。也可以先通过室内试验得到某一水泥掺入比所得的极限抗压强度，计算桩身单桩承载力标准值和桩长。

高压旋喷注浆桩体和深层搅拌桩两者均为水泥土桩，单桩和复合地基承载力标准值的计算基本类似。

1. **单桩承载力计算**

把搅拌桩和旋喷桩视为摩擦桩，单桩竖向承载力标准值，可按下二式估算，取其中较小值。

$$R_k=\psi f_{cu,k}A_p \tag{11-43}$$

$$R_k=\pi d\sum h_i q_{si}+Aq_p \tag{11-44}$$

式中 R_k——单桩竖向承载力标准值；

$f_{cu,k}$——桩体试块（边长为70.7mm的立方体）的无侧限抗压强度平均值；

ψ——强度折减系数，可取0.35；

d——桩体平均直径；

h——按桩长范围内所划分的土层数；

h_i——桩周第i层土的厚度；

q_{si}——桩周第i层土摩擦力的标准值，可借用钻孔灌注桩侧壁摩擦力标准值；

q_p——桩端天然地基土的承载力标准值。

2. **复合地基承载力标准值**

搅拌桩或旋喷桩复合地基承载力标准值应通过现场试验确定，也可用下式粗略估算：

$$f_{sp,k}=\frac{1}{A_c}[R_k+\beta f_{s,k}(A_c-A_p)] \tag{11-45}$$

式中 $f_{sp,k}$——复合地基承载力标准值，kPa；

A_c——一根桩承担的处理面积，m^2，按正方形布置，$A_c=S^2$，按正三角形布置，$A_c=0.87S^2$，S为桩的间距，m；

A_p——桩的平均截面积，m^2；

$f_{s,k}$——桩间天然地基土承载力标准值，kPa；

β——桩间天然地基承载力折减系数，可根据现场试验确定，也可取0.3～1.0（对旋喷桩而言）或0.5～1.0（对搅拌桩而言），桩端为软土及桩身强度低时取高值，不考虑桩间土的作用时，$\beta=0$；

R_k——单桩竖向承载力标准值，kN，可根据式(11-43)和式(11-44)确定，取其中较小值。

3. **复合地基沉降量的估算**

桩长范围内复合地基土层及其下卧土层的沉降，可按照《建筑地基基础设计规范》(GB 50007—2002)有关规定计算，其中复合土层的压缩模量可按下式确定。

$$E_{ps}=[E_s(A_E-A_P)+E_pA_P]/A_E \tag{11-46}$$

式中 E_{ps}——复合土层的压缩模量，MPa；

E_s——桩间土的压缩模量，MPa，也可用天然地基土的压缩模量代替；

E_p——桩体的压缩模量，MPa，可采用测定混凝土变形模量方法确定；

A_P——桩体的截面面积，m^2；

A_E——复合地基的面积，m^2。

高压喷射注浆法和深层搅拌法已在许多软基处理工程中取得良好的效果。但是必须指出，对于含水量很大和有机质含量较高的土，采用普通水泥浆液，未必能取得良好的效果，因此宜慎重对待，一般应通过试验取得加固效果后才能采用。

思考题

11.1 什么是软弱土?

11.2 软土一般具有哪些工程特性?

11.3 砂垫层的主要作用是什么?

11.4 机械碾压法加固地基的机理是什么?

11.5 什么是重锤夯实法?其应用范围在哪些方面?

11.6 振冲法是如何加固地基的?

11.7 挤密法及挤密桩的加固机理是什么?

11.8 排水固结法处理软弱土地基,主要解决哪两方面的问题?

11.9 哪些地基处理方法在布桩或布点时,必须处理到基础以外一定范围?为什么必须这样做?

11.10 试述灌浆法的作用以及灌浆法的分类。

选择题

11.1 夯实深层地基土宜采用的方法是( )。

A. 强夯法　　B. 重锤夯实法　　C. 分层压实法　　D. 振动碾压法

11.2 砂石桩加固地基的原理是( )

A. 换土垫层　　B. 碾压夯实　　C. 排水固结　　D. 挤密土层

11.3 排水固结法由排水系统和( )系统组成。

A. 固结　　B. 加压　　C. 监控　　D. 管理

11.4 垫层顶面每边宜超出基础底边不小于( ),或从垫层底面两侧向上按当地开挖基坑经验的要求放坡。

A. 100mm　　B. 200mm　　C. 300mm　　D. 500mm

11.5 对于哪类地基土,采用排水固结预压法处理时要慎重?( )

A. 淤泥和淤泥质土　　B. 饱和软黏土　　C. 泥炭土　　D. 冲填土

11.6 采用平碾、羊足碾、压路机、推土机或其他压实机械压实松软土的方法是( )。

A. 机械碾压法　　B. 重锤夯实法　　C. 振动压实法　　D. 强夯法

11.7 下列地基中,不适宜用深层搅拌法处理的是( )。

A. 淤泥　　B. 淤泥质土

C. 含水量低且 $f_{ak}\leqslant 120$kPa 的黏性土　　D. 砂土

11.8 当天然孔隙比( )时,称为淤泥。

A. $e>1.5$　　B. $e<1.5$　　C. $1.0<e<1.5$　　D. $e<1.0$

11.9 淤泥质土( )。

A. 天然孔隙比 1 大于而小于 1.5　　B. 天然孔隙比大 1.5

C. 天然孔隙比小于 1　　D. 天然孔隙比大于 1.5 而小于 2

计算题

11.1 某四层砖混结构住宅,承重墙下为条形基础,宽 1.2m,埋深 1m,上部建筑物作用于基础的地表面上荷载 120kN/m,基础及基础上土的平均重度为 20kN/m^3,场地土质条件为第一层粉质黏土,厚 1.0m,重度为 17.5kN/m^3,第二层为淤泥质黏土,厚 15.0m,重度为 17.8kN/m^3,含水量 $w=65\%$,地基承载力特征值为 45kPa;第三层为密实的砂砾石。地下水距地表为 1.0m。经研究分析,采用砂垫层处理方案,试确定砂垫层厚度和宽度(先假定砂垫层厚度为 1.0m 进行试算)。

11.2 设有一饱和软土层,厚度为 16m,其下卧层为透水性良好的砂砾石层。现在此软土层中打砂井贯穿至砂砾石层，砂井的直径 d_w 为 0.3m，砂井的间距 $l=2.5$m，以梅花形布置，经勘探试验得到，竖向固结系数 $c_V=1.5\times10^{-3}\text{cm}^2/\text{s}$，水平向固结系数为 $c_H=2.94\times10^{-3}\text{cm}^2/\text{s}$。试求在大面积均布荷载 $p=$ 120kPa 作用下，历时 90 天的固结度。若最终荷载为 200kPa，则对最终荷载而言，此时的固结度应是多少？

11.3　设某工程地基土的固结系数 $c_k=2\times10^{-3}\text{cm}^2/\text{s}$，要求历时 100 天，固结度达到 90%，试求袋装砂井长度为 15m 时，砂井的合理的间距 l。

11.4　某湿陷性黄土地基采用强夯法处理，拟采用圆底夯锤质量 12t、落距 13m，已知梅纳公式修正系数 m 为 0.55 估算此强夯处理的有效加固厚度？($z=m\sqrt{E}=m\sqrt{WH}$)

11.5　某工程采用高压旋喷桩复合地基，要求复合地基承载力标准值达到 250kPa，拟采用等边三角形布桩，桩径 0.5m，桩身试块抗压强度标准值的平均值 $f_{cu}=5.5$MPa，强度折减系数 $\eta=0.33$，已知桩间土承载力特征值 $f_{sk}=120$kPa，承载力折减系数 $\beta=0.25$，试计算桩间距（假设由土提供的单桩承载力大于由桩身强度计算的单桩承载力）。

第十二章　区域性地基

第一节　山区地基

一、山区地基的特点和类型

山区地区的地基由于地质条件复杂，与平原地区地基相比，具有以下特点。

(1) 地表高低悬殊，地基类型各异。在山区，平坦的场地很少，斜坡场地平整后，建筑物基础经常会一部分在挖方区，另一部分在填方区。挖方区可以采用天然地基，填方区却是人工地基。公路选线的原则之一是顺山沿水，为了生活方便，沿公路建房已是不争的事实。当斜坡较大，路边没有平整的场地，只能修建面山背水的所谓现代“吊脚楼❶”，如图 12-1 所示。由于地表高差悬殊，导致了基础标高悬殊。

图 12-1　山区基础标高悬殊的建筑群

(2) 基岩埋藏浅，且起伏变化大。山区基岩一般埋藏都较浅，且有部分岩石露出地表，覆盖层土质厚薄不均匀。建筑物基础可能部分在基岩上，部分在土层上，甚至个别基础跨在两种岩土之上。

(3) 山区地基中常会遇到大块孤石、个别石芽或局部软土等成因不同的岩土层。

(4) 不良地质现象会给建筑物造成直接的或潜在的威胁。

(5) 山区汇水面积广，地表水径流较快，如遇暴雨极易造成滑坡、崩塌等事故。

(6) 位于斜坡地段的地基，有可能失去稳定。

以上山区地基的特点，主要表现为地基的不均匀性和场地的稳定性两个方面。通常采用的地基类型有如下三种。

(1) 岩石地基　建筑物直接支承在岩体上，岩体成为建筑物的地基。岩体是被交错裂隙面切割的岩块所组成的，有别于岩石。个别小岩块的物理力学性能优于岩体的物理力学性能，所以岩块的性质并不能代表岩体的性质。通常将岩块的承载力乘以一个折减系数，作为岩体的承载力。

(2) 土岩组合地基　在建筑物的主要受力层范围内，由土和个别岩块或下卧基岩共同形成地基，称为土岩组合地基。这种地基具有不均匀性，变形也不均匀。

(3) 压实填土地基　以压实或夯实填土作为持力层的地基，称为压实填土地基。在山区或丘陵地区，场地填方的地基为压实填土地基，在平原地区有时也采用填土作为建筑物或其他工程的地基持力层。

---

❶ 传统的吊脚楼，属于干栏式建筑。中国南方壮、傣、布依、土家等民族住房形式之一。分两层，一般用木料、竹料做桩柱、楼板和上层的墙壁，下层无遮拦，故名吊脚。墙壁也有用石块、砖、泥土从地面砌筑的。屋顶盖以杉皮或草、瓦等材料。

二、岩石地基

在一般的房屋建筑荷载作用下，岩石地基的强度和变形都能满足上部结构的要求。地基承载力与基底宽度和基础埋置深度无关，承载力特征值无需修正。但是，如果是强风化或全风化的岩石，地基承载力特征值需要按风化成的相应土类进行修正。

岩石地基的基础，常采用以下三种形式。

1. 直接砌筑基础或墙体

只需清除基岩表面不同程度的风化层，将基础直接砌筑在基岩上即可。当上部结构传来的荷载较小，或者岩石地基的承载力较高时，在砌体承重的民用建筑中，可在清除基岩表面风化层后的岩体上直接砌筑墙体，而不必专门做基础。

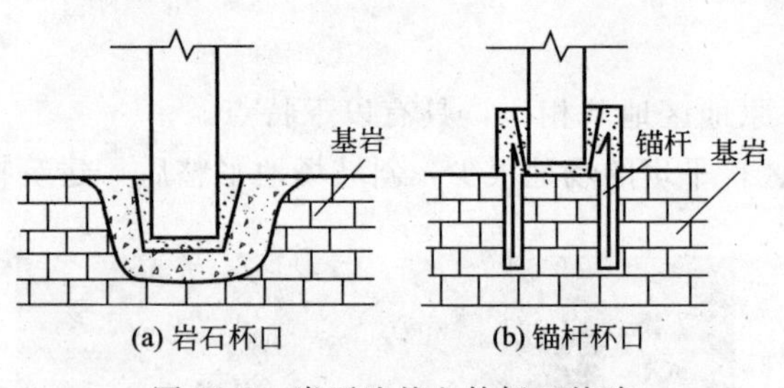

图 12-2 岩石地基上的杯口基础

2. 杯口基础

对于预制柱承重的建筑物，如果荷载和偏心均较小，可以做成杯口基础。方式之一是直接在基岩中开凿基坑，做成杯口，然后将柱插入，再用 C30 混凝土将柱子周围振捣密实，使其与基岩连成整体［见图 12-2(a)］；方式之二是在基岩表面上浇筑钢筋混凝土杯口，并将杯口用锚杆锚固在基岩内形成锚杆杯口［见图 12-2(b)］。

3. 锚杆基础

对于现浇钢筋混凝土柱，当为轴心受压或小偏心受压时，可将柱子的钢筋直接插入基岩孔做成锚杆基础［见图 12-3(a)］；当柱子为大偏心受压，或岩石承载能力较低时，可将柱子底部放大做成大放脚，以便布置较多的锚杆，以承受较大的偏心拉力［见图 12-3(b)］。

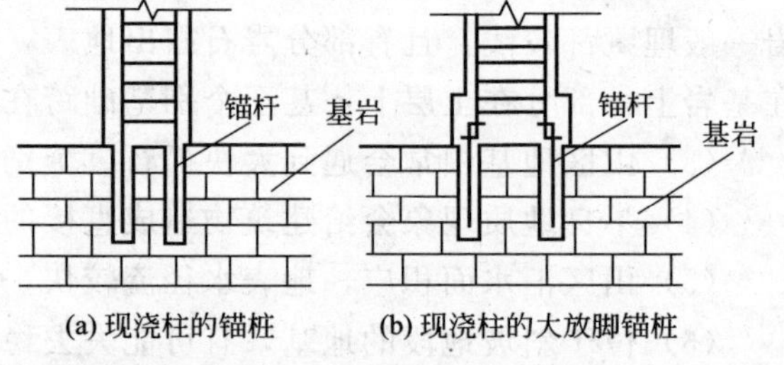

图 12-3 岩石地基上的锚杆基础

岩石锚杆基础适用于直接建在基岩上的柱基，以及承受拉力或水平力较大的建筑物基础。锚杆孔一般是利用钻机或风镐在基岩中钻成的，多为圆柱形，但为了增大抗拔力，下部孔径可以扩大。锚杆基础应与基岩连成整体，并应符合下列要求。

(1) 锚杆孔直径 d_1，宜取锚杆直径 d 的 3 倍，但不应小于一倍锚杆直径加 50mm，即 $d_1=3d$，且 $d_1 \geqslant d+50\text{mm}$。最外侧锚杆孔边缘到柱边缘的距离≥150mm，锚杆插入部分的端部距离孔底 50mm 的位置，有效锚固长度 $l>40d$。

(2) 锚杆插入上部结构的长度，应符合钢筋锚固长度的要求（参见现行《混凝土结构设计规范》）。

(3) 锚杆宜采用热轧带肋钢筋，水泥砂浆强度不宜低于 30MPa，细石混凝土强度不宜低于 C30。灌浆前，应将锚杆孔清理干净。

三、土岩组合地基

建筑地基的主要受力层范围内，如遇下列情况之一者，属于土岩组合地基：(1) 下卧基岩表面坡度较大的地基；(2) 石芽密布并有出露的地基；(3) 大块孤石或个别石芽出露的地基。这类地基由于基岩的起伏比较大，上覆土层厚薄不一，且可能存在石芽、大块孤石，故应特别注意地基的不均匀性。

1. **下卧基岩表面坡度较大的地基**

下卧基岩表面坡度较大，上覆土层厚度差异较大，可能引起建筑物倾斜或土层沿岩面滑动而失稳。所以，设计时要作变形验算，当变形超过规定值时，宜选用调整基础宽度、埋深或采用深基础等方法来解决。如图 12-4 所示，下卧基岩单向倾斜，可将基底沿基岩倾斜方向分段加深做成阶梯形，使下部土层厚度趋于一致，从而使沉降均匀。

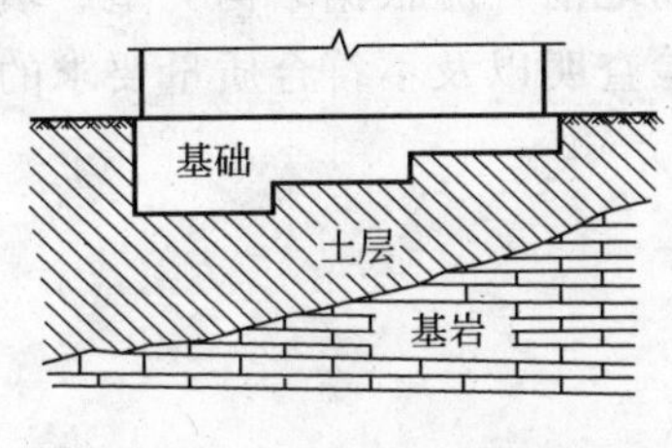

图 12-4 阶梯形基底

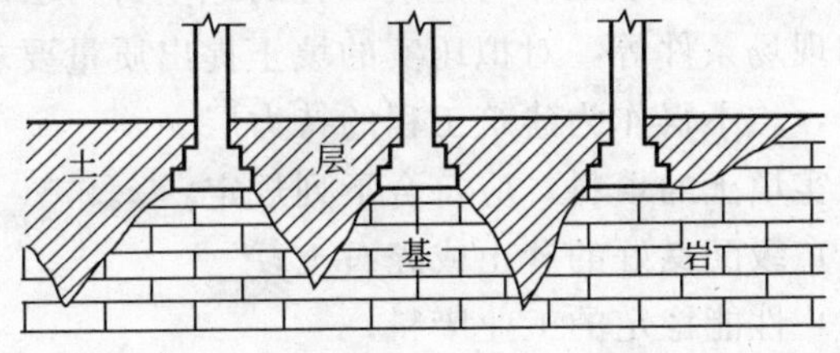

图 12-5 石芽上的支墩式基础

如果建筑物位于沟谷部位，下卧基岩表面往往呈 V 字形，若岩石坡度平缓且上覆土层强度较高，对于中小型建筑物，只需加强上部结构刚度，而不必作地基处理；下卧基岩呈倒 V 字形时，即中间土层薄，两边土层厚，可致建筑物在两个倾斜面的交界处出现裂缝。遇到这种情况，可将建筑物在倾斜面的交界处用沉降缝分开，形成两个建筑单元。沉降缝宽度宜取 30～50mm，在特殊情况下可适当加宽。

2. **石芽密布并有出露的地基**

地基中有石芽密布并有出露的情况多发生在岩溶地区，基岩起伏很大，石芽之间为覆盖土所充填。当石芽间距小于 2m，其间为硬塑或坚硬状态的红黏土时，对于房屋为六层和六层以下的砌体承重结构、三层和三层以下的框架结构或具有 15t 和 15t 以下吊车的单层排架结构，其基底压力小于 200kPa，可不作地基处理。

如不能满足上述要求时，可利用经检验稳定性可靠的石芽作支墩式基础（见图 12-5），也可在石芽出露部位作褥垫（将局部较硬岩层凿去一定厚度，垫以较软的材料，似在硬层上铺一张软垫）。褥垫的作用是合理调整地基的压缩性。褥垫可采用炉渣、中砂、粗砂、土夹石等材料，其厚度宜取 300～500mm，夯填度❶应根据试验确定。当石芽之间有较厚的软弱土层时，可用碎石、土夹石等进行置换。

3. **大块孤石或个别石芽出露的地基**

在山前洪积层或冰碛层中，建筑物地基常有大块孤石出现；在岩溶地区基坑内可能遇到个别石芽出露。这类地基处理不善，极易在土与岩石交界处，造成建筑物开裂。

当土层的承载力特征值大于 150kPa、房屋为单层排架结构或一、二层砌体承重结构时，宜在基础与岩石接触的部位采用褥垫进行处理，如图 12-6 所示。对于多层砌体承重结构，应根据土质情况，结合建

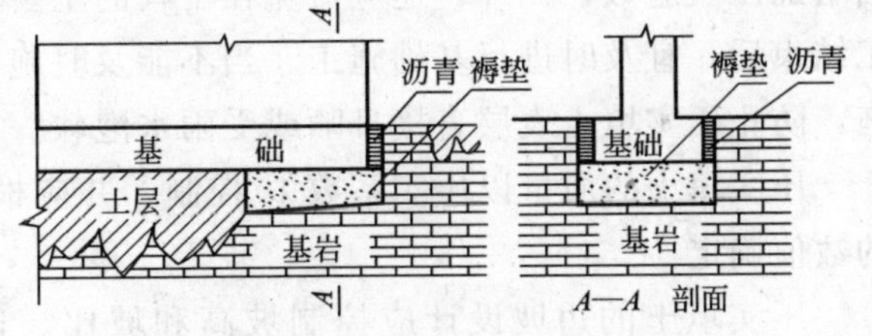

图 12-6 褥垫的构造图

❶ 夯填度为褥垫夯实后的厚度与虚铺厚度的比值。当无资料时，对中、粗砂可取 0.87±0.05；对土夹石（其中碎石含量为 20%～30%）可取 0.70±0.05。

筑、结构措施进行综合处理，比如调整建筑平面、设置沉降缝，也可采用桩基础或梁、拱跨越等处理措施。

四、压实填土地基

分层压实和分层夯实的填土，统称为压实填土。压实填土地基包括压实填土及其下部天然土层两部分，压实填土地基的变形也包括压实填土及其下部天然土层的变形。

当利用压实填土作为建筑工程的地基持力层时，在平整场地前，应根据结构类型、填料性质和现场条件等，对拟压实的填土提出质量要求。未经检验查明以及不符合质量要求的压实填土，均不得作为建筑工程的持力层。

压实填土的填料，应符合下列规定：

(1) 级配良好的砂土或碎石土；

(2) 性能稳定的工业废料；

(3) 以砾石、卵石或块石作为填料时，分层夯实时其最大粒径不宜大于 400mm；分层压实时其最大粒径不宜大于 200mm；

(4) 以粉质黏土、粉土作为填料时，其含水量宜为最优含水量。最优含水量 w_{op} 可采用击实试验确定；

(5) 挖高填低或开山填沟的土料和石料，应符合设计要求；

(6) 不得使用淤泥、耕土、冻土、膨胀土以及有机质含量大于 5%的土。

压实填土层底面下卧层的土质，对压实地基的变形有直接影响，为消除隐患，铺填料前，首先应查明并清除场地内填土层底面以下的耕土和软弱土层。压实设备选定后，应在现场通过试验确定分层填料的虚铺厚度和分层压实的遍数，取得必要的施工参数后，再进行压实填土的施工（见图 12-7），以确保压实填土的施工质量。

图 12-7　压实施工现场

在雨季、冬季施工时，应采取防雨、防冻措施，防止填料（粉质黏土、粉土）受雨水淋湿或冻结，并应采取措置防止出现“橡皮”土。

压实填土的施工缝各层应错开搭接，不宜在相同的部位留施工缝。并且在施工缝处应适当增加压实遍数。此外，还应避免在工程的主要部位或主要承重部位留施工缝。压实填土施工结束后，宜及时进行基础施工。当不能及时施工基础和主体工程时，可采取必要的保护措施，防止压实填土表层直接日晒或受雨水泡软。

压实填土的质量以压实系数 λ_c 控制，并应根据结构类型和压实填土所在部位按表 12-1 的数值确定。

压实填土的边坡设计应控制坡高和坡比。边坡的坡比与其高度密切相关，如土性指标相同，边坡愈高，坡比愈大，坡体的滑动趋势就愈大。为了提高其稳定性，通常将坡比放缓，但坡比太缓，压实的土方量则大，不一定经济合理。因此，坡比不宜太缓，也不宜太陡，坡比和坡高应有一个合适的关系。不同填土类别、不同坡高的边坡允许值，按表 12-2 确定。

表 12-1　压实填土的质量控制

结构类型	填土部位	压实系数 λ_c	控制含水量/%
砌体承重结构和框架结构	在地基主要受力层范围内	≥0.97	$w_{op}\pm2$
	在地基主要受力层范围以下	≥0.95	
排架结构	在地基主要受力层范围内	≥0.96	
	在地基主要受力层范围以下	≥0.94	

注：1. 压实系数 λ_c 为压实填土的控制干密度 ρ_d 与最大干密度 ρ_{max} 的比值，w_{op} 为最优含水量；

2. 地坪垫层以下及基础底面标高以上的压实填土，压实系数不应小于 0.94。

表 12-2　压实填土的边坡允许值

填料类别	压实系数 λ_c	边坡允许值(高宽比) 填土厚度 H/m			
		$H\leqslant5$	$5<H\leqslant10$	$10<H\leqslant15$	$15<H\leqslant20$
碎石、卵石	0.94～0.97	1∶1.25	1∶1.50	1∶1.75	1∶2.00
砂夹石(其中碎石、卵石占全重 30%～50%)		1∶1.25	1∶1.50	1∶1.75	1∶2.00
土夹石(其中碎石、卵石占全重 30%～50%)		1∶1.25	1∶1.50	1∶1.75	1∶2.00
粉质黏土、黏粒含量 $\rho_c\geqslant10\%$的土		1∶1.50	1∶1.75	1∶2.00	1∶2.25

注：当压实填土厚度大于 20m 时，可设计成台阶进行压实填土施工。

在斜坡上进行压实填土，应考虑压实填土沿斜坡滑动的可能，并应根据天然地面的实际坡度验算其稳定性。当天然地面坡度大于 0.20 时，填料前，宜将斜坡的坡面挖成高、低不平或挖成若干台阶，使压实填土与斜坡坡面紧密接触，形成整体，防止压实填土向下滑动。此外，还应将斜坡顶面以上的雨水有组织地引向远处，防止雨水流向压实的填土内。

第二节　膨胀土地基

膨胀土是黏性土的一种。土中黏粒成分主要由亲水性矿物组成，具有明显的遇水膨胀，失水收缩的特性。随着季节的变化，干湿交替使膨胀土出现反复的胀缩变形，这将影响到建筑物地基和边坡的稳定性，引起房屋和构筑物开裂。

目前膨胀土的工程问题，已成为世界性的研究课题。在我国，据不完全统计，在膨胀土地区修建的各类工业与民用建筑物因胀缩变形而致损坏或破坏的大约有 $1\times10^7\mathrm{m}^2$；近年在膨胀土地区修建的高速公路，也出现了病害。这都引起了广泛的关注和有关管理、勘察、设计、施工等部门的重视。

一、膨胀土的特性

膨胀土（见图 12-8）在世界各地广泛分布，迄今已经发现存在膨胀土的国家达到 40 余个，遍及六大洲。我国膨胀土的分布也较广，河南、河北、山东、山西、陕西、四川、湖北、湖南、安徽、江苏、云南、贵州、广西、广东、海南等二十余个省（自治区）的 300 多个县（市）都有这种土存在。除少数形成于第四纪全新世（Q_4）外，其他地质年代多属第四纪晚更新世（Q_3）

图 12-8　膨胀土

或更早一些。在自然条件下，呈红、黄、灰白等色，一般为坚硬或硬塑状态，裂隙较发育，常见光滑面和擦痕。在距地表1～2m内，常有竖向张开裂隙，填充灰白、灰绿色黏土。

1. 膨胀土具有的特征

在自然状态下，膨胀土具有以下特征，可以据此初步判定场地土是否属于膨胀土。

(1) 多分布在二级或二级以上阶地、山前丘陵和盆地边缘；

(2) 地形平缓，无明显自然陡坎；

(3) 常见浅层滑坡、地裂、新开挖的路堑、边坡、基槽易发生坍塌；

(4) 裂隙发育、方向不规则，常有光滑面和擦痕，裂隙中常充填灰白、灰绿色黏土；

(5) 干时坚硬，遇水软化，自然条件下呈坚硬或硬塑状态；

(6) 自由膨胀率一般大于40%；

(7) 未经处理的建筑物成群破坏，低层较多层严重，刚性结构较柔性结构严重；

(8) 建筑物开裂多发生在旱季，裂缝宽度随季节变化。

除此以外，我国膨胀土的黏粒含量一般都较高，其中粒径小于0.002mm的胶体颗粒含量一般都超过20%，天然含水量接近或略等于塑限，液限大于40，塑性指数$I_P>17$（多数在22～35之间），液性指数I_L常小于零。膨胀土在通常情况下强度较高，压缩性低，很容易被误认为是良好地基。

2. 膨胀土胀缩变形的内因

膨胀土的胀缩变形，在内、外因素共同作用下产生。其中主要的内在因素如下。

(1) 矿物成分　膨胀土主要由蒙脱石、伊利石等亲水性矿物组成。蒙脱石，也叫“胶岭石”、“微晶高岭石”，亲水性强，具有既易吸水又易失水的强烈活动性，吸水和失水是胀缩的一个重要原因。伊利石，又叫“水云母”，亲水性虽比蒙脱石低，但也有较高的活动性。蒙脱石矿物吸附外来的阳离子的类型对土的胀缩性也有影响，如吸附钠离子（蒙脱石钠）时就具有特别强烈的胀缩性。我国云南蒙自、河北邯郸、河南平顶山等地的膨胀土以蒙脱石含量为主，而安徽合肥、四川成都、湖北郧县、山东临沂等地则以伊利石含量为主。

(2) 微观结构特征　膨胀土的胀缩变形，不仅取决于矿物成分，而且还取决于这些矿物在空间上的分布特征。显微镜观察发现，矿物颗粒彼此叠聚成微集聚体基本结构单元，膨胀土的微观结构表现为集聚体与集聚体彼此面—面接触形成分散结构，这种结构具有很大的吸水膨胀和失水收缩的能力。

(3) 黏粒的含量　黏粒颗粒细小，比面积大，具有很大的表面能，对水分和水中阳离子的吸附能力强。土中黏粒含量愈多，则土的胀缩性愈强。

(4) 土的密度和含水量　土的胀缩表现为土体积的增大和减小，在一定条件下，土的天然孔隙比e（密实状态）和天然含水量都会影响土的胀缩变形。因为膨胀土的密度大，孔隙比就小，所以浸水膨胀强烈，失水收缩小；反之，浸水膨胀小，失水收缩大。膨胀土的初始含水量与膨胀后含水量接近，土的膨胀就小，收缩的可能性和收缩值就大；若二者差值愈大，则土的膨胀可能性及膨胀值就愈大，收缩就愈小。

(5) 土的结构强度　结构强度愈大，土体限制胀缩变形的能力也愈大；当土的结构受到破坏后，土的胀缩性随之会增强。

3. 膨胀土胀缩变形的外因

膨胀土胀缩变形的外在因素就是水对膨胀土的作用，或者更确切地说，水分的迁移是控制土胀缩特性的关键外在因素。因为只有土中存在着可能产生水分迁移的梯度和进行水分迁移的途径，才有可能引起土的膨胀或收缩。

二、膨胀土地基的评价

1. 胀缩性指标

(1) 自由膨胀率 δ_{ef}　自由膨胀率，是指人工制备的干土粉样，在无结构力影响下浸泡于水中，经充分吸水膨胀后所增加的体积与原体积的百分比。试验时取代表性风干土样碾碎过 0.5mm 筛，并在 100～105℃ 温度下烘干至恒重，然后经无颈漏斗注入量杯（容积 10mL），盛满刮平后，将土试样倒入盛有蒸馏水的量筒（容积 50mL）内，再加入凝聚剂并用搅拌器上下均匀搅拌 10 次。土粒下沉后，每隔一定时间读取土样体积数，直至认为膨胀到达稳定为止。自由膨胀率的计算式为

$$\delta_{ef}=\frac{V_w-V_0}{V_0}\times 100 \tag{12-1}$$

式中　δ_{ef}——自由膨胀率，%；

V_w——浸水膨胀稳定后的土样体积，cm^3；

V_0——试样原有体积（即量土杯的容积），$10cm^3$。

自由膨胀率的大小与土的矿物成分有关。黏粒的矿物成分主要是蒙脱石钠时，δ_{ef} 一般在 100%以上；蒙脱石钙 δ_{ef} 达 80%以上；以伊利石为主并含少量蒙脱石时，δ_{ef} 在 50%～80%左右；主要是伊利石，含少量其他矿物成分时，δ_{ef} 达 40%～70%；如为高岭石时，δ_{ef} 小于 40%。

自由膨胀率 $\delta_{ef}\geqslant 40\%$ 的土可定为膨胀土，而 $\delta_{ef}<40\%$ 的土则可认为是非膨胀土。

(2) 膨胀率 δ_{ep}　膨胀率是在一定压力 p 作用下，处于侧限条件下的原状土试样，在浸水膨胀稳定后土样增加的高度与原高度之比。膨胀率计算式为

$$\delta_{ep}=\frac{h_w-h_0}{h_0}\times 100 \tag{12-2}$$

式中　δ_{ep}——压力 p 时的膨胀率，%；

h_w——土样浸水膨胀稳定后的高度，mm；

h_0——土样的原始高度，mm。

膨胀率反映土在压力 p 作用下膨胀后孔隙比的变化。采用不同的压力进行试验，可以得到不同膨胀率数值，从而了解膨胀率和压力的关系：压力小时，膨胀率大；压力大时，膨胀率小。工程中为了比较不同土的膨胀性，需要统一规定压力值，我国一般采用 $p=50kPa$。

(3) 膨胀力 p_e　原状土试样在体积不变时，由于浸水膨胀而产生的最大内应力，称为膨胀力，用符号 p_e 表示，单位为千帕（kPa）。

膨胀力等于膨胀率为零（$\delta_{ep}=0$）时土样所受到的压力，通常采用压缩膨胀法、自由膨胀法、等容法等试验方法来测定。其值与土的初始密度有密切关系，初始密度越大，膨胀力也越大。

(4) 竖向线缩率 δ_s　竖向线缩率是指土的竖向收缩变形与试样原始高度的百分比。试验时把土样从环刀中推出后，置于 20℃恒温环境下干缩（或在 15～40℃自然条件下干缩）。每隔一定时间测记一次试样高度和试样质量，以计算收缩含水量 w 和竖向线缩率。其中竖向线缩率按下式计算：

$$\delta_s=\frac{h_0-h}{h_0}\times 100 \tag{12-3}$$

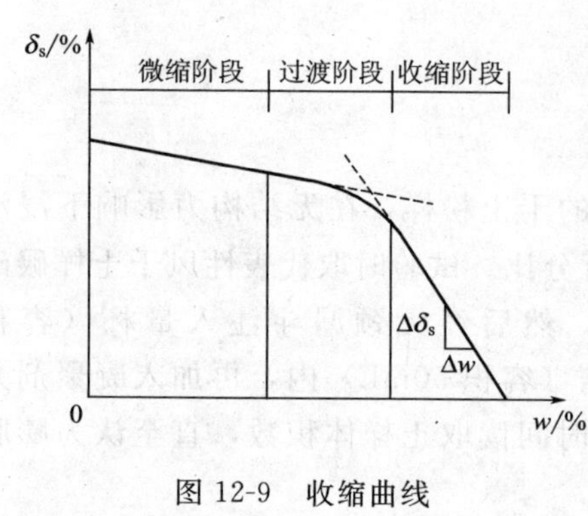

图 12-9　收缩曲线

式中　δ_s——竖向线缩率，%；

h_0——土试样的原始高度，mm；

h——在试验过程中测得的某次试样高度，mm。

(5) 收缩系数 λ_s　以含水量 w 为横坐标，竖向线缩率 δ_s 为纵坐标，绘制的关系曲线称为收缩曲线，如图 12-9 所示。当含水量减小时，土的收缩过程分为三个阶段：收缩阶段、过渡阶段和微缩阶段。在收缩阶段中，含水量每降低 1%时，所对应的竖向线缩率的变化值定义为收缩系数。收缩系数用 λ_s 表示，由图可知，其计算式为

$$\lambda_s=\frac{\Delta\delta_s}{\Delta w} \tag{12-4}$$

2. 膨胀土的膨胀潜势

不同胀缩性能的膨胀土对建筑物的危害程度不同。调查表明：自由膨胀率较小的膨胀土，膨胀潜势较弱，建筑物损坏轻微；自由膨胀率高的膨胀土，膨胀潜势强，较多建筑物遭其严重破坏。膨胀土的膨胀潜势，依据自由膨胀率分为弱、中、强三类，详见表 12-3。

表 12-3　膨胀土的膨胀潜势分类

自由膨胀率 δ_{ef}/%	膨　胀　潜　势
$40\leqslant\delta_{ef}<65$	弱
$65\leqslant\delta_{ef}<90$	中
$\delta_{ef}\geqslant90$	强

3. 膨胀土地基的胀缩等级

膨胀土地基的胀缩等级是膨胀土地基最重要的评价内容，应根据地基的膨胀、收缩变形对低层砖混结构房屋的影响程度进行评价，地基的胀缩等级按表 12-4 进行分级。

表 12-4　膨胀土地基的胀缩等级

地基分级变形量 s_c/mm	级　别	破坏程度
$15\leqslant s_c<35$	Ⅰ	轻微
$35\leqslant s_c<70$	Ⅱ	中等
$s_c\geqslant70$	Ⅲ	严重

膨胀土地基分级变形量 s_c 与膨胀变形量、收缩变形量有关，可采用分层总和法计算。

(1) 膨胀变形量

$$\delta_e=\psi_e\sum_{i=1}^{n}\delta_{epi}h_i \tag{12-5}$$

式中　δ_e——地基土的膨胀变形量，mm；

ψ_e——计算膨胀变形量的经验系数，宜根据当地经验确定，无经验时，三层或三层以下建筑物，可采用 0.6；

δ_{epi}——基础底面以下第 i 层土在平均自重压力与平均附加压力之和作用下的膨胀率，

由室内试验确定；

h_i——第 i 层土的计算厚度，mm，分层计算一般取为基础宽度的 0.4 倍；

n——自基础底面至计算深度 z_n 内所划分的土层数，见图 12-10(a)，计算深度应根据大气影响深度确定；有浸水时，可按浸水影响深度确定。

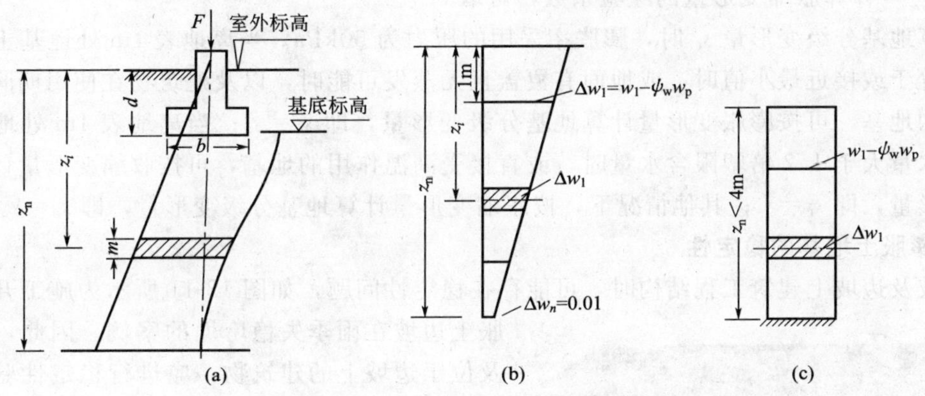

图 12-10 地基土变形计算示意图

大气影响深度应由各气候区的深层变形观测或含水量观测及地温观测资料确定，如汉中 3.0m，唐山 4m，临沂 3.5m，南京 3m，合肥 3m，许昌 4m，桂林 3.5m，广州 3.5m，贵阳 3m，成都 3m，昆明 5m。

(2) 收缩变形量

$$\delta_s=\psi_s\sum_{i=1}^{n}\lambda_{si}\Delta w_i h_i \tag{12-6}$$

式中 δ_s——地基土的收缩变形量，mm；

ψ_s——计算收缩变形量的经验系数，宜根据当地经验确定，无经验时，三层或三层以下建筑物，可采用 0.8；

λ_{si}——第 i 层土的收缩系数，由室内试验确定；

Δw_i——地基土收缩过程中，第 i 层土可能发生的含水量变化的平均值（以小数表示）；

h_i——第 i 层土的计算厚度，mm；

n——自基础底面至计算深度 z_n 内所划分的土层数，计算深度应根据大气影响深度确定；当有热源影响时，应按热源影响深度确定。

在计算深度内，各土层的含水量变化值，见图 12-10(b)，其计算公式为

$$\Delta w_i=\Delta w_1-(\Delta w_1-0.01)\frac{z_i-1}{z_n-1} \tag{12-7}$$

$$\Delta w_1=w_1-\psi_w w_p \tag{12-8}$$

式中 w_1，w_p——地表以下 1m 处土的天然含水量和塑限含水量（以小数表示）；

ψ_w——土的湿度系数，其值详见《膨胀土地区建筑技术规范》；

z_i——第 i 层土的深度，m；

z_n——计算深度，m，可取大气影响深度；在计算深度内有稳定的地下水时，可计算至水位以上 3m。

若在地表以下 4m 土层深度内存在不透水的基岩，则可假定含水量的变化值为常数，见图 12-10(c)。

（3）胀缩变形量　胀缩变形量由膨胀变形量和收缩变形量两部分构成，其计算式为

$$s=\psi\sum_{i=1}^{n}(\delta_{epi}+\lambda_{si}\Delta w_i)h_i \tag{12-9}$$

式中　s——地基土的胀缩变形量（以小数表示），mm；

ψ——计算胀缩变形量的经验系数，可取0.7。

计算地基分级变形量 s_c 时，膨胀率采用的压力为50kPa。当离地表1m处地基土的天然含水量等于或接近最小值时，或地面有覆盖且无蒸发可能时，以及建筑物在使用期间经常有水浸湿的地基，可按膨胀变形量计算地基分级变形量，即 $s_c=s_e$；当离地表1m处地基土的天然含水量大于1.2倍塑限含水量时，或直接受高温作用的地基，可按收缩变形量计算地基分级变形量，即 $s_c=s_s$；其他情况下，按胀缩变形量计算地基分级变形量，即 $s_c=s$。

4. 膨胀土地基的稳定性

边坡及边坡上建筑工程结构时，可能存在稳定性问题，如图12-11所示为施工开挖的膨胀土边坡在雨季失稳垮塌的案例。因此，对边坡及位于边坡上的建筑物，应进行稳定性验算，并应考虑坡体内含水量变化的影响。验算按下列规定进行：

图12-11　开挖的膨胀土边坡雨季失稳垮塌案例

（1）土质均匀且无节理面时，按圆弧滑动法验算稳定性；

（2）土层较薄，土层与岩层间存在软弱层及层状膨胀岩土时，取最不利的软弱层面为滑动面进行稳定性验算；

（3）层状构造的膨胀土，如层面与坡面斜交，且交角小于45°，验算层面滑动的稳定性；

（4）对具有胀缩裂缝和地裂缝的膨胀土边坡，应验算沿裂缝的滑动稳定性。

验算稳定性时，必须考虑建筑物和堆料的荷载，抗剪强度应为土体沿滑动面的抗剪强度，稳定安全系数可取1.2。

三、膨胀土地基的工程措施

1. 选择较好的场地

膨胀土地区建筑场地的选择原则是，选择排水通畅或易于进行排水处理的地形条件，选择地形条件比较简单、土质比较均匀、膨胀性较弱、坡度小于14°的平坦场地，尽量避免地形复杂、地裂、冲沟、地下溶沟、溶槽发育和可能发生浅层滑坡、地下水位变化剧烈的地段。

场地的平面布置应使同一建筑物地基土的分级变形量之差，不宜大于35mm；竖向设计宜保持自然地形，避免大挖大填；挖方和填方地基上的砖混结构房屋，应考虑挖填部分土的水分变化所造成的危害；还应考虑到场地内排水系统的管道渗水或排泄不畅对建筑物升降变形的影响；对变形有严格要求的建筑物，应布置在膨胀土埋藏较深、胀缩等级较低或地形较平坦的地段。

2. 确定合理的基础埋深

（1）浅基础埋深　为了减少建筑物变形的不均匀程度，大气影响深度是决定天然地基上

浅基础埋深的一个因素。避开受大气影响胀缩变形活动剧烈的土层（该深度可按大气影响深度值乘以 0.45 采用），确定一个最小埋深是必要的。目前，确定基础埋深的方法，是以地基胀缩变形为 10mm（或以下）所对应的深度作为基础的最小埋深。根据这样一个原则，在不同胀缩等级地基上的基础最小埋深是不相同的。Ⅰ级膨胀土地基的基础埋深较浅，Ⅲ级膨胀土地基的基础埋深较深。设计时可通过计算胀缩变形量来确定基础埋置深度，但一般不应小于 1m。

建筑物避免胀缩变形危害另一个有效措施，是采用人工地基。比如采用换土垫层法，挖去膨胀土，换填非膨胀土、灰土、砂土、碎石土等；还可以采用化学固化处理，利用石灰、水泥或其他固化材料与膨胀土中的膨胀矿物发生化学反应，以达到降低膨胀势的目的。

(2) 深基础埋深　膨胀土地区对重要的建筑物或变形敏感的建筑物，应考虑采用桩基础。若桩端不能达到基岩顶面，则应穿透膨胀土层。桩端进入膨胀土活动区以下，不小于4倍桩径及 1 倍扩大端直径，且应＞1.5m。为了减少和消除桩基周围膨胀土对建筑物桩基的作用，宜采用钻孔、挖孔（扩底）灌注桩；同时为了消除桩基受膨胀作用的危害，可在膨胀深度范围内，对桩墩本身沿桩周及承台用非膨胀土做隔离层。

3. 建筑措施

建筑物的体型力求简单，尽量避免平面凹凸曲折和立面高低不一。建筑有效措施主要包括沉降缝的设置、散水和地坪三方面。

(1) 设置沉降缝。若建筑体型复杂，为了减小建筑物的不均匀沉降，应将建筑物分成若干具有较大刚度的独立单元。设置沉降缝的位置为：地基不均匀处；土的胀缩强弱不均匀处；建筑平面转折部位，因为阴角容易积水，土中水分不易蒸发，而阳角变形往往很大；建筑物高度或荷载有显著差异的部位；建筑结构类型或基础类型不同处；挖方填方交接处。

(2) 做较宽的散水。散水的作用是保护地基土免受地表水直接浸入，阻止土中水蒸发，从而减少气候对土中含水量的影响，减少房屋的变形幅度和变形差。其宽度一般不小于 1.2m，在平坦场地中等膨胀土地基上，采用宽度大于 2m 的宽散水能收到较好的效果。

(3) 地坪设计。地坪应与墙体脱开，并做好柔性防水接缝，大面积地坪应分格（每 3m 做分格）做变形缝，或采用预制块铺设，对于要求严格的地坪，应增设灰土垫层或砂垫层，也可采用架空地坪。

4. 结构措施

较均匀的弱膨胀土地基，可采用条形基础；基础埋深较大或条形基础基底压力较小时，宜采用墙下单独基础。

在膨胀土地基上，承重砌体结构可采用拉结较好的实心砖墙，不可采用空斗墙、砌块墙或无砂混凝土砌块砌体；应避免采用对变形敏感的砖拱结构和无筋中型砌块结构。为了加强建筑物的整体刚度，可适当设置钢筋混凝土圈梁。排架结构的工业厂房，宜采用单独柱基础承重，墙体砌筑在地梁上，地梁底部与地面应脱空 100～150mm。Ⅲ级膨胀土地基上的建筑物如不采取以基础深埋为主的措施，可适当增设构造柱。外廊式房屋应采用悬挑结构。

5. 施工措施

膨胀土地区的建筑物，应根据设计要求、场地条件和施工季节，做好施工组织设计。在施工过程中尽量减少地基土中含水量的变化，以便减少土的胀缩变形。场地施工前应完成挡土墙、护坡、防洪沟、排水沟等工程，施工用水应妥善管理，防止水流入基槽内。基槽不应暴晒或浸泡，雨季施工应有防水措施。尽量不采取大面积开挖的施工方法，当挖方至基底标高时，宜及时浇筑混凝土垫层或封底（喷抹 1∶3 水泥砂浆或水泥塑料膜覆盖）。基础施工完毕后，应及时回填并分层夯实。

对于混凝土灌注桩，在钻孔或挖孔过程中不得向孔内注水，孔底虚土经处理后，方可向孔内浇灌混凝土。

建筑结构底层现浇钢筋混凝土板（梁），宜采用架空或桁架支模方式，避免直接支撑在膨胀土上；散水施工前应先夯实基土，伸缩缝内的防水材料应填密实，并略高于散水，或做成脊背形；管道及其附属构筑物的施工，宜采用分段、快速作业法。当管道、电缆沟穿过建筑物基础时，应做好接头，管道敷设完成后，应及时回填、加盖或封面。

第三节 黄土地基

黄土是在干旱、半干旱地区气候条件下形成的一种特殊的第四纪陆相沉积物，由未经固结的 50%以上的粉土颗粒所组成，一般呈黄色、褐黄色或灰黄色，富含易溶盐及石灰质结核（姜石）。受风力搬运堆积，又未经次生扰动，不具层理的黄土为原生黄土；而由风成以外的其他成因堆积而成的，常具有层理和砂或砾石类夹层的黄土为次生黄土或黄土状土。

在天然状态下，黄土的强度一般较高，压缩性较低。但有的黄土，在一定压力作用下，受水浸湿后，结构迅速破坏而发生显著附加沉陷，导致建筑物破坏，具有这种特征的黄土称为湿陷性黄土。多起事故分析表明，遇水湿陷是黄土地区建筑地基事故的主要原因，其地基基础的设计和施工都需特别对待与处理。不具有湿陷性质的黄土，则称为非湿陷性黄土，这类黄土地基与普通土地基没有什么区别。

一、湿陷性黄土的分布和特征

1. 黄土的地层划分

按黄土形成年代的早晚，分为老黄土和新黄土，见表 12-5。形成于早更新世（Q_1）的午城黄土和中更新世（Q_2）的离石黄土属于老黄土，形成于晚更新世（Q_3）的马兰黄土和全新世（Q_4）的黄土状土为新黄土。

表 12-5　黄土地层的划分

时　代		地层的划分	说　明
全新世(Q_4)黄土	新黄土	黄土状土	一般具湿陷性
晚更新世(Q_3)黄土		马兰黄土	
中更新世(Q_2)黄土	老黄土	离石黄土	上部部分土层具湿陷性
早更新世(Q_1)黄土		午城黄土	不具湿陷性

注：全新世（Q_4）黄土包括湿陷性（Q_4^1）黄土和新近堆积（Q_4^2）黄土。

午城黄土形成时间最早，土质密实。颗粒均匀，压缩性低，无湿陷性。离石黄土，分上下两部分，下部黄土色灰褐，较坚实，无湿陷性；上部黄土色浅灰褐，无湿陷性或轻微湿陷性。马兰黄土，结构疏松，土质较均匀，一般具有湿陷性。黄土状土，也就是次生黄土，因为形成历史较晚，结构松散，土质不均匀；特别是新近堆积黄土，沉积年代更短，压缩性高，承载力低，均匀性差。黄土状黄土外貌和物理性质与马兰黄土差别不大，但力学性质远逊于马兰黄土，具有较强的湿陷性和较高的压缩性。

2. 湿陷性黄土的分布

我国黄土的分布范围较广，面积约60万平方公里，占世界黄土分布总面积的5%。在我国，黄土高原（见图12-12）是湿陷性黄土的典型分布区。黄土高原在地理上指秦岭及渭河平原以北、长城以南、太行山以西、洮河及乌鞘岭以东的广大地区，行政区域包括甘肃省中、东部，陕西省中、北部，山西全省和河南西部。黄土高原黄土广布，厚度为50～80m，陇东、陕北可达150m。湿陷性黄土的厚度各地不一，比如：兰州一带，一级阶地5m以内，二级阶地5～16m，三、四级阶地可达27m；西安及其附近，一级阶地3m以内，二级阶地5～10m，三、四级阶地12m；三门峡所辖范围，8～12m；太原及其周边，一、二级阶地2～10m，三、四级阶地17m。

图12-12　黄土高原上的黄土地

从工程地质角度出发，我国湿陷性黄土，共分七个大区，即Ⅰ陇西地区，Ⅱ陇东—陕北—晋西地区，Ⅲ关中地区，Ⅳ山西—冀北地区，Ⅴ河南地区，Ⅵ冀鲁地区，Ⅶ边缘地区。其中陇西地区、陇东—陕北—晋西地区自重湿陷性黄土分布很广，厚度大于10m。自重湿陷迅速，湿陷性强，对工程建设危害极大；河南地区、冀鲁地区、边缘地区一般为非自重湿陷性黄土，厚约5m，湿陷性较弱，压缩性低，对工程建设危害性较小；关中地区、山西—冀北地区则自重湿陷性黄土及非自重湿陷性黄土均有分布。

3. 湿陷性黄土的特征

我国湿陷性黄土一般具有下列主要特征：

(1) 颜色以黄色、褐黄色、灰黄色为主；

(2) 颗粒组成以粉粒（0.005～0.05mm）为主，含量一般超过60%；

(3) 孔隙比e在1.0左右或更大，呈疏松状态；

(4) 含有较多的可溶盐类，例如碳酸盐、硫酸盐、氯化物；

(5) 竖直节理发育，能保持直立的天然边坡；

(6) 一般具有肉眼可见的大孔隙（故黄土又称为大孔土）。

根据上述特征，黄土湿陷的比较合理的解释是：以粉粒为骨架的多孔、大孔结构是黄土湿陷的内在原因。黄土受水浸湿时，结合水膜增厚而楔入颗粒之间，于是，结合水联结消失，盐类溶于水中，骨架强度随着降低，土体在上覆土层的自重应力或附加应力与自重应力共同作用下，其结构迅速破坏，土粒滑向大孔，粒间孔隙减小，从而引起附加沉陷。

二、黄土湿陷性的评定

1. 黄土湿陷性指标

反映黄土湿陷性的主要指标有湿陷系数、自重湿陷系数和湿陷起始压力三个，均由试验测定。

(1) 湿陷系数　湿陷系数是指单位厚度的环刀试样，在一定压力下，下沉稳定后，试样

浸水饱和所产生的附加下沉，用 δ_s 表示。湿陷系数 δ_s 值应按下式计算

$$\delta_s=\frac{h_p-h'_p}{h_0} \tag{12-10}$$

式中 h_p——保持天然湿度和结构的试样，加至一定压力时，下沉稳定后的高度，mm；

h'_p——上述加压稳定后的土试样，在浸水（饱和）作用下，附加下沉稳定后的高度，mm；

h_0——土试样的原始高度，mm。

黄土的湿陷系数是研究与评价黄土湿陷性的重要参数，与土样承受的压力有关。试验压力，应自基础底面（如基底标高不确定时，自地面下 1.5m）算起：基底下 10m 以内的土层应用 200kPa，10m 以下至非湿陷性黄土层顶面，应用其上覆土的饱和自重压力（当大于 300kPa 时，仍应用 300kPa）；当基底压力大于 300kPa 时，宜用实际压力；对压缩性较高的新近堆积黄土，基底下 5m 以内的土层宜用 100～150kPa 压力，5～10m 和 10m 以下至非湿陷性黄土层顶面，应分别用 200kPa 和上覆土的饱和自重压力。

根据湿陷性系数，可以对黄土的湿陷性进行判定。当湿陷性系数 $\delta_s<0.015$ 时，应定为非湿陷性黄土，当 $\delta_s\geqslant 0.015$ 时，应定为湿陷性黄土。湿陷性黄土的湿陷程度，可根据湿陷系数 δ_s 值的大小分为下列三种：

① 当 $0.015\leqslant\delta_s\leqslant 0.03$ 时，湿陷性轻微；

② 当 $0.03<\delta_s\leqslant 0.07$ 时，湿陷性中等；

③ 当 $\delta_s>0.07$ 时，湿陷性强烈。

【例 12-1】 黄土试样高 $h_0=20$mm，在 200kPa 压力下稳定后的高度为 $h_p=19.60$mm，浸水稳定后的高度为 $h'_p=18.38$mm，试判断是否是湿陷性黄土。

【解】

$$\delta_s=\frac{h_p-h'_p}{h_0}=\frac{19.60-18.38}{20}=0.061>0.015 \text{ 且介于 } 0.03\sim0.07 \text{ 之间}$$

所以该黄土为湿陷性黄土，湿陷性中等。

(2) 自重湿陷系数　自重湿陷系数是指单位厚度的环刀试样，在上覆土的饱和自重压力下，下沉稳定后，试样浸水饱和所产生的附加下沉，用 δ_{zs} 表示。自重湿陷系数 δ_{zs} 值的计算式为

$$\delta_{zs}=\frac{h_z-h'_z}{h_0} \tag{12-11}$$

式中 h_z——保持天然湿度和结构的试样，加压至该试样上覆土的饱和自重压力时，下沉稳定后的高度，mm；

h'_z——上述加压稳定后的试样，在浸水（饱和）作用下，附加下沉稳定后的高度，mm；

h_0——土试样的原始高度，mm。

(3) 湿陷起始压力　黄土虽然是在干旱或半干旱气候条件形成的欠压密土，但并不是在任何荷载条件下受水浸湿都会产生湿陷。因黄土本身具有一定的结构强度，当压力较小时受水浸湿，由于它在颗粒接触处所产生的剪应力小于其结构强度，与一般黏性土一样，只产生少量的压缩变形。只有当压力增大到某一数值以至于剪应力大于其结构强度时，下沉速度才突然加快，从而反映出湿陷的特点。湿陷起始压力 p_{sh} 是指黄土受水浸湿后，开始产生湿陷时的相应压力。

湿陷性黄土的湿陷起始压力，与土的成因、地理位置、地貌特征和气候条件等因素有关，应由试验确定。当按现场静载荷试验结果确定时，应在 $p\text{-}s_s$（压力与浸水下沉量）曲线上，取其转折点所对应的压力作为湿陷起始压力值。当曲线上的转折点不明显时，可取下沉量（s_s）与压板直径（d）之比值等于 0.017 所对应的压力作为湿陷起始压力。当按室内压缩试验结果确定时，在 $p\text{-}\delta_s$ 曲线上宜取 $\delta_s=0.015$ 所对应的压力作为湿陷起始压力值。

湿陷起始压力是一个有一定实用价值的指标。理论上讲，只要基底压力不超过湿陷起始压力，地基土就不会湿陷。

2. 湿陷性黄土场地的湿陷类型

在黄土地区岩土勘察中，应在现场采用试坑浸水试验确定自重湿陷量的实测值 Δ'_{zs}。而自重湿陷量的计算值 Δ_{zs}，则是依据室内试验测定的自重湿陷系数 δ_{zs}，按下式计算：

$$\Delta_{zs}=\beta_0\sum_{i=1}^{n}\delta_{zsi}h_i \tag{12-12}$$

式中 δ_{zsi}——第 i 层土的自重湿陷系数；

h_i——第 i 层土的厚度，mm；

β_0——因地区土质而异的修正系数，在缺乏实测资料时，可按下列规定取值：陇西地区取 1.50，陇东—陕北—晋西地区取 1.20，关中地区取 0.90，其他地区取 0.50。

自重湿陷量的计算值 Δ_{zs}，应自天然地面（当挖、填方的厚度和面积较大时，应自设计地面）算起，至其下非湿陷性黄土层的顶面止，其中自重湿陷系数 δ_{zs} 值小于 0.015 的土层不累计。

湿陷性黄土场地的湿陷类型由 Δ'_{zs} 或 Δ_{zs} 判定：

当 Δ'_{zs} 或 $\Delta_{zs}\leqslant$70mm 时，应定为非自重湿陷性场地；

当 Δ'_{zs} 或 $\Delta_{zs}>$70mm 时，应定为自重湿陷性场地。

当自重湿陷量的实测值和计算值出现矛盾时，应按自重湿陷量的实测值判定。

3. 湿陷性黄土地基的湿陷等级

湿陷性黄土地基受水浸湿饱和，湿陷量的计算值 Δ_s 的计算式为

$$\Delta_s=\sum_{i=1}^{n}\beta\delta_{si}h_i \tag{12-13}$$

式中 δ_{si}——第 i 层土的湿陷系数；

h_i——第 i 层土的厚度，mm；

β——考虑基底下地基土的受水浸湿可能性和侧向挤出等因素的修正系数，在缺乏实测资料时，可按下列规定取值：基底下 0～5m 深度内，取 $\beta=1.50$；基底下 5～10m 深度内，取 $\beta=1$；基底下 10m 以下至非湿陷性黄土顶面，在自重湿陷性黄土场地，可取工程所在地区的 β_0 值。

湿陷量的计算值 Δ_s 的计算深度，应自基础底面（如基底标高不确定时，自地面下 1.50m）算起；在非自重湿陷性黄土场地，累计至基底下 10m（或地基压缩层）深度止；在自重湿陷性黄土场地，累计至非湿陷性黄土层的顶面止。其中湿陷系数 δ_s（10m 以下为 δ_{zs}）小于 0.015 的土层不累计。

湿陷性黄土地基的湿陷等级，应根据湿陷量的计算值和自重湿陷量的计算值等因素，按表 12-6 判定。

表 12-6 湿陷性黄土地基的湿陷等级

湿陷类型 / Δ_s/mm	非自重湿陷性场地	自重湿陷性场地	
	$\Delta_{zs}\leqslant 70$mm	70mm$<\Delta_{zs}\leqslant 350$mm	$\Delta_{zs}>350$mm
$\Delta_s\leqslant 300$	Ⅰ(轻微)	Ⅱ(中等)	—
$300<\Delta_s\leqslant 700$	Ⅱ(中等)	Ⅱ(中等)或Ⅲ(严重)①	Ⅲ(严重)
$\Delta_s>700$	Ⅱ(中等)	Ⅲ(严重)	Ⅳ(很严重)

① 当湿陷量的计算值 $\Delta_s>600$mm、自重湿陷量的计算值 $\Delta_{zs}>300$mm 时，可判为Ⅲ级，其他情况可判为Ⅱ级。

【例 12-2】 陇东地区某建筑场地初步勘察时，2 号探井土样试验得到的自重湿陷系数、湿陷系数如下：

土样编号	2-1	2-2	2-3	2-4	2-5	2-6	2-7	2-8	2-9	2-10
取土深度/m	1.5	2.5	3.5	4.5	5.5	6.5	7.5	8.5	9.5	10.5
δ_{zs}	0.002	0.013	0.022	0.012	0.031	0.075	0.060	0.012	0.001	0.008
δ_s	0.085	0.059	0.076	0.028	0.094	0.091	0.071	0.039	0.002	0.001

基础埋深为 1.50m，无大的挖方、填方，试确定该场地的湿陷类型、地基湿陷等级。

【解】

(1) 场地类型

场地类型由自重湿陷量的计算值来判别。而自重湿陷量的计算值 Δ_{zs}，无大的挖填方应自天然地面算起，至其下非湿陷性黄土层的顶面止，其中自重湿陷系数 δ_{zs} 值小于 0.015 的土层不累计。陇东地区 β_0 取 1.20。所以

$$\Delta_{zs}=\beta_0\sum_{i=1}^{n}\delta_{zsi}h_i=1.20\times(0.022+0.031+0.075+0.060)\times 1000=225.6\text{mm}>70\text{mm}$$

应定为自重湿陷性场地。

(2) 地基湿陷等级

地基湿陷等级由湿陷量的计算值和自重湿陷量的计算值判定。湿陷量的计算值 Δ_s 的计算深度，应自基础底面算起，在自重湿陷性黄土场地，累计至非湿陷性黄土层的顶面止。其中湿陷系数 δ_s 小于 0.015 的土层不累计。基底下 0～5m 深度内，取 $\beta=1.50$；基底下 5～10m 深度内，取 $\beta=1$；基底下 10m 以下至非湿陷性黄土顶面，可取工程所在地区的 β_0 值。所以

$$\begin{aligned}\Delta_s&=\sum_{i=1}^{n}\beta\delta_{si}h_i\\&=1.50\times 0.085\times 500+1.50\times(0.059+0.076+0.028+0.094)\times 1000+1.50\times\\&\quad 0.091\times 500+1\times 0.091\times 500+1\times(0.071+0.039)\times 1000\\&=63.75+385.5+68.25+45.5+110\\&=673\text{mm}\end{aligned}$$

由于 $\Delta_{zs}>70$mm，且<350mm，300mm$<\Delta_s=673$mm<700mm，所以查表 12-6 为Ⅱ级或Ⅲ级。但从表的注可知，尽管 $\Delta_s=673$mm>600mm，但 $\Delta_{zs}=225.6$mm<300mm，属于其他情况，所以最后判定地基的湿陷等级为Ⅱ级（中等）。

三、湿陷性黄土地基的工程措施

拟建在湿陷性黄土场地上的建筑物，根据其重要性、地基受水浸湿可能性的大小和在使用期间对不均匀沉降限制的严格程度，分为甲、乙、丙、丁四类。甲类建筑物包括高度大于60m和14层及14层以上体型复杂的建筑，高度大于50m的构筑物，高度大于100m的高耸结构，特别重要的建筑，地基受水浸湿可能性大的重要建筑，对不均匀沉降有严格限制的建筑；乙类建筑物包括高度为24～60m的建筑物，高度为30～50m的构筑物，高度为50～100m的高耸结构，地基受水浸湿可能性较大的重要建筑，地基受水浸湿可能性大的一般建筑；丙类为除乙类建筑物以外的一般建筑和构造物；丁类为次要建筑物。

根据湿陷性黄土地区的建筑经验，地基工程措施对于甲、乙、丙类建筑以地基处理为主，防水措施、结构措施为辅；而对于丁类建筑，则以防水措施为主。

1. 地基处理

当地基的变形（湿陷、压缩）或承载力不能满足设计要求时，直接在天然土层上进行建筑或仅采取防水措施和结构措施，往往不能保证建筑物的安全与正常使用，因此，应针对不同土质和建筑物类别，在地基压缩层内或湿陷性黄土层内采取处理措施，以改善土的物理力学性质，使土的压缩性降低、承载力提高、湿陷性消除。

湿陷性黄土地基处理的主要目的有两个：一是消除其全部湿陷量，使处理后的地基变为非湿陷黄土地基，或采用桩基础穿透全部湿陷性黄土层，使上部荷载通过桩基础传递至压缩性低或较低的非湿陷性黄土（岩）层上，防止地基产生湿陷，当湿陷性黄土层较薄时，也可直接将基础设置在非湿陷性黄土（岩）层上；二是消除地基的部分湿陷量，控制下部未处理湿陷性黄土层的剩余湿陷量或湿陷起始压力值符合规定要求。

湿陷性黄土地基的常用处理方法有垫层法、强夯法、挤密法和预浸水法等。

（1）垫层法　垫层法是一种浅层处理湿陷性黄土地基的传统方法，在湿陷性黄土地区使用较广泛，具有因地制宜、就地取材和施工简便等特点，处理土层厚度为1～3m。

垫层材料有非湿陷性土和灰土。灰土垫层中消石灰（熟石灰、氢氧化钙）与土的体积配合比，宜为2∶8或3∶7（即二八灰土或三七灰土），过筛并拌和均匀。在最优或接近最优含水量下，分层回填、分层夯（压）实至设计标高。

（2）强夯法　特重垂、高落距的强夯法，属于动力固结法，它适用于对地下水位以上、饱和度$S_r \leqslant 60\%$的湿陷性黄土地基的处理，其处理土层的厚度为3～12m。

在正式夯击施工之前，应先在场地内选择有代表性的地段进行试夯或试验性施工，以确定在不同夯击能下消除湿陷性黄土的有效深度，为设计、施工提供有关参数。

（3）挤密法　挤密法就是利用沉管、爆扩、冲击、夯扩等方法，在湿陷性黄土地基中挤密填料孔，再用素土、灰土或水泥土，分层回填夯实，以加固湿陷性黄土地基，提高其强度、减少湿陷性和压缩性。

挤密法适用于对地下水位以上、饱和度$S_r \leqslant 65\%$的湿陷性黄土地基进行加固处理，可处理的湿陷性黄土层厚度一般为5～15m。

（4）预浸水法　预浸水法是利用黄土浸水后产生自重湿陷的特性，对自重湿陷性黄土场地的地基进行大面积浸水处理，可以大幅度消除黄土的湿陷性。

预浸水法适用于自重湿陷性黄土场地，地基湿陷等级为Ⅲ级或Ⅳ级，可消除地面下6m以下湿陷性黄土层的全部湿陷性。6m以上的浅层土，因压力不足而可能仍有显著湿陷性，尚需要采取垫层法或其他方法处理。

2. 防水措施

防水措施是以减小水浸入地基，从而消除湿陷性黄土产生湿陷的外因。

（1）场地的防水、排水　尽量选择排水畅通的地形、或利于组织场地排水的地形，避开洪水威胁的地段，避开新建水库等可能引起地下水位上升的地段。

（2）单体建筑的防水、排水　单层和多层建筑物的屋面，宜采用外排水；当采用有组织外排水时，宜选用耐用材料的水落管，其末端距离散水面不应大于 300mm，并不应设置在沉降缝处；集水面积大的外水落管，应接入专设的雨水明沟或管道。

建筑物的周围必须设置散水。其坡度不得小于 0.05，散水外缘应略高于平整后的场地，散水的宽度按下列规定采用：当屋面为无组织排水时，檐口高度在 8m 以内宜为 1.5m；檐口高度超过 8m，每增高 4m 宜增宽 250mm，但最宽不宜大于 2.50m。当屋面为有组织排水时，在自重湿陷性黄土场地不得小于 1.50m。

（3）管道和地面的防水、排水　室内的给水、排水管道应尽量明装，室外管道的布置应尽量远离建筑物。检漏管沟应做好防水处理。经常受水浸湿或可能积水的地面，应按防水地面设计。

此外，在湿陷性黄土场地，对建筑物及其附属工程进行施工，应根据湿陷性黄土的特点和设计要求，采取措施防止施工用水和场地雨水流入建筑物地基（或基坑内）引起湿陷。建筑场地的防洪工程应提前施工，并应在汛期前完成。

3. 结构措施

当地基不处理或仅消除地基的部分湿陷量时，结构设计时需要采取相应措施。结构措施是使建筑物在地基一旦遭受局部浸水的情况下，能够适应或减少不均匀沉降。根据建筑物的类别、地基湿陷等级或地基处理后下部未处理湿陷性黄土层的湿陷起始压力值或剩余湿陷量以及建筑物的不均匀沉降、倾斜和构件等不利情况，采取下列结构措施：选择适宜的结构体系和基础型式，选用轻质墙体材料（如空心砖、空心砌块），加强结构的整体性与空间刚度，预留适应沉降的净空等。

第四节　红黏土地基和岩溶土洞

一、红黏土地基的特性与评价

红黏土是石灰岩、白云岩等碳酸盐岩系出露区，岩石在炎热湿润的气候条件下，经岩溶化、红土化作用之后，形成的高塑性黏土，一般呈红色。红黏土的化学成分以 SiO_2、Fe_2O_3、Al_2O_3 为主，矿物成分则以石英和高岭石（或伊利石）为主。红黏土常堆积于山麓坡地，丘陵、谷地等处。颜色为棕红或褐黄，覆盖于碳酸盐岩系之上，其液限大于或等于50％的高塑性黏土，可以判定为原生红黏土；原生红黏土经搬运、沉积后仍保留其基本特征，且其液限大于45％的黏土，为次生红黏土。

1. 红黏土的分布

红黏土分布在地球表面上北纬 35°到南纬 35°之间，我国则主要分布在北纬 33°以南，即长江以南地区，特别是云贵高原，总面积约 34 万平方公里。红黏土主要为残积土和坡积土，因而多分布在山区或丘陵地带，以云南、贵州、广西最为典型，且分布广泛。湖南、湖北、四川、江西、浙江、安徽、江苏、广东、福建诸省是红黏土分布区，北方的山东、河北、河南、辽宁、内蒙古等省区也有局部分布，近年来在西藏东部河谷地带也发现有红黏土。

红黏土的厚度变化受地形、地貌及构造岩性的控制，与原始地形和下伏基岩面的起伏变化密切相关。分布在盆地或洼地时，其厚度变化大体是边缘较薄，向中间逐渐增厚；分布在基岩面或风化面上时，则取决于基岩起伏和风化层深度，当下卧基岩溶蚀强烈，溶沟、溶槽、溶隙、石芽等较发育时，上覆红黏土的厚度变化极大，常有咫尺之隔，竟然会相差10～30m之多。就地区而论，贵州山地中的峰丛洼地、峰林谷地、溶丘坡地等的红黏土厚度一般为3～6m，超过10m者较少；云南溶蚀高原地区一般为7～8m，个别地段可达10～20m；湘西、鄂西、广西等地的丘陵、平原地带中的溶丘坡地和溶蚀平原，一般厚度在10m左右。

2. 红黏土的基本特性

红黏土具有以下几个方面的基本特性。

（1）液限大，天然含水量较大，饱和度一般大于80%，通常处于硬塑～可塑状态。红黏土的物理状态，除按液性指数I_L判断外，尚可由$\alpha_w=w/w_L$来判断：坚硬$\alpha_w \leqslant 0.55$，硬塑$0.55<\alpha_w \leqslant 0.70$，可塑$0.70<\alpha_w \leqslant 0.85$，软塑$0.85<\alpha_w \leqslant 1.00$，流塑$\alpha_w>1.00$。

（2）孔隙比较大，而压缩性较低。特别是残积红黏土，孔隙比常超过0.9，甚至达2.0。先期固结压力和超固结比很大，除少数软塑状态的红黏土外，均为超固结土，压缩性较低。

（3）强度较高，变化范围大。强度一般较高，黏聚力的变化范围为40～90kPa，内摩擦角的变化范围为10°～30°或更大。

（4）膨胀性极弱。红黏土受水浸湿后，几乎没有什么膨胀，但某些土失水后具有一定的收缩性。这与粒度、矿物、胶结物情况有关，某些红土化程度低的“黄层”收缩性较强，应划入膨胀土的范畴。

（5）浸水后强度一般降低。部分含粗粒较多的红黏土，湿化崩解明显。

总之，红黏土是一种处于饱和状态、孔隙比较大、硬塑和可塑状态为主、中低压缩性、较高强度的黏性土，具有一定的收收缩性。

3. 红黏土地基评价

红黏土的强度高，压缩性较低，如果分布均匀，又无岩溶、土洞存在，则是建筑物的较好地基。但现实中也存在一些问题，如下所示。

（1）红黏土厚度分布不均匀，其厚度与下卧基岩面的状态和风化深度有关。常因石灰岩表面石芽、溶沟等的存在，而使上覆红黏土的厚度在短距离内相差悬殊（有的在水平距离1m之间，厚度相差达8m），从而造成地基的不均匀性。

（2）红黏土的含水量常随深度的增大而变大，孔隙比往往也有所增大，土质呈现出由硬变软的明显变化。在接近下卧基岩面处，土常呈软塑或流塑状态，其强度低，压缩性较大。

（3）有些地区的红黏土受水浸湿后体积膨胀，干燥失水后体积收缩，具有胀缩性。

（4）红黏土裂隙很发育，土层中常有隐伏岩溶和土洞存在，威胁建筑物的安全。

所以，轻型建筑物的基础埋深应大于大气影响急剧层的深度；炉窑等高温设备的基础应考虑地基土的不均匀收缩变形；在石芽出露的地段，应考虑地表水下渗形成的地面变形。应选择适宜的持力层和基础形式，基础宜浅埋，利用浅部硬壳层，并进行下卧层承载力验算。不能满足承载力和变形要求时，应进行地基处理或采用桩基础。基坑开挖时，宜采取保湿措施，边坡应及时维护，防止失水干缩。

二、岩溶的处理

红黏土分布的地区，常有隐伏的岩溶和土洞存在。所谓岩溶地貌，也叫喀斯特地貌，是地表可溶性岩石受水的溶解作用和伴随的机械作用所形成的各种地貌的总称。如石芽、石林、溶斗、落水洞、暗河、溶沟、溶槽、溶洞、溶蚀洼地、溶蚀裂隙等，其岩层剖面如图12-13所示。在岩溶地貌发达地区，地面往往石骨嶙峋，奇峰林立；地表水系比较缺乏，但地下水系却比较发达。在进行工程建设时，必须注意渗漏和地下溶洞等的发育情况。我国广西、贵州、云南等省区广泛分布，是世界上岩溶地貌发育最典型的地区之一，这也成就了像桂林山水、云南石林（见图12-14）这样的具有世界性影响的地质地貌奇观。

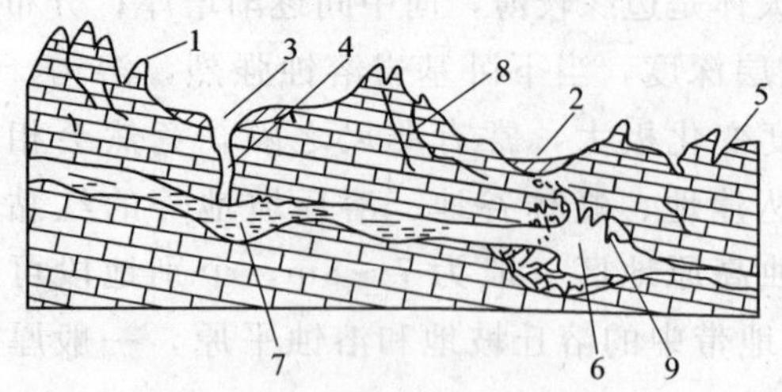

图 12-13 岩溶岩层剖面示意图

1—石芽、石林；2—溶蚀洼地；3—溶斗；4—落水洞；5—溶沟、溶槽；6—溶洞；7—暗河；8—溶蚀裂隙；9—钟乳石

(a) 广西桂林

(b) 云南石林

图 12-14 喀斯特地貌奇观

由于可溶性岩石中，碳酸盐类如石灰岩、白云岩分布广泛，岩溶地区在我国与红黏土的分布区大体一致。此外，我国西部和西北部，在夹有石膏、岩盐（或石盐）的地层中，也存在局部的岩溶区。

在岩溶地区，岩土工程勘察时应查明岩溶洞穴的分布、形态和发育规律，岩层起伏、形态和覆盖层厚度，地下水贮存条件、水位变化和运动规律，岩溶发育与地貌、构造、岩性、地下水的关系。当场地存在下列情况之一时，可以判断为未经处理不宜作为地基的不利地段：

(1) 浅层洞体或溶洞群，洞径大、且不稳定的地段；

(2) 埋藏的漏斗、槽谷等，并覆盖有软弱土体的地段；

(3) 岩溶水排泄不畅，可能暂时淹没的地段。

一般情况下，应避免在上述地区从事建筑活动，如果一定要利用这些地段作为建筑场地时，应采取必要的防护和处理措施。

岩溶对建筑物地基的稳定性影响很大，应妥善对待与处理。在岩溶地区，当基础底面以下的土层厚度大于3倍独立基础底宽，或大于6倍条形基础底宽，且在使用期间不具备形成土洞的条件时，可不考虑岩溶对地基稳定性的影响。当基础位于微风化硬质岩石表面时，对于宽度小于1m的竖向溶蚀裂隙和落水洞近旁地段，可不考虑其对地基稳定性的影响。当岩体中存在倾斜软弱结构面时，应进行地基稳定性验算。

当溶洞的顶板与基础底面之间的土层厚度小于3倍独立基础底宽、或小于六倍条形基础底宽时，应根据洞体大小、顶板形状、岩体结构及强度、洞内填充情况及岩溶水活动等因素进行洞体稳定性分析。当地质条件符合下列情况之一时，可不考虑溶洞对地基稳定性的影响：

(1) 溶洞被压实的沉积物填满，其承载力超过150kPa，且无被水冲蚀的可能性；

(2) 洞体较小，基础尺寸大于洞的平面尺寸，并有足够的支承长度；

(3) 微风化的硬质岩石中，洞体顶板厚度接近或大于洞跨。

如果在不稳定的岩溶地区进行建筑，对地基稳定性有影响的岩溶洞隙，应根据其位置、大小、埋深、围岩稳定性和水文地质条件综合分析，因地制宜地采取下列处理措施：

(1) 对洞口较小的洞隙，宜采用镶补、嵌塞与跨盖等方法处理；

(2) 对洞口较大的洞隙，宜采用梁、板和拱等结构跨越，且跨越结构应有可靠的支承面，或结构在岩石上的支承长度应大于梁高1.5倍，也可用浆砌块石等办法堵塞洞隙；

(3) 对于围岩不稳定、风化裂隙破碎岩体，可采用灌浆加固和清爆填塞等措施；

(4) 对规模较大的洞隙，可采用洞底支撑或调整柱距等方法处理。

三、土洞的处理

土洞是岩溶地区上覆土层在地表水或地下水作用下形成的洞穴（见图12-15），常发育于岩溶地区覆盖层中。土洞的发生、发展受岩溶发育的各种因素如岩性、岩溶水、地质构造等控制。在存在土洞或地表塌陷的地段，在隐伏的基岩中必有洞隙等岩溶水通道。根据土洞的形成原因，可以分为地表水形成的土洞和地下水形成的土洞两类。地表水形成的土洞，是由于地表水下渗，土体内部被冲蚀而逐渐形成的；地下水形成的土洞，则是地下水位随季节升降频繁或人工降低地下水位时，水对结构性差的松软土产生潜蚀作用而形成的。

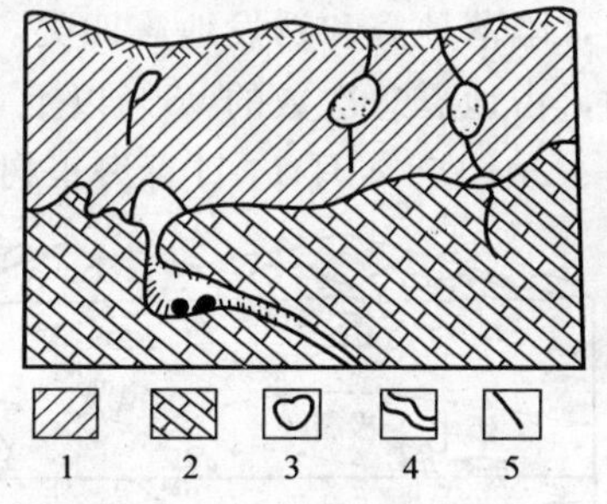

图12-15 土洞剖面示意图

1—黏土；2—石灰岩；3—土洞；4—溶洞；5—裂隙

由于土洞具有埋藏浅、分布密度大、发育快、顶部覆盖层土的强度低等特点，因而对建筑物场地或地基的稳定性影响往往大于岩溶的影响。

有地下水强烈地活动于岩土交界的岩溶地区，应考虑由地下水作用所形成的土洞对建筑地基的影响，预估地下水位在使用期间变化的可能性。总平面图布置前，勘察单位应提出场地土洞发育程度的分区资料。施工时，应沿基槽认真查明基础下土洞的分布位置。

在地下水位高于基岩表面的岩溶地区，应考虑人工降低地下水引起土洞或地表塌陷的可能性。塌陷区的范围及方向可根据水文地质条件和抽水试验的观测结果综合分析确定。在塌陷范围内不允许采用天然地基。在已有建筑物附近抽水时，应考虑降水的影响。

对土洞常用的处理措施有截水防渗、挖填、灌砂、垫层、跨越、桩基等。

(1) 截水防渗处理。在建筑场地范围内，做好地表水截流、防渗、堵漏工作，以杜绝地表水渗入土层内。对形成土洞的地下水，当地质条件许可时，可采用截流、改道等方法，防止土洞和地表塌陷的发展。

(2) 挖填处理。该法常用于处理浅层土洞。对地表水形成的土洞和塌陷，可先挖除软土，然后用块石或毛石混凝土回填。对地下水形成的土洞和塌陷，可挖除软土，抛填块石后做反滤层，面层用黏土夯（压）实。

(3) 灌砂处理。该法适用于处理埋藏深、洞径大的土洞。施工时在洞体范围的顶板上钻两个或多个不同直径的孔，50mm 直径的小孔用于排气，100mm 直径的大孔用于灌砂。在灌砂的同时，向洞内冲水，直至小孔冒砂为止。若洞内有水，灌砂困难，可用压力灌注 C15 细石混凝土、水泥或砾石。

(4) 垫层处理。基底夯填黏性土夹碎石作为垫层，以提高基底标高，减小土洞顶板的附加压力；同时，碎石骨架还可降低垫层的沉降量及增加垫层的强度，黏性土充填于碎石之间，可防止地表水下渗。

(5) 跨越处理。对于洞口较大的土洞，可采用梁、板或拱跨越土洞。

(6) 采用桩基。对重要建筑物，当土洞较深时，可采用桩基础穿越土洞，将荷载传递到稳定的基岩上。

第五节 地震液化地基

一、地震的基本概念

某种原因引起的地面震动，称为地震。地震是一种自然现象，每年全世界要发生数百万次大大小小的地震，但绝大多数不造成危害。按成因不同，地震可分为构造地震，火山地震，陷落地震和诱发地震四类。其中构造地震是由地壳板块的运动、挤压而致岩石断裂或错动，占地震总次数的 95%以上，是造成灾害的主要地震。2008 年 5 月 12 日四川汶川大地震、2010 年 4 月 14 日青海玉树大地震，都属于构造地震。

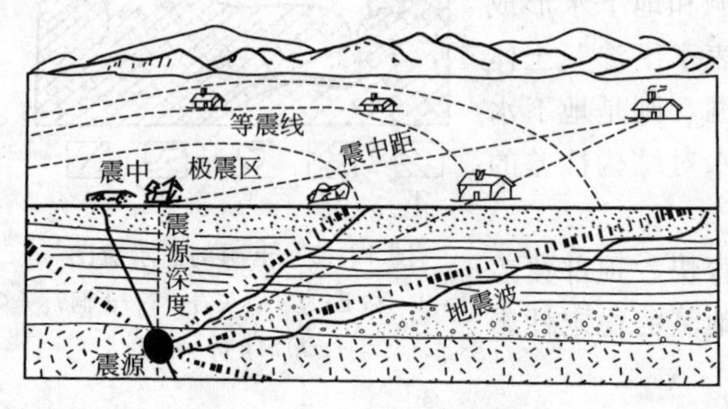

图 12-16 地震名词示意图

地震的发源处，称为震源（见图 12-16）。构造地震的震源是指地下岩层断裂或错动的部位，它不是一个点，而是一个区域。震源正上方的地面位置称为震中，这是地面上离震源最近的所在，故震动最厉害，破坏最严重，又称为震中区或极震区。地面上某个地点或某个建筑物到震中的水平距离，称为震中距。将地面上破坏程度相似的点连成的曲线，叫做等震线。震中到震源的垂直深度，称为震源深度。根据震源深度不同，可将地震分为浅源地震（60km 以内），中源地震（60～300km）和深源地震（超过 300km）。造成地震灾害的，一般是浅源地震。

地震的震级是地震的固有属性，表示地震本身能量大小的尺度，也是表示地震规模的指标，用符号 M 表示。一次地震只有一个震级，如 1976 年唐山大地震 M7.8、2008 年汶川大地震 M8.0、2010 年玉树大地震 M7.1。震级的原始定义由里克特（Richter）于 1935 年给出：

$$M=\lg A \tag{12-14}$$

其中 A 为标准地震仪（周期 0.8s，阻尼系数 0.8，放大倍数 2800）在距离震中 100km 处记录到的以微米（千分之一毫米）为单位的最大水平地面位移幅值。一般将 5 级以上的地震，称为破坏地震，其中 7 级以上为大地震，8 级以上为特大地震。

同一次地震，不同区域的场地和建筑物遭受影响的程度却不相同。某地区的地面及建筑物遭受到一次地震影响的强弱程度，称为地震烈度，用 I 表示。我国的地震烈度，共分为12度。地震烈度的判断标准：1～5度以地面上的人感觉为主，6～10度以房屋震害为主，11、12度以地表现象为主。地震对建筑物的影响可能是局部开裂、倾斜，也可能是房倒屋塌；对场地的影响不外乎地裂、山崩（见图12-17），滑坡；对地基的影响主要是液化。

图 12-17　汶川地震对场地的破坏

我国抗震设防的目标是："小震不坏，中震可修，大震不倒"，又称为三水准。与此对应的三个水准烈度为：

(1) 众值烈度（第一水准烈度，小震）：一个地区今后50年内，超越概率约为63%的地震烈度，比基本烈度低1.55度；

(2) 基本烈度（第二水准烈度，中震）：一个地区今后50年内，超越概率约为10%的地震烈度，即抗震设防烈度。比如北京8度（第一组），唐山8度（第一组），石家庄7度（第一组），秦皇岛7度（第二组）；郑州7度（第一组），洛阳7度（第一组）；武汉6度（第一组），竹山7度（第一组）；海口8度（第一组），文昌8度（第一组），琼海7度（第一组）；成都7度（第三组），西昌不低于9度（第一组），九寨沟8度（第二组），雅安7度（第三组）；

(3) 罕遇烈度（第三水准烈度，大震）：一个地区今后50年内，超越概率约为2%～3%的地震烈度，比基本烈度约高1度。

建筑根据其使用功能的重要性分为甲类、乙类、丙类、丁类共四个抗震设防类别。甲类建筑应属于重大建筑工程和地震时可能发生严重次生灾害的建筑，乙类建筑应属于地震时使用功能不能中断或需尽快恢复功能的建筑，丙类建筑为除甲、乙、丁以外的一般建筑，丁类建筑属于抗震次要建筑。为体现震级和震中距的影响，建筑工程的设计地震分为三组。同样的场地类别，不同的设计地震组别其特征周期不同（特征周期第一组最小，第三组最大），地震影响系数也就不同。

二、液化地基的判别

1. 砂土液化的概念

饱和的砂土和粉土，在地震的突然作用下，孔隙水来不及排出，孔隙水应力（压力）迅速升高，有效应力减小，土的抗剪强度下降，丧失承载能力和刚度，表现出如液体一样的状态，这种现象称为液化，又称砂土液化。砂土液化在地震时的直接表现就是地面或屋面喷水

图 12-18 地基砂土液化而致房内冒砂

冒砂（见图 12-18），而地震过后，液化土层逐渐沉淀而造成地基、地面下陷，可导致房屋墙体开裂或倾斜、倒塌。1976 年唐山地震出现了地基液化，1999 年 9 月 21 日台湾地震也出现地基液化现象。

饱和砂土和粉土地震时是否液化，取决于土体本身的特性、原始静应力状态、振动特性以及地震烈度的大小。大量的地震调查和室内试验研究都证明，土的颗粒粗、级配优良、密度高、排水条件好、所受静荷载大，都有利于砂土的抗液化性能。

2. 液化地基的初步判别

存在饱和砂土和饱和粉土（不含黄土）的地基，除 6 度设防外，应进行液化判别。当符合下列条件之一时，可以初步判别为不液化或可不考虑液化影响的地基，否则就可能是液化地基。

（1）地质年代为第四纪晚更新世（Q_3）及其以前，7、8 度时可判为不液化。

（2）粉土的黏粒（粒径小于0.005mm 的颗粒）含量百分率，7 度、8 度和 9 度分别不小于 10、13 和 16 时，可判为不液化土。用于液化判别的黏粒含量系采用六偏磷酸钠作分散剂测定，采用其他方法测定时应按有关规定换算。

（3）天然地基的建筑，当上覆非液化土层厚度和地下水位深度符合下列条件之一时，可不考虑液化影响：

$$d_u > d_0 + d_b - 2 \tag{12-15}$$

$$d_w > d_0 + d_b - 3 \tag{12-16}$$

$$d_u + d_w > 1.5d_0 + 2d_b - 4.5 \tag{12-17}$$

式中 d_w——地下水位深度，m，宜按设计基准期内年平均最高水位采用，也可按近期内年最高水位采用；

d_u——上覆盖非液化土层厚度，m，计算时宜将淤泥和淤泥质土层扣除；

d_b——基础埋置深度，m，不超过 2m 时应采用 2m；

d_0——液化土特征深度，m，可按表 12-7 采用。

表 12-7 液化土特征深度 m

饱和土类别	7 度	8 度	9 度
粉 土	6	7	8
砂 土	7	8	9

3. 液化地基的最终确定

当初步判别不能排除时，就有可能是液化地基，此时还需要进一步进行判别。应采用标准贯入试验判别法判别地面以下 15m 深度范围内土的液化；当采用桩基或埋深大于 5m 的深基础时，尚应判别 15～20m 范围内土的液化。设饱和土标准贯入锤击数（未经杆长修正）为 N，当 $N<N_{cr}$时为液化土，当 $N \geqslant N_{cr}$时为不液化土。其中 N_{cr}为液化判别标准贯入锤击临界值，应由下列公式计算，即

当 $d_s \leqslant 15$m 时，$$N_{cr} = N_0[0.9 + 0.1(d_s - d_w)]\sqrt{3/\rho_c} \tag{12-18}$$

当 $15 \leqslant d_s \leqslant 20$m 时，$$N_{cr} = N_0(2.4 - 0.1d_s)\sqrt{3/\rho_c} \tag{12-19}$$

式中 N_0——液化判别标准贯入锤击数基准值，应按表12-8采用；

d_s——饱和土标准贯入点深度，m；

ρ_c——黏粒含量百分率，当小于3或为砂土时，应采用3。

表 12-8 标准贯入锤击数基准值

设计地震分组	7度	8度	9度
第一组	6(8)	10(13)	16
第二组、第三组	8(10)	12(15)	18

注：括号内的数值用于设计基本地震加速度为0.15g和0.30g的地区。

对存在液化土层的地基，应探明各液化土层的深度和厚度，按下式计算每个钻孔的液化指数 I_{lE}，即

$$I_{lE}=\sum_{i=1}^{n}\left(1-\frac{N_i}{N_{cri}}\right)d_iW_i \tag{12-20}$$

式中 n——在判别深度范围内每一个钻孔标准贯入试验点的总数；

N_i，N_{cri}——分别为 i 点标准贯入锤击数的实测值和临界值，当实测值大于临界值时应取临界值的数值；

d_i——i 点所代表的土层厚度，m，可采用与该标准贯入试验点相邻的上、下两标准贯入试验点深度差的一半，但上界不高于地下水位深度，下界不深于液化深度；

W_i——i 土层单位土层厚度的层位影响权函数值，m^{-1}。若判别深度为15m，当该层中点深度不大于5m时应采用10，等于15m时应采用零值，5～15m时应按线性内插法取值；若判别深度为20m，当该层中点深度不大于5m时应采用10，等于20m时应采用零值，5～20m时应按线性内插法取值。

根据土层深度和钻孔的液化指数，按表12-9确定地基的液化等级。

表 12-9 液化等级

液化等级	轻 微	中 等	严 重
判别深度为15m时的液化指数	$0<I_{lE}\leqslant 5$	$5<I_{lE}\leqslant 15$	$I_{lE}>15$
判别深度为20m时的液化指数	$0<I_{lE}\leqslant 6$	$6<I_{lE}\leqslant 18$	$I_{lE}>18$

三、液化地基的工程措施

根据建筑物的抗震设防类别，地基液化等级，可采取相应的工程措施，如全部消除液化沉陷，部分消除液化沉陷和减轻液化影响的结构处理。

1. 全部消除液化沉陷

（1）采用桩基础。采用桩基础时，要求桩端伸入液化深度以下稳定土层中的长度（不包括桩尖部分），应按计算确定，且对碎石土，砾、粗、中砂，坚硬黏性土和密实粉土尚不应小于0.5m，对其他非岩石土尚不宜小于1.5m。

（2）采用其他深基础。采用其他深基础时，基础底面应埋入液化深度以下的稳定土层中，其深度不应小于0.5。

（3）采用加密法。当采用振冲、振动加密、挤密碎石桩、强夯等方法加固时，应处理至

液化深度下界；振冲或挤密碎石桩加固后，桩间土的标准贯入锤击数应不小于 N_{cr}。

（4）用非液化土替换全部液化土层。

2. 部分消除液化沉陷

全部消除液化沉陷，成本较高，对于重要性稍低的建筑物，可采用部分消除液化沉陷，但处理深度应使处理后的地基液化指数减少，当判别深度为15m时，其值不宜大于4，当判别深度为20m时，其值不宜大于5；对独立基础和条形基础，处理深度尚不应小于基础底面下液化土特征深度和基础宽度的较大值。

3. 减轻液化影响的结构处理

减轻液化影响的基础和上部结构处理，可综合采用下列各项措施：

（1）选择合适的基础埋置深度；

（2）调整基础底面积，减少基础偏心；

（3）加强基础的整体性和刚度，如采用箱基、筏基或钢筋混凝土交叉条形基础，加设基础圈梁等；

（4）减轻荷载，增强上部结构的整体刚度和均匀对称性，合理设置沉降缝，避免采用对不均匀沉降敏感的结构形式等；

（5）管道穿过建筑处应预留足够尺寸或采用柔性接头等。

思 考 题

12.1 如何区分岩石地基和土岩组合地基？

12.2 石芽密布并有出露的地基，在什么情况下可以不做地基处理？

12.3 膨胀土有何特征，如何判别其膨胀潜势？

12.4 影响膨胀土胀缩特性的内在因素是什么？

12.5 膨胀土的膨胀力和膨胀率的意义是什么？

12.6 膨胀土地基的工程处理措施有哪些？

12.7 黄土产生湿陷的原因是什么？

12.8 湿陷性黄土的湿陷等级如何确定？

12.9 湿陷起始压力 p_{sh} 在工程上有何意义？

12.10 红黏土有何特性？

12.11 为什么说土洞对建筑物地基稳定性的影响比岩溶的影响更大？

12.12 岩溶和土洞地基上的工程措施有哪些？

12.13 地震根据成因如何分类，根据震源深度如何分类？

12.14 地震中地基液化的表现形式是什么？

选 择 题

12.1 由于地表水的运动引起的冲蚀和潜蚀作用，在隐伏岩溶上的红黏土层常有（　），因而影响场地的稳定性。

A. 裂隙存在　　B. 滑坡存在　　C. 土洞存在　　D. 石芽存在

12.2 膨胀土系指土中黏粒成分主要由（　）组成，同时具有显著的吸水膨胀和失水收缩两种变形特性的黏性土。

A. 原生矿物　　B. 次生矿物　　C. 非金属矿物　　D. 亲水性矿物

12.3 我国区域性特殊土的种类较多，其中西北地区主要分布的是（　）。

A. 湿陷性黄土　　B. 多年冻土　　C. 膨胀土　　D. 红黏土

12.4　膨胀土的胀缩性可按（　　），将其膨胀潜势分为强、中等和弱三个类别。

A. 膨胀力　B. 膨胀率　C. 自由膨胀率　D. 收缩系数

12.5　通常用（　　）把湿陷性黄土分为弱湿陷性黄土，中等湿陷性黄土和强湿陷性黄土三类。

A. 自重湿陷量　B. 分级湿陷量　C. 自重湿陷系数　D. 湿陷系数

12.6　黄土地区地基事故的主要原因是在一定压力下，由于（　　）而引起建筑物不均匀沉降所造成的。

A. 黄土具有可溶盐类　B. 黄土具有大孔隙　C. 黄土湿陷　D. 黄土竖向节理发育

计　算　题

12.1　在某膨胀土地区拟修建一幢三层砖混住宅，基础埋深1m，地表以下1m的湿度系数为0.7，大气影响深度4m，场地土样的试验资料如下：

取土点	取土深度/m	天然含水量 w/%	塑限 w_p/%	自由膨胀率 δ_{ef}/%	50kPa 膨胀率 δ_{e50}/%	收缩系数 λ_s
1	1.0	33	32	60	0.50	0.40
2	2.0	28	28	70	3.60	0.70
3	3.0	23	26	75	2.50	0.75
4	4.0	26	26	85	2.10	0.85
5	5.0	25	28	60	1.30	0.90

要求：

(1) 评价土层的膨胀潜势；

(2) 计算地基的胀缩变形量；

(3) 确定地基的胀缩等级。

12.2　关中地区某建筑场地，自重湿陷量的计算值 $\Delta_{zs}=265$mm，基础底面以下各土层的湿陷系数和土层厚度分别为：第一层土 $\delta_{s1}=0.045$，$h_1=2$m；第二层土 $\delta_{s2}=0.052$，$h_2=2$m；第三层土 $\delta_{s3}=0.024$，$h_3=2$m；第四层土 $\delta_{s4}=0.012$，$h_4=2$m；第五层土 $\delta_{s5}=0.005$，$h_5=2$m。试判断该黄土地基的湿陷等级。

习题参考答案

第一章

选择题1.1～1.7：A　D　B　A　C　A　B

第二章

选择题2.1～2.8：B　D　A　C　D　B　C　A

计算题：

2.1　0.679mm/s

2.2　不会产生流砂

第三章

选择题3.1～3.8：A　B　A　D　B　C　C　D

计算题：

3.1　$e=0.805$，$n=44.6\%$，$S_r=42.6\%$

3.2　8.7g

3.3　$\gamma=18.4\text{kN/m}^3$，$\gamma'=9.7\text{kN/m}^3$，$e=0.76$，粉质黏土、硬塑

3.4　中砂

3.5　略

第四章

选择题4.1～4.10：B　C　C　B　B　B　B　B　C　C

计算题：

4.1　59.5kPa

4.2　19.0kPa，1.0kPa

4.3　125kPa，8.4kPa；250kPa，131.4kPa

4.4　22.2kPa，0

4.5　17.2kPa

4.6　100kPa，82.9kPa，64.7kPa，9.7kPa

4.7　79.4kPa

4.8　53.1kPa

第五章

选择题5.1～5.10：A　B　A　D　C　A　B　A　B　C

计算题：

5.1　$a=1.1\text{MPa}^{-1}$，$E_s=1.82\text{MPa}$

5.2　$a=1.0\mathrm{MPa}^{-1}$，$E_s=2.1\mathrm{MPa}$

5.3　$E_s=8.5\mathrm{MPa}$，$s=0.035\mathrm{cm}$

5.4　$s=84.7\mathrm{mm}$

5.5　51.4mm

5.6　87.2mm

5.7　$U=60\%$

5.8　$s_t=408\mathrm{mm}$

5.9　$C_v=0.588\mathrm{cm}^2/\mathrm{h}$，$t_{90}=3.70$ 年

5.10　$C_v=0.170\mathrm{cm}^2/\mathrm{h}$，$t_{60}=15.1$ 年

第六章

选择题 6.1～6.16：C　C　A　C　D　D　A　A　A　D　A　A　C　B　D　D

计算题：

6.1　574kPa

6.2　(1) 75kPa，45°　(2) 56°　(3) 146.9kPa，69.5kPa

6.3　$c=0$，$\varphi=26.6°$，无黏性土

6.4　$\sigma_3=240\mathrm{kPa}>\sigma_{3f}=138\mathrm{kPa}$，故不会发生剪切破坏。也可用其他计算方法说明。

6.5　440kPa，45°

6.6　$c=0$，$\varphi=30°$

6.7　(1) 略　(2) 250kPa，45°　(3) 225kPa，217kPa

6.8　322.9kPa，322.8kPa

第七章

选择题 7.1～7.10：A　C　B　A　A　C　C　D　D　B

计算题：

7.1　32.8kPa，95.6kN/m，距底边 1.67m

7.2　120.4kN/m，距底边 1.4m

7.3　43.3kN/m，距墙底 1.34m

7.4　104.1kN/m

7.5　(1) 73.78kN/m　(2) 9008.9kN/m

7.6　91.1kN/m，距墙底 1.67m，25°

7.7　$K_t=3.18>1.6$，$K_s=1.24<1.3$，不满足要求

第八章

选择题 8.1～8.8：C　B　A　B　A　C　D　C

第九章

选择题 9.1～9.13：C　D　D　A　B　C　A　C　B　C　D　B　C

计算题：

9.1　353.0kPa

9.2　170.3kPa

9.3　$A \geqslant 7.65\text{m}^2$，取基底尺寸为 2.80m×2.80m，面积 $A=7.84\text{m}^2$。

9.4　基底尺寸 2.70m×1.80m，能满足持力层和软弱下卧层承载力。

9.5～9.10　无唯一解答（或不存在标准答案）。

第十章

选择题 10.1～10.10：A　D　C　B　D　D　B　C　A　D

计算题：

10.1　无标准答案

10.2　1088kN

10.3　方桩 300mm×300mm，长 10m，8 根

10.4　$N_{max}=308\text{kN}$，$N_{min}=92\text{kN}$

第十一章

选择题 11.1～11.9：A　D　B　C　C　A　D　A　B

计算题：

11.1　1.7m，3.2m

11.2　51.8%

11.3　160cm

11.4　6.87m

11.5　1.36m

第十二章

选择题 12.1～12.6：C　D　A　C　D　C

计算题：

12.1　(1) 膨胀潜势中，(2) $s=127.9\text{mm}$，(3) 地基膨胀等级Ⅲ级

12.2　$\Delta_s=351\text{mm}$，地基湿陷等级Ⅱ级（中等）

参 考 文 献

[1] 中华人民共和国国家标准《建筑地基基础设计规范》(GB 50007—2002). 中华人民共和国建设部、国家质量监督检验检疫总局联合发布.

[2] 中华人民共和国行业标准《建筑桩基础技术规范》(JGJ 94—2008). 中华人民共和国住房和城乡建设部发布.

[3] 中华人民共和国国家标准《混凝土结构设计规范》(GB 50010—2002). 中华人民共和国建设部、国家质量监督检验检疫总局联合发布.

[4] 中华人民共和国国家标准《砌体结构设计规范》(GB 50003—2001). 中华人民共和国建设部、国家质量监督检验检疫总局联合发布.

[5] 中华人民共和国国家标准《建筑抗震设计规范》(GB 50011—2001). 中华人民共和国建设部、国家质量监督检验检疫总局联合发布.

[6] 中华人民共和国行业标准《建筑工程地质钻探技术标准》(JGJ 87—92). 中华人民共和国建设部发布.

[7] 中华人民共和国行业标准《软土地区工程地质勘察规范》(JGJ 83—91). 中华人民共和国建设部发布.

[8] 中华人民共和国国家标准《岩土工程勘察规范》(GB 50021—2001). 中华人民共和国建设部、国家质量监督检验检疫总局联合发布.

[9] 中华人民共和国国家标准《湿陷性黄土地区建筑规范》(GB 50025—2004). 中华人民共和国建设部、中华人民共和国国家质量监督检验检疫总局联合发布.

[10] 中华人民共和国行业标准《湿陷性黄土地区建筑基坑工程安全技术规程》(JGJ 167—2009). 中华人民共和国住房和城乡建设部发布.

[11] 中华人民共和国行业标准. 建筑地基处理技术规范 (JCJ 79—2002). 北京: 中国计划出版社, 2002.

[12] 陈希哲编著. 土力学地基基础 (第二版). 北京: 清华大学出版社, 1989.

[13] 吴湘兴主编. 土力学及地基基础 (第二版). 武汉: 武汉大学出版社, 1993.

[14] 李飞, 高向阳主编. 土力学. 北京: 中国水利水电出版社、知识产权出版社, 2006.

[15] 孔军主编. 土力学与地基基础. 北京: 中国电力出版社, 2005.

[16] 侯兆霞, 刘中欣, 武春龙主编. 特殊土地基. 北京: 中国建材工业出版社, 2007.

[17] 刘辉, 赵晖主编. 基础工程. 北京: 人民交通出版社, 2008.

[18] 李章政. 弹性力学. 北京: 中国电力出版社, 2010.

[19] 罗福午主编. 建筑结构缺陷事故的分析及防治. 北京: 清华大学出版社, 1996.

[20] 于景杰, 俞宾辉, 栾焕强编著. 建筑地基基础设计计算实例. 北京: 中国水利水电出版社、知识产权出版社, 2008.

[21] 龚文惠主编. 土力学. 武汉: 华中科技大学出版社, 2007.

[22] 肖昭然主编. 土力学. 郑州: 郑州大学出版社, 2007.

[23] 张孟喜主编. 土力学原理. 武汉: 华中科技大学出版社, 2007.

[24] 李镜培主编. 土力学. 北京: 高等教育出版社, 2004.

[25] 杨小平主编. 土力学. 广州: 华南理工大学出版社, 2001.

[26] 陈书申, 陈晓平编. 土力学与地基基础 (第三版). 武汉: 武汉理工大学出版社, 2006.

[27] 赵明华主编. 土力学与基础工程 (第二版). 武汉: 武汉理工大学出版社, 2000.

[28] 黄海鸿主编. 土力学及基础工程学习辅导与习题精解. 北京: 中国建筑工业出版社, 2006.

[29] 杨小平著. 土力学及地基基础自学辅导. 武汉: 武汉大学出版社, 2001.

[30] 东南大学, 浙江大学, 湖南大学, 苏州科技学院编. 土力学 (第二版). 北京: 中国建筑工业出版社, 2005.

[31] 龚晓南主编. 土力学. 北京: 中国建筑工业出版社, 1998.

[32] 赵明华主编. 土力学与基础工程 (第二版). 长沙: 湖南科技出版社, 2003.

[33] 刘增荣主编. 土力学. 上海: 同济大学出版社, 2005.

[34] 钱家欢主编. 土力学 (第二版). 南京: 河海大学出版社, 1995.

[35] 张振营编著. 土力学题库及典型题解. 北京: 中国水利出版社, 2001.

[36] 李同田, 张学言主编. 土力学与地基习题集. 北京: 人民交通出版社, 1986.

[37] 袁聚云, 汤永净主编. 土力学复习与习题. 上海: 同济大学出版社, 2004.

[38] 赵成刚，白冰，王运霞．土力学原理．北京：清华大学出版社、北京交通大学出版社，2004.
[39] 叶书麟，叶观宝编．地基处理．北京：中国建筑工业出版社，2004.
[40] 叶观宝编著．地基加固新技术（第二版）．北京：机械工业出版社，2002.
[41] 龚晓南主编．地基处理技术发展与展望．北京：中国水利水电出版社、知识产权出版社，2004.
[42] 龚晓南主编．地基处理手册．北京：中国建筑工业出版社，2008.